一本全注全译

竹窗随笔

〔上〕

〔明〕 袾宏 著

谦和 注译

团结出版社

图书在版编目(CIP)数据

竹窗随笔 / (明) 袾宏著 ; 谦和注译. -- 北京 : 团
结出版社, 2021.11

ISBN 978-7-5126-8924-4

Ⅰ.①竹… Ⅱ.①袾… ②谦… Ⅲ.①随笔—作品集
—中国—明代 Ⅳ.①I264.8

中国版本图书馆CIP数据核字(2021)第100971号

出版: 团结出版社

 (北京市东城区东皇城根南街84号 邮编: 100006)

电话: (010) 65228880 65244790 (传真)

网址: www.tjpress.com

Email: zb65244790@vip.163.com

经销: 全国新华书店

印刷: 易阳印刷河北有限公司

开本: 145×210 1/32

印张: 29.25

字数: 740千字

版次: 2021年11月 第1版

印次: 2025年6月 第4次印刷

书号: 978-7-5126-8924-4

定价: 128.00元 (全二册)

《谦德国学文库》出版说明

人类进入二十一世纪以来，经济与科技超速发展，人们在体验经济繁荣和科技成果的同时，欲望的膨胀和内心的焦虑也日益放大。如何在物质繁荣的时代，让我们获得内心的满足和安详，从经典中获取智慧和慰藉，或许是我们不二的选择。

之所以要读经典，根本在于，我们应当更好地认识我们自己从何而来，去往何处。一个人如此，一个民族亦如此。一个爱读经典的人，其内心世界必定是丰富深邃的。而一个被经典浸润的民族，必定是一个思想丰赡、文化深厚的民族。因为，文化是民族之灵魂，一个民族如果不能认识其民族发展的精神源泉，必定就会失去其未来的生机。而一个民族的精神源泉，就保藏在经典之中。

今日，我们提倡复兴中华优秀传统文化，当自提倡重读经典始。然而，读经典之目的，绝不仅在徒增知识而已，应是古人所说的"变化气质"，进一步，是要引领我们进德修业。《易》曰："君子以多识前言往行，以蓄其德。"实乃读经典之要旨所在。

基于此理念，我们决定出版此套《谦德国学文库》，"谦德"，即本《周易》谦卦之精神。正如谦卦初六爻所言："谦谦君子，用涉大川"，我们期冀以谦虚恭敬之心，用今注今译的方式，让古圣先贤的教诲能够普及到每一个人。引导有心的读者，透过扫除古老经典的文字障碍，从而进入经典的智慧之海。

作为一套普及型的国学丛书，我们选择经典，不仅广泛选录以儒家文化为主的经、史、子、集，也将视野开拓到释、道的各种经典。一些大家所熟知的经典，基本全部收录。同时，有一些不太为人熟知，但有当代价值的经典，我们也选择性收录。整个丛书几乎囊括中国历史上哲学、史学、文学、宗教、科学、艺术等各领域的基本经典。

在注译工作方面，版本上我们主要以主流学界公认的权威版本为底本，在此基础上参考古今学者的研究成果，使整套丛书的注译既能博采众长而又独具一格。今文白话不求字字对应，只在保证文意准确的基础上进行了梳理，使译文更加通俗晓畅，更能贴合现代读者的阅读习惯。

古籍的注译，固然是现代读者进入经典的一条方便门径，然而这也仅仅是阅读经典的一个开端。要真正领悟经典的微言大义，我们提倡最好还是研读原本，因为再完美的白话语译，也不可能完全表达出文言经典的原有内涵，而这也正是中国经典的古典魅力所在吧。我们所做的工作，不过是打开阅读经典的一扇门而已。期望藉由此门，让更多读者能够领略经典的风采，走上领悟古人思想之路。进而在生活中体证，方能直趋圣贤之境，真得圣贤典籍之大用。

经典，是一代代的古圣先贤留给我们的恩泽与财富，是前辈先人的智慧精华。今日我们在享用这一份财富与恩泽时，更应对古人心存无尽的崇敬与感恩。我们虽恭敬从事，求备求全，然因学养所限、才力不及，舛误难免，恳请先贤原谅，读者海涵。期望这一套国学经典文库，能够为更多人打开博大精深之中华文化的大门。同时也期望得到各界人士的襄助和博雅君子的指正，让我们的工作能够做得更好！

团结出版社

2017年1月

目　录

竹窗随笔

竹窗二笔

竹窗随笔

僧无为

　　吴江流庆庵^①无为能公^②，齿^③先予，德先予，出家先予；予蚤岁^④游苏湖间，与同堂坐禅。及予住云栖，公来受戒，求列名弟子。予谢不允，则固请曰："昔普慧、普贤二大菩萨尚求入匡庐莲社^⑤，我何人斯，自绝佳会。"不得已，如董萝石谒新建^⑥故事，许之。以贤下愚，有古人风，笔之以劝后进。

【注释】①庵：草屋，或指寺庙。

②公：对年长或有地位者的尊称。

③齿：年龄。

④蚤岁：早年。蚤，通"早"。

⑤匡庐莲社：匡庐，指江西九江的庐山，相传殷周之际有匡俗兄弟七人结庐于此，故称匡庐。东晋时，慧远法师在山中建精舍，安置弥陀三圣像而成念佛道场，并与同志一百二十三人共结白莲社，专修净业念佛，此山遂成我国净土宗之根本道场。宋代宗赜慈觉法师，仿效庐山白莲社，建莲华胜会，普劝道俗念佛号，日记其数，回向发愿，期生净土。据说时感普贤、普慧二大菩萨参与其会。普慧，普贤弟也，其行愿有同于兄。

⑥董萝石谒新建：明朝诗人董沄，字复宗，自号萝石，以能诗闻江湖间。董萝石年六十八时，闻王阳明讲学山中，往听之。礼阳明为师，时阳明年方五十二，因对萝石辞道："岂有弟子之年过于师者乎？"然萝石犹再三致礼。谒，拜见。新建，即指王守仁，明代著名的思想家、教育家。字伯安，号阳明。陆王心学之集大成者，非但精通儒家、佛家、道家，而且能够统军征战，是中国历史上罕见的全能大儒。卒后，朝廷予谥文成，身前曾被封为新建伯，卒后又追封为新建侯。

【译文】吴江（今江苏苏州吴江区）流庆庵有位老僧——"无为能"法师。他的年纪比我大，德行比我高，出家也比我早。我早年在苏州太湖一带游方参学，曾与他同堂坐禅。后来我住持云栖寺，建立净土道场，他得知消息后，特来受戒，并请求我收他为弟子。我向他辞谢，他却再三请求说："前宗赜禅师远遵庐山慧远大师莲社道风，创建莲华胜会，即使是普慧、普贤二位大菩萨都要求加入，我算是什么人，遇到这么好的殊胜因缘，岂能错过！"我见他的态度诚恳，不忍违背他的意思，不得已，只好仿效董萝石拜见王阳明（新建伯）的故事，答应他的请求。

这位无为能公能够屈尊降格与我结交，向不如自己的人请教，实有古人的风范，特此记下，以劝勉后学。

人命呼吸间①

一僧瘵疾②经年，久惫③枕席，众知必死，而彼无死想，语之死，辄不怿④。予使人直告，令速治后事，一心正念。彼谓"男病忌生日前，过期当徐议之耳。"本月十七日乃其始生，先一日奄忽⑤。吁！"人命在呼吸间"，佛为无病人言之也，况垂死而不悟！悲夫！

【注释】①人命呼吸间：语出《四十二章经》。佛问沙门："人命在几间？"对曰："数日间。"佛言："子未知道。"复问一沙门："人命在几间？"对曰："饭食间。"佛言："子未知道。"复问一沙门："人命在几间？"对曰："呼吸间。"佛言："善哉！子知道矣。"

②瘵（zhài）疾：多指痨病。

③惫：疲乏、困顿。

④不怿：不悦、不欢愉。

⑤奄忽：死亡。

【译文】有一位僧人生病多年，久卧在床，众人都知道他快死了，而他自己却不想死。如有人在他面前说到死字，他便不高兴。我怜悯他，派人明白地告诉他：你死期将至，赶快安排后事，然后一心念佛，求生净土。他却认为：生病的男众在生日前，忌讳谈这些事，等过了生日再说。本月十七日是他的生日，不幸就在生日前一天他死了。唉！"人命在呼吸间"这句话，本是佛对无病的人说的，何况病到将死的人，竟还执迷不悟，真是可悲啊！

古今著述

予在家时，于友人钱启东家，一道者①因予语及出家，渠②云："不在出家，只贵得明师耳。"予时未以为然。又一道者云："玄门③文字，须看上古圣贤所作，近代者多出臆见④，不足信。"予时亦未以为然。今思二言皆有深意。虽未必尽然，而未必不然也。以例吾宗，亦复如是。因识⑤之。

【注释】①道者：修行佛道者之称，或指修道求仙之士，或指有道之士，道德高尚的人。

②渠（qú）：方言，他。

③玄门：玄妙之法门、深奥之妙理，亦为佛法之总称。《老子》云："玄之又玄，众妙之门。"因此玄门也指道教。

④臆（yì）见：个人的私见，主观的看法。

⑤识（zhì）：此指记载。

【译文】我尚未出家时，有一天在朋友钱启东家，遇到一位修行人，听我谈起要出家的事，他说："修行不在出家，重要的是要有高明的老师指导。"当时我对他的说法不以为然。后来又遇到另一位修行人对我说："若要研读高深的佛教典籍，须看以前圣贤的著作，近代的著作大多出于个人主观的看法，不足相信。"我当时也是不以为然。现在想想，这两位修行人的话都有其深意，虽不完全如此，也不是全然不对。以此比照我们目前所宗仰信奉的法门或经论，也是相同的道理，因此记录下来。

儒释和会

有聪明人，以禅宗与儒典和会①，此不惟慧解圆融，亦引进诸浅识②者，不复以儒谤释，其意固甚美矣。虽然，据粗言细语③，皆第一义④，则诚然诚然。若按文析理，穷深极微，则翻成戏论⑤，已入门者，又不可不知也。

【注释】①和会：会合、折中。

②浅识：识见肤浅。

③粗言：粗恶之言语，或指粗浅之教说。又佛有大小乘之二教，小乘之教，谓之粗言；又有劝诫之二门，诫门之教，谓之粗言。细语：

"粗语"之对称，又作软语。谓修菩萨行，当清净口业，发言诚谛，调柔和美，离诸谄诳。如经所说，实语妙语，先意问讯，时语真语等，是名软语。

④第一义：以名究竟之真理，是为最上，故云第一。深有理由，故云义，圣智之自觉也。

⑤戏论：违背真理，不能增进善法而无意义之言论。

【译文】有些聪明的人，将禅宗的语录与儒家的典籍互相会通融合，这不仅是智能圆融的做法，也能使一些见解肤浅的人，不再以儒学毁谤佛法，这真是良善美意。况且，据佛经说："诸佛常软语，为众故说粗。粗语及软语，皆归第一义。"佛说法不论浅说或是深说，都是彻底圆满的真理，这确实如此。若凡夫依文解义，虽说得穷深极微，但都是违背真理，不切实际的言论，对于已入门修习佛法的人不可不知。

楞严①（一）

天如②集《楞严会解》，或曰："此天如之楞严，非释迦之楞严也。"予谓此语虽是，而新学执此，遂欲尽废古人注疏，则非也。即尽废注疏③，单存白文④，独不曰"此释迦之楞严，非自己之楞严"乎？则经可废也，何况注疏！又不曰"自己之楞严遍

"一切处"乎？则诸子百家⑤，乃至樵歌牧唱，皆不可废也，何况注疏！

【注释】①楞严：即《楞严经》，具名《大佛顶如来密因修证了义诸菩萨万行首楞严经》，唐般剌密帝译，十卷。阐明心性本体，文义皆妙，无法不备，无机不摄，学佛之要门也。明智旭《阅藏知津》中称："此经为宗教司南，性相总要。一代法门之精髓，成佛作祖之正印。"

②天如：元代禅僧，名惟则，号天如。得法于中峰明本禅师，住苏州之狮子林。将唐宋以来《楞严经》的九种注解加以会集，并附以补注，称为《楞严会解》，盛行于世。

③注疏：注，注解，解释字句的文字。疏，解释注解的文字。

④白文：指有注释的书，不录注释，只印正文的书。

⑤诸子百家：先秦至汉初学术思想流派的总称。诸子，指孔子、老子等。

【译文】元代天如惟则法师会集《楞严经》的注解而做成《楞严会解》，有人说："这只是天如法师会集的楞严，并不是释迦牟尼佛所说的楞严。"这句话虽没错，但是初学者若执着此，就要将古人的注疏全部废除，这就错了。

就算全部舍弃注疏，只留下没有注解的《楞严经》原文，难道就不会有人说："这是释迦牟尼佛的楞严，不是我们自己的楞严。"若这样说，则所有经典都可废除，何况注疏！

难道就不会又有人说"自己的楞严遍一切处"吗？如此一来，则诸子百家的著作，乃至樵夫牧童所唱的山歌小调，都不可废，何况是《楞严经》的注疏！

楞严（二）

　　不独《楞严》，近时于诸经大都不用注疏。夫不泥①先入之言，而直究本文之旨，诚为有见；然因是成风②，乃至逞其胸臆③，冀④胜古以为高，而曲解僻说⑤者有矣！新学无知，反为所误。且古人胜今人处极多，其不及者什一；今人不如古人处极多，其胜者百一。则孰若姑存之。喻如学艺者，必先遵师教以为绳矩⑥，他时后日，神机妙手，超过其师，谁得而限之也？而何必汲汲⑦于求胜也？而况乎终不出于古人之范围也！

【注释】①泥（nì）：拘执，不变通。

②成风：形成风气，已成习惯。

③胸臆：犹臆测，指主观地推测。

④冀：希望、盼望。

⑤僻说：偏颇的言论。僻，偏颇的。

⑥绳矩：墨绳与矩尺，比喻规矩、标准。

⑦汲汲：心情急切的样子，引申为急切追求。

【译文】不只《楞严》，最近学者研习诸经时，大都不用注疏，因为不想拘泥于古人的注疏，而妨碍自己对原意的了解，想要自己直接探究经文的意趣。虽然有其见地，然因此形成不重视古人注疏的风气，乃至凭着自己心中的臆测，希望胜过古人以显示自己的见解高超，而造成曲解原意或产生偏颇言论。初学的人浅见无知，反而被这些言论所误导。而且古人胜过今人的地方实在太多了，不如今人的很少，大概只有十分之一；今人不如古人的地方很多，胜过古人的非常少，大概只有百分之一，何不暂时保存古人的注疏？譬如学艺的人，必须先遵从老师的教导才能成规矩，日后学得高超的技术超过老师，任由你尽情发挥，谁还能限制得了你？何必在目前就急着要胜过古人呢？何况今人对经典的解释，到最后还是没有超出古人注疏的范围！

礼忏功德①

姑苏曹鲁川居士为予言：有女在夫家，夏坐室中，一蛇从墙上逐鸽，堕庭心，家人见而毙之。数日后，蛇附女作语。鲁川往视，则云："我昔为荆州守，高欢②反，追我至江浒③，遂死江中，我父母妻子不知安否？"鲁川惊曰："欢六朝④时人，今历隋唐宋元而至大明矣！"鬼方悟死久，并知为蛇。曰："既作蛇，死亦无恨，但为我礼《梁皇忏》⑤一部，吾行矣！"乃延泗洲寺僧定空礼忏。忏毕，索斋，为施斛食⑥一坛。明日女安稳如故。忏之时义大矣哉!

【注释】①礼忏:礼拜与忏悔之略称,又作拜忏。功德:功,指功夫,例如戒定慧是功夫。德,是得到、收获。功德是要自己修的。譬如,布施主要是破悭贪,如果布施真的把我们的悭贪烦恼舍掉了,这就是功夫,能得到心地清凉自在;若以悭贪心行布施,则只有福德,并无功德。

②高欢:魏晋南北朝时期,北朝东魏的权臣,北齐的实际创建者。其子高洋称帝后,追尊为高祖,谥神武。

③江浒(hǔ):江边。浒,水边。

④六朝:东汉末期,分为曹魏、蜀汉、孙吴三国,三国之后由晋朝统一。西晋亡于北方匈奴后,司马氏于南方建立东晋。东晋亡后,于五世纪初至六世纪末,中国进入南北朝时期。北朝历经北魏、东魏、西魏、北齐与北周,后由杨坚篡北周,建立隋朝,魏晋南北朝时期结束。因为北魏、东魏、西魏、北齐、北周、隋这六个朝代皆建都于北方,因此称北朝六朝,或简称六朝。

⑤《梁皇忏》:梁武帝为了亡后郗(chī)氏堕落蟒蛇身,乃作《慈悲道场忏法》十卷,请僧礼忏,以便超度,后世因名之为《梁皇忏》。

⑥斛(hú)食:斛,本为量器名,古谓十斗,南宋末年改为五斗。以四角形大木盘盛大量饭食以供养三界万灵,称为斛食。

【译文】江苏省苏州的曹鲁川居士对我说:他的女儿在夫家时,夏天坐在室内,看见一条蛇从墙上追逐鸽子,蛇不慎堕于庭院中,家人看到就杀了蛇。几天后,蛇的鬼魂附身在曹鲁川的女儿身上说话,曹鲁川去探视她,只听附身的鬼魂说道:"我以前是荆州太守,遇到高欢反叛,追我到江边,结果坠于江中而死,不知我的父母妻子现在是否安好？"鲁川听了很惊讶地说："高欢是六朝时代东魏的人，现在已经经历隋、唐、宋、元，到明朝了。"鬼这才发觉自己已经死了很久，并且了解自己堕入畜生道为蛇，鬼说："既然我已经转世为蛇，死了也没有什么可悔恨的，只求为我礼诵《梁皇忏》一部，我就会离开。"于是曹鲁川请泗洲寺定空法师为他做礼忏法事。礼忏完毕，他请求施食，所以又为他做一场焰口施食普度鬼神的法会。第二天，曹鲁川的女儿就恢复正常。可见礼忏、施食的功德利益确实不可思议！

螯蛎①充口

晋何胤②谓："鮂蟹就死③，犹有知而可悯；至于车螯蚶蛎④，眉目内缺，唇吻外缄⑤，不荣不瘁⑥，草木弗若，无声无臭，瓦砾⑦何异？固宜长充庖厨⑧，永为口食。"噫！是何言欤此等虽无眉目唇吻、荣瘁声臭，宁无形质⑨运动乎？有形质而能运动者，皆有知也。汝不知其有知耳？况眉目等实无不具，特至微细，非凡目所见，而欲永为口食，胤之罪上通于天矣！

【注释】①螯蛎（áo lì）：此泛指水产生物。螯，螃蟹。蛎，牡蛎。

②何胤（yìn）：魏晋南北朝人，字子季。何胤精信佛法，一生持戒

不懈，但讲究食味。早年用餐时特别铺张，后虽稍有收敛，但仍难禁肉食，于是平时吃些白鱼、鱼干、腌的蟹等，都是腌腊风干之物，虽是肉食，因不见生物，也就搪塞而过。有次欲食新鲜的蚶蛎，心有内疚，便提出来让学生们评议。学生钟岏进曰："蚶蛎之类，眉目内藏，混混沌沌，不要说低等生物，连草木也不如，简直就像瓦砾之类，大可放心取食。"这显然是为吃肉找借口。崇信佛教的竟陵王子良听到这种议论后，非常气愤，责其歪曲佛道。为此，周颙居士曾与岏书，劝其改食吃素。到了晚年，何胤终于改吃素食。

③鮂（shàn）：同"鳝"。鳝，鱼类。鳝似鳗鱼而细长，亦似蛇而无鳞，有青黄二色，生水岸泥窟中。就死：被杀。

④车螯：蛤的一种。生活在浅海底，是一种有介壳的软体动物。蚶（hān）：软体动物，有两扇贝壳，生活在浅海泥沙中。

⑤唇吻：指口、嘴。缄（jiān）：闭藏、封闭。

⑥不荣不瘁（cuì）：不盛不衰。瘁，憔悴、枯槁。

⑦瓦砾：破碎的砖头瓦片。砾，小石、碎石。

⑧庖厨：指厨房，或指厨师，或引申为肴馔。

⑨形质：肉体，躯壳。

【译文】魏晋南北朝的何胤曾说："鮂、蟹这一类的水产生物，被杀死时，因为它们是有知觉的，所以值得怜悯。至于蛤、牡蛎这些贝类，它们体内缺少眉毛和眼睛，体外也见不到嘴巴，终年没有盛衰的现象，不如草木尚有生机；既不能出声，也没有嗅觉，与瓦石简直没有差别。因此可以常备于厨房，充为日常食用。"

唉！这是什么话呀！这些生物虽然没有眉目嘴巴，不盛不衰、无声无臭，好像没有生命的状态，难道它们没有肉体和活动吗？凡有肉体而又能活动的生物，都具有知觉，只是你不知道它们有知觉而已。

况且眉目等器官，实际上它们并非没有，只不过特别微细，不是凡夫的眼力所能看得见的，而何胤竟提议要把这一类的生物永充口食，罪过真大啊！

东门黄犬①

李斯②临刑，顾其子曰："吾欲与汝复牵黄犬、臂苍鹰，出上蔡东门逐狡兔，其可得乎？"遂父子相哭，而夷三族③。斯盖悔今之富贵而死，不若昔之贫贱而生也。宁思兔逢鹰犬，不犹己之罹斧钺乎④？兔灭群，汝夷族，适相当耳。不知其罪而反羡之，至死不悟者，李斯之父子欤！

【注释】①东门黄犬：秦二世二年七月，丞相李斯因遭奸人诬陷，论腰斩咸阳市。临刑谓其中子曰："吾欲与若复牵黄犬俱出上蔡东门逐狡兔，岂可得乎？"后以"东门黄犬"作为官遭祸，抽身悔迟之典。东门指东城门，黄犬即猎犬。

②李斯：秦代大臣，战国末年楚国上蔡（今河南上蔡西）人。早年曾从荀卿学帝王之术，学业成就后入秦，为秦始皇所重。秦统一天下后，升任丞相。始皇崩，又追随宦官赵高，废始皇长子扶苏，立始皇少子胡亥为二世皇帝。后为赵高所陷，腰斩于咸阳，并夷三族。

③夷三族：指一人犯罪而连诛其三族。三族指父母、兄弟、妻子。

④罹（lí）：被、遭受。斧钺（yuè）：斧与钺，泛指兵器，亦泛指刑罚、杀戮。

【译文】秦朝李斯，官居宰相，最后却被处死刑。临刑时，看着他的儿子说："我想和你再牵着黄狗，带上苍鹰，出城打猎，还能有这种日子吗？"于是父子两人相对痛哭。不仅李斯父子被腰斩，而且连他的父母、兄弟、妻子也全都被杀。

李斯最后说这几句话的意思，是后悔与其有今天的富贵而死，还不如仍过着当年贫贱的生活而得以生存。可是他怎么不想想当年恣意捕猎，那些无辜的兔子遭逢鹰犬追杀，不就像今天自己被处死刑一样的惶恐凄惨吗？兔群遭你灭杀，你今同样也遭诛族，因果报应丝毫不差。不知反省当年杀生之罪，反倒美慕以前打猎的日子，所谓"至死不悟"，就像李斯父子啊！

为父母杀生

钱塘金某者，斋戒①虔笃②。以疾卒，附一童子云："善业日浅，未得往生净土，今在阴界，然亦甚乐，去住自由。"一日呵其妻子云："何故为吾坟墓事，杀鸡为黍③？今有吏随我，稍不似前之自由矣!"子妇④怀妊⑤,因问之。则曰:"当生男无恙⑥。过此复当生男,则母子双逝。"予谨记之,以候应否。俄而生男。复妊,复生男,男随毙,母亦随毙。乃知一一语皆不谬。然则为父母杀生,孝子岂为之乎!

【注释】①斋戒:广义言之,指清净身心,而慎防身心之懈怠;狭义而言,则指八关斋戒,或特指过午不食之戒法。"斋"之本意原为清净之谓,后渐转指过午不食之法,能持守此法者,称为持斋。盖凡有持斋,则必有戒,故"斋戒"二字自古并称。

②笃:专一、切实。

③杀鸡为黍:谓殷勤款待宾客。

④子妇:指儿媳妇。

⑤怀妊:怀孕。妊,怀孕、身孕。

⑥无恙:没有疾病,没有忧患。

【译文】钱塘有位金姓人士,非常虔诚的持斋守戒。后来因病去世,他的亡灵附在一位孩童身上说:"我在世时修善事的时间不长,所以没能往生净土;今虽在阴界,却也很快乐,可以来去自由。"

有一天,他又附身,责骂他的妻子说:"为什么要为我的后事,杀生款待宾客?现在有一位阴差跟着我,使我的行动不像以前自由了!"由于他的儿媳有孕在身,于是请问他吉凶祸福。他说:"这胎当生男,母子平安无事。下一胎还是生男,但是母子性命不保。"

我将他说的话牢记起来,察看之后是否应验。不久,他的儿媳生男。后又怀孕,还是生男,但是男婴出生没多久就死了,男婴的母亲也跟着死了,可见之前所说的都应验了。所以若为父母而杀生,等于替父母增加罪业,岂是孝子能做的事!

鹿祀^①求名

士人有学成而久滞黉校^②者,祷于文昌^③:"设遂乡科^④,当杀鹿以祀。"俄而中式。既酬愿^⑤已,上春官^⑥,复许双鹿,未及第而卒。噫!杀彼鹿,求己禄,于汝安乎?

【注释】①祀:祭神供祖的仪式。

②黉(hóng)校:学校。黉:古代的学校。

③祷:祝告神明以祈福消灾。文昌:即文昌帝君,全称文昌梓潼帝君,简称梓潼帝君、文昌君。《明史·礼志四》:"梓潼帝君者,记云:'神姓张名亚子,居蜀七曲山,仕晋战没,人为立庙。唐宋屡封至英显王。道家谓帝命梓潼掌文昌府事及人间禄籍,故元加号为帝君,而天下学校亦有祠祀者。'"清袁枚《续新齐谐·牟尼泥》:"生死隶东岳,功名隶文昌。"

④乡科:古代乡试科举考试名,中式(科举考试合格)者称"举人"。

⑤酬愿:还愿。

⑥春官:唐光宅年间曾改礼部为春官,后春官遂为礼部的别称。

明清科举制度,中乡试选者,至京师礼部试之,曰会试。

【译文】有读书人学业完成之后,还一直留在学校,向文昌帝君祷告祈求:"如果能顺利通过乡试,则会杀鹿来祭祀。"不久果真通过科举,于是还愿酬神。后来至京师礼部参加会试,又再祈求以杀双鹿酬愿,终其一生均未能通过会试。唉!杀害鹿的生命来求得自己的禄位,难道你能安心吗?

心 喻

心无可为喻,凡喻心者,不得已而权为仿佛,非真也。试举一二:如喻心以镜。盖谓镜能照物,而物未来时,镜无将迎①;物方对时,镜无憎爱;物既去时,镜无留滞。圣人之心,常寂常照②,三际空寂③,故喻如镜。然取略似而已,究极而论,镜实无知。心果若是之无知乎,则冥然不灵,何以云妙明真体④?或喻宝珠,或喻虚空,种种之喻,亦复如是。

【注释】①将迎:送往迎来。

②常寂常照:寂,寂静之意;照,照鉴之意;没有生灭变异叫作常。真如妙体之离诸过失叫作寂,真如妙用之遍照十方叫作照。

③三际:指过去、现在、未来三时,或指内、外、中间三处。空

寂：无诸相曰空，无起灭曰寂。

④妙明：真妙之明心，以名无漏之真智。真体：真实的本体。

【译文】"心"是无形无相的，所以没有办法来比喻它。一般用来比喻"心"，都是不得已，用相似之物来形容它，使人对于"心"的概念能有所领会，但不可认为它真的就像所比喻的东西。

试举例说明，譬如以镜子来比喻，大家都知道镜子能照外面一切物的影像，当物没有对着镜子的时候，镜子不会把物的影像映入镜中；当物正对着镜子的时候，镜子不会因物的美丑而生好恶；当物离开镜子的时候，镜子也不会把物的影像保存下来。圣人的心常寂常照，寂则一尘不染，照则遍觉十方。此心既不在内、外、中间，也不属过去、现在、未来，又无所不在，无物不照。所以用镜子来比喻心，只是取其相似的作用而已。究极而论，镜子毕竟是一种没有知觉的物体，而且在黑暗中便失去作用，心难道也如镜子那样没有知觉吗？镜子怎能比得上心的妙明真体、常寂常照。以此类推，或以宝珠喻心，或以虚空喻心，无论用什么比喻，其道理都是一样的。

换 骨

陈后山①云："学诗如学仙②，时至骨自换。"予亦云："学禅如学仙，时至骨自换。"故学者不患禅之不成，但患时之不至；

不患时之不至,但患学之不勤。

【注释】①陈后山:即北宋诗人陈师道,字履常,一字无己,号后山。以诗文传于后世,江西诗派把黄庭坚、陈师道、陈与义列为三宗。陈师道的《后山集》,为其门人魏衍编。陈师道所谓"学诗如学仙,时至骨自换"是出自《后山集》卷二《次韵答秦少章》,其换骨说取喻于道教凡骨脱胎换成仙人之意。

②学仙:学习道家的所谓长生不老之术。学仙贵性命双修,形神俱妙,期在即生成就,然必须离尘避俗,刻苦修持,经长时间之煅炼始能成就。

【译文】北宋诗人陈师道曾说:"学诗如同学仙,只要不间断的学习,日积月累,自然能脱胎换骨,功夫成就。"我套用这句话说:"学禅如同学仙,只要不间断的学习,日积月累,自然能脱胎换骨,功夫成就。"所以参禅的人不用担忧参禅不能悟道,功夫纯熟时自然成就;而且,不用担忧功夫何时纯熟,只要不间断地学习就是。

洪州不得珠体

洪州者,马大师①也。圭峰②叙:"如来传法迦叶而至曹溪③,曹溪之道,惟荷泽④为正传,诸宗皆属旁出,如摩尼珠⑤,唯荷泽独得珠体。"其说析理极精，而品人不当。夫马祖亲承南岳，南岳亲承曹溪，自后百丈、黄檗、临济、南泉、赵州，不可胜数诸大尊宿，皆从马祖而出，而独推荷泽，何以服天下？圭峰以荷泽表出"知"之一字⑥为心，而诸宗于作用处指示，遂谓是徒得珠中之影。然古人为人解黏去缚，随时逐机，原无定法。其言"知"者，正说也。其言作用处者，巧说也。巧者何？欲人因影而知现影者谁也。如执"知"之一字，则世尊拈花，曾无"知"字，将世尊不及荷泽耶？况诸宗直出"知"字处亦不少，岂专说作用耶？圭峰平日见地极高，予所深服，独此不满人意。

【注释】①马大师：唐代禅僧。俗姓马，名道一，世称马大师、马祖。六祖惠能之下，有南岳怀让禅师、青原行思禅师两系，南岳传于马祖，青原传于石头，以马祖的门叶最繁荣，禅宗至此而大盛。马祖首创禅门丛林，以安禅侣，由是宗门益盛。马祖在洪州（江西南昌县之通称）弘传怀让的宗旨，因此称为洪州宗，亦称江西禅，故以"江西马祖"闻名于世。后世以马祖之法系为禅宗之正系，而承继荷泽宗之圭峰宗密则为傍出。

②圭峰：指唐代僧，圭峰宗密禅师，师承荷泽宗法系。圭峰是终南山之别峰，宗密禅师曾住此，寂后也葬于此，故后世以圭峰、圭峰禅师、圭山大师称之。宗密将荷泽宗的禅法总合传统之华严教学，而主张"教禅一致"，因此也为唐朝华严宗第五祖。

③迦叶而至曹溪：释尊在灵山会上拈花示众，迦叶尊者因了悟而破颜微笑，为禅宗第一祖。二十八传，至达磨，为东土初祖，是教以心传心，直传佛祖的心印。慧可得其心印为二祖，僧璨为三祖，道信为四

祖，弘忍为五祖，惠能为六祖。曹溪为六祖惠能之别号。

④荷泽：指唐代僧，荷泽神会禅师，禅宗六祖惠能晚期弟子，荷泽宗的创始者。神会极力主张南宗顿悟为禅宗之正系，北宗渐悟为旁系；一生致力于彰显南宗禅，致使六祖后之禅风形成北渐南顿之对立情势。荷泽宗法系，据近年之史实研究证实，次第为净众寺神会、南印、道圆、宗密。

⑤摩尼珠：为宝珠之总名。梵语摩尼，华言离垢，即珠宝也。此宝光净，不为垢秽所染。

⑥知之一字："知之一字，众妙之源"为荷泽宗之宗要。"知"即灵知，为达磨祖师所传空寂之心。迷于此知，故起我相，常不能脱离自他、善恶等相对之世界。若了悟空寂之知，爱恶之心自然淡薄，悲智自然增明，罪恶自然断除，功行自然精进。圭峰宗密禅师对于马祖道一以后之洪州禅所主张"平常心是道"及"行住坐卧一切言语动作皆为佛性显现"之看法，评之为无知作用下之"恶平等"见解。

【译文】此处所称的洪州，是指唐代禅僧马祖道一。圭峰宗密禅师曾说："释迦如来传法给迦叶尊者，而后一直传到曹溪惠能大师。而曹溪惠能的法系，唯独荷泽神会禅师才是正传，其他派系都是属于旁出。如来所传之法譬如摩尼珠，只有荷泽禅师独得珠体。"圭峰禅师之说虽然析理精辟，但是对于马祖道一法系的评论则不恰当。

马祖道一是师承于南岳怀让禅师，南岳怀让禅师则师承于六祖惠能。自马祖之后不计其数的禅宗诸大高僧，如百丈怀海、黄檗希运、临济义玄、南泉普愿、赵州从谂等等，都是师承于马祖之法系，而圭峰禅师独推荷泽，何以服天下？

圭峰禅师认为荷泽说出"知"之一字为心，而其他诸宗只是于心之作用处指示，所以说其他诸宗的学人只得摩尼珠的影子，却没得珠体。但是法无定法，祖师大德们只是随众生根机而善巧方便说法，众生有什么毛病，就对治那个毛病。说"知"，是正说；说"作用处"，是善巧说。何谓善巧？希望透过珠影了知现影的珠体。如果认为法有定法，执着"知"之一字，则世尊在灵山会上拈花示众，也并未说知之一字，难道世尊就不如荷泽吗？圭峰禅师平时的修行见解很高深，我非常钦佩，唯独对这一点有意见。

坟　墓

予既老病，众为择地作塔①，数易之。予叹曰："世人极意营图②风水，冀子孙长永富贵耳。尔辈望荫出紫衣国师耶③？古人有言：'弃诸林莽④以饲禽兽。'幸不置我于鸦肠狐腹足矣，余非道人所知也。"

【注释】①塔：略译作塔婆、浮图、浮屠、佛塔。意译作高显处、功德聚、方坟、冢、塔庙。原指为安置佛陀舍利等物，而以砖等构造成之建筑物，然至后世，而泛指于佛陀生处、成道处、转法轮处、般涅槃处、经行处，乃至安置诸佛菩萨像、佛陀足迹、祖师高僧遗骨等，而以堆土、石、砖、木等筑成，作为供养礼拜之建筑物。

②营图：图谋。

③紫衣：朝廷赐予高僧大德之紫色袈裟或法衣，又称紫服、紫袈裟。赐僧紫衣，始于唐则天武后。佛制原不许用紫色、绯色，惟我国自古即许高官披着红、紫色之朝服，复设朱、紫、绿、皂、黄等绶绦，以区别官位之高低，佛门乃仿此而有紫衣之披着。国师：帝王封赐僧人的尊号，我国各朝代帝王对学德兼备而可为一国师表之高僧所加之封号。含有一国民众之师、帝王之师等意。

④林莽：草木丛聚之处，泛指乡野。

【译文】我已经年老多病，来日无多，僧众要为我找寻好的地点来建塔庙，但是，地点屡次改变。我感叹地说："世间一般人尽心的谋求风水，是希望他们的子孙能享长久的富贵。你们这样费心择地，难道是希望我的好风水来庇荫你们得到朝廷赐予紫衣国师吗？有古人说：'死了就丢到乡野间喂禽兽。'只希望我死后不要被丢到乡野间喂禽兽就够了，其余则任凭处置，这些都不是我这修道人所在意的。"

菩萨度生

经言："菩萨未能自度，先能度人。"愚夫遂谓菩萨但度众生，不复度己。不知己亦众生数也，焉有度尽众生，而独遗自己一众生乎？何得借口菩萨，逐外忘内！

【译文】佛经上说："菩萨未能自度，先能度人。"意思是说，发大菩提心的菩萨，即使自己还没有超脱生死轮回之苦，从最初发心开始，就发愿要济度众生解脱生死。可是有一些愚昧的人看到这句话，错会经意，以为菩萨只要度众生就行了，不用再度自己。殊不知自己也是众生之一，哪有度尽众生而独留自己不度的道理？所以一个真正发心的人，不应以菩萨度众生为借口，只一味忙着追逐外缘，而忘了自己内心的修证。

悟　后

沩山和尚①云："如今初心，虽从缘得一念顿悟②自理，犹有无始旷劫③习气④未能顿净，须教渠净除现业流识，即是修也，不道别有法教渠修行趋向。"沩山此语，非彻法源底者不能道。今稍有省觉，便谓一生参学事毕者，独何欤？

【注释】①沩（wéi）山和尚：唐代沩山灵祐禅师，为沩仰宗初祖。俗姓赵，法名灵祐。二十三岁至江西参谒百丈怀海，为上首弟子，于此顿悟诸佛本怀，遂承百丈之法。栖止潭州大沩山凡四十年，大扬宗风,世称沩山灵祐。法嗣有仰山慧寂等,慧寂于仰山宣扬师风。灵祐与慧寂之法脉,世称为沩仰宗。

②顿悟:有一类大心之众生,直闻大乘,行大法,证佛果,此为顿悟。初得小果,后回入大乘,而至佛果,此为渐悟。又自初虽入大乘,而以历劫之修行,渐成佛道,为渐悟。速疾证悟妙果,为顿悟。但以初义为通说。

③无始旷劫:生死无始,故云无始,经久远年劫,故云旷劫。

④习气:吾人之思想及行为生起后,熏习于心中之习惯、气分、习性、余习等,称为习气。如由纳香之箧中取出香,箧内犹存香气。用以比喻虽灭除烦恼之正体(称为正使),尚存习惯气分。若唯识家依现行熏种子之义,以习气为种子之异名,含藏于阿赖耶识中。

【译文】唐代沩山灵祐和尚主张顿悟还要渐修,他说:"如今初初悟得自己本具性德的行者,虽由种种因缘而一念顿悟妙理,但仍然还有无始劫以来熏习累积的烦恼习气,无法在顿悟之时就马上断除净尽;须教他从日常生活中,彻底除尽那些从无明业识中起现行的种种妄想分别执着,这才是修行。除此之外,并没有其他的修行方法能教他究竟不退转。"

沩山和尚这些话,若不是真正觉悟的人是说不出来的。现今修行稍有觉悟的人,就自以为这一生的道业已修学圆满了,为何是如此呢?

孚遂二座主

太原孚上座①,于扬州孝先寺讲《涅槃经》,广谈法身妙理,有禅者失笑。孚讲罢,请禅者茶,白云:"某甲狭劣,依文解义,适蒙见笑,且望教诲。"禅者云:"不道座主所说不是,然只说得法身量边事,实未识法身在。"孚曰:"既如是,当为我说。"曰:"座主还信否?"曰:"焉敢不信!"曰:"请座主辍讲旬日,端然静坐,收心摄念,善恶诸缘一时放却。"孚一依所教,从初夜至五更,闻角声,忽大悟。又良遂座主②参麻谷③,谷荷锄入园,不顾,便归方丈闭却门。次日复求见,又闭却门,遂乃敲门。谷问是谁?遂方称名,忽大悟。此二尊宿,祇缘是虚心下贤,不存我慢故。今人自高,焉得有此?

【注释】①孚上座:孚公,即唐末五代雪峰义存禅师之法嗣(继承法系的人),世称太原孚上座。

②良遂座主:唐朝良遂禅师,属南岳怀让法系,世称寿州良遂。良遂禅师曾两度参谒宝彻禅师,宝彻禅师或荷锄锄草或闭门不见,使师两次均遭闭门羹,引发师悟道之因缘,此即驰名丛林之公案"麻谷锄头锄草"。复以师之大彻大悟而究竟禅旨之因缘,禅林中遂以"良遂

尽知"一语,表示禅徒已达彻悟之境界。

　　③麻谷:唐代僧,法号宝彻。出家后参谒马祖道一,并嗣其法。后居于蒲州(山西)麻谷山举扬禅风。有"麻谷振锡、麻谷手巾、风性常住"等著名公案流传于禅林。

　　【译文】唐末五代禅僧孚公,世称太原孚上座,在扬州孝先寺讲解《涅槃经》,演说阐明法性深妙义理,座下有位禅师听了不自觉的发笑。孚上座讲完后,请这位禅师喝茶,并谦虚的向他请教:"本人学识浅薄,讲经只是依文解义,刚才适蒙见笑,祈望多多教诲。"

　　禅师说:"我并非笑座主所说的不对,只是刚才座主虽广谈法身妙理,也只不过说得法身量边事而已,其实并未真正识得法身在。

　　孚上座说:"既然这样,请师为我开示。"

　　禅师问:"座主还信得过我吗?"

　　孚上座回道:"怎敢不信?"

　　禅师说:"那就请座主停讲十天半月,端身静坐,收心摄念,把善恶诸缘都暂时放下。"

　　孚上座听了以后,即依禅师所教,昼夜无间,于天将明时,闻鼓角声,忽然大悟。

　　还有良遂座主参谒麻谷山宝彻禅师的公案。麻谷禅师见良遂座主来,即扛着锄头入园锄草,未理会良遂禅师,锄草后,即回方丈室并把门关起来。第二天良遂座主又来拜见,麻谷禅师仍闭门不见。良遂座主就敲门,麻谷禅师问:"是谁敲门?"良遂座主才刚称名回答,就忽然大悟。

　　我们看这两位德尊长者的成就,都是因为虚心下贤、不存我慢所致。今人自以为是、贡高我慢,怎能有此悟道境界?

实　悟

　　妙喜①云："若是干屎橛②如是说得落时，如锯解称锤③、麻三斤④、狗子佛性⑤等，皆可如是说得。既不可如是说，须是悟始得。你若实得悟，师家故言不是，亦招因果不小。"学者当切记妙喜此语，息却口头三昧而求实悟。

　　【注释】①妙喜：宋朝大慧宗杲禅师，字昙晦，号妙喜，又号云门。十七岁出家。与圆悟克勤住开封，大悟后，乃嗣圆悟之法，圆悟并以所著《临济正宗记》付嘱之。靖康元年（公元1126年），承相吕舜徒奏赐紫衣，并得"佛日大师"之赐号。晚年，住径山，四方道俗闻风而集，座下恒数千人，时有"径山宗杲"之称。孝宗皈依之，并赐号"大慧禅师"。世寿七十五，法腊五十八。谥号"普觉禅师"。

　　②干屎橛（jué）：禅林用语。原指拭净人粪之橛（如厕后用以拭秽之木竹小片），临济宗为打破凡夫之执情，并使其开悟，对审问"佛者是何物"者，每答以"干屎橛"。盖屎橛原是擦拭不净之物，非不净则不用之，临济宗特提此最接近吾人之物，以教斥其专远求佛而反不知清净一己心田秽污之情形，并用以打破学人之执着。

　　③锯解称锤：禅宗公案名。唐代之大愚山守芝禅师，因僧问：

"如何是佛?"大愚禅师曰:"锯解称槌。"锯解,锯断树木的工具。称,通"秤",衡器。称锤,秤砣。

④麻三斤:禅宗公案名。即五代宋初云门宗洞山守初禅师显示尽大地无一不是佛之当体之公案。《碧岩录》第十二则:"僧问洞山:'如何是佛?'山云:'麻三斤。'"盖麻三斤乃彼时洞山眼前之物,洞山以此作答,用以表示佛法之真实,意谓身旁无论何物均是佛法。

⑤狗子佛性:"狗子有无佛性?"自古为禅宗破除执着于有、无之公案。又作赵州狗子,赵州无字。《五灯会元》第四曰:"僧问狗子还有佛性也无?师曰无。僧曰:上自诸佛下至蝼蚁,皆有佛性,狗子为什么却无?师曰:为伊有业识性在。又有僧问狗子还有佛性也否?师曰有。僧曰:既是佛性,为什么撞入这个皮袋裹?师曰为他知故犯。"此则公案中,赵州从谂是借狗子之佛性以打破学人对于有无之执着。而赵州所指之有无,非为物之有无,乃表超越存在的佛性之实态。

【译文】妙喜禅师说:"参禅的人如果能够道出'干屎橛'这样含有禅机的话,那么类似'锯解称槌''麻三斤''狗子佛性'等话头,当然也都可以说得出来。既然不可以只是会说而已,那就必须要有真参实悟才能得道。反而言之,你如果确实得悟,为人师者却故意加以否定,这位老师也会招致不轻的因果。"

学禅的人应当切记妙喜禅师这段话,不可耍弄口头三昧,而要务求实悟才行。

出家父母反拜

予作《正讹集》①，谓反者还也，在家父母不受出家子拜，而还其礼，非反拜其子也。一僧忿然曰："法华经言，大通智胜如来既成佛已，其父轮王向之顶礼，是反拜其子，佛有明训，因刻之经末。"予合掌云："汝号甚么如来？"僧谢不敢。又问："汝既未是如来，垂成正觉否？"僧又谢不敢。予谓曰："既不敢，且待汝垂成正觉，更端坐十劫，实受大通如来位，纳父母拜未晚。汝今是僧，未是佛也。佛为僧立法，不为佛立法也。且世人谤佛无父无君，吾为此惧，正其讹谬，息世讥嫌，冀正法久住，汝何为不畏口业，甘心乎狮子虫②也？"悲夫！

【注释】①《正讹集》：明代云栖袾宏撰。计列举六十六项，如千佛衣、五祖不养母、西方十万八千、高沙弥不受戒、盂兰盆、梁武帝、南无佛、三衣、剃发不剃须等，皆为当时道俗所不知而致讹传者，故袾宏详述出典，以释明佛教本来之意义。

②狮子虫：《莲华面经》云："佛告阿难，譬如狮子，若命终时，若水若陆，所有众生，不敢啖食，唯狮子身，自生诸虫，还自啖食狮子之肉。阿难，我之佛法，非余能坏，是我法中诸恶比丘，自毁坏故。"

【译文】我所著的《正讹集》，曾解释父母反拜的"反"是"还"的意思。当出家的子女礼拜父母时，在家父母不敢受出家的子女礼拜，而回礼，并不是父母反向出家的子女礼拜。

一位僧人看到我这样解释很不服气，来质问我："《法华经》上记载，大通智胜如来成佛之后，他的父王便向他顶礼，这明明是父反向子礼拜，这是佛的明训，因而刻在经末。"

我合掌问道："请问你号什么如来？"

这位僧人谦称："不敢。"

我又问："你既还没成佛，是否即将成佛？"

这位僧人又谦称："不敢。"

我就对他说："你既称不敢，且等你将来成佛后，更端坐十劫，实受大通如来果位，那时再接纳你的父母礼拜未晚。你现在只是一个僧人，还不是佛。要知道佛是为僧立法，不是为佛立法。况且世人诽谤佛法无父无君，我就是忧虑世人这种误解，所以写《正讹集》，意在改正种种错误，以消除世人的误解讥嫌，希望正法久住。你何苦不畏口业，甘心当佛门中的狮子虫来毁坏佛法呢？"真是可悲呀！

生愚死智

《洛阳伽蓝记》^①云："史书皆非实录，今人生愚死智，惑亦甚矣!"盖言史多溢美,不足信也。但"皆非"二字,立言太过。古号史为直笔,则焉得非实?夫子言"文胜质则史",则容有非实,当改"皆非"作"未必"耳。夫古人慎重许可,一语品题,芳播千古。而今乃视为故事,等为人情,虚谀浪褒,取笑识者,可叹也。故《洛阳记》有激而发此论,切中末世之弊。不如是道破,《传灯录》②前代真善知识,与今安排名姓插入祖图者何辨?尔后为吾弟子,毋妄干名公大人,装点吾之未到也。

【注释】①《洛阳伽蓝记》:后魏抚军司马杨衒之撰。收在《大正藏》第五十一册。杨衒作此书原意,非为护教弘法。其本意实在针砭当时佛教之冒滥。此书不惟可作了解北魏洛阳佛教史及政治社会史之辅助资料,且可作研究当时洛阳城之建制,及佛寺建筑之重要参考。所记多为作者所亲自闻见,因此其史料价值甚高,颇可补正史之不足,历代治史者所以重视此书。

②《传灯录》:《景德传灯录》,略称《传灯录》,凡三十卷,宋代道原撰。为我国禅宗史书之一,原题名为佛祖同参集。本书集录自过去七佛,及历代禅宗诸祖五家五十二世,共1701人之传灯法系,内容包括行状、机缘等。以宋真宗景德元年(公元1004年)具表上进,并奉敕入藏,故以"景德"名之。又以灯能照暗,法系相承,犹如灯火辗转相传,喻师资正法永不断绝,故称"传灯"。

【译文】《洛阳伽蓝记》提到:"史书都不是真实的记录,就像现在的人写传记,生时本是一个愚人,死后反而成了一名智士,实在令人疑惑!"概括来说,史书上的记载大多过分的赞美,所以不足取信。但我认为用"皆非"这两字未免太过了。古人称史官据事直书,无所避忌，为直笔，则所记载的事迹怎能完全脱离事实呢？孔夫子说："文胜质则史"，用字措辞多过于事实，就会跟史书一样。史书的记载确实有其虚浮之处，但也非完全脱离事实，应当把"皆非"两字改为"未必"，这样比较确切。

古人凡事总是慎重地作出结论，若是用一句话来评论人事物，定其高下，便足以使人流芳千古的。而现在的人往往把评论当作虚应故事看，替人写传记等于做人情，于是虚妄地加以渲染，胡乱地给予褒扬，未免被有见识的人所取笑。真是可叹啊！

所以《洛阳伽蓝记》的作者有感于此而有此评论，真是切中末世的弊病。如果不这样一语道破，那么《传灯录》上所记载的前代真善知识，与近世刻意安排名姓插入祖图的人，当如何辨别呢？今后凡是我的弟子，切不可随便请求达官显贵为我作传，以免张扬夸大我所没有达到的境界。

庄子（一）

有俗士，聚诸年少沙弥讲《庄子》[①]，大言曰："《南华》义胜《首楞严》。"一时缁流及居士辈无斥其非者。夫《南华》于世书诚为高妙，而谓胜《楞严》，何可笑之甚也！士固村学究，其品猥细，不足较，其言亦无旨趣，不足辨，独恐误诸沙弥耳！然诸沙弥稍明敏者，久当自知。如言鍮②胜黄金以诳小儿，小儿既长，必唾其面矣！

【注释】①《庄子》：书名。道家尊称为《南华经》，是道家重要经典之一。其内容大抵记载庄周及其门徒的思想，是继承老子的学说而加以发扬。

②鍮（tōu）：鍮石，是铜与炉甘石炼成之合金，次于金。

【译文】有位俗士聚集年少的沙弥们，为其讲解《庄子》，夸大的说："《南华经》的义理胜过《楞严经》。"当时在座的僧众和居士竟没有人驳斥他的谬论。《南华经》相对于世俗的书籍而言，确实较为高妙，但如果说它的义理胜过《楞严经》，那就太可笑了！

这位俗士只不过是位学识浅陋的读书人，他的品德学识本就鄙陋低下，不值得与他计较；他所说的话，言不及义，本来是不值得与他辩驳，但只怕误导了那些小沙弥啊！

然而，这些沙弥如果稍微聪明敏悟，日后必能明了。譬如有人说"鍮石胜过黄金"来欺骗小孩，小孩长大明白真相之后，必定鄙弃欺骗他的人。

庄子（二）

　　或曰："《庄子》义则劣矣。其文玄旷疏逸，可喜可愕^①，佛经所未有也。诸为古文辞及举子业^②者，咸靡然^③宗之。则何如？"曰："佛经者，所谓至辞无文者也；而与世人较文，是阳春与百卉争颜色也。置勿论。子欲论文，不有六经四子^④在乎？而大成于孔子，吾试喻之。孔子之文，正大而光明，日月也；彼《南华》，佳者如繁星掣电^⑤，劣者如野烧也。孔子之文，渟蓄^⑥而汪洋，河海也；彼《南华》，佳者如瀑泉惊涛，劣者如乱流也。孔子之文，融粹而温润，良玉也；彼《南华》，佳者如水晶琉璃，劣者如珉珂珷玞^⑦也。孔子之文，切近而精实，五谷也；彼《南华》，佳者如安南之荔、大宛之葡萄，劣者如未熟之梨与柿也。此其大较也。业文者宜何师也？而况乎为僧者之不以文为业也。"

【注释】①可愕：使人惊讶。

②举子业：为应科举考试而准备的学业。明清时专指八股文。

③靡然：草木顺风而倒貌。喻望风响应，闻风而动。

④六经四子：六经，指儒家六部重要的经典，即《诗》《书》《礼》《乐》《易》《春秋》。四子，即指《大学》《中庸》《论语》《孟子》四书。

⑤掣电：闪电。亦以形容迅疾。

⑥渟（tíng）蓄：指储积于胸中的才识。

⑦珉珂珷玞（wǔ fū）：美石次玉。

【译文】有人问："《庄子》的义理虽然比不上佛经，但是它的内容高远开阔、淡泊超逸，使人读之既欢喜又惊讶，这是佛经所没有的。许多文人作古文辞赋及科举应试时，都一味地尊崇效法《庄子》，这该怎么解释？"

我答道："佛教的经典，正所谓是至妙的义理，难以用语言文字表达。若要拿来与世人的文章做评比，如同以温暖和煦的春阳与多姿多彩的百花来较量美艳。暂且不与佛经比较，你如果要评论文章义理，不是还有六经、四书（四子书）在吗？而孔子正是融会各家思想学说之大成者，故以之为代表，我试以譬喻来说明。孔子的文章义理，正大而光明，如同日月；而《南华经》，好的文义虽多，但如繁星一闪即逝；不好的文义就像野火，焚烧不尽。孔子的文义，深厚蕴藏而宽宏深广，如同河海般源远流长；而《南华经》，好的文义虽如瀑泉般使人心震慑澎湃，不好的文义就像淫乱的风气搅扰人心。孔子的文义，融合各家精要，自成一家之言，如同良玉般温润而泽仁；而《南华经》，好的文义如同水晶琉璃般彩泽光润，不好的文义就像质量较低劣的珉珂珷玞（四者都是似玉的美石）。孔子的文义，亲切又精深朴实，如同五谷育民；而《南华经》，好的文义就像安南的荔枝、大宛的葡萄，多汁甜美，但不好的文义就像未成熟的梨与柿，又酸又涩。以上是大致性的比较，一般的文人要如何择师取法，应已有方向。何况出家人根本不以世间的文学为业！"

庄子（三）

　　曰："古尊宿疏经造论，有引庄子语者，何也？"曰："震旦①之书，周孔老庄为最矣。佛经来自五天②，欲借此间语而发明，不是之引，而将谁引？然多用其言，不尽用其义，仿佛而已矣。盖稍似而非真是也。南人之北，北人不知舟，指其车而晓之曰：'吾舟之载物而致远，犹此方之车也。'借车明舟，而非以车为舟也。"

　　【注释】①震旦：古代印度称中国为震旦。
　　②五天：中古时期，印度全局分划为东、西、南、北、中五区，称为五天竺。又称五印度。略称五天、五竺、五印。
　　【译文】有人问："古大德注解佛经或者造论阐扬佛法，也有引用《庄子》的话，这是为什么？"
　　我答道："中国的著作，当推周公、孔子、老子、庄子的著作最好。佛经来自五印度，必须借由中国的语言文字来阐明佛经的义理，如果不引用中国这些圣贤的语言文字，还有谁的话可以引用？然而大多只能借用它的文字，并非完全引用它的义理，只是取其仿佛而已；实际上只能取其稍微类似之处，而无法完全用来阐述佛经本意。譬如南方人到北方，北方人不认识船，南方人就指着车对北方人说：'我们南方人常用船运载货物到远地，如同你们这里用车载物一样。'这是借由车来解释船，并不是说车就是船。"

养老书

有集养老书①，日用服食，多炮炙②生物。至于曰雀、曰雁、曰雉③、曰鸳鸯、曰鹿、曰兔、曰驼、曰熊、曰猯④，多豪贵少年所未及染指者。先德有言："饶君善将息，难与死魔争。"胡为老不息心，反勤杀害，误天下老人并其子弟俱陷地狱者，是书也。孔子曰："老者安之。"定不教渠杀生为安。孟子曰："七十食肉⑤。"亦定不教渠遍食众生肉也。作俑⑥者其思之。

【注释】①《养老书》：老年养生学专著。《养老奉亲书》，又名《奉亲养老书》《寿亲养老书》。一卷，分十五篇，北宋陈直撰。

②炮炙：烘烤、烧烤。

③雉：鸟名，通称野鸡。

④猯（tuān）：野猪。

⑤七十食肉：出自《孟子·梁惠王上》。孟子曰："五亩之宅，树之以桑，五十者可以衣帛矣；鸡豚狗彘之畜，无失其时，七十者可以食肉

矣;百亩之田,勿夺其时,数口之家可以无饥矣;谨庠序之教,申之以孝悌之养,颁白者不负戴于道路矣。七十者衣帛食肉,黎民不饥不寒,然而不王者,未之有也。"

⑥作俑:本谓制作用于殉葬的偶像,后因称创始、首开先例称之。多用于贬义。

【译文】有人汇集养老方面的书籍《养老书》,其中提到日常饮食的养生法,大多介绍用各种生物烹调炮制而成。其中甚至提到雀、雁、雉、鸳鸯、兔、驼、鹿、熊、野猪这些生物,连许多富豪贵族的子弟都没有尝过。古大德说过:"尽管你很会调养身体,也难与死魔抗争。"为何已到老年还不肯放下妄念,反而造更多的杀业?贻害天下老人及其子弟俱陷地狱的罪魁祸首,就是这本书了。

孔子说:"要让老年人安度晚年。"一定不会教人以杀生作为安度晚年的方式。孟子说:"七十岁以上的人可以吃肉。"也一定不会教人遍吃众生肉。开启以肉食滋补养生观念的肇始人,应该好好地深思。

心 得

以耳听受而得者,不如以目看读而得者之广也。以目看读而得者,不如以心悟明而得者之极其广也。以心为君、以目为臣、以耳为佐使,可也。用目当心,斯下矣。用耳当目,又下之下矣!

【译文】用耳朵听闻所得到的常识,不如用眼睛阅读所得的知识广。用眼睛阅读所得的知识,又不如用心领会所悟得真理来的深广。所以,学习必须以心的领悟为主,眼看为副,耳听为辅助。如果用眼看取代用心领会,所得的知识就浅陋了。如果以耳听取代目读,所得的常识就更加浅陋了!

祀神不用牲

杭俗岁暮祀神,大则刲①羊蒸豚②,次则用猪首鸡鱼之属。予未出家时,持不杀戒,乃易以蔬果。家人虽三尺童子无不愕然,以为必不可。予燃香秉烛,高声白神云:"某甲奉戒不杀。杀生以祭,不惟某甲之过,亦非神之福。然此意某一人独断,其余皆欲用牲,倘神不悦,凡有殃咎③宜加予身;若滥无辜,非所谓聪明正直者。"家人犹为予危之。终岁合宅无恙,遂为例。

【注释】①刲(kuī):刺、割。

②豚：小猪，亦泛指猪。

③殃咎：灾祸。

【译文】杭州地方的风俗，每年岁末家家户户都会祭祀神明，大则宰羊蒸小猪祭神，其次则用猪头、鸡、鱼之类祭神。我在还没出家时，已持不杀生戒，因此改用蔬果祭神。我的家人，即使是小孩子，都感到惊讶，都认为不可如此，怕会触犯神明。

我便燃香点烛，大声地向神明禀告："我本人奉持不杀生戒。如果杀生祭祀，不仅我个人犯了杀生的罪过，这对神明也没有好处。然而改用蔬果祭神，这是我个人独自的决定，其他人都想要用牲礼祭神。如果神明您因此不高兴，所有灾祸，请全部加在我一人身上，若是滥及无辜，那就不配称为是聪明正直的神了。"

我的家人仍为我担忧不安，直至次年年终，合家都平安无恙，大家就相信祭祀神明可以只用蔬果，此后就以此为例了。

好 乐

人处世各有所好，亦各随所好以度日而终老，但清浊不同耳。至浊者好财，其次好色，其次好饮。稍清，则或好古玩，或好琴棋，或好山水，或好吟咏①。又进之，则好读书。开卷有益，诸好之中，读书为胜矣！然此犹世间法。又进之，则好读内典②。

又进之，则好净其心。好至于净其心，而世出世间之好最胜矣！渐入佳境如食蔗喻。

【注释】①吟咏：歌唱、作诗词。

②内典：指佛教之经论书籍。反之，佛教以外之典籍称外典。道安之《二教论》则谓："救形之教，教称为外；济神之典，典号为内。"

【译文】人生在世，各有各的喜好，也各自随着自己的喜好度过一生，只是各人喜好的品位高下不同罢了。最低下的是好财，其次是好色，再其次是好饮酒。稍清高的，有爱好玩赏古董文物，或是琴棋书画，或是游山玩水，或是吟咏诗歌词赋。再上一等的，则爱好读书，喜欢读有益身心修养的书。以上种种爱好之中，以读书为最上等，但这还只是属于世间法。更上一等的，则是好读佛经。再上一等，则是能时时保持清净心，这算得上世间、出世间种种爱好中最为殊胜的。种种爱好，自品位低俗而至清高，而至于修清净心。这渐入佳境的情况，就好比吃甘蔗一样，愈吃愈甜。

世智当悟

智有二：有世间智①，有出世间智②。世智又二：一者博学宏辞，长技远略，但以多知多解而胜乎人者是也。二者明善恶、别邪正，行其所当行而止其所当止者是也。仅得其初，是谓狂智，当堕三涂。兼得其后，是谓正智，报在人天。何以故？德胜才谓之君子，才胜德谓之小人也。

出世间智亦二：一者善能分别如来正法，四谛、六度等，依而奉行者是也。二者破无明惑③，如实了了，见自本心者是也。仅得其初，是出世间智也，名为渐入。兼得其后，是出世间上上智也，乃名顿超。何以故？但得本，不愁末。得末者，未必得本也。今有乍得世智初分，便谓大彻大悟者，何谬昧之甚！

【注释】①世间智：谓凡夫、外道之智也。凡夫、外道等，于一切法，种种分别，执着有无，而不能出离世间，是名世间智。

②出世间智：谓声闻、缘觉之智也。声闻、缘觉以一切智，修四谛行，而能出离世间，是名出世间智。（一切智者，谓一切诸法皆能了达也。四谛者，苦谛、集谛、灭谛、道谛也。）

③无明惑：谓于一切法无所明了，故曰无明。此惑乃业识之种子，烦恼之根本。声闻、缘觉不知其名；别在大乘菩萨，定慧双修，万行具足，方断此惑。故亦名别惑也。

【译文】智慧分为两种：一种是世间智，一种是出世间智。

世间智又可分为二种：一种是学问广博、能言善辩、技艺出众、谋略深远，这些人大都是以知识丰富、头脑灵活而胜过普通的人。另一种是能认清善恶、辨别邪正，凡是符合道义的，便勇往直前去做，若是违背道义的，则坚决禁止。这二种世智中，如果只具有前者，这种智慧只能称为狂智，仗此狂智造业，势必堕落三途；若能兼具后者，这种智能才可称为正智，依此正智断恶修善，将来果报定在人天法界。为什么？凡注重品德修养而不炫耀才华的人，称为君子；爱卖弄才华、投机取巧、轻忽品德的人，便是小人。

出世间智也分为二种：一种是善于思考佛所说的四谛六度等诸法，并能依教奉行的人；另一种是断尽无明烦恼，通达诸法实相，彻见自心本具佛性的人。在这二种出世间智中，仅得前一种，虽可称为出世间智，但名为渐入；兼得后一种，便是出世间上上智了，名为顿超。为什么？因为明心见性是根本，其余皆属枝节，只要得到根本，自然不愁不具枝节；如果仅得枝节，却未必能得到根本。现今有些人，刚得到世间智的皮毛，便自以为大彻大悟了，真是荒谬愚昧到了极点！

时不可蹉

凡人初出家，心必猛利，当趁此时，一气做工夫，使有成立。若悠悠扬扬，蹉^①过此时，日后或住院，或受徒，或信施^②繁广，多为所累^③，沦没初志。修行人不可不知。

【注释】①蹉：失时。
②信施：指信徒施财物于三宝等，或指其所施的财物。
③累：连累、使受害。

【译文】一般人刚出家的时候，求道的心都非常勇猛精进，应当趁这个时候，一鼓作气用功修行，使定慧工夫有所成就。如果在出家之初就懒散不尽心、苟且偷安，错过了修行的关键期，到将来，或是住持寺院，或是摄受徒众，或是信众的财物布施很多、很丰盛，自己修行的工夫不得力，禁不起这些名闻利养的诱惑，不但了脱生死无望，就连最初一念向道之心也会被湮没了。所以，修行人不可不知道要谨慎把握初发心。

念佛鬼敬

海昌村民某，有老媪①死，附家人，言平生事及阴府报应甚悉，家人环而听之。某在众中忽摄心念佛，媪谓曰："汝常如此，何患不成佛道？"问何故？曰："汝心念阿弥陀佛故。"问何以知之？曰："见汝身有光明故。"村民不识一字，瞥尔顾念②，尚使鬼敬，况久修者乎？是故念佛功德不可思议。

【注释】①媪：老妇人的通称。
②瞥尔：突然、迅速地。顾：回首、回视。
【译文】海昌这个地方有某位村民，家中有老妇人过世，她的灵魂附在家人身上，向人谈起她平生所经历的事情，以及阴间地府善

恶报应的事情，讲得很详细，她的家人都围绕在她旁边聆听。

村民某在众中突然摄心念佛，老妇人对他说："你如果能常如此，何愁成不了佛道？"

村民某问："为什么？"

老妇人说："你心中念着阿弥陀佛。"

村民某问："你怎么知道？"

老妇人说："因为我看到你身上放光。"

这位村民不识字，只是偶然在心中默念阿弥陀佛，尚且能使鬼生恭敬心，何况久修净土法门的人呢？由此可知，念佛功德不可思议！

鬼　神

或问：有鬼神欤？无鬼神欤？曰：有。鬼神可信奉欤？不可信奉欤？曰：亦可亦不可。何谓也？曰：夫子不云乎"敬鬼神而远之"！盖一言尽其曲折矣！"敬"之云者，有也。"远"之云者，信奉而不信奉也。祀之以时，交之以礼，如是而已耳。过信而谄奉①焉，冀②其报吉凶、降福佑、获灵通，则骎骎③然入于邪矣。噫！有可敬而不可远者，诸佛诸菩萨是也。胡弗思也？

【注释】①谄奉：谄媚奉承。

②冀：希望、盼望。

③骎骎：急促、匆忙、疾速。

【译文】有人问："这世间有鬼神呢？还是没有鬼神？"

我回答："有。"

又问："鬼神可信奉呢？还是不可信奉？"

我说："可信奉，也不可信奉。"

问："这是什么意思？"

我答道："孔子不是说过'敬鬼神而远之'！这句话就已经解释得很清楚了。用'敬'这个字，就是说明有鬼神；'远'这个字，就是教人信奉而不信奉。只要能做到按时祭祀，祭祀时能尽到礼节，这样就可以了。过分的信奉就变成谄媚奉承。如果还期望鬼神能给你报吉凶、降福佑、获灵通，那你很快就会走入邪道了。唉！有既可敬仰而又可亲近的，正是诸佛菩萨啊！为什么不好好想一想这点呢？"

东坡①（一）

洪觉范②谓东坡文章德行炳焕千古，又深入佛法，而不能忘情于长生之术③，非唯无功，反坐此病卒。予谓东坡尚尔，况其余乎！今有口谈无生④，而心慕长生者；有始学无生，俄而改业长生者。盖知之不真，见之不定耳。故道人不可刹那失正知见。

【注释】①东坡：即苏轼，字子瞻，一字和仲，号东坡居士。唐宋八大家之一，北宋眉州眉山人。博通经史，对儒、释、道三教皆有研究。嘉祐元年（公元1056年）及第进士。王安石倡行新法，轼上书痛陈不便，得罪安石，被连贬数州。在黄州时，筑室于东坡，自号东坡居士。卒谥文忠。著有《东坡集》等。

②洪觉范：北宋瑞州清凉寺宝觉禅师，初名慧洪，又名德洪，字觉范，号寂音尊者。参真净克文禅师得法。高宗建炎二年寂，寿五十八，赐宝觉圆明之号。著《禅林僧宝传》《林间录》《石门文字禅》等。

③长生之术：道教修炼方术，宋朝尤重"内丹术"。其理论是将人 体的某些部位比作炉鼎，以精、气、神为对象，掌握其运行方法，经过一定的炼养步骤，使精、气、神在体内凝聚成丹而致长生。宋苏轼《过大庾岭》诗："仙人拊我顶，结发授长生。"

④无生：世间一切皆生灭虚妄之相。无生者，谓无虚妄之生。既无有生，云何有灭？不生不灭，乃究竟实相也。

【译文】慧洪觉范禅师认为苏东坡的文章和德行都足以流芳千古，又深入佛法，只因留恋于道教的长生之术，不但劳而无功，反被长生之术所误而至病死。我认为像苏东坡这样聪明有才智的人尚且错用心，何况其他人呢？

现今有些人口中虽谈世间诸法皆不生不灭，而内心却向往长生之术；还有一些人，先学佛教的无生之理，不久就改学道教的长生之术。这都是由于对诸法实相认识得不清楚，心无定见所致。所以，修学佛道的人不可片刻失去正知正见。

东坡（二）

　　元禅师①与东坡书云："时人忌子瞻作宰相耳。三十年功名富贵，过眼成空，何不猛与一刀割断。"又云："子瞻胸中有万卷书，笔下无一点尘，为何于自己性命便不知下落？"以东坡之颖敏，而又有如是善友策发，何虑不日进？今之缙绅②与衲子③交者，宜讲此谊。

　　【注释】①元禅师：宋代云门宗僧，法号了元，字觉老。自幼学《论语》等典籍，后礼宝积寺日用为师，学习禅法。与苏东坡相交颇深，并整编白莲社流派，担任青松社社主，对于净土思想甚为关心。元符元年一月四日示寂，享年六十七岁，法腊五十二，朝廷赐号"佛印禅师"。

　　②缙绅：插笏于绅带间，旧时官宦的装束。亦借指士大夫，即指官吏或较有声望、地位的知识分子。

　　③衲子：比丘自称衲僧、衲子、老衲等名，或称僧众为衲众，凡此皆取其穿着"衲衣"之义。

　　【译文】佛印了元禅师曾写信劝诫苏东坡："当今官场上许多人都畏惧子瞻你将来做宰相。即使你真的做了宰相，享受三十年的功名富贵，也是转眼成空，何不趁早将名利之心一刀切断！"又说："子瞻你虽然学识渊博，所写的文章毫不沾染尘俗之气，为何对于自己的慧命反而不知如何去向？"

以东坡的聪明才智，又有佛印禅师这样的良师益友勉励启发，他的德行何愁不能天天增长呢？当今出家人与为官者或是知识分子往来时，也应该注重这种相互规劝、砥砺的原则。

憎　爱

语云："爱其人及其屋上之乌。"言爱之极其至也。忽缘变而情迁，转爱为憎，憎而又憎，向之爱安在哉？转憎为爱，亦复如是。是故爱不必喜，憎不必怒，梦事空花①，本非实故。

【注释】①空华：全称"虚空华"，又作空花、眼华、眼花。盖空中原无华，然眼有病疾者，常于空中妄见幻化之华；比喻本无实体之境界，由于妄见而起错觉，以为实有。故于自身中见有一常住之我，或于一切万物中，妄见其有实体，则称为如见空华。

【译文】俗话说："爱屋及乌"，这是形容爱其人，推而爱及与之有关的人或物。若缘分忽然改变，感情也随着变化，就会从喜爱转为厌恶，由厌恶又转为痛恨，从前那种亲爱的情分现在在哪里呢？若由憎恨转为喜爱，也是相同道理。因此，被人喜爱不必欢喜，被人厌恶也不必愤怒，一切皆如梦境、空花般的虚幻，都是因缘和合而成，本无实体；若因缘别离，即便散坏。

静之益（一）

日间有事，或处分不定，睡去四五更起坐，是非可否忽白了然，日间错处于此悉现。乃知尔来不得明见心性，皆由忙乱覆却本体耳。古人云："静见真如①性。"又云："性水②澄清，心珠③自现。"岂虚语哉？

【注释】①真如：真者真实之义，如者如常之义，诸法之体性，离虚妄而真实，故云真。常住而不变不改，故云如。

②性水：法性清净，故以水譬之。

③心珠：喻指众生之心性。众生之心性本来清净，犹如明珠一般，故称心珠。

【译文】白天众多事务中，有的处理得不好或拿捏不定，到晚上睡到天将明时，起来静坐，此时不受外扰，心境洁净，自己忽然能够清楚明白所有的是非对错。白天哪些事务处理得不好，也都能清楚知道。由此可知，我们至今还没有明心见性，都是因为事忙心乱而蒙蔽了原有的自性清净心。古人说："静见真如性。"又说："性水澄清,心珠自现。"的确真实不虚。

静之益(二)

世间酽醯醇醴①,藏之弥久而弥美者,皆由封锢②牢密,不泄气故。古人云:"二十年不开口说话,向后佛也奈何你不得。"旨哉言乎!

【注释】①酽醯:即浓醋之意。醇醴:味道醇正浓厚的酒。

②封锢:严密关锁。

【译文】世间酿造各种香醋美酒,贮藏的时间愈久,味道就愈浓厚甘美,这都是由于封得密不透气所致。古人说:"二十年不开口说话,今后诸佛也奈何不得你。"这句话真是大有深意啊!

华严不如艮卦

宋儒有言："读一部《华严经》^①，不如看一艮卦^②。"此说高明者自知其谬，庸劣者遂信不疑。开邪见^③门，塞圆乘^④路，言不可不慎也。假令说读一部《易经》，不如看一艮卦，然且不可，况佛法耶！况佛法之《华严》耶！《华严》具无量门，诸大乘经^⑤，犹是《华严》无量门中之一门耳。《华严》，天王也；诸大乘经，侯封^⑥也；诸小乘经^⑦，侯封之附庸^⑧也。余可知矣！

【注释】①《华严经》：《大方广佛华严经》之略名。乃大乘佛教要典之一。是佛成道后在菩提场等处，借普贤、文殊诸大菩萨显示佛陀的因行果德，如杂华庄严，广大圆满、无尽无碍妙旨的要典。

②艮（gèn）卦：《易经》中的卦名。八卦之一，也为六十四卦之一。艮，象征山，山表安静不动。

③邪见：谓邪心取理，颠倒妄见，不信因果，断诸善根，作阐提行（指断绝一切善根、无法成佛者），是名邪见。

④圆乘：谓圆满无缺之教法，指三乘中之佛乘。三乘即声闻乘、缘觉乘、佛乘，是佛陀就众生根机之利钝所立之三种教法。其中，佛乘因欲求无上菩提、普度一切众生、修习六度万行，终将达于圆满究竟

而成佛，故亦称圆乘。

⑤大乘经：说明成佛之道的经典。

⑥侯封：封拜侯爵。

⑦小乘经：宣说四谛或十二因缘道理的经典。

⑧附庸：指附属于诸侯大国的小国。

【译文】宋朝有位儒生说："读一部《华严经》，不如看《易经》中的艮卦。"这种说法，凡是智慧明达的人自然都知道它的谬误，但是见识平庸低劣的人却深信不疑。这种邪知邪见会阻碍众生觉悟大乘圆教成佛的路，这个罪过非同小可，所以说话不可不谨慎啊！

假使说："读一部《易经》，不如看一艮卦。"这种说法尚且不可以，何况说佛法呢？更何况是佛法中的《华严经》呢？一部《华严经》，乃是具备无量无边的法门，诸大乘经典也不过是《华严》无量法门中的一门。所以，《华严经》好比是帝王一般，诸大乘经就如同诸侯国，诸小乘经就好比是附属于诸侯国的小国，至于其他的就不言可知了！

韩淮阴①

淮阴佐汉灭楚，既王矣，召漂母②与之千金，召辱己少年，亦与之千金。夫报恩者人情之常也，不报怨而反酬以恩，可谓有大人之量，君子长者之风矣！而卒不获以寿考③终，千古而下，犹可扼腕④。虽然，其故有二：一者仁有余而智不足，二者多杀人，不免于自杀。理固应然，无足怪者。

【注释】①韩淮阴：即汉初名将韩信。江苏淮阴人，早年家贫，常从人寄食。秦末，陈胜、吴广起义，韩信始投项梁，继随项羽，后从刘邦。后经萧何力荐，始为大将。楚汉相争期间，韩信率兵数万，伐魏、举赵、降燕、破齐。之后，被封为齐王，参与指挥垓下决战，击灭楚军。刘邦虽用韩信而心存疑忌，故在项羽败亡后，即夺其兵权，徙为楚王，继又黜为淮阴侯。吕后知刘邦疑忌韩信，乃与丞相萧何定计，以谋反罪名杀之。

②漂母：漂洗衣物的老妇人。韩信早年贫贱，挨饿于城下，幸获漂母分食，得以幸存。

③寿考：年高、长寿。

④扼腕：用一只手握住另一只手腕，表示振奋、惋惜、愤慨等情绪。

【译文】韩信辅助汉王刘邦打败西楚霸王项羽，及至韩信受封为齐王之后，就邀请当年送饭给他吃的那位漂母来，并赠予千金；又召见曾让他受胯下之辱的那位年轻人，也赐给他千金。知恩报恩，这是人之常情，但是有怨不报反而报之以恩，这可说是具有大人之器量、君子长者的风范！可是韩信最后却不能寿终正寝，千古以来，仍然令人为他感到惋惜。虽然如此，究其原因有二：其一是他的仁慈有余，但是智慧不足；其二是因战争致使他杀太多人，终不免自己被他人所杀。从因果的理论上来看，就不足为怪了！

诵经杂话

总戎戚公①，素持《金刚经》。其守越之三江②也，有亡卒致梦云："明当遣③妻诣公，乞为诵经一卷，以资冥道。"翌日，果有妇人悲泣求见。诘之，如梦中语。公诺之，晨起诵经。夜梦卒云："荷公大恩，然仅得半卷，以于中杂'不用'二字。"公思其故，乃内人使侍婢送茶饼，公遥见，挥手却之，口虽不言，心谓不用。次早，闭户诵经。是夜，梦卒谢云："已获超拔。"此予亲闻于三江僧东林，东林诚笃有道行，不妄语者。噫！诵经僧可不慎欤！

【注释】①总戎：总管军事、统率军队的统帅。戚公：即明朝抗倭名将戚继光。字符敬，号南塘。世袭登州卫指挥佥事，好读书，通经史大义，历官浙江参将、福建总兵官等，平海盗，功最着，总理苏州、昌平、保定三镇练兵事，节制严明，边备修饬，后改官广东，罢归，卒谥武毅。

②三江：《国语·越语上》韦昭注以吴江、钱塘江、浦阳江为三江。

③遣：派遣、差遣。

【译文】明代总兵戚继光（尊称戚公），平时常持诵《金刚经》。当他镇守江浙一带时，有一天梦见一位已故的士兵对他说："明天我会派我的妻子来拜见您，求您为我读诵一卷《金刚经》，以帮助我脱离幽冥界之苦。"

第二天，果然有位妇人悲泣求见。经询问，与梦中士兵所言完全相符，戚公便答应她的请求。次日清晨，就为那位已故士兵诵经回向。当天夜里，又梦见那位士兵对他说："承蒙恩公为我诵经超度，但是我只得半卷经的功德，因为您在这部经中夹杂'不用'二字。"戚公仔细回想，原来是他的夫人在他诵经时，派婢女送来茶饼，他远远见了，就挥手示意令她拿回去。当时口里虽没说，心中确实有"不用"二字的意念。隔天早晨，戚公便把门户关好，至诚诵经回向。当天夜里，就梦见那位士兵前来道谢："我已经得到超度解脱了！"

这件事是我亲耳听三江僧人东林师说的。东林师为人忠厚诚实且有道行，不会打妄语的。噫！诵经的僧人怎可不谨慎啊！

平心荐亡

杭郡多士坊^①，有东平庙。郡之窭人^②死，致梦其妻云："谅汝无力修荐；纵多方修荐，不若东平庙庙主某公施一饭斛足矣！"妻诣^③庙主求请。主云："我至期有七员主行醮事^④，奈何! 然我宁辞彼就汝。"遂为施食。妻梦夫云: "已超脱矣! "此公平日卧榻上供王灵官像⑤, 像前置一瓶, 凡得经嚫⑥, 目不视, 即贮瓶中, 随取随用, 不欲较计厚薄也。一念平等, 亡魂赖以津济⑦。噫! 心平即有如是威德, 况心空者乎? 释子当自勉矣!

【注释】①士坊: 纪念表彰人物的建筑物。

②窘人: 穷困的人。

③诣: 造访。

④员: 量词, 计算人数的单位。醮(jiào)事: 道士所做斋醮祈祷神佛之事。

⑤卧榻: 狭长而矮的坐卧用具。王灵官: 道教奉祀的神, 又称"玉枢火府天将"。道观内多塑王灵官像, 如佛寺之塑伽蓝, 作为镇守山门之神。

⑥嚫(chèn): 此指僧侣为其俗世亲属或一般在家信徒作佛事之后, 施主供养众僧之钱, 亦称为嚫金。

⑦津济: 救助、接济。

【译文】杭州城内有很多纪念表彰人物的牌坊建筑物, 其中有一座东平庙。城内有位穷人死后, 托梦给他的妻子说: "我们家那么穷困, 想必你也没有能力为我做超荐法事。即使你想方设法为我做各种超度法事, 不如请东平庙庙主某公举行一场施食饿鬼的法会, 就足够了! "他的妻子就到东平庙向庙主说明缘由, 并请求为其亡夫举行一场施食法会。庙主说: "目前已有七人请我主办斋醮祈祷的法事, 怎么办呢? 好吧! 我宁可将那七场法事推辞, 也要先答应你的请求。"庙主就为这位妇人的亡夫举行施食法会。当天夜里, 这位妇人梦见亡夫对她说："我已经获得超脱了。"

　　这位庙主平时在矮桌上供奉王灵官的神像，像前安放一个瓶子，凡替人诵经所得的金钱，他都不看一眼，就存入瓶中，需要用的时候再随时取用，从不计较施主所给的钱是多是少。由于他的一念平等心，亡魂便仗此得以济度。噫！一念平等心便有这么大的威德，何况心如虚空的人呢？佛弟子们当努力自勉啊！

对　境

　　人对世间财色名①利境界，以喻明之。有火聚于此，五物在傍：一如干草，才触即燃者也。其二如木，嘘②之则燃者也。其三如铁，不可得燃者也，然而犹可镕也。其四如水，不惟不燃，反能灭火者也，然而隔之釜瓮③，犹可沸也。其五如空，然后任其燔④灼，体恒自如，亦不须灭，行将自灭也。初一凡夫，中属修学，渐次最后，方名诸如来大圣人也。

　　【注释】①财色名利：即指五欲。五欲者，能起人贪欲之心，故名欲。五欲指：一者财欲，二者色欲，三者名欲，四者饮食欲，五者睡眠欲。

　　②嘘：慢慢地吐气。

③釜：烹饪器，古史考谓"黄帝始作釜"。以其为金属制成，故从金。又以釜炊煮物时，常有咕嘟咕嘟之声，咕嘟与父音近，故釜从父声。父声多有大义，故大锅为釜。瓮：小口大腹的陶制汲水罐。

④燔（fán）：炙烤、焚烧。

【译文】当人们面对世间财色名利的境界现前时，会有各种反应，今以比喻来说明。譬如聚一堆火在此，有五种东西放在火旁：第一种是干草，才触及火苗就立即燃烧了。第二种是木柴，虽不会立即燃烧，但只要吹几口气，也就燃烧了。第三种是铁，铁遇到火是不会燃烧的，但只要被火烧到一定的程度，铁也是会熔化的。第四种是水，不但不会燃烧，反而可以把火熄灭，可是如果把水装入釜瓮中加热，还是可以把水烧沸的。第五种是虚空，虚空是没有形相的，任由烈火如何烧灼，虚空的体性永远安然无损，也用不着去灭火，火势将会自然烧尽熄灭。这五种东西，第一种比喻凡夫境界，中间三种比喻修行佛法由浅至深的渐次境界，最后一种才是诸佛大圣人所证得的境界。

去　障

修行去障，亦有五等。喻如一人之身，五重缠裹①，最外铁甲②，次以皮裘③，次以布袍④，次以罗衫⑤，又次贴肉极以轻绡⑥。

次第解之，轻绡俱去，方是本体赤髐⑦自身也。行人外去粗⑧障，去之又去，直至根本无明⑨极微细障皆悉去尽，方是本体清净法身⑩也。

【注释】①缠裹：装束、衣着。

②铁甲：古代用铁片连缀成的战衣。

③皮裘：用毛皮制成的御寒衣服。

④布袍：布制长袍。

⑤罗衫：丝织衣衫。

⑥轻绡（xiāo）：薄的生丝织品、轻纱。

⑦赤髐（lì）：赤膊，光着身子，比喻空无所有。

⑧粗：此处指大的意思。

⑨根本无明：从无始之际，一念不觉，长夜昏迷，不了真理，能生一切诸惑烦恼，是为根本无明。

⑩法身：本有法性之身，若佛出世及不出世，常住不动，无有变易。

【译文】修行要除去障碍，也有分五等。譬如一个人的身上穿了五层的衣物。最外面穿的是铁甲，其次是毛皮衣，第三层是布制长袍，第四层是丝织衣衫，最里面贴身处穿着轻纱。要脱掉这些衣服，须按次序解开，到最后连轻纱都脱去，才是本体空无所有的原来面目。修行人须先从外除去较大、较明显的障碍，例如贪瞋痴诸烦恼障，渐次除去各种障碍，一直到根本无明极微细的障碍全都去尽，才是本体清净的法性之身。

以苦为乐

厕虫之在厕也，自犬羊视之不胜其苦，而厕虫不知苦，方以为乐也。犬羊之在地也，自人视之不胜其苦，而犬羊不知苦，方以为乐也。人之在世也，自天视之不胜其苦，而人不知苦，方以为乐也。推而极之，天之苦乐亦犹是也。知此而求生净土，万牛莫挽矣！

【译文】厕所里的蛆虫生活在臭秽的粪坑中，在狗与羊看来，认为它们真是太苦了！但厕所里的蛆虫并不觉得苦，还自认为很快乐呢。狗与羊生活在肮脏的草地上，在人们看来，也认为它们真是太苦了！但狗羊并不觉得苦，还以为很快乐。人类生活在浊恶的世间，在天人看来，觉得人类实在太苦了！但人类并不觉得苦，还以为很快乐呢。以此类推，天人们以苦为乐的感觉，就跟前面所举的例子一样。果能信知三界无安，犹如火宅，则求生净土之坚定决心，纵有万牛之力，也不能挽回！

二客对弈

二客方对弈^①，有哂^②于傍者曰："吾见二肉柱动摇耳。"客曰："何谓也？"曰："二君形存而神离，神在黑白子中久矣，相对峙^③者非肉柱而何？"客默然。

【注释】①对弈：下棋。弈，围棋。

②哂（shěn）：微笑、讥笑。

③对峙：相对而立。

【译文】有二位客人正在聚精会神的下围棋，旁边有人笑着说："我看见两具肉柱在摇动啊！"

下棋的客人问："这话是什么意思呢？"

那人说："你们二位形体虽存而神识已离，神识停留在黑白子中已经很久了，现今坐在这里相对峙的，不是两具肉柱是什么？"

下棋的客人听了哑口无言。

思惟修

禅那①者，此云思惟修，故称禅思②比丘，是贵思也。经又言："有思惟心，终不能入如来大涅槃③海。"又言："是法非思量分别之所能及。"是病思也。所以者何? 盖思有二: 一正思惟，一邪思惟。无思之思，是正思惟④也; 有思之思，是邪思惟⑤也。又思有二: 一从外而思内，背尘合觉者也。一从内而思外，背觉合尘者也。从内思外者，思之思之，又重思之，思无尽而真弥远也。从外思内者，思之思之，又重思之，思尽而还源也。由思而入无思，即念佛者由念而入无念也。

【注释】①禅那: 梵语禅那，译曰思惟修，新译曰静虑，与禅定同。心定一境而审为思虑者，是为色界所属之心德，不具欲界之心，离欲界之烦恼，乃可得之。思惟修者，为寄于因之名，一心思惟研修为因，乃得此定心，故名为思惟修。静虑者，就当体而名之，其禅那之体为寂静而亦具审虑之用，故曰静虑。静即定，虑即慧也。定慧均等之妙体曰禅那。

②禅思: 即禅定，寂静思惟之义。

③涅槃: 梵语涅槃，华译灭度。原来指吹灭，或表吹灭之状态;

其后转指燃烧烦恼之火灭尽,完成悟智(即菩提)之境地,即超越时空的真如境界,也是不生不灭的意思。

④正思惟:即思考真实之道理,亦即远离贪欲、瞋恚、害念等邪思惟,而对无贪、无瞋、不害等生起思惟。

⑤邪思惟:于不应思处而强思惟。

【译文】梵语"禅那",翻为中文是"思惟修"的意思。所以称禅思比丘者,这表示思惟在修行中是很重要的。但经中又说:"有思惟心,终不能入如来大涅槃海。"又说:"是法非思量分别之所能及。"这是指出思惟是有过失的。为什么这样说呢?原来思惟分为二种:一种是正思惟,一种是邪思惟。无妄想分别执着而生起的思惟,是正思惟;有妄想分别执着而生起的思惟,是邪思惟。其次,思惟又分为二种:一是把攀缘外境的念头转来观照内心,这叫作背尘合觉;一是把观照内心的念头移去攀缘外境,这叫作背觉合尘。由观照内心转而攀缘外境,不断地向外攀缘思惟,思惟到极处也没有结果,这样愈思惟便离真心愈远。放下思量外境的攀缘心,转而观照内心,不断地放下外缘向内观照,如此正思惟到极处,便能妄尽还源,转迷为悟,明心见性了。这种从有思进入无思的修行功夫,就如同念佛人从有念进入无念的功夫一样。

诤　友①

予初出家时，皋亭②茶汤寺老僧，以诞日延予斋。时大岭有立禅，北人也，戆直③无诎，顾予曰："彼延子为佛法耶？人情耶？彼以人情重子耳，何往为？"予大惭。又友古溟者，谓予言："子以后不出世④为妙。"予告以素所愿，愿终身居学地⑤，而自锻炼。溟笑曰："子却有出世日在，未免也。"今思如二友者不可复得，凄然伤感者久之。

【注释】①诤（zhèng）友：能直言规劝的朋友。

②皋亭：山名，在今浙江省杭州市北郊。

③戆（zhuàng）直：迂愚刚直。

④出世：此指智德兼备者，在得法且潜隐修行之后，为信徒迎请出来住持寺院，接引后学，谓之出世。盖仿经论所谓"佛陀出现于世"之意。

⑤学地：指修学佛道时，尚残留有余地之修行境地。就小乘而言，由修戒、定、慧三学，而得须陀洹、斯陀含、阿那含、阿罗汉果，前三果是为有学，第四果为无学；其中，有学之阶段即为学地。

【译文】我刚出家时，皋亭山茶汤寺有一位老法师过生日，邀请我赴斋。当时大岭有位禅德，是北方人，他为人憨厚刚直，不会奉承讨好别人。他看着我说："那位老僧邀请你赴斋，是为佛法呢？还是为人情呢？我想他是以人情为重才邀请你吧，你为何要赴斋呢？"我听后不由得大为惭愧。

又有一位名叫古溟的道友曾对我说："你以后最好不要出来住持寺院会比较好。"我就告诉他，自己向来的愿望，就是希望效法古德先觉所为，终身学习以自我锻炼。古溟却笑说："你将来恐怕是免不了有出来住持寺院，接引后学的一天啊！"

如今想要再遇到像这二位能直言规劝的朋友，已不可能了，心中不禁感到凄凉悲伤，久久无法自已。

鼓 乐

秋榜①出，新举子②有鼓乐而过上方③之门者，二僧趋而往觇④之。甲云："善哉，不亦乐乎！"乙云："善哉，不亦悲乎！"甲问故。乙曰："子徒知今日之鼓乐，而不知有后日之鼓乐也。"甲不解，叹羡如故。

【注释】①秋榜：古时科举时代，秋季考试的榜单。
②举子：明清时俗称乡试中试的人。

③上方：住持僧居住的内室，亦借指佛寺。

④觇（chān）：窥视、观看。

【译文】秋季考试的榜单公布后，有庆贺上榜举子的鼓乐队伍，从寺院门前经过，寺内二位僧人出来观看。甲僧说："多好！真是快乐啊！"乙僧说："善哉！真是可悲啊！"甲僧问乙僧为何这样说？乙僧说："你只看到今天眼前的鼓乐，却没看到日后的鼓乐。"甲僧无法理解乙僧所说世间无常的含意，仍然为眼前的欢乐情境叹美不已。

道人重轻

古所称道人，以世所重者彼轻之，世所轻者彼重之故也。世所重者何？富贵也。世所轻者何？身心也。今与世同其重轻，是得为道人乎哉？

【译文】古时人们所称的道人是：凡世人所看重的，修道的人却看得很轻淡；而世人所轻淡的，修道的人却特别重视。世人所看重的是什么？富贵名利。世人所轻忽的是什么？身心修养。现今有些修道的人与世人同样看重富贵、轻忽身心修养，这还能称得上是道人吗？

佛经不可不读

予少时见前贤辟佛①，主先入之言，作矮人②之视，罔觉也。偶于戒坛经肆③，请数卷经读之，始大惊曰："不读如是书，几虚度一生矣！"今人乃有自少而壮、而老、而死，不一过目者，可谓面宝山而不入者也。又一类，虽读之，不过采其辞，致以资谈柄、助笔势④，自少而壮、而老、而死，不一究其理者，可谓入宝山而不取者也。又一类，虽讨论，虽讲演，亦不过训字销文、争新竞高，自少而壮、而老、而死，不一真修而实践者，可谓取其宝，把玩之、赏鉴之、怀之、袖之而复弃之者也。虽然，一染识田⑤，终成道种⑥。是故佛经不可不读。

【注释】①辟佛：斥佛教、驳佛理。

②矮人：此指识见浅短的人。

③戒坛：举行授受戒律仪式的场所。戒律之授受，原仅需挑选清净地方结界举行，后来才以土、石、砖等筑成三层平坛作为戒律授受处，故戒坛又称戒场。经肆：肆，店铺、市集。经肆，如同现在的佛经流通处。

④笔势：书画文章的意态和气势。

⑤识田：此指八识田。所有世间法和出世间法的一切种子，都收藏在第八识里，遇到缘，就会发起现行，像是田地放下了种子就会生出果来一样，所以叫作田。

⑥道种：成佛道的原因、种子。

【译文】我在年少的时候，见前辈妄议佛教、驳斥佛理，我也因为有先入为主的错误成见，跟着以短浅的见识而藐视佛法，那时的我真是无知啊！后来，偶然在某戒坛的佛经流通处，请得数卷佛经阅读，这才大吃一惊，叹道："假如没有读到这些佛经，几乎虚度一生啊！"

现在有许多人，从少年到壮年到老年，一直到死，从来不曾看过佛经，或以为佛经不屑一读，这些人可说是面对宝山而不想入山取宝。

又有一类人，虽读佛经，只不过是为了节录佛经中的辞句，借以充实自己谈论的数据、帮助文章写作的内容。这些人自少年到壮年到老年，一直到死，从来没有认真地探究佛经的深妙义理，可说是入宝山而不想取宝。

又有一类人，虽然研究讨论佛经义理，或对人讲解佛经，也不过是依文解义，或是标新立异以显高明。这些人自少至壮至老至死，从来没有依着经教去真修实践，可说是把取到手的宝物当作玩物鉴赏，或抱在怀中，或拿在手里把玩，兴致索然时，却把宝物丢弃了。尽管如此，只要我们的八识田能够沾染熏习佛经的文字，终究能因此而修行成佛。所以说，佛经不可不读！

萧　妃①

　　武后②效人彘③杀王后等且死，誓愿生生世世己为猫、武为鼠，生扼④其喉而啖⑤其肉。至今猫鼠中尚有二人受生，虽报复⑥百千万遍未已也。往时予作水陆斋⑦，悯而荐之，只恐冤力深、荐力浅，未能遽释⑧耳。古来类此者颇众。今人修善事，不辞⑨多为津济可也。

　　【注释】①萧妃：即指萧淑妃，唐高宗的妃嫔。她于唐高宗还是太子时便进入东宫，封为良娣。高宗即位，改封为淑妃，深得宠爱，后被武则天缢杀。
　　②武后：即武则天，唐高宗李治的皇后，后为周则天皇帝，中国历史上唯一的女皇帝。唐代并州文水（山西省汾阳市）人。姓武，名曌（照）。十四岁时，被唐太宗选进宫为才人。太宗死后，入感业寺为尼。高宗即位后，又被召回宫中，拜昭仪，进号宸妃。永徽六年（公元655年）立为皇后。弘道元年（公元683年）高宗薨，中宗继立。武后临朝称制，连废中宗、睿宗，于天授元年（公元690年）即帝位，称圣神皇帝。改国号为周，自称则天金轮皇帝。神龙元年十一月殁，享年八十二。谥号"则天大圣皇后"。天宝八年（公元749年）追尊为则天顺圣皇后。

③人彘：彘，猪之意。汉高祖刘邦之妻吕氏，于高祖死后，将高祖宠妾戚夫人断手足，挖眼熏耳，用药使之变哑，置于厕中，称为"人彘"。

④扼：掐住、握住。

⑤啖(dàn)：食、吃。

⑥报复：反复循环。

⑦水陆斋：施饿鬼会之一。又作水陆会、水陆道场、悲斋会。即施斋食供养水陆有情，以救拔诸鬼之法会。据《释门正统》卷四载，所谓水陆者，取"诸仙致食于流水，鬼致食于净地"之义。又因梁武帝萧衍夜梦神僧教设水陆斋，普济六道四生群灵，帝乃披览经论，依阿难遇面然鬼王一事，建立平等斛食之意，制作仪文，修水陆斋于金山寺。

⑧遽释：快速的解除。

⑨不辞：不推却、不躲避。

【译文】唐朝武则天仿效汉朝吕后用"人彘"的酷刑，杀害王皇后及萧淑妃等人，萧淑妃临死前发下毒誓说："愿自己生生世世为猫，武氏为鼠，能活活掐住她的喉咙并且吃她的肉。"她们二人到现在大概还因为这个业力受生为猫鼠之辈，虽反复循环百千万遍，仍然无法休止。

往常我作水陆法会救拔饿鬼时，都因怜悯她们而给予超荐，只怕她们之间的冤仇太深，而我的超荐能力不足，未能一时化解尽净。古往今来，类似这样结下世代冤仇的人很多，现在的人修善事时，希望能勇于承担，多多救助接济这些冤业，这也是好事一件啊！

泰首座

　　或谓："泰首座①刻香坐脱②，九峰③不许，以不会石霜④休去、歇去、寒灰枯木去等语也；而纸衣道者⑤能去能来，将无会石霜意，而洞山⑥亦不许者，何也？"愚谓纸衣若果已出息不涉众缘⑦，入息不居阴界，则去住自由，当与洞山作愚痴斋⑧，把手共行⑨，泰何可及？如或不然，未免是弄精魂汉，古人所谓鬼神活计者是也。而泰公却有真实定力，特其"耽着静境，不解转身"一句，二者病则均也。然纸衣虚心就洞山理会，而泰公奋然长往，自失大利。满招损，谦受益，学禅者宜知之。

　　【注释】①首座：此指位居上座的僧人。据《释氏稽古略》卷三载，唐宣宗大中十年（公元856年）敕法师辩章为三教首座。此为设三教首座之始，后亦敕封精于经论之僧为首座。至唐末宋初，始为禅家所专用。

　　②坐脱：又作坐化、坐亡。修行者端坐安然而死。

　　③九峰：唐朝江西瑞州的九峰道虔禅师，福州人，为石霜庆诸禅师的法嗣弟子。庆诸禅师圆寂后，道虔禅师继任住持。不久移住瑞州九峰，徒众云集。寂谥"大觉禅师"。

④石霜：唐代僧，世称石霜庆诸。十三岁出家。曾至沩山灵祐之下，担任米头之职。又至潭州道吾山参谒道吾圆智，得其心要。后为避世，乃混俗于浏阳（湖南长沙），人皆不识，故又称浏阳叟。后为洞山良价所识，举住石霜山，始为人所知。其后，圆智以师为嫡嗣，亲至石霜山，师乃执以师礼。及圆智示寂，学徒云集石霜山达五百人，师避之不得，遂止住二十年，晨夕与学侣扣击问答，学众有长坐不卧，屹若株杌者，世称"石霜枯木众"。唐僖宗闻师之道誉，欲赐紫衣，师坚辞不受。世寿八十二，法腊五十九。谥号"普会大师"。

⑤纸衣道者：唐代禅僧克符。涿州（河北固安）人，以平居喜着纸衣，故世称之纸衣道者、纸衣和尚，后参临济义玄之四料拣而省悟。

⑥洞山：即洞山良价禅师，中国曹洞宗开祖。唐代筠州会稽（浙江会稽）人。自幼资禀异赋，后于过水影时，豁然开悟。咸通十年三月朔，剃发沐身，鸣钟辞众，大众恸哭不止。师忽开目谓曰："出家之人，心不附物，是真修行，劳生息死，于悲何有。"遂令主事僧办"愚痴斋"。由于众心恋慕不已，乃延七日，至八日斋毕，在方丈室端坐而寂，年六十三。谥"悟本禅师"，世称洞山良价或单称洞山。

⑦出息不涉众缘：禅林用语。出息，指呼出气息，呼气。呼气，本是向外之动作，然谓"不涉众缘"，则因纵使向外呼气，然亦不迷于外在对境之事物；意味身处千姿万态之现象世界中，然任运自在不为所动。

⑧愚痴斋：洞山良价禅师临命终时，为诫弟子执恋之情而设的斋会。

⑨把手共行：手牵着手同行，表示亲密，亦表示境界、地位平等。

【译文】有人说："泰首座在燃一炷香的时间内坐化入灭，九峰道虔禅师却不认可他所悟的境界，这是因为泰首座虽有定功，却没有领会石霜庆诸禅师勘验学人的'休去、歇去、寒灰枯木去'等七去禅机。而纸衣道者能来去自如，功夫了得，难道也没有领会石霜七去的禅机吗？为什么曹洞山本寂禅师也不认可他所悟的境界呢？"

我认为纸衣道者如果已能出入任运自在，不为境界所动，则来去自如，那么就可与洞山良价禅师作"愚痴斋"时把手共行；这种功夫，泰首座如何能比得上？但如果纸衣道者并未明心见性，仅有高级的定功，那么就只是个会耍弄精气魂魄的人而已，古人所谓鬼神活计的人。而泰首座却有真实定力，只是二位禅德都一样犯了"耽着静境，不解转身"这句话的毛病。（执着于偏空的寂静境界，而不能彻底明白空有不二的中道。）

然而纸衣道者功夫虽未到，却能虚心向曹洞山本寂禅师请教；但是泰首座却为了证明自己的功力，就意气用事地坐化入灭，失去了今生修行成就的机会。这便是《尚书》所谓的"满招损，谦受益"，学禅的人应该知道这一点。

睡着无梦时主人

雪岩①初问高峰②："日间浩浩③作得主么？"次问："夜梦中作得主么？"三问："正睡着无梦时，主人公④在甚么处？"今人便向第三问，以情识卜度⑤，错了也。汝且日间作主不得，又何论最后极深深处？不如就初门著紧用心，以次理会去未晚。虽然，若于第三问了悟无疑，白日间、夜梦中无不帖帖⑥地矣，过量人⑦前，又不可以格例⑧拘也。

【注释】①雪岩：宋代僧，号雪岩，世称雪岩祖钦禅师。五岁时为沙弥，十六岁得度。至径山参无准师范禅师，后嗣其法。帝赐紫衣，名震一时。元世祖至元二十四年示寂，世寿七十余。

②高峰：南宋临济宗僧，讳原妙，世称高峰和尚。十五岁剃发。初习天台，转而参禅，首诣断桥妙伦，其后参礼雪岩祖钦于北礀，得其心法。南宋咸淳五年（公元1269年），偶为同参推枕坠地，闻响而彻悟。元世祖至元己卯，登杭州天目山西峰，入张公洞，题曰死关，不出户者十五年。学徒云集，参请不绝，僧俗随其受戒者数万人。成宗元贞元年，焚香说偈坐化，世寿五十七。谥号"普明广济禅师"。

③浩浩：引申为喧闹。

④主人公：禅林用语。指人人本具之佛性。

⑤卜度：推测、臆断。

⑥帖帖：安静诚服的样子。

⑦过量人：指非常人，不是平常人所能度量的。

⑧格例：规则条例。

【译文】高峰禅师前往北礀参礼雪岩禅师，雪岩禅师用三问勘验高峰。初问："当白天喧喧扰扰的时候，你的自性做得了主吗？"二问："当夜间睡梦中，你的自性做得了主吗？"三问："当你正熟睡无梦时，你的主人公（自性）在什么地方？"

雪岩禅师这三问是有次第的，但今人往往直接就着第三问，以主观意识来猜测雪岩的问意,这是好高骛远,错了路头啊!你在日间清醒的时候,自性尚且做不了主,又如何谈得上最后极深微奥妙处呢?不如先从初问这基础上,着力用心,然后渐次深入理会,为时未晚。话虽如此,如果有人能直接领悟第三问,那么在日间或夜梦中任何时候,自性都能运任自如啊!所以大根大智的人,是不受渐次修证的方法拘束的!

布　施

庞居士^①以家财沉海,人谓:"奚不布施?"士云:"吾多劫为布施所累,故沉之耳。"愚人借口,遂秘悭不施。不知居士为布施住相者解缚也,非以布施为不可也。万行有般若^②以为导,三轮空寂^③,虽终日施,奚病焉?又凡夫胶著于布施,沉海之举,是并其布施而布施之也,是名大施,是名真施,是名无上施,安得谓居士不施?

【注释】①庞居士:中唐时代的禅门居士,名蕴,字道玄,世称庞居士,与梁代之傅大士并称为"东土维摩"。居士初志于儒,贞元(公元785~804年)初年,曾谒石头希迁,豁然省。后随马祖道一禅师参禅而契悟。元和(公元806~820年)初年,与女儿灵照北游襄汉,随处而居,常制竹漉篱维持生计。传说居士将入灭时,曾令其女灵照出视日早晚及午,女遽报日已中矣,但有蚀也。居士乃出户观之,灵照即登父座合掌坐亡,居士遂更延七日示寂。

②般若:梵语,华言智慧。谓照了一切诸法皆不可得,而能通达一切无碍。菩萨为达涅槃彼岸,必修六种行(布施、持戒、忍辱、精进、禅定、智慧),亦即修六波罗蜜。其中之般若波罗蜜(智慧波罗蜜),为六波罗蜜之根本,一切善法之渊源,故又称诸佛之母。

③三轮空寂:谓布施时,体达施者、受者及所施物皆悉本空,则能摧碾执着之相,是名三轮体空。

【译文】唐朝庞居士将万贯家财沉入湖海中,有人问:"为什么不拿去布施呢?"庞居士回答:"我多生多世以来就是被布施所累,所以将这些财物沉入湖海中!"有些愚人就拿庞居士说的话作借口,更加悭吝不肯布施。殊不知庞居士说这句话的含意,原是要为那些着相布施的人解去布施相的捆缚,并不是说不要布施,或布施是不对的。

智慧是一切行门的根本,若能以智慧行布施,不执着能施、所施及所施物三相,一切皆舍,虽终日布施又有什么不可以呢?无奈凡夫总是执着于布施相,所以庞居士便作此沉海之举,连布施的名与相也一并布施了!这样的布施,可以说是大施、真施、无上施,怎能说庞居士不布施呢?

尚直尚理编

　　国初空谷①禅师，著《尚直》《尚理》二编，极谈儒释之际，其间力辨晦庵②先生暗用佛法而明排之。愚意晦庵恐无此心，或是见解未到耳。何以知之？记少年曾看《朱子语类》，自云："昔于某老先生坐中，听一僧议论，心悦之。后进场屋③，便写入卷中。试官被某哄动④，遂中式⑤。及见延平先生⑥，方知有圣贤学问。"以是知晦庵之学佛，不过如今人用资文笔而已，原不曾得佛深理。其排佛，是见解未到。空谷责之，似为太过。

　　【注释】①空谷：明代僧，讳景隆，字祖庭，号空谷。生于洪武二十六年（公元1393年），年二十从懒云受学参禅，二十八岁获准出家，四十余岁受懒云印可。空谷之著述有《尚直编》《尚理编》《空谷集》。
　　②晦庵：即南宋理学家朱熹，字符晦，号晦庵。理学集大成者，被尊称朱子。朱熹早年研习佛教禅学、道经、文学、兵法等，无所不学。追随李侗（程颢、程颐的三传弟子）后，遂为程颢、程颐之四传弟子，此时即归返儒学。他继承二程，并集各派理学的大成，独立发挥，形成了自己的体系，后人称为程朱理学。其著作甚多，辑定《大学》《中庸》

《论语》《孟子》为四书作为教本。著有《朱文公集》《朱子语类》等。

③场屋：科举考试的地方，又称科场。引申指科举考试。

④哄动：轰动，同时惊动很多人。

⑤中（zhòng）式：科举考试合格。

⑥延平先生：即李侗，南宋学者，字愿中，世号延平先生。李侗为程颐的二传弟子，年轻时拜杨时、罗从彦为师。学成退居山田，谢绝世故四十年，朱熹曾在武夷山从其门下。李侗对朱熹十分器重，把贯通的"洛学"传授朱熹。自此朱熹不但承袭二程的"洛学"，并综合了北宋各大家思想，奠定了他一生学说的基础。

【译文】明朝初年，空谷禅师著《尚直编》《尚理编》二编，谈论儒佛之间的区别，至为详尽，其间极力辨析晦庵先生学说中默默引用佛法而表面上又驳斥佛法。我认为晦庵先生恐怕并没有这样的存心，或者只能说是他对佛法的见解还不透彻而已。我凭什么这么说呢？

记得我年少时曾看过《朱子语类》，据他自述道："以前在某老先生讲座中，听到一位僧人议论，心中不胜喜悦。后进考场，便把那位僧人议论的内容写入考卷中，主考官被我的文章所惊动，就这样上榜了。到后来见了延平先生，才真正认识了圣贤学问。"

由这段话可以知道晦庵先生的学佛历程，仅仅如现在的人用于润饰文章而已，原来不曾悟得佛法的甚深义理。所以与其说他排斥佛教，不如说他是对于佛法还未学习透彻。空谷禅师对他的指责，似乎有点太过分了。

戒 杀

天地生物以供人食，如种种谷、种种果、种种蔬菜、种种水陆珍味。而人又以智巧①饼之、饵之②、盐之、酢之③、烹之、炮之④，可谓千足万足，何苦复将同有血气、同有子母、同有知觉、觉痛觉痒、觉生觉死之物而杀食之，岂理也哉？寻常说："只要心好，不在斋素。"嗟乎！戮⑤其身而啖其肉，天下之言凶心、惨心、毒心、恶心，孰甚焉？好心当在何处？予昔作《戒杀放生文》劝世，而颇有翻刻此文，不下一二十本。善哉斯世，何幸犹有如是仁人君子在也！

【注释】①智巧：智慧与技巧。

②饵之：做成糕饼。饵，糕饼。

③酢之：酢，同"醋"，经发酵酿制而成。

④炮之：烧、烤。

⑤戮：杀。

【译文】天地生长万物，可以供人食用的，有种种谷物、种种水果、种种蔬菜、种种生长于水陆的珍贵食物。而且人又能凭着巧智，把这些食材制作成各式饼类糕点，加入盐醋调味，用煮烤方式烹调，做出各色各样的可口风味，这样可以说非常足够了，何苦还要把那些跟我们一样有血气、子母、知觉、能觉痛痒、能觉生死的生物杀死来作为食物呢！这样残忍悖理的事怎能做得出来呢？

一般人常说："只要心好，不一定要持斋吃素。"真是可叹啊！杀众生的身体，吃众生的血肉，凡天下所说的凶险心、狠心、毒心、恶心，有比这更恶毒的吗？此时的好心在哪里呢？

我从前曾作一篇《戒杀放生文》劝世，而后有人发心翻印此文，不少于一二十次的翻印本。这样很好！在这充满血腥味的世间里，幸好还有这些仁人君子在。

建立丛林

丛林为众，固是美事，然须已事已办，而后为之。不然，或烦劳神志，或耽著世缘，致令未有所得者望洋①而终，已有所得者中道而废。予兴复云栖②，事事皆出势所自迫而后动作，曾不强为，而亦所损于己不少，况尽心力而求之乎！书此自警，并以告夫来者。

【注释】①望洋：即"望洋而叹"，比喻看见他人伟大而慨叹自己渺小或处理一件事而慨叹力量不足。

②云栖：云栖山位于杭州五云山之西，原有真济、云栖、天池三寺，后仅存云栖一寺。以明代莲池大师袾宏居此而闻名。以五云山巅有五色瑞云盘旋其上，故名云栖山。后以瑞云飞集山坞中，经久不散，时人异之，因号云栖坞。明代隆庆五年（公元1571年），袾宏爱其幽邃，于此设禅室，为丛林奠立禅净归一之教义。其后，云栖山成为云栖念佛派之根本道场。

【译文】为使僧俗四众有栖身之所，安身办道而建立丛林，这固然是好事一桩，但必须是在自己的生死大事已有把握了，再去操办此事。不然的话，或为了筹备财物而耗损精神，或为了应酬世俗而沉湎尘缘，致使不但自己修行没有成就，且慨叹终身此事未完成；即使修行有点成就者，也会因种种烦劳耽搁，道业半途而废。

我当初兴建恢复云栖寺，每件事都是因情势所逼，才不得不动工兴建，没有一件不是顺势而为的，但是我的道业还是损失不少，何况尽心尽力去操办此事的人呢！所以，我把建立丛林这件事记下，以警惕自己并劝告后人。

僧俗信心

末法中，颇有出家比丘信心，不如在家居士者；在家居士信心，不如在家女人者。何惑乎学佛者多，而成佛者少也！

【译文】当此末法时期,有许多出家比丘的信心,还不如在家的居士;而在家男众居士的信心,又往往不如在家的女众。这就难怪学佛的人虽多,而能够成就佛道的人极少啊!

损己利人

智者①入灭②,曰:"吾不领众,必净六根;由损己利人,止登五品③。"南岳④亦自言:"坐是止证铁轮⑤。"二师虽是谦己诲人,然亦实语;但与我辈之损不同耳。何以故?我辈损则诚损,二师虽损而不损也。今以喻明:如一富室、一窭⑥人,二俱捐财济众,其损不异。然窭人则窭益甚,富室则富自若也。又如沟渠⑦江海,均用汲⑧灌,而沟渠减涸⑨,江海自若也。既无所损,何为限于五品、铁轮?噫!天下以圣归仲尼,仲尼言圣我不能;天下以道属文王,文王顾望道未见。增上慢⑩比丘,可弗思乎?

【注释】①智者:隋代僧,为我国天台宗开宗祖师,名智顗,字德安,世称智者大师、天台大师。十八岁出家。隋开皇十一年(公元591年),晋王杨广(炀帝)累请东返,师鉴其诚,乃至扬州为授菩萨戒,王敕赐"智者"之号。世寿六十,后周世宗时追谥"法空宝觉尊者"。南宋宁宗庆元三年(公元1197年),又加谥"灵慧大师"。

②入灭：漏尽者（圣智断尽烦恼）舍肉身而殁。此语不仅指佛陀之入灭，高僧、圣者之死亦称入灭。

③五品：《法华经·分别功德品》就如来灭后之弟子，说五品之功德。于圆教外凡位中（外凡者，因未登圣位，心居理外也），而有浅深次序之别，故分五品。一般指专心于自己之实践行，故称弟子位。天台宗立圆教之行位有八，五品弟子位即其中第一位。

④南岳：南北朝时期之高僧。讳慧思，世称南岳尊者、思大和尚、思禅师。为我国天台宗第二代祖师（一说三祖）。年十五出家，心仪法华，诵法千遍，后从慧文禅师受观心之法，得法华三昧。北齐天保五年（公元554年）大师至光州，为众演说长达十四年之久。期间声闻远播，学徒众多，于大苏山传法于智顗大师。陈光二年（公元568年）入南岳，讲筵益盛，居止十年，遂有"南岳尊者"之称。

⑤铁轮：此指铁轮十信位。轮有二义，一运转，二摧碾。谓佛菩萨转于法轮，则能摧碾众生惑业。天台取其经意而立六轮，以配于因位之六位：一铁轮王，十信位也（十信者，乃三贤之前，万行之先。然欲从凡入圣，必以信为先导。始自信心，终至愿心，总为十信，以作菩萨真修之方便也。）二铜轮王，十住位也。三银轮王，十行位也。四金轮王，十回向位也。五琉璃轮王，十地位也。六摩尼轮王，等觉位也。

⑥窘：困迫、穷尽、匮乏。

⑦沟渠：为防守或灌溉、排水而挖的水道。

⑧汲：从井里取水，亦泛指打水。

⑨涸（hé）：水枯竭。

⑩增上慢：谓未得上圣之法，自谓已得；未证上圣之理，自谓已证也。

【译文】智者大师将入灭时，有人问他修证的品位，他答道：

"我如果没领众的话，必定能证六根清净；因为领众的缘故，损己利人，所以仅居外凡五品弟子位。"南岳慧思禅师也说他自己："仅居十信铁轮位而已。"

这两位大师虽自谦以教导后人，然而所说的也是实话，但是与我们领众造成自己道业受损的程度不同，为什么呢？我们领众对于自己的道业及品位确实受影响，而两位大师虽然品位看来受影响，实际上道业却丝毫未损。

今用比喻说明：譬如一个富人，一个穷人，二人捐出相同的钱财救济大众，但是他们财产受损的程度却不同；穷人是因此更穷，富人则仍维持富有。又如沟渠或江海，同样被人取水用于灌溉，沟渠里的水会因水量减少而干涸，而江海的水却仍是充盈的。

既然两位大师的道业不曾受损，为什么又谦称自己仅证五品位和铁轮位呢？唉！天下人都称许孔子是圣人，而孔子却说："我哪有什么资格称为圣人？"天下人都认定大道归属于文王，而文王却谦称："我还未见道在哪里呢？"所以，对于上圣之法未得谓得、未证谓证的增上慢出家人，能不加以省思吗？

良　知

新建①创良知之说②，是其识见学力深造所到，非强立标帜③

以张大其门庭者也。然好同儒释者，谓即是佛说之真知，则未可。何者？"良知"二字，本出子舆④氏，今以三支④格之：良知为宗，不虑而知为因，孩提之童无不知爱亲敬长为喻。则知良者美也。自然知之，而非造作者也。而所知爱敬涉妄已久，岂真常寂照⑤之谓哉？"真"之与"良"固当有辨。

【注释】①新建：即指王守仁，明代著名的思想家、哲学家、书法家和军事家、教育家、文学家。字伯安，号阳明，浙江余姚人。陆王心学之集大成者，不但精通儒家、佛家、道家，而且能够统军征战，是中国历史上罕见的全能大儒。因他曾在余姚阳明洞天结庐，自号阳明子，故被学者称为阳明先生，现在一般都称他为王阳明，其学说世称"阳明学"。卒后，朝廷予谥文成，身前曾被封为新建伯，卒后又追封为新建侯，万历十二年从祀于孔庙。

②良知之说：即指致良知，这是中国明代哲学家王守仁的心学宗旨。良知即是天理，致良知就是将良知推广扩充到事事物物。王守仁以良知为衡量一切真假善恶的标准，认为良知对于一切事物，如同规矩尺度对于方圆长短一样。致良知也就是知行合一，即是在实际行动中实现良知，知行合一。

③标帜：独树旗帜。

④子舆：即指孟子，名轲，字子舆，战国时期著名的思想家，又称亚圣。相传是孔丘之孙孔伋（子思）的门人，以宣扬和捍卫儒家道统为己任，晚年与其门徒万章、公孙丑等"序诗书，述仲尼之意"，有《孟子》七篇传世。

⑤三支：即宗（命题）、因（理由）、喻（譬喻），为因明学（佛教的论理学、逻辑学）所讲。因明学，是举出正确理由而行论证之论理学，

或根据已知事件以比较推演出未知事件的逻辑学。首先立出自己的宗义，再用因来说明自己所以要立此宗的原因或理由，然后再拿大家所共同承认的事物来作譬喻，来证明自己的立论不错。

⑥真常寂照：心性本来是圆满光明与真常不变的，虽然是寂静不动，却能够遍照一切法界，虽然是遍照一切法界，却仍旧还是寂静无动，此乃是无上涅槃之相。

【译文】王阳明先生（新建侯）创立的致良知学说，是由于他在品学识见方面具有深厚的造诣，并不是故意用标新立异的学说来扩大他自己的门派。

然而喜欢会通儒佛两教的人，就认为王阳明所说的良知就是佛所说的真知，但这是不能混为一谈的。为什么呢？"良知"二字，本出自于孟子。我现在用因明"三支比量"的命题、理由、譬喻三支来分析说明："良知"是人人本有的，因为这是不需要经过思虑就能知的。例如小小年纪的孩童都能知道爱亲敬长。由此可知，所谓"良"是美好、良善的意思，良知是自然而然就能知道的，并不需经由教育才能知道。可是人们那种自然而然爱亲敬长的良知，已被妄尘遮蔽、染污太久了，怎能与恒常不变、真实圆满、清净光明遍照一切的真知相比呢？"真"字与"良"字的含义，理应有所辨别。

心之精神是谓圣

《孔丛子》^①云："心之精神是谓圣。"杨慈湖^②平生学问以是为宗，其于良知何似，得无合佛说之真知欤？曰：精神更浅于良知，均之水上波耳，恶^③得为真知乎哉？且"精神"二字，分言之，则各有旨；合而成文，则精魂神识^④之谓也，昔人有言："无量劫来生死本，痴人认作本来人"者是也。

【注释】①《孔丛子》：书名，三卷，记孔子以下，子上、子高、子顺等人的言行，凡二十篇。旧传为孔子八世孙孔鲋所作，盖后人依托之书。

②杨慈湖：即南宋哲学家杨简，字敬仲，慈溪今属浙江人。他是陆九渊心学的重要传人。因在慈湖筑堂居住，故称慈湖先生。

③恶（wū）：如何、怎么。

④识神：一、为心识之主体，即指心。二、指有生命者。三、于禅宗，专指精神作用，即能起意识作用者。

【译文】《孔丛子》一书上说："心之精神是谓圣。"杨慈湖先生，生平的学问就是以这句话作为他立说的宗旨。请问：这个观点与王阳明先生所创立的致良知之说很相似，可以符合佛所说的真知吧?

我认为:"精神"二字的含意比"良知"更浅。良知与精神二者皆如同水上的波浪,只是依水而有的幻相而已,怎能与真知相比呢?

况且"精神"二字分开来看,则各有它的含义;合在一起来看,便是精魂神识的意思。古人云:"学道之人不识真,只为从前认识神,无量劫来生死本,痴人唤作本来人。"就是指那些错认精神、虚妄识心为真知的人吧。

寂　感

慈湖①,儒者也,不观仲尼②之言乎:"操则存,舍则亡,出入无时,莫知其乡③。"则进于精神矣,复进于良知矣!然则是佛说之真知乎?曰:亦未也。真无存亡,真无出入也。"莫知其乡"则庶几④矣,而犹未举其全也。仲尼又云:"无思也,无为也,寂然不动,感而遂通天下之故⑤。"夫泯思为而入寂,是莫知其乡也。无最后句,则成断灭⑥,断灭,则无知矣!"通天下之故",无上三句则成乱想,乱想则妄知矣!寂而通,是之谓真知也。然斯言也,论《易》也,非论心也,人以属之蓍卦⑦而已。盖时未至、机未熟，仲尼微露而寄之乎《易》，使人自得之也。甚矣！仲尼之善言心也。信矣！仲尼之为儒童菩萨[⑧]也。然则读儒书足了生死，何以佛为？曰：佛谈如是妙理，遍于三藏[⑨]；其在儒书，千百言中而偶一及也。仲尼非不知也，仲尼主世间法，释迦主出世间法也。心虽无二，而门庭施设不同，学者不得不各从其门也。

【注释】①慈湖：即南宋哲学家杨简，字敬仲，慈溪（今属浙江）人。他是陆九渊心学的重要传人。因在慈湖筑堂居住，故称慈湖先生。

②仲尼：中国春秋末期思想家和教育家，儒家学派的创始人。世人尊称为孔子，名丘，字仲尼。春秋时鲁国（今山东）人。生有圣德，学无常师，曾问礼于老聃，学乐于苌弘，学琴于师襄。初仕鲁为司空，又为大司寇，摄相行事，鲁国大治。其后学见用，遂周游列国，均不为时君所用。六十八岁时返鲁，删《诗》《书》，订《礼》《乐》，赞《周易》，作《春秋》。曾长聚徒讲学，有弟子三千，通六艺者七十二人。后世尊孔子为"至圣先师"。

③乡：通"向"，方向、去向。

④庶几：差不多、近似。

⑤"无思也……"此段话：孔子在《周易·系辞传》里说："易有太极，是生两仪。"又说："易，无思也，无为也，寂然不动，感而遂通天下之故。"宇宙万物之原，因为太极运动而分化出阴阳，由阴阳而产生四时变化，继而出现各种自然现象。因此在各种现象未生之前，最原始的混沌之气，是无思无为，寂然不动，虽然不动，但有感应作用，能照明一切，无所不知、无所不能。引申为圣人就是彻底明白自己无生无

灭的本性，而为无所不知、无所不能的明白人。

⑥断灭：诸法因果各别，故非为常；因果相续，故非为断。拨无此因果相续之理，谓之断灭之见，即断见也，属于邪见中之极恶者。具体而言，主张众生在死后，生命即完全断灭、空无的看法。

⑦蓍（shī）卦：用蓍草占卜。

⑧儒童菩萨：谓孔子也。

⑨三藏：经、律、论三藏是佛典的总称，佛陀一生所说的教法，后来弟子分类结集为三大部类，故称三藏。

【译文】慈湖先生是位尊崇儒学、通习儒家经书的人，想必看过孔子所说的"操则存，舍则亡，出入无时，莫知其乡"这段话。（意思是，人的心，抓住它就存在，放开它就消失；心的来去没有定时，没人知道它的去向。）慈湖先生就此基础进一步谈论精神，又进一步谈论良知。这段话就是佛所说的真知吗？

我认为：这也不是佛所说的真知。因为真知没有存亡，也没有来去。只有"莫知其乡"这一句与"真知"的意思相近似，但仍不能说与真知完全相同。

孔子还说过："无思也，无为也，寂然不动，感而遂通天下之故。"（意即：宇宙万物之原，无思无为，寂然不动，虽然不动，但有感应作用，能照明一切，无所不知、无所不能。）能消除内在的思虑及外在的造作而达到寂静状态，这就是"莫知其乡"的意思。孔子说的这段话，如果没有最后这句"感而遂通天下之故"，则变成了断灭之见，落入断灭则成无知、不明事理了。"通天下之故"这一句前面如果没有"无思，无为，寂然不动"那三句，就会变成胡思乱想、虚妄知见。人人本具的心性能起观照作用，照见一切，通达无碍，这就是寂而通的真知。然而孔子所说的这段话，只是在论述《易经》的道理，并不是在论述人人本具的真心，所以人们以为孔子这些话只是属于占卜的言论而已。

因为当时接受佛陀教化的时节尚未到，众生得度的机缘还不成熟，所以孔子只是稍微露出一点消息，寄寓在《易经》中，使有心人自己去领悟这其中的深意。真是伟大啊！可见孔子是多么善于解说心法。这使我更加深信孔子就是佛派遣至中国教化众生的儒童菩萨啊！

既然这样，读儒书也就足以了生死，为何还要学佛呢？我认为：佛谈论有关真知这样的妙理，遍含于三藏，而在儒书千言万语中，只是偶尔提及一二。

孔子并非不知心性妙理，只不过孔子是以世间法的教化为主，释迦牟尼佛是以出世间法教化为主。人人本具的心性真知虽无二无别，只是门径方法有所不同，学者不得不各自依其适合的门径来学习！

来生（一）

今生持戒修福之僧，若心地未明、愿力轻微，又不求净土，是人来生多感富贵之报，亦多为富贵所迷，或至造业堕落者。有老僧摇手不之信。予谓无论隔世，亲见一僧结茅①北峰之阴，十年颇着清修。一时善信敬慕，为别创庵，徙居之，遂致沉溺，前所微得俱丧。现世且然，况来生耶！问："此为谁？"予云："即老兄是。"其人默然。

【注释】①结茅：编茅为屋，谓建造简陋的屋舍。

【译文】今生只偏重于持戒修福的出家人，如果没有明心见性，或道心愿力轻微，又不发心念佛求生净土，这种人来生大多感得富贵的果报，也大多会被富贵所迷恋，甚至有的会因此造业堕落。有位老僧听我这样说，摇手不信。

我对他说："前世的事暂且不论。我亲眼见过一位出家人在北峰幽静的地方，搭盖简陋的屋舍居住，十年来颇得清修的名声。后来，突然一下子就得到许多善男信女的敬慕，为他另建一座庵堂，请这位出家人迁居于此，却因此使得这位出家人沉溺于名闻利养中，前几年清修微有所得，如今全都丧失了。今生尚且如此，何况来生呢？"

老僧问："这位出家人是谁？"我答道："就是老兄你啊！"他听后就沉默不语。

来生（二）

僧有见贵显人而心生慕羡愿似之者，复有见贵显人而心生厌薄①若不屑者,是二人皆过也。何也?尔徒知慕羡彼,而宁②知彼之前生,即尔苦行修福僧人乎?则何必慕羡!尔徒知厌薄彼,而宁知尔之苦行,来生当作彼有名有位官人乎?则何可厌薄!既未离生死,彼此更迭③,如汲井轮④,互为高下,思之及此,能不寒心⑤?但应努力前修,不舍寸阴以期出世,安得闲工夫为他人慕羡耶?厌薄耶?

【注释】①厌薄:厌恶鄙视。

②宁:岂、难道。

③更迭:交替、更易。

④汲井轮:以取井水之车轮,轮转不绝,比喻生死轮回之相续无穷。

⑤寒心:戒惧、担心。

【译文】有些出家人看见地位尊贵显赫的人,而心生羡慕,希望自己也能像他们一样;又有些出家人看见地位尊贵显赫的人,而心生厌恶鄙视,不屑一顾。这两种人的看法都过于极端。为什么?你只知道羡慕他们,岂知他们的前生,不就是像你这样苦行修福的僧人呢?何必羡慕!你只知道厌恶鄙视他们,岂知你今生的苦行,来生也可能像他们那样成为地位高的官吏和尊贵显赫的人物呢?何必厌恶鄙视!

既然我们都还未脱离生死轮回,贫富、贵贱等种种果报,只是彼此交替、更换受报而已,就像取井水之车轮,互为高下,但却永不停止。想到这里,能不戒慎恐惧吗?出家人只应精勤修行,不舍昼夜,以期出离三界、了脱生死,哪有闲工夫去羡慕或者厌恶鄙视别人呢?

弃舍所长

　　凡人资性所长^①，必著之不能舍。如长于诗文者，长于政事者，长于货殖^②者，长于战阵^③者，乃至长于书者、画者、琴者、棋者，皆弊精竭神、殚智尽巧以从事；而多有钩深穷玄^④，成一家^⑤之名以垂世不朽。若能弃舍不用，转此一回精神智巧，抵在般若^⑥上，何患道业之无成乎？而茫茫古今，千百人中，未见一二矣！

　　【注释】①资性：资质天性。所长：擅长之处，长处。

　　②货殖：经商营利。

　　③战阵：作战的阵法。

　　④钩深穷玄：探索并极尽深奥玄妙的道理。

　　⑤一家：一家学说，一个流派。

　　⑥般若：即通达真理的无上妙慧。

　　【译文】一般人若有擅长某事物的天分，一定会执着其专长而不能舍弃。譬如有擅长于诗词文学的人，有擅长于政事的人，有擅长于经商的人，有擅长于谋略战术的人，甚至有擅长书法、绘画、琴艺、棋艺的人，这些人都是竭尽所有精神，用尽所有的巧智，以从事其专长。当然也有很多人能将其专长发挥到最精深奥妙之处，自成一个学说、流派，因此而名垂不朽。这些人如果能舍弃所长，把他所有的精神智巧转而用在修学般若智慧上，何须担忧道业会没有成就呢？然而从古至今，茫茫人海，千百人中还没有看到有任何一人能放得下啊！

二种鼠

　　家鼠穿墉①走梁、循床入箧②，累累然③与人近，而逃形避影，自古无能豢而狎之者④；松鼠以山岩⑤为国，树杪为家，若方外之士⑥、化外⑦之民，而人得置之襟怀，驯如慈母之抚赤子。此其故何也？意者，宿习之使也。彼家鼠，其昔穿窬⑧之盗者耶；彼松鼠，其昔为人之服役者耶。均之畜生，而不无彼善于此也，术不可不慎也。

【注释】①墉（yōng）：墙垣。
②箧（qiè）：小箱子，藏物之具。大曰箱，小曰箧。
③累累然：连续不断的样子。
④豢（huàn）：饲养牲畜。狎：亲近。
⑤山岩：险峻的高山。
⑥方外之士：不涉尘世或不拘世俗礼法的人。多指僧、道、

隐者。

⑦化外：指政令教化所达不到的地方。

⑧穿窬（yú）：窬，门旁的小洞。穿窬，指翻越。引申为偷窃行为或小偷。

【译文】家鼠在墙壁屋梁上穿越行走、沿着床边窜入箱子，其行迹虽然常常与人接近，然而见到人时就逃得不见踪影。自古以来，不容易被人抓到，也没有人愿意亲近饲养它们。

松鼠以高山为国、树梢为家，它们如同不涉尘世的隐士、疆外的游民，但是人们是可以抓到它们，之后就会把它们拥入怀中爱惜，它们被驯服的样子，就像幼儿被慈母抚摸一样。

这是什么缘故呢？

我认为这应该是过去世的善恶习气所造成的。家鼠在过去世，可能是翻墙钻洞的盗贼；松鼠在过去世，可能是为他人服劳役的奴仆。虽然同为畜生，彼此之间还是有好坏的差别。所以选择行业技艺不可不谨慎啊！

僧　习

末法①僧有习书、习诗、习尺牍②语，而是三者，皆士大夫③所有事，士大夫舍之不习而习禅，僧顾攻其所舍，而于己分上一大事因缘④置之度外, 何颠倒乃尔!

【注释】①末法: 谓如来灭后, 教法垂世, 人虽有禀教, 而不能修行、证果, 是名末法。

②尺牍 (dú): 本指古代书写用的木简, 后相沿为书信的通称。

③士大夫: 旧时指官吏或较有声望、地位的知识分子。

④一大事因缘: 出自《法华经》。一切如来出现于世, 皆为开示一切众生本有实相, 令其咸得悟入佛之知见。舍此则非如来出世本怀, 经云:"如来惟以一大事因缘故出现于世。"是也。"一", 即一实相。"大", 其性广博。"事", 如来出世度生之仪式。"因", 众生具此实相而能成机感佛。"缘", 如来证此实相而能起应度生。

【译文】末法时期, 有出家人把宝贵的时间用在学习书法、学习诗词、学习书信用语上, 而这三件事本来是世间读书人所要用心学习的。目前, 读书人把这三事舍弃不学而来学佛法; 然而出家人反倒去钻研读书人所舍弃的事物, 却把自己本分的一大事因缘 (自觉觉他), 置之度外, 真不知为什么会颠倒到这种地步!

古今人不相及

本朝尊宿①, 自洪武②至今, 殆不多见。无论唐宋, 只如元之中峰③、天如④诸老，今代唯琦楚石⑤一人可与驰骋⑥上下，况古之又古耶！得非世愈降、障愈深耶？豪杰固无文王犹兴⑦，毕竟星中之月而已。然则末法中人，不可妄自尊大而轻视古德⑧，又不可甘心暴弃而不为豪杰也。

【注释】①尊宿：德尊年长者。《观经》序分义曰："德高曰尊，耆年曰宿。"宿，谓年齿高、岁数大。

②洪武：明朝开国皇帝朱元璋（明太祖）的年号。

③中峰：元代临济宗僧。名明本，号中峰，又称智觉禅师、普应国师。幼于天目山参谒高峰原妙。二十四岁从高峰出家，其后并嗣其法。原妙禅师圆寂后，自此居无定所，自称幻住道人，僧俗瞻礼之，世誉为江南古佛。仁宗曾招请入内殿，师固辞不受，仅受金襕袈裟及"佛慈圆照广慧禅师"之号，元英宗且归依之。后于至治三年八月示寂，世寿六十一。

④天如：元代沙门，名惟则，号天如。得法于中峰。注《楞严》，集唐宋之九解，附以补注，称为《会解》，盛行于世。

⑤琦楚石：元末明初僧。名梵琦，字楚石。得法于元叟行端禅师。元代至正七年（公元1347年），顺宗赐号"佛日普照慧辩禅师"。洪武三年，一喝而寂，世寿七十五。明朝国初第一等之宗师也。

⑥驰骋：指在某个领域纵横自如，能充分发挥才能。

⑦豪杰固无文王犹兴：此句引用自《孟子·尽心章句上》："待文王而后兴者，凡民也；若夫豪杰之士，虽无文王犹兴。"此为勉人自动向上。

⑧古德：乃对古昔有德高僧之尊称。

【译文】本朝（指明朝）佛门中的有德高僧，自开国初年洪武时期至今，几乎不多见了。暂且不论唐、宋时期的有德高僧，就只论元朝的中峰明本禅师、天如惟则禅师等诸位长老尊宿，现代（指明朝）只有梵琦楚石禅师一人可与他们相比。况且唐宋时期及更远前的朝代，出现更多的有德高僧呢！难道众生的业障，一世比一世更深重，所以高僧愈来愈少？修行愈来愈难成就？

即使没有周文王那样的圣人出现教化，豪杰之士也能自觉而奋发向善，但这种人毕竟极少数，就像繁星中的孤月而已。然而生于末法时期的众生，是不可以妄自尊大而轻视古昔的有德高僧，但是，更不可甘心自暴自弃而不敢担当为豪杰啊！

物不迁论驳

有为《物不迁论驳》①者，谓肇公②不当以物各住位为不迁，当以物各无性③为不迁。而不平者反驳其驳。或疑而未决，举以问予。予曰：为驳者，固非全无据而妄谈；驳其驳者，亦非故抑今而扬古，盖各有所见也。我今平心而折衷之：子不读《真空》《般若》《涅槃三》论，及始之《宗本义》乎？使无此，则今之驳，吾意肇公且口挂壁上，无言可对、无理可伸矣！今三论发明性空④之旨，罔不曲尽，而《宗本》⑤中又明言缘会之与性空一也，岂不晓所谓性空者耶？盖作论本意，因世人以昔物不至今，则昔长往，名为物迁，故即其言而反之。若曰：尔之所谓迁者，正我之所谓不迁也。此名就路还家⑥，以贼攻贼⑦，位不转而易南成北，质不改而变鍮为金，巧心妙手，无碍之辩才也。故此论非正论物不迁也，因昔物今物二句而作耳。若无因自作，必通篇以性空立论，如三论矣！兹径以不晓性空病肇公，肇公岂得心服？是故"求向物于昔，于昔未尝无；责向物于今，于今未尝有。"此数言者，似乖乎性空之旨；然昔以缘合不无，今以缘散不有，缘会性空既其不二，又何烦费辞以辨肇公之失哉？

　　或问：何故彼论通篇不出此意？曰：以有"缘会不异性空"之语在《宗本》中，观者自可默契耳。若知有今日，更于论尾增一二语结明此意，则驳何由生？吁！肇公当必首肯，而不知为驳者之信否也。

【注释】①物不迁论：《肇论》其中之一。后人收集后秦僧肇所著之《宗本义》《物不迁论》《不真空论》《般若无知论（附刘遗民问答书）》《涅槃无名论》诸论，以大师之名冠于本论，故题名为《肇论》行世。

　　②肇公：即东晋僧肇大师，罗什门下四哲之一。初好老庄，及读《维摩经》而感悟，遂出家。善方等大乘经典，兼通三藏。闻鸠摩罗什羁留凉土，前往从之，罗什叹为奇才。及至姚秦破凉，乃随侍罗什入长安。禀姚兴之命，与僧睿等于逍遥园详定经论，解悟弥深，被称为解空第一。弘始六年，罗什译出《大品般若经》，师乃撰《般若无知论》呈之，颇受鸠摩罗什及慧远之赞赏。后又撰述《不真空论》《物不迁论》《涅槃无名论》《注维摩诘经》十卷等。惜英龄遽折，义熙十年示寂，

年仅三十一。

③无性：一切诸法因缘和合而生，缘散则灭，无有实体，故称无性。

④性空：谓一切诸法自性本空，皆从因缘和合而生，若不和合，则无是法。如是诸法性不可得，是名性空。

⑤《宗本》：指僧肇所著的《宗本义》。其内容阐述本无、实相、法性、性空、缘会等名相虽异，义理实一的道理。意即宇宙万法都由因缘会合而生，若因缘未会遇则无有果；又因缘离散，万法就坏灭，可知并非真实有。以此推度，万法虽现有而性常自空，所以称为"性空"，性常自空即为"法性"，法性真实如是即为"实相"，称为"本无"。"本无"是缘生实相，超一切名言分别，故不能说它是有，也不能说它是无。

⑥就路还家：无论你在哪个地方，不必绕圈子，都能直接回家。说明佛法有无量法门，都是为了接引不同根性的众生，各个人依其根性，就其适合的法门，直指心性。

⑦以贼攻贼：比喻用不良事物本身的特点、弊病来反对不良事物，或利用一种坏东西抵制另一种坏东西。

【译文】有人对僧肇大师所著的《物不迁论》提出争辩，认为肇公不应该以一切诸法本来任运安住法位，来解释诸法不迁不变；应当以一切诸法自性本空，皆从因缘和合而生，缘散则灭，无有实体，故诸法自性不可得，所以不迁不变。但是，不认同这说法的人又反驳它。

有人对此争辩感到疑惑，不知谁是谁非？便来问我。我认为：反驳《物不迁论》的人，固然不是全无根据而妄谈；而反对这种驳斥论点的人，也不是故意要贬斥今人而称颂古人，他们只是各有所见而已。

我现在用公正客观的态度来剖析此事：不知你是否读过肇公所著的《不真空论》《般若无知论》《涅槃无名论》这三论，以及论初的《宗本义》？假使您没读过以上几篇论著，则现今对《物不迁论》的争辩，我想即使肇公在这里，也只好将口挂壁上，无言可对、无理可伸了。肇公所著的这三篇论文，阐明性空的奥旨，极为周到详尽；而《宗本义》中也明白说出"缘会"与"性空"等名相虽异，义理实一，难道他会不晓得"性空"指的是什么吗？

肇公作《物不迁论》的本意，是因为世人总以为从前的事物不能延续到现在，就认定从前的事物已经消逝了，这就称为物迁（事物是生灭迁流的）。所以肇公为了破除世人对"物迁"观念的执着，反讲"物不迁"。换言之，你所说的"迁"，正是我所说的"不迁"。这就叫就路还家、以贼攻贼，位置没变而易南成北（因觉悟故不迷方向），本质未改而变鍮石为金（因觉悟故识真金），真是巧妙的心思、绝妙之手段，能随众生根机，对佛法纵辩宣扬，悉使通达，皆无疑碍啊！

所以《物不迁论》并不是在论述物性不迁而已，而是针对"过去事物已灭、现在事物有生"这两句而作的。若肇公不是为了破除世人对"物迁"观念的执着而作，《物不迁论》全篇必以性空立论，就像《不真空论》《般若无知论》《涅槃无名论》这三论一样。有人竟以肇公不晓得性空之理来驳斥他，肇公岂能心服啊！

所以《物不迁论》里的这几句话："求向物于昔，于昔未尝无；责向物于今，于今未尝有。"乍看之下，似乎与性空的义旨相背离；但是其中的道理，其实很简单：昔以缘合故不无（过去，因缘具足和合故不无），今以缘散故不有（现在，因缘离散故不有）。既然晓得缘会、性空的义理是相同的，又何必多费言词来辨斥肇公论著的缺失呢？

有人问："为何《物不迁论》全篇中都没有把'缘会不异性空'这个意思说出来？"我认为：因为《宗本义》中已将"缘会不异性空"的意思详细说明了，读者自能领会吧！若知道会有今日对此论的争辩，肇公一定会于论文末后增加几句话来说明此意，就不会产生任何争辩了！

吁！我这么解释，想必肇公定会同意，就不知反驳此论的人能否相信我的分析？

碧岩集

圆悟作《碧岩集》①，妙喜欲入闽碎其板，浅智者遂病圆悟②，不知妙喜特一时遣著语耳！夫雪窦《百则》颂古③，先德谓是颂古之圣；而圆悟始为评唱④，又评唱之圣也。而不免为文字般若⑤。愚者执之，故妙喜为此说，碎学人之情识也，非碎《碧岩集》也。其言碎者，仿佛云门⑥一棒打杀⑦之意也。神而明之，《碧岩》寸寸栴檀⑧。执而泥之，一大藏板皆可碎也。噫！可与知者道也。

【注释】①《碧岩集》：宋代圆悟克勤禅师所编。又称《碧岩录》
《圆悟老人碧岩录》《圆悟碧岩集》，全称《佛果圆悟禅师碧岩录》。
为禅宗最具代表性的公案评唱集，属四家评唱语录之一。本书是圆悟
克勤禅师于宋徽宗政和年间，住持湖南澧州夹山灵泉禅院的时候，根
据雪窦重显的《颂古百则》，加以评唱，又经过他的门人编集而成的。
"夹山"被禅师们称为"碧岩"，因此圆悟克勤把他的评唱集取名为
《碧岩录》。

②圆悟：宋代僧，名克勤，字无著，又称圆悟克勤、佛果圆悟。幼
时出家，后至五祖山参谒法演，蒙其印证。与佛鉴慧懃、佛眼清远齐
名，被誉为丛林三杰，世有"演门二勤一远"之称，或称"演门三佛"。
政和末年，奉诏移住金陵蒋山，大振宗风。后居于金山，高宗幸扬州
时，诏其入对，赐号"圆悟禅师"，世称圆悟克勤。后归成都昭觉寺。绍
兴五年示寂，世寿七十三，谥号真觉禅师。

③雪窦：北宋雪窦重显禅师。字隐之，号重显。家世豪富，以儒业
传世。幼受家学，而志存出世，乃以妙龄离俗入道。得法于复州北塔
之智门祚禅师。后转徙明州雪窦山资圣寺，海众云集，大扬宗风，乃有
"云门宗中兴之祖"之称。又以师久住雪窦山，后世多以"雪窦禅师"
称之。于皇佑四年入寂，世寿七十三。谥号明觉大师。《百则》：指雪
窦重显禅师所作的《颂古百则》。雪窦重显禅师从禅宗公案及《维摩》
《楞严》《金刚》等诸经中选取一百则的公案及经句，在每则公案或
经句后面有颂古，所以其内容仅有"本则"及"颂古"而已。颂古：颂赞
古则之意。即禅家就古人提撕的公案，以偈颂揭示其意旨，以令后学识
得归趣。颂古原是为了使人在讽咏吟诵时，能领会古则的妙旨，原属一
种禅文学，但因后人往往好新，求奇求变，乃反使简劲风格陷于浮华冗
漫。

④评唱：品评提倡古人之说也。《碧岩录》是圆悟克勤禅师以雪窦禅师所著的《颂古百则》作底本，在每则公案加上"垂示"（重点提醒）、"著语"（短评）、"评唱"，还有原来底本的"本则"及"颂古"，所以《碧岩录》是由这五种文章所构成的。"评唱"是在"本则"及"颂古"的后面所附的文章，详细讲解其有关事情，而且作一个概括的总评论，以便启发开导学人的见地。

⑤文字般若：凡是佛所说的一切教法，或是佛弟子所说的一切言教，不论是语言或是文字，都称为文字般若。

⑥云门：唐末五代云门文偃禅师，为云门宗之祖。曾参学于道明门下，尽得其道。又谒雪峰义存，依住三年，受其宗印。同光元年，于云门山创建光泰禅院，道风愈显，海众云集，法化四播。后汉隐帝乾祐元年，南汉王刘龚敕赐"匡真禅师"。二年四月十日上表辞王，垂诫徒众，端坐示寂，世寿八十六，僧腊六十六。北宋乾德四年，太祖复追谥"大慈云匡真弘明禅师"。师之机锋险峻，门风殊绝，世称"云门文偃"。于化导学人时，惯以一字说破禅旨，故禅林中有"云门一字关"之美称。此外，亦常以"顾、鉴、咦"三字启发禅者，故又有谓之为"云门三字禅"者。

⑦一棒打杀：禅林用语。乃挥拳棒喝，表现禅机之禅语。是禅师接引弟子所用之严格机锋，以之驱除学人之恶见妄想。

⑧旃檀：香木名。译曰与乐，或是与药，能除病故。出自南印度摩罗耶山，其山形似牛头，故名牛头旃檀。

【译文】圆悟克勤禅师作《碧岩集》，妙喜宗杲禅师看到学人执着其语，将"禅机"流于"诗境"，而不重实悟，所以欲至福建毁碎《碧岩集》的木刻板。见识浅陋的人也因此跟着非议圆悟禅师，殊不知妙喜宗杲禅师只是为了除去世人的执着，才说这样的话！

雪窦重显禅师作《颂古百则》，颂出古则奥义，古大德称其为颂古之圣；圆悟克勤禅师在《颂古百则》每则公案后加上"评唱"，以便启发开导学人的见地，因此被称为评唱之圣。但颂古、评唱还是属于文字般若的范畴，终究还是要靠学人自悟。由于愚昧的人对《碧岩集》的文字深生执着，所以妙喜宗杲禅师故意这样说，是为了打碎学人的妄情识见，并不是要毁碎《碧岩集》啊！他所说的"碎"，正如同云门文偃禅师所说"一棒打杀"的意思。

若学人能善学而有明智如神，则《碧岩集》的每个字都如旃檀，生香除病；但若一味地执着于文字相，则整部大藏经的经板也都可以碎去啊！

唉！这些话也只能对具正知见的人说啊！

兜率悦①张无尽

张无尽②将见悦公，悦云："吾当深锥痛劄③此人。"或谓诸官人多喜承顺，恐恶发④。悦云："我不过退院⑤而已。"因尽力逼拶⑥，无尽由此了悟。愚谓悦公妙手陶铸⑦，其贤固不必论，而无尽委身知识，穷参力究，终得发明，真士大夫学道之模范也。

【注释】①兜率悦：即宋代兜率从悦禅师。十五岁出家，为宝峰克文禅师之法嗣。师学通内外，能文善诗，率众勤谨，远近赞仰。因住于隆兴（江西南昌）兜率院，故世人尊称"兜率从悦"。元祐六年示寂，享年四十八。宋徽宗宣和三年，丞相张商英（无尽居士）奏请谥号"真寂禅师"。

②张无尽：即北宋宰相张商英。字天觉，号无尽居士。初任通川主簿，一日入寺，见藏经之卷册齐整，怫然曰："吾孔圣之书，乃不及此。"欲撰无佛论。后得读《维摩经》，深有所感，遂倾心佛法。神宗年间，因王安石之推举，入朝任官。徽宗大观四年任宰相，是年，天久旱，乃受命祈雨，晚忽雨，徽宗大喜，赐"商霖"二字。后因政策失败，左迁衡州（湖南省）知事。元祐六年曾谒庐山东林常总，获其印可。并与苏轼及黄龙派兜率从悦、晦堂祖心、觉范德洪、真净克文等禅僧为友，尤与圆悟克勤过从甚密。宣和三年卒，世寿七十九。谥号文忠。著有《护法论》一卷，是其捍卫佛教的代表作。

③深锥痛劄：用锥子深刺到痛。比喻警醒人之迷妄。

④恶发：发怒、发脾气。

⑤退院：禅院住持之隐退，或称退居。退院，亦须按规遵行。

⑥逼拶（zā）：犹逼迫。拶，逼、挤压。

⑦陶铸：比喻造就、培育。

【译文】张无尽居士将要拜见兜率从悦禅师，从悦禅师得知后说："我一定要深锥痛劄警醒此人。"

有人劝禅师："许多为官者都喜欢受人奉承恭顺，你那样对他，不怕他发脾气？"

从悦禅师说："我最多不当住持而已。"

两人见面后，从悦禅师即对无尽居士竭尽所能的勘验逼拶，以断绝妄想思路，无尽居士因此开悟。

我认为悦公能用精妙高超的手法来造就无尽居士，他的才德见识固不必论，而无尽居士能屈尊俯就于善知识，尽力参究，终于开发明了自心本性，真可以作为士大夫学道的模范啊！

宗门①问答②

古尊宿作家③相见，其问答机缘④，或无义无味，或可惊可疑，或如骂如谴，而皆自真参实悟中来，莫不水乳投⑤、函盖合⑥，无一字一句浪施也。后人无知效颦⑦，则口业不小。譬之二同邑⑧人，千里久别，忽然邂逅，相对作乡语、隐语⑨、谚语，傍人听之，亦复无义无味，可惊可疑，如骂如谴，而实字字句句皆衷曲之谈、肝膈之要也。傍人固不知是何等语，而二人者，则默契如水乳、如函盖矣。今不如缄口结舌，但向本参⑩上著力，只愁不悟，不愁悟后无语。

【注释】①宗门：本为诸宗之通称，后为禅宗之自称，因之称余宗曰"教门"，或"教下"。宗，为所崇尚之教旨；门，为通入之义。

②问答：即往返答复以阐明法门之义理。禅林中，弟子问、师家答之方法。为教育、接引门徒的重要方法之一，并成为禅宗独特之宗

风,盛行于中唐以后。师家回答时,多不用理论或逻辑答复之,而往往以看似怪异、荒谬不可解之语句或姿势来触发弟子之悟性。

③作家:禅宗大有机用者之称。禅者以诗文举扬禅旨,为师者若体得真实义,能善巧度众者,亦称为作家。此外,发挥灵活之机法,以接引学人之师家或本分之宗师,称为作家知识。

④机缘:机,根机;缘,因缘。众生之根机具有接受佛、菩萨等教化之因缘,称为机缘,凡说法教化皆以机根之纯熟为缘而起。此外,禅宗师家教化弟子时,极强调顺应各种机缘而施行其教法。

⑤水乳投:水和乳极易融合,比喻情意融洽无间。

⑥函盖合:盒子与其盖子能相密合。

⑦效颦(pín):比喻人不善模仿,弄巧成拙。语出自《庄子·天运》"东施效颦"的典故。颦,皱眉。

⑧邑:人民聚居之处。大曰都,小曰邑。泛指村落、城镇。

⑨隐语:指不直说本意而借别的词语来暗示的话。

⑩本参:禅宗开悟的三个阶段,即:本参(初关)、重关、末后关。由参话头引出无漏慧,由无漏慧,明自本心,见自本性,名为初关。既见性已,乃以无漏慧对治烦恼,到烦恼伏而不起现行,方名重关。然烦恼之伏,犹赖对治功用,必至烦恼净尽,任运无功用时,始透末后一关。

【译文】古代禅林中尊宿宗师相见,他们的问答机缘,有的听来没有义理法味,有的令人觉得惊讶疑惑,有的像是骂詈戏谑。但这些问答却都是从真参实悟中而来的,有如水乳、盒盖般的交融密合,没有一字一句是随便的或多余的。后人无知而仿效那样的问答对话,如此乱问乱答所造的口业就不小了。

譬如两个同乡的人,于远地忽然久别重逢,互相讲起了家乡话、隐语、谚语。旁人听来，也是觉得这些对话无义无味、可惊可疑、如骂如谑。其实，字字句句都是出自他们内心的肺腑之言。旁人固然听不明白，但是他们二人的默契却如水乳、盒盖般的交融密合。

今人既然不懂尊宿宗师们的问答机缘，不如闭口缄默，只管从最基本的"参话头"去用功，只愁不开悟，不必愁悟后无话可说。

醉生梦死

醉生梦死，恒言①也，实至言也。世人大约贫贱、富贵二种。贫贱者，固朝忙夕忙以营衣食；富贵者，亦朝忙夕忙以享欲乐，受用不同，其忙一也，忙至死而后已，而心未已也。赍②此心以往，而复生，而复忙，而复死，死生生死，昏昏蒙蒙，如醉如梦，经百千劫③，曾无了期。朗然④独醒，大丈夫当如是矣！

【注释】①恒言：常言、俗语。

②赍：怀着、抱着。

③劫：原为古代印度婆罗门教极大时限之时间单位。佛教沿之，而视之为不可计算之长大年月。

④朗然：清澈、明白的样子。

【译文】"醉生梦死"这句俗语，实在是至理名言。世间人大概分为贫贱和富贵二种：贫贱的人从早忙到晚，这是为了谋求生计而忙碌；而富贵的人也是从早忙到晚，却是为了享受五欲的快乐而忙碌。虽然这两种人的苦乐受用不同，但都是一样的忙碌，一直忙到死为止。但是，他们为了谋求生计与享受五欲的心识并不会随着身体死亡而消灭，仍然会带着这个心识随业投胎，出生之后又开始忙，又一直忙到死。就这样死了又生，生了又死，糊里糊涂，如醉如梦，经百千劫，不停地轮回，没完没了。洞明世事，摆脱尘劳，众生皆醉我独醒，大丈夫应当像这样啊！

真道人难

凡人造业^①者百，而为善者一二。为善者百，而向道者一二。向道者百，而坚久者一二。坚久者百，而坚之又坚、久之又久，直至菩提^②，心不退转^③者一二。如是最后，名真道人。难乎哉！

【注释】①业：凡夫一切善恶思想行为，都叫作业。业之种类可归纳为身、口、意三业。

②菩提：此为梵语，意译觉、智、知、道。广义而言，乃断绝世间烦恼而成就涅槃之智慧，即诸佛所得清净究竟之理也。

③不退转：谓精进佛法，不断地增长功德善根，不再退失、转

变。退转心，谓于诸善法，不能进修，或暂时发心修行，辄生退屈，则不能到于涅槃彼岸也。

【译文】世间一般人，造作各种业行的一百人中，造善业的只有一二人。造善业的一百人中，能够发心向道的只有一二人。发心向道的一百人中，能够坚持耐久的只有一二人。坚久于道业的一百人中，能够坚持到底、持续不断，直至成就无上智能，心不退转的，只有一二人。能够做到最后的这一二人，才可以称得上是"真道人"。要成为真道人实在很不容易啊！

空所空尽

或曰：老子①《清静经》②云"观空亦空，空无所空"等语，即《楞严》"空所空尽"之义。予谓：《楞严》初云"动静二相③，了然不生"，今以清静名经，是动相不生而静相犹生也。静且未空，尚何论空空④？

【注释】①老子：春秋战国时思想家，道家学派的创始人。姓李，名耳，字伯阳，谥聃，故亦称老聃。著有《道德经》五千余言，留传于世，亦称为《老子》。西汉初，盛行黄老之学，老子名望渐隆。东汉明帝、章帝之际，崇尚道术之士，更将老子当作祖师崇拜。东汉末年，张陵创立天师道,以《道德经》为主要经典,尊奉老子为教主,并神化为太上老君、道德天尊,是为老子成为道教教主之始。

②《清静经》:道教经典。全称《太上老君说常清静经》,另有一称为《太上老君说常清静妙经》,简称《常清静经》《清静经》。《道藏》内收录本经七种注本,由最早之杜光庭注本(唐末五代),推断本经当属晚唐以前之作品,而撰者不明也。全经以"清静"二字为主要宗旨。道教认为"清静"是道的根本,万物清静,则道自来居;人能清静,则六欲不生、三毒消灭。本经经文虽少,但为道教各派所重视,尤其全真教将其列入日常持诵功课中必诵之经文。

③动静二相:为事物所具有之二种相状,动为活动之一面,静为止息之一面。一切诸法本来寂静,因一念心动,则一切法变成对立,所以产生生灭、来去、动静这些对立的现象。

④空空:谓内身、外身、内外身俱空,而犹执空成病,复以空法而破三空,是名空空。

【译文】有人说:"道教《清静经》提到的'观空亦空,空无所空'这些内容,就是佛教《楞严经》所提到'空所空尽'的意思。"

我认为:《楞严经》有提到"动静二相,了然不生",是指动相与静相二者全然不生、不起,这境界尚在"觉所觉空、空所空灭"之前;而《清静经》以"清静"二字为全经宗旨,并以此为经名,虽不执着动相,但是还执有一静相啊!犹未放下静相,还谈什么"空无所空"、"空所空尽"呢?

教外别传①

或谓："教外果有别传乎? 则一代时教②闲文③也。教外果无别传乎? 则祖师西来虚行也。"曰: 教外实有别传, 而亦实无别传也。《圆觉》不云乎: "修多罗④如标月指⑤。"指非月也, 谓指外别有月可也。而月正在所指中, 谓指外别无月亦可也。执指为月, 谓更无月者, 愚也。违其所指, 而别求所谓月者, 狂也。神而明之, 存乎其人而已。

【注释】①教外别传: 禅林用语。"教"指经教, 即佛陀之言教; "别传"指于教外别对其机, 以心传心, 谓之别传, 亦曰单传。此谓禅宗之相传不依文字、语言, 直悟佛陀所悟之境界, 其所传是经教之外的另一种传授。

②一代时教: 释迦牟尼佛自成道至灭度, 一生中所说之教法; 讲经三百余会, 说法四十九年, 即释尊所说三藏十二部经、八万四千法门等, 称为一代时教。

③闲文: 无关紧要的文字。

④修多罗: 梵语修多罗, 华言契经。契者, 上契诸佛之理, 下契众生之机也。经, 法也、常也, 乃圣教之总名。此即指一切佛法之总称。

⑤标月指：标，表之意。示月之指，称为标月指。佛教将"真如"比喻为"月"，故对不知真如者，以种种方法来说明真如实相。标月指，即是佛所说之诸法，亦即八万四千法门、五千余卷之经文。

【译文】有人问："佛陀于经教之外，真的还有另一种以心传心的"教外别传"教学方式吗？如果有，那么释尊所说的三藏十二部经便成了无关紧要的文字了。可是，佛陀真的没有"别传"的佛法吗？如果没有，则禅宗初祖菩提达磨远从印度来中国传法，等于是白走一趟了！"

我认为：教外确实有别传，也确实没有别传。《圆觉经》上不是说过："修多罗如标月指。"手指并不是明月，若说手指之外有明月，并没有错，明月就在手指所指的方向那边。若说除了所指的明月以外，没有其他的月亮，也没有错。如果有人执意认为手指就是明月，除此之外，并没有其他的月亮，这就太愚蠢了。如果有人不看所指的月，而偏偏往别的方向去寻月，这就太狂妄了。

要能真正明了佛法的奥旨，关键就在于各人的领悟理解罢了。

发真归元

《楞严》云："一人发真归元①，十方虚空悉皆消殒。"而《中庸》②以喜怒哀乐③未发为中，既而曰："致中则天地位。"

会通儒释者,谓中即真元也。然归元则世界消,致中则世界立,胡因同果异如此?盖喜怒哀乐,属乎意根④,第六识⑤耳。今止意识不行,尚余末那⑦赖耶⑧,洪涛息而微波在也。曾未归元,如何得虚空消殒?

【注释】①发真归元:《首楞严义疏注经》卷九:"返妄归真,始觉合本。其所感者,随妄消殒;前文云:诸器世间,应念化成无上知觉。"《楞严经正脉疏》卷九:"发真归元者,言住大定入圆通者,真显妄破,归前无二本心也。空销殒者,应念将化无上知觉也。"

②《中庸》:《礼记》篇名。相传为子思所作,阐述中庸之道。宋朱熹将其从《礼记》中抽出,与《大学》《论语》《孟子》合为四书。

③喜怒哀乐:指凡夫七情,喜、怒、哀、乐、爱、恶、欲。情者,乃是非之主,利害之根。

④意根:六根(眼耳鼻舌身意)之一。"根"为能生之义。六根中之前五根所对之境为四大(地、水、火、风)所形成之色法;意根所对之境则为心法,意根对法境即产生意识。

⑤第六识:八识(眼识、耳识、鼻识、舌识、身识、意识、末那识、阿赖耶识)中居于第六,故谓为第六识,亦云第六意识。谓意以法为缘而生意识。意识依根而生意根,因识而能分别,以能分别前五根所缘色等五尘境界,是名意识。(五根者,眼根、耳根、鼻根、舌根、身根。五尘者,色尘、声尘、香尘、味尘、触尘。)

⑥末那:即末那识,唯识宗所说八识中的第七识。梵语末那,华言染污意。染污者,谓我痴、我见、我慢、我爱四惑常俱。意者,谓常思虑第八识,度量为我,即第七识也。赖耶:即阿赖耶识,唯识宗所说八识中的第八识。梵语阿赖耶,华言藏识。谓此识能含藏善恶诸法

种子。

【译文】《楞严经》上说："一人发真归元，十方虚空悉皆消殒。"一个修行人若能明心见性、证入圆通境界，妄破而真显，回归元来本性，十方虚空、大千世界就应念化成无上知觉而消失；就好像一个人睡觉做梦醒来后，梦中的境界顿时就消失了。

而《中庸》是以人之喜怒哀乐等七情都未发的状态称为"中"，接下又说："致中和则天地位焉。"当达到中和的和谐境界，则天地万物均能各得其所。

融会贯通儒释二教的人认为："《中庸》所说的'中'，即是佛经上所说的'发真归元'。"但是《楞严经》言"发真归元"，则世界消殒；《中庸》称"致中"，则世界成立。如果"中"就是"发真归元"，为何因相同而果却有如此差异呢？

喜怒哀乐属于意根的作用，即八识中的第六识。《中庸》所指的"中"，只是意识不起作用，然而还有后面的末那识、阿赖耶识呢！大波浪虽止息，但是小波浪还存在。还未归元，如何能得虚空、世界消殒呢？

道 话

古之学者，宾主①相见，才入门②，便以此一大事因缘递相研究。今群居杂谈，率多世谛③，漫游千里，靡④涉参询。遐⑤哉古风，不可复矣! 嗟夫!

【注释】①宾主：宾，指学人、徒弟；主，指师家。

②入门：即进入师门。凡蒙师父允许，剃发成为弟子，以进入佛门修行佛道，称为入门。

③世谛：对真谛之称。"世"者，世间、世俗；"谛"者，事实、道理。世间之事实，又世俗人所知之道理，谓之世谛。又曰俗谛，世俗谛，覆俗谛等。

④靡：没有。

⑤遐：遥远。

【译文】古时候学道之人，与师家相见，才进入师门学习，师家便把一大事因缘（诸法实相）提出来互相参究。现在学道之人聚在一起闲聊时，大都说些世间杂话，即使外出云游，也与参师访道全无关涉。古代的道风真的是愈来愈遐远啰! 恐怕无法再恢复了。唉，真可叹!

楚失弓①

楚王失弓，左右欲求之。王曰："楚人失弓，楚人得之，何必求也?"仲尼曰:"惜乎其不广也。胡不曰'人遗弓,人得之,何必楚也。'"大矣哉! 楚王固沧海②之胸襟,而仲尼实乾坤③之度量也。虽然,仲尼姑就楚王言之,而未尽其所欲言也。何也? 尚不能忘情④于弓也。进之则王失弓,王犹故也,无失也;假令王复得弓,王犹故也,无得也。虽然,犹未也,尚不能忘情于我也。又进之,求其所谓我者不可得⑤,安求其所谓弓也,人也,楚也。

【注释】①楚失弓:语出自《孔子家语·好生》:"楚王失弓,楚人得之,又何求之?"后"楚人弓"常用为典,多比喻失而复得之物,表示对得失的达观态度。

②沧海:大海。

③乾坤:称天地。

④忘情:淡漠不动情。

⑤不可得:空之异名也。一切诸法的存在,当体空无,而无实体可得也。

【译文】楚王出游打猎时,丢失了一张弓,他的侍从急忙找寻此失弓,楚王阻止说:"失弓的是楚国人,得弓的也还是楚国人,何必寻找呢?"

孔子评论道:"可惜楚王的心胸尚不够宽广。他为什么不说:失弓的是人,得弓的也是人,何必计较是不是楚国人得弓呢?"真是伟大的胸怀啊! 楚王固有大海般的胸襟,而孔子实有容纳天地的度量。

虽然孔子的境界高于楚王,但是孔子只是就楚王的话加以推广,他说得还不够圆满透彻。为什么？因为楚王与孔子都还执着于弓。如果更进一步论述，楚王虽然失去了弓这个身外之物，但楚王还是楚王，他自身这个"我"并没有失去一分；假使楚王重新找到了弓，楚王也还是楚王，他自身这个"我"并没有增加一毫。尽管如此，看到这一点还是不够，因为这样还执着个"我"在。再更进一步论述，想要寻求所谓的"我"都不可得，又岂能找得到所谓的"弓、人、楚国人"呢？

汤厄（一）

辛丑孟春①十日，予随例入浴②，失足沸汤中，从踵及股③。既而调治乖方④，踰两月而后愈。虽备历诸苦，而于苦中，照见平日过咎，生大惭愧⑤，发菩提心⑥。盖平日四大⑦无恙，行坐随意，眠起随意，饮食随意，谈笑随意，不知其为人天大福也。安享此福，无复思念六道众生。且我此一饷⑧安乐时，地狱众生，挫烧舂⑨磨者，不知经几许苦矣！饿鬼众生，饮铜食血者，不知经几许苦矣！畜生众生，衔铁负鞍，刀割鼎烹者，不知经几许苦矣！纵得为人，而饥寒逼迫者，服役疲劳者，疾病缠绵者，眷属分离者，刑罚责治者，牢狱监禁者，征输⑩困乏者，水溺火焚而死者，蛇螫虎咶⑪而死者，含冤负枉而死者，其苦亦不知几许，而我弗知也。自今以后，得一饷安乐，即当思念六道苦恼众生，摄心正意⑫，愿早成道果⑬，普济含识⑭，俾齐生净土，得不退转。刹那自肆⑮，何以上报佛恩，而下酬檀信⑯也。励之哉！

【注释】①孟春：春季的第一个月，农历正月。

②随例入浴：依佛制，半月洗浴一次，除热时、病时、作时、大风时、雨时、远行来时，则不在此限。

③踵：脚后跟。股：大腿。

④乖方：违背法度、失当。

⑤惭愧：惭是对自己德学浅陋，常怀惭念而生善；愧是怕自己作恶受人讥评，生愧心而止恶。

⑥菩提心：菩提旧译为道，求真道之心曰菩提心；新译曰觉，求正觉之心曰菩提心，其意一也。

⑦四大：谓人之身，揽外地水火风四大而成内身四大，地者骨肉形体也，水者血髓润也，火者温暖也，风者出入气息也。因对色香味触四微，故称为四大也。

⑧一饷：片刻。饷，短暂。

⑨舂：把谷物以杵臼捣去皮壳。舂磨者，是指地狱中的罪人，被刀杖舂捣于臼中。

⑩征输：征收赋税。

⑪螫：含有毒腺的蛇、虫等用牙或针钩刺人畜。咶：咬。

⑫摄心：谓心专注于一境，令不昏沉散乱。正意：意无邪念也。

⑬道果：道，菩提；果，涅槃。由菩提之道而证涅槃之果，故称道果。

⑭含识：梵语，意译有情、众生。以一切众生皆有心识，故称含识；此总摄六道之有情众生。

⑮自肆：放纵任意。

⑯檀信：信众之布施。施主之信仰，檀越之信施。"檀"为"施与"之义。

【译文】明神宗万历辛丑年（公元1601年）正月初十，我依律制半月洗浴一次，入浴时，不小心跌入滚烫的热水中，从脚后跟到大腿皆被烫伤。后又因调养治疗失当，经过两个多月才痊愈。

烫伤治疗期间，虽受尽了各种苦痛，而于痛苦中反观自省，才察觉到自己平日犯了不少过失错误，因此生大惭愧、发菩提心。想起平日身体没有病痛时，能随意地行走坐卧、睡觉起床、饮食、谈笑，从来没有察觉到这样随意的生活，竟是人天中的大福报！

我安享此福时，从未念及六道众生的苦痛。且在我享受片刻的安乐时，地狱里的众生，正受着刀砍、火烧、杵臼捣碎、碾磨，不知经历了多少的痛苦啊！饿鬼道的众生，渴饮铜汁、饥食血污，不知经历了多少的痛苦啊！畜生道的众生，如牛马之类，则受衔铁负鞍之劳；猪羊之属，则遭刀割鼎烹之痛，也不知经历了多少的痛苦啊！即使投胎做人，也有饥寒逼迫的、服役疲劳的、疾病缠身的、眷属离别的、犯罪遭刑罚的、被监禁在牢狱的、遭征收赋税而生活困乏的、水溺火焚而死的、被毒蛇老虎咬死的、含冤屈而死的，人世间的痛苦不知有多少，而我却不知念及救拔他们！

自今以后，只要我得到片刻的安乐，就要念及六道中受苦受难的众生急待超拔，我应当摄心正意，愿早成道果，广度众生，使一切众生同生净土，得不退转。假如不这样发心，稍自放逸，对上如何报答佛恩，对下如何报答信众的布施呢？我应当要经常这样勉励自己啊！

汤厄（二）

佛言"人命在呼吸间"，予平日亦常举此以警策大众，而实未尝身亲经历之也。及予之罹汤厄也。方其入浴，身安心泰，洋洋自如，俄而①蹈沸釜中，几死矣！其得生者，幸也，龙天②救之也。夫为时③刹那④耳，而死生系⑤焉。"命在呼吸"，岂不诚然乎哉！则知为僧者，于佛所说以劝他人恒切，而以劝自己或疏，通弊也。予于是大愧⑥大骇⑦而大自戢⑧。

【注释】①俄而：不久、突然间。

②龙天：即龙神诸天，为拥护佛法之善神，故有"龙天护法善神"之称。

③为时：犹言从时间上看。

④刹那：梵语音译。一般用来表示时间之极短者，如一瞬间。

⑤系：捆绑。

⑥愧：心常知愧，不为暴恶，悔昔过非，则能对治无愧，息诸恶业也。

⑦骇：吃惊、害怕。

⑧戢（jí）：收敛、止息、约束。

【译文】佛说"人命在呼吸间"，我平时也常用这句话来警醒策励大众，而实际上我自己却不曾亲身经历过。直到我入浴时遭受热水烫伤，才完全体验到此言真实不虚。当我刚入浴时，只觉得身心安舒通畅，非常得意。忽然不小心踏入滚烫的热锅中，差一点烫死！我能够被救活，算是万幸，实在是龙天护法救我的。从时间上来看，虽只是一瞬间，然而死与生就在这一关键时刻啊！我当时的情况确实是命在呼吸间啊！

由此使我体会到，身为出家人，平时把佛陀的教诲拿去劝诫他人，往往都很急切，而用来警惕自己的时候，就不用心注意了，这是一般出家人常犯的毛病。经过这件事，我感到极度惭愧、惶恐，将竭尽全力收敛约束自己的身心。

汤厄（三）

予平日论到病中做工夫①处，亦知毕陵伽婆蹉②所谓"纯觉遗身"③矣，亦知马大师④所谓"有不病者⑤"矣，亦知永嘉⑥所谓"纵遇风刀常坦坦⑦，假饶毒药也闲闲⑧"矣，亦知肇公所谓"四大本空⑨，五蕴非有⑩"矣。及乎足入沸汤，从头简点，痛觉在身，谁是"遗身"者？我今受病，谁是"不病"者？锋刀毒药切于肌肤，谁是"坦坦、闲闲"者？四大五蕴实为吾身，实为吾累，谁是"本空非有"者？乃知平日干慧⑪都不济事。若无定力⑫，甘伏死门⑬，彼口头三昧⑭，只自瞒耳。噫！可不勉欤？

【注释】①工夫：又作功夫。谓参禅也，或指思惟办道之事。

②毕陵伽婆蹉：比丘名。译曰余习，以有高慢之余习故也。

③纯觉遗身：谓觉心纯净，而遗失妄身也。《楞严经》云，毕陵伽婆蹉，闻佛说诸世间不可乐事，因行乞食，被刺伤足，举身疼痛，即反观觉痛之心，无有痛觉，本自清净；如是思惟，摄念未久，身心忽空，诸漏虚尽，得入圆通。故云"如我所证，纯觉遗身，斯为第一。"

④马大师：即唐朝马祖道一禅师。俗姓马，世称马大师、马祖。名道一。就怀让习曹溪禅法，言下领旨，密受心法。马祖以"平常心是道"、"即心是佛"大弘禅风。马祖始创丛林，以安禅侣，由是宗门益盛。世寿八十。唐宪宗谥其号为"大寂禅师"。其派发展甚大，称为洪州宗。马祖因于江西阐扬南岳系禅风，亦称江西禅，故以"江西马祖"闻名于世。

⑤有不病者：《五灯会元》载之禅宗公案。师因疾，僧问："有不病者也无？"师答："有。"更问："不病者还看和尚否？"师答："老僧看他有分。"僧又问："和尚争得看他？"师云："老僧看时即不见有病。"此则公案中，僧所问之"不病者"，即指人人圆具之本佛；更问"不病者还看和尚否"，谓本佛是否看护身体之病；又问"和尚争得看他"，谓如何得与本佛相见；师答以"即不见有病"，盖谓若不堕病、不病二见，身心共脱落时，已瞭无病痛可言。

⑥永嘉：唐朝永嘉玄觉禅师。永嘉人，出家遍探三藏，精通天台

之止观。后诣曹溪六祖，言下契悟，一宿而去。时称"一宿觉"。号为真觉大师。唐睿宗先天元年入寂，赐谥"无相大师"。著《证道歌》一首，又有《永嘉禅宗集》盛行于世。

⑦风刀：人临命终时，体中的风大动摇支解其体，好像刀割一样的痛苦。坦坦：安定泰然的样子。

⑧假饶：即使、纵使。闲闲：从容自得的样子。

⑨四大本空：由地、水、火、风四大所构成之身体，虽名为"我"，实际是无主体、无我。

⑩五蕴非有：谓"色、受、想、行、识"五蕴所构成的人身，是虚妄不实的，因为当五蕴分散时，人身也就没有了。

⑪干慧：虽有观慧，然未得真谛法性理水，故称为干慧地。《大乘义章》十四曰："虽有智慧，未得定水，故云干慧。又此事观，未得理水，亦名干慧。"比喻空谈理论，而没有真实受用。

⑫定力：止息散乱之心，归于静寂之禅定力，称为定力。即不论遭遇任何境地，均能如如不动之禅定力。

⑬死门：又作死关，与"鬼门关"同义。

⑭口头三昧：谓不明禅理，仅袭取禅家之常用语以资谈助者。意指行者但袭取文字语言，说禅说道，而不真实下工夫修持。后转指一般人不身体力行，仅于口头说说而已。

【译文】我平日谈论到生病时要如何用功办道，也知道应当学习毕陵伽婆蹉那种"纯觉遗身"的忘我境界；也知道当学马祖道一禅师那种"有不病者"的超然物外的工夫；也知道当学永嘉大师那种"纵遇风刀常坦坦，假饶毒药也闲闲"的从容态度；也知道当学僧肇大师那种"四大本空，五蕴非有"的无我精神。

直到我失足落入滚烫的热水中，把以上各种方法拿来从头勘验:痛觉分明在身,谁是遗身者?我现在正受病痛的煎熬,谁是不病者?身上烫伤的地方,犹如锋刀和毒药在刺痛肌肤,痛苦难当,谁是坦坦、闲闲者?此时的四大五蕴实实在在便是我的身体,也实因有这个身体才使我受这种种苦楚,谁是本空、非有者?这个时候,我才了解平时所谓的"慧观",如果没有经过实证,当境界来临时,完全无济于事!

假如没有高深的定力,当备受痛苦难忍时,恐怕只能甘心等死!那些无真修实证,仅于口头谈禅说道的"三昧",只是自己欺骗自己而已。所以,学道的人应当于真实处勉力用功啊!

汤厄(四)

予见屠酤之肆①,生置鳖鳝虾蟹之属②于釜中,而以百沸汤烹之,则谕之曰:"彼众生力弗汝敌,又微劣不能作声耳!若力敌,则当如虎豹啖汝。若能作声,冤号酸楚之声,当震动大千世界。汝纵逃现报,而千万劫中,彼诸众生,不放汝在。汝试以一臂纳沸汤中,少顷而出,则知之矣。"今不意此报乃我当之。因思自少至老,虽不作此业,而无量生来,既宿命未通,安保其不作也。乃不怨不尤,安意忍受,而益勤修其所未至。

【注释】①屠酤（gū）：宰牲和卖酒。肆：市集贸易的地方、店铺。

②属：种类。

【译文】我以前看见酒店、餐馆里，把活生生的鳖、鳝、虾、蟹这类生物置入锅中，并以滚烫的热水烹煮它们。我就劝告这些人说："这些众生，是因为力量敌不过你们，又身形弱小，无法出声呼救！如果它们的力量能敌得过你们，就会像虎豹一样吃了你们；如果它们能出声呼救，则它们发出悲痛凄惨的喊冤声，一定能震动大千世界。你们即使能逃得了现世报，而于千万劫中，这些众生也决不会放过你们。如果你们不相信的话，不妨试将自己的一只手臂放入沸汤中片刻，就知道是什么样的感觉了。"没想到现在承受这果报的，竟然是我自己。

所以，自己就作如此思量：从少到老，虽然没有造过杀业，但是，无量劫以来，既未得宿命通，怎知过去生中没有造过杀业？因此也就不怨不尤，甘心忍受烫伤之苦，并且要更加发愤努力，勤勉修习那更高，未可知的境界。

经　教

有自负参禅者，辄云达磨①不立文字②，见性③则休。有自负念佛者,辄云止贵直下有人,何必经典。此二辈人有真得而作是语者,且不必论。亦有实无所得而漫言之者,大都不通教理而护惜其短者也。予一生崇尚念佛,然勤勤恳恳劝人看教。何以故?念佛之说,何自来乎?非金口所宣,明载简册,今日众生,何由而知十万亿刹之外有阿弥陀也?其参禅者,借口教外别传,不知离教而参,是邪因也;离教而悟,是邪解也。饶汝参而得悟,必须以教印证;不与教合,悉邪也。是故学儒者,必以六经四子为权衡;学佛者,必以三藏十二部④为模楷。

【注释】①达磨:又称菩提达摩。为我国禅宗初祖,西天第二十八祖。印度波斯国国王之第三子,从般若多罗学道,四十年之后受衣钵。梁武帝时泛海到达中国的广州,武帝迎至建业,因与武帝话不投机,遂渡江入魏,在嵩山少林寺面壁九年,号壁观婆罗门。孝明帝闻之,三召不起。后得慧可,付法并衣。梁大通二年寂,梁武帝制碑赞德,尊称师为"圣胄大师";唐代宗赐"圆觉大师"之谥号。

②不立文字:禅家之悟道者不涉文字言句,单以心传心之玄旨。因此,禅宗乃离文字相,离心缘相,不可思议,毕竟不可得。

③见性:彻见自心之佛性也。

④三藏十二部:是佛典的总称。佛陀一生所说的教法,后来弟子分类结集为经、律、论三大部类,故称三藏。十二部,乃佛陀所说法,依其叙述形式与内容分成十二种类,又作十二分教、十二分圣教、十二分经。

【译文】有自恃参禅的人,总是说:"达磨祖师西来,不立文字,以心传心,此为教外别传,最重要的是见自本性,更莫别求。"有自恃念佛的人，总是说："修净土法门的人，只要深信有极乐、有弥陀佛，将一句佛号一直念到底，何必多看经典？"

这二种人假如有真修实证的工夫而说出这些话，那就没什么好议论的。但如果没有真修实证，只是随便说说，大都是为了掩饰自己不通教理的短处吧！

我一生崇尚念佛，但仍勤勤恳恳地劝人读诵经典以了解佛所说的道理。为什么？假如你不读经，怎能知道念佛法门的缘由？如果不是佛陀金口宣说，并明载于经典流传下来，今日的众生如何能知道十万亿佛国土之外有西方极乐世界阿弥陀佛呢？

那些自恃参禅的人，以"教外别传"作为不读经的借口，殊不知离开经教而盲修瞎练，就是邪因。背离经教所悟得的道理，就是邪知邪见啊！即使你参禅已经开悟，也必须透过佛所说的教理来印证认可你所悟得的境界。假如你所悟得的与教理不相符合，这都是邪因邪果、邪知邪见啊！

所以，学儒的人，必以六经四书来衡量自己的行为。学佛的人，也必须以三藏十二部作为修行的准绳。

语　录

古人道明德立，足为人天师表，然后有语录①垂世。大率有二：或门人所记，如《六祖坛经》②之类是也。或手自作之，如《中峰广录》③之类是也。我实凡夫，自救不了，为吾徒者，慎勿笔吾一时偶尔之谈，刊为语录。不唯妄自尊大，又偶尔之谈，或有为而发，或因人而施，未是究竟了义，而况听者草草入耳，便形诸纸墨，亦恐有误人之过也。

【注释】①语录：为禅宗祖师说法开示之记录书。禅师平日说法开示，并不藻饰华词，大多以通常俗语直说宗旨，其侍者与参随弟子予以记录，搜集成册，即称语录。语录并不仅用于禅林，禅宗以外之祖师语集，亦可称为语录。

②《六祖坛经》：全称《六祖大师法宝坛经》，简称《坛经》。禅宗六祖惠能说，弟子法海集录。内容记载惠能一生得法传宗的事迹和启导门徒的言教，内容丰富，文字通俗，是研究禅宗思想渊源的重要依据。惠能，唐代僧人，中国佛教禅宗六祖，一作慧能。偶闻诵《金刚经》，萌出家之志，遂投五祖弘忍座下，并嗣其法，后于韶阳曹溪宝林寺树立法幢，大弘禅宗顿悟之旨，为达磨祖师入东土后之第六代祖师。

③《中峰广录》：详称《天目中峰和尚广录》。元代中峰明本禅师撰，北庭慈寂等编。全书内容可看出中峰明本禅师的中心思想为禅净双修、教禅一致。明本，字中峰，号幻住道人。年二十四时礼高峰原妙出家，后嗣承其法。元仁宗曾赐号"佛慈圆照广慧禅师"。元顺宗且许《中峰广录》入藏。

【译文】古人因为已觉悟正道且树立德业，足为人天师表、大众模范，然后方有语录流传于世。语录大致有二种：有的是由门人弟子记录,如《六祖坛经》这一类;有的是自己著述,如《中峰广录》这一类。

我只不过是一介凡夫,连自救的工夫都没有,凡是我的门徒弟子,千万不要将我一时偶尔之谈记录下来,刊印成语录。若这样做,不仅显得我妄自尊大,又因为这些都是偶然说的话,有的是有感而发,有的是因材施教而说的,都不是究竟了义的言辞,更何况听的人草率地听过,便把它记录下来,唯恐会有误导他人的过失啊!

闻 谤

经言①:"人之谤我也,出初一字时,后字未生;出后一字时,初字已灭。是乃风气鼓动,全无真实。若因此发瞋,则鹊噪鸦鸣,皆应发瞋矣!"其说甚妙。而或谓:"设彼作为谤书,则一览之下,字字具足,又永存不灭,将何法以破之?"独不思白者是纸,黑者是墨,何者是谤?况一字一字,皆从篇韵②凑合而成,然则置一部篇韵在案,是百千万亿谤书,无时不现前也。何惑之甚也!虽然,此犹是对治③法门。若知我空④,谁受谤者?

【注释】①经言:此指《优婆塞戒经》,原文为:"有智之人,若遇恶骂,当作是念:是骂詈字不一时生,初字出时,后字未生;后字生已，初字复灭。若不一时，云何是骂? 直是风声，我云何瞋?"

②篇韵：《玉篇》(字书名) 和《广韵》(韵书名) 的并称。

③对治：针对病情而治疗，亦即断除烦恼的意思。

④我空：凡夫于五蕴法强立主宰，称为我执；若推求色、受、想、行、识等五法，皆无自性，不见常一之我体，则为我空。

【译文】经上说："当有人骂我、毁谤我的时候，须作如是观想：骂詈字不是同时出现的，第一个字说出来时，后面的字还没出现；后面的字出现时，前面的字已不存在了。恶骂之声就像风、气的鼓动一样，都不是真实存在的。如果因此就要发怒，那连听到鹊、鸦等鸟类嘈杂的叫声，都应该发怒了。"这话说得真妙!

有人问："假设他是写成毁谤的书函，则一看之下，字字具足，又永存不灭，那我们该用什么方法来对治呢?"

你何不这样想：那白的是纸，黑的是墨，哪里是毁谤的文字呢?

何况每个字都是从《玉篇》《广韵》这些书中的文字凑合而成。如果认为这些白纸黑字是谤，那么放一部《玉篇》《广韵》在桌上，那岂不是百千万亿的谤书时时出现在眼前了! 难道你会这么糊涂无法辨别吗? 虽然这样说，这还只是帮助自己对治毛病、断烦恼的方法。若能彻底了知"我空"的道理，那还有受谤的我吗?

愚之愚

世人以不识字、不解事为愚，此诚愚也，非愚之愚也。读尽五车书①，无字不晓；收尽万般巧②，无事不能；乃至谈玄说禅，靡不通贯。而究其真实③处，颠倒迷惑④，反见笑于向之所谓愚者，非愚中之愚而何？

【注释】①五车书：形容读书多，学问渊博。

②万般巧：万般，谓各种各样。巧，指精妙的技能、才艺。

③真实处：穷极真如之源底。

④颠倒：违背常道、不顺应正理。如以无常为常，以苦为乐，是为无明之所使然，倒见事理也。迷惑：谬于事理云迷，不明事理云惑。

【译文】世人认为不识字、不懂事是愚笨的，这确实是愚笨的，但不是最愚笨的。有人读遍各种书籍，没有一个字是他不认识的；具备各种才能，没有一件事是他不会的；乃至于谈玄说禅，无不融会贯通。然而他对于真如实相、真如根源，却依然颠倒迷惑，反而被先前所认为的愚人所取笑。这不就是愚中之愚吗？

预 了

　　无常①迅速，虽老少无别。然年少人犹处未定之天②，妄冀长寿；若老年人，则定然光景无多矣！须把身世事处分了当，从他无常朝到暮到，撒手便行，无所系累。此晚境大要紧处，不可忽！不可忽！

　　【注释】①无常：谓世间一切有为法皆生灭迁流而不常住。盖一切有为法皆由因缘而生，依生、住、异、灭四相，刹那生灭，本无今有，今有后无，故总称无常。
　　②未定之天：还未决定的时候。
　　【译文】世间一切有为法，刹那生灭而不常住，不论老年、少年，一样都会面临无常。然而年轻人毕竟还不知何时会面临无常，总是妄想能寿命长久；若是老年人，则必定来日无多了，必须把生死大事先妥当处理、预先准备；如此一来，任凭无常随时来临，都可安心的放手离世，没有任何束缚、挂念。这是晚年最要紧的事，千万不可轻忽，不可疏忽！

广　览

看经须是周遍广博，方得融贯，不致偏执①。盖经有此处建立②，彼处扫荡③；此处扫荡，彼处建立；随时逐机，无定法故。假使只看《楞严》，见势至不入圆通④，而不广览称赞净土诸经，便谓念佛法门不足尚矣。只看达磨对梁帝语⑤，见功德不在作福，而不广览六度万行⑥诸经，便谓有为⑦福德皆可废矣！反而观之，执净土非禅宗，执有为非无为⑧，亦复如是。喻如读医书不广者，但见治寒⑨用桂⑩附⑪而斥芩⑫连⑬，治虚⑭用参⑮耆⑯而斥枳⑰朴⑱，不知芩连枳朴亦有时当用，而桂附参耆亦有时当斥也。是故执医之一方者误色身，执经之一义者误慧命⑲。予尝谓《六祖坛经》不可使无智人观之，正虑其执此而废彼也。

【注释】①偏执：即偏僻固执某一方而不通达他方之意。又执着于此类偏颇之见解，称为偏执见、偏见。

②建立：即建立门，指肯定迷悟、生佛、善恶、长短等一切义法分别之方法。禅林中，师家接化学人时，采取此类立之、扶之、起之的方法，而与否定、拂除执着之"扫荡门"相对。

③扫荡：即扫荡门，禅林中，师家接引学人时，否定一切差别相，

拂去所有执着之方法。

④圆通：智慧神通，圆融无碍。

⑤达磨对梁帝语：梁武帝问于菩提达磨："朕即位已来，造寺、写经、度僧不可胜纪，有何功德？"师曰："并无功德。"帝曰："何以无功德？"师曰："此但人天小果有漏之因，如影随形，虽有非实。"帝曰："如何是真功德？"答曰："净智妙圆，体自空寂，如是功德，不以世求。"

⑥六度万行：六度是指，六种可以从生死苦恼此岸得度到涅槃安乐彼岸的法门，即布施、持戒、忍辱、精进、禅定、般若。六度包括了菩萨所修的一切行门。因此略则六度，广则万行。

⑦有为：意谓有作为、有造作。即指由因与缘和合而成的现象诸法，又称有为法。亦即一切有生灭变化的现象，以"生、住、异、灭"四相为其特征。相对于此，永远不变而绝对存在者，则称为无为法。

⑧无为：无因缘造作。又无生住异灭四相之造作，即真理之异名。

⑨寒：即寒症，中医指感受寒邪，或机能低下而出现的症状。表现面色苍白、手足厥冷等症状。

⑩桂：指桂皮，肉桂树的皮。可以制药，有健胃、强身、散寒、止痛作用。

⑪附：指附子，植物名，俗称僧鞋菊。叶茎有毒，根尤剧。可入药，对虚脱、水肿、霍乱等有疗效。

⑫芩：指黄芩，多年生草本植物。中医用做清凉解热剂。

⑬连：指黄连，多年生草本植物。根茎味苦，入药，性寒，功能泻心火、化湿热，主治湿热泻痢、目赤、口疮等症。

⑭虚：即虚症，中医名词。体质虚弱的人所发生的身疲力乏、心悸

气短、自汗盗汗等症状。

⑮参：指人参，多年生草本植物。根和叶都可以入药，为中药贵重药品，有滋补作用。

⑯耆：指黄耆，药草名，多年生草本。根甚长，可入药。味甘微温，补虚。

⑰枳：指枳实，枳树未熟的果实，干制后可入药。味苦，寒，无毒。除寒热结、益气轻身。

⑱朴：指厚朴，落叶乔木。中医以树皮入药，性温，味苦辛，无毒。治中风、伤寒、头痛、寒热、惊悸等。

⑲慧命：法身以智慧为寿命。盖慧为法身之寿命，故曰慧命。

【译文】看佛经必须周遍广博，才能融会贯通而不至于偏执一方。因为，在不同的佛经中，有的肯定一切差别法相，以普利一切众生，能各自安住；有的则否定一切差别法相，以除去众生的执着。这原是佛陀随众生得度的时节因缘，教化不同根机的众生，而施设的善巧方便，所以没有固定不变的说法。

假使有人只看《楞严经》，在此经文中，文殊菩萨为我们这个娑婆世界众生选择的法门，是"观世音菩萨耳根圆通"，而不是"大势至菩萨念佛圆通"；若不广览诸佛赞叹净土法门的经典，就以为念佛法门不值得尊崇学习！

假使有人只看达磨祖师对梁武帝的开示，就以为功德不在作福，广修福法未必有功德；若不广览六度万行的各种经典，就会以为"有为福法"都可以不必修。

反过来说，若有人执持净土法门而去批评禅宗，执持有为法而去批评无为法，这都是犯了偏执的毛病。

譬如学医的人，医书读得不够广博，只知治寒症要用桂皮、附子，而不用黄芩、黄连；只知治虚症要用人参、黄耆，而不用枳实、厚朴。不知黄芩、黄连、枳实、厚朴也有当用的时候，而桂皮、附子、人参、黄耆也有不宜用的时候。

所以，学医的人如果不知对症下药，执持一种药方而不知变通，必将误人生命。学佛的人如果不知一切法皆不可得，执持经中的某个义理而谤斥其他，必将误人慧命。我曾说过，《六祖坛经》不能随便拿给没有智慧的人看，就是担心浅见的人会执着《坛经》中的某些话，而不学其他经教。

求人过

见人饬躬①立德，名称颇闻，便多方求觅其过，此忌心也，薄道也。或见人有所著述，其求过也亦然。不知闻一善行，览一好书，皆当随喜赞叹②；而反掩之灭之，是诚何心哉？若果行系伪行，书系邪书，自应正言公论，明斥其非，又不当半褒半讥，依阿进退③。

【注释】①饬躬：犹饬身。警饬己身，使自己的思想言行谨严合礼。

②随喜:随顺欢喜之意,即见他人所作善根功德,随之心生欢
喜。赞叹:以口业称美其德。

③依阿:曲从附顺。进退:举止行动。

【译文】看见别人因谨言慎行、修养品德而名声远播,便用各种
方法、多种途径来寻求他的缺点和过失,这完全是忌妒心的表现,是
刻薄不厚道的做法。或者看见别人有所著述,也同样百般挑剔寻找他
的过失,这也是忌妒心、不厚道的表现。殊不知,听到一件善行,或看
到一本好书,都应该随喜赞叹。不但不赞叹,反而设法加以隐藏、毁
灭,这是存什么心呢? 倘若此人的行为果然是伪装的,或者此人的著
述确实是邪书,自应提出公正的言论,严正地指出其错误处。不应该
边褒扬边非议,曲从他人的行为而有谄谀的态度。

谋 断

古称玄龄①善谋,如晦②善断。盖谋与断当兼备而不可一缺
者。予于事,多有见之极明,而持之不武,以此致误,常悔之恨
之。故禅门贵悲智③双足。而谋与断,俱智所摄。谋而乏断,正能
见而不能持也,此终是智浅而不深,偏而不全耳。大宜勉旃④!

【注释】①玄龄:即房玄龄,唐朝初年名相。名乔,字玄龄。唐太

宗贞观前，他协助李世民经营四方，削平群雄，夺取皇位，李世民称赞他有"筹谋帷幄，定社稷之功"。贞观中，他辅佐唐太宗，总领百司，掌政务达二十年；参与制定典章制度，主持律令、格敕的修订，又曾与魏征同修唐礼；调整政府机构，省并中央官员；善于用人，不求备取人，也不问贵贱，随材授任；恪守职责，不自居功。后世以他和杜如晦为良相的典范，合称"房杜"。

②如晦：即杜如晦，唐朝初年名相。字克明。唐太宗即位，进封如晦为蔡国公。如晦为相时，正值唐朝新建不久，他与房玄龄共掌朝政，典章制度皆两人所定。每在太宗前议事，玄龄说："非如晦不能决。"如晦亦能尊重玄龄之策。时称"如晦长于断，玄龄善于谋"，两人配合默契，同心辅佐太宗，为唐代良相。

③悲智：指救度众生之慈悲与求菩提之智慧。佛菩萨具此二种功德，合称为悲智二门。

④勉旃（zhān）：努力。多于劝勉时用之。旃，之、焉的语助词。

【译文】古人称房玄龄善于谋略，杜如晦善于决断，其实谋略与决断应当兼备而缺一不可。我对于事物都能观察得极为明白，但在处理时，却不能果断地做出决定，因此常耽误事情，为此心里常常觉得懊悔。

所以禅门中注重悲智双具，而谋略与决断，都是属于智慧所含摄。有谋略而缺乏决断，就像我虽有见识而不能把事情处理好，这终究是由于智慧浅而不深、偏而不全的缘故！因此，我必须更加努力修学以证得圆满的智慧。

禅佛相争

二僧遇诸途，一参禅，一念佛。参禅者谓本来无佛，无可念者，佛之一字，吾不喜闻。念佛者谓西方有佛，号阿弥陀，忆佛念佛，必定见佛。执有执无，争论不已。有少年过而听焉，曰："两君所言，皆徐六担板耳①。"二僧叱曰："尔俗士也，安知佛法？"少年曰："吾诚俗士，然以俗士为喻而知佛法也。吾，梨园子②也。于戏场中，或为君，或为臣，或为男，或为女，或为善人，或为恶人。而求其所谓君、臣、男、女、善、恶者，以为有，则实无；以为无，则实有。盖有是即无而有，无是即有而无，有无俱非真，而我则湛然常住③也。知我常住，何以争为？"二僧无对。

【注释】①徐六担板：指担板汉，本指背扛木板之人力夫，以其仅能见前方，而不能见左右，故禅宗用以比喻见解偏执而不能融通全体之人。

②梨园子：指梨园子弟。唐玄宗时梨园宫廷歌舞艺人的统称，唐以后泛指戏曲演员。

③常住：没有生灭变迁的意思。《楞伽经》说常住之法有七种：菩提、涅槃、真如、佛性、庵摩罗识（即诸佛清净本源的心体）、空如

来藏、大圆境智。

【译文】有两位僧人在路上相遇，一位是参禅的，一位是念佛的。参禅的僧人说："本来无佛，有什么可念？佛这个字，我不喜欢听。"念佛的僧人说："经上明明说'西方有佛，号阿弥陀。'又说'忆佛念佛，必定见佛。'怎能说无佛呢？"一位说有佛，一位说无佛，争论不休。

此时刚好有位少年经过，听到他们的争辩，便说："二位法师所言，都像徐六担板汉，仅见前方，而没看见全体。"

两位僧人听了，同声呵责少年："你这个凡夫俗子，哪懂得佛法？"

少年说："我的确是凡夫俗子，但就以凡夫俗子生活经验所认知的，多少也能体会一点佛法。我是戏曲演员，在戏场中，有时扮演君王，有时扮演臣子，有时扮男，有时扮女，有时扮善人，有时扮恶人。这些君、臣、男、女、善、恶等相，若以为是真的有，实际上却不是真实有的；若说没有，但在戏场上却又存在的。这个'有'，是即无而有；这个'无'，是即有而无。有和无都不是真实的，只有本来的'我'，清净湛然、常住不变；若是真正了解本来常住的'我'，还用得着争吗？"两位僧人听了，无言以对。

武夷图

予病中有赠以武夷九曲图①者，阅之忻然②。因思古人沉疴③不起，一友教玩辋川图④，不浃⑤旬而愈。况西方极乐世界，绘画流布⑥，朝夕参礼而未闻奇验速效如辋川者，何耶？良由辋川迹在寰中，易为描写；极乐境超世外，难以形容，则不若绘辋川者之备极工巧，耸人心目故也。彼鸡头摩之所传⑦、《十六观经》⑧之所说，亦略示其概而已。夫极乐世界，忉利⑨、兜率⑩、化乐⑪诸天所不能及其少分，使人得而详睹，何止四百四病⑫之俱忘，将八万四千烦恼诸病皆消灭无余矣！昔人谓神栖安养，又谓先送心归极乐天，岂徒然哉？

【注释】①武夷九曲图：武夷九曲指福建省武夷山的九曲溪。闽中山水奇秀以武夷山为第一，武夷山的精华则在九曲溪，它在七公里长的河段内拐了九个弯，因此得名。九曲溪，水绕山行，山挟水转，每一曲都有不同景致的山水画意，因此历代名儒显宦、文人墨客踪迹不绝，留下许多文物古迹。宋代理学家朱熹曾经隐居且讲学于此。

②忻然：喜悦、愉快的样子。

③沉疴：重病，久治不愈的病。

④辋川图：唐诗人王维绘的名画。辋川，水名，在陕西省蓝田县南，源出秦岭北麓，北流至县南入灞水，诸水会合如车辋环凑，故名。唐诗人王维曾置别业（别墅）于此。王维绘辋川别业二十胜景于其上，故名辋川图。

⑤浃（jiā）旬：一旬，十天。

⑥流布：此指流露、表达。

⑦鸡头摩之所传：据道宣之《集神州三宝感通录》载，天竺鸡头摩寺之五通菩萨，曾往安乐世界求请弥陀之形象，以利娑婆众生往生净土之愿。弥陀许之，乃有弥陀五十菩萨像之流布。因此五通菩萨为阿弥陀佛画像之始传者。

⑧《十六观经》：即指《佛说观无量寿佛经》。内容叙述释迦牟尼佛应韦提希夫人之请，开演修三福，并讲述十六种观想阿弥陀佛的身相和极乐净土庄严的方法，所以又称《十六观经》。

⑨忉利：即忉利天，此天位于欲界六天之第二层天。是帝释天所居之天界，位于须弥山顶。此天具足种种妙宝，其天人身长一由旬，寿一千岁（此天一昼夜，人间已经一百年）。

⑩兜率：即兜率天，此天位于欲界六天之第四层天。此天一昼夜，人间四百年，天寿四千岁，合人间五亿七千六百万年。有内外二院，外院为天人所居，内院为补处菩萨的住处，补处菩萨常由此天下生而成佛，今为弥勒菩萨的净土。

⑪化乐：即化乐天，此天位于欲界六天中之第五层天。此天之人，自化五尘而自娱乐，故称化自乐。以人间八百岁为一日夜，寿长八千岁，身长八由旬，身具常光。与夜摩天、兜率天、他化自在天等，俱以长寿、端正、多乐三事胜阎浮提。

⑫四百四病：即人类所有疾病之总称。据《修行本起经》《佛医

经》等记载，在构成人类身体之地水火风四要素（四大）中，由于风大之运转所引起之风病有101种，由于地大之增长而引起之黄病有101种，由于火大之旺盛所引起之热病有101种，由于水大之积聚而引起之痰病有101种，以上合计为四百四病。若此等诸病辗转相钻，四百四病同时俱作，其人必极寒、极热、极饥、极饱、极饮、极渴，时节失所，卧起无常。

【译文】曾经在我生病时，有人送我一幅"武夷九曲图"，我观赏后非常欢喜。因此想到，有古人病重不起时，其友人教他观赏"辋川图"，结果此人不到十天就痊愈了。但是，有人用绘画表达西方极乐世界的庄严圣境，并日夜参拜，都没有像观赏"辋川图"一样的奇验速效，这是什么原因呢？大概是因为辋川胜迹就在我们国内，能看得到，所以容易用绘画表现出来，而极乐世界的庄严圣境是超出俗尘之外，难以形容，当然就不如绘"辋川图"那样精致美妙而令人心驰神往。

印度鸡头摩寺五通菩萨所绘之净土变相图（以阿弥陀佛为中心而描绘五十尊佛菩萨像之图画），及《观无量寿佛经》所说的十六种观想极乐世界的方法，这都只是约略介绍其大概而已。其实极乐世界的胜妙庄严，即使忉利天、兜率天、化乐天等诸天，也比不上其少分。假使有人能够详细看到极乐世界的圣境，不止身体的所有疾病都能忘记，甚至精神上的各种烦恼诸病也能消灭无余。

古德永明延寿大师作《神栖赡养赋》，勉励后人要一心修净土，又憨山大师说："身虽未到莲华内，先送心归极乐天。"现在身体还在娑婆，还没到极乐世界，但心已经去了，勉励后人要念念都在西方净土。古德说的这些话，难道是没有根据的吗？

谈 宗

予未出家时，乍阅宗门语，便以情识模拟，与一座主^①书，左纵右横^②，座主惮^③焉。出家数年后，重会座主于一宿庵^④。劳问^⑤间，见予专志净土，语不及宗，矍然^⑥曰："子向日见地超卓，今反卑近，何也？"予笑曰："谚有之，初生牛犊不畏虎^⑦。识法者惧，君知之乎？"座主不答。

【注释】①座主：禅家云住持，教家云座主。为大众一座之主，统理一山者。

②纵横：肆意横行，无所顾忌。

③惮：怕、畏惧。

④宿庵：宿，此指旧的。庵，草屋，或指寺庙。

⑤劳问：慰问。

⑥矍（jué）然：惊视的样子。

⑦初生牛犊不畏虎：喻阅世不深的青年人，敢说敢干，无所畏惧。

【译文】我在还没出家时，才刚阅读几本禅宗语录，就以自己的妄情识见模仿语录中的谈话。在写给一位住持的信中，毫无顾忌地肆意发表,那位住持看信后惊惧不已。

我出家数年后,在一旧寺庙中,再度遇见那位住持。相互问候时,他发现我已专心致志于净土法门,不再论及禅宗的玄妙之谈,便惊讶地看着我说:"你以前的见解高超卓越,为何现在变得这么浅显?"我笑着说:"有谚语说'初生牛犊不畏虎',若识得佛法深广无尽,自然有所畏惧而不敢恣意漫谈,你知道吗?"这位住持听我这么解释后,便不再说什么了。

念 佛

世人稍利根,便轻视念佛,谓是愚夫愚妇勾当。彼徒见愚夫愚妇口诵佛名,心游千里,而不知此等是名读佛,非念佛也。念从心,心思忆而不忘,故名曰念。试以儒喻:儒者念念思忆孔子,其去孔子不亦庶几乎。今念念思忆五欲,不以为非,而反以念佛为非。噫!似此一生空过,何如作愚夫愚妇耶?而惜乎智可能也,愚不可能也。

【译文】世间人稍具聪明才智者,便轻视念佛,以为念佛是愚夫愚妇的事。他们只看见愚夫愚妇口诵佛名时,心不在焉,而不知这种人只能称为读佛,不能算是念佛。

　　真正的念佛，必须是念从心起，心里不间断地思佛忆佛，使之不忘，这才叫作念。试以学儒的人作比喻：儒家学者，念念思忆孔子的言语、德行，久而久之，他的思想言行几乎可以与孔子相去不远了。

　　现在的人念念思忆世间的五欲，不认为这是错的，反而批评念佛的不是。噫！像这样空过一生，还不如去学做愚夫愚妇念佛呢！可惜的是，唯有真正有智慧的人才肯去念佛，没有智慧的人就不可能去念佛了。

僧性空

　　吴泗洲寺僧性空，弃应院，闭关①尧封山。尝寄予所发誓愿，及禀告十方②等语，予嘉叹希有。俄而魔著③，遂癫狂以死，予甚悼焉。揆④其由，盖由乍起信心，有信无慧故也。古人心地⑤未通，不远千里，参师访道，出一丛林⑥，入一保社⑦，乃至穷游遍历，曾不休息。得意之后，方于水边林下，长养圣胎⑧耳。何得才离火宅⑨，便入死关？有过不知，有疑莫辨，求升而反堕，又奚怪其然哉！颇有初心学人，结茅深山，孤子⑩独居，自谓高致，虽未必魔癫，而亦顿失利益不少。明者试一思之。

【注释】①闭关：闭门谢客而隐居修行。闭关者或阅藏研法，或专修一门，依各人预期之目标而有不同。期限亦不一定，有数月者，亦有数年者。闭关期间，以不出关房为原则。

②十方：即指东、西、南、北、东南、西南、东北、西北、上、下。佛教主张十方有无数世界及净土，称为十方世界、十方法界、十方净土、十方刹等。又其中之诸佛及众生，则称为十方诸佛、十方众生。

③魔著：通常指坐禅中可能出现的各种幻觉及身心的各种病态现象。

④揆：揣测、审度。

⑤心地：心为万法之本，能生一切诸法，故曰心地。

⑥丛林：指僧众聚居之寺院，通常指禅宗寺院，故又称禅林。然于后世，教、律等各宗寺院亦仿照禅林制度而称丛林。昔时印度多于都城郊外选择幽静之林地，营建精舍。故僧众止住之处，即以兰若（空闲）、丛林等语称之。

⑦保社：旧时的地方组织，五家为保，因依保而设立的组织，故称之。

⑧圣胎：指菩萨修行阶位中之十住、十行、十回向等三贤位（指修善根以制伏烦恼，使心调和之三种修行阶位）。因其以自种为因，善友为缘，听闻正法，修习长养，至于初地而见道，生于佛家，故称圣胎。

⑨火宅：三界众生为五浊、八苦所逼迫，烦恼多，不得安稳，犹如屋宅起火燃烧不得安居。语出自《法华经》："一切众生，皆是吾子，深着世乐，无有慧心，三界无安，犹如火宅。众苦充满，甚可怖畏。常有生老病死忧患。如是等火，炽然不息。"

⑩孤孑(jié)：孤独。

【译文】江苏吴江泗洲寺有位僧人，法号性空，离开原来所在的寺院，到尧封山去闭关。他曾寄给我有关他所发的誓愿，以及禀告十方等文章，我阅读之后，赞叹他希有难得。但不久听说他着魔了，且癫狂而死，真为他感到惋惜。我揣测他着魔的原因，大概是因为他初发信心，虽有信心却缺少修行的智慧所致。古人在心地尚未通达无碍时，往往不辞千里而参师访道，出入丛林、寺院、精舍，乃至穷游遍历各方善知识，不曾懈怠休息，直至领会修行旨趣之后，才在水边林下，修习长养心性，乃至于彻见大道、住佛境界。

这位僧人怎么才刚脱离三界火宅，就马上进入鬼门关呢？那是因为，有过不自知，有疑不能辨，求升反堕，也难怪他会有这样的结果啊！

有些初发心的学人，到深山中搭个茅棚，独自一人住在那里，以为这样就可以成为世外高人。这种人虽未必着魔癫狂，却也丧失不少向上学习真实利益的机缘。有自知之明的人请试着想想如何做才对！

行　脚

予单丁行脚①时，忍饥渴，冲寒暑，备历诸苦。今幸得把茆②盖头，虽不识修行③，而识惭愧④。云水⑤乍到，供事唯勤，己身受用，不敢过分。盖谓"曾为浪子偏怜客，穷汉起家惜土如金"也。今乍入缁门⑥，便住现成庵院，事事如意，喻似富家儿不谙民间疾苦，纵才智兼人，无赖参访，而闭门自大，习成我慢[7]，增长无明[8]，亦所失多矣。

【注释】①行脚：又作游方、游行、云游。谓僧侣无一定居所，或为寻访名师，或为自我修持，或为教化他人，而广游四方。游方之僧，即称为行脚僧。与禅宗参禅学道之"云水"同义。

②茆（máo）：同"茅"。茅可盖屋，因以指草舍。

③修行：谓既了知观法之相，则善能修习一切妙行，无有过失也。

④惭愧：惭是对自己德学浅陋，常怀惭念而生善；愧是怕自己作恶受人讥评，生愧心而止恶。

⑤云水：为行脚僧之别称，以其求师访道，行脚天下，居无定所，悠然如行云流水般，是以喻之。

⑥缁（zī）门：僧衣色黑，故称僧侣为缁流或缁徒。缁门者，指佛门而言。缁，黑色。

⑦我慢：恃己凌他，邪见执蔽；故不能下心敬事诸佛菩萨、师僧父母，及不能学如来正法。

⑧无明：谓过去世烦恼之惑，覆于本性，无所明了。或谓于事理等法，无所明了，障覆真性。

【译文】我以前独自游方参学时，常常忍着饥渴、冒着寒暑，受尽千辛万苦。如今有幸能有一间茅棚遮风避雨来用功修持，虽然并不真正懂得修行，但一定要知道惭愧、感恩惜福。若有行脚僧突然造访，我必定尽心侍奉，至于自己的生活所需，从来不敢过分。正所谓"曾为浪子偏怜客，穷汉起家惜土如金"。

如今，有些人初入佛门出家，便住现成的寺院，事事如意，这就如同出身富家的子弟，完全不知民间疾苦。纵使他是才智过人，不需要外出参学，然而闭门自大，养成我慢习气，增长无明，却也丧失不少向上学习真实利益的机缘啊！

妙宗钞①

曩一僧谓予曰："佛示西方，本为普利诸根，速超生死，是易行道②。而知礼法师③纯以台教④精深观法释之，使易反成难，失如来曲为凡夫本意。"此论亦甚有理。今思之，古人谓解佛经，宁以浅为深，毋以深为浅。则《妙宗》所说，利根者自悟深理，钝根者亦不失依经直观，求愿往生，似无所碍。

【注释】①妙宗钞：《观无量寿佛经疏妙宗钞》之略名，宋代四明知礼述。本书随文解释天台智者大师所著之《观无量寿佛经疏》，倡导即心念佛、观佛之义。托观弥陀佛之依正二报，而显即心之理。

②易行道：指简易而快速可至不退转地的修行法门。谓凭信佛语，修行念佛三昧，求生净土。复乘阿弥陀佛愿力摄持，决定往生。佛力住持，即入大乘正定之聚，故名易行道。

③知礼法师：北宋天台宗僧。四明（今浙江宁波鄞州区）人，字约言。七岁丧母，遂发愿出家，十五岁受具足戒，专究律典。二十岁，从宝

云义通学天台教典。宋真宗感念其德，赐号"法智大师"。后被尊为天台宗第十七祖，又以长住四明延庆寺，故世称"四明尊者""四明大法师"。北宋天圣六年（公元1028年），称念阿弥陀佛数百声而示寂，世寿六十九。

④台教：天台宗之教门。隋智者大师入寂于天台山，故曰天台大师。天台大师所立，名天台宗。

【译文】从前有位僧人对我说："佛告诉我们西方极乐净土法门，本为普利各种根器的众生，使众生能直接由凡夫地出离生死轮回，所以这是易行道。但是，知礼法师所著的《妙宗钞》，纯粹用天台宗的精深观法解释净土观佛法门，使原先的易行道反而变成难行道了，这似乎有失如来尽心尽力为凡夫开示净土法门的本意。"

当时我认为他这种议论很有道理，但现在仔细想来，却有另外的看法。古人认为解释佛经，宁可将浅显的经文，用深妙的义理来诠释。而不可将深妙的文义，用浅白文字来解释。如同《妙宗钞》所诠释的，利根的人自能领悟其深理，钝根的人也能直接依《观经》教授之观法，求生净土，似乎没有什么妨碍。

出神（一）

或问："仙出神①，禅者能之乎？"曰："能之而不为也。《楞严》云：'其心离身②，反观其面'是也。而继之曰：'非为圣证③，若作圣解，即受群邪。'是能之而不为也。"又问："神之出也，有阴有阳，《楞严》所云：阴神④也，仙出阳神⑤，禅者能之乎？"曰："亦能之而不为也。"或者愕。曰："毋愕也。尔不见初祖已没，只履西归⑥乎？尔不见宝志⑦公狱中一身，市中一身乎？尔不见沩山晏坐静室，乃于庄上吃油糍⑧乎？然亦不名圣证，宗门呵之。昔一僧入定出神，自言：'我之出神，不论远近，皆能往来，亦能取物。'正阳神也。先德责云：'圆顶方袍⑨，参禅学道，奈何作此鬼神活计？'是故吾宗大禁，不许出神。"

【注释】①仙出神：仙，修仙道的人。出神，谓元神脱离自身的躯体。

②其心离身等语：《楞严经》原文为"若魇咎歇，其心离身，反观其面，去住自由，无复留碍，名受阴尽。"人被受阴（五阴之一）所覆时，就像人被魇魅鬼压着，所以不得自由。今受阴既尽，就像魇魅鬼暂时歇息，你的心就可以离身，且能看到自己，去住自由，无拘无束，没有任何隔碍。

③非为圣证等语："非为圣证，不作圣心，名善境界，若作圣解，即受群邪。"这几句是《楞严经》讲五十种阴魔，佛教告诉我们如何远离群魔，守住正念。"非为圣证，不作圣心，名善境界"，这种种魔境并非佛菩萨的境界，不要认为它很了不起，我们还是如如不动，不生羡慕，不要好奇，这就是好境界。"若作圣解，即受群邪"，你看到这个魔境觉得了不起，以为这真有功夫，以为是佛菩萨再来，那就落在魔网里面去了，容易着魔发狂。

④阴神：指人之魄。东汉魏伯阳，有关炼丹理论的著作《参同契》，提到："阴阳为度，魂魄所居。阳神日魂，阴神月魄。魂之与魄，互为室宅。"仇兆鳌集注："魂乃人之阳神，如日中之魂；魄乃人之阴神，如月中之魄。"

⑤阳神：泛指生魂，灵魂。明屠隆《彩毫记·仙官列奏》："火到阴魂清，丹熟阳神出。独往还独来，天地入超忽。"

⑥只履西归：指达磨手携一只鞋回归西天之事。据《景德传灯录》卷三载，达磨坐化后，葬于熊耳山，起塔于定林寺。三年后，魏使宋云奉使西域，归途中遇师于葱岭，手携只履，翩翩独行，遂问师何往，师云："西天去。"又谓宋云曰："汝主已厌世。"宋云闻之茫然，别师东行。既回朝，果然明帝已崩，而孝庄帝继位。宋云具奏其事，帝令启达磨之塔视之，棺空，唯存一履，举朝惊叹，帝乃诏少林寺请回供养。于唐开元十五年，此履移置五台山华严寺，后复失窃，不知所终。

⑦宝志公：南朝僧。《高僧传》载，刘宋泰始年间，往来于都邑，居无定所，时或赋诗，其言每似谶记，四民遂争就问福祸。齐武帝以其惑众，投之于狱。然日日见师游行于市里，若往狱中检视，却见师犹在狱中。帝闻之，乃迎入华林园供养，禁其出入。而师不为所拘，仍常游访龙光、厨宾、兴皇、净名等诸寺。至梁武帝建国，始解其禁。师每与帝长谈，所言皆经论义。师于南梁天监十三年十二月示寂，世寿九十六。

⑧庄上吃油糍：据《古尊宿语录》载：有一古德，一日不赴堂，侍者来请赴堂斋。德云："我今日在庄里吃油糍饱。"侍者云："和尚不曾出入。"德云："你但去问取庄主。"侍者才出门，忽见庄主归谢和尚到庄吃油糍。糍，一种用糯米做成的食品。油糍，即油炸的糯米食品。

⑨圆顶方袍：指出家人。圆顶，完成剃发而呈现出家人之形相，此为象征出离烦恼之相。方袍，比丘所著之三种袈裟，皆为方形，谓之方袍。

【译文】有人问："道士修炼成仙时能使元神脱离自身的躯体，修禅定的人能做得到吗？"

我答道："能做得到，但不会去做。《楞严经》提到：'其心离身，反观其面。'这就是能做到所谓的出神。《楞严经》接着提到：'非为圣证，不作圣心，名善境界，若作圣解，即受群邪。'这就是能显神通而不为的原因。"

又问："元神出窍，有分阴神、阳神。《楞严经》提到的是阴神，仙人所出窍的是阳神，修禅定的人也能使阳神出窍吗？"

我答道："也是能为而不为啊！"

问的人听了很惊讶。我对他说："请不要惊讶，你没听过禅宗初祖达磨圆寂后，有人看见他手拿着一只鞋往印度方向走去的故事吗？你没听过南朝高僧宝志公身在狱中，也同时身在市中的故事吗？你没听过唐朝沩山灵祐禅师安坐于静室中，却能同时到村庄中的店家吃油糍吗？虽有这种神通，还不能称为已证得圣果涅槃境界，而且禅宗一向呵斥这种现象。以前有位僧人能入定出神，自称：'我出神时，不论远近，都能自由往来，也能取物，这正是阳神出窍啊。'然而古大德呵责说：'出家人本为参禅学道，为什么要做这种鬼神活计的魔事？'因此佛门中极力禁止，不许做'出神'这种事。"

出神（二）

又问"神有何过？"曰：神即识^①也，而分粗细^②。有出有入者粗也。直饶出入俱泯，尚住细识。细之又细，悉皆浑化，始得本体耳。而著于出入以为奇妙，前所谓"无量劫来生死本，痴人认作本来人"也。

【注释】①识：心之异名，了别之义。心对于境而了别，名为识。

②粗细：真如受根本无明熏染，而起动出现生灭流转之妄法（迷之现象），其相状有三细与六粗之别。细者，无心王与心所之分，其相微细难知。粗者，心王与心所相应，其作用之相粗显。三细：无明业相、能见相、境界相。六粗：智相、相续相、执取相、计名字相、起业相、业系苦相。此三细、六粗之九相，总摄一切染法，全依根本无明而起，皆是无明不觉中之差别相。

【译文】又有人问："出神有什么过失呢？"

我答道："神就是识，而且有粗识与细识之分。能够自由出入身体的这种神识，是属于粗识。即使修到出入皆无、染净俱泯、湛若太虚的工夫，尚且还有细识存在。细之又细，必须直至极细微的识都不存在了，这才算是证得根本的真如自体。如果执着神识能出入变化以为奇妙，那就是前面"心之精神是谓圣"此篇中所说的："学道之人不识真，只为从前认识神，无量劫来生死本，痴人唤作本来人。'就是指那些错认精神、虚妄识心为真知的人。"

闻 讣

闻人讣音①必大惊讶，此虽世间常情，然生必有死，亦世间常事。自古及今，无一人得免者，何足惊讶？特其虚生浪死②而不闻道，是重可惊讶，而恬③不惊讶，悲夫！

【注释】①讣（fù）音：报丧的信息、文告。

②虚生浪死：谓虚度一生，终老无成。

③恬：安然，满不在乎。

【译文】一般人听到某人逝世的讯息，必定大为惊讶。这虽是世间常情，但有生必有死，这也是世间的常事。自古至今，没有一人能幸免于死，有什么值得惊讶的？唯独有人虚度一生而不听闻领受正法，这是最可令人惊讶的，然而他自己却满不在乎，一点也不感到惊讶，真是可悲啊！

斋 素

　　富贵人不能斋素,其故有二:一者耽刍豢[1]之悦口,二者虑藜藿[2]之损身。不知肉食蔬食,体之肥瘠[3]或因之,而寿夭不与也。且鹿之寿最永于诸兽,而所食者草耳。虎食肉,而寿之长短于鹿,何如也?鹿不肉而寿,人何独不然?虽然,有厄于病苦,心虽欲斋而力不副者,有制于所尊,心虽欲斋而势弗克者,则姑行月斋[4]、日斋[5]及三净肉[6],但坚持不杀可也。久之,宿习当自断。

　　【注释】①刍豢:牛羊犬猪之类的家畜,泛指肉类食品。

　　②藜藿:泛指粗劣的饭菜。藜,灰菜,一年生草本植物,嫩叶可食,老茎可为杖。藿,豆叶,嫩时可食。

　　③瘠:瘦弱。

　　④月斋:斋,本为清净之义,即过中不食,后转指不为肉食,守之曰持斋。于农历正月、五月、九月等三个月份,持斋食法,慎言行,勤修善业,杜绝恶事,故称为斋月或善月。

　　⑤日斋:在家佛教徒于特定之日持八斋戒,谨慎身心,反省行为,并行善事之精进日。农历每月之八日、十四日、十五日、二十三日、二十九日、三十日等六精进日,即称六斋日。亦有以每月之一日、八日、

十五日、二十三日为斋日，称四斋日。而农历正月、五月、九月等三个月长期持斋戒，称为三长斋。三长斋日（指三长斋月之每日）加上六斋日，则为九斋日。又六斋日加上每月一日、十八日、二十四日、二十八日，则为十斋日。

⑥三净肉：据《十诵律》载，有三种肉，病者可食，称为净肉。一、眼不见杀，自眼不见是生物为我而杀。二、耳不闻杀，于可信之人，不闻是生物为我而杀。三、不疑杀，无为我而杀之嫌疑。

【译文】富贵人不能持斋素食，其原因大概有二：一是贪着肉食的美味可口，二是担心，如果只吃粗劣的蔬食，恐会营养不良、有损身体。殊不知肉食与蔬食，对于身体的胖瘦或许有关系，但是对于寿命的长短，却没有影响。

且看鹿的寿命比其他的动物长，但是鹿所吃的是草食。虎是肉食动物，但是虎的寿命却比鹿短，这不是很明显的事实吗？鹿不吃肉而能长寿，人难道不吃肉就不能长寿吗？虽然如此，有人受困于病苦，虽有心持斋而体力不能支撑。有人为遵从尊长的命令，虽有心素食而形势却不能容许。有这些情形时，不妨暂且持月斋、日斋及食三净肉，只要坚持不杀生就可以了。久而久之，多生以来肉食的习惯当能自然断除。

轮回根本

《圆觉》谓轮回以爱欲为根本。而此爱欲，百计制之，莫可除灭。盖贲育①无所施其勇，良平②无所用其智，而离娄公输③无所著其明巧者也。虽不净观④正彼对治，而博地凡夫⑤障重染深，只见其净，不见其不净，观法精微，鲜克成就。然则竟如之何？经云："欲生于汝意，意以思想生。"今观此想，复从何生？研之究之，又研究之，研之不休，究之不已，老鼠入牛角⑥，当必有倒断⑦处。

【注释】①贲育：指春秋战国时的勇士，孟贲和夏育的并称。孟贲能生拔牛角，夏育能力举千钧。

②良平：指西汉初年的重要谋臣，张良和陈平。

③离娄：传说中的视力特强的人。公输：复姓，此指春秋时鲁国巧匠公输班，或称鲁班，或作鲁般。其技艺超绝，多有发明，后世尊为建筑工匠的祖师。

④不净观：即观想自己和他人的身体皆污秽不净，可治贪欲。人的尸体随时间而变化为丑恶之形状，故在诸经典中皆举有多种不净之观尸法，以治贪欲之心。

⑤博地凡夫：意指卑贱下劣之凡夫位。凡夫之位广多，故称"博地"，或作"薄地"。薄，逼之意，凡夫为诸苦诸惑所逼迫，故称之。

⑥老鼠入牛角：平时善于钻洞躲藏的老鼠，一旦跑进牛角里，则人们便可以稳当地手到擒来了。

⑦倒断：一、判断，决断。二、终止，完结。三、明白，清楚。

【译文】《圆觉经》上说："一切众生从无始际，由有种种恩爱、贪欲故有轮回。"由此可知爱欲是生死轮回的根本。而此爱欲，虽千方百计想把它制伏，都无法除灭。即使像孟贲、夏育那样的力士，也无法用他们勇猛的气力除灭爱欲。即使像张良、陈平那样的谋士，也无法用他们的才智除灭爱欲。就连离娄、公输班那样技艺超绝的人，也无法用他们高明巧妙的技艺除灭爱欲。

虽然佛经中教我们用不净观对治爱欲，然而博地凡夫业障烦恼深重，色相现前时，只见其清净、美妙，而不见其不净、丑恶。如此一来，即使不净观法虽然是精深微妙，却很少有人能够修成功的。那么，到底该怎么对治爱欲呢？佛经上说："欲生于汝意，意以思想生。"所以，现在必须直接观照这个爱欲的念头，到底是从哪里生出来的？一直研究，不断地研究，仔细地追寻妄想的根源，就如同将老鼠逼入牛角中，爱欲一定有断绝的时候。

病者众生之良药

世人以病为苦,而先德云:"病者众生之良药。"夫药与病反,奈何以病为药?盖有形之身,不能无病,此理势所必然。而无病之时,嬉怡放逸,谁觉之者?唯病苦逼身,始知四大非实,人命无常,则悔悟之一机①,而修进之一助也。予出家至今,大病垂死者三,而每病发悔悟,增修进,由是信良药之语,其真至言哉!

【注释】①一机:机谓机关,即发起之处。

【译文】世人都认为生病是痛苦的,而古大德却说:"病是众生的良药。"药本来是用来治病的,怎么反说以病为药呢?因为我们这个有形的身体,生、老、病、死是自然的定律,不可能无病。可是,当人们无病的时候,总是沉迷在嬉戏欢乐之中,放逸地过日子,有谁能觉悟而生警惕心呢?只有当病苦逼身的时候,才知道四大假合的身体原来是这般的危脆不实,人的生命是如此的短暂无常!这时心中只要生起一念悔悟的念头,也就可作为修行进道的一种助缘了。

我从出家到现在,生过三次大病都差点死去,而每生一次病,心中就生起悔悟之念,由悔悟更加增进修行的信心。正因为我自己有切身体会，所以深信"病是众生之良药"这句话，确实是至理名言！

蛇成龙

昔人有喻①："如蛇成龙，不改其皮；如人成佛，不改其面。"此破愚夫著相求佛，盖仿佛为比，非的喻②也。断章取义，非全喻也。又有谓："蛇伏地内，由修炼而成龙。"不知此性禀③使然，非修炼所致。是故污水中虫化而为蚊，厕圂④中虫化而为蝇，蜣之为蝉⑤，蚕之为蛾，雉之为蜃⑥，雀之为蛤⑦，鲨之为虎⑧，鲲之为鹏⑨，如是之类，种种非一，岂其有修炼之术乎？又不见草之为萤⑩，饭之为螺⑪，瓦之为鸳鸯⑫，无情而化有情，修炼安在？吾恐不明理者，名为学道，潜作邪因，妄冀邪果，不得不辩。

【注释】①昔人有喻：语出《达磨大师悟性论》卷一："若舍却冰，即无别水；若弃却众生，则别无菩提。明知冰性即是水性，水性即是冰性。众生性者，即菩提性也。众生与菩提同一性，亦如乌头与附子共根耳。但时节不同，迷异境故，有众生菩提二名矣。是以蛇化为龙，不改其鳞，凡变为圣，不改其面。"

②的（dí）喻：确实的比喻。的，确实的。

③性禀：禀性、本性。

④圂（hùn）：厕所。

⑤蜣（qiāng）之为蝉：蜣，即蜣螂，全体黑色，背有坚甲，胸部和脚有黑褐色的长毛，会飞，吃粪屎和动物的尸体，常把粪滚成球形，产卵其中，俗称屎壳郎、坌屎虫。明郎瑛《七修类稿·天地三·气候集解》："蜩（tiáo），蝉之大而黑色者，蜣螂脱壳而成，雄也能鸣，雌者无声。俗称知了"。

⑥雉之为蜃：我国古代将立冬分为三候："一候水始冰，二候地始冻，三候雉入大水为蜃。"此节气水已经能结成冰，土地也开始冻结，"雉入大水为蜃"，雉，即指野鸡一类的大鸟，蜃为大蛤。立冬后，野鸡一类的大鸟便不多见了，而海边却可以看到外壳与野鸡的线条及颜色相似的大蛤，所以古人认为雉到立冬后便变成大蛤了。

⑦雀之为蛤：《国语·晋语九》："雀入于海为蛤，雉入于淮为蜃。鼋鼍鱼鳖，莫不能化，唯人不能。"《大戴礼记·易本命》："鱼游于水，鸟飞于云，故冬燕雀入于海，化而为蛤（蚌）。"

⑧鲨之为虎：明屠本畯《闽中海错疏.鳞上》："鲨，虎鲨，头目凹而身有虎文。"《岭南杂记》云："鲨鱼之虎头者化为虎，斑者化为鹿"。

⑨鲲之为鹏：鲲鱼与鹏鸟，古代传说中能变化的大鱼和大鸟。

⑩草之为萤：草指腐草，萤指萤火虫。《逸周书·时训》："大暑之日，腐草化为萤。"明李时珍《本草纲目·虫三·萤火》："萤有三种，其一，小而宵飞，腹下光明，乃茅根所化也。吕氏《月令》所谓腐草化为萤者是也。"

⑪饭之为螺：《晋书》记载："崇家稻米饭在地，经宿皆化为螺，时人以为族灭之应。"

⑫瓦之为鸳鸯:《三国志·魏志·方伎·周宣传》:"文帝问宣曰:吾梦殿屋两瓦堕地,化为双鸳鸯。"

【译文】从前有人比喻:"如蛇成龙,不改其皮;如人成佛,不改其面。"这是为了破除愚夫着相求佛而说的,但这只是假借相似的事物来做比喻,并不是确切的比喻。或者,只是取其部分片断的意思,并不是完全符合原意的比喻。

又有人认为:"蛇因潜伏在地底下修炼,而转化为龙。"殊不知这是蛇的蜕化本能使然,并不是因修炼所致。就像污水中的孑孓能蜕化为蚊,厕所中的蛆能蜕化为蝇,蜣蜋能蜕化为蝉,蚕会蜕化为蛾,雉入大海化为蜃,雀入大水化为蛤,虎头鲨鱼能化为虎,鲲鱼能化为鹏鸟。类似上述的例子,可以举出不少种,它们哪里有什么修炼的工夫而导致转化?

还有,腐草会化为萤火虫,饭堕地化为螺,瓦会化为鸳鸯,这些无情之物可以化为有情的生物,试问它们又是如何修炼的?

我担心有些不明事理的人,表面上名为学道,实际上却是邪知邪见,无形中都是在造作邪因,妄求邪果,因此不得不加以辩明。

名 利

荣名厚利,世所同竞,而昔贤谓"求之既不可得,却之亦不可免。"此"却之不可免"一语最极玄妙，处世者当深信熟玩。盖求不可得，人或知之；却不可免，谁知之者？如知其不可免也，何以求为？又求之未得，不胜其愠^①；及其得之，不胜其喜。如知其不可免也，何以喜为？又已得则喜，他人得之则忌。如知其不可免也，何以忌为？庶几达宿缘^②之自致，了万境之如空^③，而成败利钝，兴味萧然矣！故知此语玄妙。

【注释】①愠：怨恨。

②宿缘：即宿世因缘，指过去世所结之善恶因缘。

③空：因缘所生之法，究竟而无实体曰空。

【译文】荣耀的功名及丰厚的利禄，这二者都是世人所竞相追逐的，而古贤说："有人拼命追求名利，偏偏无法得到。也有人想推却名利，反而被名利所拘，苦于无法避免。"这句"却之不可免"说得最极玄妙，世人应当深信，并要细细去领会。

"名利是求不到的"，这句话一般人还能理解，而"要避免名利却无法避免"，这句话的含意就很少有人能理解了。

假如你能明白"名利无法避免"这句话其中的道理，是指"一切都是业果"，还有什么好求的？有些人求不到名利时，会非常怨恨，得到名利时，又非常欢喜。假如你能明白"名利无法避免"的道理，还有什么好欢喜的？又有些人，自己得到名利则欢喜，若他人得名利则心生嫉妒，假如你能明白"名利无法避免"的道理，还有什么好嫉妒的？

明白名利是无法避免的道理，几乎就能通达明白一切祸福都是自己宿世因缘所感召的，若能进一步了悟万境都是因缘所生的，所以都是毕竟空、不可得，那么对于个人的事业成败及名利得失就会毫无兴致了！由此可知"却之不可免"这句话的玄妙之处了。

临终正念

经言①人欲终时，闻钟②磬③声，增其正念。而杭俗亡者气绝良久，方乃召僧击磬，已无及矣。又讹为之说曰："磬之鸣也，促亡人行赴阎罗也。"其谬一至于是。

【注释】①经言：《四分律行事钞资持记》卷三："天台智者，临终语维那曰：人命将终，得闻钟磬，增其正念，唯长唯久，气尽为期，云何身冷方声磬耶？今时死已，方打故知无益。"

②钟：最初仅是作为集众之用，所以也称为"信鼓"。"钟"也是报时之器。"钟"对于修道，有大功德。据《敕修清规·法器章》说："大钟，丛林号令资始也。晓击，则破长夜，警睡眠；暮击，则觉昏衢，疏冥昧。"又《增一阿含经》说："若打钟时，一切恶道诸苦，并得停止。"在叩钟时，如果能观想觉悟一切众生，则获利更大。经中说："鸣钟行者，想念偈云：'愿此钟声超法界，铁围幽暗悉皆闻，闻尘清净证圆通，一切众生成正觉。'仍称观世音菩萨名号，随号扣击，其利甚大。"有关鸣钟之法，依宗派、地方而异，但通常是以三鸣钟为始，

以二鸣连续作终。又，鸣钟的次数以18声为常例，亦有36声、108声。其中，对于鸣108声之原因，或谓是对应十二月、二十四气、七十二候之数，或谓可使百八烦恼清醒觉，故佛教称为"百八钟"。

③磬：法器名。佛教的"磬"是"钵"形的。法会或课诵时，作为起止之节。现今则普及于一般寺院，各寺佛殿中均安置之，是早晚课诵、法会读经或作法时不可或缺的法器。在寺僧集体行动时，由维那或悦众用"磬"指挥大众进退起止，号令赞诵。

【译文】佛经上说，人命将终时，若听到钟磬声，能够助他增长正念、忆念善法。但是，杭州一带的风俗，却是等到亡者已经断气许久之后，才召请僧人来击磬做法事，这时已经来不及了。又有人谣传说："鸣磬的声音，可以催促亡魂直往阎罗殿。"竟然有这样无知荒谬的说法！

花　香

庭中百合花开，昼虽有香，澹①如也，入夜而香始烈。夫鼻非钝于昼而利于夜也，白日喧动，诸境纷杂，目视焉，耳听焉，鼻之力为耳目所分而不得专也。用志不分②，乃凝于神，信夫！

【注释】①澹：清淡、不浓烈。

②用志不分，乃凝于神：出自《庄子·达生》，意即用心不分散，才能使精神集中在一处。

【译文】当庭院中百合花开的时候，白天虽然能闻到香味，但是仅有淡淡的清香，到了夜深人静的时候，才能闻到浓烈的香味。我们鼻子的嗅觉并不是白天时较迟钝而夜深时较敏锐，而是因为白天到处都是喧闹的声音，各种纷杂的事物呈现在我们的面前，我们的眼睛忙于观察各种事物，耳朵要去辨听各种声音，以致鼻子的嗅觉受耳目而分散注意力，所以无法专注。庄子说："用志不分，乃凝于神。"这句话的确可信。

人虎传

《说海》载"人虎传"①：一僧戏披虎皮于山径间，有见而怖走，遗其橐囊②者，辄取之。皮忽着身，遂成虎，不敢归寺，而心历历③然人也。渐饥，不得已，食狐兔羊犬。既而捕得人，将食之，视之，僧也。大悔恨，恨极悲号，举身自掷，皮忽堕地，还复人体。因感斯异，乃破衲行乞，遍参知识，刻心办道，后竟成名德云。经云"一切唯心造"，观于是，尤信。

【注释】①人虎传：唐代传奇小说。原载于《太平广记》卷四二七,引自唐张读著的《宣室志·李征》。明朝,陆楫编《古今说海》,取入此篇,易名为"人虎传"。

②橐囊:盛粮食的口袋。橐,盛物的袋子。

③历历:清晰的样子。

【译文】明朝陆楫编的《古今说海》记载一则"人虎传",其大意是:有位僧人喜欢开玩笑,常披着虎皮出入于山间小路,有人见了以为是真虎,心生恐惧而赶紧奔逃,匆忙中包袱遗落在地,僧人就会取来用。有一天,虎皮忽然紧贴在身上,他就真的变成一只虎。因此不敢回寺庙,但他的心中清楚知道自己本来是人。

他的肚子渐渐感到饿了,不得已就捕食狐、兔、羊、犬充饥。不久,他捕到一个人,正要扑食的时候,发现是位僧人,因而想到自己本来也是僧人,如今变成这副模样,心中大感悔恨。悔恨至极,不禁放声大哭,痛欲自绝而纵身一跃,此时虎皮忽然脱落堕地,又恢复为人身模样。这位僧人因为经历这段特殊奇异的过程,从此修持行脚乞食的头陀苦行,遍参明师善友,专心办道,后来竟成为一位有名的高僧。

佛经上说"一切唯心造",看到这段记载,更加深信佛语的真实不虚!

六道互具

六道①之中，复有六道。且以人言之，有人而天者，诸国王大臣之类是也；有人而人者，诸小臣及平民，衣食饶足、处世安然之类是也；有人而修罗者，诸狱吏、屠儿、刽子之类是也；有人而畜生者，诸负重力役，恒受鞭挞之类是也；有人而饿鬼者，诸贫穷乞人，啼饥号寒之类是也；有人而地狱者，诸刑戮剐割②之类是也。天等五道亦复如是。所以然者，昔因持戒修福，今得人身，而所修戒福有上中下，此三种中复有三种，多多无尽，各随其心，感报不一。经云"一切唯心造"，又观于是，尤信。

【注释】①六道：指天、人、阿修罗、畜生、饿鬼、地狱。众生迷惑颠倒，于六道生死，辗转轮回。其中，天、人、阿修罗称三善道，畜生、饿鬼、地狱称三恶道或三途。

②刑戮剐割：指各种刑罚。戮，杀也。剐，割肉离骨。

【译文】在六道中的每一道中，又各含有六道。就以人道来说，有的人受用如意、威势显赫，过着天人般的生活，像国王大臣这类的人便是。有的人能谨守做人的本分，像那些位阶较低的官员以及平民百姓，衣食丰足、处世安然地过着正常人道生活。有的人内心凶狠,过着修罗般的打杀生活,像狱吏以及专以杀生为业的屠夫、刽子手这类的人便是。有的人身劳心苦,过着畜生般的生活,像那些从事苦力劳动,常受主人鞭挞怒骂的奴隶、仆役这类的人便是。有的人常受饥寒之困,过着饿鬼般的生活,像那些贫穷人家、讨饭乞丐,这类为饥寒交迫而呼号的人便是。有的人凄惨之极,过着地狱般的生活,像那些惨遭刑罚的囚犯便是。人道中含有六道,其他五道也是如此。

过去世中曾经持戒修福,今世才能够得到人身,而人道中之所以有六道的差别,是因为所修的戒福有上、中、下三种等级之分。这三种等级中又各分上、中、下三种,如是推广,就演变成各式各样无穷无尽的种类了。这都是随着各人自心所造的业因,而感得不同的果报。《华严经》说"一切唯心造",我们如能对这些现象细心观察,由果推因,那么对这句经文就会更加深信不疑了!

智　慧

《增一阿含经》①:"佛言,戒律②成就,是世俗常数。三昧③成就,亦世俗常数。神足飞行④成就,亦世俗常数⑤。唯智慧成就为第一义。"则知戒定等三学⑥,布施等六波罗蜜⑦,唯智慧最重,不可轻也。唯智慧最先,不可后也。唯智慧贯彻一切法门，不可等也。经云："因戒生定，因定发慧。"盖语其生发之次第则然，而要当知所重、知所先、知所贯彻始得。虽然，此智慧者，又非聪明才辩之谓也，如前"世智当悟"中说。

【注释】①《增一阿含经》此段经文背景：佛陀的堂弟提婆达多出家后，一心一意想求神通，被佛及各大弟子婉拒，最后他由自己的亲弟弟阿难口中获得修习神通的方法。提婆达多戒律精严、广博闻持一切教法、专修禅定，引发神通。可惜他不曾以真实智证入法性，不曾位登不退，因此贪着利养，神通顿失，还堕五欲。所以佛告诫弟子，戒律、禅定、神通之法都仍是世间相，唯有修习解脱烦恼的智慧法门，才能达到究竟的解脱。

②戒律：戒，指防非止恶的戒法，属于精神的、自律的；律，指生活上的规律，属于形式的、他律的。戒与律原有不同的意义，而"戒律"并用，意谓维持佛教教团之道德性、法律性的规范。

③三昧：指心定于一处而不散乱之状态。又作三摩地、三摩提、三摩帝。意译为定、等持、正受、调直定、正心行处、息虑凝心等。三昧即心定于一处，故称定；远离昏沉、掉举而保持平等的心，故称等持；正受所观之法，故称正受；调整散乱的心使正直，故称调直定；正心之行动，使合于法的依处，故称正心行处；息止缘虑，凝结心念，故言息虑凝心。当心到达三昧的状态时，起正智慧，进而与所观境冥合，分明了知，而悟得真理，甚至于直接感见圣境。所以，三昧是证悟（正见）的必须阶段。

④神足飞行：此指神足通，谓随意变现，飞行自在，一切所为，无有障碍。此为五神通之一（神足通、天眼通、天耳通、他心通、宿命通），五神通是依四根本静虑而起，故外道诸仙、声闻及菩萨皆

可得之。

⑤世俗常数：意即世俗谛，又名世谛，或俗谛，为世间一般所见之道理，与真谛对称。由于绝对最高真理之第一义谛，不易为一般人所理解，故先以世俗之道理与事实为出发点，再次第导向第一义谛。

⑥戒定等三学：即戒定慧。戒是戒止恶行，定是定心一处，慧是破妄证真。持戒清净则心安，心安则可得定，得定则可观照分明而生智慧。持此戒定慧三法，能对治三毒，成就佛果，所以又叫作三学，或三无漏学。

⑦六波罗蜜：布施、持戒、忍辱、精进、禅定、智慧。"波罗"者，言彼岸；"蜜"，言到。菩萨修此六法，究竟自利利他之大行，到涅槃之彼岸，故称六波罗蜜。

【译文】《增一阿含经》中记载："佛说，戒律成就，是世俗常数。三昧成就，亦世俗常数。神足飞行成就，亦世俗常数。唯智慧成就为第一义。"由此可知，戒定慧三学，布施等六波罗蜜，唯智慧最重要，不可轻忽。唯智慧最优先，不可置后。唯智慧能贯彻一切法门，不可与其他等量齐观。虽然经上说："因戒生定，因定发慧。"这是从三学的修学次第来说的，但要知道智慧是最重要的、最优先的、是贯彻一切法门的。尽管如此，还要知道这里所说的"智慧"，绝对不是指世间的聪明才辩，而是前面"世智当悟"那篇文中所说的。

外 学

隋梁州①沙门慧全，徒众五百，中一人颇粗异，全素所不录②。忽自云得那含果③。全有疾闭门，其人径至榻前问疾，而门闭如故。明日复然。因谓全曰："师命过，当生婆罗门④家。"全云："我一生坐禅⑤，何故生彼？"答云："师信道不笃，外学未绝，虽有福业，不得超诣。"今时僧有学老庄者，有学举子业经书者，有学毛诗楚骚及古词赋者。彼以禅为务，但外学未绝，尚缘此累道。今恣意外学，而禅置之罔闻，不知其可也。

【注释】①梁州：古代分中国为九州岛，《尚书·禹贡》作冀、兖、青、徐、扬、荆、豫、梁、雍。梁州为古九州岛之一。梁州又名凉州，唐代的凉州即今甘肃武威。

②不录：不检点约束或不任用。

③那含果：指阿那含果，梵语阿那含，华译为不还，或是不来，是断尽欲界烦恼的三果圣人通称。凡是修到此果位的圣人，未来当生于色界、无色界，不再来欲界受生死，所以叫作不还。

④婆罗门：梵语婆罗门，华言净行。古代印度四种社会阶级最上位者，奉事大梵天而修净行之一族，学习并传授吠陀经典，掌理祈祷、

祭祀,为神与人间之媒介。

⑤坐禅:静坐修禅。禅者,梵语禅那的简称,华译为静虑,即止息妄念以便明心见性的行法。

【译文】隋朝梁州慧全禅师有弟子五百人,其中一人的举止很粗率怪异,慧全禅师向来不重视他。有一天那位弟子忽然说他已证得阿那含果。慧全禅师因病在身,闭门歇息,那位弟子直接到慧全禅师的床前问候,而房门仍紧闭着。第二天也是如此,他问候之后就对慧全禅师说:"师父命终之后,当生婆罗门家。"慧全禅师问:"我一生修禅,为什么会投生到外道婆罗门家?"他回答说:"师父信道不专心切实,对于外道典籍犹学习不止,虽有福业,却无法达到超然脱俗的境地。"

现在的出家人,有人兼学老庄道家的经典,有人兼学儒家的四书五经,有人兼学毛诗、楚辞、离骚以及古诗词赋。慧全禅师一生以修禅为主,但仍兼学外道典籍,因此而影响他的道业。现在的出家人依自己喜好学习外道典籍,而把参禅学道的事置之不问,真不知他在道业上能有什么成就!

灵裕法师①

裕法师之说经也,或一字盘桓,动经累日。或片时之顷,便销数卷。或分科②已定，及至后讲，更改前科，增减出没，随机显晦，学者疑焉。裕曰："此大士③之宏规也，可以恒情断乎？"裕师盖得无碍辩才④，庶几乎于法自在。而拘名著相，以文害辞，以辞害意，与夫参死句之辈，何足以知之？今人不可执己见而蔑视胜流，轻谈横议；又不可昧己量而效颦先德，妄行自用也。

【注释】①灵裕法师：隋代僧。师通达《华严》《涅槃》等大小乘经典，其为学每博寻旧解，穿凿新异。其讲说则意存纲领，不在章句。由是倾动七众，皆号为"裕菩萨"。北周武帝废佛之际，师率众居于聚落，昼读俗书，夜谈佛理。及隋定天下，佛教再兴，遂行化于燕、赵等地，又固辞文帝授职国统之请。晚年，隐居相州演空寺（今之净明寺），以讲说为务，大业元年示寂，世寿八十八。

②分科：古代注经者为方便解释经论，而将内容分成数段，再以精简扼要之文字标示各部分之内容。依据分科可以获知该书之简明内容及义旨脉络，并能定出注释者对于该书之大体见解。一般系将经典区别为序分、正宗分（本论部分）与流通分（说明该经之功德而劝人流通之部分），称为三分科经。

③大士：菩萨之通称，或通声闻及佛。士者凡夫之通称，简别于凡夫而称为大。又，士是事的意思，指成办上求佛果、下化众生的大事业的人，谓之大士。

④无碍辩才：谓智慧明了，通达无滞，于大小乘种种诸法，随众生机，纵辩宣扬，悉使通达，皆无疑碍。

【译文】灵裕法师讲经，有时就一个字深入讲解，可讲好几天，有时于片刻间就讲了好几卷。有时对全经文句已作段落分判，但是讲到后面，又更改原来的段落分判，增、减、显、隐，总是随机讲解，没有固定的模式。有人对他这种讲经的方式表示怀疑。灵裕法师说："这本来就是菩萨度众生所用广博深远的方式，怎么可以用世间常情来评断呢？"

灵裕法师已得无碍辩才，对于佛法几乎已融通自在。所以，那些拘于名相，以文害辞、以辞害意等执着文字不会活用的人，以及死在句下，不能了悟的人，他们怎么能体会佛经的深义呢？

现在的人千万不可固执己见而蔑视古德，甚至轻率议论古德，更不可自不量力而随意模仿古德，自以为是。

行脚住山

今人见玄沙①不越岭，保福②不度关，便端拱安居，眼空四海。及见雪峰③三登投子④、九上洞山⑤，赵州⑥八旬行脚，便奔南走北，浪荡一生。斯二者皆非也。心地未明，正应千里万里，亲附知识，何得守愚空坐，我慢自高？既为生死，参师访道，又何得观山观水，徒夸履历之广而已哉？正因行脚之士自不如是。

【注释】①玄沙：唐末五代僧，即玄沙师备禅师。幼好垂钓，常泛舟自娱。三十岁出家，受具足戒，行头陀苦行，人称"备头陀"。曾欲遍历诸方，参寻知识，携囊出岭，忽伤足流血，豁然而悟，遂不出岭。与同门师兄雪峰义存禅师，亲如师徒，雪峰召曰："备头陀何不遍参去？"玄沙曰："达磨不来东土，二祖不往西天。"雪峰曾称曰："备头陀再来人也。"

②保福：唐末五代僧，即保福从展禅师。十五岁即礼雪峰义存禅师为师。从展禅师住保福山约十二年，四方来依止之学众常达七百余人。

③雪峰：唐代僧，号雪峰，即义存真觉禅师，世称雪峰义存。十二岁时，随父至蒲田玉润寺，拜庆玄律师为师。十七岁落发，二十四岁遇会昌破佛，乃易俗服，参谒芙蓉灵训。唐宣宗中兴佛教后，历游吴、楚、梁、宋、燕、秦，于洞山良价座下，任饭头职，机缘不契，遂参德山宣鉴而契悟，承其法系。唐懿宗咸通十一年，登福州象骨山，立庵兴法。其山为闽越之胜景，未冬先雪，盛夏尚寒，故有雪峰之称，师亦以之为号。寺蒙赐号"应天雪峰寺"，缁素云集，僖宗闻其道风，赐号"真觉大师"，并赐紫衣。嗣法弟子有云门文偃、玄沙师备、长庆慧棱、鼓山神晏、保福从展等人。

④投子：即投子山，位于安徽省西南方长江沿岸。山中有投子寺。唐末，大同禅师周游四方，后隐栖于投子山三十余载，于此大张教化，故后世多称之为"投子大同"。

⑤洞山：位于江西高安（一说洞山即新丰山）。曹洞宗开祖良价禅师，晚年住于洞山之普利院弘扬佛法，参学者每达数百人。世称洞山良价，或单称洞山。

⑥赵州：唐代禅僧，法号从谂。历参黄檗、宝寿、盐官、夹山、五台等诸大德。八十岁时，众请住赵州城东观音院，四十年间，大扬禅

风。昭宗乾宁四年示寂，世寿一百二十，敕谥"真际大师"。

【译文】今有人听说玄沙师备禅师不出岭、保福从展禅师不度关的公案，便不外出参师访道，过着闲适安逸的生活，却养成目中无人、骄傲自大的习气。还有的人听说雪峰义存禅师为道辛勤，曾三次上投子山拜谒大同禅师，九次登洞山参访良价禅师，赵州从谂禅师自盛年行脚，到八十岁才安住教化一方。因此就想仿效学习这两位禅师，遍历诸方，但却是过着四处游逛的生活，枉费时光。上述这两种人的修学方式，都是错的！

若是在心地未明时，正应千里寻师、万里访道，以亲近善知识，抉择生死大事，怎么可以安住寺中守愚空坐，养成我慢贡高的习气？既为生死而外出参师访道，又怎么可以只是游山玩水，向人炫耀游历之广而已呢？真正发心参学行脚的人，当然不会这样做。

楞严房融所作

有见《楞严》不独义深，亦复文妙，遂疑是丞相房融①所作。夫译经馆番汉僧及词臣②居士等，不下数十百人，而后一部之经始成，融不过润色其文，非专主其义也。设融自出己意，创为是经，则融固天中天、圣中圣矣！而考诸唐史，融之才智，尚非柳③韩④元⑤白⑥之比，何其作《楞严》也？乃超孔、孟、老、庄之先耶? 嗟乎! 千生百劫, 得遇如是至精至微、至玄至极之典, 不死心信受, 而生此下劣乖僻之疑, 可悲也夫! 可悲也夫!

【注释】①房融: 唐代洛阳人。博识多闻, 成进士业。武则天时, 依附张昌宗、张易之两兄弟 (武则天晚年宠妾), 以正谏大夫同凤阁鸾台平章事 (武则天时的宰相称号), 为士大夫所不耻。迨中宗诛二张 (张昌宗、张易之) 后, 贬之于高州 (广东茂名), 后卒于该地。房融好佛法, 据传其流放途中, 抵广州时, 巧遇天竺沙门般剌密谛译《大佛顶首楞严经》, 乃为笔受。唐周景龙元年 (公元707年) 译成, 进呈于武则天。

②词臣: 旧指文学侍从之臣, 如翰林之类。

③柳: 指柳宗元。唐代人, 字子厚, 世称柳河东。后因贬官至柳州, 故别称柳柳州。柳氏为唐宋八大家之一, 大力提倡古文运动, 对当时文风的改革极有贡献, 写出颇多寓意深刻、脍炙人口的作品。尝与当时的名僧来往, 自称"吾自幼好佛, 求其道积三十年"; 在贞元革新失败被贬官后, 更借佛教思想以为精神上的寄托。其与佛教有关之作品皆收在《柳河东集》四十五卷中。

④韩: 指韩愈。唐代古文家, 字退之。先世居昌黎。赞扬儒家, 反对佛教、道教, 富文名; 苏轼尝称其文起八代之衰。宪宗时, 官至刑部侍郎。后以谏迎佛骨事贬为潮州刺史。尝问道于大颠和尚。

⑤元: 指元稹。唐代文学家, 字微之。八岁丧父, 家贫无师, 由母课读, 并从姨兄、姐丈学诗诵经, 十五岁明经及第。后累官至同中书门下平章事 (唐朝宰相称号)。元稹与白居易齐名, 并称"元白", 同为新乐府运动的倡导者。

⑥白: 指白居易。唐代诗人。字乐天, 号香山居士、醉吟先生。唐

德宗贞元十四年中进士,官至刑部尚书。白氏精通诗文,中年归佛,亲近高僧,从受净戒,习禅法。曾参谒兴善惟宽、鸟窠道林诸僧。又重修洛阳香山寺,与洛阳佛光寺如满结香火社以修佛事,发愿往生西方,不怠不堕,以迄终年。

【译文】有人见《楞严经》,不但经义深奥,文辞也很美妙,就怀疑是唐朝丞相房融所作。殊不知,在译经馆里,外族与汉族的僧人,以及翰林学士、在家居士等,至少有数十乃至数百人,共同谨慎处理,然后才能完成一部佛经的翻译工作。房融不过是修饰《楞严经》的文字,并不是专门负责《楞严经》的内容。假设房融是用自己的意思创作这部经,那房融就是天人中的天人、圣人中的圣人(佛)了!可是考查整个唐朝历史,房融的才智,还不能与柳宗元、韩愈、元稹、白居易等人相提并论,他如何能作得出《楞严经》呢?难道他超越了孔子、孟子、老子、庄子这些圣人吗?

可叹啊!千生百劫中,才能遇到如此精微奥妙的经典,不死心塌地地相信受持,而产生这样下劣反常的猜疑,真是可悲呀!可悲呀!

果报(一)

经言:“万法唯心①。”错会者,谓无心则无因无果,故不患有业②,唯患有心。有业无心,阎老子其奈我何!遂安意造业,无复顾忌。不知无心有二③：如理思惟，用心之极，而自然入于无心三昧者④，真无心也；起心造业，又起心制心，强制令无，似得无心，心恰成有。心有则业有，阎老子铁棒未放汝在！

【注释】①万法唯心：谓世间、出世间一切诸法，唯是真心所现。

②业：我们的一切善恶思想行为，都叫作业。好的思想行为叫作善业，坏的思想行为叫作恶业。

③无心有二：谓如来之教，本离心缘言说之相。众生依教而修，舍离妄着之心，安住真实之理，则于圣道自然成就。

④无心三昧：谓灭绝分别思量之三昧。一〇八种三昧之一。指灭尽定、无想定等无心之禅定。

【译文】佛经说："万法唯心。"有人错会其意，认为只要无心，也就无因果了，所以不怕造作各种善恶业行，只怕有分别执着的心。因此认为行为虽造业，但无心为之，就算阎罗王对我也无可奈何！因此放心造业，不再有所顾忌。

殊不知无心分为二种：一是契合真理的思惟，用心到了究竟处，而自然入于无心三昧，直了心源，本来寂灭无生，一切法了不可得，这是真正的无心。另一种是摄心安住禅定，那是起心造业，又用心来抑制心，强制使心消除，感觉好像是无心，其实恰恰是有心，心有则业有，阎罗王的铁棒岂能放得过你！

果报（二）

又经言：“具足智慧菩萨脱使堕落，在畜生中，畜生中王；在饿鬼中，饿鬼中王。”错会者，谓有智则能转业，故不患有业，唯患无智。有业有智，阎老子其奈我何？遂安意造业，无复顾忌。不知经称智慧，非等闲世智之谓也。且汝智慧，得如文殊①、身子②否？纵不及此，次而下之，得如善星③、调达④否？善星博学十八香象所载法聚⑤，调达得罗汉神通，而俱不免生陷地狱，况汝智慧未必胜此二人乎！杯水不能熄车薪之火，荧光不能破幽谷之昏，今之小智，灭业几何？阎老子铁棒，未放汝在。

【注释】①文殊：文殊师利的简称，菩萨名。梵语文殊师利，华言妙德，谓明见佛性，具足法身、般若、解脱三德，不可思议。文殊以大智著称，与普贤常侍于释迦如来的左右。

②身子：舍利弗的译名。梵语“舍利”，华译为身，“弗多罗华”译为子。舍利弗是佛十大弟子之一，以智慧第一著称。

③善星：又作善宿。是释尊为太子时所生之子。《法华玄赞》："佛有三子，一善星，二优婆摩耶，三罗睺。"善星出家后，读诵十二部经，断欲界之烦恼，发得第四禅定。后因亲近恶友，退失所得之解脱，

认为无涅槃之法，起否定因果之邪见，且对佛陀起恶心，以生身堕于无间地狱，故称为阐提（不成佛、断善根）比丘，又称四禅比丘。《证道歌注》有云："昔有比丘名曰善星，念得十八香象驼经，生身活陷地狱。谓不见佛性，说法返成谤黩，故则有所警策也。"

④调达：即提婆达多。为释尊之堂弟，阿难之兄。出家学神通，身具三十相，诵六万法藏，但为利养，造三逆罪，生堕于地狱。

⑤十八香象所载法聚：指十八头香象所载负的佛典，形容三藏十二部经。（香象指强硕之大象，合十凡象之力仅可抵一香象之力）。

【译文】佛经又说："具足智慧的菩萨，假设会堕落，若在畜生中，则为畜生中王；若在饿鬼中，则为饿鬼中王。"有人错会其意，认为只要有智慧便能转业报，所以不怕造作各种善恶业行，只怕没有智慧。因此认为，虽然造业，但只要有智慧，就算阎罗王对我也无可奈何！因此放心造业，不再有所顾忌。

殊不知佛经中所说的智慧，并不是平常世间所指的智慧聪明。况且你的智慧，能比得上文殊师利菩萨、舍利弗尊者吗？纵然比不上，再往下比，能比得上善星和调达吗？善星博学多闻，会背诵三藏十二部经，调达修得五神通，然而他们二人都不免生陷地狱，何况你的智慧未必胜过这二人！

一杯水是无法熄灭一整车正在燃烧的柴火，一只萤火虫的光是不能照破幽谷中的黑暗。你今天不过有点小智慧，能灭得了多少罪业？阎罗王的铁棒岂能放过你！

塞 翁

得失曾无定形，祸福互为倚伏，塞翁一段因缘，人皆知之，而未必信之也。予失足沸汤，筋挛不伸，畜双拐为二侍，若将终身焉，作《跛脚法师歌》自嘲，有"只愁此脚不终疾"之句。既而足伸如故，笑以为诗谶①。而依然奉以为诗规也，且感且惧，愿无忘射钩②。

【注释】①诗谶（chèn）：谓所作诗无意中预示了后来发生的事。谶，预言吉凶的文字、图箓（lù）。

②射钩：春秋战国时，管仲与鲍叔牙各为其主，管仲为阻小白（即齐桓公）归齐国为君，用箭射中其衣带钩。桓公即位后，鲍叔牙劝桓公不计射钩之恨，任用管仲为相，管仲谓桓公曰："愿君无忘射钩，臣无忘槛车。"桓公因管仲的辅佐，遂成春秋时霸主。

【译文】得与失并无固定的形态，祸与福常常是互相依存的，"塞翁失马"这一则典故，虽然广为人知，但世人未必真信祸福相倚的道理。

我曾失足跌入滚烫的沸水中，因烫伤造成脚筋蜷曲不能伸直，必须依赖两只拐杖才能行走，以为终身都要这样了，因此作了一首

"跛脚法师歌"自嘲，其中有一句为"只愁此脚不终疾"。不久之后，脚已痊愈，且能屈伸自如，自笑以为所作的诗应验了。如今依然将此自嘲诗奉为准则以警惕自己，心中对此事件充满了感激与惶恐，但愿自己不抱怨烫伤之苦，反要以此警惕自己把握时间专心向道，如同管仲劝齐桓公"射钩"的典故。

神 通

神通大约有三：一报得①，一修得②，一证得。报得者，福业自致，如诸天③皆能彻视彻听，及鬼亦有通是也。修得者，习学而成，如提婆达多学神通于阿难尊者是也。证得者，专心学道，无心学通，道具而通自具，但迟速不同耳，如古今诸祖诸善知识是也。较而论之，得道不患无通，得通未必有道。先德有言④："神通妙用不如阇黎⑤，佛法还须老僧⑥。"意有在矣！试为之喻：世间官人所有爵禄冠服府署仪卫等，若神通然，而亦有三种：其报得者，如功勋荫袭⑦，自然而有者也。其修得者，人力夤缘⑧，古人所恶，不由其道者是也。其证得者，道明德立而位自随之，仲尼云："学也，禄在其中矣！"是也⑨。是三者，胜劣可知也。

【注释】①报得：即报得通力，谓三界诸天，皆有五种神通，乃至鬼神亦有小通。虽则胜劣不同，俱能变现无碍，此之神通，乃由果报自然感得，是名报得通力。

②修得：即修得通力，谓声闻、缘觉、菩萨等，由修戒定慧，功行成就之时，发得六种神通，变现自在，隐显莫测。此之神通，由修而得，是名修得通力。（六通者，于前五通加漏尽通也。）

③诸天：指三界二十八天。即欲界六天，色界十八天，无色界四天，其他尚有日天、月天、韦驮天等诸天神，总称为诸天。

④先德有言：此语出自仰山慧寂禅师："神通游戏则不无阇黎，佛法须还老僧始得。"唐朝时，有位印度来的僧人，现神通从空而至，仰山慧寂禅师问："从哪来？"答："从印度来。"禅师问："何时来？"答："今早来。"禅师问："为什么那么晚才到此？"答："因为先去游山玩水。"禅师说："你虽得神通游戏三昧能来去自如，还不如成为人天轨范教化众生，佛法还是须靠自己修学才能得到。"僧人说："我特来东土礼文殊，却遇您这位小释迦。"遂献出梵文佛经，与师作礼，乘空而去。

⑤阇（shé）黎：梵语阿阇黎，意译为轨范师。可矫正弟子的行为，为其轨则模范，是对高僧的敬称。

⑥老僧：僧服曰衲衣，故老僧又曰老衲，为比丘之谦称。

⑦功勋荫袭：旧时因先辈有功，子孙受庇荫而承袭官爵。

⑧人力夤（yín）缘：攀附权贵以求进身。夤，攀附求进。

⑨仲尼云等句：此语出自《论语·卫灵公》，原文为："子曰：君子谋道不谋食。耕也，馁在其中矣；学也，禄在其中矣。君子忧道不忧贫。"意即，君子用心求道而不费心思求衣食。即使你亲自耕种，难保不饿肚子；但你努力学道，俸禄却自然获得。所以，君子只担忧学不到

道，不担忧贫穷。

【译文】神通大约分为三种：一种是报得的，一种是修得的，一种是证得的。所谓报得通力，是依福报自然感得，例如诸天的天人，都具有天眼彻视、天耳彻听的五种神通，以及鬼神也有小神通，这是报得的。所谓修得通力，是由修习禅定而得到的，如提婆达多向阿难尊者学习神通，这是修得的。所谓证得通力，是指专心学道，本无心学神通，然而，道行具足成就，神通妙用就自然具足，只是证得的快慢有所不同而已。例如古今诸位祖师及诸善知识所具的神通，这是证得的。相较而言，得道便不愁没有神通，有神通却未必能得道。先德有言："神通妙用不如阇黎，佛法还须老僧。"这句话实在具有深意。

试以譬喻来说明三种神通：世间为官的人，所拥有的官爵、俸禄、官帽、官服、官署、仪仗、卫士等，如同神通一样，也分为三种：第一种是报得的，例如子孙受先祖功勋的庇荫而承袭官爵，这是自然而得到的。第二种是修得的，例如用攀附权贵的方式求得官爵，这方式为古人所厌恶，因为不是从正途得到的。第三种是证得的，例如学问品德显著而自然获得官爵，正如孔子所说："学也，禄在其中矣！"

从以上的例子说明，三种方式所得的神通，谁优谁劣？清楚可知。

大豪贵人

世间大豪贵人，多从修行中来，然有三等：其一持戒修福，而般若正智①念念不忘，则来生虽处高位，五欲具足，而心则时时在道，真所谓有发僧也。其二持戒修福，而般若之念稍疏，则来生游戏法门而已。其三持戒修福，而于般若藐不系念，则来生为顺境所迷，背善从恶，甚而谤佛、毁法、灭僧者有矣！鞫②其因地，则均之修行人耳，而差别如是，来生更来生，其差别又何如也？寒心哉！

【注释】①般若正智：指通达真理的无上智慧。
②鞫（jū）：查究、查问。

【译文】世间富豪显贵的人，大多是因前世修行而来的。然而这还可分为三种层次：第一种持戒修福的人，对于通达诸法实相的无上智慧，念念不忘，这种人来生虽身居高位、五欲具足，而其内心仍时时向道，真像是带发修行的僧人。第二种持戒修福的人，对于无上智慧的修学稍为疏淡，这种人来生，对般若智慧的修学，仅仅偶尔凑凑热闹而已。第三种持戒修福的人，对于无上智慧的修学不但轻视且不在意，这种人来生必为顺境所迷、背善从恶，甚至于毁谤佛法僧三宝，这也是有的！

　　推究这三种人的因地，都是修行人，结果却有如此悬殊的差别，那么来生再来生，他们的差别又会变得怎么样呢？真是令人担心啊！

天台清凉（一）

　　人有恒言曰："天台^①贤首^②，愚尝究之。南岳^③举其纲，而万目毕张，则莫备乎天台；贤首持其衡^④，而千星交罗，则莫备乎清凉^⑤。盖自有佛法以来，天台集其大成^⑥；自有天台以来，清凉集其大成矣^⑦！故当以二师相对而名宗也。"或曰："人于天台无议矣，于贤首或置喙^⑧焉，何也？"曰："喙贤首者^⑨，亦百喙而一中耳。又向不云乎？贤首之道，至清凉而始备，是则天台清凉二师，恩如父母，道亦如父母，且清凉可得议乎？"或未答，予笑曰："毋劳尔思也。天台之后有清凉，犹尧舜之后有孔子也。而又何议也？"

　　【注释】①天台：指天台宗，又称法华宗。隋代时，智顗大师栖止天台山，倡立一宗之教观，世称天台大师，遂以所立之宗称为天台宗，或台教。

②贤首：指贤首宗。此宗所依经典是《华严经》，亦称华严宗。又因此宗发挥"法界缘起"的旨趣，或称为法界宗。本宗历祖相承，以毗卢遮那为开法教主，别立十祖，即：普贤、文殊、马鸣、龙树、世亲、杜顺、智俨、法藏、澄观、宗密；或杜顺以下至宗密五师，称五祖；此五祖加马鸣、龙树，则成七祖。因为贤首国师（法藏）所发扬，故又名贤首宗。贤首国师，一生宣讲华严三十余遍，致力于华严教学之组织大成，并仿天台之例，将如来一代教法分类为五教十宗，而推崇华严之组织乃最高者，华严哲学于现实世界中乃属理想世界之实现。

③南岳：南岳慧思尊者，南北朝时之高僧，天台宗二祖（初祖慧文。一说三祖，即初祖龙树、二祖慧文），世称南岳尊者。自幼归佛乐法，心爱《法华经》。年十五出家，后参谒河南慧文禅师，得授观心之法，深得法华三昧。陈代光大二年（公元568年）始入湖南衡山（南岳），悟三生行道之迹，讲筵益盛，居止十年，遂有"南岳尊者"之称。又慧思传法予智𫖮（即天台大师），智𫖮为慧思之众门弟中最为杰出者。天台宗的中心理论是诸法实相论，渊源于南岳慧思。慧思倍受陈宣帝礼遇，尊称"大禅师"，故称思大和尚，又称思禅师。太建九年，晏然而化，世寿六十三。

④持衡：比喻执掌权柄。《北齐书·文宣帝纪》："昔放勋驰世，沉璧属子；重华握历，持衡拥璇。"璇、衡，北斗七星中的二星名。

⑤清凉：唐代僧，华严宗第四祖，世称清凉国师，讳澄观。撰《华严经疏》二十卷，即是现行的《大方广佛华严经疏》，故有华严疏主之称。唐德宗诞辰，为德宗皇帝讲《华严》，以妙法清凉帝心，赐号为清凉国师。生历九朝，为七帝门师。世寿102岁。塔于终南，名曰妙觉。

⑥天台集其大成：中国高僧大德在吸收印度传来的佛法时，即以判教的方式将佛陀各种经论不同说法融通消化，所以有"判教"的需

要；天台的五时八教之说，即是吸取南北各家异说而加以发展的，故说为佛法思想之集大成者。

⑦清凉集其大成：贤首的五教十宗之说，大体因袭天台，但更将天台的教判与教观扩充至四无碍法界及法界缘起，故说是集天台教观思想之大成者。

⑧置喙（huì）：插嘴，参与议论。喙，斥责。

⑨喙贤首者：贤首法藏大师以三时、十仪、六宗、五教、三观立一家言。然三时、十仪、六宗、三观均非法藏首创，故其根柢唯在于五教。而此五教说，是吸纳前人的基础，因为如此，而招致了许多的非议，认为法藏因袭前人之说，而极少创说。然而法藏吸收天台宗的四教说，更能吸纳法相、唯识的判教学说，而建立一个完整清晰的判教体系。其创见也许比不上天台、唯识诸宗。但是，不能因为这一小小的瑕疵就全盘抹杀法藏对于华严宗的贡献。

【译文】有人常说："天台与贤首二宗，我都曾经研究过。由于有南岳慧思大师先举出大乘教观的纲领，因此使得天台智者大师能够条理分明地展开完备的天台教观。也由于有贤首法藏大师点出华严的深奥玄义，因此使得清凉澄观大师能够融会诸宗，完成法法相即相入、重重无尽的华严教海。自从佛法传入东土以来，天台宗智者大师可说是佛法思想之集大成者。而自有天台宗以来，清凉澄观大师更可说是集天台教观思想之大成者。所以，这两位大师可谓是地位相当而堪称一代宗师也。"

有人问："对于天台智者大师的创立并无人非议，对于贤首大师之创立则有人非议，认为贤首大师只是因袭前人之说，极少创说。这是为什么呢？"

我认为："非议贤首大师的内容，一百句中也许只有一句是对的，人们一向不都是这样议论事情的吗？贤首大师的宗趣，到了清凉大师才完备，所以天台、清凉二位大师对我们而言，恩德犹如父母般的教护之恩，法脉传承，也像父母对后代的培育养成。该不会连清凉大师的创立也有可议之处吧？"

那个人听了之后，说不出话来。我笑着对他说："你不用费神去想了！天台智者大师之后有清凉国师集大成，就像尧舜之后有孔子集大成，对于是否为创见之说，又有什么可非议的呢？"

天台清凉（二）

或曰："彼四教①，此五教②，判然二宗矣，然亦有同欤？"曰："毋以二为也。四之与五，犹五蕴六根开合③焉耳矣！五教之小，即摄入四中之藏。而藏之为言，犹迹涉于混，故另分曰小也。五教之顿，即摄入四中之圆。而达磨直指，正属乎顿，欲其彰显，故特标曰顿也。二宗之圆教，一也。而华严十玄④之旨，四之圆犹含其意而未尽，故小始终顿之后，而独冠以一乘之圆，有深意也。以其各为一时之所依归，而均为万代之所程序⑤，以是名之二宗。宗常二而道常一，歧而二之，则非矣！"

【注释】①四教：此指天台四教。隋代天台宗智者大师以释尊一生所说教法，依内容分为化法四教，依形式分为化仪四教。一化法四教：即佛说法之内容，分为：藏教，指小乘。通教，指诸大乘经的通说。别教，指不通小乘的大乘特有之教说。圆教，圆满之教说，指《华严》《涅槃》和《法华》。此四教是化益众生的法门。二化仪四教：即佛说法之形式，分为顿、渐、秘密、不定等四教。此四教是教化众生的仪式。

②五教：此指贤首五教。贤首大师将释尊一生所说的教法（含大小乘经典）。判为五类：一小乘教，是教钝根小机之法，但说生空，而未说法空，故又称为愚法声闻教。二大乘始教，是出小乘，初入大乘的教法，虽说大乘，而未及究竟微妙的理性，故名始教，有相始教与空始教之分。三大乘终教，是对大乘纯熟的根机，所说尽理之教。四大乘顿教，是说大乘顿悟的教门者。五一乘圆教，是圆满最上的教法，明性海圆融、缘起无尽、究极诸法体性者。

③五蕴六根开合：如来为迷心偏重者，合眼耳鼻舌身五根，但名为色；开意之一根，为受想行识，令其细观于心，是为合色开心，故说五蕴。五蕴：蕴者，积聚之义，谓众生由此五法积聚成身，复因此身积聚有为烦恼等法，能受无量生死也。亦名五阴，阴即盖覆之义，谓能盖覆真性也。所谓五蕴，指色蕴、受蕴、想蕴、行蕴、识蕴。六根：凡夫只认现境，不了自心。依于六根，接于六尘，而生六识。所谓六根者，指眼、耳、鼻、舌、身、意六根。

④十玄：是贤首宗（华严宗）基本教义。阐明佛教的各法门，彼此是互相关联、互相摄入而又周遍圆融的。通过了十玄，便可入于幽玄莫测的华严法界，故称十玄门或十无碍。因这十门可以总摄一切缘起法，故又名十玄缘起。

⑤程序：法式、规格、准则、效法。

【译文】有人问:"天台智者大师将释尊一生所说教法,依内容及形式分为四教(化法四教、化仪四教),贤首大师则判为五教。这二宗有很明显的区别,难道也有相同之处吗?"

我答道:"不要去分别天台、贤首二宗的异同。天台四教与贤首五教,就像如来为众生开演的五蕴与六根,只是开合不同而已。贤首五教中的小乘教,即含摄于天台四教中的藏教。由于藏教所含摄的范围有些模糊(有声闻、缘觉、菩萨三乘故),因此贤首宗另立名为小乘教。贤首五教中的顿教,即含摄于天台四教中的圆教。因为达磨祖师所传的直指人心禅法,正属于顿法,为使这一法门发扬光大,因此特标为顿教。至于二宗所说的圆教,则是相同的。不过,由于天台圆教虽然含有华严十玄门之要旨,却没有将其义理完全发挥出来,所以贤首宗于小乘教、大乘始教、大乘终教、大乘顿教之后,而在圆教上又加'一乘'之名,自有其深意在。天台、贤首二宗所立之判教,不仅各为当时宗门之所依归,并且可为后世万代之所效法,所以名之为二宗。虽然名为二宗,而道法是一样的。如果强分为二,那就错了!"

栯堂①山居诗

永明②、石屋③、中峰诸大老,皆有山居诗,发明自性,响振千古。而兼之乎气格④雄浑,句字精工,则栯堂四十咏尤为诸家绝唱⑤。所以然者，以其皆自真参实悟，溢于中而扬于外。如微风过极乐之宝树，帝心感乾闼之瑶琴⑥，不搏而声，不抚而鸣。是诗之极妙，而又不可以诗论也。不攻其本而拟其末，终世推敲，则何益矣！愿居山者学古人之道，毋学古人之诗。

【注释】①栝堂：元代僧人，栝堂益禅师，为大慧杲四世法嗣，住庆元奉化岳林寺，有"山居诗"四十首流传于世。

②永明：唐末五代僧，永明延寿禅师。净土宗六祖，法眼宗三祖。初为吏，因自幼信佛，戒杀放生，后因擅自动用库钱买鱼虾等物放生，事发被判死刑，押赴市曹而面无戚容，因为放生并无私心故，被无罪释放。三十岁出家。初习禅定，后精修净业。宋太祖建隆二年（公元961年）应吴越王钱俶之请，迁至永明寺（即净慈寺），接化大众，故世称"永明大师"。师倡禅净双修之道，指心为宗，四众钦服，住永明寺十五年，时人号慈氏下生。世寿七十二。赐号"智觉禅师"。

③石屋：元代僧，讳清珙（gǒng），谥号"佛慈慧照禅师"。曾在天湖庵山居长达四十年许，是一清苦严厉的古禅僧，从其山居诗中尤可见此风范。嗣法弟子为高丽的太古普愚，普愚为韩国佛教史上之名僧，也是现代韩国太古宗所追尊之远祖。

④气格：指诗文的气韵和风格。

⑤绝唱：指诗文创作上的最高造诣。

⑥乾闼之瑶琴：乾闼婆之奏乐。乾闼婆是帝释天的音乐神，以香为食。乾闼婆是帝释天的音乐神，以香为食。《智度论》曰："屯仑摩甄陀罗王，犍闼婆王，至佛所弹琴赞佛，三千世界皆为震动，乃至摩诃迦叶不安其座。"

【译文】永明延寿、石屋清珙、中峰明本等诸位大德长老，都曾写过山居诗来抒发自己所明之心性，令人道心振发，可说是千古以来难得的作品。而山居诗中，能兼具雄伟浩瀚的风韵及精致巧妙字句者，则以楠堂益禅师的四十首山居诗，尤为各家中最佳者。究其原因，是因为楠堂山居诗都是发自真参实悟，真心流露出来的。如微风吹拂过极乐世界的七宝行树，又类似帝释天主心动于乾闼婆之奏乐。不用拍击而有声，不由抚弄而自鸣，完全是无作而作、自性清净心的流露。这正是楠堂山居诗极妙之处，却又不可将此山居诗当作一般诗文鉴赏。现今学写山居诗的人，不在修行的根本上着力，只用心于模拟仿效山居诗的字句，终其一生斟酌推敲每个字句，又有什么用呢？愿隐居山林修行的人，应该努力学习古人之道心，不要学古人之诗文。

山　色

　　近观山色，苍然其青焉，如蓝①也；远观山色，郁然②其翠焉，如蓝之成靛③也。山之色果变乎？山色如故，而目力有长短也。自近而渐远焉，青易为翠；自远而渐近焉，翠易为青。是则青以缘会而青，翠以缘会而翠，非唯翠之为幻，而青亦幻也。盖万法皆如是矣！

【注释】①蓝：深青色，像晴空般的颜色。

②郁然：繁盛貌，兴盛貌。

③靛：深蓝色。

【译文】当我们近观山林景色时，满山的绿色草木，形成一片晴空般的深青色。当我们远观山林景色时，茂密的翠绿树林，形成一片由深青转深蓝的颜色。是山的颜色在变化吗？山色依然如故，只是我们的眼睛所见之色会随远近而不同。当我们的视线由近而渐远时，绿色便转为翠绿色；当我们的视线由远而渐近时，翠绿色又转为绿色。可见绿色是因缘会合才成为绿色，翠绿色也是因缘会合才成为翠绿色。无论是青、是翠，都只是我们视觉上的一种幻相而已。不但山色的变化如是，世间万事万物也是虚妄不实的，都是随因缘之聚散而生灭变化。

现生梦

　　夜梦中多现生事，罕梦前生，何也？盖梦以想成，想多见生，不及前生故也。且三乘贤圣①，尚有隔阴②出胎乍时之昏，况具缚凡夫③，脱一壳，入一壳，从母腹中颠倒而下，尚何能记忆前生耶？惟据其目前纷纷纭纭，昼则为想，夜则为梦耳。而或时未见之物、未作之事、未历之位，现于梦中者，则无始之境，任运而然，亦莫知其所以然而然也。想阴既破④，寤寐恒一，幸相与致力焉。

【注释】①三乘贤圣：乘，即运载之义。谓声闻、缘觉、菩萨各以其法为乘，运出三界生死，同到真空涅槃。亦即三乘圣人已证得不生不灭，脱离六道生死轮回。

②隔阴：即隔阴之迷，阴谓五阴也。由此菩萨未断尽三界内之见思惑，一经受生，犹有所迷，故云隔阴之迷。许多大根器人，最初亦与凡夫同一迷悖；或遇逢缘，或一闻开示，立地便悟，直同两世人一样；皆因宿世深植善根，未断烦惑，一经转世，便成迷悖矣。以未死为现阴，死而未受生为中阴，受生则为后阴。此后阴且约未死前说，若约受生后说，又名为现阴矣。隔阴之说，指此。

③具缚凡夫：烦恼缚人而系于生死之牢狱，故名之为缚。具有烦恼者，即一切之凡夫也。

④想阴：即想蕴，五蕴之一。想即思想之意，蕴为积聚之意。谓意识与六尘相应而成六想，和合积聚，故名想蕴。想阴破：破除想阴的境界。

【译文】人在夜梦中，大多梦见今生的事情，很少梦见前生的事情，为什么？因为做梦是从心想生，而所想的又多是今生所见之事，无法想到前生的事。而且，就算是已有能力脱离六道轮回的声闻、缘觉、菩萨三乘圣贤，虽是乘愿再来投生人间，但还未明心见性故，所以经过母胎之胎狱苦，出世后还会有短暂的昏惑，都还会忘记宿世善根，何况是具足烦恼的凡夫？脱离前生的躯壳，进入今生的躯壳，从母腹中颠倒而出，如何能记忆前生的事情呢？只能随着眼前经历的种种，于是日所思、夜所梦的都是这些事。有时今生从未见过的东西、未做过的事情、未经历过的境界，会出现在梦中，那些是无始劫来无明所现的境界，是自然生起的，当然也就不知为何会有这些梦境。但是，如能破除五阴中的想阴境界，如同《楞严》中所说的"寤寐恒一"，则无论醒时或是睡时，都能保持一样的清楚明白了。希望与大家共同来努力修证吧！

礼忏僧

有修净土忏法①者，一僧谓曰："经不云乎：'若欲忏悔者，端坐念实相。'胡为是仆仆尔亟拜②也？"忏者问："如何是实相？"僧云："心不起妄，即是实相。"又问："心是何物，妄又何物？能制心者复是何物？"僧无对。忏者曰："吾闻之，忏以理为正，以事为助③，虽念实相，而三业翘勤④，亦不相碍。何以故？初机行人未能卒与实相相应，须借外缘辅翼。《法华》谓'我以异方便，助显第一义'是也。《起信》亦言：'末法众生，修是法者，自惧不常值佛，如来世尊，有异方便，教令念佛，求生净土。'故知慈云大师⑤净土忏法，酌古准今⑥，至为精密，与法华⑦光明⑧诸忏，俱事理双备，人天交钦，照末法昏衢⑨之大宝炬也。且治生产业不背实相，是佛说否？"僧云："如是。"曰："然则礼忏^⑩不及治生产业^⑪乎?"僧又无对。

【注释】①净土忏法:忏法是指依诸经之说而忏悔罪过之仪则,又作忏仪。依准此类仪则而修之,称为修忏。净土忏,又称往生净土忏愿仪。宋朝遵式法师撰,采用《大无量寿经》及《称赞净土经》等诸大乘经典而立之忏法,此忏法随净土信仰之流行而广行于民间。

②仆仆亟拜:一再作揖行礼。亟,屡次、一再。

③理忏事忏:忏悔的两种分类。"理忏",又作观察实相忏悔,即过去、现在所作之一切罪业皆由心起,故若了知自心本性空寂,则一切罪福之相亦皆空寂,如是观察实相之理以灭其罪,称为理忏。"事忏",又作随事分别忏悔,以身礼拜瞻敬,口则称唱赞诵,意则存想圣容,披露过去、现在三业所作之罪,一依事仪,是名事忏悔。

④三业翘勤:三业,身、口、意业。翘勤,至诚仰慕。谓身礼佛,口唱佛名,心观想相好;至诚恭敬礼拜,无有异念。

⑤慈云大师:宋代僧。名遵式,字知白,宋真宗赐号慈云。曾于国清寺普贤像前烧一指,誓传天台宗教学。宋仁宗天圣二年,慈云大师奏请天台教文编入《大藏经》内,并撰《教藏随函目录》,略述诸部大义。并集僧俗专修净土,有关净土念佛忏仪之著作极众,如《大弥陀忏仪》《小弥陀忏仪》《往生净土忏愿仪》《金光明三昧仪》等,因为慈云大师所撰忏仪甚多,故世称百本忏主。宋仁宗明道元年(公元1032年)示寂,世寿六十九。后世称慈云忏主。

⑥酌古准今:择取古代之事,用来比照今天的情况。

⑦法华:即法华忏法,天台智者大师依《法华经》《普贤观经》及诸大乘经之意,而定六根忏悔之仪式方法,著《法华三昧行法》(又名《法华三昧忏仪》),自该书摘要抄出而别行于世者,称为"法华忏

法"。

⑧光明：即金光明忏法，天台智者大师依《金光明经》而创之，宋遵式（慈云大师）完成之，撰《金光明忏法补助仪》一卷，常为国家修之，亦名吉祥忏法。

⑨衢：大路、途径。

⑩礼忏：礼拜与忏悔之略称，又作拜忏。即礼拜诸佛、菩萨，忏悔所造诸恶业。大都借由礼佛、诵读经文，以为忏悔之意。

⑪治生产业：谓日常之生业也。

【译文】有人正在修净土忏法，有位僧人对他说："佛经上不是说：'若欲忏悔者，端坐念实相。'你何必一拜接着一拜，拜得那么辛苦劳累呢？"

礼忏的人问僧人："如何是实相？"

僧人答道："心不起妄，即是实相。"

礼忏的人又问："心是什么？妄又是什么？能制伏妄心的又是什么？"

僧人无言以对。礼忏的人接着说："我曾听说，忏以理忏为正行（即观一切法无有自性，而彻见罪福之实相），以事忏为助行（即身口意都依事相作法，殷勤忏悔过去、现在所作罪业）。虽念实相，而身礼拜、口念佛、意观想，这与实相并不相妨碍。为什么？因为初学的人终究无法与实相相应，必须借外缘辅助。这正是《法华经》所说的'我以异方便，助显第一义'，《大乘起信论》上也说：'末法众生修是法者，自惧不常值佛，如来世尊有异方便，教令念佛求生净土。'故知慈云大师所作的净土忏法，参照古今之忏法，可说是最为周密的一部，与《法华忏》《金光明忏》等诸忏法，理事皆备，人天尊敬，实为照亮末法暗夜黑路的大宝炬啊！再者，请教'治生产业，不背实相'这句话是不是佛说的？"

僧人回答："是啊！是佛说的。"

礼忏的人又问："既然如此，难道礼忏就不如世间谋生的事业而与实相相违背吗？"

那位僧人又无言以对了。

南岳止观

南岳《大乘止观》中引《起信》论文曰："是故论云：'三者用大①，能生世间出世间善恶因果故。'"《起信》原无"恶"字，读之令人骇然。且性恶虽是天台一家宗旨，然慈云谓南岳远承迦叶②，次禀马鸣③，而马鸣以古佛示居八地④，南岳以异德名列神僧，不应先圣后圣两相违悖。又《起信》言约义丰，辞精理极，总括大乘诸了义经，一句一字不可得而增减者也。彼南岳自创为止观则已，今引《起信》，正出其来源，明有据也，而乃于本文所无，辄为增益，有是理乎？必后人为之耳。或谓此书刻自慈云，宜无赝杂。噫！安知非慈云之后，又后人所增耶？我虽至愚，定知南岳不改《起信》。请高明更详之。

【注释】①用大：为体、相、用三大之一。大，即周遍法界、广大无限等义。众生一心之本体、相状、作用广大无限，故称体大、相大、用大。

②迦叶（shè）：全名大迦叶、摩诃迦叶，为佛十大弟子之一，以头陀第一著称。身有金光，映蔽余光使不现，故亦名饮光。在灵山会上，受佛正法眼藏，传佛心印，为禅宗初祖。生平修头陀行，遵佛嘱于鸡足山入灭尽定，待弥勒佛出世时，传佛僧伽梨衣。

③马鸣：佛灭后六百年出世之大乘论师，付法藏第十二祖。有马鸣比丘、马鸣大士、马鸣菩萨等称。东天竺国人。说法时，能感群马，得解悲鸣，故曰马鸣。依百本大乘经，造《起信论》，是为初祖。

④八地：指菩萨乘十地中的不动地。

【译文】南岳慧思大师作的《大乘止观法门》中引用《大乘起信论》的一段文："是故论云：'三者用大，能生世间出世间善恶因果故。'"马鸣菩萨所造的《大乘起信论》里原本并没有"恶"这个字，读《大乘止观法门》这段文时，看到多个"恶"字，真令人吃惊！

"性恶说"虽然是天台宗的宗旨，但慈云遵式大师认为南岳慧思大师的思想，其师承乃是远从迦叶尊者，再传至马鸣菩萨，马鸣菩萨本是古佛再来，示现位居八地的菩萨位，而南岳慧思大师以殊功异德名列《神僧传》中，马鸣与南岳两位圣人的观点应该不会相互违背。

又《大乘起信论》的语言简约、义理丰富，文辞精妙、说理透彻，总括了所有大乘了义经典的精华，一句一字都不可随意增减。南岳慧思大师的《大乘止观法门》乃属自创，如今引用《大乘起信论》，既标示出引文的来源，说明是有根据的。而《大乘起信论》原文没有的内容，南岳慧思大师岂会随意增添，有这样的道理吗？那必定是后人所加的!

　　有人说《大乘止观法门》是慈云大师所刻印，内容应该不会自行假冒掺杂吧？噫！谁知在慈云大师之后，会不会又有后人增添呢？

　　我虽然很愚钝，但坚信南岳大师不会改动《大乘起信论》的文字，请高明的人更加详察吧！

韩昌黎①

　　世传昌黎初辟佛②，后遇大颠③，顿有悟入。然考其文集，有曰："近传愈稍信释氏，此传者妄也。潮人无可与语，僧大颠颇聪明，识道理，故与之游。其归也，留衣服为别，此人之情，非崇信其道，求福田利益也。"观此，则悍然不信如故，安在其悟入也？虽然，若据示现影响④，逆顺赞扬⑤，则不可测，安知昌黎非故为是引发因缘耶？不有昌黎之辟佛，何从有明教⑥之非韩？钟因击而声始洪，烛以翦而光愈茂，是故未得宿命，未具他心⑦，未可纵口高谈臧否⑧人物。

【注释】①韩昌黎：即唐代文学家韩愈，字退之。祖籍昌黎（今辽宁省义县），世称韩昌黎，晚年任吏部侍郎，又称韩吏部。谥号"文"，又称韩文公。韩愈为复兴儒学，反对骈文，与柳宗元等人倡导古文运动，苏轼称韩愈为"文起八代之衰"，明人推他为唐宋八大家之首。韩愈排斥佛道、尊崇儒学，于唐宪宗元和十四年作《谏佛骨表》，力谏宪宗迎佛骨入大内，为此被贬为潮州刺史。于元和十五年作《与孟尚书书》，此文虽是书信体，而实际上仍为辟佛之书，并作《原道》排斥佛、道二家，主张"人其人，火其书"（僧徒返俗，焚毁佛经），此文为韩愈辟佛的代表作。对此，孟简以《论夷夏》与《因果报应》应之。韩愈之著作收编为《韩昌黎集》。

②辟佛：斥佛教，驳佛理。

③大颠：唐代僧。法号宝通，自号大颠和尚。参谒石头希迁，大悟宗旨，得曹溪之绪。于潮州创建灵山禅院，门人传法者千余人。韩愈被谪贬潮州时，闻大颠之名，召至，留十余日，谓其能外形骸，以理自胜，因与师往来相交。

④示现影响：古往诸佛菩萨，为了赞助释迦如来的教化，应众生的机缘而化现种种的身相，如影之随形，响之应声。又如众星绕月，虽无作为，而有大益也。

⑤逆顺赞扬：于诸法中逆顺自在，能破诸邪逆之众生，而顺可化之众生。又因远离执着，故可破一切法而增长善根。

⑥明教：北宋僧，明教契嵩禅师，字仲灵，自号潜子。游方遍参知识，得法于洞山晓聪禅师。师有文才，作《辅教篇》三卷，是宋代"儒释道三教并存不废论"的代表作之一，主张三教所立虽然不同，但结果必可调和归一，以抗韩愈排佛之说。此外，还撰有《传法正宗记》《传法正宗论》及《传法正宗定祖图》，宋仁宗甚为嘉赏，嘱传法院编入大藏，并赐"明教大师"之号。

⑦他心：此指他心通，谓于他人心中思惟种种善恶之事，悉能了知也。

⑧臧否：品评、褒贬。

【译文】世人有传言韩愈起初排斥佛教，后来在潮州遇到大颠和尚，立刻有所领悟而信佛。然而考证《韩昌黎集》，其中的《与孟尚书书》有一段文提到："近来有人传言我稍信佛教了，这是传言人的不实之辞。缘起是这样的：我在潮州时，几乎没有可深谈的人，有一位老僧，号为大颠，非常聪明，颇识道理，所以与他往来相交。我去袁州时，留了一袭衣服给他作为纪念。这是人之常情，不能因此说我崇信佛法，为求福田利益而行布施！"

从这段文可以看出，韩愈仍然顽强不信佛教，哪里谈得上悟入呢？虽然如此，如果援引诸佛菩萨为教化众生而化现种种身相，用逆顺境界来赞扬佛事，则无法测度，怎知韩愈不是故意做出排佛的样子来引发众生信佛的因缘呢？假如没有韩愈的辟佛，哪会引发明教大师写《辅教篇》来批驳韩愈呢？钟因撞击而声音更加响亮，烛芯由于剪截而光焰更为旺盛。所以，假使我们未得宿命通、未具他心通，是不可任意高谈阔论，随便褒贬评论别人。

惺　寂①

止观②之贵均等，尚矣！圣人复起，不能易矣！或有稍缓急于其间者曰："经言'因定发慧'，则止为要。"以是相沿成习，修行之人，多主寂静。唯永嘉③既为惺惺寂寂、寂寂惺惺之说，以明均等。而后文曰："惺惺为正，寂寂为助。"则迥然④独得之见，从古至今，无道及者。自后宗门教人看话头⑤，以期彻悟，而妙喜呵默照⑥为邪禅，正此意也。是故佛称大觉，众生称不觉。觉者，惺也。永嘉之旨微乎！

【注释】①惺寂："惺"是一切明了，照得清清楚楚，不落在无明里，是慧。"寂"是一念不生，清净寂灭，不落在妄想里，是定。惺寂，是一切通达明了，又如如不动，二边都不落，这是定慧等持。

②止观：梵名奢摩他、毘钵舍那，译言止观、定慧、寂照、明静。"止"者停止之义，停止于谛理不动也；又止息之义，止息妄念也。"观"者观达之义，观智通达，契会真如也；又贯穿之义，智慧之利用，穿凿烦恼而殄灭之也。若就所修之次第而言，则止在前，先伏烦恼，观在后，断烦恼，正证真如。盖止伏妄念，譬如磨镜，磨已，则镜体离诸垢（是断惑），能现万象（是证理），是即观也。若真止真观必为不二，以法性寂然是止，法性常照是观也。然则真观必寂然，故观即止，真止必明净，故止即观也。

③永嘉：唐代僧。字明道，号永嘉玄觉。八岁出家，博探三藏，尤通天台止观。后自构禅庵，独居研学，常修禅观。谒曹溪惠能，与惠能相问答而得其印可，惠能留之一宿，时人称之"一宿觉"。其后，学者辐凑，号真觉大师。世寿四十九，敕谥"无相大师"。著有《证道歌》《禅宗悟修圆旨》《永嘉集》。

④迥然：卓越不群的样子。迥，远的、高的、卓越的。

⑤看话头：亦称看话禅，参话头。话头，公案之意。即专就一则古人之话头，历久真实参究，终于获得开悟。

⑥默照：即指默照禅，为宋代曹洞宗之宏智正觉禅师所倡导之禅风。默，指沉默专心坐禅；照，即以慧来鉴照原本清净之灵知心性。

【译文】止观法门贵在定慧等持，这是修行的主要方法！即使圣人再来，也不能对此加以改变！但有人认为修行应有轻重缓急的次第区别，因此在定慧两者之间，主张："佛经说'因定发慧'，则应以修止为要。"因此相沿成习，许多修行人都以修寂静为主。

唯永嘉大师在《禅宗永嘉集·奢摩他颂第四》中提出"惺惺寂寂，寂寂惺惺"的说法，以阐明定慧均等的看法；又在后文强调："惺惺为正，寂寂为助。"这可说是超然独特的见解，从古至今，没有人这样说过的。从永嘉大师以后，禅宗教人参话头，都以大彻大悟、明心见性为修行目标。例如妙喜禅师（大慧宗杲）呵责默照禅为邪禅，也正是这个意思。所以，称佛为大觉，众生为不觉，觉就是"惺"的意思。可见永嘉大师的这个说法，实含有深刻微妙的旨意！

道　原①

或问："《道德经》②云：'吾不知其名，字之曰道。'则道之一言，自老子始，而万代遵之；佛经之所谓道者，亦莫之能违也。则何如？"曰："著于《易》，则云'履道坦坦③'。纪于《书》，则云'必求诸道④'。咏于《诗》，则云'周道如砥⑤'。

五千言未出，道之名已先立矣！况彼之所谓道者，乃法乎自然。如其空无来原，自然生道，则清凉判为无因⑥；如其本于自然，方乃生道，则清凉判为邪因⑦。无因邪因，皆异计耳，非佛之所谓道也。佛道，则万法由乎自心，非自然，非不自然。经言"阿耨多罗三藐三菩提⑧"者，是无上正觉之大道也，尚非自然，何况法自然者！"

【注释】①原：本原、根本。

②《道德经》：又称《老子》《老子五千文》《道德真经》。相传为春秋时代楚国人老聃所撰。为先秦时道家之重要著作，乃道教主要经典。

③履道坦坦：语出《易经》履卦，九二爻的爻辞："履道坦坦，幽人贞吉。"《象》曰："幽人贞吉，中不自乱也。"《孔氏正义》："中不自乱者，释幽人贞吉。以其居中（中道），不以危险而自乱也。既能谦退幽居，何有危险自乱之事。"履道，躬行正道；坦坦，平坦、广阔；幽人，原指幽系之人，可引申为处于困境或是不得志而幽隐山林的人；贞吉，坚守中道而不为外境所移，故不自乱，自乱，故能转危为安，化险为夷。大意是：处于困境或是不得志时，也能坚守中道而不为外境所移，因不自乱故能转危为安、化险为夷。

④必求诸道：语出《尚书·商书·太甲下》："有言逆（不顺）于汝心，必求诸道；有言逊（顺从）于汝志，必求诸非道。"大意是：忠诚正直的话语虽然不顺耳，其内容必定符合道义；表面上悦耳动听而实际上虚伪的话语，其内容必定不符合道义。

⑤周道如砥：语出《诗经·小雅·大东》："周道如砥，其直如矢。"孔颖达《疏》："周之贡赋之道，其均如砥石然；周之赏罚之制，

其直如箭矢然。"后因以"砥矢",比喻公平正直。

⑥无因:主张万物不依因缘而生,而是无因而有、自然出现的。盖释尊说因果,外道否定之而主张无因,故称为无因外道,为一种自然外道,主张万物无因无缘自然而生。

⑦邪因:印度外道就因果之有无所执着的四种见解,称为外道四执。邪因邪果为外道四执之一,谓万物之生起,悉归于大自在天;有情之苦乐,皆由大自在天喜怒之所发。若此天喜,则众生皆受乐;若此天瞋,则六道悉受苦。然就佛教立场而言,天非物之因,物亦非天之果,此非正因果,乃邪心所致,故称为邪因邪果。

⑧阿耨多罗三藐三菩提:"阿耨多罗"梵语意译为"无上",以其所悟之道为至高故;"三藐三菩提"梵语意译为"正遍知"或"正等正觉",以其道周遍而无所不包故。佛陀从一切邪见与迷执中解脱开来,圆满成就上上智慧,周遍证知最究极之真理,而且平等开示一切众生,令其到达最高的、清净的涅槃。此种觉悟为言语所不能表达,非世间诸法所能比拟,故称无上正等正觉。

【译文】有人问:"《道德经》提到:'吾不知其名,字之曰道。'可见'道'这个字的概念,是从老子开始。之后,千秋万代的人们都遵从这'道'字的概念。恐怕就连佛经中所说的'道',也不能离开老子的定义,是不是这样呢?"

我回复:"道,写在《易经》中,则说'履道坦坦'(指困境中的修身之道);记在《尚书》中,则说'必求诸道'(忠言之道);在《诗经》中,则歌颂为'周道如砥'(均平不偏的为政之道)。可见《道德经》的五千言还没出现时,'道'的名词及概念已经先有了。况且,老子所说的'道',是取法于自然的。这'自然'之道,假如是指无因无缘而自然产生的,则清凉大师判这是属于无因外道;假如是指本于'自然'

之因而产生的，则清凉大师判这是属于邪因外道。无论是无因或邪因，都是属于外道理论，并不是佛所说的道。佛所说的道，则是一切万法唯心所现，既不是因自然而有，也不是非自然而生。佛经中所说的'阿耨多罗三藐三菩提'，是指从一切邪见与迷执中解脱开来，圆满成就最上智慧，周遍证知最究极之真理大道啊！此无上正觉大道是修证而来的，尚且不是自然生起的，何况还会取法于自然吗？

菩萨不现今时

窃怪今时造业者多，信道者寡，菩萨既度生无已，何不分身示现，化诱群迷？且昔佛法东流，自汉魏以迄宋元，善知识①出世，若鳞次然。元季国初，犹见一二，近胡寥寥无闻？如地藏②愿度尽众生，观音③称无刹不现，岂其忍遗未度之生，亦有不现之刹耶？久而思之，乃知菩萨随缘度生，众生无缘则不能度。喻如月在天上，本无绝水之心，水自不清，月则不现。况今末法渐深，心垢弥甚，菩萨固时时度生，而生无受度之地，是则临浊水而求明月，奚可得乎？

【注释】①善知识：能教众生远离恶法，修行善法的人。
②地藏：即地藏菩萨。受释尊之付嘱，于释尊圆寂后至弥勒菩萨

成道间之无佛时代，自誓度尽六道众生始愿成佛之菩萨。又有"地狱未空，誓不成佛"的誓愿，故被称为"大愿菩萨"。《地藏十轮经》云："安忍不动，犹如大地；静虑深密，犹如秘藏"，是说地藏菩萨的忍波罗蜜第一，犹如大地能够承载一切众生的种种罪业；如秘藏中的静虑，是彰显其智慧禅定的不可思议。另外《大方广十轮经》说："地藏者，伏藏也。"伏藏代表众生本具的佛性，亦即如来藏，能够使我们成就圆满的佛果。

③观音：即观世音菩萨。以慈悲救济众生为本愿之菩萨，凡遇难众生诵念其名号，菩萨实时观其音声前往拯救，《法华经》云："十方诸国土，无刹不现身"，故称观世音菩萨；又因其于理事无碍之境，观达自在，故称观自在菩萨。

【译文】我曾私下感到奇怪：现今社会造恶业的人那么多，信佛学道的人那么少，菩萨既有"众生无边誓愿度"的宏愿，为什么不分身示现来化度诱导痴迷的众生呢？而且，往昔佛法传入中国后，自汉、魏一直到宋、元以来，善知识出世度人，多得像鱼鳞般相继而出；即使到元末明初的时候，也还能见到一两位，近来为何都销声匿迹了？

例如，地藏菩萨发愿要度尽众生，观世音菩萨寻声救苦、无刹不现身。难道地藏菩萨忍心舍弃未度的众生而不度了？难道观世音菩萨也有不愿现身救苦的地方吗？这个问题我思索良久，终于才了解到：菩萨是随缘度众生的，假如众生得度的时节因缘还未成熟，即使菩萨勉强来度也度化不了。譬如月在天上，本无与水隔绝之心；但如果水不清净，月的影像则无法映现在水中。更何况现在正值末法时期，佛法逐渐衰颓，众生心中的烦恼污垢也愈来愈严重，菩萨固然愿时时度化众生，奈何众生不愿接受菩萨的教化！这就好比临浊水而求明月，怎能得到呢？

如来不救杀业

复次，今时造业，惟杀尤甚。无论四海之广，即此一邑，于一日中所杀生命，牛羊犬豕、鹅鸭鱼鳖，动以千万，其细微者何可胜数！而春秋二时^①，飨天地，祀鬼神，蒸尝^②于祖考，报德报功^③于先圣先贤，牲牷^④之用，不知其几。而天地不矜^⑤，鬼神不怜，祖考不知，先圣先贤不潜为禁止。至于如来^⑥，仁覆天地，慈摄鬼神，恩逾祖考，德冠于诸圣贤，何不稍示神通，或俾现受恶报，或令还著本人，则谁不战惧改悔，而漠然若罔闻者，何也？久而思之，乃知今牛羊等，因昔造杀，报在畜生。彼旃陀罗^⑦，即前所杀，转为能杀，因缘会遇，始畅本怀，定业^⑧使然，无能救者，俟其业尽，然后报息。虽天中天、圣中圣，亦末如之何也已。况宿报甫平，新殃更造，因果相循，吾不知其所终也。且往者莫谏，来者可追。则今断杀因，后无杀果，如来明训，彰如日星，为诸众生而救杀业，不已至乎？

【**注释**】①春秋二时：春秋二仲月（二月、八月）释奠（设置酒食以奠祭先圣先师的一种典礼)。

②蒸尝:本指秋冬二祭,后泛指祭祀。

③报德报功:报答功德。

④牲牷:古代祭祀用的纯色全牲,泛指祭品。

⑤矜:怜惜、怜悯。

⑥如来:为佛十号之一。乘真如之道,而往于佛果涅槃之义,故称为如去;由真理而来(如实而来),而成正觉之义,故称如来。佛陀即乘真理而来,由真如而现身,故尊称佛陀为如来。

⑦旃陀罗:此为梵语,华言屠者。谓屠者之家,杀心盛大,恼害众生,见者伤慈,坏善根本。比丘若行乞食,此处不可往也。

⑧定业:一定受报的业。定业有善恶两种,善的定业,定受乐果;恶的定业,定受苦果。

【译文】再者,现在世人所造的恶业,尤以杀业为重。且不论辽阔的中国,单就我们这一个小县城而言,一天之内所杀害的生命,如牛羊狗猪、鹅鸭鱼类,动辄上千上万,至于其他没算到的微细生物则不计其数!

而且在春、秋二时释奠典礼上,要祭献天地、祀奉鬼神、祭祀祖先,要报答先圣先贤之功业与德行,用来祭祀而宰杀的牲畜不知有多少?然而天地神灵、鬼神、祖先、先圣先贤们却不知怜悯众生,不暗中阻止因祭祀而造成的杀业,这也无可厚非。但是,诸佛如来的仁德遍及天地,慈悲能慑服鬼神,恩泽超过祖先,德行胜于诸圣贤。为何诸佛如来不稍示神通,或者使杀生的人现受恶报,或者令他本人尝点苦头?若能如此,有谁不会因感到恐惧而悔改呢?但诸佛如来好像不知情而没有任何作为,这是为什么呢?

这个问题我思索了很久,终于才明白:现世的牛羊等牲畜,是由于过去世造杀业，这一世才受报为畜生。那些屠夫大概就是前世被人所杀的牲畜，这世转生为宰杀牲畜的人。因缘会遇时，这才展现出互相报复的本意。这都是由于造恶因受恶果的定业使其如此，谁也救不了。必须要等到他们的宿业都消尽了，互相报复的心才能平息。在他们的宿业未尽之前，即使佛陀出世，对此也是无可奈何啊！更何况众生常常是宿世冤业还未平息，却又造新的罪业，如此一来，因果互相循环无尽，我不知他们冤冤相报要到何时才能了结呢？

以前所造的杀业，纵然不可挽回，但今后的因果还能补救。只要从今之后，坚决不再造杀生的业因，以后就不会有被杀的果报。因果法则是如来的明训，如同日星般的昭明显著。这是为所有众生指出终止杀业报应轮回的方法，若依如来明训，还会冤冤相报没完没了吗？这不就是如来救度众生杀业，最究竟终极圆满的方法吗？

增减古人文字

友人处偶见野史①一帙②，及前辈警世诗偈，颇多增减旧文。因思古今著述，儒籍除六经③《论》《孟》，梵典④除佛菩萨经论，及出自名称最显赫诸大老，慎不敢动，其余亦颇随意增减。夫流通善法，利济众生，实出美心良意，而委任他人，俾之雠校⑤，以致如是。愿躬自主之，苟存殷重⑥之心，必有为吹藜者⑦。

【注释】①野史：旧指私人著述的史书，与正史相对而言。

②帙：量词，计算函套或包裹书籍的单位。

③六经：指《诗》《书》《礼》《乐》《易》《春秋》六部儒家经典。

④梵典：泛指佛教之经典。以佛教经典多从梵土（印度）传来我国，又以梵文书写之书籍，故称梵典。

⑤雠（chóu）校：校对。雠，同仇。段玉裁注《说文》，认为这个字是会意字，"雔"是代表两个人，所以"雠"字则指两个仇人正在争论不休。汉朝刘向校对古籍时，非常认真，就像仇家对证一样，刘向在《别录》中对"校雠"一词的解释是："一人读书，校其上下，得谬误，为校；一人持本，一人读书，若冤家相对，为雠。"后人把校勘图书也称为校雠或是雠校，即源于此。北宋之后，则称为"校勘"。

⑥殷重：恳切深厚。

⑦吹藜者：出自汉朝刘向校书时感得天帝下凡协助的典故。后以"藜火"为夜读或勤奋学习之典。以"青藜"指夜读照明的灯烛，或借指读书人。青藜学士，则指博学之士。

【译文】在友人处偶然见到野史一册，同时也看到前辈所作的警世诗偈，原文有不少地方都被人随意增减。因此想到，古今著述，在儒家的典籍中，除了六经、《论语》《孟子》；在佛教的典籍中，除了诸佛菩萨的经论，以及出自最有名的诸位大德所作的著述，对这些典籍文字不敢稍加更动之外，其余的著述也多被人随意增减。

其实刻印善书流通善法，为的是利济众生，完全是出于美心良意。然而委任他人刻印，请他人帮忙校勘，以至于产生随意增减古人文字的弊病。但愿所有刻印善书流通的人，最好能亲自校对。而且，若能以至诚恳切的心来校对时，必会获得上天的佑助。

毒蛇喻

昔佛行田间，见遗橐在地，指之曰："毒蛇! 毒蛇! "言已径去。有耕夫荷锄往击之，则遗橐也。持而归，得金数镒①，大喜过望。俄而闻于王，责令输官②，以为献少匿多，楚掠③备至。征索④无已，并其恒产⑤俱尽。他日遇佛，泣曰："瞿昙⑥诳我，瞿昙误我! "佛言："向汝道毒蛇，是毒蛇否? "嗟乎! 今之螫⑦于毒蛇者众矣! 螫而无悔，而复受其螫者亦众矣! 岂独一耕夫哉?

【注释】①镒：量词。古代计算重量的单位，以二十两或二十四两为"一镒"。

②输官：向官府缴纳。

③楚掠：拷打。

④征索：索取，征派勒索。

⑤恒产：指土地、田园、房屋等不动产。

⑥瞿昙：释尊俗家的古代族姓。

⑦螫（shì）：含有毒腺的蛇、虫等，用牙或针钩刺人畜。

【译文】有一天,释迦牟尼佛经过田野间,见有一个袋子遗落在地,佛指着袋子说:"毒蛇,毒蛇!"说完后就直接离开。

有一位农夫听到佛说有毒蛇,就扛着锄头要去将毒蛇击毙,但走近一看,原来是一个遗失的袋子。农夫把袋子带回家,打开一看,里面有黄金数十两,感到非常惊喜。

不久,农夫拾得金子的消息传出,朝廷知道后,责令农夫把拾得的黄金全部缴纳给官府。他缴纳后,官府以为他少缴,还有其他隐匿的,于是对他严刑拷打,不断地索取,最后连他原有的家产都没了。

有一天,这位农夫遇到佛,哭着说:"都是你骗了我!都是你害了我!"

佛说:"我早就跟你说过那是毒蛇,它是不是毒蛇呢?"

唉!当今世上被这类毒蛇咬伤的人非常多,虽被咬伤,仍不后悔,还一再被咬伤的人也非常多,不止农夫一人!

食肉(一)

有僧业《楞伽》①,偶会缁素②。一居士,儒生也,断肉茹素,同列相与咻③之。楞伽僧不唯不解众咻,反从而和之、劝之。生不得已,为一举筯④。噫!此僧他日读《楞伽》,至佛言有无量因缘不应食肉，不知作何面貌？

【注释】①《楞伽》：即《楞伽经》。《楞伽阿跋多罗宝经》卷四云："佛告大慧：有无量因缘不应食肉，然我今当为汝略说。谓：一切众生从本已来，展转因缘，常为六亲，以亲想故，不应食肉。（中略）听食肉者，无有是处。"中有多段经文，说不应食肉的因缘。

②缁素：又称缁白。缁，黑；素，白。出家众通常披着黑衣，故以缁代称；在家者披着素衣，故又称白衣。缁素即出家、在家之并称。意谓道俗、僧俗。

③咻（xiū）：喧嚷、吵闹。

④筯（zhù）：同"箸"，筷子。

【译文】有位僧人是修学《楞伽经》的，偶然与在家、出家众聚会用餐。其中有位居士，原是儒生，已经不食肉改吃素，同桌用餐的人对这位儒生的素食行为不以为然而喧闹之。这位修《楞伽经》的僧人，不但不消除大家的喧闹行为，反而附和大家一起劝这位儒生吃肉。这位儒生不得已，只好拿起筷子吃点肉。

唉！这位僧人日后读《楞伽经》时，若读到"佛言无量因缘不应食肉"这段经文，不知要用什么脸来面对它？

食肉(二)

世人于朋友戚属①,见有断肉茹素者,不惊以为奇,则笑以为愚。夫人之与畜,同一肉聚耳,肉人不食肉兽,此天理人情之所必至也,亦何足奇,而况谓之愚乎?吁!众生之迷昧也极矣!

【注释】①戚属:亲属、亲戚。

【译文】世人看到朋友亲属中有断肉茹素的人,不是感到惊讶奇怪,就是笑他们愚笨。其实,人与畜生都是血肉积聚而成的身躯,肉人不吃肉兽,这是天理人情所必然的,又有什么好奇怪,何况还笑素食的人是愚笨的?唉!众生的痴迷昏昧真是达到了极处啊!

曹溪①不断思想②

有诵六祖偈云:“惠能没伎俩,不断百思想,对境心数起,菩提作么长。"扬扬自谓得旨,便拟纵心任身,一切无碍。坐中③一居士斥之曰:"大师此偈,药卧轮④能断思想之病也。尔未有是病,妄服是药,是药反成病。"善哉言乎! 今更为一喻:曹溪之不断百思想,明镜之不断万像也;今人之不断百思想,素缣⑤之不断五采⑥也。曹溪之对境心数起,空谷之遇呼而声起也;今人之对境心数起,枯木之遇火而烟起也。不揣己而自附于先圣者,试闲处⑦一思之。

【注释】①曹溪:即指禅宗六祖惠能。惠能大师在广东韶州府曹溪,说法度生,后人遂把"曹溪"代表六祖。

②思想:指五蕴之第三,想蕴。谓意识与六尘相应,而成六想,和合积聚,故名想蕴。(六想者,谓意识着色想色、着声想声、着香想香、着味想味、着触想触、着法想法也。)

③坐中:座席之中。

④卧轮:指卧轮禅师。《坛经·机缘品》,有僧举卧轮禅师偈云:"卧轮有伎俩,能断百思想,对境心不起,菩提日日长。"六祖大师听了之后,知道这个境界依旧未明心地。若照此方法来修行,则是增长葛藤、增加系缚。所以,他从反面对症下药,说:"惠能没伎俩,不断百思想,对境心数起,菩提作么长。"这首偈的用意,就是"邪正俱不用,清净至无余"。祖师这首偈是针对卧轮作的,若不是卧轮的境界,这是决定用不得。为什么? 你起心动念就又错了。佛法是破执着之法,一有执着就错了。

⑤素缣(jiān):白色的绢帛。

⑥五采:亦作五彩。指青、黄、赤、白、黑五种颜色。泛指多种颜色。

⑦闲处：谓在家闲居，或指僻静的处所。

【译文】有人诵念六祖惠能大师作的偈："惠能没伎俩，不断百思想，对境心数起，菩提作么长。"自以为已经领会其中奥旨而十分得意，便欲放纵身心，只要不执着，就以为可以通达一切而无任何障碍。

座席中有位居士呵斥他说："六祖惠能大师这首偈，本来是对治卧轮禅师有'思想'可断的病；你没有卧轮禅师的境界，乱服此药，反而要致病了。"这话说得真好！

今再举一例：惠能大师的"不断百思想"，好比明镜映照万象，不拒绝万象，万象来来去去，而镜子始终保持明净。现代人的"不断百思想"，如同白色的绢帛，不拒绝各种颜色，色彩一沾，白绢即受染。惠能大师所说的"对境心数起"，好比人在空旷幽深的山谷里发出声音，即可听到回声。现代人的"对镜心数起"，如同枯木遇火而起烟燃烧。不先估量自己的工夫如何，而欲附会于先圣的境界，请在空闲的时候，好好地想一想，自己检试、检试吧！

四　知

"天知地知，子知我知"，杨伯起①语也。议者谓人己之知异矣，天地则无二知也。愚少时亦以为然，后读内典②《佛骂意经》③，有四知之说，正与此同。盖云天神知、地神知、彼心知、我心知也。《华严·世主品》，主天主地、主日主夜、主山主海等，莫不有神，则伯起之说非谬。故知先贤语未可轻议。

【注释】①杨伯起：东汉杨震，字伯起，为潼关西华阴人。好学博览，无不穷究，时称"关西孔子"。杨震为官清廉，当他在东莱做太守时，举荐王密，当昌邑令。王密很感谢他，所以有一天晚上就带了一些黄金去送给他，杨震看到就说："我这么理解你，还举荐你当官，你怎么这么不理解我，还要送我黄金！"王密说："这个没有关系，只是我一点心意，绝对没有人知道。"杨震说："天知、地知，我知、你知，怎么会没人知道？"（原文：天知、地知、我知、子知，何谓无知者？）王密听完之后，觉得很惭愧，就走了。

②内典：指佛教之经论书籍。道安之《二教论》则谓："救形之教，教称为外；济神之典，典号为内。"

③《佛骂意经》：一卷，后汉安世高译，收录于大正藏册十七。杂说一切善恶之法，多似律中之语。

【译文】"天知、地知、子知、我知"，这句话原是东汉杨伯起（杨震）所说的。有人议论道："他人与自我，各有知觉，所以可计为二知；天与地，是无情器世间，所以没有神灵觉知，所以不能算为二知。"

我年轻时也是这样认为，后来读《佛说骂意经》时，其中言及四知，意思正与此同。《佛说骂意经》云："人所作善恶，有四神知之：一者，地神知之；二者，天神知之；三者，傍人知之；四者，自意知之。"又《华严经·世主妙严品》中提到无量主天神、主地神、主昼神、主夜神、主山神、主海神等，可知天地间都有神灵的存在，所以杨伯起的四知之说并没有错。因此，对先贤所说的话，不可随便妄加议论。

四大①五行②

五行之在世间，春夏秋冬而中气③也，东西南北而中方也，天之经也，地之纬也，自然之理，而亦必然之势也。乃佛经不曰五行，而曰四大，说者曰："地水火有五行之三矣，金摄于地，木摄于风，则四未尝不五也。"此说良是，而未尽也。宇宙之内，则罗之五行足矣。统论乎宇宙之外，而要其成住坏空④之极致，则四大始足以该之，而犹未尽也。地水火风，又继之空也、识也、念也，而成七也。此何说也？地之质最为凝实，水之质不实而流衍⑤，火之质至不可捉摸，而风则有气而无质矣，空则并气而无之矣，然后会归于识，发动于念，从粗及微，通名七大⑥而始尽也。彼五行者，地水火风之分布，而成天、成地、成人物者也。五行狭而四大广也。

【注释】①四大：指构成一切物质的四种要素。又名四大种、四界。即指地大、水大、火大、风大。此四种元素之体遍存于一切物质，故称为大。所谓四大，一地大，二水大，三火大，四风大。此四大相倚而造极微，极微相聚而成色法。又以其能造，故名种。以其体宽广能遍一切色法，故名大。佛教之四大之说，并以之说明无常、苦、无我等理念。

②五行：指我国文化传统中之阴阳五行的五行，即水、火、金、木、土。此五数运行于天地之间未尝停息，故称五行。

③中气：古代历法以太阳历二十四气配阴历十二月。阴历每月二气，在月初的叫节气，在月中以后的叫中气。如立春为正月节气，雨水为正月中气。

④成住坏空：指成劫（指世界的成立期）、住劫（指世界的存续期）、坏劫（世界坏灭的期间）、空劫（世界的空虚期）等四劫。是佛教对于世界生灭变化之基本观点。人寿八万四千岁时，历过百年，则平均寿命减一岁，如是减至人寿仅有十岁则止；复过百年，则增一岁，如是增至八万四千岁。此一增一减，名为一小劫。如是二十次增减，名为一中劫。总成、住、坏、空四中劫，名为一大劫。

⑤流衍：广泛流布，充溢。

【译文】金、木、水、火、土，此五数运行于天地之间，而有春、夏、秋、冬四季以及每月节气、中气的变化；并形成东、西、南、北、中

五方，犹如天地之经纬，这是自然的法则，而且也是必然的趋势。但佛经上不说"五行"，而说"四大"，有人解释为："四大中的地、水、火在五行中占了三项（水、火、土），五行的金含摄于四大的地，五行的木含摄于四大的风，这样四大与五行就相通了。"这个说法是有其道理，但并不究竟。宇宙之内的起源和变化，用五行来解释就足够了。若总论宇宙之外，而要彻底说明其成、住、坏、空的现象，则四大之说才能涵盖，但还是说得不究竟、不圆满。

地、水、火、风之外，再加上空、识、念，而成七大。这是什么意

思呢？地是坚性，最为凝实；水是湿性，不具实体，而能广泛流布；火是暖性，其性无体，寄于诸缘，最不可捉摸；风以动转为性，不具实质但有气动；空为无碍之性，其性无形，连气动也没有了。最后，一切法都会归于识、发动于念。从粗到细微，总称"七大"才够详尽说明世出世间一切法的起源和变化。

　　五行，不过是地、水、火、风的分布，而形成三界内的天、地、人、物。可见五行的范围窄，而四大的范围广。

世　界

　　忆昔童子时，戏与诸童子相问难①，谓天地尽处当作何状？将空然皆太虚欤？则此空者又何所止？将结实如垣壁②欤，则此实者又何所止？诸童子无以应，笑而罢，而予则隐隐碍于胸中也。彼《山海经》③所谓东西相去二亿里，南北相去一亿五万里，祇据一方，诚管窥④而已。后阅内典，至"虚空不可尽，世界不可尽"，意始大豁，以为非佛不能道。嗟乎！此未易言也。

　　【注释】①问难：诘问驳辩。
　　②垣壁：墙壁。
　　③《山海经》：我国古代地理名著。作者不详。大约成书于战国

时期，西汉初又有所增删。内容主要为民间传说中的地理知识，包括山川、道里、部族、物产、草木、鸟兽、祭祀、医巫、风俗等，内容多怪异，保存了不少古代神话传说和史地材料，为世界上最早的有关文献。

④管窥：从管中看物，比喻短浅的见识。

【译文】回忆以前孩提时代，与许多小朋友互相游戏问难，问道："天地的尽头会是什么样子？是空荡荡的，都像虚空的样子吗？若是这样，空的范围又到哪里为止呢？还是天地的尽头会是结实得像墙壁一样的实体吗？若是如此，这实体又到什么地方为止呢？"每个小朋友都答不上来，大家只是当作玩笑话而作罢。而我心中却牵萦回绕这个问题无法释怀。

我国古代地理名著《山海经》，记载这个世界的东西方相距二亿里，南北方相距一亿五万里，这真的只是局部的、有限的观察，见识实在太短浅了。日后我阅读佛经时，读到"虚空不可尽，世界不可尽"这些经文，才豁然大悟，我认为只有佛才能说出这样究竟的话。唉！像这类的问题，一般人很难说得清楚明白呀！

年 劫

因世界以推年劫①，自今而追昔，昔何所始？自今而要后②，后何所终？彼《太极图》③言太极而两仪，而五行，而万物，则太极为始。《经世书》④约一元⑤之数，而该之以十二万九千六百年，则元之初为始。然太极又何始? 元之初又何始? 纵令如岁序然，今岁之前有往岁，而往之又往，谁为最初之祖始乎? 又何时为毕竟尽处，不复更始之永终乎? 则冥然似醉。后读内典，至佛言无始⑥，又言劫数不可尽，意始大豁，以为非佛不能道。嗟乎! 此又未易言也。

【注释】①劫: 就世之相续迁变言之，即所谓劫，其不能以通常之年月日时计算之极长时节也。

②要后: 探求未来。要，探求。

③《太极图》: 旧时用以说明宇宙现象的图。太极: 古代哲学家称最原始的混沌之气。谓太极运动而分化出阴阳，由阴阳而产生四时变化，继而出现各种自然现象，是宇宙万物之源。

④《经世书》: 中国北宋哲学家邵雍的著作。又名《皇极经世书》，是一部运用易理和易数推究宇宙起源、自然演化和社会历史变迁的著作，以图书象数之学显于世。"皇极"一词来自《尚书·洪范》孔颖达疏: "皇，大也; 极，中也。"以此名书，意为以最大的规范来经纬世事。其学对后世易学、理学、术数均有影响。

⑤一元: 宋朝邵雍把世界从开始到消灭的一个周期叫作一元。一元有十二会，一会有三十运，一运有十二世，一世有三十年，故一元共有十二万九千六百年。见所著《皇极经世·观物篇一》。

⑥无始: 万法由因缘而生，亦由因缘而灭，由此理推之，则世间一切法，实为无始。万法因缘生，故无自性，无自性故，诸法皆空。因无始以来存在之一切法皆属空，故称无始空。

【译文】接续前一篇的"世界"，对宇宙天地的范围(界)提出问难，进而就"世"（时间）之相续变迁提出问难：从现在而追溯过去，过去究竟从什么时候开始的？从现在而探求未来，未来究竟到什么时候终止？据《太极图》说，太极而生两仪，而生五行，而生万物。这样说来，最初是由太极为开始的。又据《皇极经世书》所载，一元就是世界从开始到消灭的一个周期，相当于十二万九千六百年，所以一元之初就是事物的起始点。然而太极本身又从什么时候开始的？一元之初又是什么时候开始的？纵使像年月那样有次序，今年之前有去年，而去年之前又有去年，一直往上推，到底哪一年才是最初的起始点呢？又何时是最终的尽头，就是不再重新起算，而能到达永恒的终点呢？

这样无止境的推究，就像醉人一样，迷迷糊糊怎么也弄不明白。日后我读佛经时，读到"佛言无始，劫数不可尽"这些经文，才豁然大悟，我认为只有佛才能说出这样究竟的话。唉！像这类的问题，一般人确实不容易说得清楚明白呀！

学道莫先智

韩信，楚士也。背楚之汉，楚卒以信困，汉以信兴。夫前后一信耳，而二国之兴废因之，善用与不善用之故也。六根在人，不善用之则名六贼[①]，善用之则种种神通妙用耳。烦恼即菩提[②]，岂不信哉? 虽然, 高帝之于信, 始待之犹夫人, 而萧相国③奇之; 既而请假王④不之许, 几至偾事⑤, 而留侯⑥成之。然则补偏救敝, 默转而潜维者, 智臣之力也。学道莫先智, 亦复如是。

【注释】①六贼: 眼耳鼻舌身意六根, 如《楞严》曰: "眼耳鼻舌及与身心, 六为贼媒, 自劫家宝, 由此无始众生世界生缠缚故。"《楞严经长水疏》云: "根为贼媒者, 一引外贼, 即六尘也; 二起内贼, 即烦恼也。内外恶贼能劫真性。"

②烦恼即菩提: 烦恼与菩提相即不二之意。妨碍觉悟之一切精神作用皆称为烦恼; 反之, 断绝世间烦恼而成就涅槃之智慧, 称为菩提。

③萧相国: 汉朝初年丞相萧何, 辅助汉高祖刘邦建立汉政权。秦末, 佐刘邦起义反秦。秦亡以后, 项羽三分关中(封秦降将章邯为雍王, 司马欣为塞王, 董翳为翟王, 合称三秦), 萧何劝说刘邦接受项羽之分封, 立足汉中。刘邦为汉王, 并以萧何为丞相。刘邦在汉中称王后, 韩信因怀才不遇, 自汉军潜逃, 萧何为了留住贤才, 自军中出奔以求得韩信复归, 并极力推荐韩信为大将军。汉代建立后, 萧何重新制定律令制度, 并协助高祖消灭韩信、英布等异姓诸侯王, 被拜为相国。

④请假王: 韩信击败齐军后, 韩信以齐地未稳为由, 自请为"假齐王"(假, 有代理的意思), 以便治理。当时刘邦正受困于楚军的包围下, 不得不听从张良和陈平的劝谏, 封韩信为齐王。

⑤偾事: 败事。偾, 覆败、灭亡。

⑥留侯: 指汉朝的开国元勋之一, 张良, 字子房, 与萧何、韩信同为汉初三杰。秦国灭韩后, 张良散尽家财而求得一力士相助, 伏击行刺秦始皇于博浪沙中, 未获成功。相传张良逃亡后, 在圯上遇见黄石公,

黄石公授张良以《太公兵法》，从而助刘邦登上王位。在楚汉战争中，劝刘邦满足韩信要求，重用韩信以使他效力。汉朝建立后，封为留侯，谥为文成侯（也称谥号文成），此后世人也尊称他为谋圣。

【译文】韩信，本来是楚霸王项羽的将士，因不受项羽重用而归投汉王刘邦。最后楚军被韩信围困于垓下，项羽因兵败而自刎于乌江。刘邦因重用韩信，而平定三秦，击败项羽，建立汉朝。前后都是同一个韩信，然而楚汉二国的兴废都与他有关，这全在于善用和不善用的缘故。

譬如一般人都具足眼、耳、鼻、舌、身、意六根，不善用它们，六根就变成六贼。善用它们，六根则有种种神通妙用。所谓"烦恼即菩提"，确实如此。

虽然理上是如此，但如汉高祖刘邦对于韩信，在刚开始时，也只是像对待一般人一样而已，而萧相国却能看出韩信是位奇才，极力推荐他，刘邦才拜韩信为大将军。而当韩信屡建战功，击败齐军后，自立为假齐王，刘邦本来是不答应的，险些坏了大事，幸而听从张良的劝谏，封韩信为齐王。能够这样补偏救弊，无形中扭转而维持了整个局势，这全是智臣们的功劳。我们学道也是如此，必须善用智慧来转境界，没有比求智慧更重要的了！

道场放赦

道场中放赦①，僧道二门时有之。夫道崇天帝，不知此赦何人自忉利天②宫领下人世？今羽士③自为之，不几于伪传圣旨耶？僧奉佛，而佛在常寂光④中，毕竟王何国土、都何城邑、统何臣民、诏敕制诰⑤出何官僚？而亦效彼道流⑥，作为赦书，此大可笑。今僧莫觉其非，斋家⑦亦莫觉其非，何也？无已⑧，则有一焉：奏请于天，乞其颁赦，允与否，唯天主之而已。若佛则慈悲普覆，犹如虚空，无一众生不度，而奚以赦为也？

【注释】①放赦：释放赦免。赦，宽免罪过。

②忉利天：梵语忉利，华言三十三。昔有三十三人，同修胜业，同生此天，居须弥山顶。四角各有八宫，中有帝释殿。帝释即天主。此天由修施、戒二种福业，胜四天王天。是以感报得生其中也。

③羽士：道士的别称。

④常寂光：即常寂光土。指诸佛如来法身所居之净土。"常"即法身，"寂"即解脱，"光"即般若。佛所住之世界为真如本性，无生灭变化（常）与烦恼之扰乱（寂），而有智慧之光（光），故称常寂光土。此土乃佛自证最极秘藏之土，以法身、解脱、般若为其体，具足圆满

"常、乐、我、净"等四德。

⑤诏敕制诰：指天命或帝王发布的命令。敕，自上告下之词。诰，朝廷、君上发布的命令。

⑥道流：指道教，或指道士之辈。

⑦斋家：即供养僧众斋食之施主。

⑧无已：不得已。

【译文】道场中有祈求天帝释放赦免众生过错罪行的放赦法事，这在一些僧人及道士所主持的法事中常有此事。道士原是尊崇信仰天帝，不知此赦文是由何人从忉利天宫领受至人间来颁布？如今道士私自颁布赦文，不就等于假传圣旨吗？

佛门的僧人是信仰崇奉佛陀的，而诸佛如来法身居于常寂光土中，这无相、无为、寂静的净土，到底他所治理的国土在哪？他所建设的城镇在哪？他所统治的臣民在哪？他的敕书诰令到底是出自哪位官员之手？居然也有僧人仿效道士之辈，作赦书来超度亡灵，这未免太可笑了。而今相沿成习，许多僧人和斋主竟然都不觉得这是错的，为什么呢？他们认为，大家实在都没有办法了，不得已而有这一个方法：可以奏请于天，乞求天帝颁布赦书，是否应允，只有天帝才能做主。

至于佛，他的慈悲心本来就是普遍覆盖荫庇虚空法界一切众生，没有一个不得度，为什么还要用放赦这个方法来宽免众生的罪过呢？

水陆仪文

水陆斋①为普度盛典,《金山仪文》,相传昔于大藏放光,今藏无此文,世远不可考,未知尽出梁武皇祐律师②否?若夫始终条理,详而有章,凡圣交罗,约而能尽,辞理双得,则四明磐师④所辑六卷之文最为允当。况金山者费广而难举,四明者财省而易成,正应流通无尽。而举世莫之行,浙诸郡亦莫之行,唯本境仅行之,而又不直按其原本,增以闲文,杂以冗举,反于紧要处疏略,可慨也。但第五卷说法开导处,备陈三观④之旨,稍似过于繁密。更得简直易晓,则幽明⑤愚智,兼利不遗,尽美矣!复尽善矣!

【注释】①水陆斋:施饿鬼会之一。又作水陆会、水陆道场、悲斋会。即施斋食供养水陆有情,以救拔诸鬼之法会。

②祐律师:指齐梁时代的律学大师,僧祐法师,他也是古代杰出的佛教文史学家。他毕生弘传律学,以《十诵律》为宗,著有《十诵律义记》十卷等。由于他博学多才,戒德高严,备受齐、梁朝野人士的崇敬。梁武帝遇僧事有疑时,也都就之审决。天监十七年(公元518年)示寂,世寿七十四。

③四明磐师：南宋志磐法师，号大石。精通天台教观，亦擅辞藻。居四明（浙江余姚）福泉寺，弘宣教纲。作《宗门尊祖议》一篇，并撰《佛祖统纪》等。

④三观：此指天台三观，为天台智者大师所立，是对于一切法作三种观，即空观、假观、中观。

⑤幽明：指人与鬼神，或指善恶、贤愚。

【译文】"水陆法会"应该算是普度法事中最隆重盛大的佛事仪则。而金山仪文，相传从前曾收录于《大藏经》中，但现在的《大藏经》中并无此文，因年代久远，已无法考证此文内容。不知现今所用的金山仪文，是否是完全出自于天监四年，梁武帝在金山寺依仪修设，并由僧祐律师宣读的水陆仪文？

至于在所有的水陆仪文中，全篇有条理而不错杂、详明而有章法、凡圣交罗互印而理事无碍、文简约而理详尽，达到所谓文辞与义理双得双美境界的，则以南宋四明山志磐法师所辑的《法界圣凡水陆胜会修斋仪轨》六卷仪文最为允当。况且按照金山仪文所修荐的水陆法会，费用多而难以举行。而依志磐法师仪文来修荐的，费用少而容易成办。志磐法师的水陆仪文有这种种优点，真正应当长久流通，然而普天下却没有人行此仪文，就连浙江省内许多地区也没有人行此仪文。目前只有浙江四明山境内有人依此举行水陆法会，却又不直接按照原本，还增附一些不重要的文字，掺杂一些多余的举动，反而把重要的地方疏忽省略了，真是令人感慨叹息啊！

但是志磐法师所辑的《法界圣凡水陆胜会修斋仪轨》在第五卷中，其说法开导处，详尽陈述天台宗的"空假中三观"之旨，似乎有点过于繁密。如果行文能更简明直接而容易了解，则无论幽明愚智，都能兼利，这样就更完美了，也更完善了！

见僧过

世有言："人不宜见僧过，见僧过得罪。"然孔子圣人也，幸人知过。季路①贤者也，喜过得闻。何僧之畏人知而不欲闻也？盖不见僧过，为白衣②言耳，非为僧言也。僧赖有此，罔行而无忌。则此语者，白衣之良剂，而僧之砒鸩③矣！悲夫！

【注释】①季路：春秋时鲁国人，仲由，字子路，或称季路。孔子的学生，长于政治，性情直爽，刚猛勇敢，事亲至孝，为《二十四孝》中"为亲负米"的主角。乐意接受别人的指正而立即改过，很尊敬师长，但也常常直言进谏孔子。子路在卫国之乱中被杀，死后被剁成肉酱。孔子闻其死，极为伤心，从此不吃肉酱。
②白衣：在家人的别称。原意为白色之衣，后转指穿着白色衣者，即指在家众。由于印度在家人皆着白色衣服，因此称在家众为"白衣"。相对于此，出家众则用染色衣，故称之为"缁衣"或"染衣"。因此，佛典中多以白衣为在家众之代用语。
③砒：通常称为"砒霜"，药石名，剧毒。鸩：传说中的一种毒鸟，用它的羽毛泡酒喝了能毒死人。

【译文】世有传言:"人们不应该寻见僧人的过失,因为,若见僧人的过失,因而起心动念、分别执着,见者本身就有罪过了。"然而我们知道,孔子虽已是圣人,他仍希望有人能指出他的过失。子路是贤人,也乐意听到别人指正他的过失。难道僧人会怕人知道他的过失而不愿意听人指正吗?其实,"不见僧过"这句话,是对在家居士说的,不是对僧人说的。如果僧人凭着这句话,就举止随便而没有任何顾虑畏惧。如此一来,这句话对在家居士而言是良药,对僧人而言则是毒药、毒酒了。真是可悲呀!

心不在内

楞严征心①,谓心不在内②者,指真心③也。若妄想心④,则亦可云在内。此意微妙,未易与不知者道。世书曰:"心藏神⑤。"神即妄想别名,其所称心,则肉团⑥之谓耳。有义学辈闻予言,摇首不信。今请以事明之:人熟寐,戏以物压,其心则魇。或自手误掩其心亦魇。又戏画睡人面,有至魇死者,此在内之明征也。义学⑦曰:"如是,则真妄成二物矣!"曰:"子徒知真妄不二,不知真妄一而常二、二而常一也。不观水与冰乎?水冰不二,孰不知之!而水既成冰,水流动而无定方,冰凝实而有常所。真无方,妄有所,亦犹是也。从真起妄,妄外无真,由水结冰,冰外无水,故其体常一而用常二也。"义学曰:"此子臆见,终违《楞严》,有据则可。"曰:"有据。据在《楞严》,诸君自不察耳。经云:'一迷为心,决定惑为色身之内。'虽在色身之内,不妨体遍十方。正遍十方之时,不妨现在身内。此意妄想破尽者方能证之,吾与子尚在妄想中,葛藤⑧且止。"

【注释】①楞严征心:佛于楞严会上征诘阿难心目所在之处,阿难先后以七处回答之,均为佛所论破,称为七处征心。楞严会前,阿难因乞食而遭遇摩登伽女以幻术诱惑,将毁戒体时,佛遥知之,敕文殊持咒往护阿难归来。楞严会时,佛乃征其心目所在之处,阿难答以目在外而心在内,迫佛征其心不在内时,又答以在外。如是辗转穷逐征诘,至于无所著处。盖佛欲破除阿难之妄想缘心,使其妄心无所依止,故一一论破,以显此心遍一切处,无在无不在之妙净。

②心不在内:阿难因佛征问心目所在,阿难初答:"心居身内,目在于面。"佛遂问云:"汝心若在身内,则应先见身中心肝脾胃等物,然后能见外境。若不先见身中之物,汝心岂在身内。"故云:"汝言觉了能知之心,住在身内,无有是处。"

③真心:谓自性清净之心,真净明妙,虚彻灵通,离虚妄想,故曰真心。

④妄想心:指虚妄分别之心。即杂染虚假,生灭转变之心。即指能生起善恶业之妄识。

⑤心藏神:心脏之灵气。

⑥肉团:即肉团心,父母所生血肉之团,凡夫肉身五脏中之心脏,状似莲华开合,乃意识所依之处。若"识"舍离肉心,人身即亡。

⑦义学：即名相训义之学、理论之学，又称解学。如俱舍、唯识之学，分析法相之名目与数量，并详细规定修行因果阶位之组织与文字章句之解释，亦即有关教义理论之学问。

⑧葛藤：比喻烦恼。又比喻事物纠缠不清或话语啰唆烦冗。

【译文】佛于楞严会上征诘阿难心目所在之处，阿难初答："心居身内，目在于面。"佛谓："心不在内。"这"心"指的是真心。若指妄想心，则也可以说是在身内。这里面的含意非常精微深奥，不容易解释给不明究理的人了解。世间书籍所说的"心藏神"，这个"神"就是妄想的别名，它所说的"心"，指的是肉团心，也就是凡夫肉身中的心脏。有研究义学的人听到我这样说，摇头不信。

现在我就以事实来说明：有人熟睡时，若作弄地拿一件物品压在他的心脏上，这个人就会做噩梦；或者他自己的手误放在心脏上也会做噩梦；又作弄地在熟睡的人脸上乱画，甚至会害他做噩梦因而吓死，这便是妄想心在身内的明证。

研究义学的人说："如果是这样，则真心和妄心岂不就变成二物了！"

我说："你只知道真妄不二，不知真妄是一而常二、二而常一。你难道没有看过水和冰吗？水和冰是一不是二，这谁不知道！但当水结成冰时，我们可以观察到：水的状态是流动而没有固定的方向，冰的状态却是凝实且有固定处所。由此可知，真心虚彻灵通没有固定的范围，妄心会随无明之染缘而有所依止，这个道理也就像水和冰一样。真心与妄心本来同体，若起心动念时，真心则变现成妄心。既然同体，离开妄心也就没有真心。这就像由水结成冰，离冰之外则找不到水，所以心的本体是恒一的，而心的作用则有二种。"

研究义学的人说:"这都是你主观的见解,终究有违《楞严经》的意旨。如果能举出经典的依据才可这样说。"

我说:"当然有依据。依据就在《楞严经》里,只是你们没有觉察而已。《楞严经》上说:'一迷为心,决定惑为色身之内。不知色身外洎山河虚空大地,咸是妙明真心中物。'虽在色身之内,不妨体遍十方。正遍十方之时,不妨现在身内。这几句经文说明迷悟的境界,凡夫迷,把自己身心跟外面的境界分成了两节。悟了的时候,就晓得自他不二、不一不异,这些深意只有妄想破尽的人才能证得。我与你目前都还在妄想中,这些纠缠不清的讨论就此止住吧!"

生死根本

黄鲁直①之言曰:"深求禅悦,照破生死之根,则忧畏淫怒②无处著脚。但枯其根,枝叶自瘁③。"此至论也,但未明言孰为生死根者。又"禅悦④"下,要紧在"照破⑤"字。若得禅悦便谓至足,则内守幽闲⑥,正生死根耳。须是穷参力究,了了见⑦自本性,则生死无处著脚。生死尚无处著脚⑧,忧畏淫怒何由而生?

【注释】①黄鲁直:即北宋诗人及书法家黄庭坚,字鲁直,号涪翁,又号山谷道人。其擅长诗、文、词、草书,与苏轼并称为"苏黄"。

②忧畏淫怒：泛指人之情绪、欲望。

③瘁（cuì）：憔悴、枯槁。

④禅悦：入于禅定，快乐心神也。

⑤照破：以般若智慧破无明障，见真如本性。

⑥内守幽闲：幽闲者，内心寂境也。此境即凡外权小在定所守之境。凡外权小执此幽闲，以为就是法性深处。而不知此境尚且还是妄识所缘法尘的虚妄分别影像。

⑦了了见：谓人眼根清净不坏，自观掌中阿摩勒果，了了分明；菩萨见于菩提涅槃之果，亦复如是，是名了了见。

⑧著脚：立足。

【译文】北宋诗人黄庭坚曾说："深求禅悦，照破生死之根，则忧、畏、淫、怒无处着脚。但枯其根，枝叶自瘁。"这句话说得相当正确精辟，但却没有说明什么是生死轮回的根本。又"禅悦"这句底下，要紧在"照破"这二字。如果得到禅悦便以为满足了，则执着在此禅悦境界里面不肯舍离，这执着正是生死轮回的根本。所以得禅悦后，还必须竭力参透，以真实智慧破除无明，直至了了见自真如本性，这样生死的根就不存在了。连生死尚且不存在了，忧、畏、淫、怒这些情绪、欲望又会从哪里产生呢？

齐 人

　　子舆氏①设齐人之喻②，分明似一轴画，又似一堂排场戏
剧。其模写③形容，备诸丑态，读此而不惕然④悔悟者，木石也。
虽然，名利固世情之常，在有家者未足深责。染衣⑤而齐人，吾不
知其何心也？吁乎，伤哉！

　　【注释】①子舆氏：即孟子。中国战国时期哲学家，儒家的主要
代表之一。名轲，字子舆。曾受业于孔丘之孙子思，并继承和发展了孔
子的思想，提出一套完整的思想体系，对后世产生了极大的影响，被尊
奉为仅次于孔子的"亚圣"。早年开业授徒，成名后，周游鲁、齐、宋、
滕、魏诸国，终不见用，晚年归隐故乡，和弟子一起序《诗》《书》，述
仲尼之意，作《孟子》七篇。
　　②齐人之喻：此寓言故事出自《孟子·离娄篇·齐人章》，此为警
惕世人需用正当方法来求取升官发财。孟子借此故事评论：在君子看
来，人们用来求取升官发财的方法，能够不使他们的妻妾引以为耻而
共同哭泣的，是很少的！
　　③模写：照原样描绘。
　　④惕然：警觉省悟的样子。

⑤染衣：指沙门所著之僧服。出家后，脱去在俗之衣而改着木兰色等坏色所染之衣。又出家时须落发剃须，并穿着染衣，始成僧尼，故又称剃发染衣。

【译文】孟子作了一篇"齐人章"的寓言故事，所要表达的意思，清楚的就像一轴画，又像一出舞台戏剧。他所描写形容的齐人，真是丑态毕露。读这一段文而不警觉悔悟的人，大概就像木石一样没有知觉。虽然如此，追求名利乃世之常情，所以对于在家人而言，就不必过于苛责。然而出家人若像齐人那样不知廉耻的追求名利，我就不知他存的是什么心了？唉，真是可怜呀！

至诚感人

羊祜①遗敌帅以酒，众难之，帅饮不疑，曰："岂有鸩人羊叔子哉？"非真诚素孚②，安能感人一至于是③？今号为释子者，其取信六道众生，必如是而后可。又唐文皇④纵死囚，约之来归，归不失期，虽后人作论⑤驳难，而要之文皇此举，实千古所希有，胡可訾⑥也？非真诚素孚，安能感人一至于是？今号为释子者，其不疑六道众生，亦必如是而后可。易曰："中孚豚鱼⑦吉。"吾以二事观之，信然。

【注释】①羊祜（hù）：晋朝名臣羊祜，字叔子。祜有治绩，通兵法，博学广闻，镇守荆州时曾以药酒赠敌军吴将陆抗，陆抗服之不疑，当时成为美谈。后常用"陆抗尝药""羊陆"以为典。

②孚：信用、诚信。

③一至于是：竟到如此地步。

④唐文皇：指唐朝第二任皇帝太宗李世民，其谥号为"文皇帝"。

⑤后人作论：宋欧阳修撰《纵囚论》以为唐太宗此德政不足为治天下之常法。

⑥訾：诋毁、指责。

⑦中孚：卦名。卦形为兑下巽上。《易·中孚》："中孚，豚鱼吉，利涉大川，利贞。"孔颖达疏："信发于中，谓之中孚。"后以"中孚"指诚信，又指恩泽普施。豚鱼：豚，泛指猪。豚和鱼，多比喻微贱之物。

【译文】晋朝名臣羊祜赠药酒给敌军主帅陆抗，敌军的将士们都劝其主帅不要服用，但主帅陆抗却毫不迟疑地喝下，并说："岂有用毒酒害人的羊叔子？"倘若羊祜的为人不是一向真诚而令人信任，怎能感人到这种程度？现今号称为佛弟子的人，若要让六道众生信任其弘法教化，其存心行事必须做到像羊祜一样真诚才可以。

又唐太宗纵放死囚回家，并约定期限令他们自动归狱，那些死囚果然都如期回归。虽然宋朝欧阳修撰《纵囚论》驳唐太宗的做法，认为这不能成为治理天下的常法，然而唐太宗这种宽仁德政，实乃千古所稀有，这有什么可责难的？若唐太宗的为人不是一向真诚而令人信任，怎能感人到这种程度？现今号称为佛弟子的人，必须相信六道众生，不怀疑众生的善根，要做到像唐太宗一样真诚才可以。

《易经》的"中孚"卦提到："以豚鱼之薄礼献祭，虽物薄但内

心十分的真诚,必可感动神明而降福。"我参照以上二则事例来看,
相信确实是这样的。

亲善知识

先德云①:"譬如敝人执烛,不以人敝故,不取其照。"即孔
子"不以人废言②"意也。借口者,遂谓师不必择贤,但资其学
识言论足矣!彼自不德,我何与焉?遂依之不违。宁知芝兰鲍鱼③,
渐染成性乎?《论语》曰:"不以人废言。"又曰:"因不失其亲,
亦可宗也。④"胡不合而观之?

【注释】①先德云:此语出自《大智度论》。原文为:"于诸师
尊,如世尊想。若有能开释深义,解散疑结,于我有益,则尽心敬之,
不念余恶。如敝囊盛宝,不以囊恶故,不取其宝;又如夜行险道,敝人
执炬,不以人恶故,不取其照。"
②不以人废言:不因其人品可议或地位卑下而不听取其正确的言
论。此语出自《论语·卫灵公》。
③芝兰鲍鱼:语出《孔子家语.六本》。后以"迁兰变鲍"比喻潜
移默化。
④因不失其亲,亦可宗也:语出《论语·学而》。"因",孔安国

《注》，以及皇邢二《疏》，皆作"亲"字讲；"宗"，作"敬"字讲。亦即所亲的是仁义之人，是为不失其亲。能够所亲不失其亲，是有知人之明，故可宗敬。这一句是说明我们要亲近值得尊敬的良师益友。

【译文】古大德说："譬如夜行险道时，有低下卑贱的人手持灯烛，为人照明，我们不能因为持烛的人低下卑贱，就不愿意接受他的照明。"这与孔子所说的"不以人废言"的意思相同。有人就以此为借口，认为不一定要找圣贤为师，只要他的学识言论对我有帮助就足够了。他自己有没有德行，跟我有什么关系？所以有人就依这种观念去寻师，而亲近依止。但是他们哪里知道君子与小人品行的好坏，犹如芝兰香气或鲍鱼臭味的熏染，会在不知不觉中渐渐影响我们的习性。《论语》虽说"不以人废言"，但也说"因不失其亲，亦可宗也"（指亲近师友必须慎重选择），何不把这两句话合起来看呢？

念佛不专一

予昔在炼磨场①中，时方丈谓众云："中元②日当作盂兰盆斋③。"予以为设供也。俄而无设，唯念佛三日而已。又闻昔有院主为官司所勾摄④，堂中第一座⑤集众救护，众以为持诵也，亦高声念佛而已。此二事，迥出⑥常情，有大人⑦作略，真可师法。彼今之念佛者，名为专修，至于祷寿命则《药师经》⑧，解罪愆^⑨则《梁皇忏》，济厄难则消灾咒^⑩，求智慧则《观音文》，向所念佛，束之高阁^⑪，若无补于事者。不思彼佛寿命无量，况百年寿命乎？不思念彼佛能灭八十亿劫生死重罪，况目前罪垢厄难乎？不思彼佛言："我以智慧光，广照无央^⑫界。"况时人所称智慧乎！阿伽陀^⑬药，万病总持。二三其心，莫肯信服。神圣工巧^⑭，独且奈之何哉！

【注释】①炼磨场：此指禅堂或是念佛堂。

②中元：指中元节。农历正月十五日称上元，十月十五日为下元，七月十五日则为中元，为我国古来祈求岁中无事之习俗。人死后，在冥府中，必有官吏定其善恶，为我国自古即有之信仰；其后与佛教之盂兰盆与施饿鬼之仪式相结合，于中元时，家家户户皆祭祀祖先之灵，或到坟上参拜，或请僧人诵经，为祖先修功德，祝祷一族平安幸福。

③盂兰盆斋：又称盂兰盆会。佛弟子目连尊者，见其母堕饿鬼道，受倒悬之苦。问救法于佛。佛教于每年七月十五日（僧安居竟之日），以百种供物供三宝。请其威，得救七世之父母，因起此法会。汉土于梁武帝大同四年，初设盂兰盆斋。

④勾摄：拘捕、传拿。

⑤第一座：为一会大众的上首。也称为首座、座元、禅头、首众等。

⑥迥出：超过。迥，形容差别很大。

⑦大人：此指诸佛菩萨。

⑧《药师经》：全称《药师琉璃光如来本愿功德经》，内容叙说药师如来之本愿及其功德。经文言闻说药师名号、本愿功德、念诵药师真言，依之修习，即可拔除一切业障、得大利益安乐、消除病苦、获

福免难、延年益寿。

⑨罪愆(qiān)：罪过。愆，罪过、过失。

⑩消灾咒：又称消灾妙吉祥陀罗尼。是除去各种灾难、成就吉祥的神咒。全咒由二十三句组成。原出于《炽盛光大威德消灾吉祥陀罗尼经》及《大威德金轮佛炽盛光如来消灭一切灾难陀罗尼经》。《敕修百丈清规》卷一指出祈晴祈雨时，当用此咒。

⑪束之高阁：把东西捆起来放在高高的阁楼上面，谓弃置不用。

⑫无央：无穷尽。

⑬阿伽陀：此云普去，能去众病。

⑭神圣工巧：中医对望、闻、问、切四种方法的别称。语出《难经·神圣工巧》。

【译文】我以前在某念佛堂时，有一天听到该寺住持对大众说："农历七月十五日中元节那天，将举行盂兰盆法会。"我以为到时会广设斋食供养三宝。不久之后，到了中元节，并没有设斋供众，只是领众念佛三天而已。

又听说从前某寺院的住持遭官府拘捕，寺中首座为了救护住持免于危难，于是集合众人。大众以为会举行诵经持咒等消灾法事，却也只是教人高声念佛而已。

这两件事可以说是超出一般的情理之外，他们有诸佛菩萨般的远大志节及作风，真是值得我们学习效法。

然而现今的念佛人，名为专修净土，但是，若是为祈求增寿，则诵《药师经》；为了免除罪过，就礼拜《梁皇忏》；为了消灾解难，则持《消灾咒》；为了求大智慧，就念《观音文》，把向来所念的佛号置之不理，以为念佛无济于事。

为何不想一想《阿弥陀经》中说："彼佛寿命及其人民，无量无边阿僧祇劫，故名阿弥陀。"我们念佛求生极乐净土，能得无量寿命，何况人间百年寿命呢？

为何不想一想《观无量寿佛经》中提到："如是至心令声不绝，具足十念称南无阿弥陀佛，称佛名故，于念念中，除八十亿劫生死之罪。"一句佛号都能除八十亿劫生死重罪，何况目前的罪垢和祸难有不能消除的吗？

为何不想一想《无量寿经》中说："我以智慧光，广照无央界。"我们念阿弥陀佛，佛以遍照十方的智慧光明加持我们，怎么会无法得到智慧呢？更何况现代人所说的世智辩聪。

一句佛号，如阿伽陀药，能医治一切疾病，如果三心二意，不肯信服，纵有高明医术的医生，对你也无可奈何啊！

伎　乐

或曰："不作伎乐①，及不往观听，此沙弥律②，非菩萨道③也。古有国王大臣，以百千伎乐供佛，佛不之拒，则何如？"愚谓此有三义：一者圣凡不可例论，二者邪正不可例论，三者自他不可例论。我为法王，于法自在，逆行顺行，天且不测，大圣人所作为，非凡夫可得而效颦也，一也。编古今事而为排场④，其上则香山、目连⑤，及近日昙花⑥等，以出世间正法感悟时人。

其次则忠臣、孝子、义士贞女等，以世间正法感悟时人，如是等类，观固无害。所以者何？此不可观，则书史⑦传记亦不可观。盖彼以言载事，此以人显事，其意一也。至于花月欢呼，干戈斗哄，诲淫启杀，导欲增悲，虽似讽谏昏迷，实则滋长放逸，在白衣犹宜戒之，况僧尼乎！二也。偶尔自观犹可，必教人使观则不可，三也。慎之哉！

【注释】①伎乐：音乐舞蹈。

②沙弥律：指沙弥所应受持的戒律。以初入佛法之时，多存俗情，故须息恶行慈，是名沙弥。

③菩萨道：菩萨之修行，即修六度万行，圆满自利利他，成就佛果之道。故菩萨道乃成佛之正因，成佛乃菩萨道之结果。欲成佛，必先行菩萨道。

④排场：戏场、舞台，或指登台演出。

⑤香山目连：香山，此指观世音菩萨本生的传奇戏剧。有关观世音菩萨传奇故事，最早的文字记载是北宋元符年间蒋之奇的《香山大悲菩萨传》（简称《香山传》）。目连，目连救母源于《盂兰盆经》的佛教故事，叙述佛陀的大弟子目连拯救亡母出地狱的故事。

⑥昙花：明代戏曲家屠隆，依其修行体会，写了一部杂剧，名曰《昙花记》，为明末的一部劝世戏曲。该剧描述唐代一位贵人，姓木名清泰，享尽人间的荣华富贵。一日，忽遇一疯和尚和跛道士，他们拍手唱歌、击掌点化。原来，此二人是佛、道两教的代表，出来点化木清泰让他及早醒悟，勿在温柔富贵乡中沉沦。木清泰深具善根，于是毅然割断尘缘，随两位仙人修行而去。

⑦书史：经史一类的典籍。

【译文】有人问："自己不作歌舞表演，也不可以前往观听，这是沙弥十戒之一，但这不是菩萨所修之法。不然古代有国王大臣，以百千种伎乐来供养佛，佛并不拒绝，这该怎么说？"

这两者是否有冲突，我认为可分三个层面来说：第一，圣人与凡夫不可相提并论；第二，邪与正不可相提并论；第三，自行与教他不可相提并论。

首先，佛于世出世间一切法通达明了，故称为法王，能自在教化众生，对于根机不同的众生，或以顺行方法，或以逆行方式施教，其教化方式连天人的智能都难以预测。佛菩萨的所作所为，不是凡夫可以了解且随便仿效的。这是第一点，圣人与凡夫不可相提并论。

将古今故事编成戏剧，较早的像观世音菩萨本生的传奇故事《香山传》，目连救母的故事，以及最近所演的《昙花记》等，这是以出世间的正法来感悟现代人。其次则以忠臣、孝子、义士、贞女等题材编成的戏剧，这是以世间的正法来感悟现代人。像这类的戏剧，观看它也没什么害处，为什么呢？如果这类戏剧不可以观看，那就连史书、传记也不可以看了，因为史书、传记是用文字陈述的方式来记载事情，戏剧则是用人物表演的方式来彰显事理，方式虽不同，但意思是一样的。至于描述男女情爱、打斗吵闹的戏剧，看了会诱人产生淫念、萌发杀意，导向情欲、增长悲怨，表面上虽然像是在规劝那些昏昧痴迷的人，其实只会增长放逸等种种烦恼。这一类的戏剧，对在家人来说，尚且应该禁止观看，何况是出家的僧尼呢！这是第二点，邪与正不可相提并论。

自己偶尔观听音乐舞蹈便罢，教他人一定要去观看则不可，因为每个人的习气与根器有所不同故。这是第三点，自行与教他不可相提并论。

所以对于观听伎乐一定要小心谨慎呀!

身者父母遗体①

梦中忽忆二尊人病且亟②,悲甚。既而曰:"犹可为也。"则稍自慰。正拟极力疗治,俄而梦也,复悲甚。既而复自慰曰:"犹可为也。吾今此身,父母遗体也。及吾尚存,以父母遗体,力行善事,是吾亲灭而不灭也,况力学无生③乎! 失今不自淬砺④,是则大可恨耳。宏乎! 尔安得晏然⑤而已乎?"

【注释】①遗体:旧谓子女的身体为父母所生,因称子女的身体为父母的遗体。

②亟:紧急、急切。

③无生:谓诸法之实相无生灭。所有存在之诸法无实体,是空,故无生灭变化可言。然凡夫迷此无生之理,起生灭之烦恼,故流转生死。若依诸经论观无生之理,可破除生灭之烦恼。

④淬(cuì)砺:激励、磨炼。

⑤晏然:安适、安闲的样子。

【译文】梦中忽然想念起双亲病情危急,甚感悲伤,随即念道:

"应该还可以救治吧。"就稍感宽慰了。正打算尽力疗治双亲时，突然梦见不祥征兆，又感到非常悲伤，接着又自我安慰道："还是有办法的。我现在这个身体，就是父母遗留给我的，只要我还活着，当以父母遗留给我的这个身体，尽力做善事，这就是我的双亲生命虽灭，但精神却永不消逝的意思。更何况我努力修学无生法，希望证得常住真如呢！如果不刻苦自砺而错失今世难得的人身，那才是最大的恨事。袾宏啊！你怎么可以再这样安逸地过日子呢？"

出谷①喻（一）

《诗》咏鸟，谓"出自幽谷，迁于乔木"，盖别是非、慎取舍之论也。昔德山②作《青龙钞》，初以为："三祇③炼修乃得成佛，而南方魔子④谓一悟了毕，吾当往灭其种，以报佛恩。"当是时，是一片真实好心，耿耿于怀，特不自知其所见之谬耳。及夫受指教于婆子，亲见龙潭⑤，而积岁所宝所重，弃之如腐草，故能终成大器⑥，震耀末法也。向使封滞臆见，我慢自贤，喻如窭人⑦，珍秘燕石⑧，反谤贾胡⑨，谓嫉己宝，虽有百婆子、千龙潭，其将若之何！

【注释】①出谷：语出《诗经·小雅·伐木》。朱熹在《诗集传》里说这首诗是以鸟之求友,喻人之不可无友也。

②德山:指唐代德山宣鉴禅师。俗姓周,常讲《金刚般若经》,时人誉称为"周金刚"。其后,闻南方禅兴盛,他对于六祖惠能这一脉的禅宗承传很不服气,遂担《青龙疏钞》(德山所作的《金刚经》批注)出蜀,准备拿这些批注去找南宗的大德辩论。路上遇到卖糕饼点心的老太婆,德山放下肩上的《青龙疏钞》欲买点心,老太婆问他:"你担着什么东西?"他说:"《金刚经》的批注,《青龙疏钞》。"老太婆听了之后,她说:"我有一个疑问,你要是能答得出来,我的点心供养你;答不出来,你有钱我也不卖给你。《金刚经》上说三心不可得,请问法师,你是点哪一个心?"德山答不出来,被问倒了。他一想,连个老太婆我都对付不了,我还敢去与南宗禅师辩论吗?于是以学生的身份去参学。其后参谒澧州龙潭寺崇信,契机相投,嗣任青原第五世。之后住德山精舍,大扬宗风。因教化严格,常以棒打为教,故世称"德山棒"。

③三祇:三大阿僧祇劫的简称,是菩萨修行成佛的年数,阿僧祇是极大的数目字。

④南方魔子:此指南宗禅,又作南禅、南宗。与"北宗禅"相对称。因为德山宣鉴禅师对于南宗这一脉的禅宗承传很不服气,因此以"南方魔子"称之。菩提达摩之法脉传至五祖弘忍后,分为惠能与神秀两支,神秀建法幢于北地,惠能扬宗风于南方,故有"南能北秀"之称。北宗神秀侧重渐修,南宗惠能提倡顿悟。惠能认为凡夫和佛的关键在于迷和悟,由迷到悟只是一念之间,所谓"一刹那间,妄念俱灭,若识自性,一悟即至佛地"。此宗至后世极盛,更有五家七宗之分派,故后人以南宗为禅之正宗,而以惠能为禅宗第六祖。

⑤龙潭:指唐代龙潭崇信禅师。从天皇道悟禅师出家,得悟玄

旨。后结庵于澧州（湖南澧县）龙潭禅院，宗风大振，世称龙潭崇信、龙潭和尚。传法于德山宣鉴。

⑥大器：比喻有大才、能担当大事的人。

⑦窭（jù）人：指穷苦人，或指浅薄鄙陋的人。

⑧燕石：燕山所产的一种类似玉的石头，比喻不足珍贵之物。

⑨贾胡：经商的胡人。我国古代对北方边地及西域各民族人民称为胡人。

【译文】《诗经》中有歌咏鸟类的词句，云："出自幽谷，迁于乔木。"意思是劝人应明辨是非、谨慎取舍。从前德山宣鉴禅师作《青龙疏钞》（《金刚经》的批注），最初自己认为："修行必须经过三大阿僧祇劫才能圆满成佛，而南方禅这些魔子居然宣称一悟即至佛地。我应当到南方破灭这些邪说魔种，以报佛恩。"

当时，德山宣鉴禅师确实存一片真实好心，对于南方顿悟禅法耿耿于怀，却不知道自己的见解竟是错误的。及至受到卖饼老太婆的指教，并亲谒龙潭和尚，大悟之后，便把多年来所珍惜重视的《青龙疏钞》丢弃。正因为他有这种魄力胸襟，所以最终能成为弘法大器，其法音法义能震撼显耀于末法人心。

假使当时他只是一味地固执己见、恃己所能而轻慢他人，就像浅薄鄙陋的愚人，把不值钱的燕石视为珍宝，秘而藏之，反怪西域的商人不识货，以为他们是嫉妒自己拥有宝物。若是这种人，就算有一百个卖饼婆子、一千个龙潭和尚，对他也是无可奈何啊！

出谷喻（二）

三迦叶、目犍连诸阿罗汉^①，先师外道已有成验，自负不浅浅矣。而一闻佛、一见佛，幡然改图^②，积岁所尊所崇弃之如鸿毛^③，故能续佛慧命，师表万世也。向使先入之言牢主于中，硬竖刹竿^④，坚壁自固，喻如病者死守旧医，纵有新方，掉首不顾，虽千佛出世，其将若之何！

【注释】①三迦叶、目犍连：三迦叶，指佛弟子优楼频螺迦叶、那提迦叶、伽耶迦叶三兄弟。迦叶是姓，三人皆以所住地名为名。三人由于过去曾在毗婆尸佛时共起刹柱（建造塔寺）、建立塔婆（塔庙）的因缘而成为兄弟。初属事火外道（古印度外道之一），大哥是频婆娑罗国王的老师，带领五百弟子，其两名弟弟则分别带领三百名及二百名弟子。佛成道后不久，三迦叶闻佛说法，遂与千位弟子改宗佛教，成为阿罗汉。目犍连，又作摩诃目犍连、大目犍连、目连。为佛陀十大弟子之一，被誉为神通第一。自幼即与舍利弗交情甚笃，同为删阇耶外道（古印度势力较大之六种外道之一）之弟子，各领徒众二百五十人。尝与舍利弗互约，先得悟解脱者必以相告，遂共竞精进修行。后舍利弗因逢佛陀弟子阿说示（五比丘之一），而悟诸法无我之理，并告目犍连，目犍连遂率弟子一同拜谒佛陀，蒙其教化，时经一月，证得阿罗汉果。

②幡然改图：幡然，剧变的样子。改图，改变计划。

③积岁：多年。鸿毛：鸿雁之毛，常用以比喻轻微或不足道的事物。

④刹竿：又作刹柱。即木造层塔之中心柱，或指支撑塔上伞盖之竿。后世，建造塔寺每以"立刹"代之，又以刹而代塔，即由此缘由。又禅宗寺院为示说法或法会所揭之旗杆。

【译文】佛陀的弟子中，有三迦叶、目犍连等诸大阿罗汉，原先师事外道，已有相当的成就效果，因此自恃高明，非比寻常。然而一听到佛的言教，一见到佛的身教，便迅速彻底地改邪归正，把多年来所尊崇的外道，当成微不足道的事物而丢弃。正因为他们有这种魄力胸襟，所以能续佛慧命，成为万世师表。

假使他们当时将先前接受的外道教义牢记在心中，如同坚硬的刹竿、坚固的壁垒一样牢不可破，就像病人固执地遵守原来的药方，即使有新的特效药方，也不肯尝试。若是这种人，纵使逢千佛出世，对他们也是无可奈何啊！

丸饼诳儿

忆在家时，一儿晚索汤饼^①，时市门已掩，家人无以应，丸米粉^②与之，啼不顾，其母恚甚。予曰："易事耳，取米丸扁之。"
儿入手，哑然^③而笑。时谓儿易诳若此。因知今人轻净土重禅宗
者似焉，语以丸汤饼之净土则啼，易以扁米丸之禅宗则笑，此真
与儿童之见何异？嗟夫！

【注释】①汤饼：水煮的面食。宋黄朝英《缃素杂记·汤饼》：
"余谓凡以面为餐具者，皆谓之饼，故火烧而食者呼为烧饼，水瀹
（煮）而食者呼为汤饼，笼蒸而食者呼为蒸饼。"古无"面"字，凡面食
一概都叫作"饼"。

②米粉：米磨成的粉，亦泛指某些谷物磨成的粉。

③哑然：笑声、笑貌。

【译文】回忆从前在家时，有一位孩童在晚上讨着要汤饼吃，
当时街市上的店铺已经关门了，他的家人拿不出汤饼，就把谷米粉搓
成丸子给他吃，小孩哭闹着不要，他的母亲就非常生气。我对她说：
"这事很容易解决，把米粉丸子压扁，水煮之后就像汤饼了。"小孩
子拿到压扁丸子做成的汤饼后，果然破涕为笑了。

那时我心想，原来小孩子这么容易哄骗。因而知道现代人轻视
净土而看重禅宗，就与此事很像，向他介绍丸汤饼的净土，他就啼哭；
换成匾米丸的禅宗，他就高兴。这实在和儿童的见识有什么区别呢？

忧 乐

　　贫者忧无财,慕富人之为乐,而不知富人有富人之忧也。贱者忧无官,慕贵人之为乐,而不知贵人有贵人之忧也。贫者、贱者、富者、贵者,各忧其所不足,慕王天下者以为穷世人之乐,而不知王天下者有王天下之忧也,而犹不知其忧之特甚也,而犹不知其反慕乎群臣百姓之为乐也。呜呼!悉妄也。惟智人能两无忧乐①,而住于无忧乐者,亦妄也。非大悟大彻②,无自由分③。

　　【注释】①无忧乐:此指世间之苦乐。世间之乐,即是苦因。故经云:不断乐者,则名为苦;以断乐故,则无有苦。无苦无乐,乃名大乐。此即涅槃之大乐也。

　　②大悟大彻:彻底的觉悟,亦即完全证到"不生不灭"的真如实相,不退道心。"开悟"是觉悟之始,而"彻悟"是觉悟之成。

　　③自由分:指自由自在之境地。"自由自在"指远离烦恼之系缚,身心自由通达,所作所为皆进退无碍。

　　【译文】贫穷人的苦恼是没有财产,美慕有钱的人可以有诸般享乐,而不知有钱的人也有他们的苦恼。地位低贱的人苦恼没有官职,美慕显贵的人可以享受权力的快乐,而不知显贵的人也有他们的苦恼。无论贫、贱、富、贵哪种人，都各自苦恼他们所不足的，而羡慕做帝王的统治天下，以为这样就能享尽世间人所有的快乐，而不知做帝王的也有他们的苦恼，而且他们的苦恼还比一般人更多，因此身为帝王的人反而羡慕群臣百姓们平凡的快乐。唉！真是可怜！这些苦乐境界都是虚妄不实的啊！惟有智慧的人才能过着无忧无乐的生活。但是，如果执着于无忧无乐，这也是一样虚妄不实的。若没有大悟大彻，就无法达到身心自在、通达无碍的境界啊！

根原枝叶

末法人业①经论，其所尚，多在名繁相剧而难为记持②者，义幽理晦而难为剖析者，文隐句涩而难为销会者。以是骋③辩博④，夸新奇，而衲僧⑤脚跟⑥下一大事因缘置之罔闻。又宁知彼名相义理文句，皆从此中流出。是则攻枝叶而昧根原，永嘉所以浩叹⑦也，故曰："但得本、不愁末。"祗恐时人于此信不及、放不下耳。

【注释】①业：从事某种工作。
②记持：犹言记存在心。
③骋：施展、显示。

④辩博：博学，知识广博。

⑤衲僧：又云衲子，禅僧之别称。禅僧多着一衲衣（补缀朽旧的破布所制成的法衣）而游方，故名。但衲衣为头陀比丘（俗称行脚乞食的僧人）之法衣，不限于禅僧。

⑥脚跟：指本来自我。盖脚跟着地，即以脚跟坚着于大地而丝毫不动摇，故用以比喻本来自我。

⑦浩叹：长叹，大声叹息。

【译文】末法时期从事经论研究的人，他们所崇尚的，大多是在那些繁杂的名相术语，而且难以记诵受持。以及义理深奥隐晦且难以辨析的部分。还有，精深艰难的文句且难以融会的部分。于是用这些来彰显自己的学识广博，夸耀自己的新颖奇特，而将出家修行人最紧要的生死大事、明心见性，这一大事因缘置之不理。又怎知那些名相、义理、文句都是从这心性根本中流露出来的，而他们只是致力于不重要的枝末处，而忽略了重要的修行根源，这便是永嘉大师叹息的原因。所以《永嘉证道歌》中说道："但得本，不愁末。"只怕现代人对这些道理没办法相信，而且无法放下妄想执着啊！

想见昆仑

汉庄伯微①，每于日落时，面对西北，想昆仑山。久之，见昆仑仙人，传法得度。此仿佛与西方日观②相似，但彼属妄想，不修正观③耳。久积妄想，以精诚之极，尚得遂其所见，况一心正观④，三昧⑤成就，而不往生者哉！

【注释】①庄伯微：汉时人，少时好长生道，不知求道之方，惟以日入时正西北向，闭目握固（屈指成拳），想昆仑山（传为诸仙荟萃的仙山）。积三十年，后见昆仑山仙人授以金液方（古代炼丹术的一种），遂以得道。

②西方日观：即十六种观法，出自《观无量寿佛经》。念佛行者由忆念弥陀佛身与极乐净土，得以往生西方，总其观行有十六种。

③正观：观与经合，则称正见，即正观也。正观有多种解释，《优陀罗经》谓："相对于外道之邪观，以正慧瞭知真如称为正观。"善导于《观无量寿佛经疏》卷三，解释《观无量寿佛经》之日想观："以心境相应为正观，不相应为邪观。"

④一心正观：谓专心一意正念而归之于佛。一心，指真实信心、深心。正观，观与经合，则称正见，即正观也。

⑤三昧：华译为正定，即离诸邪乱，摄心不散的意思。

【译文】汉朝庄伯微，年轻时就喜好道家的长生之术，每天于日落时面对西北方，观想昆仑山。三十年后，果然见到昆仑山仙人，并传授道教法术给他，因此得道。他这种观想法就跟净土念佛法门十六观中的"日观"相似，但是他的观想属于妄想，不是修正观。虽是久积妄想，但因他的真诚心到了极处，所以还能称其心愿见到昆仑山。何况专心一意、正念而修念佛三昧，成就正定能离诸邪乱、摄心不散，哪有不往生西方净土的道理呢？

禅余空谛辩伪

吴郡刻一书，号《禅余空谛》，下署不肖①名，曰"云栖袾宏著"。刻此者本为殖利②，原无恶心，似不必辩。然恐新学僧信谓不肖所作，因而流荡③，则为害非细，不得不辩。书中列春夏秋冬四时幽赏，凡三十三条，姑摘一二，以例余者：一条云"孤山月下看梅花"，中言"黄昏白月④，携樽⑤吟赏"，夫出家儿不于清夜坐禅，而载酒赏花，是骚人侠客⑥耳。不肖斤斤⑦守分僧，安得有此大解脱风味？一笑。一条云"东城看桑麦"，不肖住西南深山中，去东城极远，不看本山松竹，而往彼看桑麦⑧耶？一笑。一条云"三塔基看春草⑨"。平生不识三塔基在何所，一笑。一条云"山满楼观柳"，中言楼是不肖所构⑩。自来无寸地片瓦在西湖，何缘有此别业⑪？一笑。一条云"苏堤⑫看桃花"，中以桃花比美人。此等淫艳语，岂剃发染衣人⑬所宜道？即不肖未出家时亦不为也。一笑。一条云"苏堤观柳"，中引"如诗不成，罚依金谷酒数"。不肖从出家不曾与人联诗⑭，何况斗酒！一笑。一条云"雪夜煨芋⑭谈禅"，中所谈皆鄙浅语，何人被伊唤醒？一笑。诸好心出家者，当知不肖定无此语。既作缁流，必须持守清规,饬躬励行,毋错认风流放旷⑯为高僧也。袾宏谨白。

【注释】①不肖:自谦之称。

②殖利:生利、营利。

③流荡:流动。

④白月:皎洁的月光。

⑤樽:盛酒器。

⑥骚人侠客:指风雅的文人。

⑦斤斤:拘谨、谨慎。

⑧桑麦:指桑树林和麦田。

⑨三塔基看春草:明高濂的《遵生八笺·四时调摄笺》云:"湖中三塔寺基("基"指建筑物的根基),去湖面浅尺。春时草长平湖,茸茸翠色,浮动波心,浴鹭狎鸥,飞舞惟适。望中深惬素心,兀对更快青眼。"

⑩构:架屋、营造。

⑪别业:别墅。

⑫苏堤:亦称苏堤、苏公堤。在浙江省杭州市西湖中。北宋元祐年间,苏轼知杭州时,疏浚西湖,堆泥筑堤,南起南屏山,北接岳王庙,分西湖为内外两湖。其间有桥六座,夹道杂植花柳,有"六桥烟柳"之称。

⑬剃发染衣人:此为佛弟子出家之相,为去骄慢且别于外道之出家而为之。

⑭联诗:作诗方式之一。由两人或多人各成一句或几句,合而成篇。

⑮煨芋:唐代有僧明瓒,性疏懒而好食残余饭菜,自号懒残。李

泌读书寺中,以为非凡人,夜半往见。时懒残发火取芋以啖之。见泌至,授半芋而曰:"慎勿多言,领取十年宰相。"后因以"煨芋"为典,多指方外之遇。

⑯放旷:豪放旷达,不拘礼俗。

【译文】江苏吴县地方有人刊印一本书,书名为《禅余空谛》,下面署名为我的名字,题"云栖袾宏著"。刊印此书的人本是为了赚钱,原本并没有恶心,似乎没有辩解申明的必要。然而,唯恐初学的僧人误以为真是我所作的,因此而流通此书,那就为害不小了,所以不得不予以辩明。

该书中列举春夏秋冬四季,悠闲地四处去欣赏优美景色,共有三十三条,姑且摘录一二条说明,以此类推其他的部分。

其中一条的题目是"孤山月下看梅花",这里面说道"黄昏白月,携樽吟赏",出家人不在清静的夜晚里静坐修禅,而去饮酒赏花,这是文人雅士的行径,我不过是一介谨守本分的僧人,哪有这般悠闲自在解脱的风采呢?这是其中之一的可笑处。

还有一条是"东城看桑麦",我住在城西南方的深山中,离东城极远,我不看自己所居住山林的青松绿竹,却去东城郊外看桑树林和麦田?这真可笑。

还有一条是"三塔基看春草",我生平都不知道三塔基在什么地方。真好笑。

还有一条是"山满楼观柳",这里面说山满楼是我所建造的,我在西湖从来没有半点土地、瓦片,不知哪来的别墅?真可笑。

还有一条"苏堤看桃花",其中以桃花比喻为美人,像这类浮华艳词的绮语,岂是出家人所能说得出来的?即使我未出家时,也不会说出这样粗俗的话语。一笑置之。

还有一条"苏堤观柳",其中引用李白写的"如诗不成,罚依金谷酒数",我从出家以来并不曾与人联合作诗,何况喝酒、比酒量!真是开玩笑。

还有一条"雪夜煨芋谈禅",其中所谈的,都是粗鄙浅薄的内容,不知什么人会被这些粗鄙语唤醒?这是可笑之一。

诸位好心的出家道友们!当知我一定不会作出这样没有意义的文字。既然已是出家僧人,就必须持守清规,立身谨慎,以道自励,千万不可将洒脱放逸、不拘礼俗错认为高僧的行为啊!袾宏敬启。

种种法门

譬如王师讨伐,临阵格斗,以杀贼为全胜。而杀贼者,或剑或槊①,或锤②或戟③,乃至矢石④,种种随用,唯贵精于一技而已。以例学人,则无明惑障⑤,如彼贼人;种种法门,如剑槊等;破灭惑障,如获全胜。是知无论杀具,但取杀贼,贼既杀已,大事斯毕。所云杀具,皆过河筏耳,不务其大,而沾沾焉谓剑能杀人,槊不能杀,岂理也哉?参禅者讥念佛为著相,励行者呵修定为落空⑥,亦犹是也。故经云:"归元⑦无二道,方便⑧有多门。"先德云:"如人涉远,以到为期,不取途中强分难易。"

【注释】①槊：古代兵器，即长矛。

②锤：古兵器之一，顶端有金属球形重物，用以打击。

③戟：古代兵器名。合戈、矛为一体，略似戈，兼有戈之横击、矛之直刺两种作用，杀伤力比戈、矛为强。

④矢石：箭和垒石（投击敌人的巨石），古时守城的武器。

⑤无明惑障：无明，谓过去世烦恼之惑，障覆本性，于事理等法，无所明了，故曰无明。惑障：谓诸众生由贪欲、瞋恚、愚痴等惑，根性昏钝，障蔽正道，是名惑障。

⑥落空：执着于空的见解。即学佛者未明如来所说之甚深道理，听闻般若等一切皆空之说，遂堕于诸法皆无之空见。空、有为佛法两大门系，为破凡夫执相而立因缘生法为空；再立唯识法相，胜义为有。以凡夫执我、我相为有，执无因果、涅槃为空，故须空有两遣方得真谛。

⑦归元：终归于真如也。

⑧方便：方即方法，便即便宜，犹善巧也。谓如来说布施得大富，说持戒得生天，说忍辱得离诸瞋恚，说精进得具诸功德，说禅定得息诸散乱，说智慧得舍诸烦恼，如是种种方便，开化众生，莫不为令超脱苦轮，得诸法乐也。

【译文】譬如国家的军队讨伐贼寇，临阵格斗时，只要能够杀败贼寇，便是大获全胜。至于杀贼时所用的兵器，无论是剑、是矛、是锤、是戟，乃至弓箭垒石，各种兵器随人取用，最重要的是，必须精通娴熟其中一项兵器的操作技能，方能得心应手，所向无敌。

同理可知，学道修行之人，心中的一切烦恼障碍如同贼人，佛所说的种种法门，好比剑矛等各种兵器，只要能破灭烦恼障碍，就等于大获全胜。由此可知，无论何种兵器，只要能杀贼就行。贼既杀尽，大事即告圆满。至于种种兵器，都如同过河用的竹筏而已，不必要求筏的大小。

学道的人不在修行的根本上着力，以为拿到剑，就沾沾自喜认定能杀贼。而长矛就不能杀贼，哪有这种道理？今佛门中，参禅的人批评念佛的人着相，精进戒行之人则呵责修定之人会落入空见。这些自以为是的偏见，就像上面的譬喻，意思是一样的。

所以佛经说："归元无二道，方便有多门。"古德也说："譬如有人要去很遥远的地方，重点在于能否如期的到达目的地，就不论旅程途中的难易了。"

竹窗二笔

般若咒

　　《般若心经》①曰："般若波罗蜜多②，是大神咒③，是大明咒，是无上咒，是无等等④咒。"盖指般若为咒，非指"揭谛揭谛"四句也。今人但知咒属密部⑤，而《般若心经》显部也，是显部亦咒也，此持咒家所忽焉而不察者也。又"阿弥陀佛"四字，悉皆梵语，使前人不加注释，与大明、准提密部何别？今人但知大明、准提为咒，而弥陀佛名也。是佛名亦咒也，此持咒家所忽焉而不察者也。

　　【注释】①《般若心经》：佛教经典，全称《摩诃般若波罗蜜多心经》，简称《般若心经》或《心经》，共一卷，唐玄奘译。本经文旨原出于大部《般若经》内有关佛与舍利子问答般若行的意义功德各品，文句简约而赅摄般若甚深广大之义，得其心要，故名为《心经》。全经阐明诸佛皆依甚深般若观慧相应无所得实相，而得一切智智之义，显示般若妙慧有胜功用，能速疾成就菩提。

　　②般若波罗蜜多：梵语，又称般罗若波罗蜜，为六波罗蜜或十波罗蜜之一。"般若"译为智慧，照了一切诸法，皆不可得，而能通达一切无碍。"波罗蜜"译为度或到彼岸。所以照了实相之智慧，为度生死此

岸而至涅槃彼岸之船筏，称为般若波罗蜜。

③咒：梵语是陀罗尼，意思是总持，总一切法，持一切义，令一切善法不失去，一切恶法不生起，以念与定慧为体。

④无等等：佛之尊称，或表示佛乘之语。佛之烦恼净尽，且神力广大，非其余之菩萨所能等同，称为无等；佛与佛之果位平等，故称无等等。又佛道超绝，无有能与等同者，故称无等；唯佛与佛道等同，故称无等等。

⑤密部：密部和下文中的显部都是佛教教法之分类方式之一，也是判教方式之一。显教，是可用文字语言显示的教法，盖大小乘三藏十二部经所说四谛、十二因缘、六度万行之法门都是显教。密教，密是指秘奥幽妙之义，无法用文字语言显示的教法称为密教，并不是指秘而不示。

【译文】《般若心经》说道："般若波罗蜜多，是大神咒，是大明咒，是无上咒，是无等等咒。"这是指"般若"本身就具有咒的种种不可思议功德力用，而不是只有经文末后四句："揭谛揭谛，波罗揭谛，波罗僧揭谛，菩提萨婆诃"才是咒语。

现今的人只知道咒属于密部，而《般若心经》属于显部。可见显部同样也可称为咒，这种道理，持咒的人往往忽略而不加以考察。

又如"阿弥陀佛"四字，纯属梵语，假使前人不加注释，那这四字便与密部的大明咒、准提咒没什么区别了。但现在的人都认为大明、准提是咒，阿弥陀佛是西方极乐世界教主的名号，不知佛名也是咒，这也是持咒的人所忽略而没有察觉到的。

儒童菩萨

　　相传孔子①号儒童菩萨②。或曰："吾夫子万代斯文③之祖，
而童之。童之者，幼之也。幼之者，小之也。彼且幼小吾师，何
怪乎儒之辟佛④也！又僧号比丘。丘，夫子讳⑤也。比者，并也。
僧，佛弟子，而与夫子并。彼且弟子吾师，何怪乎儒之辟佛也！"
是不然。童者，纯一无伪之称也。文殊⑥为七佛师，而曰文殊师
利童子。善财一生得无上菩提，而曰善财童子⑦。乃至四十二位
贤圣⑧，有"童真住⑨"，皆叹德之极，非幼小之谓也。故曰大人
者，不失其赤子之心者也。若夫比丘者，梵语也。梵语比丘⑩，
此云乞士，亦云破恶，亦云怖魔。比非比并之谓，丘非丘陵⑪之
谓，盖仅取音不取字也。例如梵语南无，此云归命，南不取南北
之南，无不取有无之无也。噫！使夫子而生竺国⑫，必演扬佛法
以度众生；使释迦而现鲁邦，必阐明儒道以教万世。盖易地则
皆然。大圣人所作为，凡情固不识也。为儒者不可毁佛，为佛者
独可毁儒乎哉？

　　【注释】①孔子：儒家学派的创始人，春秋时鲁国（今山东）人，名

丘，字仲尼，世人尊称为孔子。

②儒童菩萨：儒童，梵语磨纳缚迦，译曰儒童，又作少年、仁童子、净持。文殊师利菩萨又称为儒童文殊菩萨，是用此语形容赞叹其极德，而非幼小之谓。

③斯文：指礼乐教化、典章制度，或指儒士、文人。

④辟佛：斥佛教，驳佛理。

⑤讳：指已故尊长者之名。

⑥文殊：梵名，音译作文殊师利，意译为妙德、妙吉祥、妙乐、法王子。谓明见佛性，具足法身、般若、解脱三德，不可思议，故名妙德。又称文殊师利童真、儒童文殊菩萨，为我国佛教四大菩萨之一。一般称文殊师利菩萨，与普贤菩萨同为释迦牟尼佛之左右胁侍，分别表示佛智、佛慧之别德。

⑦善财童子：为《华严经·入法界品》中之求道菩萨，曾参访五十三位善知识，遇普贤菩萨而成就佛道。大乘佛教用以作为即身成佛之例证，其求法过程，则表示华严入法界之各阶段。

⑧四十二位贤圣：菩萨由凡夫到成佛，一共要经过五十二个阶位，即十信、十住、十行、十回向、十地、等觉、妙觉。初十信为凡位，不入贤圣位，因此称为四十二位贤圣。

⑨童真住：十住之第八住。菩萨修行之过程分为五十二阶位，其中第十一至第二十阶位，即发心住至灌顶住称为十住。所谓"住"者，因信心既立，能安住于真谛之理，故名。十住中的第八住，称为童真住，谓自发心起，始终不倒退，不起邪魔破菩提之心，至此，佛之十身灵相乃一时具足。

⑩比丘：梵语比丘，亦名苾刍，苾刍是雪山香草名，草有五义，以喻比丘五德。《大智度论》卷三载，比丘之义有五种，其中破恶（破烦

恼）、怖魔、乞士，称为比丘三义。一破恶，谓比丘修戒、定、慧之道，能破除见思之恶，故称破恶。二怖魔，谓比丘既能修道，魔即惊怖其非但能出魔之界域，亦能转化于他人，而空魔之眷属，故称怖魔。三乞士，谓上乞法以资慧命，下乞食以资色身，净命自活，福利众生，破骄慢心，谦下自卑，以成清雅之德。

⑪丘陵：作者为了避免直称孔子名讳，故以"丘陵"委婉表述。

⑫竺国：指天竺，印度之古称。

【译文】相传孔子号为儒童菩萨，有儒生对此称谓很不以为然，说："我们夫子乃是万代师表，居然用'童'字来称他！'童'是幼的意思，'幼'是小的意思。他们学佛的人既然把我们的先师视为幼小，怎么能怪我们儒生排斥佛教呢！又僧人称为比丘，'丘'是我们夫子的名讳，'比'是平列的意思。僧是佛的弟子，居然与我们夫子相提并论。他们既然认为我们先师是属于佛弟子般的等级，怎么能怪我们儒生排斥佛教呢！"

其实这样依文解义是不对的。"童"在佛教中的解释是纯一无伪的意思，就像文殊菩萨曾为七佛师，而被称为"文殊师利童子"。善财一生证得无上菩提，而被称为"善财童子"。乃至菩萨修行成佛的四十二个贤圣阶位中，有"童真住"的阶位，这都是对于他们的德行给予最崇高的赞叹，绝不是指幼小的意思，就像孟子说的："有德行的君子，能永远保持像婴孩一般，纯真无邪的心。"

又"比丘"二字是梵语的音译，梵语"比丘"，译成华文有乞士、破恶、怖魔这三义。所以"比"不是并排平列的意思，"丘"也不是指孔丘的意思，这只是采用梵语的音，而不是取其字面的意思。例如梵语"南无"，译成华文的意思是归命，"南"不是取南北之南的意思，

"无"也不是取有无之无的意思。

假使孔夫子出生在古印度，必定会宣扬佛法义理以度众生。假使释迦牟尼佛现身在春秋时的中国，必定会阐明儒道以教万世。凡是圣人，身处在不同的地方，应该都会因地制宜、随缘教化。大圣人的所作所为，本来就不是凡夫所能测度的。

学儒的人不可以毁谤佛教，难道学佛的人就可以毁谤儒教吗？

临　济

先德有言："临济①若不出家，必作渠魁②，如孙权③、曹操④之属。"曷为乎以临济拟孙曹也？盖拟智，非拟德也。袁绍谓："生子当如孙仲谋⑤"，而孔明⑥亦言："曹操用兵，仿佛孙吴⑦"，智可知矣！使其不以此智外役，而以此智内旋，举平生神机妙算，尽抵在般若上，则于道何有？又古云："悉达⑧若不出家，必作转轮圣王⑨。"此兼智兼德之论也，大小殊而其意一也。

【注释】①临济：唐朝临济义玄禅师，是禅宗六祖惠能下的第六代。在河北镇州（今河北省正定县）的临济禅院举扬一家的宗风，后世就称它为临济宗。

②渠魁：大头目、首领。

③孙权：字仲谋，东汉末年三国时期的政治人物。孙权的父亲孙坚和兄长孙策，在东汉末年群雄割据中打下了江东基业。十九岁时兄长孙策遭刺杀身亡后，孙权继而掌事，成为一方诸侯。他于公元222年称吴王，公元229年称帝，正式建立吴国，即东吴。

④曹操：字孟德，东汉末年著名的政治人物，三国时代魏国的奠基者和主要缔造者。曹操在世时，担任东汉丞相，后为魏王，去世后谥号为武王。

⑤生子当如孙仲谋：这句话出自《三国志》裴松之注，正确为曹操所说，并非袁绍所言。赤壁之战五年后，曹操再次亲率大军攻孙权江西营，曹操望孙权军，叹其军容整肃，谓"生子当如孙仲谋"。原文请参考《三国志·吴志·吴主传》："十八年正月，曹公攻濡须，权与相拒月余。曹公望权军，叹其齐肃，乃退。"

⑥孔明：诸葛亮，字孔明，号卧龙，东汉末年三国时期蜀汉丞相，他是杰出的政治家、军事家、发明家、文学家。诸葛亮为匡扶蜀汉政权，呕心沥血、鞠躬尽瘁、死而后已。诸葛亮在后世受到极大的尊崇，成为后世忠臣楷模，智慧化身。

⑦孙吴：春秋时孙武和战国时吴起的并称，皆古代兵家。

⑧悉达：梵语，又作悉达多，译曰一切义成。释迦牟尼佛出生为迦毘罗城净饭王之长子时，善占相之阿私陀仙人知晓此王子于过去世因诸种善根功德，具备殊胜之相好，能成就一切善事。又曾预言，王子若在家必为转轮圣王，若出家则成就无上正觉。为表示上述之意义，故命名悉达多。

⑨转轮圣王：为世间第一有福之人，统辖四天下。转轮王出现时，天下太平，人民安乐，没有天灾人祸。此乃由过去生中，多修福业，可惜不修出世慧业，所以仅成统治世界有福报之大王，却不能修行悟

道证果。

【译文】曾有古人说过："临济义玄禅师如果不出家，必定能成为大首领，就像三国时的孙权、曹操这类大人物。"为什么要将临济义玄禅师与孙权、曹操相比拟呢？这是以他们的聪明才智来比拟，而不论及道德品行。

曹操看到孙权的军队严明整齐，感叹地说："生子当如孙仲谋。"而孔明也说："曹操作战时的谋略，就像春秋战国时的兵法家孙武、吴起一样绝妙。"由此可知，孙权、曹操的智谋超卓不凡。

假使他们不将聪明才智用于外在的霸业成就，而是用于内在的心性修养，将平生的神机妙算完全致力于修习般若智慧上面，则何必担心道业不能成就！又古印度有仙人曾预言："悉达太子如果不出家，必定能成为转轮圣王。"这才是智慧与德行兼备的论述。虽然两者的境界高低、大小完全不同，但意思是一样的。

雁荡山

台雁①号两浙名山，而雁荡尤奇，有轻千里裹粮②而往游者。予昔应太平之请，去雁荡仅一由旬③。期满，院主④白予为雁荡游。予欲往，而忻然⑤从游者百余众。因计彼山久无接待⑥，徘徊历览，往返不下半月，费粟数石⑦，院贫不能支，遂坚执已之。

众快快^⑧，乃慰之曰："雁荡之胜，在震旦中尚有过之者。即震旦最胜处，不及天宫^⑨；天宫展转最胜处，不及西方极乐世界。公等不慕极乐，而沾沾^⑩雁荡是慕，何也？"竟不去。

【注释】①台雁：指天台山与雁荡山。天台山位于浙江省天台县，为仙霞岭山脉的东支，西北接四明、金华二山，西南有括苍、雁荡二山，蜿蜒绵亘，形势雄伟，有"南国天台山水奇"之称，隋智者大师依此山而开辟一宗，因之有天台宗之名。雁荡山位于浙江省东南部，以山水奇秀闻名，是中国著名的游览、避暑胜地。

②裹粮：谓携带熟食干粮，以备出征或远行。裹，此为携带的意思。

③由旬：印度计里程的数目，每由旬有三十里、四十里、五十里、六十里的四种说法，但说四十里为一由旬者居多。

④院主：又作寺主、住持。此为禅家监事之旧名。

⑤忻然：喜悦、愉快的样子。

⑥接待：此指寺刹对挂单僧人免费供给食宿。

⑦粟：粮食的通称。石：计算容量的单位。十斗为一石。

⑧快快：不服气或闷闷不乐的神情。

⑨天宫：指天人所住之宫殿。

⑩沾沾：此指执着、拘执。

【译文】天台山与雁荡山，号称为浙江的两大名山，而雁荡山的风景尤为奇特绝妙，所以有人不远千里，也要备足钱粮前往游览。

以前我曾应太平寺的邀请前往讲学，太平寺距离雁荡山大约只有四十里左右。讲学圆满后，住持告诉我，将为我安排雁荡山一游。

我将要前往时，竟有一百多人高兴地想随我同游。我因考虑雁荡山中已经很久没有寺院能供给行人食宿，更何况我们到山上去走走看看，来回至少要半个月的时间，这一群人估计需要耗费许多粮食，而太平寺的经费匮乏，实在难以应付这么庞大的支出，所以我就坚持停止此次行程。众人不免因失望而闷闷不乐，我就劝慰他们说："雁荡山的风景虽佳，但在中国其他地方还有比雁荡山更胜的；即使是中国最壮观的名胜风景，也比不上天上宫殿的殊胜；再往上一层层相比，到最殊胜的天宫，还是比不上西方极乐世界的庄严微妙。诸位大德不向往极乐世界，却独钟于雁荡山，是为什么呢？"大家听完之后，便全都不去了。

悔不为僧

唐宰相杜黄裳，临终自悔不得为僧，命剃染①以殓。又宋名执政某，遗命②亦然。此非宿世坚持正因，焉能居大位而醒然不昧！风火③散时，具如是耿耿操略④，然有二说：或一念之迷，至死反本；或故为示现⑤，警悟同流，是未可知也。

【注释】①剃染：剃发染衣，谓剃除须发，着染色衣（袈裟），是佛弟子出家之相，也是表明去除骄慢，和跟外道的出家有别。

②遗命：遗嘱。

③风火：乃地、水、火、风四大之总称。四大为一切物质之构成基础，以因缘之和合而聚散。故风火未散即谓生命犹存续而未死灭，反之则风火散灭。

④耿耿：此指超凡的样子。操略：操守谋略。

⑤示现：佛菩萨应众生的机缘而化现种种的身相。

【译文】唐朝宪宗的宰相杜黄裳，临终时很后悔没有机缘出家为僧，嘱咐家人在他死后，为他剃除须发、穿着袈裟再入殓。又宋朝有位著名的大臣，临终时也立了一样的遗嘱。他们两位，若不是过去生中勇猛精进的修学正法，怎能居高位时还不忘出离轮回、成办佛道之志？

于临终风火四大解体时，能怀有如此超凡的志向操守，有二种可能：或因一念无明障覆自性，到了临终前才明心见性；或是特意作此示现，以警悟还在生死流转中的众生。他们两位究竟属于哪种状况，难以断论。

佛法作人情

妙喜①自言："昔时为无眼长老胡乱印证②，后见圆悟③老人始得大彻。乃立誓自要④，定不以佛法作人情。"妙喜可谓大慈大悲，真万世人天眼目⑤也。惜予生晚，不获亲承炉鞴⑥，为可恨耳。然妙喜谓无眼长老以东瓜印子⑦印学人,今学人多以东瓜印子印自己,妙喜见之,又当何如?

【注释】①妙喜:即宋朝大慧宗杲禅师,字昙晦,号妙喜,又号云门。与圆悟克勤住开封,大悟后,乃嗣圆悟之法。靖康元年(公元1126年),丞相吕舜徒奏赐紫衣,并得"佛日大师"之赐号。晚年,住径山,四方道俗闻风而集,座下恒数千人。孝宗归依之,并赐号"大慧禅师"。世寿七十五,谥号"普觉禅师"。

②无眼:譬不知正道之人。见佛而不知佛之真义者,称无眼人;闻法而无法体会其真义者,称无耳人。世称无眼子、无耳子。长老:指年龄长而法腊高,智德俱优之大比丘。又禅家称住持之僧为长老。印证:又谓印可,即弟子修道成就时,为师者加以印证过后,承认、许可其所悟境界之意。

③圆悟:宋代僧,名克勤,字无著,又称圆悟克勤、佛果圆悟。幼时出家,后至五祖山参谒法演,蒙其印证。宋徽宗敕赐紫服及"佛果禅师"之号。高宗赐号"圆悟禅师",世称圆悟克勤。

④自要:自求。

⑤人天眼目:人类及天界一切众生眼目之意。此之眼目是表示眼界或眼力,借指见识的深广度,辨别是非好坏的能力。

⑥亲承:亲自承事。鞴(bèi):皮制鼓风囊,俗称风箱。炉鞴,即具有鼓风装置的冶炼炉,多用来炼铜、锡、镍等有色金属,也可以用来炼铁,冶炼炉的鼓风装置也叫鼓风炉。

⑦东瓜印子:禅林用语。把冬瓜横着切断所盖之印迹,虽似真印,但虚伪不实,禅林乃转指师家接引学人时,未严加勘验而随便印可证明。

【译文】妙喜禅师说："我从前被某位未开悟的长老胡乱印证，幸而后来亲近圆悟老人，始得大彻大悟。因此发誓要求自己一定不能拿佛法来做人情，随便给人印证。"

妙喜禅师这几句话，可称得上大慈大悲，真不愧是世世代代的"人天眼目"，一切众生的大善知识。可惜我生得晚，不能亲自接受他老人家的教诲，深感遗憾。

然而妙喜禅师只是批评无眼长老以"东瓜印子"随便印可学人，而现今学人却多以"东瓜印子"随便印可自己。如果妙喜禅师见到这种现象，不知会怎样说呢？

黄梅衣钵

古德示众①云："黄梅衣钵②，非但'时时勤拂拭'者不合得，直饶'何处惹尘埃'亦不合得③，且道毕竟作么生④，合得衣钵？"一僧下九十九转语⑤，不契⑥。最后云："定要他衣钵作甚？"古德乃忻然肯之。噫！师可谓杀人须见血⑦，弟子可谓直穷到底者矣！

【注释】①示众：于禅林中，禅师为门弟大众等开示宗要，称为示众。又作垂语、垂示。

②黄梅：指禅宗五祖弘忍，唐代僧，从四祖道信出家于蕲州黄梅双峰山东山寺，穷研顿渐之旨，遂得其心传，乃继承师席，世称"五祖黄梅"，或称"黄梅"。唐高宗咸亨二年（公元671年），传法于六祖惠能。衣钵：指三衣及一钵。三衣，指九条衣、七条衣、五条衣三种袈裟。钵，乃修行僧之正式食器。为出家众所有物中最重要者，受戒时，三衣一钵为必不可少之物，亦为袈裟、铁钵之总称。禅宗之传法即传其衣钵予弟子，称为传衣钵，因此亦引申为师者将佛法大意传授予后继者。

③时时勤拂拭、何处惹尘埃：黄梅山五祖弘忍禅师有一天为了考验大众禅解的浅深，准备付以衣法，命各人作偈呈验。时神秀为众中上座，即作一偈云："身是菩提树，心如明镜台，时时勤拂拭，莫使惹尘埃。"一时传诵全寺。弘忍看后对大众说："后世如能依此修行，亦得胜果。"并劝大众诵之。惠能在碓房间，闻僧诵这一偈，以为还不究竟，便改作一偈，请人写在壁上。偈云："菩提本无树，明镜亦非台；本来无一物，何处惹尘埃！"众见此偈，皆甚惊异。弘忍见了，即于夜间，召惠能试以禅学造诣，传予衣钵，是为禅宗六祖。

④作么生：略作"作么"，即"如何"、"怎样"之意。"生"是助词。本为宋代俗语，禅宗多用于公案之感叹或疑问之词。

⑤转语：禅林用语。随于机宜自由自在转变词锋之语，称为转语。

⑥契：合、符合。

⑦杀人须见血：意即帮助人要帮到底，办事情要见效果。这句俗语出于《续传灯录》卷三四："为人须为彻，杀人须见血。德山与岩头，万里一条铁。"禅宗有所谓"杀人刀""活人剑"，杀人比喻打得念头死，活人比喻救得法身活。"救人须救彻，杀人须见血"体现了禅宗擅

用的"杀""活"之机。

【译文】古代某位高僧大德为大众开示："黄梅五祖的衣钵，不但是'时时勤拂拭'的人得不到，即使说出'何处惹尘埃'的人也不够资格得到。你们回答我，究竟要怎么样，才能受得衣钵？"有一僧人连答了九十九句禅语，都不契合师意。最后这位僧人彻底放下而说："一定要他的衣钵作什么？"这位高僧才欣然给予他印可。

这位有德的高僧真可说是"杀人须见血"，教化接引弟子定要他开悟，而这位弟子真正是探究到毕竟彻悟为止！

耳根圆通

楞严择选圆通①，独取耳根。然世尊为一期化导②之主，而以见明星悟③；饮光④为万代传灯⑤之祖，而以见拈花悟⑥，皆属眼根者，何也？此有二义：一者随众生义⑦，此方真教体⑧，清净在音闻故。二者遣著⑨义，众生处处著，闻圆通独尚耳根，便谓余根不能入道故。是故豪杰之士，根根圆通，如大福德人，执石成宝。善读《楞严》者详之。

【注释】①圆通："二十五圆通"，出自《楞严经》，圆通是性体周遍、妙用无碍之意，乃一切众生本有之心源，诸佛菩萨所证之圣境。

②一期：谓众生受身，虽寿命长短不等，皆名一期，即指人的一生、一世。又指佛说法度生之时间。化导：教化示导。示导，即开示引导。

③见明星悟：释迦牟尼佛示现，于求道时，在菩提树下，降伏魔已，放大光明，即便入定，悉知过去所造善恶，死此生彼之事。于腊月八日，夜睹明星，豁然大悟，得无上道，成最正觉。

④饮光：佛陀十大弟子之一，亦称摩诃迦叶、大迦叶，略作迦叶，为头陀苦行第一。身有金光，映蔽余光使不现，故又称大饮光、金色迦叶、金色头陀、金色尊者。在灵山会上，受佛正法眼藏，传佛心印，为禅宗初祖。

⑤传灯：法能破暗，故以灯譬之。传法于他人，如灯灯相传，心心相印，故曰传灯。

⑥见拈花悟：指佛陀传法给迦叶尊者的典故，又作拈花微笑。拈，持取之意。

⑦随众生义：佛随众生之根机而方便设教，利益众生。机，指众生根机、根器、根性而言，以众生根性各别，必须随其根机，为彼说法，方能领解，各得其益。

⑧教体：教者，谓如来所说一大藏教；体即体性，教之本也。贤首宗将如来所说教体，分为浅深不同十种。

⑨遣着：遣，此指排除、去除。着，此指执着，众生所以轮回而不能超脱者，由虚妄分别心，执着我及法等，而起种种迷妄颠倒、虚伪不实之见解。

【译文】楞严会上诸大菩萨及大阿罗汉证得圆通的二十五种方法，文殊师利菩萨特别帮我们选择观世音菩萨的耳根圆通，并赞许为修圆通的最好方法。然而世尊作为教化娑婆众生的教主，示现的却是夜睹明星而大悟。大迦叶尊者受佛陀嘱咐，为传佛心印于后世的第一人，因见佛拈花而开悟，这都是属于眼根圆通。为什么前者与后者择取的圆通不一样呢？这里有两层含义：第一是随机说法的意思，因娑婆世界的众生，耳根最聪利，依之修习，易于成就，所以文殊师利菩萨才会说："此方真教体，清净在音闻。"第二是去除众生执着的意思，由于众生处处执着，听到二十五圆通中唯独崇尚耳根，便以为其余的根门都不能入道。

所以楞严会上诸大菩萨及大阿罗汉所示现的每个法门，其证悟的圆通之境完全无异。真正利根之人，从六根中任一根都能入圆通。就像有大福德的人，随手执取一块石头也能成为宝物。善读《楞严经》的人，应该要详细领会其中的奥义。

极乐世界

或疑："《华严》谓极乐仅胜娑婆①，而《大本弥陀经》②言胜十方，何也？"一说："胜十方③者，止是④相近娑婆之十方，非华藏世界⑤之十方也。"其说亦是，而犹未尽。良繇"仅胜"之说，盖以昼夜相较。故云娑婆一劫⑥，为极乐一昼夜；极乐一劫，为袈裟幢一昼夜；展转历恒沙⑦世界，以至胜莲华。乃专取时分短长之一节，非全体较胜劣也。不然，人间千万年，为地狱一昼夜，将地狱胜人间耶？又例之：若定执身量⑧之长短较优劣，则卢舍那佛⑨仅高千丈，而修罗⑩高八万四千由旬，将修罗胜舍那耶？是故谓极乐胜十方，即广远言之，亦自不碍。

【注释】①娑婆：娑婆世界的简称，娑婆译为堪忍，因此世界的众生堪能忍受十恶三毒及诸烦恼而不肯出离。又译作杂恶、杂会，谓娑婆国土为三恶五趣杂会之所。又有诸佛菩萨行利乐时，堪受诸苦恼之义，表其无畏与慈悲。此外，娑婆一词原指我人所住之阎浮提，后世遂成为一释迦佛所教化之三千大千世界之总称，并以释尊为娑婆世界之本师。

②《大本弥陀经》：指《无量寿经》。天台宗将净土三经（《阿弥陀经》《观经》《无量寿经》）中之《无量寿经》称为大本，而将《阿弥陀经》称为小本。

③十方：为四方、四维、上下之总称。即指东、西、南、北、东南、西南、东北、西北、上、下。十方有情世界无量无边，故曰十方世界。

④止是：只是。

⑤华藏世界：莲华藏世界的简称，这是释迦如来的真身毘卢舍那佛于过去发愿修菩萨行所成就之无量功德、广大、清净、庄严世界。佛经说，在风轮之上的香水海中有大莲华，此莲华中含藏着微尘数的世界，所以叫作莲华藏世界。此世界总共有二十层，我们所住的娑婆世界，就在华藏世界的第十三层的中间。又莲华藏世界为诸佛报土之通名，例如：释迦的华藏，《华严经》所说者是；弥陀佛的华藏，《观经》所说之极乐是；大日如来的华藏，《大日经》所说之胎藏界、《密严经》所说之密严国是。

⑥一劫：劫为梵语，一劫表示世之相续迁变，不能以通常之年月

日时计算之极长时节,《大智度论》以时间之最小单位称为念,最大单位则称为劫。又指世界生成与毁灭之过程,此是就世间之成坏而言。

⑦恒沙:恒河沙的简称。恒河是印度大河,两岸多细沙,佛说法时,每以恒河之细沙喻最多之数。

⑧定执:断定。身量:人体的高度。

⑨卢舍那佛:华严宗以卢舍那乃毘卢舍那之略称,乃《华严经》所说莲华藏世界之教主。天台宗则指佛三身之一,以释迦为应身佛,以毘卢舍那为法身佛,以卢舍那为报身佛。卢舍那,意为净满,报身诸惑净尽,众德悉圆,内以智光照真法界,外以身光照应大机。

⑩修罗:阿修罗之略称,六道之一。修罗是梵语,译曰无端,容貌丑陋之义,其国男丑女美,性好斗,常与帝释战;又曰非天,其果报胜似天而非天,虽有福德,然性骄慢,执着之念强,虽被种种教化,其心不为所动,虽听闻佛法,亦不能证悟。此道众生多由瞋、慢、疑三个原因而投生。

【译文】有人疑惑问道:"《华严经》说极乐世界仅胜娑婆世界,而《无量寿经》却说极乐世界胜于十方世界,这是为什么?"

有一种解释说道:"极乐世界胜过十方世界,这只是指邻近娑婆世界的十方世界,而不是指以华藏世界为中心的十方世界。"这个解释也算正确,但并不究竟。

要知道《华严经》所指的"极乐仅胜娑婆",这是以昼夜时间为单位来做比较,《华严经》说:"娑婆世界的一劫,是极乐世界的一昼夜。极乐世界的一劫,是袈裟幢世界的一昼夜。依次比较,历经无量无边世界之后,最后比到胜莲华世界。"这只是单纯以时间的长短这部分来做比较,并不是以整个世界的胜劣来做比较。不然,人间千万年为地狱的一昼夜,难道就可以认为地狱胜过人间吗?再举一例，假如以身高的长短来断定优劣，那么卢舍那佛示现的身高只有千丈高，而阿修罗的身高有八万四千由旬，难道就可以说阿修罗胜过卢舍那佛吗？

所以经中说极乐世界胜过十方世界，是可以就广远的十方世界来说，而不必局限于邻近娑婆世界的十方世界，这是没有自相矛盾或妨碍之处的。

一转语

先德开示学人谓："我今亦不论你禅定智慧、神通辩才，只要你下一转语谛当①。学人闻此，便昼夜学转语，错了也。既一转语如是尊贵，如是奇特，则知定不是情识卜度②见解依通所可袭取③。盖从真实大彻大悟中自然流出者也。如其向经教中、向古人问答机缘④中，以聪明小智模仿穿凿⑤，取办⑥于口，非不语句尖新⑦。其实隔靴抓痒⑧，直饶一刹那⑨下恒河沙数转语，与自己有何交涉⑩？今莫管转语谛当不谛当，且抛向不可说⑪不可说世界之外，只牢守本参⑫，密密用心，时时不舍，但得悟彻时，岂愁无语？吾虽钝根，不敢不勉。

【注释】①一转语：禅林用语。"转"意指转身、拨转、转机等，此处指转动学人之心机。在参禅者迷惑不解、进退维谷之际，由禅师依据其人根机，而适时地道出关键性及启发性之语句，加以点醒，以使其转迷开悟。所下之语，若为三句，则称三转语。向来都是用于公案而吐意见时所说。谛当：正确恰当。

②卜度：推测、臆断。依通：五种通力之一。身口意三业，通用无碍，变化自在，谓之通力。

③袭取：沿袭取用。

④问答：禅林中，弟子问、师家答之方法，为教育、接引门徒的重要方法之一，并成为禅宗独特之宗风。师家回答时，多不用理论或逻辑答复之，而往往以看似怪异、荒谬不可解之语句或姿势来触发弟子之悟性。机缘：机谓根机，缘谓因缘。言众生有善根之机，而为受教法之缘者。凡说法教化皆以机根之纯熟为缘而起。此外，禅宗师家教化弟子时，极强调顺应各种机缘而施行其教法。

⑤穿凿：牵强附会，即生拉硬扯，牵强解释。

⑥取办：指办理。

⑦尖新：新颖、新奇。

⑧隔靴抓痒：比喻说话、作文不中肯、不贴切，没有抓住要害。亦比喻做事不切实际，徒劳无功。

⑨一刹那：指极短的时间。

⑩交涉：关系、牵涉。

⑪不可说：谓真理可证知，然不可以言说诠示。

⑫本参：禅林用语。禅宗开悟的三个阶段，即：本参（初关）、重关、末后关。此指三种由低而高之参禅境界。行者若能凡情销尽，彻见诸法之虚妄不实及悟得自己之心性本源（本来面目），则称为破初关，或破本参，又作见性。

【译文】有先德开示学人道："我现在都不管你的禅定、智慧、神通、辩才如何，只要你能够正确的说一句契合真理的话即可。"许多学人听后，便没日没夜的学"转语"，这是错误的。

既然"一转语"具有转迷为悟的功能，它是如此的尊贵、玄妙，则可以肯定绝不是虚妄情识所能推断出来的，也不是依凭药饵、符咒所能修得的，这必须从真实的大彻大悟中自然流露出来的才是！

如果他只是从经教中，或是从古人的问答机缘中，以自己的聪明小智加以模仿，牵强附会，卖弄口才，也许这些语句称得上新奇，但其实只是隔靴抓痒。纵使能在短暂的时间内可以连下许多转语，与自己的真心本性又有何关系？现在不要管你所下的转语是否真的契入真理，暂且放下这些妄想，抛向不可说不可说的世界之外。只要牢牢守住自己的本性，密密用心，时时不舍，直到大彻大悟时，难道还担心下不出转语吗？我虽然领悟力不高，也不敢不勉力而为。

法华要解（一）

《法华》[①]一经，天台之为《玄义》[②]《文句》[③]也，大而详；温陵[④]之为《要解》也，精而约。天台尚矣，温陵亦不可轻也。或曰："先阅《要解》，后参之《玄义》《文句》，其胜劣相去远甚。而云'温陵不可轻'者，何谓也？"夫温陵生天台后，《玄义》

《文句》等书皆所历览，其铢铢⑤而分，缕缕⑥而辩，非不知之。第⑦其解以要名，正取直捷简径。而复繁诠⑧曲释，穷远极深，则博而非要矣。况列科⑨多用天台旧文，其不用者亦自有意。中间解文竖义⑩，或得或失，学者宜虚心平气而玩⑪之可也。

【注释】①《法华》：《妙法莲华经》之略称，后秦鸠摩罗什译，为大乘佛教要典之一。"妙法"意为所说教法微妙无上，"莲华经"比喻经典之洁白完美。

②《玄义》：此指《法华玄义》，天台大师智顗讲述，灌顶笔记，全称《妙法莲华经玄义》。本书详释"妙法莲华经"之经题，并说明《法华经》幽玄之义趣。

③《文句》：此指《法华文句》，天台大师智顗讲说，灌顶笔记，全称《妙法莲华经文句》。本书是对于《法华经》之经文，作逐句之注释。书中多运用天台宗独创之释经方法以解释经文。

④温陵：此指北宋戒环法师，因住温陵开元寺，世称温陵大师。宋徽宗宣和年间，撰《妙法莲华经要解》二十卷，以阐扬天台奥意。又精通贤首大师法藏之华严教旨，弘扬讲说，多所开发，撰述宏富。

⑤铢铢：比喻精细、微小。

⑥缕缕：详尽。

⑦第：依次。

⑧诠：详尽解释、阐明。

⑨科：科文之略称。为方便解释经论而将内容分成数段，再以精简扼要之文字标示各部分之内容，也称分科、科段、科节、科判。依据分科可以获知该书之简明内容及义旨脉络，并能定出注释者对于该书之大体见解。

⑩竖义：立义，阐明义理。

⑪玩：研讨，反复体会。

【译文】《法华经》，天台大师为此经所作的批注有《法华玄义》《法华文句》，其内容博大丰富而详细。温陵大师为此经所作的批注有《法华要解》，其内容精辟扼要而简明。天台大师所作的批注固然值得崇尚，而温陵大师所作的批注也不可轻视。

有人说："先阅读温陵大师的《法华要解》，再去参究天台大师的《法华玄义》《法华文句》，便会发现其间的胜劣差别悬殊。然而你却说温陵大师所作的批注不可轻视，这是什么意思？"

北宋温陵大师的年代远在隋朝天台智者大师之后，智者大师的《法华玄义》《法华文句》等天台重要典籍，温陵大师当然都有看过。其中对于《法华经》所做的精细分析、详尽辩明，温陵大师不会不知道。其次，温陵大师所作的注疏既以"要解"为名，就是取其直捷了当、简明扼要的意思，如果又对《法华经》加以烦琐解释、详细申论，则变成广博而不精要了。况且《法华要解》中所列的科文大多采用天台大师原有的分科方法，没有引用的部分，应该也是有他的用意。至于《法华要解》中，解释文义的部分，或有其得失增减之处，真正想学习的人，应该以虚心平气而熟读之，好好去体会，才能有所收获。

法华要解（二）

　　前云"中有得失"，试举其失。经云"五众之生灭①"，《要解》谓是"五趣"②。然五众③者，五蕴之别名，《智论》④反复明之。而曰五趣者，失于考也。试举其得。如药王焚身，《要解》谓"妙觉⑤圆照，离于身见⑥，得蕴空⑦故，乃能如是。若不达法行⑧，空慕其迹，徒增业苦。"盖发天台之所未发，而深有益于后学者也。

　　【注释】①经云五众之生灭：此指《妙法莲华经》卷二，"譬喻品"中提到的经文，原文为："尔时诸天子欲重宣此义而说偈言：'昔于波罗奈，转四谛法轮，分别说诸法，五众之生灭。今复转最妙，无上大法轮，是法甚深奥，少有能信者。'"生灭：依因缘和合而有，叫作生；依因缘分散而无，叫作灭。有生有灭，是有为法；不生不灭，是无为法。

　　②《要解》谓是五趣：此指《妙法莲华经解》卷第二之一提到的经文，原文为："鹿苑分别五趣众生，生灭粗相，容有能信；今兹一乘旨妙义奥，故少能信者。"五趣：趣是趣向的意思。众生受报，皆由因趣果。五趣，又名五恶道，或五道，即地狱、饿鬼、畜生、人、天。

③五众：五蕴之旧译。众为和集之义。

④《智论》：又称《大智度论》《摩诃般若释论》等，为印度龙树菩萨著，后秦鸠摩罗什译。此是诠释《大品般若经》之论著，"大智度"为"摩诃般若波罗蜜"之意译。

⑤妙觉：自觉觉他，觉行圆满，智德不可思议，称为妙觉，为佛果的无上正觉，证得此觉的人，被称为佛。

⑥身见：执着五蕴假和合之身为实有的错误见解。

⑦蕴空：即指五蕴皆空。五蕴是色受想行识，色从四大假合而有，受想行识由妄念而生，故此五蕴诸法，如幻如化，从因缘生，本无实性，当体即空，故谓五蕴皆空。

⑧法行：此指"称法行"。谓性净之理，因之为法。此理众相皆空，无染无着，无此无彼。故经云：法无有我，离我垢故。智者信解此理，应当称法而行。法体无悭，于身命财行檀舍施，心无悭惜，达解三空，自利利他，庄严菩提之道，为除妄想，修行六度而无所行，故名称法行。（三空者，施者、受者及所施之物，三相皆空。六度者，一布施、二持戒、三忍辱、四精进、五禅定、六智慧。）

【译文】前文提到《法华要解》中的解释有得有失，先试举出其失误处：《妙法莲华经·譬喻品》提到"五众之生灭"，《法华要解》把"五众"解释为"五趣"。其实"五众"是"五蕴"的别名，《大智度论》中多次重复说明此意，而温陵大师把"五众"解释为"五趣"，这是失于考证的。

再试举出其精确处，如《妙法莲华经药王菩萨本事品》提到药王菩萨燃臂焚身、为法舍身的故事，《法华要解》解释药王菩萨以圆通无碍的智慧，照见身体不过是五蕴虚妄和合的幻躯而已，所以能远离我执邪见，得到五蕴空性正见，而发心燃臂焚身供养于佛。若不是"称法而行"，只是学其表面的燃臂焚身之举，恐怕只是增加自己的痛苦而已。这种解释是发挥天台大师所未发挥的意境，对后学具有相当深刻的启益。

朱学谕

嘉禾①朱懋（mào）正，言其曾大父②学谕公，既归田③，以所得俸金，构④小屋于郊外，读书其中，扃⑤户谢客，虽子侄姻戚，以至邑令长⑥，罕得睹其面。独一老友，每晡⑦时来，共弈数局，饮数行⑧，浩歌⑨数章，则入暮矣，乃就寝。率以为常，与世隔绝，如在穷谷深山中。年八十九，月夜登桥失足，微疾。二子迎归。将终，援笔⑩谆谆诲以道义，不及琐细家务。书毕，瞑目逝。俄开目⑪云："尚欲嘱嘉定。"（嘉定者，公之孙，初成进士，宰嘉定。）于是复为书，教以始终清介⑫，毋宦成渝其晚节⑬。因掷笔长往⑭。

噫！公未闻佛法，而临行磊落潇洒，有久修所不及者，何故？良由心无系累⑮，佛法已思过半。彼终日喃喃诵经说法而心不净，末后懂惶挥霍⑯，反俗士之不若，亦何怪其然乎！吾于是有感，向使公得闻佛法，以彼幽潜孤绝⑰之力，尽心于般若，奚患大事之不明乎? 吾于是重有感。

【注释】①嘉禾: 地名。古称嘉禾的地名有四, 分别为: 浙江嘉禾 (唐代时嘉兴即有此称号, 北宋时设置嘉禾郡, 今之浙江省嘉兴市)、 江西嘉禾 (三国东吴时设置丰县, 别号嘉禾, 今之江西省南丰县)、 福建嘉禾 (南宋时设置, 今之福建省建阳市)、河北嘉禾 (北齐时地 名, 今河北省南和县)。今仍称嘉禾县的是湖南省嘉禾县 (明代时设 置)。

②曾大父: 即曾祖父。

③归田: 谓辞官回乡务农。

④构: 购买; 或指架屋、营造。

⑤扃: 关闭。

⑥邑令长: 指县令及邑里之长。秦汉时治万户以上县者为令, 不 足万户者为长。

⑦晡: 古时分一昼夜为十二时, 晡时即指下午三时至五时。

⑧饮数行: 表示斟酒的遍数。

⑨浩歌: 放声高歌, 大声歌唱。

⑩援笔: 执笔。

⑪俄开目: 短暂的时间, 一会儿。

⑫清介: 清正耿直。

⑬渝其晚节: 指到了晚年不能保持节操。渝, 变更、改变。

⑭掷笔长往: 死亡的婉辞。掷, 引申指抛弃。

⑮系累: 束缚、牵缠。累, 引申作捆缚。

⑯憧惶: 忙乱、慌张。挥霍: 迅疾的样子。

⑰幽潜孤绝: 幽潜, 指隐居。孤绝, 指幽静的处所。

【译文】嘉禾地区有一位朱懋正，谈起他的曾祖父学谕公的事迹。学谕公辞官回归乡里后，以生平所得的俸金，在郊外筑一小屋，平时在屋内读书，闭门谢客，即使是自己的子侄亲戚，乃至地方首长，都很少能见他一面。唯独有一老友，每天下午来，两人一起下棋数局，饮酒数杯，高歌数曲，一直到傍晚太阳下山后，学谕公便上床睡觉。他都是这样过日子，与世隔绝，犹如居住在人迹罕至的穷谷深山中。

学谕公在八十九岁那一年，某日夜晚登桥时，不小心摔了一跤，受点小伤，他的两个儿子就把他接回家中。学谕公临终时，恳切的提笔写出为人处世的道德义理以教诲子孙，完全没提到琐细家务。写完之后，即瞑目而逝，又突然睁开眼睛说道："我还有话要嘱咐嘉定。"（嘉定是指学谕公的孙子，刚考取进士，在嘉定地方为官。）于是又拿着笔书写，教导孙子自始至终都要保持清廉正直，千万不可在做官之后为攀求名利而晚节不保。这次写完后，便与世长辞了。

噫！学谕公并没有听闻佛法，却能在临终时表现得如此磊落潇洒，即使是久修佛法的人也比不上他，为什么？这是由于他的内心清净，没有挂碍，仅此一点已与佛法契合大半。那些终日喃喃诵经、说法而心不清净的人，临终时却惊慌失措，反而不如这些未出家的世俗之士，所以这也没什么好奇怪的。对于这件事我深有感触。

假使学谕公有幸得闻佛法，以他那种隐居深藏的定力，专心致志来修学般若，何愁不能明心见性呢？对于这一点，我又深有所感。

本身卢舍那

　　僧问古德："如何是本身卢舍那①？"答云："与我过拂子②来。"俄而曰："置旧处。"僧理前问，曰："古佛③过去久矣！"又云："未了之人听一言，只这如今谁动口？"后人由此以举手动足、开口作声便为真佛④，是则诚是，而实不是，所谓认贼为子⑤者也。遂将柏树子⑥、麻三斤⑦、翠竹黄花⑧、鸟衔猿抱⑨等，一概认去，岂不误哉？俱胝⑩遇问，即竖一指；鲁祖⑪见僧，回身面壁。昔人道："我若看见，拗折指头⑫。"予亦云："待渠回身，拦胸踏倒⑬。"

　　【注释】①本身卢舍那：禅家言本身即本心，即自己本来之真如心性。

　　②拂子：即拂尘，古代用以掸拭尘埃和驱赶蚊蝇的器具。

　　③古佛：对先佛或有德高僧之尊称。先佛即指古时之佛、过去七佛，或指释迦、卢舍那佛等。禅林中，用以尊称有德高僧者，有赵州古佛、曹溪真古佛、宏智古佛、先师天童古佛等。

　　④真佛：指佛的报身与法身。法身又名自性身，或法性身，即常住不灭，人人本具的真性，不过我们众生迷而不显，佛是觉而证得了；报

身是由佛的智慧功德所成的,有自受用报身和他受用报身的分别,自受用报身是佛自己受用内证法乐之身,他受用报身是佛为十地菩萨说法而变现的身。

⑤认贼为子:比喻将自家之妄想,错认为真正之悟见。

⑥柏树子:禅宗公案。又作赵州柏树、庭前柏树子。《联灯会要》记载有一僧人问赵州从谂禅师:"什么是祖师西来意?"赵州禅师看着堂前青翠茂盛的柏树说:"庭前柏树子。"这个僧人一听,就质问说:"请和尚不要拿外境来示人。"赵州禅师说:"我从不以外境示人。"学僧不放心,又再问了一次:"什么是祖师西来意?"赵州禅师肯定地说:"庭前柏树子。"这则公案,赵州禅师以一句"庭前柏树子"教导学人:道非玄妙,眼前俯拾即是,虽然是平常庭院前的柏树,也是佛法所在,离开目前而另觅祖师西来意(指达摩禅意),离道更远。如果说法处没有柏树,也指"庭前柏树子",那就变成没有什么意味的话了。

⑦麻三斤:禅宗公案。全称洞山麻三斤,又称答麻三斤、麻三斤话。即五代宋初云门宗洞山守初禅师显示尽大地无一不是佛之当体之公案。《碧岩录》第十二则:"僧问洞山:'如何是佛?'山云:'麻三斤。'"盖麻三斤乃彼时洞山眼前之物,洞山以此作答,用以表示佛法之真实,意谓身旁无论何物均是佛法。

⑧翠竹黄花:南朝道生法师主张无情亦有佛性,曾以草木阐述一真法界之妙理,而谓:"青青翠竹,尽是真如;郁郁黄花,无非般若。"

⑨鸟衔猿抱:唐代夹山善会禅师,在湖南沣州夹山开辟道场之后,有僧人问夹山善会禅师:"如何是你的境界?"他答道:"猿抱子归青嶂里,鸟衔花落碧岩前。"

⑩俱胝:唐代僧,常诵俱胝(准胝,又作准提)观音咒,世人遂称

之俱胝。俱胝初住庵时，有尼师名实际，到庵问道，师无以对答其质问，遂起勇猛精进之心往诸方参寻。未久，天龙和尚至庵，师即迎礼，具陈前事，天龙竖一指示之，师当下大悟。自此凡有学者参问，师唯举一指，无别提唱，世称"俱胝一指""一指禅"。于入寂前，尝谓："吾得天龙一指头禅，一生用不尽。"

⑪鲁祖：指唐代池州鲁祖山之宝云禅师。宝云平日接引学人之作风颇为特殊，若有前来问法者，宝云皆面壁不语，欲令学人自其面壁不语之举动而有所契入，禅林中传为奇特事，而称为鲁祖家风，或称为鲁祖面壁。

⑫拗折指头：有一供过（粥饮时，行饭羹茶果等之行者）童子，于外亦学俱胝和尚，每见人问事，亦竖指以对。人谓师曰："和尚，童子亦会佛法，凡有问皆如和尚竖指。"师一日潜袖刀子，问童曰："闻你会佛法，是否？"童曰："是。"师曰："如何是佛？"童竖起指头，师以刀断其指，童叫唤走出。师召童子，童回首。师曰："如何是佛？"童举手不见指头，豁然大悟。

⑬拦胸踏倒：当，正对。

【译文】有位僧人问禅宗大德："如何是本身卢舍那？"这位大德说："替我把拂尘拿过来。"僧取拂尘至，大德又说："请放回原处。"僧放回原处后又来问同样的问题，大德说："这古佛已经过去久矣！"又开示道："还未悟明心地的人，请听这一句：就这当下，是谁在讲？谁在听？"

后人读了这些公案，不明就里，就以为举手动足、开口作声便是真佛。虽然看似是对的，而实际上并不对，因为这正是将自己的妄想错认为是明心见性了。所以将柏树子、麻三斤、翠竹黄花、鸟衔猿抱这些禅林公案也同样的错误看待，以为"参话头"只是随意的举手动足、开口作声便是，而不重其内心的体悟，这岂不误了见性这等大事？

唐朝俱胝和尚遇有参学的人来问道，仅竖一指，别无余言。唐朝池州鲁祖山之宝云禅师，若见有僧人前来问法，便回身面壁不语。他们的举动都是欲令学人能有所契入。若大家以为有样学样就能悟道，古人说："我若看见有人学俱胝一指，就拗断他的手指头。"我也会说："我若看见有人学鲁祖面壁，待他转身，我就会对着他的胸把他踢倒。"

衣帛食肉

晦庵先生辟佛，空谷①力为辩驳矣。虽然，晦庵亦有助佛扬化处，不可不知也。其解《孟子》②曰："五十非帛③不暖，未五十者不得衣也。七十非肉不饱，未七十者不得食也。"夫兽毛蚕口④，害物伤慈，佛制也。必五十乃衣帛，则衣帛者鲜矣！食肉者断大慈悲种子⑤，佛制也。必七十乃食肉，则食肉者鲜矣！今孩提之童，固已重裘⑥纯绔⑦卫其形，烹肥割鲜饫⑧其口，曾不待壮，而况老乎！使晦庵之说行，宁不为佛法少助？咎⑨晦庵者不之察，吾故为阐⑩之。

【注释】①空谷：明代僧，讳景隆，字祖庭，号空谷。从懒云受学参禅,四十余岁受懒云印可。空谷所撰之《尚直编》《尚理编》是明初佛教界具有代表性的护法论。《尚直编》尤其力驳朱熹排佛思想。《尚理编》则针对道士缪尚诚之《神化图》,加以论驳。

②其解《孟子》:此处"解",指朱熹所著的《四书章句集注》其中之《孟子集注》。《四书章句集注》是四书重要的注本,其内容分为《大学章句》一卷、《中庸章句》一卷、《论语集注》十卷,以及《孟子集注》十四卷。朱熹将《大学》《中庸》分章断句加以注释,其注释称为"章句",《论语》《孟子》的注释则参照各家之说,系统地发挥了理学思想,既注重文字诠释,更着重于义理的阐发,称为"集注"。后人合称其为"四书章句集注",简称"四书集注"。

③帛:古代丝织物的通称。

④蚕口:意指取蚕茧之丝作衣或卧具。梵语骄奢耶、骄尸、高世耶,意译为蚕、绢。诸律之中,三十舍堕法之第十一有骄奢耶敷具(指蚕丝做成的袈裟)之戒。《十诵律》卷七载有佛陀制此戒之因缘,谓拘睒弥比丘作新骄奢耶敷具,想乞绵、缕(丝织物)、衣、茧等,然绵、缕价贵,因须多杀蚕始成。比丘数数乞,致使诸居士厌患而呵责。佛陀闻悉,乃制定不能以新骄奢耶作敷具之戒,若作之,则犯尼萨耆波逸提罪(尼萨耆波逸提译为舍堕,"舍"是指犯罪品物,悉应舍与僧众,"堕"谓犯罪应堕地狱)。

⑤食肉者断大慈悲种子:众生形体虽殊,而觉性不异,好生恶死之情尤与人同,不应肉食而戕害其性情,是以戒杀、茹素乃实践佛陀慈悲精神之一种方便法。《梵网经》四十八轻戒中,亦列有食肉戒,谓食肉将断大慈悲佛性种子,故一切菩萨不得食一切众生肉,唯身罹重病者例外。

⑥裘:用毛皮制成的御寒衣服。

⑦纩：古时指新丝绵絮，后泛指绵絮。

⑧饫（yù）：足、饱食。

⑨咎：责怪，或指憎恨、厌恶。

⑩阐：阐明，把深奥的道理讲明白。

【译文】宋朝朱晦庵（朱熹）先生批评佛教，明朝空谷禅师则极力驳斥晦庵先生的排佛思想。虽然如此，晦庵先生也有其帮助佛法扬化之处，这是我们必须要知道的。譬如，晦庵先生在《孟子集注》一书中指出："五十岁以上的人逐渐衰老，如果冬天不穿丝织的衣服则无法保暖；但还未到五十岁的人，则不应该穿丝织的衣服。七十岁以上的人，如果饭食中没有肉类，恐怕会吃不饱；还未到七十岁的人，则不应该食肉。"

若穿用兽毛、蚕丝做成的衣物，会因此伤害动物的性命，有损慈悲心，这是佛制禁止的原因。如果世人都能到五十岁以上才用丝织品为衣，穿丝织衣服的人就会减少，那么，兽毛、蚕丝的需求便减少了！食肉之人必多害物命，会因此断了自性本具的大慈悲种子，这是佛制禁止的原因。如果世人都能到七十岁以上才吃肉，那么世间吃肉的人就会变少了！现在的孩童，年纪轻轻已开始穿着厚重的皮衣、纯丝绵制的衣服，以保护他们的身体，享用肥美新鲜的鱼肉，以满足他们的口腹之欲，还不到壮年就如此，更何况要他们等到老年才能衣帛食肉呢！假使大家都能遵循晦庵先生的主张，难道对于弘扬佛法就没有一点帮助吗？驳斥晦庵先生的人大概没有观察到这一点，所以我特别提出来说明清楚。

执　著

　　人恒病执著，然亦不可概论。良由学以好成，好之极名著。羿著射①，辽著丸②，连著琴③，与夫著弈④者，至屏帐垣牅⑤皆森然黑白成势，著书者，至山中木石尽黑⑥，学画马者，至马现于床榻间⑦，夫然后以其艺鸣天下而声后世。何独于学道而疑之？是故参禅人，至于茶不知茶，饭不知饭，行不知行，坐不知坐，发箧⑧而忘扃，出厕而忘衣⑨。念佛人，至于开目闭目而观在前，摄心散心⑩而念恒一⑪，不举自举⑫，不疑自疑⑬，皆著也。良由情极志专，功深力到，不觉不知，忽入三昧⑭。亦犹钻燧⑮者，钻之不已而发焰。炼铁者，炼之不已而成钢也。所恶于著者，谓其不知万法皆幻⑯，而希果之心急；不知一切唯识⑰，而取相⑱之意深，是则为所障耳。概虑其著，而悠悠荡荡⑲，如水浸石，穷历年劫，何益之有？是故执滞之著不可有，执持之著不可无。

　　【注释】①羿著射：古代神话传说中善射的人。传说尧做国君的时候，天空中出现十个太阳，把禾苗晒焦、草木晒死，百姓陷于饥饿之中，各种恶禽猛兽乘机出来危害人民。羿射去九日，射杀封豕长蛇，民赖以安。因其常和传说仲夏代的有穷国国君后羿的事迹相混,也被称为后羿。

②辽著丸:辽,指春秋时楚国勇士,姓熊,名宜辽(或作宜僚),居于市南,因号曰市南子,善弄丸(弄丸是古代的一种技艺,两手上下抛接好多个弹丸不使落地)。楚与宋战,宜僚于军前弄丸,连续抛弄九个弹丸于空中而不落地,宋军停战观之,遂败,楚庄王不战而胜。

③连著琴:连,指成连,春秋时著名琴师。传说成连教伯牙学琴三年,伯牙情志未能专一,成连于是用船把伯牙送到荒僻无人的岛上,让他从自然界的音响中悟得琴理。伯牙从而得到启发,技艺大进,终于成为天下妙手。

④弈:此指围棋。传为尧作,春秋战国时代即有关于围棋的记载。早先棋盘上有纵横各十一、十五、十七道线几种,唐以后为纵横各十九道,交错成三百六十一个位。双方用黑白棋子对着,互相围攻,吃掉对方棋子,占据其位,占位多者为胜,故名围棋。

⑤垣:矮墙。牖:窗户。

⑥著书者,至山中木石尽黑:此指"钟丞相入抱犊山十年,木石尽黑"的典故。钟繇,字元常,三国时期曹魏著名的书法家、政治家。少时曾去抱犊山学习书法。据《书苑菁华》记载,钟繇在学习书法过程中,不分白天黑夜,不论场合地点,有空就写,有机会就练。与人坐在一起谈天,就在周围地上练习。晚上休息,就以被子作纸张,时间一久,被子被画出一个大窟窿。见到花草树木,虫鱼鸟兽等自然景物,就会与笔法联系起来。

⑦学画马者至,马现于床榻间:此指赵孟頫"据床学马"的故事。赵孟頫,宋末元初的文学家、艺术家,字子昂,号松雪道人。博

学多才，工古文诗词，通音律，精鉴赏，在书画方面造诣尤深，影响深远，为元代画坛的领袖人物。赵孟頫嗜好画马，相传他为了画好马的神韵，曾经达到痴狂的地步，天天想马忆马，有一天睡觉还想着马，他的夫人听到声音，从窗户看去，惊见一匹马在床上打滚。"浴马图"就是他的著名画作之一，此图卷后记载："赵孟頫尝据床学马状，管夫人自牖中窥之，正见一匹马。"

⑧箧：小箱子，藏物之具。大曰箱，小曰箧。

⑨出厕而忘衣：古人服饰较繁复，因此如厕时，必先脱下长衣，才不会弄脏或是沾染臭味。如厕后，或更衣，或穿回原来脱下的长衣。

⑩摄心：此指摄心念佛，又作定心念佛，即止息散乱之心，安住于定心，以专注称念佛名。散心：此指散心念佛，即以散乱心称念佛名。不定期限，不调作法，不观佛之相好，不分时、处、所缘等，于行住坐卧称佛名，显净土之往生也。

⑪念恒一：此指一心专念，即念佛之心专一。

⑫不举自举：此指举念，举念就是念阿弥陀佛，这一声阿弥陀佛里面具足了信愿行。

⑬不疑自疑：此指禅宗参话头的疑情。疑情与怀疑不同，疑情是相信佛所讲的话决定是真实的，可是不懂，但不用思量卜度向外找答案，而是在一念未生之际，透过参究话头，待狂心渐渐收笼，念头也有点把得住了，才能反闻自性。禅宗说"大疑则大悟，小疑则小悟"，即指疑情。怀疑是不相信，是烦恼，也就是疑念现前时，胡思乱想，东寻西找，这叫作打妄想。

⑭三昧：是修行者之心定于一处而不散乱之状态。又作三摩地、三摩提、三摩帝，意译为定、等持、正受、调直定、正心行处、息虑凝心

等。三昧即心定于一处，故称定；远离昏沉、掉举而保持平等的心，故称等持；正受所观之法，故称正受；调整散乱的心使正直，故称调直定；正心之行动，使合于法的依处，故称正心行处；息止缘虑，凝结心念，故言息虑凝心。

⑮钻鐩：又作钻燧，原始的取火法，因季节不同而用不同的材料。燧为取火的工具，有金燧（古代向日取火的铜制工具，形状像镜）、木燧（木制的用具）两种。

⑯万法皆幻：指世间万法虚妄不实、生灭无常。

⑰唯识：识，即心也。谓一切行业皆由识心而起，而此识心，全由真如之理变现。离识变现之外，无任何实在，称为唯识。

⑱取相：一切有漏妄法及无漏净法，无始时来，各有种子，在阿赖耶识中，遇缘熏习，即各从自性而起。以肉眼观故，则见是有；以慧眼观故，则见是无。众生迷故，于此等法，起执取相。

⑲悠悠荡荡：飘忽不定的样子。

【译文】一般人都认为"执着"是不好的，其实也不能一概而论。世出世间一切法都必须专心学习，并且乐此不疲，才能有所成就。浓厚的兴趣、爱好到了极处，这也是"执着"的意思。

古时后羿专心致力于射箭，所以成为射日英雄。宜辽专心致力于弄丸，因神乎其技而免楚宋干戈。成连专心致力于弹琴，而成为著名琴师。还有专心致力于围棋的人，连屏帐、墙、窗都能看成黑白子对垒的棋局。专心致力于书法的人，见到山中一木一石都能看成各式字体。学画马的人，专心于马的声形样貌，连躺在床上睡觉时都会变成马形。这都是因为专心所致，所以他们的技艺才能闻名天下而流传于后世。世间的技艺都需要专心学习才能成就，为何唯独对于学道之事，就觉得不能执着呢？

所以，因为专心致志，参禅的人在参究话头时，往往会喝茶不知茶味，吃饭不知饭香，走路也不知在走路，坐着也不知是坐着，打开箱子便忘了关锁，走出厕所便忘了脱去的衣服。因为专心，念佛的人于二六时中忆佛念佛，直到开目闭目都能见到佛的相好庄严，无论摄心念佛或散心念佛，一句佛号从不间断。如此功夫，口不念佛而心自念，不推敲话头而自然参悟，这种专心的程度就是"执着"的意思。就是因为这样专心致志，功深力到，才能在不知不觉中进入三昧的境界。这好比钻木取火，只要不停地钻，终能发出火苗。又如炼铁，只要不断地炼，便能成钢。

至于认为执着是不好的，那是指有些人不知世间万法是虚妄不实的，而急于求成道果。或不知一切法都是由心识变现的，迷于种种法相而起分别，就是因为这种错误知见产生的执着，便成了障道的原因。

如果以为一向专念就是不好的执着，而放任自己终日悠悠荡荡，那就如同石头浸在水中，纵使历经无数时间，也不会有任何增益。因此，对于"执着"的定义必须认识清楚，如果所执的是障道的"着"则不可有，所执的是进道的"着"则不可无。

好古（一）

　　数辈好古者，群居一堂，各出其古以相角①。有出元宋五季②时物者，众相与目笑之。已而唐，而晋，而汉，而秦，而三代③，恨不得高辛之铛④、燧人之钻、神农之琴⑤、太昊之瑟⑥、女娲氏所炼五色石之余也。一人曰："诸君所畜⑦诚古矣，非太古也，非太古之太古⑧也。"众曰："然则日月乎？"曰："未古也，有天地然后有日月。""然则天地乎？"曰："未古也，有虚空然后有天地。""然则虚空乎？"曰："未古也。吾所畜，日月未生，天地未立，空劫以前⑨之物也。诸君不吝千金以博⑩一炉一瓶一书一画，而不知宝其最古，亦惑矣！"众相视无语。

【注释】①相角：竞争、争胜。

②五季：此指后梁、后唐、后晋、后汉、后周，五代。

③三代：此指夏、商、周。

④高辛：即帝喾（kù），上古传说中的五位帝王之一。因帝喾初受封于辛，后即帝位，号高辛氏。铛：一种古代的温器，较小，有三足，用以把酒、茶等温热，以金属或陶、瓷等制成。

⑤神农之琴：神农是传说中的上古三皇之一，也称炎帝。始教民

为未耜（农具），务农业，故称神农氏。又传他曾尝百草，发现药材，教
人治病。

⑥太昊之瑟：太昊即伏羲氏，传说中的上古三皇之一，又称泰帝。
相传其始画八卦，又教民渔猎，取牺牲以供庖厨，因称庖牺，又作宓
羲。相传瑟（拨弦乐器）为伏羲所作。

⑦畜：指收藏。

⑧太古：远古、上古。

⑨空劫以前：此指世界形成以前而万物未生之时期。天地未开以
前，了无善恶、迷悟、凡圣、有无等差别对待；亦即未分别生起森罗万
象以前之绝对的存在境界。于禅家，多用"如何是空劫以前自己"作为
话头而参禅。

⑩博：获取、得到。

【译文】有数位爱好赏玩古物的人共聚一堂，各拿出他们所收
藏的古物相互较量。有人出示元朝、宋朝、五代时的古物，大家相视
且窃笑他。随后有人出示唐朝的古物，有人出示晋朝的，有人出示汉
朝的，有人出示秦朝的，乃至有人出示夏商周三代的，他们恨不得能
把高辛（帝喾）的铠、燧人氏的钻、神农氏的琴、太昊（伏羲氏）的
瑟、女娲氏补天时所炼之五色石等等，这些古物都陈列出来。

这时有人说："你们所收藏的，确实都是年代久远的古物，但还
比不上太古之物，更比不上太古前更久远的古物。"

众人问："您是指最初形成之日月吗？"

答："这还不算最远古，因为先有天地然后才有日月。"问："那
么是指天地形成之初吗？"答："这还不算最远古，因为先有虚空然
后才有天地。"问："那么是指虚空啰？"答："这还不算最远古。我
所收藏的是日月未生、天地未立、世界未开之前的宝物。你们不惜花

费千金以取得一个古炉、一只古瓶、一本古书、一张古画, 却不知珍惜自己最古的宝物, 未免也太糊涂了吧!" 众人相视而说不出话来。

好古（二）

俄而^①曰:"子之古, 人所同也, 非子所独也, 奚贵焉?"曰: "同有之, 同迷之, 迷则不异于无。虽谓吾所独, 非过也。"曰: "吾辈之古, 历历^②可观, 子之古安在?"其人展两手示之, 众复相视无语。

【注释】①俄而: 短暂的时间、不久、突然间。
②历历: 清晰的样子。

【译文】过了一会儿, 有人又问:"你所说的古物, 是人人都有的, 并非你一个人所独有, 这哪算得上珍贵罕见的宝物?"

此人答道:"虽然人人都有, 可惜人人都迷失了, 迷失则相当于没有了, 如此一来, 即使说我所独有, 也没有错。"

又问:"我们的古物摆在眼前, 清晰可见, 你的古物在哪里呢?"

此人便展开两手给他们看, 众人又相视而说不出话来。

立义难

昔刘歆^①初定古文《春秋左氏》^②，及《毛诗》《尚书》^③等，时儒嫉之，议论蜂起。晦庵作《濂溪太极图解》^④，书一出而众喙^⑤交集。乃至南岳创般若之旨^⑥，初祖开直指之禅^⑦，义学^⑧不然其言，加以毒害，况今人乎！议礼^⑨之家，名为聚讼^⑩，甚哉！立义之难，不可不慎也。

【注释】①刘歆：西汉末年经学家、学术史家。字子骏，后改名秀，字颖叔。西汉成帝时，官府藏书散乱，刘歆随其父刘向整理校对宫中秘密机要的书籍文件，并汇编出有系统的校勘、叙录方法，从而开创了中国古典目录学的先河。汉武帝罢黜百家，独尊儒术，儒家经典被尊称为"经"，并立五经博士，每一经都置博士，博士下置弟子，博士与弟子讲习经书，从而形成了经学，并以今文经的内容为官学。刘歆建议增置以籀文书写的《左氏春秋》《毛诗》《逸礼》（指《礼经》）及古文《尚书》皆列于学官，称"古文经学"。因与今文博士相抗衡，加上措辞激烈，所以触怒今文家诸儒，被指责为改乱旧章。此后，经学出现了今文和古文两个派别，古、今文经学不仅文字不同，治经的方法也不同，其争论前后延续了近两百年。

②《春秋左氏》：西汉初称《左氏春秋》，或称《春秋古文》，东汉以后改称《春秋左氏传》，简称《左传》。其是记载中国春秋时期历史的编年史书，多用事实解释《春秋》，为儒家重要经典之一。西汉末年，刘歆校皇家藏书时，见古文《春秋左氏传》，其认为《左传》是传《春秋》的，所以他就拿传文去解经，使之互相说明。《春秋》只作大事记式的记录，到《左传》中出现戏剧性的故事情节和栩栩如生的人物形象。

③《毛诗》：即今本《诗经》。相传为汉初学者毛亨和毛苌所传。据称其学出于孔子弟子子夏。《毛诗》在西汉未立学官，属古文经学派。魏晋以后，今文齐、鲁、韩三家《诗》渐散亡或无传者，唯《毛诗》独盛。至唐孔颖达定《五经正义》，于《诗》取毛传与郑笺，乃更为后世所崇尚。《尚书》：中国最古老的政治文献汇编。战国时总称为《书》，汉人改称《尚书》，"尚"的意义是上古，"书"的意义是书写在竹帛上的历史记载，所以"尚书"就是"上古的史书"。主要记载商、周两代统治者的一些讲话记录。后被列入儒家经典之一，又称《书经》。秦始皇焚书之后，《书》多残缺。汉初《尚书》存二十九篇，为秦博士伏生所传，用汉时隶书抄写，被称为《今文尚书》。又西汉前期，相传鲁恭王拆孔子故宅一段墙壁，发现另一部《尚书》，是用先秦六国时字体书写的，所以称《古文尚书》，它比《今文尚书》多"逸书"十六篇，刘歆请立于学官，遭到今文家的反对，引起学术史上的今古文之争。

④《濂溪太极图解》：濂溪，即周敦颐，宋代哲学家、理学的奠基者，字茂叔，原名敦实，因避宋英宗旧讳，改名敦颐。晚年于庐山莲花峰下建濂溪书堂讲学，学者称濂溪先生，程颢、程颐兄弟都在他门下受业。他的哲学著作有《太极图说》《通书》等，后人编为《周子全书》或《周濂溪集》行世。《濂溪太极图解》，即朱熹作的《太极图说

解》。

⑤众喙：借指各种议论。喙，嘴、斥责。

⑥南岳创般若之旨：南岳是指南岳慧思禅师，南北朝时期之高僧，世称南岳尊者、思大和尚、思禅师，为我国天台宗第二代祖师（一说三祖）。慧思之学，以禅学为主，据《唐高僧传》记载，南朝的佛教本来是重义理而轻禅法的，北方的佛教则重禅定。慧思南渡之后，开定慧双修，融通南北之学，使得南北思想日趋一致。由于慧思长期持诵《法华》，对《法华》有极深的信仰，所以他的中心思想虽属于《般若》，但更推崇《法华》。他认为从佛的教化辗转增胜上看，《法华》所说要比《般若》更进一步，称《法华》为大乘顿觉疾成佛道的法门。他曾命其弟子智颛代讲《大品般若》，讲到一心具足万行处，慧思特别指示说，《大品》所讲还是次第义，到《法华》才讲圆顿义。对于智颛后来创立以《法华》为中心的天台宗学说，起了决定性的影响。

⑦初祖开直指之禅：初祖指禅宗初祖菩提达磨，通称达磨，印度人，梁武帝时泛海到达中国的广州，武帝迎至建业，因与帝话不投机，遂渡江入魏，在嵩山少林寺面壁九年。神光（慧可）立雪断臂，志求佛法，终得达磨所传心印。

⑧义学：讲求经义之学。

⑨议礼：谓议论礼制。

⑩聚讼：众说纷纭，久无定论。《后汉书·曹褒传》："帝曰：谚言'作舍道边，三年不成。'会礼之家，名为聚讼，互生疑异，笔不得下。"东汉博士曹褒好礼仪之事，章帝有意重订礼乐制度，但反对意见甚多。在新制礼仪时，章帝交由曹褒主事专修，因为章帝认为若交由众儒生聚议，最终各说各话，互生疑异，就像"作舍道边，三年不成"，意即在街上盖房子，凡路过的人都要给意见，就算过了三年，房

子还是盖不起来，所以只要是真人才，一个就足够了。章帝去世后，此一新制立即受到众官极度的指责，认为曹褒破坏圣制，应当处以极刑。

【译文】从前汉朝刘歆刚立定古文《春秋左氏传》及《毛诗》、古文《尚书》等古文经，列于学官时，便引起许多今文儒者的嫉妒毁谤，种种指责蜂拥而至；宋朝晦庵先生（朱熹）针对濂溪先生的《太极图说》所作的《太极图说解》，此书一出，也是议论哗然；乃至南岳慧思禅师对于般若精义创其独到见解，或者是禅宗初祖达磨开设不立文字、单传心印、直指人心的祖师禅，同样引起许多讲求经义之学者的反对，并加以毒害。祖师们尚且如此，何况是今人呢！《后汉书》说："议礼之家，名为聚讼。"确实是这样，甚至更严重！可见，要建立新观点、新义理是这么难，不能不谨慎啊！

不作佛事

或言父母之丧，不作佛事①，此晦庵家礼②也。嗟乎！世遂有生子、登枢要③、饶财宝，而不得其为己礼一佛，诵一四句偈④，饭一沙门。复于七七日中，宰牲牢⑤致胙⑥于宗族交游，以为崇正道、辟邪说。不知只以增亲之业，助其沉沦，死者有知，当抚膺⑦痛哭于泉下矣！反不及贫人之子，得报其亲也。岂不重可哀哉？

《颜氏家训》⑧，古今人所赞叹，而其间独曰"必作佛事"。颜朱皆贤者也，试合而观之。

【注释】①佛事：诸佛教化众生的作为称之。后来凡佛教徒的诵经、祈祷、追福等都成为佛事。

②晦庵家礼：指南宋朱熹所撰的《家礼》，共五卷，附录一卷。《家礼》内容分为通礼、冠、婚、丧、祭五部分，都是根据当时社会习俗及参考古今家礼而成，体现出朱熹博采众家的礼学思想特点。朱子《家礼》影响后代庶民家礼执行及观念甚巨，自明代以来，官方"颁文公家礼于天下"并"定制用之"，明示以朱子《家礼》为庶民行日常礼仪依归，《家礼》一书影响广泛，甚而传至东亚日韩等国家。

③枢要：指中央政权中机要的部门或官职。

④一四句偈：由四句话所构成的偈颂。佛经中的偈颂，大都以三字乃至八字为一句，以四句为一偈。

⑤牲牢：指牲畜。

⑥胙：祭祀用的酒肉。

⑦抚膺：抚摩或捶拍胸口，表示惋惜、哀叹、悲愤等。

⑧《颜氏家训》：南北朝时期的思想家颜之推所著，全书共七卷二十篇。颜之推，字介，出身士族，深受儒家名教礼法影响，又信仰佛教，曾在梁朝、北齐和北周做过官。《颜氏家训》主要是以传统儒家思想教育子弟，讲如何修身、治家、处世、为学等，内容涉及文学、文字、声韵、训诂、校勘之学，涉略极广。他写此书的目的，是要"整齐门内，提撕子孙"。其中关于家庭道德教育思想，对后世影响最大。作者用儒家的忠孝道德原则和处世之道教诫子孙家人。该书立论平实，自成一家之言，为历代学者所推崇，有"古今家训，以此为祖"之称。

【译文】有人说："父母逝世后，不作佛事，这是朱熹《家礼》中所教导的。"这种说法真是可叹啊！

世间人往往因为生了儿子、儿子升官发财而欢喜，却得不到儿子为自己礼拜一佛，或读诵一四句经文，或供养一僧人。反而是为人子者在父母逝世后七七日内，宰杀牲畜，并将祭祀的肉分送给宗族亲友，以为这样做就是重视礼法，排除不合礼法的。殊不知这样做只是增加已故亲人的罪业，更令他们沉沦于苦海中，死者若有知，必当捶胸痛哭于九泉之下啊！反而不如贫穷人家的子女，虽无厚葬之礼，仅礼佛、诵经，或供养僧人，却能够报答父母亲恩。两者相较之下，岂不更觉悲哀吗？

《颜氏家训》一书，为古今人所赞叹，此书中特别叮嘱"必作佛事"。颜之推、朱熹都是才德兼备的贤者，大家不妨试着将他们二人的主张综合来看。

鲍 酙

《真诰》①云："鲍酙②未知道，但朝暮扣齿③不息，鬼使不能取。盖扣齿集身中之神，神不离，故鬼不得近。向使以扣齿之力修真，何真之不成？"予谓岂独修真④，以扣齿之力，念念扣己而参，何佛之不成乎？夫身中之神，祇是一精魂⑤耳，力尚伏鬼，况经云："受持一佛名者，有百千大力天神为之拥护！"又云："念佛之人，佛住其顶。"今也勤为扣齿之细故，而甘舍念佛之大道。惜哉！

【注释】 ①《真诰》：南北朝时期的道教书，谓此书是神仙之口授，即真人诰命之意，故名。收入《正统道藏》者为二十卷，全书文体杂陈，或诗歌，或问答，或谕戒，但皆言仙真授受真诀事项，兼及药物、导引、按摩等修炼方术。《真诰》以《道德经》为本，又援佛入道。有关修持摄养之事，《真诰》首论眼、耳、鼻、发、齿与颜面之保健，认为人之耳目是寻真之梯级、综灵之门户，是以明目聪耳之术特多。诰，以上告下之意，古以大义谕众谓之。

②鲍勔（miǎn）：也写作"鲍助"。《真诰》卷十五《阐幽微第一》原文为："昔鲍助者，济北人也。助既卑微，外书（佛经以外的书籍）不显。都不学道，亦不知法术，年四十余，忽得面风气（颜面神经麻痹），口目不正，炁入口而两齿上下恒相切拍，甚有声响，如此昼夜不止，得寿年百二十七岁，后乃遇寒，过大冰，堕长寿河中死耳。……若助不行冰渡河，亦可出千岁寿不訾（止）也。当是遇大寒冻，步行冰上，口噤（闭口）不能复叩齿，是故鬼因溺着河中耳。……若修道精勤，如鲍助啄齿，何容不得永年（长寿），正患有时懈替，则为鬼所袭，同于溺河之毙也。凡诸鬼亦是不能灵智，乃以风病为多术（炼丹养身之术），岂胜谬（极端错误）邪。"此文大意在于劝人精勤修道。

③扣齿：亦作"叩齿"，左右上下齿相叩，古代的一种养生之法。或指道家所行的祝告仪式之一，叩左齿为鸣天鼓；叩右齿为击天磬，驱祟（suì）降妖用之。当门上下八齿相叩，为鸣法鼓，通真朝奏（朝见神仙）用之。

④修真: 道教谓学道修行为修真。

⑤精魂: 精神魂魄。

【译文】道教的经典《真诰》记载:"鲍劢这个人并不懂得修道,只因忽然得了风病(颜面神经麻痹),造成牙齿日夜相扣不止,阴间的鬼差因此无法取他的性命。这是因为扣齿能集中体内的精气元神,元神不失,所以鬼差无法接近。假使鲍劢能以扣齿般精勤不懈的精神来修炼仙法,还有什么仙法修不成呢?"

我认为岂止是修炼仙法,假使以鲍劢扣齿般精勤不懈的精神,念念向自己的本心上去参究,还有什么佛成不了呢?

其实身中的元神只是一缕精神魂魄而已,集中元神的力量尚能降伏鬼怪,何况佛经上说:"受持一佛名者,有百千大力天神为之拥护。"又说:"念佛之人,佛常住其头顶上,护念加持。"

如今居然有人学鲍劢扣齿这样微不足道的方法来求延寿,而甘愿舍弃念佛之无上大道,真是可惜啊!

门庭高峻

古所称门庭高峻①者,如净名示疾②,诸阿罗汉俱云"我不堪任诣③彼问疾。"文殊亦云"彼上人者难为酬对④",是也。嗣后宗门诸大老,或棒或喝,或竖指,或张弓⑤,或垂一则语,如木札羹不可味⑥，如太阿剑⑦不可触，如水中月⑧不可执捉，非久参上士⑨，莫敢登其门者，是之谓门庭高峻也。岂驾尊示威，厉声作色之谓哉？

【注释】①门庭：门径、方法。高峻：超然不凡、智慧出众。峻，引申指声望崇高、地位高贵、品行高超等。

②净名示疾：此典故出自《维摩诘所说经》。全经以维摩示疾为主，一日，维摩居士称病在家，释迦牟尼佛知道维摩居士只是要借机说法，于是派遣十大弟子、诸菩萨去探病，但他们都因曾被维摩居士纠正过，而婉拒佛的要求。于是佛请以智慧闻名的文殊菩萨去探病，文殊菩萨应允，遂与诸菩萨、罗汉们去。文殊菩萨在探病中，与维摩居士探讨佛法，反复推敲，道尽机锋。透过其与文殊师利等共论佛法之方式，以宣扬大乘佛教真理。净名：指维摩居士，又称维摩罗诘，毗摩罗诘，略称维摩或维摩诘。梵语维摩，新译曰无垢称，旧译曰净名，"净"是清净无垢之义，"名"是声名远扬之义。为佛陀之在家弟子，虽在俗尘，然精通大乘佛教教义，其修为高远。相传是金粟如来的化身，自妙喜国化生在此世上，以居士的身份辅助释迦教化众生，实为法身大士也。

③诣：前往、到。

④酬对：应对、对答。

⑤张弓：参考"石巩张弓"典故。石巩慧藏禅师未出家前是一个靠打猎为生的猎人，于逐鹿过程中，听了马祖道一禅师一句问话："你为什么不射你自己？"当下有所感悟，因而出家学道。石巩禅师悟道以后，便常以弓箭来接引学人。三平义忠禅师参访石巩禅师，正在礼拜时，石巩禅师却张弓架箭瞄准他，三平禅师敞开胸膛无畏接受，石巩

禅师遂将弓弦弹了三下，三平禅师豁然开悟，因此获得石巩禅师的印可，石巩禅师说："三十年张弓架箭，只射得半个圣人。"说完便将弓箭折断。

⑥木札羹不可味：木札是"木片"的意思，木札羹是指用木片制成带浓汁的食物，平淡无味。木札羹、铁钉饭常用来比喻道就在平常的生活中，没有玄奇。

⑦太阿剑：古宝剑名，相传为春秋时欧冶子、干将所铸。《越绝书》载，此剑为楚国镇国至宝，是把具有威道的剑。

⑧水中月：大乘十喻之一。水中之月乃月之影现，并无月之实体，以此比喻诸法无自性，凡夫妄执心水中所现我、我所之相，而着于诸法，实则诸法了无实体。

⑨上士：菩萨之异称，又作大士，菩萨远离迷执邪见，正见法理，乃圆满自利利他之行者，故称上士。上根之人亦称上士。

【译文】古人所谓有"门庭高峻"，它的意思就像维摩诘居士示现疾患，佛派遣几位阿罗汉等大弟子们前往探病，这些阿罗汉都说："我无法担此探病的重任。"连被誉为智慧第一的文殊菩萨也说："维摩居士是位内有德智、外有胜行的上人，很难与之应对酬答。"这就是"门庭高峻"的意思。

此后，禅门中诸大长老，或以棒喝来教导学人，或以竖指、张弓来印证学人，或以一则禅语来开示学人，这些都像是用木片调制成的羹汤，平实无味；又像太阿剑的锋芒，不可触摸；又像水中的月影，无法执捉。若不是上根利智的人，确实不敢登门参访此类机法的师家门庭，这才可称为"门庭高峻"。岂是摆架子、耍威风、大声呵斥、装模作样，就能称为"门庭高峻"呢？

魔 著

魔①大约有二：一曰天魔②，二曰心魔③。天魔易知，且置勿论。心魔者，不必发风发癫，至于亵④尊慢上，无复顾忌，囚首裂衣⑤，不避讥嫌，而后为魔也。一有所着，如耽⑥财耽色、耽诗耽酒、耽书耽画等，亦魔也。岂唯此哉？妄意欲功盖一时，名垂百世，亦魔也。岂唯此哉？即修种种诸善法门，妄意希望成佛，亦魔也。岂惟是哉？即如上所说诸魔，皆悉无之，而曰"我今独免于魔"，亦魔也。微矣哉！魔事之难察也。

【注释】①魔：梵语，全称为魔罗，意译为能夺命、障碍、扰乱、破坏等。"魔"旧译作"磨"，至南朝梁武帝时始改为"魔"字。《佛本行集经》卷二十五举出欲贪、不欢喜、饥渴寒热、爱着、睡眠、惊怖恐畏、狐疑惑、瞋恚忿怒、竞利争名、愚痴无知、自誉矜高、恒常毁他人等十二魔军。又由内观而言，烦恼、疑惑、迷恋等一切能扰乱众生者，均称为魔；由自己身心所生之障碍称为内魔，来自外界之障碍称为外魔。《大智度论》卷五载，除诸法实相外，其他一切均为魔。
②天魔：即欲界第六天（他化自在天）之魔王，其名波旬，有无量眷属，常障碍佛道者。若人勤修胜善，欲超越三界生死，而此天魔

为作障碍,发起种种扰乱之事,令修行人不得成就出世善根,是名天魔。

③心魔:即烦恼魔,能贼害世出世之善法,故曰心魔贼。例如贪欲、淫欲等烦恼魔,使人步入邪途之力。又谓一切我慢之心,盖心怀贡高,常生憍慢,障蔽正道,遂失智慧之命,是名心魔。

④亵:轻慢、不恭敬。

⑤囚首:头发蓬乱,形同囚犯。裼(chǐ)衣:解下衣服。

⑥耽:玩乐、沉湎。

【译文】魔大约可分为两种:一是天魔,二是心魔。天魔容易辨识,暂且置之不论。至于心魔,不必到发疯发癫,乃至于亵渎圣贤、轻慢师长而无所顾忌,或蓬头垢面、赤身裸体而不避讥嫌的程度,才叫作着魔。只要对任何事一有贪爱不舍,例如贪财、好色、爱诗、嗜酒、爱书、爱画等,都可以说是着魔了。

难道心魔就仅是这样吗?只要心中胡思乱想,希求将来功盖一时,名垂百世,这也是心魔。

难道心魔就仅是这样吗?就算修种种诸善法门,而妄想希求这样就能成佛,这也叫作心魔。

难道心魔就仅是这样吗?即使都没有以上所说的种种魔障,而暗自窃喜:"今日只有我一人免于魔障。"有这种自鸣得意的想法也是心魔。

可见心魔是多么微细啊!魔事是很难察觉的。

参方须具眼①

为僧于正法之世②，惟恐其分别人③。为僧于末法之世，惟恐其不分别人④也。何也？末世、浇漓⑤，熏莸⑥杂处，苟藻鉴不审⑦，决择失真，以是为非，认邪作正，宜亲而反疏之，宜远而反近之，陶染匪人⑧，久而与之俱化，劫劫生生，常为魔侣。参方可弗具眼乎哉？

【注释】①参方：寻师访道。"参"是参谒、参寻、参学、参究之意。"方"是方家，即深明大道的人，或指十方。具眼：眼，指慧眼，智慧有识别、洞察事物的功用，犹如眼能辨色一样，故名慧眼。宗门常云："参方须具参方眼，看教须具看教眼。"眼之用为见，故常以眼表般若之正见。《无量寿经》曰："慧眼见真，能度彼岸。"就是说慧眼能照见诸法无相、真空之理，依靠它能得到解脱。

②正法之世：佛法住世之时期分为正法、像法、末法三个时期，其期限各经所载不同，古德多依正法一千年，像法一千年，末法一万年之说。正法时期，正者证也，谓佛陀入灭后五百年，教法住世，依之修行即能证果，称为正法，此即指教（教义）、行（实践）、证（开悟）三者具现的时期。

③惟恐其分别人：此之"分别"指凡夫之虚妄计度之意。即心及心所（精神作用）对境起作用时，取其相而思惟量度之意。大乘佛教认为凡夫所起之分别，是由迷妄所产生，与真如之理并不契合。若欲得真如，则须舍离凡夫之分别智，而依无分别智始可。

④惟恐其不分别人：此之"分别"指分辨是非邪正。

⑤浇漓：浮薄不厚，指社会风气轻薄、不朴实。

⑥熏莸：香草和臭草，比喻善恶、贤愚、好坏等。

⑦藻鉴：指品评鉴定人才。不审：不察，不知，不清楚，不慎重。

⑧匪人：行为不端正的人。

【译文】若在正法时期出家为僧，外出寻师访道时，只怕生起虚妄分别心。在末法时期出家为僧，外出寻师访道时，却是怕没有能力辨别是非邪正。为什么呢？

因为末法时期，世道人心败坏浮薄，善人与恶人混杂而居，假如鉴别善恶的能力不够，抉择就会不正确，就会以是为非，认邪作正。应当亲近的反而疏远，应当疏远的反而去亲近，因此易受恶人的思想、品行、习惯所感染、影响，时日一久，便被同化了，以致生生世世常落魔道。所以，寻师访道，学习向上之事，可以不具有识别洞察善恶邪正的慧眼吗？

人身难得

"一失人身，万劫不复"，此语谁不知之！知之而漫不加意，与不知同。昔须达①为佛营室②，佛视地上蝼蚁③，而谓达言："此蚁毗婆尸佛④以来，经今七佛⑤，尚在蚁身。"夫一佛出世，历年甚久，矧⑥曰七乎？释迦而后，过五百余万岁而慈氏下生⑦，名第八佛，未知此蚁脱故身否？纵脱蚁身，未知何日当得人身也？今徒见举目世人，比肩相摩⑧，而不知得之之难如是。既得人身，漠然空过，真可痛惜！予之懈怠空过，不能不深自痛惜，而并以告夫同志者。

【注释】①须达：又作须达多，译作善给、善施、乐施。为中印度憍萨罗国舍卫城之长者，波斯匿王之大臣，仁而聪敏，因常怜愍贫穷、孤独者，好行布施，故人誉为"给孤独"长者。曾至竹林精舍拜谒佛陀，听闻说法，而内心感得无畏，乃发净信，归命释尊，受五戒而成为优婆塞。

②营室：营造宫室。此指须达长者皈依佛陀后，欲觅一地为佛陀建筑精舍，见祇陀太子（憍萨罗国波斯匿王之子）之花园颇为清净闲旷，乃欲购之，然为太子所拒。太子为令长者却步，遂以黄金铺满花园

为出售之条件，须达长者乃以象驮黄金铺地，太子为其诚心所感，遂将园中所有林木奉施佛陀，故以二人名字命名为祇树给孤独园，略称祇园精舍。精舍之建筑颇为壮观，竣工后，佛陀曾于此度许多雨季，大多数之经典亦说于此。与王舍城之竹林精舍并称为佛教最早之两大精舍。

③蝼蚁：蝼蛄和蚂蚁，泛指微小的生物。蝼蛄，昆虫名，穴土而居，下湿粪壤之中尤多。

④毗婆尸佛：过去七佛的第一佛。梵语毗婆尸，译为胜观、净观、胜见及种种见。即过去庄严劫中出现之佛。释尊于因位修百劫相好业时，偶逢此佛坐于宝龛中，威光赫奕，遂七日七夜翘足赞叹之。

⑤七佛：谓过去庄严劫中三佛（毗婆尸佛、尸弃佛、毗舍浮佛）与现在贤劫中四佛（拘留孙佛、俱那含牟尼佛、迦叶佛、释迦牟尼佛）。（劫，华言分别时节。庄严劫者，谓此劫中，多所庄严也。贤劫者，谓此劫中，多贤人也。）依据佛经所载，过去、现在、未来三劫之中，皆有千佛出现，以上列七佛与此间因缘较深，故诸经常有所论。

⑥矧（shěn）：况且。

⑦慈氏下生：即指弥勒菩萨自兜率天下生阎浮成佛度众生。慈氏，旧称弥勒，译曰慈，是为其姓，故称慈氏，名阿逸多，译曰无能胜；或言阿逸多为姓，弥勒为名。现住在兜率天内院，是一生补处菩萨，经四千岁（即人间五十六亿七千万岁），下生人间，于华林园龙华树下成正觉，继释迦牟尼佛之后，为贤劫之第五尊佛。

⑧比肩相摩：指肩碰肩，一个连接一个，形容人多拥挤。与"摩肩接踵"意同。

【译文】"一失人身，万劫不复"，这句话有哪个人不知道的！虽知道却不放在心上，就跟不知道是一样的。

从前须达多长者为佛建造祇园精舍时，佛看到地上的蝼蚁，便对须达多长者说："这些蝼蚁从毗婆尸佛以来，直到现在已历经七佛出世，至今还是蚁身。"能遇一尊佛出现于世，是要经过很久的时间，何况历经七佛出世的时间呢？释迦牟尼佛入灭之后，还要经过五百多万年，弥勒菩萨才会下生人间而成佛，这是继七佛之后的第八尊佛，到那时还不知这些蝼蚁是否能脱离蚁身？纵然能脱离蚁身，又不知何日才能得人身？

望眼现今世人，虽然人数众多，而不知得人身竟是如此的难能可贵。既得人身，却又茫然空过一生，真是令人痛心又感到惋惜啊！

反思我自己的懈怠空过，也必须要深自痛惜，并借此一并劝告诸位志同道合者共勉之。

事怕有心人

高峰①自叙悟由②，而曰："不信有这般奇特事，事怕有心人故也。"此语彼所自证，真实不虚，学道人所宜谛信。且何名有心？世间一技一艺，其始学不胜其难，似万不可成者，因置不学，则终无成矣。故最初贵有决定不疑之心。虽复决定，而优游③迟缓，则亦不成。故其次贵有精进勇猛之心。虽复精进，或得少而足，或时久而疲，或遇顺境而迷，或逢逆境而堕，则亦不成; 故其次贵有常永贞固④誓不退转之心。高峰"拼一生做个痴呆汉⑤, 定要见这一著子⑥明白", 是之谓真有心丈夫也。又古云: "三昧不成, 假令筋断骨枯, 终不休歇。"又云: "道不过雪窦⑦, 不复登此山。"又云: "不破疑团誓不休。"如是有心, 何事不办? 予甚愧焉, 不敢不勉。

【注释】①高峰: 即南宋临济宗高峰原妙禅师。十五岁出家, 十七岁受具足戒, 十八岁修学天台教义, 二十岁入杭州净慈寺, 立死限三年, 勤苦修道。翌年, 请教断桥妙伦, 次参叩雪岩祖钦, 受印记。元世祖至元十六年, 登杭州天目西峰, 入张公洞, 闭死关, 不越户达十五年之久。后, 学徒云集, 参请不绝, 僧俗随其受戒者数万人。常设三个疑问(三关)勘验学者, 时称"高峰古佛"。元贞元年(公元1295年), 焚香说偈坐亡, 世寿五十八, 法腊四十三。谥号"普明广济禅师"。世称高峰和尚, 有《高峰妙禅师语录》《高峰和尚禅要》行世。门下有中峰明本等人。

②悟由: 指开悟的缘由。

③优游: 悠闲自得。

④贞固: 守持正道, 坚定不移。

⑤拼一生做个痴呆汉:《高峰原妙禅师语录》载, 有一天, 雪岩祖钦禅师问高峰禅师: "日间浩浩(喧闹)时, 还作得主么?"高峰云: "作得主。"又问: "睡梦中作得主么?"高峰云: "作得主。"又问: "正睡着时, 无梦无想, 无见无闻, 主在甚么处?"高峰无语, 遂奋志入临安龙须寺, 自誓曰: "拼一生做个痴呆汉, 决要这一著子明白。"经过五年, 因同宿友推枕堕地作声, 廓然大彻。拼, 舍弃、豁出。痴呆, 迟钝、愚昧。

⑥一著子：禅林用语。本为围棋用语，引申为"一件事"，乃禅僧对于佛法某一教理与修行之譬喻。

⑦道不过雪窦：《五灯会元》载，保宁仁勇禅师因被雪窦重显禅师呵为"央庠座主"，意即急于求成，仁勇禅师即发大勇猛心，望雪窦山礼拜，誓曰："我此生行脚参禅，道不过雪窦，誓不归乡。"雪窦：宋代雪窦重显禅师，因住在雪窦山，所以号为雪窦，名重显，字隐之。嗣法于智门光祚禅师。因住雪窦山资圣寺三十一年，度僧七十八人，大振云门宗风，号称云门中兴。宋仁宗皇祐四年（公元1052年）寂，寿七十三。赐号明觉大师。

【译文】高峰禅师自述开悟的缘由时，说道："我不相信开悟这事有那么玄妙奇特吗？所谓事怕有心人，只要有决心去做，世上再困难的事也能办成。"这是禅师亲身验证的话，可谓真实不虚，学道的人应该深信不疑。

但如何才叫作有心呢？譬如世间的任何一种技艺，在刚开始学的时候，觉得困难重重，似乎无法学成，因而放弃不学，那就终无所成了，所以首先必须要有坚定不疑的决心。虽然有了坚定不疑的决心，但如果悠闲舒适地过日子而不积极进取地去学习，也照样学不成，因此又必须要有勇猛精进的心。

虽然能够勇猛精进，但如果稍有所得便即自满，或时间久了便生疲厌，或遇到顺境时心迷意转，或遇到逆境时荒废怠惰，也同样学不成，所以还必须要有守持正道、誓不退转的心。

高峰禅师在未开悟前曾誓言道："就算尽一生做个痴呆汉，也决定要明心见性。"这才是真正有志向的大丈夫。又有古德说："若无法修得如如不动、了知一切的三昧状态，纵使筋断骨枯，终不休歇。"又保宁仁勇禅师说:"假如道行不能超过雪窦重显禅师,决不再登上雪窦山。"又有古德说:"不破疑团誓不休。"能有这样的决心,还有什么事办不成呢?

对照这些古德先贤,我感到十分惭愧。从今以后,不敢不努力自勉!

老成然后出世

古人得意之后,于深山穷谷中,煨折脚铛①,潜伏保养。龙天②推出,然后不得已而应世。后人渐不如古,然予犹及见作经论法师者,作瑜伽施食法师者③,学成而年未盛,尚徐徐④待之。比来少年登座者纷如矣⑤。佛法下衰,不亦宜乎!

【注释】①煨:一种烹饪法,用微火慢慢地煮。折脚铛:即断脚锅。铛,古代的锅,有耳和足,用于烧煮饭食等,以金属或陶瓷制成。

②龙天:指八部众中之龙众及天众,即龙神诸天,为拥护佛法之善神,故有"龙天护法善神"之称。

③瑜伽:此为梵语,意译"相应",修行方法之一,即依调息(调呼吸)等方法而摄心,使与正理等相应之状态。相应有五义:一与境相应,二与行相应,三与理相应,四与果相应,五与机相应。此中显宗多取理

相应之义，瑜伽唯识之瑜伽是也。密教取行相应之义，瑜伽三密之瑜伽是也。施食：以饿鬼为对象的施食仪式，称为"施食仪"或"施饿鬼"，略称"施食"。

④徐徐：安稳的样子。

⑤比来：近来。登座：禅宗之师将登高座说法。纷如：众多的样子。

【译文】古人于领会如来真实意之后，便隐居于深山穷谷中，用断脚锅煮食，过着刻苦俭约的生活，隐藏才德，涵养正道，必待因缘成熟，佛门护法龙天来礼请升座，不得已才随顺因缘、应机说法而入世利生。后人渐渐不如古人，不过我还能见到有些讲说经论的法师，及作瑜伽、施食焰口的法师，虽然已经学有所成，因年纪尚轻，惟恐自己修为涵养不够，还能沉稳静守，待机而动。近来，年纪轻轻就登座说法的人愈来愈多，这不就是佛法衰微的现象吗？

继祖传灯

世有恒言："凡大彻大悟，继祖灯①、续佛慧命②者，须是三朝天子福，七代状元才始得。"斯言似过，而理实然。昔中峰老人③谓："无量劫来生死，今日要与和盘翻转④，岂易事哉？"是故十善⑤始得生天，人空⑥方证小果⑦，久积万行之菩萨尚不免曝腮龙门[⑧]，则三朝七代犹近言之也，主六合、魁多士犹小喻之也[⑨]。极之，盖不可思议功德智慧之所成就也。虽然，亦乌可以难自诿[⑩]，而付之绝望乎？但决心精进，逢魔不退，遇难转坚，研究至理，以悟为则，不患无相应时节。何以故？以宿世善根[⑪]难测故。

【注释】①祖灯：列祖之法灯。谓历代祖师，师资相承，如灯火之相续不断。

②慧命：指法身以智慧为生命。如色身必赖饮食长养，而法身必赖智慧以长养。若智慧之命夭伤（夭折损伤），则法身之体亡失。

③中峰老人：元代中峰明本禅师，又称智觉禅师、普应国师。自幼切求佛法，昼夜励精，后参天目山高峰原妙和尚，大悟彻底，说法无碍。二十四岁从高峰出家，其后并嗣其法。自此居无定所，或泊船中，或止庵室，自称幻住道人。元仁宗延祐五年，应众请还居天目山，僧俗瞻礼，誉为江南古佛。仁宗曾招请入内殿，师固辞不受，仅受金襕袈裟及“佛慈圆照广慧禅师”之号，元英宗且归依之。后于元英宗至治三年示寂，世寿六十一。

④和盘翻转：全部彻底改变。和盘，同“全盘”，指全部。

⑤十善：世间善行的总称，也是出世间善行的基础。十善又称十善业道，因为此十善之业行，为生于善处之道。善即顺理之义，谓行此十法，皆顺理故。十善的具体内容有身三善（不杀生、不偷盗、不邪淫）、口四善（不妄语、不恶口、不两舌、不绮语）及意三善（不贪、不瞋、不痴）。

⑥人空：又名我空、生空。谓凡夫妄计五蕴是我，强立主宰，引生烦恼，造种种业。佛为破此计，故说五蕴无我。二乘悟之，入无我理，

是名人空。

⑦小果：此指小乘果位。乘者，运载之义，诸佛所说之教法，是运载行者从迷至悟。求佛果为大乘，佛果者谓开一切种智。求阿罗汉果、辟支佛果为小乘，谓声闻、缘觉以四谛、十二因缘之法而修，虽能运出生死之苦，然皆为灰身灭智归于空寂涅槃之悟，且其小志溺于空寂，不能至于大乘究竟之地。

⑧曝腮龙门：比喻高大难以跨越的境界。曝腮，亦作曝鳃，喻指挫折、困顿。龙门，在山西省河津市西北和陕西省韩城市东北，黄河至此，两岸峭壁对峙，形如门阙（出入口），故名。

⑨主六合：此指天子。主，即君主。六合，即天地四方、天下。魁多士：此指状元，即科举时代殿试的第一名。魁，首选、第一名。多士，古指众多的贤士，也指百官。

⑩乌：疑问副词，何、哪里。诿：推托。

⑪善根：产生诸善法的根本，即身口意三业之善，固不可拔，谓之根。又善能生妙果，生余善，故谓之根。

【译文】世间有谚语说道："凡是能够大彻大悟，继祖传灯、续佛慧命的人，必须要具有'三朝天子福、七代状元才'的福德才可以担负。"这句话听起来似乎太夸张了，然而理上确实如此。

昔日中峰老人开示道："无量劫来生死相续，今日要把它彻底了断，岂是件容易的事？"因此，凡夫修十善才能生天。声闻、缘觉修四谛、十二因缘法，悟无我理、证人我空，才能得小乘的果位。久修六度万行的菩萨要修成佛果，也还有难以超越的境界（如鱼跃龙门，跳不过便曝鳃而亡）。所以谚语才用"三朝""七代"的浅显说法，用"天子福""状元才"的世俗比喻，来说明大彻大悟、续佛慧命的困难。但若说到极处，这完全是不可思议功德智慧之所成就的！

虽然如此，难道就能因为这是件难事而失去信心不敢荷担，且感到绝望吗？只要决心精进，遭逢魔障也不会退转，遇到困难反而变得更坚定，深入领会真理，以开悟为目标，就不怕没有与"道"相应的一天。为什么呢？因为宿世善根难以估量的缘故。

杀 罪

孔明藤甲之捷①，烧诸洞蛮悉成煨烬②，其言曰："吾虽有功于国，损吾寿矣！"世人咸知杀人为罪矣，而于牛羊犬豕等日就庖厨③，则恬然④不知怪，宁思薄乎云尔，乌得无罪？《礼》云："君无故不杀牛，大夫无故不杀羊，士无故不杀犬豕。"世人咸知杀畜之大者为罪矣，而于虾蚬螺蛤⑤等，一下筷以千百计，则恬然不之怪，宁思薄乎云尔，乌得无罪？噫！据含灵⑥皆有佛性，则蚁与人一也，何厚薄之足云？如其贵欺贱、强陵弱，则人可杀而食也，亦何厚薄之足云？《梵网》⑦称"凡有命者不得故杀"，其旨深哉！

【注释】①孔明藤甲之捷：三国时期，蜀汉丞相诸葛亮（字孔明）为了巩固蜀汉的后方，曾七擒七纵南中（今云南、贵州及四川西南部）少数族首领孟获。第七次擒孟获时，孟获请来乌戈国的三万藤甲兵助阵,由于藤甲兵有藤甲护身(藤甲是以西南荒蛮之地所生野藤为原料,又以桐油浸泡多日制成,藤甲又轻又坚,刀箭枪刺不入,遇水不沉,战场上所向无敌),曾大败过蜀军。后来孔明用计,引三万藤甲兵入盘蛇谷中,用油车火药烧之。孔明在山上往下看时,只见蛮兵被火烧得伸拳舒腿,皆死于谷中,臭不可闻。孔明垂泪叹曰:"吾虽有功于社稷,必损寿矣!"

②洞蛮:古代对南方少数民族轻视的称呼。煨烬:灰烬,燃烧后的残余物。煨,热灰。

③日就庖厨:就,谓用某种菜来佐餐或下酒。庖厨,此指丰盛的菜肴。

④恬然:不在意的样子。

⑤虾蚬(xiǎn)螺蛤:有介壳的软体动物。

⑥含灵:又作含识,以一切众生皆有心识,故称含识。此总摄六道之有情众生。

⑦《梵网》:此指《梵网经》。此经所说的戒,称为梵网戒,其特性是,并无在家与出家的区别,而以开发自己的佛性为目的。此经另有禁止食肉、食五辛、名利私欲,以及劝放生、追善供养等日常行仪的规定,对后世的影响很大。

【译文】三国时期,蜀汉丞相诸葛孔明用计,火烧三万的藤甲军,这些南蛮兵士全被烧成灰烬,孔明看到这惨状时,流泪叹道:"我虽然有功于国家,但是此举必定会减损我的寿命啊!"世人都知道杀人是有罪的,但却每天用牛、羊、狗、猪等牲畜的肉作为丰盛的菜肴,一点都不在意,也不以为怪,难道认为牲畜的生命很低贱就可以任人宰割?这也是杀生,怎能无罪?

《礼记玉藻》载:"君无故不杀牛,大夫无故不杀羊,士无故不杀犬豕。"世人都知道不依礼法而任意宰杀牛、羊、狗、猪等体型大的牲畜是有罪的，而对于体型小的虾、蚬、螺、蛤等却恣意食啖，往往筷子一夹就是成百上千条的生命，竟能处之泰然而不以为怪，难道认为这些小型动物的生命很低贱就可以任人宰割？这也是杀生，怎能无罪？

唉！佛经上说："一切含灵皆有佛性。"所以蚂蚁与人类同样都有佛性，怎么可以厚此薄彼呢？假如能够以贵欺贱、恃强凌弱，那么人类也可以互相残杀而食了，又为什么厚此薄彼呢？《梵网经》上说："凡有命者，不得故杀。"这句话有很深刻的含意啊！

宗门语不可乱拟①

古人大悟之后，横说竖说②，正说反说③，显说密说，一一契佛心印④，皆真语实语，非庄生寓言⑤比也。今人心未妙悟，而资性聪利，辞辩捷给⑥者，窥看⑦诸语录中问答机缘，便能模仿，只贵颠倒异常，可喜可愕⑧，以眩俗目⑨，如当午三更、夜半日出、山头起浪、海底生尘，种种无义味语，信口⑩乱发。诸无识者，莫能较勘⑪，同声赞扬。彼人久假不归⑫，亦谓真得。甚至"一棒打杀与狗子吃"，"这里有祖师么，唤来与我洗脚"，此等处亦复无忌惮，往往效颦⑬。吁！妄谈般若，罪在不原，可畏哉！

【注释】①宗门：本为诸宗之通称，后为禅宗自赞之称，因之称余宗曰教门。拟：效法、模仿。

②横说竖说：多方取譬，反复详述，以使对方容易理解。

③反说：从反面说出正意。

④佛心印：又作心印。心者佛心，佛心即众生本具之真心，为大觉之妙体；印者印可、印定之义，谓此心决定不改，如世间之印契，故称为印。禅宗之旨在显现佛心印，开觉佛凡不二之理，其认为依语言文字无法表现，所谓"直指人心、见性成佛"之旨在此，故又称佛心宗。以此佛之心印，直印于众生之心，谓之以心传心。

⑤庄生寓言：庄生即庄子，名周，战国时代著名的思想家、哲学家、文学家。庄周和他的门人及后学著有《庄子》，此书被道教奉为《南华真经》。道教并尊庄周为神仙，称其为南华真人。庄子认为道不可言，但又不得不言，所以采用寓言的方法，就是假托于故事、人物以阐述道理和主张，例如，庄周梦蝶、庖丁解牛、螳螂捕蝉等都是出色的寓言。《庄子》书中寓言约有两百则，堪称战国寓言的代表作。

⑥辞辩捷给：辞辩，能言善辩。捷给，应对敏捷。

⑦看：偷看。

⑧可愕：使人惊讶。

⑨以眩俗目：眩，迷惑、迷乱，引申为欺骗。俗目，借指眼光平庸、见识浅陋的人。

⑩信口：随口，谓出言不加思索。

⑪较勘：考校核对，以审定原文的正误真伪。

⑫久假不归：比喻迷途不返。

⑬效颦：喻指盲目模仿而弄巧成拙。

【译文】古德禅师大彻大悟之后，无论横说竖说、正说反说、显说密说，每一句话都能契合众生本具之真心，都是真实语，绝不是庄子寓言等世间言论所能比拟的。

现在有些人，并没有达到殊妙觉悟的境界，但凭着天资聪明、口才敏捷，私下看了几则祖师语录、禅门公案中的问答机锋，便盲目抄袭模仿。他们只重视那些不合常理但却能使人感到惊喜讶异的话，用以迷惑没有慧眼的世人，例如学古德讲出"当午三更"、"夜半日出"、"山头起浪"、"海底生尘"，这些没有亲身实证所说的话语，此中并无任何义趣，如此胡说乱道、瞎做印证。无知的人听了，不能分辨对错真伪，还以为遇到大善知识而同声赞扬。

这种人迷途不返，弄虚作假，久了还真以为已彻见真理，甚至学古德讲出"一棒将佛打杀给狗子吃"、"这里还有祖师吗？叫来给我洗脚"这种狂妄的言辞，也是没有丝毫畏惧的乱说，如此不顾一切地盲目模仿，往往弄巧成拙。

唉！无知妄谈般若的人，其罪过在于断一切善根而无法成佛，我真替他们感到害怕啊！

看语录须求古人用心处

凡看古人语录①文字，不可专就一问一答、一拈一颂②，机锋③峻利，语妙言奇处，以爽我心目、资我谈柄④，须穷究他因何到此大彻大悟田地，其中自叙下手工夫，刻苦用心处，遵而行之，所谓"何不依他样子修"也。若但剽窃⑤模拟，直饶日久岁深，口滑⑥舌便，俨然⑦与古人乱真，亦只是剪彩之花⑧、画纸之饼，成得甚么边事⑨？

【注释】①语录：为禅宗祖师说法开示之记录书。禅师平日说法开示，并不藻饰华词，大多以通常俗语直说宗旨，其侍者与参随弟子予以记录，搜集成册，即称语录。

②一拈一颂：拈，指拈古（又作拈提、拈则），拈评古则之意；颂，指颂古，颂赞古则之意（古则指古人所示之语句，举凡佛祖之言句、古德所垂示之语句、古德悟道之公案、师家相见彼此勘验之问答均是）。"拈古"与"颂古"都是古代禅林拈举古则公案以开发学人之心地的方法。禅宗本旨原是教外别传、不立文字、不依经论等，然为使学人体悟言诠所不及之生死大事，乃拈提古则公案以举示宗门之要旨。二者不同处，"颂古"是用韵文方式，而"拈古"则是用散文方式。

③机锋：禅林用语，又作禅机。意谓师家或禅僧与他人对机或接化学人时，常以寄意深刻、无迹象可寻，乃至非逻辑性之言语来表现一己之境界或考验对方。机锋本义是弓上的机牙和箭锋，有如下的特点：一是快捷如箭，不容犹豫思索；二是如箭行无迹，要旁敲侧击，不许一语道破。禅家多用俗语诗句，少引经文，便是此意；三是利如箭锋，直如箭行。

④谈柄：谈话的资料。

⑤剽窃：抄袭窃取。

⑥口滑：说话随便，脱口而出。

⑦俨然：宛然、仿佛。

⑧剪彩之花：剪裁花纸或彩绸，制成花草之类的装饰品。

⑨边事：指事物的部分。

【译文】凡看古人的语录文字，不可只择取学人与师家间机锋玄妙的问答语句，也不可专看禅师拈评、颂赞古则中之锐利、奇特的内容，却只是用来称心快意，或作为日后谈论的资料而已。

观看语录，当须穷究古人是如何修持，方能达此大彻大悟的境地？语录中古德自叙的下手工夫，以及刻苦用心的地方，看了之后便要学起来，并且遵照实行，所谓是"何不依他样子修"。

如果只是盲目的抄袭模仿这些语录文字，即使经过长时间的修学，只学得油腔滑调，好像与古德一样而难辨真伪。实际上，也不过类似剪裁修饰过的假花，或是画纸上的假饼，都是中看不中用，这能成就得了什么事呢？

夜　气

苏子瞻①谓某公不学禅，临终自知时至，诸子求教，教以第一五更②早起。诸子不悟，谓为勤家③。公曰不然，谓五更勾当④临死时将得去者是也。昔人云："万般将不去，惟有业随身。"随身之业，将得去者也。而业有二：一者事业，二者道业⑤。事业有善有恶。恶业且置，善业则所修之福。道业则所修之慧也。而必以五更者，孟子所谓夜气⑥也。虽然，更有无所将来，无所将去者⑦，此则不但五更，应念念勾当而不可须臾⑧离也。

【注释】①苏子瞻：即北宋大文学家苏轼，字子瞻，一字和仲，号东坡居士。唐宋八大家之一，博通经史，对儒、释、道三教皆有研究。嘉祐元年（公元1056年）及第进士。王安石倡行新法，轼上书痛陈不便，得罪安石，被连贬数州。在黄州时，筑室于东坡，自号东坡居士。卒谥文忠。著有《东坡集》等。

②五更：旧时自黄昏至拂晓一夜间，分为甲、乙、丙、丁、戊五段，谓之五更，又称五鼓、五夜。若特指第五更的时候，即天将明时，相当于现在之凌晨三点至五点。

③勤家：躬勤家业（家庭生计）。

④勾当：指主管、料理。

⑤道业：以菩提心而修之诸业。可成佛果之善业为道业，可感人天之果之善业为福业。

⑥孟子所谓夜气：此出自《孟子·告子上》。夜气，是指晚上静思所产生的良知善念。孟子认为一个人在天刚亮，尚未和外物接触时，此时良心尚清明不昧，到了进入白天的作息，所作所为都难免被周遭事物所污染，清明的本心乃受蒙尘，到了傍晚已离禽兽不远了，因此晚上夜深人静时，是反躬自省以恢复良知善念的最佳时机，若能善加存养平旦之气与夜气，就能维持与发扬人之善心本性。

⑦无所将来无所将去：谓如来之法身，湛然常住。万法现于自心，彼亦不来；身相遍于法界，我亦不去，是名无去无来。

⑧须臾：片刻，短时间。

【译文】苏子瞻（东坡居士）提到某位尊长平时并没有学禅，临终时却能预知时至，子孙们向他求教，他教导大家首先须在五更时分早起，这些人不了解他的意思，以为早起只是为了勤于家计。这位尊长说："你们都会错意了，我是教你们五更时早起，修办临死时带得去的道业。"古德说："万般将不去，惟有业随身。"这随身的业，就是指死后带得去的业力（会牵引生死果报的业因）。

然而业有二种：一是事业，二是道业。事业含有善业、恶业，恶业暂且不论，善业是指所修的福业。至于道业，则是指修慧。

但又何必一定要在五更办道呢？这正是孟子所说的"夜气"，因为此时的意念静而用力专。虽然如此，我们还有那无所从来亦无所去（如来）的真心本性尚未悟明，这不仅须于五更时分起修，更应念念观照而不可片刻离开啊！

佛 印

东坡诗①有"远公沽酒延陶令②，佛印③烧猪待子瞻"之句。予谓大解脱人不妨破格相与④，然沽酒犹可，烧猪不已甚乎？假令侠客借口子瞻，狂僧效颦佛印，初始作俑⑤，谁当其辜？故此事未可信。古谓诗人托物比兴⑥，不必实然，是也。脱有之，子瞻且置，佛印依律趁出院⑦。

【注释】①东坡诗：此指北宋大文学家苏东坡所作之《戏答佛印》。苏东坡借陶渊明与慧远法师的故事，比喻自己与佛印之间深厚的友谊，并以蜜蜂辛勤酿蜜，蜜却被别人采去的比喻，描写世间人大都是为别人操劳，自己却无所得，以此抒发自己的辛酸。

②沽酒：买酒。陶令：即晋宋时期诗人陶渊明，字符亮，号五柳先生，世称靖节先生，入刘宋后改名潜，因曾任江西彭泽令，故称陶令。

③佛印：宋代僧，法号了元，又称佛印了元，字觉老。长于书法，能诗文，尤善言辩，为苏东坡之方外知交。佛印自庐山归宗寺回到金山寺时，即有"道冠儒履佛袈裟，和会三家作一家"之语，颇有三教兼容，形成一宗的气概。其整编白莲社流派，担任青松社社主，对于净土思想甚为关心。宋神宗钦其道风，赠号"佛印禅师"。

④破格相与：破格，指不拘常规。相与，指相处。

⑤初始作俑：比喻某种坏事或恶劣风气的肇始人。

⑥托物比兴：托物，谓假借事物，引申为寄情意于事物。比兴，"比"指以彼物比此物，"兴"指先言他物，以引起所咏之辞。

⑦趁出院：赶出寺院。趁，驱逐之意。

【译文】苏东坡所作的《戏答佛印》这首诗中有"远公沽酒延陶令，佛印烧猪待子瞻"这句话，我认为已得大解脱的人是可以不拘常规处世，所以诗中说慧远大师买酒请陶渊明喝，这件事还可以接受，但是说佛印禅师烧烤猪肉以接待苏东坡，这件事岂不是太过分了吗？假如有侠客以苏东坡这首诗为吃肉的借口，也有狂妄无知的僧人仿效佛印禅师烧肉之举，那么该由谁来承担鼓吹破戒食肉这风气的罪过呢？所以"佛印烧猪待子瞻"这件事不可信以为真。古人作诗，常假借事物以抒情，不一定真有其事。假使真有其事，苏东坡的部分暂且不说，依佛教戒律，佛印禅师有烧肉之举就会被逐出寺院。

学贵精专

米元章①谓："学书②须是专一于是，更无余好，方能有成。"而予闻古之善琴者，亦谓专攻三二曲，始得入妙③。斯言虽小，可以喻大。佛言："制心一处，无事不办④。"是故心分两路，事不归一。情专志笃，三昧速成。参禅念佛人不可不知。

【注释】①米元章：北宋书画家米芾（fú）。字符章，号鹿门居士、襄阳漫士、海岳外史。曾官礼部员外郎，因此人称米南宫。因其衣着行为以及迷恋书画珍石的态度皆被当世视为癫狂，故又有"米颠"之称。米芾工于书法，作书十分认真，连大年初一也不忘写字，与苏轼、黄庭坚、蔡襄并称为宋代四大书法家。还擅长水墨山水，不取工细，只重意趣，自成一家。他能诗文，精于鉴定，宋徽宗时任书画学博士，鉴定宫内所藏法书名迹。

②学书：学习写字。

③入妙：谓达到神妙之境，多形容诗文或技艺高超。

④制心一处，无事不办：此经文出自《佛遗教经》修行之人，若

能摄心敛念，不涉余缘，则所修行业，决可成办。

【译文】宋代大书法家米元章说："学习书法必须专心一意在这件事上，不能再有其他的爱好，以免分心，如此才能有所成就。"而我听闻古时善于弹琴的人也说："要专精于少数几首曲子，才能练得高超的琴艺。"这些话虽然浅显，但是可以晓喻大义。

佛在《遗教经》上说："制心一处，无事不办。"（能够把心力集中于一处，就没有办不成的事。）所以三心二意，势必一事无成。若能一心一意、志向坚定，便能速得三昧。参禅及念佛的人对这个道理不可不知。

菩萨慈胜声闻①

经云："声闻人于骂者、害者，或嘿然②，或远离。菩萨则不然，更加慈心，爱之如子，方便济度。故远胜声闻，不可为比。"予唯世人恒苦辱之难忍，况不唯忍辱而更慈爱之乎！经又云："众生无恩于菩萨，而菩萨常欲利益众生。"予唯世人尚有受恩不报，况无恩于己而乃利益之乎！得斯旨者，天下无一人不可与，天下无一人不可化。

【注释】①慈：此指慈悲，慈悲是佛道门户、诸佛心念。慈爱众生并给予快乐(与乐),称为慈。同感其苦,怜悯众生,并拔除其苦(拔苦),称为悲。声闻:谓闻佛声教,依四谛法,修道证真,是名声闻。

②嘿然:沉默无言的样子。嘿,同"默"。

【译文】佛经论中说:"声闻这类的小乘人对于责骂、加害他的人,不能深有慈悲心,或者默然以对,或者远而离之。而菩萨则不然,能更加用慈悲心,爱之如子,方便济度。所以,菩萨远胜声闻,声闻等小乘人实在无法与菩萨互相比较。"我认为世人最难忍受的便是遭人毁谤侮辱,而菩萨不但能忍辱,并且更加慈悲的教化他们!

佛经论中又说:"一切众生虽无恩于菩萨,而菩萨却经常想要利益一切众生。"我认为世人还有受恩而不报的,何况众生并无恩惠于菩萨,而菩萨还要去利益他们。能够体会慈悲深义的人,则天下没有他不能相处的人,而且全天下没有人是他不能度化的。

宗乘不与教合

曾宗元①学士,以《中庸》《大学》参《楞严》,而和合宗门语句,质②之雪窦显禅师。显云:"这个尚不与教乘③合,况《中庸》耶!学士须直捷理会。"乃弹指一下云:"但恁么④荐取!"宗元言下有省。夫一代时教⑤,修行人所据以为准的⑥者,不与教合,则魔说也。而云然者,是即教外别传⑦之旨也。传在教外,则教之所谈者何事? 夫亦离指见月⑧, 而得意于语言文字之表云尔。且世尊拈花, 迦叶微笑, 万代宗门传法之始也。今翻案云: "这个尚不与拈花合, 花外有别传也。"则何如? 古人谓俱胝悟处, 不在指头上。今雪窦弹指, 宗元有省, 又翻案云: "这个尚不与弹指合, 指外有别传也。"则何如?

【注释】①曾宗元: 宋朝曾会, 字宗元。宋太宗年间进士, 曾任刑部郎中。真宗年间, 曾会为两浙转运使, 当时旱灾严重, 权重一时的丁谓, 不但不体恤人民的疾苦, 还大兴建筑防海潮的堤防, 满朝文武官员没有一个提出异议, 只有曾会列其状, 使罢其役, 军民得安。曾会年幼时与雪窦重显禅师是同学, 后因志趣不同而各自发展。真宗天禧年间, 曾会出任池州太守时, 某日到宣州景德寺, 偶遇雪窦禅师, 便向雪窦请教上述参会问题, 故有弹指省悟一事。曾会于宋仁宗明道二年卒, 寿八十二岁, 赠楚国公。

②质: 向人求教, 以匡正学识文章的讹误, 或指验证、评断。

③教乘: "教"即圣人垂训, 众人效之; 或谓圣人被泽于下者之言。亦即能诠之言教, 为始于佛陀一代所说之法与菩萨诸圣所垂教道之总称。"乘"指能乘载众生, 运至彼岸者, 亦即指佛陀之教法。

④怎么: 这样, 如此。

⑤一代时教: 指释尊自成道至灭度之一生中所说之教法, 即三藏、十二部经、八万四千法门等。

⑥准的: 标准。

⑦教外别传: 禅林用语。不依文字、语言, 直悟佛陀所悟之境界, 即称为教外别传。

⑧离指见月: 以"指"喻言教, 以"月"比佛法。《楞严经》卷二:

"如人以手指月示人，彼人因指，当应看月。若复观指，以为月体，此人岂唯亡失月轮，亦亡其指。"故诸经论多以"指月"一语以警示对文字名相之执着。禅宗则借此发挥其"不立文字，教外别传"之教义，主张亲证实相，方为究竟，认为一切言教无非为示机之方便而设，如以指指月，使人因指而见月，以言教而显示实相，然言教本身并非实相。

【译文】北宋曾宗元学士，用《中庸》《大学》二书来参究《楞严经》的义理，而且还融合了禅宗的语句，请求雪窦重显禅师加以评判。雪窦重显禅师说："这件事（明心见性），教乘（三藏十二部）尚且不能契入，何况《中庸》这世间的文字呢？你必须直捷领会才是。"雪窦乃弹指一下说："就如此这般认取吧！"此话一出，宗元即当下省悟。

佛陀一生所说的教法，就是修行人所必须依循的准则，如果不与经教相契合的，那就是邪说。而雪窦禅师所说的"这个尚不与教乘合"，是指禅宗"教外别传"的宗旨。

既然禅宗认为不依文字语言以直悟佛陀所悟之境界，那么三藏十二部经中所谈的又是什么呢？禅宗是教你不要执着文字名相，而应领会文字语言之外所表达的真实相。而且世尊拈花示众，并不说法，独迦叶尊者破颜微笑，佛因传以涅槃妙心，此为万代禅宗的起源。若今日有人翻案说："这个并不与拈花合，花外还有别传。"则该如何领会？（不要执着"拈花"的相）古人说："俱胝禅师的一指禅，其悟处并不在指头上。"可是如今雪窦禅师弹指一下，宗元便有所省悟，如果又有人翻案说："这个尚且不与弹指合，指外还有别传。"则又该如何领会呢？（这是执着"弹指"的相，若着相而觅心，将会没完没了。）

放参饭

越地安禅①，夜作斋②，其名曰放参饭③，竞为侈靡，胜于午斋，相沿成习久矣。昔有尊宿，闻邻房僧午后作食，不觉泣下，悲佛法之陵夷④也。故僧禁过午食，况夜食耶！律言人间碗钵作声⑤，饿鬼咽中起火。乃于漏深人静，而砧几盘盂⑥，音响彻其耳根⑦，又煎煮烹炮⑧，馨香发其鼻识⑨，忘慈悲之训，恣口腹之欲，于心安乎？或曰："中夜饥，如之何？"则代以果核饼饵⑩之类，不烦锅铫⑪者可也。况持过午者，午后至明，不食纤物；我等晚有药石⑫，何不知足之甚？

【注释】①越地：古地名，有广狭两义，狭义指先秦时建都于会稽（今浙江绍兴）之越地。广义是对战国、秦、汉时期长江下游，即"自交趾至于会稽七八千里"沿海地区的泛称。今称越地，有代称浙江、浙东地区，或广东、广西地区，也有专指绍兴一带，或泛指南方。安禅：犹言入定，即入于禅定也。使心定于一处，止息身口意之三业。

②斋：本为清净之义，后转指斋食之时。《释氏要览》卷上："佛教以过中不食名斋。"午前之食谓之时（即清晨至正午之间），午后之食谓之非时。戒律明定，僧众过正午不得进食。然后又一转而为不为肉

食，此因大乘教之本意，置重禁肉食，遂曰持斋者，禁肉食也。

③放参饭：禅院中，朝参、晚参等为日常行事，若住持有事或临时祈祷等，则放免晚参（免除晚间之参禅或念诵），即称放参。据《敕修百丈清规》载，放参之制始于宋代汾阳善昭禅师，因汾洲地寒，不堪夜间坐禅故；一般则于迎接贵宾、祈祷、普请、看诵、送亡等特殊行事时放参。又通知大众放参，即鸣钟三下，谓之放参钟。此外，进用晚餐之时刻，恰与敲击放参钟之时刻相同，故亦称晚餐为"放参饭"。

④陵夷：由盛到衰。衰颓，衰落。

⑤律言人间碗钵作声等语：出自《沙弥律仪要略增注》。《要略》原文为："饿鬼闻碗钵声，则咽中火起，故午食尚宜寂静，况过午乎！"《增注》解释道："由人悭贪，故堕饿鬼道中，咽小如针，腹大如鼓，常为饥渴所逼。若闻碗钵之声，则喉中发焰，而自烧然。午前虽非饿鬼食时，尚宜寂静，无令闻声火起，而受烧然之苦，况午后正当鬼食之时，令闻声见食，即内外烧然。释子慈心，何忍彼苦，而自安餐？"

⑥砧儿：砧板，切菜用的垫板。盘盂：盛汤浆或饭食的圆口器皿。

⑦耳根：耳，能闻声者是。以能对声而生耳识，故谓耳根。

⑧炮：一种烹调方法，将菜放在锅中置于旺火上迅速搅拌。

⑨馨香：此指香气浓厚。鼻识：谓鼻以香为缘，而生鼻识。鼻识依根而生，鼻根因识能嗅，是能嗅者，名为鼻识。

⑩饼饵：饼类食品的总称。饵，糕饼。

⑪铫：一种带柄有嘴的小锅，或指碗。

⑫药石：又称药食。药石原指疗病用的药饵及石针，禅林引申为晚间所吃的粥饭。因佛制比丘过午不食，故禅宗寺院称午后之饮食为药石，意谓服之以疗饥渴。

【译文】在越地的僧众，静坐修禅定时，夜间有提供素食，这称为"放参饭"。其所备的饭菜比午斋还丰盛，且渐趋于奢侈浪费，这种习惯相沿至今，已经很久了。

以前有位德高望重的高僧，听见邻房的僧人过了正午还进食，不禁垂下泪来，悲叹佛法日渐衰微。本来佛教戒律明定僧人过午不食，何况是晚餐呢！

《沙弥律仪要略增注》上说："饿鬼闻碗钵声，则咽中火起。"如今竟然有人于夜深人静时煮食物吃，砧板上的切菜声，碗盘的碰撞声，这些声音响彻饿鬼的耳根。又煎、煮、烹、炮食物时，浓厚的香气直扑饿鬼的鼻识。如此作为，已然忘记佛陀慈悲的训诫，而任由自己满足口腹之欲，这样做能安心吗？有人说："坐禅到半夜肚子饿时，该怎么办？"若真的饥饿难耐时，可以用坚果糕饼之类的干粮代替，只要不需动用到锅碗的食物就可以。况且持过午不食戒的人，从午后直至次日清晨，不吃一点食物。我们晚上还有粥饭可吃，怎还如此不知足呢？

僧　堂

古尊宿开堂①安众，或三百五百，乃至黄梅②七百，雪峰盈千③，径山④千七百。予初慕之，自悲生晚，不得入彼龙象⑤之聚。

今老矣，始知正像末法信非虚语，广群稠⑥会之中，觅一二真实办道人尚不可得。故金企罗尊者，三人为朋乞食⑦。慈明圆禅师，六人结伴以参汾阳⑧。而三人证罗汉⑨，六人成大器⑩。如其取数多，而证者希、成者寡，虽多奚为？予作僧堂，仅容四十八单，较古人什不及一，兹犹觉其多，仍狭而小之。非无普心，在末法中理应如是。

【注释】①开堂：禅林用语。原为古代译经院之仪式，后转指新任命之住持于入院之时，开法堂宣说大法之仪式。

②黄梅：指禅宗五祖弘忍禅师，因居黄梅山东禅院，世称“五祖黄梅”，或仅称“黄梅”。中国禅宗从初祖菩提达摩到三祖僧璨，其门徒都行头陀行，随缘而住，并不聚徒定居于一处。到了道信、弘忍时代，禅风一变，定住一处，过着集体生活。道信初入黄梅双峰山，一住三十余年，会众多至五百；后来四方来学的人日多，弘忍移居东山，另建道场，时称他的禅学为东山法门，徒众多至七百人，其中以神秀及惠能二师分别形成北宗禅与南宗禅两系统，至后世，分衍出更多宗派。世寿七十四，唐代宗敕谥“大满禅师”。

③雪峰：唐代雪峰义存禅师，因曾宿于雪峰山，故号雪峰，世称雪峰义存。唐懿宗咸通年中，上福州雪峰山创禅院，法席常有千五百人众。僖宗赐号“真觉大师”。五代梁太祖开平三年寂，寿八十七。盈千：满千人。盈充满。

④径山：唐代径山道钦禅师。住杭州径山时，参学者甚众，蔚为径山派，为径山派初祖。唐代宗慕其为人，赐“国一禅师”之号。朝野名士归依信受者甚多，世人敬称“功德山”。世寿七十九，法腊五十，德宗追谥“大觉禅师”。

⑤龙象：比喻修行很勇猛且具有禅定力用之有德高僧，因为水行中龙力大，陆行中象力大，故以龙象比喻之。又龙象，并非有二物，如马之美者曰龙马，象之大者曰龙象，因此也以此比喻断除诸烦恼之菩萨。

⑥稠：多。此指人群众多。

⑦金企罗尊者三人为朋乞食：金企罗即金毗罗尊者，为佛弟子。那律陀、难提、金毗罗三人共和合住，能修梵行。《禅关策进》载："经云：'尊者阿那律陀、尊者难提、尊者金毗罗共住林中，后先乞食，各归坐禅，至于晡时，先从坐起者，或汲瓶水，能胜独举，如不能胜，则便以手招一比丘，两人共举，各不相语，五日一集，或两说法，或圣默然。'评曰：'此万世结伴修行之良法也。'"

⑧慈明圆禅师六人结伴以参汾阳：慈明圆禅师即宋代石霜楚圆慈明禅师。是汾阳善昭禅师之法嗣。师名楚圆，字慈明，住湖南潭州石霜山。少为儒生，二十二岁出家。其母非常贤德，劝他游方参学。楚圆到襄沔一带游历，与大愚守芝、芭蕉谷泉等人相遇，因听说汾阳善昭禅师有道望，于是结伴参访。汾阳善昭禅师曾因天候严寒而取消夜参，当晚有位相貌殊异的比丘，手持锡杖来到汾阳禅师面前，说："会中有大士六人，为何不说法？"言毕即离去。师以偈密记曰："胡僧金锡光，为法到汾阳，六人成大器，劝请为敷扬。"日后承继汾阳禅师之法脉者果然有六人，即石霜楚圆、大愚守芝、芭蕉谷泉、琅琊慧觉、法华全举、天圣皓泰，其中石霜楚圆的弟子杨岐方会及黄龙慧南更将临济宗发扬光大。

⑨罗汉：即阿罗汉，梵语，华言无学。阿罗汉含有杀贼、无生、应供等义，"杀贼"是杀尽烦恼之贼，"无生"是解脱生死不受后有，"应供"是应受天上人间的供养。阿罗汉果是声闻乘中的最高果位名，其诸漏已尽，梵行具足，出现世间，开示四谛（苦集灭道），令诸众生脱

离生死，皆得无量义利安乐，是为众生之师范也。

⑩大器：比喻有大才，能担当大事的人。此指具有修证佛法的根器，能续佛心灯、绍隆祖代、兴崇圣种、接引后机、自利利他之行者。

【译文】古时的高僧大德建法堂安众说法时，或有会众三、五百人，乃至于像黄梅五祖弘忍禅师有会众七百人，雪峰义存禅师有会众上千人，径山道钦禅师有会众一千七百多人。我起初非常向往仰慕，悲叹自己出生得太晚，无法参与这些高僧大德聚居的法座。现在年老了，才知道佛法分为正法、像法、末法三个时期，一点都不假，要在芸芸大众中，寻得一、二位真实修行的人，仍不可得。所以金企罗尊者等三人，和合共住、乞食修行。慈明楚圆禅师，只有六人结伴参访汾阳善昭禅师，而金企罗尊者等三人皆证得阿罗汉果，慈明禅师等六人皆能承继临济宗汾阳禅师的法脉。假如道场只求会众多，但是证果、成就的人少，会众虽多又有什么用呢？

我所建的僧堂，只能容纳四十八个席位，还不到古人的十分之一。虽如此，我还是觉得太多了，想再减缩更小些。这并不是我没有普度众生的广大心，而是末法时期理应如是，才能得真实利益。

结社会

结社①念佛，始自庐山远师。今之人，主社者得如远师否？

与社者得如十八贤②否？则宜少不宜多耳。以真实修净土者，亦如僧堂中人故也。至于男女杂而同社，此则庐山所未有。女人自宜在家念佛，勿入男群，远世讥嫌。护佛正法，莫斯为要，愿与同衣共守之。又放生社，亦宜少不宜多。以真实慈救生灵者，亦如佛会③中人故也。愚意各各随目所见，随力所能，买而放之。或至季终④，或至岁终，同诣一处，会计⑤所放，考德论业⑥，片时⑦而散，毋侈费斋供，毋耽玩光阴，可也。愿与同衣共守之。

【注释】①结社：为特定目的而组成固定性的团体。东晋慧远法师于江西庐山东林寺创白莲社，与道俗一百二十三人专修净土念佛法门，共期往生西方净土。因寺之净池多植白莲，又为愿求莲邦之社团，故称白莲社，或简称莲社，此是佛教净土宗最初的结社。

②十八贤：东晋慧远法师所创的白莲社，道俗一百二十三人中之杰出者有十八人，称为十八贤，即：慧远、慧永、慧持、道生、昙顺、慧叡（ruì）、昙恒、道昺、昙诜、道敬、佛陀耶舍、佛驮跋陀罗、刘遗民、张野、周续之、张诠、宗炳、雷次宗。其于东林寺般若台无量寿佛像前建斋立誓，精修念佛三昧，以见佛往生为目的。

③佛会：指佛菩萨等圣众集会之处，即指净土。

④季终：一年分春、夏、秋、冬四季，以三个月为一季。季终指每季的末了。

⑤会（kuài）计：核计、计算。

⑥考德论业：考，指省察、察考。德业，指德行与功业。

⑦片时：片刻。

【译文】结社念佛，创始自东晋庐山慧远法师的白莲社。现在主持莲社的人能像慧远法师一样勤修净业，三十余年不出山、不入市吗? 参与莲社念佛的人能如庐山十八贤一样各个念佛往生吗? 假如不能，则莲社的人数宜少不宜多。因为真实修净土的人，就如同前一篇"僧堂"所言，于末法时期少之又少。

至于男女混杂同在莲社念佛，这是庐山莲社所没有的现象。女人最好自己在家念佛，不要加入男众莲社中，以避免世俗的讥讽嫌恶。护持佛的正法，没有比这更重要的，愿与同参道友们共同遵守之。

还有放生社的人数也是宜少不宜多，因为真实慈悲救护生灵的人，就像末法时期念佛往生净土的人数一样少之又少。我个人认为，人人随缘随分即可，若看到将被宰杀的生灵，只要能力所及，就买来放生。或是在季终，或是到年底，与同参道友共聚一处，核计各人所放生的数量，考察各人德行的增长，互相勉励，检讨完就散会，既不浪费斋食，也不耽误光阴，这样就很好了。愿与同参道友们共同遵守之。

莲 社①

世有无赖恶辈，假仗佛名，甚而聚众，至谋为不轨。然彼所假，皆云："释迦佛衰，弥勒佛当治世。"非庐山远师莲社也。远师劝人舍娑婆而求净土，其教以金银为染心之秽物，以爵禄为羁身之苦具，以女色为伐命之斧斤②，以华衣、美食、田园、屋宅为堕落三界之坑阱，惟愿脱人世而胎九莲③，则何歆④何羡？而彼假名弥勒者，正以金银、爵禄、女色、衣食、田宅诱诸愚民，俾⑤悦而从己。则二者冰炭相反⑥，不可不辩⑦也。然莲社中人，亦自宜避嫌远祸，向所谓宜少不宜多者，切语也。予曾有在家真实修行文劝世⑧，其大意谓凡实修者不必成群作会，家有静室，闭门念佛可也。不必供奉邪师，家有父母，孝顺念佛可也；不必外驰听讲，家有经书，依教念佛可也。不必惟施空门⑨，家有贫难宗戚邻里知识，周急⑩念佛可也。何以故？务实者不务外也。愿为僧者，幸以此普告诸居士。

【注释】①莲社：莲社源自东晋庐山慧远法师所创始。至北宋时，净土宗念佛结社盛行。因白莲结社是合法的，可免官宪的检举，所以民间信仰的团体谎称为白莲社就增多了。元末，假借"弥勒下生"的"白莲会"盛行，就是其后的白莲教。白莲教戒律松懈，教徒夜聚晓散，集众滋事。间亦有武装起事之事发生。元末，各地均起白莲教徒之乱，其徒众皆着红巾，故世称红军或红巾贼。明中叶以后，民间宗教有数十种，或多或少都带有白莲教的色彩，所以统称为白莲教。入清以后，白莲教的支派达百余种，其中黑白混淆，邪正难分。莲池大师写这段文字，目的就是为了告诫僧俗男女，要明辨邪正，真修实干，不可盲从。

②斧斤：泛指各种斧头。

③胎九莲：胎，此指孕育。九莲，指九品之莲台，谓弥陀之净土

也。因净土行者临终之时,圣众持莲台前来迎接,行者乘此莲台,华合而至净土。抵达后,华开而身相具足。由于行者之品位,有上品上生至下品下生之九等,故莲台亦有九品之别。而九品之往生人,尽化生于莲花中。

④歆:羡慕。

⑤俾:使。

⑥冰炭相反:比喻性质相反,不能兼容。

⑦辩:通辨,辨别、区分。

⑧在家真实修行文:莲池大师作《普劝念佛》,主要内容为在家如何真实修行。

⑨空门:佛教大乘以观空为入门,此泛指佛寺。

⑩周急:周济困急。

【译文】世间有无赖恶徒假借佛教的名义组织白莲教,甚至聚集群众,企图谋反作乱。他们都假借声称:“释迦佛的法运已衰微,弥勒佛将降临人间治世。”这并不是庐山慧远法师倡立莲社的宗旨。

慧远法师劝人厌离娑婆而求生净土,他教人将世间的金银财宝视为污染心灵的秽物,将官爵俸禄当作束缚身体的苦具,将女色看作伤害性命的利斧,将华衣、美食、良田、屋宅视为堕落三界的深坑,只愿能够脱离浊恶的人世而求生于极乐净土,这样说来,则娑婆世界还有什么值得欣喜和美慕的呢?

而那些假借弥勒名义所组织的白莲社,专以金银、爵禄、女色、衣食、田宅来引诱愚民,使他们满足所好而来归顺自己。由此可见,白莲社与白莲教这两种社团,其性质如同冰炭,完全相反,所以莲社的真伪不可不加以明辨。

　　然而真正的莲社中人，自己也应该避嫌远祸。我一向主张莲社人数宜少不宜多，这是出于恳切的话。我曾写过一篇在家真实修行的文章劝诫世人，其大意是：凡真实修行的人，不必成群聚会，家有静室，居家念佛就可以了；不必供奉邪师，家有父母，孝顺念佛就可以了；不必出外听经，家有经书，依教念佛就可以了；不必只去布施寺院，对于家族中贫穷困乏的亲戚，或是乡里中生活艰难的人，能及时去救济他们，以慈悲心念佛就可以了。为什么呢？因为念佛讲求的是真修实行，不是做表面功夫。希望出家僧众能把这些道理普告在家的居士们。

心　胆

　　古人有言："胆欲大而心欲小①。"胆大者，谓其有担当也。心小者，谓其有裁酌也。担当，故千万人吾往②。裁酌，故临事而惧③，好谋而成。此正论也。至于僧，则反是，吾谓心欲大而胆欲小。心大，故絣包十界④，荷负万灵，而弘度无尽。胆小，故三千威仪、八万细行⑤，持之无敢慢。今初学稍明敏者，近蔑时辈，远轻昔人，藐视清规⑥，鄙薄净土，胆则大矣！鞫⑦其真实处，则唯知有己，不知有人，唯知保养顾爱其撮⑧尔之血肉身，不知恢复充满其广大之法界量，心则小矣！或曰："黄檗⑨号粗行沙门，非胆大之谓乎？"噫！拙于画虎者，不成虎而类狗。尔所谓胆大者，吾恐不成粗行沙门而成无赖僧也。可弗慎欤？

【注释】①胆欲大而心欲小：意谓任事要勇敢而思虑应周密。此语出自唐刘肃《大唐新语隐逸》。

②千万人吾往：出自《孟子·公孙丑上》，昔者曾子谓子襄曰："子好勇乎？吾尝闻大勇于夫子矣：'自反而不缩，虽褐宽博，吾不惴（zhuì）焉；自反而缩，虽千万人，吾往矣。'"

③临事而惧：谓遇事谨慎戒惧。语出《论语·述而》："暴虎冯河（比喻冒险行事，有勇无谋），死而无悔者，吾不与也。必也临事而惧，好谋而成者也。"好谋，指善于谋划。

④帡（píng）：本指帐幕，引申为覆盖。十界：凡圣本来是一，但因迷悟不同，所以有十界之分。十界是指地狱、饿鬼、畜生、阿修罗、人、天、声闻、缘觉、菩萨、佛，前六界为凡夫之迷界，亦即六道轮回之世界。后四界乃圣者之悟界，此即六凡四圣。

⑤三千威仪、八万细行：佛弟子于日常行、住、坐、卧中应有的威德和仪则。三千、八万皆是用以形容数目之多，亦可作总括一切行说。

⑥蔑：轻视、侮慢。清规：清净之仪轨也，因所立之仪轨，能清净大众故。一家之祖师各应时处而制寺规，皆谓之清规。

⑦鞫：查究、穷尽的意思。

⑧撮：泛指少量。

⑨黄檗：檗亦作蘖，唐代希运禅师，幼于黄檗山出家，人称黄檗希运。参江西百丈山海禅师而得道，后居洪州大安寺，法席甚盛，时河东节度使裴休镇宛陵，建寺，迎请说法，以师酷爱旧山，故凡所住

山，皆以"黄檗"称之。唐宣宗（年号大中）即位后，赐封其为"粗行禅师"。

【译文】 古人曾说："胆要大而心要细。"所谓胆大，是指勇于承担责任。所谓心细，是能谨慎裁量斟酌。因为勇于承担，所以即使有许多横阻，也会不怕困难而奋勇向前；因为思虑周全，所以遇事时战战兢兢，善于规划而有所成就。这种理论是正确的。

至于出家人，则与此说法相反，我认为应该是：心要大而胆要小。因为心大，所以能包容十界、荷负众生，而发起广大誓愿度化无量无边的众生。因为胆小，所以对于三千威仪、八万细行，才能严谨守持，不敢轻忽懈怠。

现今初学稍具聪明机敏者，不但看不起当代著名的大德，也轻视以前的古德，而且藐视寺院清规、厌弃佛门净土，真的是很大胆！但考究他的内心深处，则只知有自己，不知有他人。只知保养爱护个人的血肉身躯，而不知恢复自性法身以充满广大的法界心量。这样的心实在太小了！

有人说："黄檗禅师号称粗行沙门，难道不是说他胆大吗？"唉！不善于画虎的人，画不成虎反而画得像狗。他所说的胆大，我怕有人学不成粗行沙门，反而成了刁顽耍奸、为非作歹的僧人。这能不谨慎吗？

太牢祀孔子

汉高帝过鲁,以太牢①祀孔子,史官书而美之②。此有二意:
一则暴秦焚书坑儒③之后,而有此举;二则帝固安事诗书④毁冠
辱儒⑤之主也,而有此举,故特美其事耳。据孔子之道德,则贤
尧舜、配天地、逾父母,虽烹龙炮凤、煮象炙鲸⑥,亦何足酬恩
于万一,而况骍且角⑦之一物乎!"东邻杀牛,不如西邻之禴
祭⑧",《易》之明训也。仪不及物⑨,神将吐之,况于圣人乎!用
是例之,其余可知矣。惜乎自古及今,相沿已久,而莫可挽也。

【注释】①太牢:又称大牢,古代祭祀,牛、羊、猪三牲具备谓之
太牢,亦有专指用牛为牲者。太牢用于隆重的祭祀,按古礼规定,一般
只有天子、诸侯才能用太牢。

②史官书而美之:西汉司马迁《史记·孔子世家》记载:"高皇帝
过鲁,以太牢祠(祭祀)焉。诸侯卿相至,常先谒然后从政。"东汉班
固《汉书·高帝纪》记载:"(十二年)十一月,(高祖)行自淮南还。过
鲁,以大牢祠孔子。"汉高祖刘邦东行镇压淮南王后,在回长安的路
上,经过山东曲阜,特别以隆重的"太牢"礼仪祭孔,刘邦是中国历史
上第一个亲临孔庙祭孔的君主,开了帝王祭孔的先例。因为有皇帝致

敬在先，之后鲁地行政官员上任之际，先祭祀孔庙之后才开始执政，而成为惯例，从此孔庙祭祀从家祭变成国家祀典。

③焚书坑儒：秦始皇三十四年（公元前213年），丞相李斯反对儒生以古非今，以私学诽谤朝政，故而建议：除秦记、医药、卜筮、种树书外，民间所藏《诗》《书》和诸子百家书一律焚毁，始皇采纳此建议，史称此事件为"焚书"。次年，为秦始皇寻找长生不老药的术士侯生、卢生寻药未果而出逃，秦始皇大怒，将相关的四百六十人在咸阳坑杀，根据《史记》记载秦始皇坑杀的人"皆诵法孔子"，因此史称此事件为"坑儒"。

④安事诗书：汉高祖刘邦即位之初，重武力、轻诗书，西汉太中大夫陆贾，却常在高祖前称说《诗》《书》，高祖以为天下是靠骑在马上南征北战得来的，哪里用得着《诗》《书》。陆贾谏说："您在马上可以取得天下，难道您也可以在马上治理天下吗？"高祖乃令陆贾述秦朝灭亡及历史上国家成败的经验教训，而著《新语》。

⑤毁冠辱儒：汉高祖刘邦原本并不喜欢儒生，因此常有凌辱儒生之举。许多儒生见他时，他就把他们的帽子摘下来，在里面撒尿，和儒生谈话时，动不动就破口大骂。

⑥烹龙炮凤、煮象炙鲸：比喻烹调珍奇肴馔，亦形容菜肴豪奢珍贵。

⑦骍且角：指纯赤色、头角端正的好牛，专门养来祭祀天地、宗庙、山川，不作别的用途。骍，赤色的意思，周朝以赤色为贵。角，指双角完整端正。语出《论语·雍也》，此章记孔子与仲弓泛论用人之道，选才不论其父之好坏，但论其人之贤不贤，喻如耕地之牛，能生骍且角之子，此子当可为牺牛。

⑧东邻杀牛不如西邻之禴祭：此语出自《周易》，原文为："东邻

杀牛，不如西邻之禴祭，实受其福。"意思指举行丰盛隆重之祭祀，不如敬慎修德，以真诚之心，合于祭祀之时，祭品虽微薄，更能受神明之赐福，并且福流后世。东邻、西邻，是彼此之辞，因人君享治平之盛，骄奢易萌，而诚敬必不足，故圣人借东、西邻不同之祭礼以示警训。杀牛，指举行丰盛隆重之祭祀，即太牢之祭。禴，薄也，春物未成，祭品鲜薄。

⑨仪不及物：此指祭品虽丰富，但是祭祀的诚敬心却不足。此语本出自《尚书·洛诰》。原文为："汝其敬识百辟享，亦识其有不享。享多仪，仪不及物，惟曰不享。"周公对成王说："您应该认真考察诸侯朝见国君时的礼节，也要考察诸侯中不来朝见者。诸侯进献时需注重礼节，假如进献的礼物丰富，但是礼节却不足时，就相当于没有来朝见。"此指发自内心的恭敬，才是礼的真谛。

【译文】汉高祖刘邦经过鲁国（山东曲阜）时，用最隆重的"太牢"祭礼祭祀孔子，史官记载此事并加以称颂，这其中包含两个意思：一是暴虐无道的秦王焚书坑儒之后，而有汉高祖此次尊崇圣人之举；二是汉高祖本来也是一位轻视儒学、凌辱儒生的君主，而能有此举动，殊为难得，所以特别赞美此事。

依据孔子的德行与涵养，确实超过圣人尧与舜，并且可与天地相匹配，胜过父母的恩惠，即使用最珍贵丰盛的祭品来祭祀孔子，也不足以报答其恩德于万分之一，何况仅用一头毛色纯正、头角端正的牛供作祭品！

"东邻行不善，虽举行隆重盛大的祭典，却不如西邻敬慎修德，虔诚地举行简单的祭典。"这是《易经》中明确的教导与劝诫。如果祭品丰富，但是祭祀的诚敬心不足时，神明必将唾弃之，何况是圣人，也会唾弃他啊！以此为例，其余的也就可想而知了。可惜自古至今，祭祀仅重形式而不重实质的陋习相沿已久，恐怕无法挽回了！

儒佛交非

自昔儒者非佛①，佛者复非儒。予以为佛法初入中国，崇佛者众，儒者为世道计，非之未为过。儒既非佛，疑佛者众，佛者为出世道计，反非之亦未为过。迨②夫傅韩③非佛之后，后人又仿效而非，则过矣！何以故？云既掩日，不须更作烟霾④故。迨夫明教⑤空谷⑥非儒之后，后人又仿效而非，则过矣！何以故？日既破暗，不须更作灯火故。核实而论，则儒与佛不相病而相资⑦。试举其略：凡人为恶，有逃宪典于生前，而恐堕地狱于身后，乃改恶修善，是阴助王化⑧之所不及者，佛也。僧之不可以清规约束者，畏刑罚而弗敢肆，是显助佛法之所不及者，儒也。今僧唯虑佛法不盛，不知佛法太盛，非僧之福，稍制之抑之，佛法之得久存于世者，正在此也。知此，则不当两相非，而当交相赞也。

【注释】①交非：互相非议、指责。

②迨：及至、等到。

③傅韩：指的是傅奕与韩愈，二人皆排斥佛道。傅奕，公元六至七世纪间之排佛名人。北周废佛事件时，被选为通道观学士，后出家

为道士。唐高祖时，傅奕多次上书请禁佛教，主张裁减寺塔、僧尼。此后数年，佛、道二界对此一问题不断论难，佛教方面，法琳著有《破邪论》《辩正论》，明概法师著《决对论》，李师政著《内德论》，以驳斥傅奕之说。道教方面，有李仲卿著《十异九迷论》，刘进喜著《显正论》以攻击佛教。

④烟霏：烟雾笼罩。

⑤明教：北宋僧，明教契嵩禅师，字仲灵，自号潜子。宋仁宗明道年间，针对欧阳修等人辟佛的议论，师作《辅教篇》阐明儒佛一贯的思想，轰动当时文坛。此书是宋代"儒释道三教并存不废论"的代表作之一，书中将佛教的五戒十善说，与儒、道二教的五常说互作比较，并主张三教所立虽然不同，但结果必可调和归一，以抗韩愈排佛之说。宋仁宗赐其"明教大师"之号。

⑥空谷：明代僧，讳景隆，字祖庭，号空谷。年二十从懒云受学参禅，二十八岁获准出家，四十余岁受懒云印可。空谷所撰之《尚直编》《尚理编》是明初佛教界具有代表性的护法论。《尚直编》尤其力驳朱熹排佛思想。《尚理编》则针对道士缪尚诚之《神化图》，加以论驳。

⑦不相病而相资："病"指批评、排斥，"资"指资助、帮助。

⑧王化：天子的教化。

【译文】自古以来，尊儒的人批评佛教，崇佛的人也批评儒家。我认为佛法刚传入中国的时候，由于崇信佛法的人很多，所以尊儒者出于维护儒学的考虑，其批评佛教的心态是可以理解的，这不算过分。尊儒者既然反对佛教，因此怀疑佛法的人增多，崇佛者为了维护佛法，也反过来驳斥儒者，这种做法也不算过分。

及至道士傅奕、儒家学者韩愈批评佛教之后，后人又效法他们起而排斥佛教，这就过分了！为什么？乌云已经掩蔽了太阳，就没有必要再制造烟雾来遮挡日光。

等到明教契嵩禅师、空谷景隆禅师著书反驳儒者之后，后人又效法他们起而非议儒家，这也过分了。为什么？阳光既已破除了黑暗，就没有必要再点灯火照明了。据实而论，儒学与佛法并不相互排斥，而是相辅相成的。试举例说明：世人为恶，在生前虽能侥幸逃过法律的制裁，却害怕死后会堕入地狱，于是改恶修善，这是佛法的因果教育暗中辅助国家教化所不足的地方。而僧团中有些不守清规戒律的僧人，因为畏惧国家刑罚而不敢恣意妄为，这是儒家所设立的典章制度协助佛法所不及之处。

现今的僧人只忧虑佛法不兴盛，却不知佛法太盛未必是僧人之福，需稍加抑制形式上的兴盛，这才是使佛法久存于世的方式。若明了这个道理，则儒、佛两家就不该互相批评，而应当互相赞扬才是。

好　名

人知好利之害，而不知好名之为害尤甚。所以不知者，利之害，粗而易见；名之害，细而难知也。故稍知自好①者，便能轻利。至于名，非大贤大智不能免也。思立名②，则故为诡异之行，思保名，则曲为遮掩之计，终身役役③于名之不暇，而暇治身心乎? 昔一老宿言:"举世无有不好名者。"因发长叹。坐中一人作而曰④:"诚如尊谕⑤,不好名者惟公一人而已。"老宿欣然大悦解颐⑥,不知已为所卖矣。名关之难破,如是哉!

【注释】①自好:自爱、自重。

②立名:树立名声。

③役役:劳苦不息的样子,或指奔走钻营的样子。

④坐中一人作而曰:此"作"字,是起来、起身的意思。

⑤谕:教导、教诲。

⑥解颐:开颜欢笑。颐,指口腔的下部,俗称下巴。

【译文】世人都知道贪图财利的害处,而不知贪求虚名的害处更大,其不知道的原因,是因为好利的害处显而易见,而好名的害处隐微而难以察觉。所以稍知自爱自重的人,便能看轻财利,至于好名之害,若不是大贤大智的人,恐怕均无法避免。

世人为了树立好名声,就故意表现出怪异奇特的行为。为了保持好声望,就费尽心机来掩饰自己的缺点,终其一生均忙于博取好名声中,哪有时间用来修身养性呢?

从前某位有德望的长者说:"普天之下没有不爱好名声的人。"说罢便深深地叹息。这时座中有人起身说:"诚如您老人家的教诲,当今世上不好名的人,恐怕只有您一人而已。"这位长者听了之后,非常高兴并开怀大笑,他不知自己也已堕入爱好虚名的陷阱中。好名这一关之所以难破,就是像这样难以察觉啊!

梁武帝①

予《正讹集》②中，既辨明武帝饿死之诬③，而犹未及其余也。如断肉蔬食，人笑之，然田舍翁④力耕致富，尚能穷口腹以为受用，帝宁不知己之玉食万方⑤乎？面为牺牲⑥，人笑之。然士人得一第，尚欲乞恩于祖考以为荣宠⑦，帝宁不知己之贵为天子乎？断死刑必为流涕，人笑之，然是即"下车泣罪⑧"、"一民有罪我陷之⑨"之心也，帝宁不知己之生杀唯其所欲为乎？独其舍身⑩僧寺，失君人之体，盖有信无慧，见之不明，是以轻身重法，而执泥太过也。

又晋宋以来，竞以禅观相高，不知有向上事⑪，是以遇达磨之大法而不契⑫，为可恨耳。若因其失国而遂为诋訾⑬，则不可。夫武帝之过，过于慈者也。武帝之慈，慈而过者也，岂得与陈后主⑭周天元⑮之失国者同日而论乎？若因其奉佛而诋之，则吾不得而知之矣！

【注释】①梁武帝：南北朝时，南梁第一任皇帝，梁武帝。姓萧，名衍，字叔达，庙号高祖，谥武帝。因曾在寺院受菩萨戒，所以被称为

"菩萨皇帝"。在位四十八年，奉佛尊法，断酒禁肉，兴造佛寺，生活清简，一如沙门。世寿八十六岁。

②《正讹集》：明朝云栖袾宏撰，也就是莲池大师所作，收录于《嘉兴藏》第三十三册《云栖法汇》中。此书列举出六十六项为当时道俗所不知而致讹传者，袾宏详述典故来源，以释明佛教本来之意义。

③武帝饿死之诬：有关梁武帝的死因，据《资治通鉴》《南史》《梁书》记载，侯景攻破南京后，进宫面见梁武帝萧衍时，以甲士五百人自卫，带剑升殿。梁武帝神色自若，让人带侯景到三公的座上。侯景非常惶恐，便对左右说："我多年征战疆场，从没有胆怯过，今见萧衍，竟然畏惧不已！"于是侯景便把他软禁在台城，不敢再去见他。后来侯景还派人送了几百粒鸡蛋给他吃，因此梁武帝不可能是饿死的。梁武帝被困时仍然念经诵佛、斋戒不辍，最后卧净居殿，口苦索蜜不得，遂死。有人因"索蜜不得，遂死"这句话，而称武帝是饿死的，但蜜食为佛徒医物之一，所以也有人称他是病死的；也有人认为武帝是以身殉教。《正讹集》分析："史称武帝好佛，饿死台城，而佛不救，因以病佛（世人因此谤佛），此讹也（武帝饿死是误传）。武帝味道忘食，常持一斋。或遇政冗（政务繁忙），则漱口以过。临终不食，乃其平日素守。且御宇（统治天下）五旬，历年八秩，功满意足，安坐待尽，正视死如归，非饿死也。侯景见帝，流汗噤口，摄于神威之不暇，岂能致之死乎。后人辩者以饿死为宿业，此论虽是，但未知'饿死'二字，乃嫉佛者过为之辞，欲借以阻人之进耳。今此发明（说明）帝不饿死，足破千载之惑。"诬，不实之辞、妄言。

④田舍翁：年老的农民。

⑤玉食万方：玉食，美食。万方，全国各地。

⑥牺牲：供祭祀用的纯色全体牲畜。

⑦乞恩于祖考以为荣宠：乞恩，乞求施恩。祖考，祖先。荣宠，荣耀。

⑧下车泣罪：《左传折诸》载："禹巡狩苍梧，见市杀人，下车而哭曰：'万方有罪在予一人。'"汉朝刘向《说苑·君道》："禹出见罪人，下车问而泣之。左右曰：'夫罪人不顺道，故使然焉，君王何为痛之至于此也？'禹曰：'尧舜之人皆以尧舜之心为心，今寡人为君也，百姓各自以其心为心，是以痛之也。'"后以喻为政宽仁。

⑨一民有罪我陷之：语出《尚书·埤传》。意为如果我有罪，请不要牵连天下百姓；如果百姓有罪，罪都应归结到我身上。陷，为过失的意思。

⑩舍身：佛教徒为宣扬佛法，或为布施寺院，自作苦行。

⑪向上事：探求佛教之至极奥理，此奥理不由口出，不须思惟，超出言语心念之上，而达本还源，归于寂静之真如本体，又称为"向上道"、"向上一路"、"向上一着"。向上，指由下至上、从末至本，自迷境直入悟境。

⑫遇达磨之大法而不契：梁武帝曾问禅宗初祖菩提达磨说："我就帝位以来，到处建造寺庙，印制经典，剃度出家僧侣不可胜记，我有多大功德？"达磨回答："并无功德。"因为梁武帝所做的只是人天福报，果报在三界，这非真实功德。真实功德要向内心求，清净心所生出的智慧，才是能超脱轮回的真实功德。最后，梁武帝仍无法领悟深旨，达磨知机不契合，所以离开梁国。

⑬诋訾：毁谤、非议。

⑭陈后主：南北朝时期陈朝末代皇帝陈叔宝，字符秀，小字黄奴。陈叔宝荒于酒色，不恤政事，又大建宫室，滥施刑罚，朝政极度腐败。后被隋军俘，陈灭亡。

⑮周天元：北周宣帝宇文赟，北周第四代皇帝，史称"周天元"。即位后沉湎酒色，暴虐荒淫，大肆装饰宫殿，且滥施刑罚，经常派亲信监视大臣言行，北周国势日渐衰落。即位一年后，禅位于长子宇文衍（静帝），自称天元皇帝，但仍掌控朝权。次年病逝，时年二十二岁。病逝次年，杨坚废静帝自立，改国号为隋，北周灭亡。

【译文】我在《正讹集》中，已经清楚说明梁武帝饿死一事是误传，但是还有其他被误传的事没说明清楚。譬如武帝不吃肉而素食，有人取笑他不懂享福，然而就算是种田的老农努力耕作致富之后，尚且要满足自己的口腹之欲，武帝难道不知自己可以享受天下所有的美食吗？武帝改用面粉捏成的牲畜形状来祭祀，有人嘲笑他对祖先神灵不敬，然而一般读书人考取功名之后，尚且要感恩祖先的庇佑，以此来光宗耀祖，武帝难道不知自己贵为天子，更需感恩祖先的佑护吗？武帝判定犯人死刑时，必为他流泪，有人讥笑他，然而这正是夏禹的"见市杀人，下车泣罪，万方有罪在予一人"、尧帝的"一民有罪，我陷之"的存心，武帝难道不知自己握有生杀大权可以为所欲为吗？唯独武帝舍身僧寺一事，有失为君者的体统，他虽有信仰但缺乏智慧，对佛法体会不深，所以轻身重法而多次舍身佛寺，但这未免太执着了。

又魏晋南北朝以来，人们都崇尚修习禅观，互相比较谁的禅境高深，而不知返本溯源，追求彻悟境界，因此武帝虽遇达磨祖师示以顿悟大法而不能相契，实在很可惜！后人若是因为武帝遇侯景之乱而丧失帝位，就加以种种的非议毁谤，这就不应该了。若论武帝的过失，在于他太过仁慈。而武帝的仁慈，只因其仁慈超越常度所造成的过失而已，怎么可以与陈后主、北周天元皇帝（宣帝）的荒淫无道而导致的亡国相提并论呢？若是因为武帝信奉佛教而加以诋毁，这我就不知道该怎么说了！

王所花

山中有花，共本同枝，而花分大小。大者如梅如李，环遶乎其外；小者如橘如桂，攒簇①乎其中。外之数大约八，内之数百有余。山氓②莫之奇，亦莫知其名也。予见而奇之，夫同花而大小异，奇矣。大外围而小内聚，抑又奇矣！因名之"王所③"，大者心王④，小者心所⑤王数八，外花以之。所数五十有一，内花以之。外于八，或有增减，而八者其常也。内恒倍于本数者，所虽五十有一，细分之则无尽也。王外而所内者，王能摄所，所不能摄王也。王五出，所亦五出⑥，而有五须者，王单而所复也。外开先，内开晚者，王本而所末也。久沉而今显，盖时节因缘之谓也。或曰："是花无艳色，烧之则烟气恼人，樵者弃而不薪⑦，奚奇焉？"嗟乎！此其所以奇也。庄生贵樗木⑧，以其不可材。然不材，人取而薪之。今不可薪，则天下之至无用者极于是，《易》曰"肥遯"⑨，其此之谓乎！

【注释】①攒簇：聚集。

②山氓（méng）：山中的居民。氓，百姓。

③王所：心王与心所的并称。心王，万法都是从心中生出来的，心就是万法之王，故称心王。心所，为心王所有的各种思想现象，例如对境而起贪瞋等之情。分析心的自身各部分称为"识"，例如八识（眼识、耳识、鼻识、舌识、身识、意识、末那识、阿赖耶识）。而分析心的活动的各种要素称为"心所有法"，它是和各种心理要素复合而组成的。

④心王：众生之心识大分为八种，即眼、耳、鼻、舌、身、意等六识，及第七识末那识（为我、法二执的根本）、第八识阿赖耶识（含藏诸法的种子），心王为此八识之本体，故又名八识心王。

⑤心所：又称为心所有法，其从阿赖耶识种子所生，依心王而起，其作用略分为六位、五十一种。

⑥王五出，所亦五出：大乘唯识宗将一切法分类为五位，其又细分为百法，即心王有八种、心所有法有五十一种、色法有十一种、不相应行法有二十四种、无为法有六种。上述除无为法外，其余四类均属有为法。此百种事象并无实体，仅为分位而假立者。

⑦樵者弃而不薪：樵者，砍柴的人。薪，砍伐。

⑧庄生贵樗（chū）木：樗，木名，其材粗硬，以其有臭味，又名臭椿。《庄子·逍遥游》记载，惠子对庄子说："我有一棵大树，大家都称它为樗树。它巨大的树干上有很多树瘤，因此无法以绳墨取直；它的小枝因为弯曲而不合规矩，生长在路上，工匠都不会多看一眼。现在你的言论，理想远大却不实用，才会遭众人的嫌弃。"庄子说："你难道没看见狐狸和黄鼠狼？它们弯着身子伏藏在暗处，等待那些出来活动的小动物。它们为了捕捉猎物，不顾高低，跳来跳去，但不是被捕兽器

所伤，就是死在网具之中。再说到牦牛，它们体形庞大得像是可以遮住天边的云，虽然长得如此巨大，却无法捉住小小的老鼠。现在你有一棵大树，却担心它没有用处，怎么不把它种在什么都没有的乡野间，在广阔无际的旷野里，你可以悠闲地倚靠在树边休息，也可以自在地躺在树下睡觉，因为这棵树没有任何价值，所以不会遭到斧头砍伐，你也不会受到任何侵害，这还有什么好困扰抱怨的呢！"

⑨《易》曰"肥遯"：遯，同"遁"，隐居。《周易·遯卦》原文为："上九，肥遯，无不利。"王弼《周易注》解释："最处外极，无应于内，超然绝去，心无疑顾，忧患不能累（牵连妨碍），矰缴（射飞鸟的短箭）不能及，是以肥遯无不利也。"远离乱世，隐居在纷争战火所达不到的地方，就不会有任何担忧顾虑了。大意是，远离乱世，隐居在纷争战火所达不到的地方，就不会有任何担忧顾虑了。程传解释："遯者，穷困之时也，善处则为肥（富饶丰裕）矣。"所以"肥遯"是说穷困之时，懂得择安去危的处世之道，则能过安适太平的生活。

【译文】山中有一种花树，在同一根枝上，所生出的花却有大小之分，大朵的花就像梅花、李花一样，环绕在外围。小朵的花就像橘花、桂花一般，团聚在里面。外围的花大约有八朵，里面的花约有一百多朵。山中的居民见惯了就不以为奇，但也都不知道这种花树的名称。可是我见了却觉得很奇特，因为开在同一枝干上的花居然有大小之别，这很奇妙。又大花开在外围，而小花聚在中间，这就更奇特！因此，我为它取名为"王所花"。

何以取此名？因为大的花就像"心王"，小的花如同"心所"。心王有八识，此树外围的花数正好相当。心所略分为五十一种，里面的花数也差不多相称。外围的花数虽然不一定刚好八朵，也许有增有减，但八朵是最常见的。里面的花数虽然多于五十一这个数字，但心所只是略分有五十一种，其细分开来却是无穷无尽。心王在外，而心所处内，这是因为心王能含摄心所，而心所不能含摄心王的缘故。心王是从百法五位中区分出来的，心所也是从百法五位中区分出来的。而此花树有五个花蕊，所有花都是由此花蕊所衍生出来的，就像心王是由八识单纯组成的，而心所则是心之各种活动现象复合组成的。此花树外围的花先开，里面的花晚开，表示心王为本，而心所为末。此花树长久以来潜居在山中，而现在被彰显出它的珍奇，这就是所谓的时节因缘吧。

有人说："这种花并不娇艳好看，若当柴烧，所产生的黑烟也不好闻，连樵夫都不愿砍伐它，这有什么好珍奇的？"唉！这正是它所珍奇的地方啊！庄子之所以认为樗木可贵，正因它不能当建材而免除被砍伐的命运。樗木虽然不能当建材，但还是有人要取来当柴烧。如今没人愿意拿这种花木当柴烧，那么天下最无用的东西要算是这种花树了！《易经》中说的"肥遯"，所指的大概就是像这种花树的情况吧！

此 道

昔人有言："虽有拱璧以先驷马①，不如坐进此道②。"予因是推之，岂惟驷马拱璧，虽王③天下，亦不如坐进此道。岂惟王一天下，虽金轮圣王王④四天下，亦不如坐进此道。岂惟王四天下，虽王忉利夜摩⑤，乃至王大千世界⑥，亦不如坐进此道。然昔云此道，指长生久视之道⑦也。兹圆顶方袍⑧，号称衲子⑨，将坐进无上菩提⑩之大道，而反羡人间之富贵者，吾不知其何心也。

【注释】①拱璧：两手拱抱之大璧，大璧是古玉器名，属天子礼天之器，诸侯享（进献）天子者亦用之。后因用以喻极其珍贵之物。驷马：指显贵者所乘的驾着四匹马的高车，比喻地位显赫。

②坐进此道：无为坐忘（谓物我两忘、与道合一的精神境界），进修至道。此句出自老子《道德经》。意谓虽有拱璧以先驷马（四方来朝者以驷马大璧献之于君），不如坐进此道。

③王（wàng）：统治。

④金轮圣王：四种转轮王之一，为世间第一有福之人，统辖四天下。金轮圣王出现时，天下太平，人民安乐，没有天灾人祸。此乃由过去生中，多修福业，可惜不修出世慧业，所以仅成统治世界有福报之大王，却不能修行悟道证果。

⑤忉利：梵语，华言三十三。昔有三十三人，同修胜业，同生此天，居须弥山顶。三十二人为辅臣，周围列居，而帝释独处其中，帝释即三十三天之主。此天由修施、戒二种福业，胜四天王天。帝释天主以大方便，化诸众生，及诸天众，舍离贪欲，住于善道，故云忉利天王。夜摩：梵语夜摩，华言善时，亦名时分。此天为欲界六天中之第三天。此天界光明赫奕，无昼夜之分，居于其中，时时刻刻受不可思议之欢乐。此天由修施、戒二种福业，胜忉利天。此天天主统领天众，随所应度，不失于时，故云夜摩天王。

⑥大千世界：每一小世界，其形式皆同，均以须弥山为中心，以九

山、八海、一日月、四大洲（四天下）、六欲天交绕之，是谓一小世界；合一千个小世界，谓之小千世界；合一千个小千世界，谓之中千世界；合一千个中千世界，谓之大千世界，一大千世界中含有小千、中千、大千三种之千，故亦谓之三千大千世界。

⑦长生久视之道：此句出自老子《道德经》第五十九章，原文为："治人事天，莫若啬。夫惟啬，是谓早复，早复谓之重积德，重积德则无不克，无不克则莫知其极，莫知其极可以有国，有国之母可以长久，是谓深根固蒂、长生久视（久活）之道。"此章意指圣人离欲复性，以为外王内圣之道。

⑧圆顶方袍：指僧人。圆顶，指剃度落发出家为僧。方袍，僧人所穿的袈裟，因平摊为方形，故称之。

⑨衲子：指僧人。衲指僧衣，因其常用许多碎布拼缀而成，故称。

⑩无上菩提：梵语菩提，旧译为道，新译为觉，即诸佛所得清净究竟之果，以其无灭无生，不变不迁，无出其上，故云无上菩提。

【译文】从前老子曾说："虽有拱璧驷马之富贵荣华，却比不上此道之珍贵，应淡然无欲，进修此道。"我从这句话推演开来，岂止拥有驷马拱璧之富贵荣华，即使成为帝王统理天下，也不如坐进此道。岂止统理一天下，即使成为金轮圣王统理四天下，也不如坐进此道。岂止统理四天下，即使统理忉利天、夜摩天，乃至统理大千世界，也不如坐进此道。

然而老子所说的"此道"，是指世间法中永存不变之至道。世间法都以至道为珍贵了，如今剃除须发、身披袈裟的人，号称僧人，僧人理应以超脱轮回、证得究竟佛果为目标，现在反而羡慕起人间的富贵荣华，我真不知道他们是存着什么心啊！

金色身①

赞佛身曰金色，盖取其仿佛近似，非真若人世之所谓金也。天金天银与世金世银，例美玉之于碔砆②，胜劣自判。盖天金尚未足以拟佛，况世金耶？其精粹微妙，光莹明彻，自非凡眼③所睹，然不可不知。如今之土木成像，而饰之以金箔④，果以为佛之色相亦只如是，则失之矣！

【注释】①金色身：此指如来三十二相之一，谓如来身相，光明晃曜，如紫金聚（金之最上品），众相庄严，微妙第一。如来三十二相，是表如来法身众德圆极，人天中尊，众圣之王。

②碔砆（wǔ fū）：似玉之石。碔砆混玉，比喻以假乱真，似是实非。

③凡眼：世俗眼光、普通人的眼力。

④金箔：黄金捶成的薄片，常用以贴饰器物或佛像等。箔，金属薄片。

【译文】赞叹称扬佛的金色身相功德，这是取黄金之庄严尊贵的意思，并不是说佛身就真的像人间的黄金一样。天界的金银与人间的金银相比，就好比美玉与似玉的石块（碔砆），其胜劣当下就可判定。天金尚且不足以比拟佛身，何况是人世间的黄金呢？

佛身精纯微妙、光莹明彻，自然不是凡眼所能看到的，但是我们对于佛的身相庄严不能不明了认识。如今人们以土木雕塑成佛像，再用金箔加以装饰，如果以为佛的色相只是这样而已，那就错了啊！

出家休心难

人生寒思衣，饥思食，居处思安，器用思足，有男思婚，有女思嫁，读书思取爵禄①，营家思致富饶，时时不得放下。其奋然②出家，为无此等累③也，而依然种种不忘念，则何贵于出家？佛言："常自摩头，以舍饰好④。"然岂惟饰好，常自摩头曰："吾僧也，顿舍万缘，一心念道。"

【注释】①爵禄：官位和俸禄。

②奋然：奋发。

③累：牵连、妨碍。

④常自摩头，以舍饰好：此句经文出自《遗教经》，原文为："汝等比丘，当自摩头，已舍饰好，着坏色衣，执持应器，以乞自活。自见如是，若起骄慢，当疾灭之。"

【译文】人生在世，寒冷时想添衣服，饥饿时想要饮食，有得住时希望安宁舒适，有器物可用时希望能更充足，男子长大时想要结婚，女子长大时希望出嫁，读书盼取功名利禄，经营谋生希望发财致富，这些念头时时刻刻都无法放下。

既然决心出家，就是为了不想再被这些尘事所牵累，假使还是忘不掉前述种种念头，那出家又有什么可贵呢？佛在《遗教经》中说："常自摩头，以舍饰好。"出家人不仅要舍弃装饰爱好，更应常自摩头、省觉身心念道："我是出家修行人，必须顿舍万缘，一心专念解脱道。"

蚕丝（一）①

蚕之杀命也多而酷，世莫之禁者，谓上焉天子百官，借以为章服②，下焉田夫野妇，赖以为生计。然使自古无蚕，则必安于用布而已。若生计，则民之不蚕者什九③，蚕者什一，未见不蚕者皆饿而死也。或曰："夫子何为舍麻而用纯④？"盖当夫子时，纯之用已久，工简于用麻，夫子姑随之，知习俗之难变也。又禹恶衣服而美黻冕⑤，冕用纯，余未必用也。意可知矣。

【注释】①蚕丝：一种蛋白质纤维，由熟蚕结茧时分泌的丝液凝固而成，是天然高分子材料，也是重要的纺织原料之一。常见的蚕丝有家蚕丝、柞蚕丝等，统称为蚕丝。蚕宝宝（幼虫）要蜕变成蚕蛾（成虫）时，需经过渡的蚕蛹期，因为蚕蛹没有活动能力，所以熟蚕吐丝结茧，以形成坚硬的茧壳提供保护。蚕蛹羽化成蚕蛾时，便吐出许多口水，化开茧层并钻出，由于它们破洞而出，故而蚕茧会被破坏，丝线将会变短，不能用于纺丝织绸，所以人们会在其尚未破茧以前，即将蚕茧放入沸水中，以杀死蚕蛹，并使茧易于拆解成丝。

②章服：绣有日月、星辰等图案的古代礼服。每图为一章，天子十二章，群臣按品级以九、七、五、三章递降。

③什：同"十"。什九，十分之九，指绝大多数。什一，十分之一。

④舍麻而用纯：舍，舍弃。纯，丝。此语出自《论语·子罕》，子曰："麻冕，礼也。今也纯，俭，吾从众。"麻冕是古时的一种礼帽，用麻制成，在孔子那个时代，礼帽大都改用丝织品制成。丝原比麻贵，但绩麻作冕，手工必须精细，非常麻烦，用丝来做，手工简易，因此其制作程序与成本比麻俭约，所以孔子取其俭约的优点，而从众用丝。

⑤禹恶衣服而美黻（fú）冕：此语出自《论语·泰伯第八》，子曰："禹，吾无间（非议）然矣。菲（微薄）饮食而致孝乎鬼神，恶衣服而致美乎黻冕（祭服）；卑（低矮）宫室而尽力乎沟洫（沟渠）。禹，吾无间然矣。"

【译文】人们为取用蚕丝，需杀害众多蚕的生命，而且方式很残酷，世间却没人禁止这种行为，因为上自天子百官的礼服要借蚕丝做成，下至农村百姓要靠此维持生计。然而，假使自古以来就没有养蚕取丝这个行业，人们必定仅安于使用布料纺织而已，若论维持生计，百姓中不从事养蚕的有十分之九，而从事养蚕的仅占十分之一，也没见过不从事养蚕的人都会饿死。有人问："既然养蚕不好，为什么孔夫子要舍麻制礼帽而改用丝制礼帽呢？"这是因为孔子那个时代，大部分的人改用丝制礼帽的习惯已经很久了，而且丝制礼帽的程序比麻制简易，为俭约起见，孔子姑且随众用丝，因为了解习俗难以改变的缘故。又孔子曾赞叹大禹平时穿着质料粗劣的衣服，仅祭祀时穿着庄严华美的祭服，可见孔子仅祭祀用的礼帽采用丝制品，其余则未必用丝制的。这点可推论而知。

蚕丝（二）

《易》云："伏羲作结绳而为网罟，以佃以渔。"何圣人为杀生者作俑①也？自古无辩之者，近槐亭王公奋笔②曰："洪荒③之世，鸟兽鱼鳖伤民之禾稼④，网罟者，除物之为民害也，非取物而食之也。"此解不惟全物命，觉世迷，而亦有功于往圣矣！但史称黄帝命元妃西陵氏教民蚕⑤，则何说以通之？予闻有野蚕⑥者，能吐丝树之枝柯⑦，而取之者不烦⑧于煮茧。意者西陵之教，其野蚕之谓乎！彼家蚕⑨或后人所自作，而非出于西陵乎！不然，成汤解三面之网⑩，以开物之生路，而黄帝尽置之镬汤无孑遗⑪，是成汤解网，而黄帝一网打尽也。或曰："东坡云：'待茧出蛾，而后取以为丝，则无杀蛹之业。'"不知出蛾之茧，缕缕⑫断续，而不可以为丝也。未必坡之有是言也。

【注释】①作俑：本谓制作用于殉葬的偶像，后因称创始、首开先例，多用于贬义。俑，古时用以殉葬的人偶。

②槐亭王公：指王姓先生。"公"是敬称之词，"槐亭"是其称号。奋笔：执笔直书，引申为记录或写作。

③洪荒：混沌、蒙昧的状态，借指远古时代。

④禾稼：谷类作物的统称。

⑤史称黄帝命元妃西陵氏教民蚕：中国传说中黄帝轩辕氏的元妃，西陵氏之女，嫘祖，被后人推崇为中国养蚕取丝的始祖。

⑥野蚕：野生蚕的统称。野生蚕的种类包括柞蚕、蓖麻蚕、天蚕、樟蚕、枫蚕、柘蚕及野蚕等（此野蚕属蚕蛾科，其余属天蚕蛾科）。

⑦枝柯：枝条。

⑧不烦：无须烦劳。

⑨家蚕：源自野蚕驯化而来，吃桑叶，蜕皮四次，吐丝做茧，变成褐色的蛹，蛹变成蚕蛾，蚕蛾交尾产卵后死去。

⑩成汤解三面之网等句：商的开国君主成汤，是位仁民爱物的君主，《吕氏春秋》记载道，汤王外出巡视民情时，看见百姓设置了四面的网来捕捉飞禽走兽，网旁的祝告词写道："不论是天上飞的、地下钻出的，或地面上奔跑的各种鸟兽，都逃不出我的网。"汤王看了，感叹地说："真是赶尽杀绝啊！岂不是跟暴虐无道的夏桀一样吗？"汤王于是解除了其中三面网子，仅留置其中一面而已，更教导百姓在祝告词写道："自古以来，蜘蛛在结网捕食时，也仅仅结了一面网而已。捕食者也应该学习蜘蛛结网的做法，若是从左边来的就让它们从左边逃走，

若是从右边来的就让它们从右边逃走，只捕捉那些不要命的而已。"
诸侯们听闻这件事，纷纷称赞说："汤王的德行爱护及于飞禽走兽。"
于是四十余国的诸侯都来归顺商汤。所以一般人设置了四面网，都未
必能够捕捉到任何动物，汤王解去了三面网，仅仅留置其中一面，却网
住了四十余国诸侯的民心。后遂以"网开三面"或"网开一面"比喻法
令宽大、恩泽遍施。

⑪孑遗：遗留、残存。

⑫缕缕：此指纤细的蚕丝。

【译文】《易·系辞下》记载："上古伏羲氏教人民编结绳索，
制成罗网，用来打猎或捕鱼。"为什么古代的圣人要首开杀生的先例
呢？自古以来都没有人对此提出说明，近来有一位槐亭王先生著述
提到："在远古时代，由于鸟兽鱼鳖等动物会伤害人民的农作物，不
得已才结网来保护农作物，以避免遭受损害，并不是要用罗网来捕捉
动物以供人食用。"这个解释不但保全了动物的生命，也解除了世人
的迷惑，同时也有功于往昔的圣人啊！

但史书记载黄帝曾命元妃西陵氏（嫘祖）教民养蚕取丝，这又
该如何解释呢？我听说，野蚕能在树的枝条上吐丝，因此可直接从
树枝上取丝，而不需透过煮茧抽丝，所以推测当时西陵氏所教的，大
概是采集野蚕的丝吧！而家蚕或许是后人所养殖，并不是出于西陵
氏所教。不然的话，变成商王成汤解除三面网以开放动物的生路，而
黄帝却尽将蚕茧放于热锅中不留剩余，这不就成了商汤解网，而黄帝
一网打尽了吗？

有人说："苏东坡曾说过，等蚕蛾破茧出来之后，再剥茧取丝，
这样就不会造杀蛹的罪业了。"这是不知道蚕蛾破茧之后，此纤细

的蚕丝变得断断续续，就无法作为丝织品原料，所以我个人认为苏东坡未必有说过这样的话。

吕文正公

吕文正①公既贵显入相，上所赐予，皆封识②不用。上知之，问故。公对曰："臣有私恩未报。"盖公微时③，受恩于僧寺也。今相传公少贫，读书寺中，候僧食时钟鸣④即往赴。僧厌之，饭讫乃声钟。公至大窘⑤，题壁云："十度投斋九度空，可耐阇黎⑥饭后钟。"公及第，僧以纱笼⑦其诗。公至寺续云："二十年前尘土面，而今始见碧纱笼。"据前说，则僧何贤；据后说，则僧何不肖⑧也。倘诬枉贤者，则成口业。而世所传，出野史戏场中，恐不足信。

【注释】①吕文正：北宋贤相，吕蒙正，字圣功，曾在宋太宗、真宗时三度为相，为人质朴宽厚、度量如海，被时人誉为"宽厚宰相"。其未显达时，家境贫寒，曾遇一僧人，僧怜其生活穷困，安排其住寺院中，随众给食，以使其衣食不乏，吕公遂发愤读书，于宋太宗太平兴国年间，举进士第一，后成为一代贤相。在宋朝，三年一郊祀（祭天大典），而每逢郊祀，皇帝都会赏赐文武百官并大赦天下，宰相所得赏赐可供近七十五人生活三年，但吕公并不领取，此举引起了皇帝注意。宋太宗问："你为什么不领郊祀的俸给？"他答道："我曾受人之恩，还未曾报答。"吕公借此机缘将当年的情况如实告知。这事感动了皇帝，便赐给这位僧人紫袍，还加封了师号。吕公也常为僧修营寺宇，并每日晨兴礼佛，对天祝曰："不信三宝者，愿勿生我家。愿子孙世世，食禄于朝，护持佛法。"吕氏家族果然人才辈出，三代出了五位宰相，几十位高官，并代代奉佛。吕蒙正享年六十七岁，谥文穆，封"许国公"。

②封识（zhì）：包封并加标记。

③微时：卑贱而未显达的时候。

④僧食时钟鸣：佛寺报斋时鸣大钟。《禅林象器笺》中说："斋时大众入僧堂时，鸣大钟十八下，谓之入堂钟。"此为大众入僧堂之讯号。

⑤窘：穷尽、匮乏。

⑥阇黎：梵语"阿阇黎"的省称。意译为"轨范师"，可矫正弟子的行为，为其轨则模范，是对高僧的敬称。亦泛指僧。

⑦纱笼：谓以纱蒙覆贵人、名士壁上题咏的手迹，表示崇敬。

⑧不肖：不成材、不正派。

【译文】北宋吕文正公贵为宰相时，皇上举行祭天大典之后所赐予的恩赏，他都封存不用。皇上知道后，便问其原因。吕公回答："臣有私恩未报。"原来吕公还未显达时，曾受恩于僧寺。

现今却传说吕公少年贫困，曾寄读于寺中，每天等到僧人斋食时鸣钟，即随往用餐。日久，僧人生厌，便改为饭后才鸣斋钟。吕公听到钟声前往用餐时，却已没东西吃，于是在壁上题诗写道："十度投斋九度空，可耐阇黎饭后钟。"等到吕公考取进士，僧人便用碧纱笼罩在他所题的诗上，以显珍贵。吕公重访此寺后，接续前面的诗写道："二十年前尘土面，而今始见碧纱笼。"

据前一种"酬恩护法"的说法，则这位僧人是多么的贤良啊！据后一种传言，则这位僧人是何等的不肖啊！假如造谣诬陷冤枉贤者，那就是造口业了！但世间所传说的，大都出自野史戏剧中，恐怕不值得相信吧！

学道无幸屈

世间求名者，有学未成而名成，是之谓幸^①，以不当得而得也。有学成而名不成，是之谓屈^②，以当得而不得也。故云："我辈登科，刘蕡下第^③。"盖幸与屈之谓也。学道则不然，未有名挂山林，身驰朝市^④，悠悠扬扬^⑤，一暴十寒^⑥，而成道业者；亦未有苦志力行，殚精竭神^⑦，不退不休，以悟为则，而道业无成者。盖求名在人，求道在己，学道人惟宜决心精进而已，毋怀侥幸之图，勿以枉屈为虑。

【注释】①幸：因偶然的机会获得成功，或希图得到非分的财物或功名利禄等。

②屈：枉屈、压抑，指受到不应有的待遇。

③刘蕡下第：字去华，唐朝幽州昌平人。唐敬宗宝历二年进士。

唐文宗大和二年，朝廷举贤良方正，由各地官员举荐贤良能直言极谏者参与廷试，并根据等第授予官职。刘蕡因感百姓疾苦，痛恨宦官专权，策论措辞激烈，切中时弊，考官虽然为之叹服，但惧怕宦官势力，不敢录取。同考获得第一名的李郃了解事情真相后，说道："刘蕡下第（落第），我辈登科，实厚颜矣！"毅然上书文宗，请求朝廷收回他的功名，改授刘蕡。当时，宦官当道，李郃的请求不仅没有得到文宗的采纳，还得罪宦官，受到冷遇。刘蕡后来遭到宦官诬陷，贬柳州司户参军，任期中去世。刘蕡去世后，著名诗人李商隐先后写了《哭刘蕡》《哭刘司户二首》《哭刘司蕡》等诗，以表达对刘蕡的敬佩和同情。

④朝市：朝廷和市集，泛指尘世。

⑤悠悠扬扬：飘忽不定的样子。悠悠，指飘忽不定，或懒散不尽心的样子。扬扬，飘扬、漂泊，比喻东奔西走，行止无定。

⑥一暴十寒：原意是说，最容易生长的植物，如果曝晒一天，寒冻十天，也不可能生长。比喻做事或求学，努力时少，懈怠时多，没有恒心，则不可能有成就的。

⑦殚精竭神：穷尽精神，专心致志。殚竭，穷尽。

【译文】世间谋求功名的人，有些人的学问还不扎实却获取功名，这就叫作"幸"，因为不应该得到而得到。有些人虽然学问渊博却名落孙山，这就叫作"屈"，因为应该得到而没有得到。所以唐人李郃曾说："我辈登科，刘蕡下第。"就是针对幸与屈而说的。

学道则没有侥幸与枉屈可言。从来没有人能因为挂名在深山丛林而身游闹市，终日游荡，懒散不定，一曝十寒，却能成就道业的。也从来没有人既能苦其心志、努力修行、尽心竭力、不退缩、不懈怠，以开悟为目标，而道业不成就的。必须要明白，世间名利是否成就，是受到他人及外境种种条件而定。而修行开悟，则全凭自己的努力。所以，学道之人只管立定决心、精进办道就好，不可怀有侥幸的心理，也不需忧虑努力得不到成果。

著述宜在晚年

道人著述，非世间词章传记之比也①，上阐先佛之心法，下开后学之悟门，其关系非小。而使学未精，见未定，脱有谬解②，不几于③负先佛而误后学乎？仲尼三绝韦编④，而《十翼》⑤始成。晦庵临终，尚改定《大学》诚意之旨。古人慎重往往若此，况出世语论，谈何容易！《青龙钞》未遇龙潭，将谓不刊⑥之典，而终归一炬。妙喜初承印证，若遽自满足，焉得有后日事？少年著述，固宜徐徐⑦云尔。

【注释】①词章：诗文的总称。传记：记载人物事迹的文字，其分两大类：一类是以记述详实史事为主的史传或一般纪传文字；另一类属文学范围，以史实为根据，但不排斥某些想象性的描述。

②脱有谬解：脱，或者、也许。谬解，妄解。谬，错误。

③几于：近于、几乎。

④三绝韦编：韦，指皮绳，古代用竹简写书，用皮绳把竹简编联起来，称为"韦编"。三为概数，表示多次。绝，断。后以韦编三绝，形

容读书勤奋、刻苦治学。

⑤《十翼》：即《易传》，相传为孔子所作。《周易》是由"经"和"传"两部分组成，《易传》是对《周易》的注释，共有十篇，因此称"十翼"。"翼"是辅助的意思，用来辅助阐明"经"的意思。

⑥不刊：不容更动和改变，引申为不可磨灭。古代文书书于竹简，有误即削除，谓之刊。

⑦徐徐：迟缓、缓慢。

【译文】修道人批注经论或著作，不能与撰写世间的诗词、传记类的文章类似，因为批注经论，对上为阐明先佛的心法，对下为开启后学的悟门，其中关系非同小可。假使所学还不精深，见解还不真确，也许会有错解的地方，这岂不是辜负了先佛本意，而且耽误了后学的法身慧命吗？

孔子勤读《周易》，以至于竹简书的皮绳磨断多次，如此才著成《十翼》。宋朝晦庵先生（朱熹）直至临终前，还在修改《大学》"诚意章"的批注。古人批注世间典籍都那么慎重了，何况是批注出世间法的经论，谈何容易！

唐代德山宣鉴禅师，欲以其所著的《青龙疏钞》与南方禅宗大德辩论，如果没有遇到龙潭崇信禅师的教化，还自以为《青龙疏钞》是《金刚经》批注的标准定本。他开悟之后，便将此书付之一炬。宋代妙喜宗杲禅师最初受到某长老胡乱印证，若因此就自认满足，哪能有后来的大彻大悟呢？所以年轻人著书演述，应该谨慎缓慢些才好！

机　缘

　　石头①之于六祖，祖知彼机缘②不在此，指见青原③而大悟。丹霞④之于马祖⑤，亦复以机缘不在此，指见石头而大悟。乃至临济之自黄檗而大愚⑥，惠明之自黄梅而曹溪⑦，皆然也。又不独此，佛不能度者，度于目连⑧，亦机缘使之也。故学人得遇真善知识，直须起大信敬，今世后世，由之津梁⑨，不可漫焉空过而已。

【注释】①石头：唐代南岳石头希迁禅师。于禅宗六祖惠能门下，受度为沙弥。六祖将示灭时，希迁问曰："和尚百年后，希迁未审当依附何人？"祖曰："寻思去！"因此禀遗命，前往吉州青原山静居寺，依止行思禅师。其机辩敏捷，受到行思的器重，有"众角虽多，一麟已足"的称誉。不久，行思又命希迁往参曹溪门下的另一位宗匠南岳怀让，经过一番锻炼，再回到静居寺，后来行思就付法与他。唐玄宗天宝初年，希迁离开青原山到南岳，受请住衡山南寺。寺东有大石，平坦如台，希迁就石上结庵而居，因此时人多称他为"石头和尚"。代宗广德二年，希迁应门人之请，下山住端梁弘化，和当时师承南岳怀让住江西南康弘化的马祖道一，称并世二大士。石头希迁禅师世寿九十一，敕谥"无际大师"。

②机缘：机谓根机，缘谓因缘，谓众生有善根之"机"而为受教法之"缘"。佛经义旨有大小、偏圆、渐顿、权实，皆由众生机缘各别，必须随机施化，方能各自受益。此外，禅宗接引学人，也有临机应缘各种差别。

③青原：唐代青原行思禅师。因闻曹溪惠能之法席，乃往参礼，六祖深器之，会下学德虽众，而师居其首。某日，六祖谓师曰："从上衣法双行，师资递授，衣以表信，法乃印心。吾今得人，何患不信。吾受衣以来，遭此多难，况乎后代争竞必多，衣即留镇山门。汝当分化一方，无令断绝。"师既得法，驻锡吉州青原山之静居寺，阐扬六祖所传宗风。四方之禅客闻风慕化，蜂拥至其堂，后付法于石头希迁。唐开元二十八年示寂，谥"弘济禅师"。行思之法系称为"青原下"，与南岳怀让的系统"南岳下"相对。后来，青原下又衍出云门、曹洞、法眼等三宗。

④丹霞：唐代南阳（河南省）丹霞山之天然禅师，嗣南岳石头希迁之法脉。丹霞首参马祖，马祖视之曰："南岳之石头是汝师也。"后礼石头，随侍三年，披剃受戒，再往谒马祖，受"天然"之法号。元和十五年入南阳丹霞山，结庵化众。长庆四年示寂，时年八十六，敕谥"智通禅师"。

⑤马祖：唐代马祖道一禅师。俗姓马，名道一，世称马大师、马祖。六祖惠能之下，有南岳怀让禅师、青原行思禅师两系，南岳传于马祖，青原传于石头，禅法之弘扬二者并称。禅门甫启时，禅僧皆寄居律院，马祖首创禅门丛林，以安禅侣，禅宗至此而大盛。马祖在洪州（江西南昌县之通称）弘传怀让的宗旨，因此称为洪州宗，亦称江西禅，故以"江西马祖"闻名于世。马祖世寿八十，唐宪宗谥其号为"大寂禅师"。其百余弟子中，以百丈怀海、南泉普愿、西堂智藏、大梅法常、章

敬怀晖、大珠慧海、庞蕴居士、佛光如满等人，被推重为禅林尊宿。

⑥临济之自黄檗而大愚：此指唐代临济义玄禅师大悟之因缘故事，此公案称为"临济大悟"，又作"大愚三拳"。临济义玄禅师是六祖惠能下的第六代，也是中国禅宗五家之一的临济宗之开创者。临济禅师出家后到各处参学，首先参谒洪州黄檗希运禅师，临济在黄檗座下参学了三年不曾一问，后来受了鼓励，向黄檗请示："如何是佛法的大意？"三度发问，三度被棒打，打得临济百思不解，深感自己根钝，业障太重，不能彻悟，于是向黄檗告辞，黄檗说："不须他去，只往高安滩头参大愚（洪州高安大愚禅师，其师是归宗智常禅师，智常之师则是马祖，所以大愚与黄檗同为马祖之法孙），必为汝说。"临济见了大愚禅师，诉说三问三被棒打的经过，并问："不知有过无过？"大愚听后，哈哈大笑道："黄檗如此老婆心切（指仁慈之心），为你解除困惑，你居然到我这里问有无过错？"临济听后大悟道："原来黄檗佛法无多子（指黄檗的佛法并无特别之处）。"大愚抓住临济的衣领说道："你这个小子，刚才还说百思不解，现在又说黄檗的佛法并无特别之处，你看到了什么？快说！"临济不答，却向大愚肋下打了三拳，大愚张开说："汝师黄檗，非干我事。"临济辞谢大愚，即回黄檗。黄檗见了便说："你来来去去，有甚了期？"临济说："只为老婆心切，便人事了。"接着就将在大愚禅师处的经过告诉黄檗。黄檗说："这个多事的大愚，等他来时，要好好打他一顿。"临济马上答道："还等什么？现在就打。"说完就一拳向黄檗打去，黄檗哈哈大笑，临济终受黄檗印可。以后临济宗提持的激箭似的顿悟功行，即始于此。

⑦惠明之自黄梅而曹溪：惠明，唐代僧，为陈宣帝之孙。幼年于永昌寺出家，参五祖弘忍，初无证悟，后闻五祖密付衣钵予惠能，遂率数十人，急追至大庾岭。其最先追到惠能，得惠能开示而大悟，说道：

"惠明虽在黄梅，实未省自己面目。今蒙指示，如人饮水，冷暖自知，今行者即惠明师也。"因此改名道明，并拜留六祖座下三年。后居于袁州(江西)蒙山，发扬南顿之宗风，未久归曹溪示寂。

⑧佛不能度者，度于目连：佛能化导一切众生，而不能度无缘之人，《经律异相》第二十七卷里提到一则"蓝达王因目连悟道"的典故。佛陀在世时，有一蓝达国，盛行邪见，难以度化，佛就派遣有"神通第一"称号之弟子目连(又称摩诃目犍连)前往，满城人民欣然接受教化。阿难白佛："此王人民，宿与目连有何等缘？"佛言："昔惟卫佛时，目连为优婆塞(能持五戒、清净自守之在家男居士)，居宿贫窭(贫穷)，奉行戒行，守意不毁。采华山中见须文树，适欲上树取华，不知前有蜂房，群蜂数千惊散逐之，即心念言：'若我得道当度汝等。'今日得道者皆尔时蜂也。"因为目连往昔发愿度蜂，所以今世蓝达国民才与目连有缘而能得到度化。此典故出自《蓝达王经》。

⑨津梁：桥梁，或指接引、引导，或比喻济度众生。

【译文】石头希迁禅师最初师事六祖惠能大师，六祖知道石头悟道的机缘不在此处，便指示他前往青原山，向行思禅师参学而得大悟。丹霞天然禅师首参江西马祖道一禅师，马祖也知道丹霞悟道的机缘不在此处，便指示他前往南岳向石头希迁禅师参学而得大悟。乃至临济义玄禅师初入黄檗希运禅师门下，依黄檗指示向高安大愚禅师参学而开悟。惠明禅师于黄梅五祖弘忍门下，转向曹溪六祖惠能大师参学而开悟，这都是因为众生机缘各别，随机施化的例子。又不只这些例子，还有佛所不能度化的无缘人，这些人因与目连尊者有缘而能得度，这也是众生各依机缘得度的例子。所以，学人若能够遇到真善知识，应当生起至诚信敬之心，从今生乃至后世，能由善知识的接引、教导，恭敬奉行而得度生死，千万不可漫不经心、虚度光阴。

般若（一）

土之能朽物也，水之能烂物也，必有残质存焉，俟沉埋浸渍之久而后消灭①。若火之烧物，顷刻灰烬。吾以是知般若智如大火聚，诸贪爱水逼之则涸②，诸烦恼薪③触之则焚，诸愚痴④石临之则焦，诸邪见稠林⑤、诸障碍蔀屋⑥、诸妄想情识种种杂物，烈焰所灼，无复遗余。古谓："太末虫处处能泊，惟不能泊于火焰之上⑦。"以喻众生心处处能缘，惟不能缘于般若之上。故学道人不可刹那而失般若智。

【注释】①俟：等待。浸渍：浸泡、渗透。

②贪爱水逼之则涸：贪爱，是指贪着爱乐五欲之境而不能出离生死轮回。一切烦恼，总说不外贪、瞋、痴三毒，此三者能害众生，坏其善心，令有情长劫受苦而不得出离，故名为毒。涸，竭、尽。

③烦恼薪：烦恼遇智慧则灭，如薪逢火即烬，因以为喻。

④愚痴：三毒之一。心性暗昧，无通达事理之智明，与无明同。

⑤邪见稠林：邪见有种种，而交互繁茂，如稠林之茂密。邪见，谓无正信，颠倒妄见，不信因果，断诸善根。稠，繁密。

⑥蔀屋：草席盖顶之屋。蔀，覆盖于棚架上以遮蔽阳光的草席，引申为覆盖。

⑦太末虫处处能泊，惟不能泊于火焰之上：太末虫是极微细的微生物（末是微末，太末是极微末），相当现在所说的细菌。太末虫到处都能栖息生存，但不能栖息生存在火上；这是比喻众生的妄心像太末虫，处处能缘，但是缘不到般若的境界中。泊，停留。

【译文】土可以使物朽坏，水可以使物腐烂，然而腐朽之后一定还有残质存在，要等到掩埋、浸泡很久之后，才会消灭殆尽。如果用火来焚烧物品，则瞬间化为灰烬。我因此了解，般若智就像大火炬一样，种种贪爱心一靠近般若智，如同水靠近火就会干涸。种种烦恼一触及般若智，如同木材靠近火就会烧尽。种种愚痴毒一靠近般若智，如同石头遇到大火就会焦烂。种种邪见、障碍、妄想情识等杂物，一经般若智这把烈火所灼烧，当下灭尽，一点残余都不剩。古德说："太末虫到处都能栖息，唯独不能栖息在火焰之上。"

以此比喻众生的妄心处处能缘，唯独不能缘于般若之上。所以，学道之人不可片刻离开般若智慧。

般若（二）

予病足①，行必肩舆②。一夕天始暝③，与人醉而踬④，倾盖⑤，即有数男子攘臂攫予帽者⑥，意谓内人⑦，或有金宝严其首故也。已而⑧大惭，疾走去。予以是知般若智如大日轮，日轮⑨才灭，而盗贼奸宄⑩出矣。真照⑪才疏，而无明烦恼⑫作矣。先德谓："暂时不在，犹如死人。"故学道人不可刹那而失般若智。

【注释】①足：莲池大师于明神宗万历辛丑年（公元1601年）正月初十，入浴时，不小心跌入滚烫的热水中，从脚后跟到大腿皆被烫伤。后又因调养治疗失当，经过二个多月才痊愈。

②肩舆：乘坐轿子。舆，轿子。

③夕：傍晚。暝：昏暗。

④舆人：轿夫。踬：跌倒。

⑤倾盖：轿子翻倒。盖，指车篷。

⑥攘臂：卷起衣袖，伸出胳膊。攫：夺取。

⑦意谓：以为、认为。内人：宫女，或指宫中的女伎，或指官僚贵族家的女伎。

⑧已而：旋即、不久。

⑨日轮：太阳，形如车轮而运行不息。

⑩奸宄：指违法作乱的人。宄，作乱或盗窃的坏人。

⑪照：谓真如之妙用照十方。以智慧照见事理，曰观照。

⑫无明烦恼：谓于一切诸法，无所明了，故曰无明。以不了故，起贪瞋痴等烦恼，故名无明烦恼。

【译文】我的脚因为入浴时不小心烫伤，所以外出时必须乘坐轿子。有一天傍晚，天色开始变暗时，轿夫因喝醉而跌倒，轿子也跟着翻倒，就在此时，突然出现几名男子，七手八脚的来夺取我的僧帽，他们误以为我是官僚贵族家的女众，或者认为我戴有金银珠宝之类的首饰。随后他们发现我是出家人，因此感到非常惭愧，快跑离开。

我因此明白，般若智如同大太阳，太阳才刚西落，盗贼及违法作乱的人就会出现。以智慧观照事理的工夫才稍放松，无明烦恼随即发作。先德有言："（般若）暂时不在，犹如死人。"因此，学道之人不可片刻离开般若智慧啊！

般若（三）

经言①："暑月贮水在器，一宿即有虫生，但极微细，非凡目所能睹，故滤水而后用。"若水在火上，火不熄，水不冷，则虫不生。予以是知般若智如火煮水，观照②炽而不休③，温养密而无间，彼偷心④杂惑将何从生？故学道人不可刹那而失般若智。

【注释】①经言：暑月贮水在器，一宿即有虫生：《教诫新学比丘行护律仪》在院住法第五提到："八、夏热时经宿水则有虫生，早朝取水，午时虫生，弥须再滤。（中略）二十、夏月热时，用水盆了，当荡涤（冲洗）覆之令干，不得仰，仰即虫生。"《沙弥律仪要略增注》解释："夏月虫生无时，仰则有余水故虫生。"暑月，指夏月。贮，积聚。宿，一夜。

②观照：即般若之智用也。观照般若，谓因观照明了诸法无相，悉皆空寂，以显即体之用，故名。

③炽而不休：即炽盛之义，谓如来猛焰智火，洞达无际。炽，火旺盛。

④偷心：原指偷盗之心，于禅林中转指向外分别之心。

【译文】佛经中提到："夏天在盛水的器具中蓄水，经过一夜就会有虫生长其中，但是这虫极微细，不是凡夫的肉眼所能看见，所以水必须过滤后才可饮用。"假如把这盆水放在火上煮，只要火不熄灭，保持水温不让它冷却，则这盆水就不会长虫。

我因此明白，般若智如同火煮水，只要观照的猛焰智火不止息，如同保持热水温般精进而不间断，那个分别执着的妄心又将从何而生呢？所以，学道的人不可片刻离开般若智慧。

天台①止观②

《止观》治病门③中，有"六字气④""注心下视⑤"等语。盖止观之道，广无不该⑥，即治病之法亦于中摄，大都与服药同意，是以止观代药也。止观之余绪⑦，非止观之正旨也。后人不知此意，而养生家⑧引以为据，遂有外饰禅名，而内修道术者。诘⑨之，则借口于天台。故辨之。

【**注释**】①天台：此指天台宗。隋代时，智者大师（名智顗）栖止天台山，倡立一宗之教观，世称天台大师，遂以所立之宗称为天台宗。本宗的主要思想是实相和止观，以实相阐明理论，用止观指导实修。其教法之特点在于教观双运、解行并重。

②止观：止，有停止之义，停止于谛理而不动。又有止息之义，止息妄念，譬如磨镜，磨已则镜体离诸垢（是断惑），能现万象（是证理），是即观也。观，有观达之义，观智通达，契会真如。又有贯穿之义，智慧之利用，穿凿烦恼而消灭之。止属于定，观属于慧，止观就是定慧双修的意思。止观为天台宗的根本教义。

③治病门：此法门内容可参考天台智者大师所著的《小止观》，此书又称为《修习止观坐禅法要》《坐禅法要》《童蒙止观》。本书谓涅槃之法入门虽有多途，但论其捷便，则不出止观二法。次立十科，阐说修习止观之诸要领，十科即是：具缘、诃欲、弃盖、调和、方便、正修、善发、觉魔、治病、证果等十章，其中第九治病章，举出以止观对治种种病患之法。

④六字气：《小止观》提到："观治病者，有师言：但观心想，用六种气治病者，即是观能治病。何等六种气？一吹，二呼，三嘻，四呵，五嘘，六呬。此六种息，皆于唇口之中（指于唇口间吐纳），想心方便，转侧而作（指于牙舌间流动），绵微（细微）而用。"

⑤注心下视：注心，指集中心意。《小止观》提到："治病之法，乃有多途，举要言之，不出止观二种方便。云何用止治病相？（中略）有师言：'脐下一寸名忧陀那，此云丹田。若能止心守此不散，经久，即多有所治。'（中略）所以者何？人以四大不调，故多诸疾患。此由心识上缘，故令四大不调。若安心在下，四大自然调适，众病除矣。"

⑥广无不该：广博而完备具足。该，具备、充足、广博。

⑦余绪：指次要的部分。

⑧养生家：指道教，因其讲究行气功、炼丹药，以求长生，故名。

⑨诘：追问、询问。

【译文】天台止观法门所提到的治病方法中，有"六字气"、"注心下视"等内容，可见止观法门所涵盖的范围非常广博，就像这样的治病方法也包含在其中。这些方法大都与服药的意思一样，就是用止观法门来代替药物。

但是治病方法只是止观法门的次要部分，并非止观真正的意旨。后人不知止观的真意，于是道教引用此治病方法作为修道养生的依据，才会有外表挂着修禅之名，实际上却是修道术的现象。若是追根究底地问他们，他们便借口说这种方法是出自天台的止观法门。为此，特在这里加以辨明之。

看 忙

世有家业已办者，于岁尽之日，安坐而观贫人之役役①于衣食也，名曰看忙。世有科名②已办者，于大比③之日，安坐而观士人之役役于进取也，亦名曰看忙。独不曰：世有惑破智成④、所作已办⑤者, 安坐而观六道众生之役役于轮回生死也, 非所谓看忙乎? 吁! 举世在忙中, 谁为看忙者? 古人云: "老僧自有安闲法⑥。"此安闲法可易言哉? 虽然, 世人以闲看忙, 有矜己⑦心, 无怜彼心。菩萨看忙, 起大慈悲心, 普觉群迷, 冀彼同得解脱。则二心迥异⑧, 所以为凡圣小大⑨之别。

【注释】①役役: 劳苦不息的样子。

②科名: 科举功名。

③大比: 此指科举考试。周代每三年对乡吏进行考核, 选择贤能; 隋唐以后泛指科举考试; 明清亦特指乡试。

④独: 却。惑: 贪瞋痴等烦恼叫作惑, 因惑而造作种种的善恶业, 因业而招感无数的生死和痛苦。经云: "因惑造业, 因业受苦。"

⑤所作已办: 欲求出离三界, 修诸梵行, 生死既尽, 梵行既立, 故云所作已办。

⑥老僧自有安闲法: 宋代真歇清了禅师著有《涅槃堂》诗一首, 原文为: "访旧论怀实可伤, 经年独卧涅槃堂, 门无过客窗无纸, 炉有寒灰席有霜, 病后始知身是苦, 健时多半为人忙, 老僧自有安闲法, 八苦交煎总不妨。"莲池大师读了这首诗后, 深有感触, 照原诗风格体裁附和作了三首类似的诗文, 并把这四首诗放在涅槃堂中, 作为对危重病僧的警策。

⑦矜己: 夸耀自己。

⑧迥异: 大不相同。迥, 形容差别很大。

⑨凡圣小大: 凡圣, 指凡夫与圣者, 凡夫指迷惑事理而流转生死之人, 圣者指发无漏智而证正理之人。小大, 染心名小, 善心名大。

【译文】世间有事业经营成功者, 于晚年时, 悠然自得地看着贫苦人家为衣食劳禄不已，这叫作"看忙"。世间有仕途功成名就者，于科举大考时，安坐看着考生为考取功名而绞尽脑汁，这也称为"看忙"。却没有听说世间有烦恼断尽、智慧现前、所作已办的人，安闲坐看芸芸众生于六道轮回中死死生生忙碌着，这不也是所谓的"看忙"吗？

唉！世人都在忙碌着过活，谁才是真正的看忙人？古德谓："老僧自有安闲法。"这安闲法不是那么容易说得出来的！

虽然都称为看忙，但世人以自身的悠闲看待忙碌中人，这里面只有骄慢自大的心态，却没有悲天悯人的胸怀。而菩萨看到众生总为生死而忙碌，便于其中生起大慈悲心，以善巧方便醒觉迷忙中人，希望六道众生都能解脱生死轮回。这二种存心，大不相同，所以才有凡圣小大的区别。

辨　融①

予入京师，与同行二十余辈，诣辨融师参礼请教。融教以无贪利、无求名、无攀援贵要之门②，唯一心办道。既出，数年少笑曰："吾以为有异闻③，恶用是宽泛语为④？"予谓不然，此老可敬处正在此耳。渠纵呐言⑤，岂不能掇拾⑥先德问答机缘一二，以遮门盖户；而不尔⑦者，其所言是其所实践，举自行以教人，正真实禅和⑧，不可轻也。

【注释】①辨融：明朝真圆法师，字大方，别号辨融（或作"遍融"）。年将立，感生死无常，遂舍家入云华山。后证华严三昧，得大解脱法门。其前后四入京师，大作佛事，化度群品，王公大臣瞻仰敬服。明万历年间，辨融因被诬陷入狱，狱卒以为其名气大，必定很多钱，向其勒索，辨融无钱可给，狱卒就把辨融放到匣床（形如木床的刑具）中，将其手脚紧紧夹住，令其痛苦。辨融高声念："大方广佛华严经，华严会上佛菩萨。"忽然匣床发出响声，锁断床碎，狱卒惊骇不已，深感佛法无边，因受感化。辨融被关时，前来探望送食的人很多，但他都将食物分送给所有的狱卒和犯人，自己只吃其中的一份，众人十分感动，纷纷皈依佛门，因此高墙之内，佛声浩浩。有官员将此事上呈，皇帝遂下诏请法师出狱，但是辨融认为自己的苦缘应有百日，尚未满此数。同时，也不能丢下其他犯人，因而坚决不肯出狱。辨融期满出狱，隐居于谷积山，慈圣太后迎请法师居于刹海寺，并赐以紫衣。其世寿七十九岁。

②攀援：依附、追随。贵要：尊贵显要之人。

③异闻：新的知识、不同的见闻。

④恶用是宽泛语为：恶，怎么。宽泛，谓内容意义等牵涉面宽广，犹言空泛。为，助词，用在句末，表疑问。

⑤渠纵呐言：渠，他。呐，同"讷"，言语迟钝。

⑥掇拾：拾取。

⑦不尔：不如此、不然。

⑧禅和：又称为禅和子，指参禅的人。

【译文】我曾进京城，与同行道友二十余人，一起去参见辨融老法师并请求开示。辨融老法师教导我们不贪利、不求名、不去依附权贵人家，只管一心办道。

我们拜谢老法师出来之后，其中几位年轻人笑说："我以为老法师有什么独特的高见，怎么只是如此平常空泛的言论！"我却不认为是这样的，这正是辨融老法师可敬的地方。他即使不善言辞，难道不会拾取几句古德的问答、公案，来装饰自己的门面，或显示自己的地位吗？他却不这么做，正因为他所说的都是其亲身实践的，拿自己做到的言行来教人，这才是真正的参禅人，千万不可轻慢这样的善知识啊！

禅讲律

禅、讲、律，古号三宗①，学者所居之寺、所服之衣，亦各区别。如吾郡②，则净慈、虎跑、铁佛等，禅寺也。三天竺③、灵隐、普福等，讲寺也。昭庆、灵芝、菩提、六通等，律寺也。衣则禅者褐色④，讲者蓝色，律者黑色。予初出家，犹见三色衣，今则均成黑色矣。诸禅律寺均作讲所矣。嗟乎！吾不知其所终矣！

【注释】①禅、讲、律，古号三宗：禅宗，直接传承佛陀之心法，以教外别传、不立文字为特色之宗派。讲宗，或称教宗，指禅、律二宗外之其余诸宗派，此宗重视讲说经典义解，"讲宗"名词是禅宗之指称。律宗，专门修持戒律的宗派，以唐时南山道宣为初祖。我国自宋代后，禅、教、律三派并立，寺院亦分禅、教、律三者，属于律者称律院，与教院、禅院相对称。

②吾郡：作者莲池大师，浙江杭州人。杭州境内，寺刹甚多，杭州内外及湖山之间，唐以前为三百六十寺，宋朝南渡，增为四百八十。

③三天竺：位于浙江杭州，寺有三座，在飞来峰南，曰下天竺寺，东晋时所建。在稽留峰北，曰中天竺寺，隋建。在白云峰北者，曰上天竺寺，五代吴越建。

④衣则禅者褐色，讲者蓝色，律者黑色：僧人之法衣称为袈裟，"袈裟"是梵语，义译是"浊、坏色、不正色、赤色、染色"。袈裟之颜色在诸律中各有异说，虽有诸说，大抵不拘颜色，而以质素为要，因为佛制袈裟染色，主要用意在于"毁其形好，僧俗有别"。佛教传入中国后，汉、魏时穿赤色衣，后来又有黑衣（缁衣）、青衣、褐色衣。唐宋以后，朝廷常赐高僧紫衣、绯（红色）衣。明朝佛教分禅、讲、律三种类别，规定禅僧穿茶褐色衣和青绦玉色袈裟，讲僧穿玉色衣和绿绦浅红色袈裟，律僧穿皂（黑色）衣和黑绦浅红色袈裟，但后来一般皆着黑衣。

【译文】禅、讲、律在古时候称为三宗，修学这三宗的学人，他们所居住的寺院、所穿着的衣色也各有区别。比如在我的家乡杭州，净慈寺、虎跑寺、铁佛寺等，这是属于禅寺。三天竺寺、灵隐寺、普福寺等，这是属于讲寺。昭庆寺、灵芝寺、菩提寺、六通寺等，这是属于律寺。若论衣色，则参禅的人穿褐色袈裟，学经教的人穿蓝色（青色）袈裟，学律的人穿黑色袈裟。我在刚出家时，还能见到这三种衣色的区别，现在三宗学人所穿的袈裟全都变成黑色了，而禅、律二宗

的寺院也都变成讲经的道场。唉！我真不知将来佛法还会演变成什
么模样！

古玩①入吾手

今人于一彝一罍②、一书一画，其远在上古者，出自名家者，
平生歆慕③而不能致者，一旦得之，则大喜过望，忻然④慰曰：
"此某某所递互珍藏者，今幸入吾手矣！"曾不思旷劫以来无
酬价之至宝，何时入吾手也？况世玩在外，求未必获，至宝在
我，求则得之，亦弗思而已矣！

【注释】①古玩：可供玩赏的古代器物。

②彝：古代宗庙常用礼器的总名。或指盛酒的尊，尊是古盛酒
器，用作祭祀或宴享的礼器，早期用陶制，后多以青铜浇铸。罍：泛指
小口大腹的瓶或陶器，或古代盛酒或水的瓦器。

③歆慕：羡慕。歆，悦服、欣喜。

④忻然：喜悦的样子。忻，心喜。

【译文】现代人对于任何一件青铜铸的礼器（彝）、陶瓷制的
瓶器（罍）、书、画等古董，它们有源自上古的，或是有出于名家之手
的，乃至平生美慕希求而无法获得的，一旦得到了，就特别高兴，欣

慰说道："这些古董，本是某些人世代相传珍藏的，今天何其有幸能被我取得。"为何不想想久远劫来的无价至宝（佛性），何时能得到呢？何况世间古玩乃身外之物，即使苦心寻求也未必能获得。而无价至宝（佛性）原本就珍藏在自己身心中，只要向内寻求就能得到，只是人们还没有省悟到这个真相而已！

悟道难，为善易

当此五浊①末世，兼以多生积习，而欲断无明惑②，悟自本心，则千万人中希得一二，亦无足怪。至于不为恶而为善，此亦易事，而甘为不善，吾不知其何心？又复身口意三，欲令摄意不动③，而出入无时，起灭④无形，定力⑤之难成，亦无足怪。至于制身不为恶事，制口不发恶言，此亦易事，而甘为身口之恶，吾不知其何心？

【注释】①五浊：指命浊、众生浊、烦恼浊、见浊、劫浊。命浊是众生因烦恼丛集，身心交瘁，寿命短促；众生浊是世人每多弊恶，心身不净，不达义理；烦恼浊是世人贪于爱欲，瞋怒诤斗，虚诳不已；见浊是世人知见不正，不奉正道，异说纷纭，莫衷一是；劫浊是生当末世，饥馑疾疫刀兵等相继而起，生灵涂炭，永无宁日。

②无明惑：无明者，于一切法无所明了。惑者，昏迷不了之义。无明惑乃业识之种子，烦恼之根本。

③摄意不动：注心一境而不散乱。

④起灭：事物之生与灭也。因缘和合则生起，因缘离散则灭谢。

⑤定力：谓摄心正道及助道法，若定根增长，则能破诸乱想。

【译文】当身处在这个五浊世界的末法时代，再加上多生多劫所积累的烦恼习气，想要断尽一切生死的根本（无明烦恼），以悟证自己的真心本性，实在不容易，所以千万人中难得有一二人成就，这并没有什么好奇怪的。但是，不造恶而为善，这本是容易做到的，竟然却有人甘为不善，我不知道他们是怎么想的？

又如身口意三业，大家都希望能达到摄意不动的禅定境界，然而妄念出入无时、起灭无形，因此定力很难成就，这也没什么好奇怪的。但是，制身不为恶事（如不杀、不盗、不淫），制口不发恶言（如不妄语、不两舌、不恶口、不绮语），这本来也是很容易做到的，竟然却有人甘为身口之恶，我不知道他们是怎么想的？

重许可

古人不轻许可①，必研真核实而后措之乎辞②。如赞《圆觉疏》者曰③："其四依④之一乎？或净土之亲闻乎？何尽其义味如

此也。"乃至赞远公者曰"东方护法菩萨"⑤，赞南泉、赵州者曰
"古佛"⑥，赞仰山者曰"小释迦"⑦，赞清凉者曰"文殊后身"⑧，
千载而下，无议之者，何也? 真实语也。非今人谄寿谀墓⑨、贺迁
秩⑩，壮行色之套子⑪话也。夫著之简编⑫，勒之金石⑬，将俾信
当时而传后世，而虚誉浪褒⑭，齐佛齐祖，噫! 慧日虽自难瞒，蒙⑮
学未必无误矣!

【注释】①许可：认许印可之意，又谓印证、印可，即弟子修道成
就时，为师者加以印证过后，承认、许可其所悟境界之意。

②核实：审核查实。核，查验。措之乎辞：即措辞，指说话。

③赞《圆觉疏》者等语：唐宣宗大中年间，宰相裴休，为华严五
祖圭峰宗密法师所著的《大方广圆觉修多罗了义经略疏》撰序，序文提
到："后世虽有作者，不能过矣。其四依之一乎? 或净土之亲闻乎? 何
尽其义味如此也!"裴休赞叹圭峰禅师把《圆觉经》的义理都说尽了，
若圭峰不是具备堪为世间众生之所依止的四依菩萨程度，就不可能
说得这么好。若不是亲至圆觉讲座听闻释迦牟尼佛讲演《圆觉经》，
就不可能说得这么完备。

④四依：此指人四依，谓从五品位至等觉菩萨（指从初发菩提心
到修证佛果各个阶位之大乘菩萨），能令众生闻法开解，修行证果，
堪为世间众生之所依止。人四依之内容为：五品十信为初依，此位之
人，观慧明了，达如来秘密之藏；十住为二依，此位之人，惑破理显；
十行、十回向为三依，此位之人，无明渐尽；十地等觉为四依，谓此菩
萨，渐尽无明之源，将满圆极之果，胜用具足。

⑤赞远公者曰"东方护法菩萨"：东晋时期，译经家鸠摩罗什与净
宗初祖慧远大师是当时的佛教领袖，鸠摩罗什初到长安不久，慧远就

派使送信致意，《佛祖纲目》卷第二十五提到："慧远……闻鸠摩罗什入关，遣书通好。什答书略曰：'经言，末后东方，当有护法菩萨，勖（勉励）哉仁者，善弘其事。'"罗什于回复慧远大师的书信中，称赞慧远是东方护法菩萨。

⑥赞南泉、赵州者曰"古佛"：南泉，指唐代南泉山普愿禅师，初习律，后参谒江西马祖道一，并嗣其法。于池阳（安徽省）南泉山建禅院，自耕自足，三十余年不出山。之后，应众请出山，由是，学徒云集，法道大扬，时人尊称为南泉古佛。赵州，指唐代赵州和尚，法号从谂，幼年出家，后谒池阳南泉普愿，并嗣其法。其后参访诸方，八十岁，应众请住赵州观音院，四十年间，大扬禅风，后人称之为"赵州古佛"。古佛，是禅林中用以尊称有德高僧者。

⑦赞仰山者曰小释迦：仰山，唐末五代僧。与沩山灵祐同为沩仰宗之祖。因居仰山，故世称仰山慧寂，或仰山禅师。初谒耽源应真禅师，得悟玄旨。继参沩山灵祐，师事十五年，承嗣其法。后领众居仰山，宣扬沩山之法，学徒云集，蔚成沩仰宗。相传一日忽有梵僧从空而至，云："特来东土礼文殊，却遇小释迦。"师遂有"仰山小释迦"之称。师平时常以手势启悟学人，世称之为仰山门风。

⑧赞清凉者曰"文殊后身"：清凉国师，唐代僧，华严宗第四祖，讳澄观，居五台山清凉寺，疏《华严经》，唐德宗诞辰，讲经内殿，以妙法清凉帝心，赐号为清凉国师。生历九朝，为七帝门师。有梵僧称清凉国师是文殊后身。

⑨谀寿谀墓：为人作祝寿词或墓志铭（放在墓里刻有死者事迹的石刻），多溢美之词，称誉不实。

⑩迁秩：旧指官员晋级。秩，俸禄、官职、品位。

⑪套子：即虚套子，指徒有形式而无内容的事物。

⑫简编：指书籍。

⑬勒之金石：指刻在金石上的文字。勒，雕刻。金石，古代镌刻文字、颂功纪事的钟鼎石碑之类。《墨子》："以其所书于竹帛，镂于金石，琢于盘盂，传遗后世子孙者知之。"

⑭虚誉浪褒：不实的赞扬。浪，随便、无用的。褒，赞美表扬。

⑮蒙：蒙昧无知。

【译文】古人不轻易认许印可学人，一定要谨慎探究、审核查实之后，才会赞同称许。例如，唐宰相裴休赞叹圭峰宗密法师著的《圆觉经略疏》时说道："宗密法师的注疏能令众生心开意解，他应该是堪为世间众生之所依止的四依菩萨之一吧！或者曾亲闻释迦牟尼佛讲演《圆觉经》吧！不然，怎么能将此经的义理阐述得如此透彻！"

乃至于东晋时期，鸠摩罗什大师尊称庐山慧远大师为"东方护法菩萨"。唐朝时，十方大众尊称南泉普愿禅师与赵州从谂禅师为"古佛"。另有梵僧尊称仰山慧寂禅师为"小释迦"，也有梵僧尊称清凉国师是"文殊后身"。这些崇高的称誉流传千百年来，都没有人对此提出异议，为什么？因为这些赞美之词都是真实语。不像现代人在为人写寿联、作墓志、贺升官时所用的赞美文辞，都只是奉承的场面话。

那些记载于史册中、雕刻于金石上的，都是能信服于当时并流传于后世的。如果是称誉不实、抬高身价到与佛祖并齐，这种不实的赞扬，唉！虽然瞒不过大智慧的人，但是对于智慧未开的学人未必不会产生误导啊！

放生池

　　予作放生池，疑者谓鱼局^①于池，攒聚纤郁^②，而无活泼之趣，不若放之湖中，或护持官河一段^③，禁弗使渔^④，亦不放之放也。予谓此说亦佳。但池之与湖、与河，较其利害，亦略相当。池虽隘^⑤，网罟^⑥不入。湖虽宽，昼夜采捕^⑦。陋巷^⑧贫而乐，金谷^⑨富而忧，故利害均也。又官河之禁约有限，而诸鱼之出入无恒，有从外入限中，有从中出限外者，出限则危矣，不若池居之永不出限也，故利害均也。又疑无活泼之趣，则有一喻：坐关^⑩僧住一室中，循环经行^⑪，随意百千里而不穷，徜徉自得，安在其不活泼也？复有一喻：今幸处平世，城中之民，以城门之启闭为碍。一旦寇兵压境^⑫，有城者安乎？无城者安乎？渔喻寇，池喻城，人以城为卫，何局也？鱼可知矣！

【**注释**】①局：局限，限制在一定范围内。

　　②攒聚：聚集。攒，指许多人或物集聚在一起。纤郁：曲折隐蔽之处。《淮南子》："渔者不争隈。"高诱注本："隈，曲深处，鱼所聚也。"

　　③护持：保护维持。官河：运河，指人工开挖借以通航的河道。中

国古代的运河开凿始于春秋时期,各诸侯国为发展和外界的交往,在所控制的区域内开凿运河,沟通自然水系。

④禁弗使渔:禁止使用渔具捕鱼。

⑤隘:音狭窄、狭小。

⑥网罟:捕鱼及捕鸟兽的工具。罟,用网捕捉。

⑦采捕:捕捉。

⑧陋巷:狭小简陋的居室,借指贫寒之家。《论语·雍也》:"贤哉,回也!一箪食,一瓢饮,在陋巷,人不堪其忧,回也不改其乐。"

⑨金谷:泛指富贵人家盛极一时但好景不长的豪华园林,多含讽喻义。

⑩坐关:僧人封闭于龛内(龛,小的窟穴或房屋),诵经、坐禅或念佛,以克期(限期)修证者,称为坐关。

⑪经行:谓在一定的处所缓慢地往返步行。通常在食后、疲倦时,或坐禅昏沉沉瞌睡时,或为养身疗病,即起而经行。

⑫压境:谓敌军紧逼国境。

【译文】我开掘放生池,对此感到疑虑的人说道:"把这么多的鱼儿局限在一座水池中,鱼儿聚集在这曲折隐蔽之处,不免失去生气和活力。不如将鱼儿放到湖中,或是护持一段官河,且严禁捕鱼,形式上虽没有放养的行为,但实质上也能达到放生的意思。"我认为这种说法也很好,但是将放生池与湖、河相比较,其放养的利害得失大致上也相当。

放生池虽然狭小,但是绝不会有捕捞鱼的行为。湖、河虽然宽阔,但是不分昼夜都有人在捕鱼。就像有人居住在狭小简陋的房屋,日子虽清贫却能自得其乐。有人拥有华美园林的豪宅,却常担心遭遇偷、抢而忧恼不已,所以说将鱼儿放养于放生池或是湖河中,它们的利害是相当的。

又官河所规定的捕鱼禁令是有范围限制的，而水中的鱼儿来去不定，有从其他河道游入官河中的，也有从官河游到其他河道的，一旦游出捕鱼禁令范围之外就危险了。不如将它们放养于放生池中，永远受捕鱼禁令的保护。所以说将鱼儿放养于放生池或是湖河中，它们的利害是相当的。

如果担忧鱼儿因为放养于放生池中会失去生气与活力，这里有一则比喻可说明：就像闭关的僧人住在一间小屋中，可以在屋内返复经行，随意走上百千公里也没有尽头，却能安闲自得，哪里没有生气与活力呢？

再举一个比喻：现今有幸处在太平之世，城中的百姓认为城门要按时开关很碍事，有朝一日若敌军紧逼至城下时，是有城门能防护安全呢？还是没有城门能防护安全呢？捕鱼的人就像敌军，放生池就好比城门，百姓以城门作为安全的防卫，这哪是限制他们的活动空间呢？相信放生池中的鱼儿也知道这个道理。

崔慎求子

昔崔慎无子^①，有僧教以盛饰内人^②，入寺设斋^③，伺欢喜迎纳者^④，虔奉而厚供之，冀托胎^⑤其家。夫出家者，将超三界，成道度生，而乃为此笼槛以钩致之⑥。致彼无心出世者犹可，倘堕落一真实道人，其害可胜言⑦哉？慎与僧俱得罪，而僧为甚。苦哉僧乎！胡不⑧以求子之正道语人乎？

【注释】①崔慎：崔慎，即崔慎由，字敬止，唐宣宗时宰相。

②盛饰：装扮华丽。内人：古代泛指妻妾。

③设斋：向僧尼施食。

④伺：等待。迎纳：欢迎接纳。

⑤托胎：又作托胎、托生、入胎，即托生于母胎。谓胎生之有情宿于母胎中，为受生此世之始。

⑥笼槛：音关禽兽的大笼子、栅栏。钩致：求取、招致。

⑦胜言：说得尽。

⑧胡不：何不。

【译文】从前有位崔慎由，因为没有子嗣，有僧人教他方法，将他的妻子装扮华丽，然后带她走访诸大寺院并向僧众施食，等到有老僧欢喜接纳他们的施食时，就用厚礼恭敬的供养他，以期望这位老僧能感动而发愿投胎到他家。发愿出家，志在能超脱三界，成就道业，广度众生，却被此陷阱勾引而导致堕落三界牢笼。如果受勾引的是没有真正求出世解脱心的僧人也就算了，假如堕落的是一位真实修行的出家人，这个罪过哪能说得尽！崔慎由与这位僧人都有罪过，而这位出主意的僧人所造的罪业更重。这位无知的僧人真是自讨苦吃，为什么不教人正确的求子方法呢？

无子不足忧

世人以无子为忧，而富贵者忧弥甚①。或曰："不孝莫大于无后，得无忧乎？"予曰然，古人语意自明，盖谓不娶而无子者，非谓娶而无子者也。娶而无子，奚②罪焉？且帝王统驭亿兆③，非无力置姬妾也，非无方士奇人进药石也④，而有终绝储嗣⑤者，命也，故不足忧也。乃若所忧则有之，多行不义，夺人之有，绝人之后，离人之骨肉，陵虐他人子女为己之婢仆者，种种阴险惨毒，皆无子因也，是则可忧也。不作是因而无子者，命也，非我之咎⑥，故不足忧也。

【注释】①弥甚：更加严重。

②奚：疑问词，哪里。

③统驭亿兆：统理百姓。亿兆，指庶民百姓。

④方士：即方术士，泛指从事星占、神仙、房中（关于节欲养生保气之术）、巫医、占卜等术的人。药石：此指药物。

⑤储嗣：储君、太子。

⑥咎：罪过、过失。

【译文】世人常因没有子嗣而忧恼，尤其是富贵人家更加如此。

有人说："世上最大的不孝就是没有子嗣而不能传宗接代，这样能不忧恼吗？"

我认为此话没错，但是古人所说的"不孝有三，无后为大"这句话的意思已经很明白，这是指不娶妻而致没有子嗣的人，并不是指已娶妻而无法生子的人。娶妻而无法生育子女，这哪里有罪？就算是帝王拥有统理百姓的权力，并不是没有能力广纳妻妾，也不是没有方士奇人来进献助孕的药物，结果依然有无法生子而绝后的帝王，这都是命啊！实在没有必要为此感到忧恼。

真正需要忧虑的，那就是：是否常行不义之事、夺取他人之物、灭绝他人后代、分离他人骨肉、使他人子女作为自己的奴仆而凌虐等事，种种阴险惨毒，都是造成无子的原因，这才是令人堪忧的。如果平时不造这些恶业，却仍然没有子嗣者，这是自己的宿命，不是自己的罪过，所以也没有必要为此感到忧恼。

后身（一）

赞西方者记，戒禅师后身为苏子瞻①，青草堂后身为曾鲁公②，逊长老后身为李侍郎③，南庵主后身为陈忠肃④，知藏某后身为张文定⑤，严首座后身为王龟龄⑥。其次，则乘禅师为韩氏子⑦，敬寺僧为岐王子⑧。又其次，善旻为董司户女⑨海印为朱防御女⑩。

又其而雁荡僧为秦氏子桧⑪居权要，造诸恶业。此数公者，向使精求净土，则焉有此？愚谓大愿大力，如灵树生生为僧，而云门三作国王，遂失神通⑫。百世而下，如云门者能几？况灵树乎？为常人，为女人，为恶人，则展转下劣矣。即为诸名臣，亦非计之得也。甚哉！西方之不可不生也。

【注释】①戒禅师后身为苏子瞻：戒禅师，宋代师戒禅师，住五祖山（于湖北黄梅县东北），为云门文偃再传法子，暮年住于江西大愚山。《居士分灯录》记载苏轼的母亲怀孕时，梦见一位身躯瘦弱、一眼失明的出家人，后来就生下了苏轼。事隔数年，苏轼的弟弟苏辙在高安为官，和真净、文圣、寿聪等三位法师经常在一起参禅论道。有一天，这三位法师同时梦见迎接五祖戒禅师，三人正在交谈时，苏轼刚巧来寺拜访，三人把梦境告诉苏轼，苏轼就回答自己在七、八岁时，曾梦见身为僧侣，往来行化于陕右一带。真净法师说："戒禅师也是陕右人，晚年来游高安，五十年前圆寂于大愚。"细问之下，苏轼当年正好四十九岁，又戒禅师一眼失明，于是大家认为戒禅师就是苏轼的前身。

②青草堂后身为曾鲁公：北宋青草堂禅师，转世为北宋著名的政治家曾公亮。曾公亮，字明仲，号乐正，宋神宗熙宁二年，封为鲁国公，登上相位，其历仕仁宗、英宗、神宗三朝。《西归直指》提到："宋，青草堂禅师，素有戒行，年九十余。曾氏常供养之，屡施衣物，僧感其德，许以托生其家。后曾氏妇人生子，使人看草堂，已坐化矣！所生子，即曾鲁公也，以前世曾修福慧，故少年登高科，后作贤宰相。"

③逊长老后身为李侍郎：李侍郎，名弥逊，字似之，号普现居士，北宋徽宗大观三年进士，历任中书舍人、户部侍郎等职。他主张抗金，

反对与金议和，为秦桧所排斥，晚年归隐连江（今属福建）西山。《夷坚志》提到，李侍郎为临川（今江西省抚州市）太守时，于父亲忌日那天，前往疏山（于今江西抚州金溪县）设斋供僧。李侍郎与八十多岁的住持行满长老同桌用斋，行满长老仔细看着李侍郎说："您是逊长老吗？"李侍郎没回应。行满又说："逊长老是我的同门师兄，名字与您相同。自从听闻您出任这里的太守，我就有这样的猜想，今日观察您的举止容貌与他没什么差异，肯定是逊长老转世来的。"李侍郎探问逊长老是亡于北宋哲宗元祐三年，他正是在那年出生的；李侍郎初名弥远，后因梦而改名为弥逊，因此更相信自己就是逊长老转世来的，所以返家后将起居室命名为"小云堂"，且赋诗云："老子何因一念差，肯将簪绂（古代官员服饰）换袈裟；同参尚有满兄在，异世犹将逊老夸；结习未忘能作舞，因缘那得见拈花；却将净业寻归路，淡泊何如居士家。"

④南庵主后身为陈忠肃：陈忠肃，北宋人，名瓘，字莹中，号了翁，又号华严居士。为人谦和，不与物竞。宋徽宗时，为左司谏，以直谏闻名。尝留心禅宗，有所省发。后读华严，深会其法义，及遇明智法师，闻天台宗旨，深为契入。最后专修念佛三昧，阐扬净土法门。徽宗宣和六年，无疾而逝，世寿六十五，高宗追赠谏议大夫，谥忠肃。而南庵主后身为陈忠肃，此之陈忠肃，疑似为陈康肃。如《乐邦遗稿》记载："陈康肃公尧咨前生是南庵庵主。"陈康肃公尧咨，即宋真宗年间状元陈尧咨，字嘉谟，卒谥"康肃"。《历世真仙体道通鉴》卷四十七记载，陈康肃公尧咨考取状元后，前去拜访陈希夷先生（即陈抟），座中有道人看着康肃公，连声称"南庵"，说完便离开。康肃公问："他是什么人？"希夷先生说："钟离子。"康肃公问："南庵是什么意思？"希夷先生说："以后您自然会知道。"之后康肃公偶闻某妇人提到南庵，问

南庵所在，一去看，是间荒废的佛寺，里面有石碑写道："某年月日，南庵主入灭，祠其真身于此。"那正是康肃公的出生日期。《曲洧旧闻》卷三也提到，陈文惠（即陈尧咨之父）有一子前身是南庵修行僧。

⑤知藏某后身为张文定：知藏，又称藏主、藏司，于禅林中掌理寺院所藏一切经论典籍之职称。藏，即大藏经。《乐邦遗稿》提到："张文公方平前身是山藏院知藏僧。"张方平，字安道，号乐全居士，谥文定。好佛学，读书过目不忘。于宋神宗时，官拜参知政事（宰相）。张文定出任滁州知州时，曾游琅琊山某藏院，看着藏院中未写完的《楞伽经》，忽悟前身为此寺知藏，仅书写前两卷就往生了，临终时发誓要继续写完。所以他斋沐后继续将《楞伽经》剩余的部分写完，笔迹竟然与前两卷一样，因此他所书写的这部《楞伽经》又称为"二生经"。

⑥严首座后身为王龟龄：严首座（首座是居一座之首位而为众僧之表仪者）：字伯威，自号潜涧，其于佛学，无不通晓，尤深于禅，而接物以教，故以"阇黎"著名，晚年精修净业，北宋徽宗政和二年正月示寂，年五十四。王龟龄，名十朋，字龟龄，号梅溪，宋徽宗政和二年生，南宋孝宗乾道七年卒，享年六十岁，谥号忠文。其一生清廉，爱民如子，于泉州知州任满之日，泉人思之如父母，为立生祠，名"王忠文祠"（又名梅溪祠）。《补续高僧传·潜涧阇黎传》记载，王龟龄之母亲怀孕时，梦见严阇黎（龟龄之舅公）来惠以金环，梦醒时，传严阇黎刚坐化，翌日龟龄生。龟龄小时不仅相貌与严阇黎相似，颖悟强记亦类似小时之严阇黎，于是有王龟龄是其舅公严阇黎转世的说法。《佛法金汤编》记载，龟龄尝梦游天台石桥，神僧数百出迎，指公与众曰："彼前身严首座也，曾写此碑。"后亲到石桥，与梦中所见之境无异，遂留诗云："石桥未到已先知，入眼端如入梦时，僧唤我为严首座，前身曾写

石桥碑。"龟龄作《潜涧严阇黎塔铭》以记述其舅公的生平事迹，其序有云："师殁之岁，而某始生。"

⑦乘禅师为韩氏子：此之"韩氏子"，疑似为"薛氏子"，如《续高僧传》《法苑珠林》《历代名僧辞典》提到，北魏时，有一位乘禅师，受持读诵《法华经》，精勤不懈。命终之后，投生至河东薛氏家为第五子。他一生下来就能说话，并述说自己的宿世因缘，向往出世，不愿处俗。他的父亲任职地方官时，便随父亲前往，并至中山（定州）的七帝寺（今之河北省开元寺），找到当年自己的弟子，就对他说："你还记得当年我从这里渡水往狼山（位于阴山山脉西段，今河北省北部）吗？我就是当日的乘禅师，所以房中供奉我的牌位桌可除去了。"他的父母担心他出家，就安排他娶了妻室。成家之后，他就忘了前世的事情了，但还是常产生离世出俗的念头，并喜好独居静思。

⑧敬寺僧为岐王子：敬寺，指爱敬寺，是南朝梁武帝为追荐其父亲，而建造于钟山之下（位于江苏省南京市城东），以表孝思追远之心。岐王，中国古代王爵称呼之一，始见于唐。此之岐王，是指唐睿宗第四子李范（本名李隆范，为避唐玄宗李隆基之名讳而更名）。《广异志》及《太平广记》记载，唐玄宗开元年间，岐王李范因为没有子嗣，求道士上奏天庭，天庭回复："李范命中本无子。"道士再度上书天庭，为李范求子，天庭令二人取敬爱寺僧为岐王子。经一年，岐王生子。其子在六、七岁时，都会要求到敬爱寺礼拜，但到了十余岁，竟不行善，喜欢手持弹弓，弹射寺院的鸽子到消失为止，其修道的意志因追逐物欲而改变，实在可惜。《旧唐书》卷九十九记载，李范有一子李瑾突然死亡，后来由李范的五弟薛王李业之子李珍，继承岐王之爵位。

⑨善昱为董司户女：宋朝著名的笔记小说《夷坚志》卷十二记载，有位僧人名叫善昱，本来于洪州（今江西省南昌市新建县）观音院

当住持，后来客居于光孝寺，于宋高宗绍兴二十三年秋生病。鄱阳县人（于江西省）董述为司户参军（宋各州置司户参军，掌户籍、赋税、仓库交纳等事），兼任新建县的县尉（掌治安捕盗之事）。董述居于光孝寺旁，怜悯善旻生病，每日准备稀饭、糕饼供养他，善旻每次食用时都会再三致谢。光孝寺的住持提醒善旻说："你身为出家人，却受到在家人无微不至的照顾，你念念不忘报恩。就我的观察，你日后必定会投胎做董氏之子。"善旻虽了解住持的意思，最后还是无法克制自己的趣向。后来董妻汪氏生女时，恰巧与善旻往生的时刻相同，所以大家都认为董司户的女儿就是善旻转世来的。但几个月后，董司户女就夭折死了。

⑩海印为朱防御女：宋朝的禅门高僧海印信，担任苏州定慧寺住持，八十几岁时，常到朱防御（防御使，武将兼职）家接受供养。有一天朱防御使问他："和尚后世能来弟子家中托生吗？"海印微笑答应。后来返回寺中就生病了，没几天便往生。海印往生那天，正好朱家生下一女。圆照宗本禅师听闻此事，就前往朱家拜访。那时朱防御女刚满月，一看到圆照禅师就笑了，圆照禅师大声对她说："海印，你错了啊！"女婴听到之后，就大哭而死。虽然死了，还是要随业力投胎转世。

⑪雁荡僧为秦氏子桧：宋人秦桧，传说前生是雁荡山（位于浙江省温州市）修禅的出家人，凭着多年的禅定工夫，后世做了宋朝的宰相。其受金国人的贿赂所迷惑，而成了忠奸不分的痴呆人，因力主对金求和与陷害岳飞而臭名昭著，最终落得被打、尿、油炸的结果，千百年以来，尚且不能改变。

⑫灵树生生为僧等三句：此指"云门失通"之禅门公案，《碧岩录》第六则评唱提到："灵树生生不失通（为僧修净业故），云门三生

为王，所以失通（染着五欲垢故）。"灵树，指唐末五代之灵树禅师，居广东韶州灵树禅院，受南汉国王刘龑之归依，赐号"知圣大师"。师于岭南教化四十余年，颇有异迹。云门，指唐末五代之云门文偃禅师，为云门宗之祖。

【译文】有赞扬西方净土法门的书中记载，师戒禅师转世为宋朝大文豪苏子瞻（苏东坡），青草堂禅师转世为宋朝宰相曾鲁公，逊长老转世为宋朝户部侍郎李弥逊，南庵主转世为宋徽宗时期之陈忠肃（疑似为宋真宗时期之"陈康肃"），琅琊山藏院之知藏僧转世为宋神宗时之宰相张文定，北宋严首座转世为王龟龄。至于转世后较差一等的，例如北魏时之乘禅师转世为韩氏子（疑似为薛氏子），爱敬寺的僧人转世为唐朝岐王李范之子。又转世后更差一等的，例如宋朝的善旻禅师转世为董司户之女，宋朝的禅门高僧海印信转世为朱姓防御使之女。又甚至雁荡山的禅僧转世为宋朝宰相秦桧，其位居权要，却造作诸多恶业。上述所举的这些人，其前身为僧时，若能精进念佛求生净土，哪会受转世轮回之苦？

我认为具有大愿大力者，例如唐末五代之灵树禅师，生生世世修净业故转世为僧。而云门文偃禅师虽三次投胎做国王，却因染着五欲之后便失去神通。后世之人，要能像云门文偃禅师三次投胎做国王的有几人？更何况像灵树禅师生生世世转世为僧的又有几人？大都转世为一般人、为女人、为恶人，如此辗转下去，只会愈转愈低劣，即使转世作名臣，也是非常不值得的。若要此生就了生脱死，确实不能不求生西方净土啊！

后身（二）

　　或谓："诸师后身之为名臣，犹醍醐①反而为酥也，犹可也，为常人则酪矣，为女人则乳矣，乃至为恶人则毒药矣！平生所修，果不足凭仗乎？则何贵于修乎？"是大有说。凡修行人二力：一曰福力，坚持戒行，而作种种有为功德②者是也；二曰道力，坚持正观③，而念念在般若中者是也。纯乎道力如灵树者，置弗论；道力胜福力，则处富贵而不迷；福力胜道力，则迷于富贵，固未可保也。于中贪欲重而为女人，贪瞋俱重而为恶人，则但修福力而道力转轻之故也。为僧者，究心于道力，宜何如也？虽然，倘勤修道力，而更助之以愿力，得从于诸上善人之后，岂惟恶人，将名臣亦所不为矣。甚哉！西方之不可不生也。

　　【注释】①醍醐：由牛乳精制而成最精纯之食品。在古代印度，醍醐被认为是味中极品、诸病妙药，因此佛教经典中每以醍醐比喻涅槃、佛性、真实教。所谓"五味"之相生，从牛出"乳"，从乳炼出"酪"，从酪炼出"生酥"，从生酥炼出"熟酥"，从熟酥炼出"醍醐"，此五味常用以比喻如来所说教法之深浅次第，及众生根机之差别（《涅槃经》说，声闻如乳，缘觉如酪，菩萨如生酥、熟酥，诸佛世尊犹如醍醐）。

　　②有为功德：涅槃之第一义谛为无为功德，其他一切因缘生之功德，谓之有为功德。

　　③正观：观与经义合，则称正见，即正观也。其解释有多种，例如，《中阿含》卷二十八提到，以正慧了知真如，谓之正观。《观无量寿佛经》提到，在修持净土十六观中之日想观时，心境相应名为正观。《净影疏》提到离痴见法名为正观。《摩诃止观》卷五针对助方便，称正修止观为正观。《修习止观坐禅法要》则称不净观等为对治观，而称正观实相为正观。

　　【译文】有人说："诸位禅师转世为名臣，就像从醍醐（最上等的乳制品）变成酥（次一等的乳制品），这还勉强可以接受。若转世为一般人，则是从醍醐变成酪（更次一等的乳制品）。若转世为女人，则是从醍醐变成乳汁。乃至于转世为恶人，则是醍醐变成毒药了。他们平生所修的道行，难道就不足以作为轮回转世的依靠吗？那么修行还有什么可贵之处呢？"对此，有必要加以说明。

　　总言之，修行人有二种力：第一种是福力，譬如坚持身口意三业不违反戒律，并作世间种种有为功德善法。第二种是道力，譬如坚持修习正见正行，而念念安住在空性般若智慧中。纯粹具有道力者，例如灵树禅师，暂且不论。假若是道力胜过福力者，来生虽处富贵，必定不会迷失在其中。若是福力胜过道力者，来生必将被富贵所迷惑，而且未必能保有富贵。这其中贪欲重的，转世为女人，贪欲、瞋恚都重的，转世为恶人，这都是因为只重修福而道力变薄的缘故。

　　身为僧人，用心在道力上，不是应该这样的吗？如果能勤修道力，再加上求生净土的愿力作辅助，便能追随于诸上善人之后，于极乐净土俱会一处。岂止不致沦落为恶人，即使能转世为名臣，那也是不愿意啊！确实，一定要求生西方净土啊！

后身（三）

韩擒虎①云："生为上柱国，死作阎罗王②，荣之也。"不知阎王虽受王乐，而亦二时③受苦。盖罪福相兼者居之，非美事也。古有一僧，见鬼使④至，问之，则曰："迎取作阎王。"僧惧，乃励精正念，使遂不至。昔人谓："行僧⑤不明心地⑥，多作水陆灵祇⑦。"虽未必尽然，容有是理。下生犹胜天宫，天且弗为，况鬼神乎？甚哉！西方之不可不生⑧也。

【注释】①韩擒虎：隋朝名将，原名擒豹，字子通。仪容魁伟，有胆略，好读书。北周时，任都督、刺史等职。隋文帝开皇元年，任庐州总管，被委以平定陈国的重任。开皇九年，隋大举攻陈，韩擒虎大胆出奇兵，仅率领五百名精锐士卒，占领陈都建康城，俘陈后主。因韩擒虎灭陈有功，被隋文帝封为上柱国大将军（为武官勋爵中的最高级）。之后韩擒虎因积劳成疾，不治而卒，终年五十五岁。唐魏征等人编撰的《隋书》记述韩擒虎临终前夕，发生了两件奇异的事情。其一，有位邻居老妇看见韩擒虎门口的仪卫严整盛大，老妇感到奇怪便问他们要做什么，其中一人回答："我来迎王。"说完之后，这些人就不见了。又有一位重病者，忽然奔跑到韩擒虎家门前，大声说："我要拜见大王！"门口侍卫问："要拜见什么王？"那人答道："阎罗王！"侍卫听后要抓住他打一顿，被韩擒虎阻止。韩擒虎说道："生为上柱国，死做阎罗王，斯亦足矣。"不久，韩擒虎就去世了。

②阎王：主管地狱的神，通称阎王。

③二时：此指朝夕二时。

④鬼使：冥司的衙役，杂差。

⑤行僧：行脚乞食的苦行僧人，泛指修行佛法的出家人

⑥心地：心为万法之本，能生一切诸法，故曰心地。又，修行者依心而起行，故曰心地。又，身口意三业中，心业最胜，故曰心地。

⑦水陆：此指水陆有情。"水陆"之名，始见于宋遵式的《施食正名》，谓是"取诸仙致食于流水，鬼致食于净地"。灵祇：天地之神，亦泛指神明。

⑧下生：此指下品下生。往生弥陀净土之人有九种类，即上品上生至下品下生等九品往生。

【译文】隋朝名将韩擒虎临终时曾说："生为上柱国，死作阎罗王，真是荣幸啊！"殊不知主管地狱的阎王虽能享受为王之乐，然于昼夜二时也须遭受地狱寒热之苦。这是兼具罪与福者，才会去担任阎王之位，可见这并不是件好差事。

古时有一位僧人看见冥间的差使来，就问鬼使有何事，鬼使说："来迎请你去作阎王。"僧人听后心生恐惧，于是振作精神、提起正念，鬼使便不再来了。

古人说："出家人若不能明心见性，大多只能作天地间山川、河岳的鬼神。"虽然未必都如此，但也有它的道理。若能往生西方极乐

净土,即使只是下品下生,也胜过天宫。所以我等尚且不可发愿作天人,何况作鬼神呢?确实,不能不求生西方净土啊!

王介甫①

介甫拟《寒山诗》有云:"我曾为牛马,见草豆②欢喜。又曾为女人,欢喜见男子。我若真是我,只合③常如此。区区转易④间,莫认物为己。"介甫此言,信是有见⑤,然胡不⑥云:"我曾闻谀言,入耳则欢喜。又曾闻谤言,喜灭而瞋起。我若真是我,只合常如此。区区转易间,莫认物为己。"而乃悦谀恶谤⑦,依然认物为己耶!故知,大聪明人说禅非难,而得禅难也。

【注释】①王介甫:即北宋王安石,字介甫,号半山,世称临川先生。王安石曾封于荆,又称为王荆公,死后谥为文,故又称为王文公。宋神宗熙宁三年至九年间曾两度任宰相,大力推行改革,史称"王安石变法"。由于守旧势力的反对,加上王安石操之过急、固执己见,导致变法失败。王安石的文章以论说见长,列于唐宋八大家。在诗歌方面,反映社会现实,同情民间疾苦。王安石的诗文,宋徽宗时由薛昂等人编纂成集,早已散佚,传世的有《临川先生文集》《王文公文集》等集本。

②草豆：指牧草和牲口食用的豆类。

③只合：只应、本来就应该。

④区区：自称的谦辞，此指假我。转易：转变。

⑤有见：有真知灼见。

⑥胡不：何不。

⑦说：正直。

【译文】北宋王安石于拟《寒山诗》中说道："当我转世为牛马时，看到牧草或豆类就会感到欢喜；当我转世为女人时，看到男人就会感到欢喜。如果这个我是真我，其心性应当恒常不变，不应随着外境变化。所以在假我的转换间，莫将那个假我错认为真我。"

王安石这首诗确实很有道理，但是为何不这样说："当我听到奉承的美言时，觉得悦耳欢喜；当我听到规劝的实话时，没有喜悦而是感到生气。如果这个我是真我，其心性应当恒常不变，不应随着外境变化。所以在外境的转变间，切莫认假为真。"

然而王安石固执己见，喜欢听顺从的好话，讨厌规劝的实话，可见他依然认物为己，被外境所转啊！由此可知，大聪明人能口头说禅理并不难，能真正悟得真心本性的禅境才难。

喜怒哀乐未发（一）

予初入道，忆子思^①以喜怒哀乐未发^②为中，意此"中"即空劫以前^③自己也。既而参诸《楞严》，则云："纵灭一切见闻觉知^④，内守幽闲^⑤，犹为法尘分别影事^⑥。"夫见闻泯^⑦，觉知绝，似喜怒哀乐未发，而曰法尘^⑧分别者，何也？意，根也。法，尘也。根与尘对，顺境感而喜与乐发，逆境感而怒与哀发，是意根^⑨分别法尘也。未发则尘未交于外，根未起于内，寂然悄然^⑩，应是本体。不知向缘^⑪动境，今缘静境，向固法尘之粗分别也，今亦法尘之细分别也，皆影事也，非真实也。谓之"幽闲"，特^⑫幽胜显、闲胜闹耳，空劫以前自己尚隔远在。此处更当谛审精察，研之又研，穷之又穷，不可草草^⑬。

【注释】①子思：战国初期哲学家，姓孔，名伋，字子思，孔鲤之子，孔子之孙。相传曾受业于曾子（孔子的学生），学习孔子的思想，阐发了孔子的中庸之道，著成《中庸》一书。《中庸》原本被收在《礼记》中，南宋朱熹把《中庸》《大学》从《礼记》中取出，与《论语》《孟子》合为四书。子思上承曾参，下启孟子，在孔孟道统的传承中有重要地位，因此有"述圣"之称，与"复圣"颜回、"宗圣"曾参、"亚圣"孟轲并称。

②喜怒哀乐未发：此语出自子思所著的《中庸》，原文为："喜怒哀乐之未发，谓之中；发而皆中节，谓之和；中也者，天下之大本也；和也者，天下之达道也。致中和，天地位焉，万物育焉"。

③空劫以前：世界形成以前而万物未生之时期，了无善恶、迷悟、凡圣、有无等差别对待。亦即未分别生起森罗万象以前之绝对的存在境界。禅家多用"如何是空劫以前自己"作为话头而参禅，与父母未生以前、本来面目等，皆为同类用语。

④见闻觉知：乃心识接触外境之总称。即眼识之用为见，耳识之用为闻，鼻舌身三识之用为觉，意识之用为知。

⑤幽闲：此处依交光法师《楞严经正脉疏》注云："幽闲者，内心寂境也。此境即凡外权小在定所守之境。"意即此"幽闲"仅是凡夫、外道、权教菩萨、小乘圣者在禅定中所守住之境界。

⑥影事：世界一切事物，虚幻如影，并非真实，故曰前尘影事。

⑦泯：消灭、消失、消除。

⑧法尘："尘"，染污之义，谓能染污情识，而使真性不能显发。《涅槃经》中称色尘、声尘、香尘、味尘、触尘、法尘此六尘，名六大贼，以能劫夺一切善法故。"法尘"，谓意根对前五尘分别好丑，而起善恶诸法。例如吾人日常动作，虽已过去，而前尘影事，忆念不忘，即是法尘的作用。

⑨意根：凡夫只认现境，不了自心，依于六根（眼、耳、鼻、舌、身、意），接于六尘（色、声、香、味、触、法），而生六识（其作用为：见、闻、嗅、尝、觉、知）。"根"是能生之义，以能对境生识。"意"是能知法者，以能对法而生意识，故谓"意根"，亦即掌管知觉作用的心。

⑩寂然悄然：寂静的样子。脱离一切烦恼叫作"寂"，杜绝一切苦患叫作"静"，寂静即涅槃之理，即一切众生的自性清净心。

⑪向缘：向，一直以来。缘，依附。

⑫特：但、仅、只是。

⑬草草：草率。

【译文】我刚接触佛法时，想到子思说的"喜怒哀乐之未发谓之中"，我以为这个"中"就是指自己真心本性的寂静境界。之后参究《楞严经》相关经论时，看到经上说："纵灭一切见闻觉知，内守幽闲，犹为法尘分别影事。"即使在禅定中，见闻觉知都消灭断绝了，这就像是"喜怒哀乐未发"时的境界，而经文却说这还是"法尘分别影事"，为什么？我们的心，称之为"根"。我们所接触的色、声、香、味、触等一切法，称之为"尘"。当根与尘相对应时，若感到顺境，就会生起欢喜与快乐的情绪。若感到逆境，就会生起愤怒与哀伤的情绪，这是意根分别法尘的善恶好丑而生起的意识作用。

喜怒哀乐等情绪还没生起之前，是由于外还没受到六尘所染，内还未生起六根烦恼，此时的寂静境界，好像应该就是自己的真心本体。然而却不知道，我们的心一直以来都是依附着动境，当情绪还没生起时，所依附的是静境。动境固然是分别善恶好丑的明显相，静境也是分别善恶好丑的微细相，所以动境、静境都是虚幻相，并不是真实相。

《楞严经》中所说的"幽闲"，只是指幽静胜于显露、清闲胜于喧闹的对比境界而已，这与自己真心本性的寂静境界还差得远呢！真正修行人在这些与寂静相似的境界中，更应该精确审察、彻底研究，千万不可自以为是的草草敷衍了事。

喜怒哀乐未发（二）

　　慈湖杨氏①谓："灼见子思、孟子病同原②。"然慈湖自叙静中所证③，空洞寂寥④、广远无际，则正子思所谓"喜怒哀乐未发"时气象⑤也。子思此语，以深经微细穷究，故云犹未是空劫以前自己。若在儒宗，可谓妙得孔氏之心法，其言至精至当，何所错谬，而慈湖病之⑥？慈湖既宗孔氏，主张道学⑦，而乃病子思，则夫子亦不足法矣，将谁宗乎？倘慈湖于佛理妙悟，则宜直言极论儒佛同异，亦不应混作此语，似乎进退无据。

　　【注释】①慈湖杨氏：杨简，南宋哲学家，字敬仲，晚年在慈湖（位于浙江省宁波市）湖畔筑室居住，故世称"慈湖先生"，享年八十六岁，谥号文元。杨简拜陆九渊为师，继承了陆九渊的心学传统，并稍杂禅理。他和尊崇陆九渊学说的袁燮、舒璘、沈焕都是四明（今宁波）人，被合称为"四明四先生"。杨简在地方为官或家居，都以兴办学校，改良风俗为己任，其本身又是一名重践履的儒者，加上执法平允，严明纪律，为官清廉，故其身前和身后都受到家乡和任官地人民的爱戴，还把他的画像供奉起来。

　　②灼见子思、孟子病同原：此语出自杨简所著的《慈湖遗书》卷

六之"慈溪金沙冈歌"，原文为："（前略）子思不知万物我发育（不知万法全从自性中生），推与圣人自固蔽（蔽塞不聪），己自固蔽祸犹小，固蔽后学祸甚大。孔子没近二千年，未有一人指其愆（过失），汩汩（沉沦）昏昏（愚昧）到今日，所幸慈溪却不然，灼见（洞察）子思、孟子病（错误）同源，不得已指其蔽，写出世所不传，大道荡荡（广大）而平平（平常），圣训至明至坦夷（坦率平易），一无荆棘相维缠。学子首肯（同意）斑斑（众多）焉，静明庄敬非强参。学者多觉近二百，事体大胜于己前。学徒转相启告又未已，大道行乎讵非（难道不是）天。"杨简认为"心"是万事万物之源，而认识自心的途径是"不假外求，不由外得，自本自根，自神自明"，只要保持其寂然不动，就能洞彻一切，所以他认为强制性的修养工夫是无益而有害的。人们由于受"意、必、固、我"所蔽，而失去灵明，只要把"意、必、固、我"加以限制，恢复灵明，就可以与天地同。

③慈湖自叙静中所证：杨简在二十八岁为太学生时，曾有静坐悟道的奇妙体验，其于《慈湖遗书》卷十八之"炳讲师求训"说道："某之行年二十有八也，居太学之循理斋。时首秋，入夜，斋仆以灯至，某坐于床，思先大夫尝有训曰'时复反观'，某方（刚开始）反观，忽觉空洞无内外，无际畔（边际），三才（天地人）、万物、万化（大自然）、万事、幽明、有无通为一体，略无缝罅（xià）。畴昔（从前）意谓万象森罗，一理贯通而已，有象与理之分，有一与万之异。及反观后所见，元来某心体如此广大，天地有象、有形、有际畔，乃在某无际畔之中。"杨简在这次静坐中体验到万物一体的境界。

④空洞寂寥：空洞，空无所有。寂寥，空虚无形。

⑤气象：景象。

⑥病之：批评、指责。

⑦道学：此指宋代儒家周敦颐、程颢、程颐、朱熹、陆九渊等的哲学思想，亦称理学。

【译文】南宋杨慈湖先生曾说过："我观察子思与孟子其学说共同的错误，在于不知万法全从自性中生。"然而慈湖先生说他自己在静坐时，体悟到万物一体、无有内外、广远无际，这不就是子思所说的"喜怒哀乐未发"时的境界。子思这句话，我是在彻底研究《楞严经》之后，才知道这还不是自己真心本性的寂静境界。但是若以儒家的观点来看，可说子思已得到孔子的心法，这是最精妙、最恰当的论点，何错之有，而使得慈湖先生如此批评？

慈湖先生既尊崇孔子、主张理学，可是又批评子思，这岂不是连孔子的学说也不必学了？那么世间还有谁值得他尊崇呢？假如慈湖先生对于佛理有所妙悟，则应该直接透彻的论述出儒学与佛法的同异处，而不应该随便批评，否则似乎没有任何根据可作此说。

中峰示众

天目①中峰和尚示②众云："汝若无大力量，不若③半间草屋栖身，鹑衣④丐食，亦免犯人苗稼。"至论⑤也。今出家者，多作有为功德，奔走一生，于自己脚跟⑥下生死大事置之罔闻⑦，不亦谬乎？或曰："个个⑧都是你，则像毁殿塌，僧将露居而枵腹⑨矣！"

曰："非然也。汝力量大，任为之。古人此语，教我等无力量者急先务也。一者大事未明，如丧考妣⑩，则不暇⑪为。二者见理未彻，因果差错，所谓'有为之功，多诸过咎，天堂未就，地狱先成'，则不敢为。"中峰又云："一心为本，万行可以次之也。"至论也。牛头之于衔花岩⑫，马祖之于传法院⑬，邈哉高风⑭，不可再见矣，噫！

【注释】①天目：天目山，位于浙江省杭州市临安区，主峰有东天目山与西天目山。相传唐代天目山曾有大小寺院百余座，僧侣千余人。元顺帝至元十六年，高峰原妙禅师至西天目山狮子岩之左建寺，称狮子院。二十三年中峰明本来参原妙，并嗣其法。元仁宗延祐五年诏改狮子院为狮子正宗寺。

②中峰和尚：元代中峰明本禅师，自称幻住道人，又称智觉禅师、普应国师，并被誉为江南古佛。二十四岁从天目山高峰原妙和尚出家，并嗣其法。仁宗曾招请入内殿，师固辞不受，仅受金襕袈裟及"佛慈圆照广慧禅师"之号，元英宗且归依之。《中峰和尚广录》乃中峰和尚之语要，由其门人北庭慈寂等人所集，世人对此书有"佛法中兴本中峰"之赞。中峰和尚并著有《幻住庵清规》《三时系念佛事》《三时系念仪范》等书。

③不若：不如。

④鹑衣：破烂的衣服。鹑，鸟名，尾秃。

⑤至论：指高超的或正确精辟的理论。

⑥脚跟：禅林用语，比喻本来自我。盖脚跟着地，即以脚跟坚着于大地而丝毫不动摇，故用以比喻本来自我。

⑦置之罔闻：指不去过问或不予关心。

⑧个个：每个。

⑨枵腹：空腹，谓饥饿。

⑩如丧考妣：像死了父母一样，形容极度悲伤和着急。妣，亡母。

⑪不暇：没有时间、来不及。

⑫牛头之于衔花岩：牛头，指唐朝牛头山法融禅师。唐贞观十八年，法融禅师入江宁牛头山幽栖寺北岩之下之石室，日夕冥思，息心习禅，感得百鸟衔花来献之瑞。禅宗四祖道信闻之，前往付其法，由是法席大盛，自成一派，此为禅宗分派之始。世人乃以之与五祖弘忍之"东山宗"相对称，特称为"牛头宗"，又作牛头禅、牛头流。法融之下有智岩、慧方、法持、智威、慧忠，合称牛头六祖。

⑬马祖之于传法院：马祖，指唐代马祖道一禅师，俗姓马，名道一，世称马大师、马祖。唐开元中，马祖到南岳（即衡山）传法院，结庵而住，整日坐禅。当时南岳怀让禅师住在般若寺，见他不凡，便去问他说："大德坐禅图什么？"道一说："图作佛。"怀让于是拿一块砖在庵前石上磨。道一说："师作什么？"怀让说："磨作镜。"道一说："磨砖岂得成镜耶？"怀让说："磨砖既不成镜，坐禅岂得成佛耶？"马祖再问法要，怀让给予开示，言下马祖豁然契会，侍奉十年，才离开南岳。马祖在洪州弘传怀让的宗旨，因此称为洪州宗，亦称江西禅，故以"江西马祖"闻名于世。六祖惠能的后世，以马祖道一的门叶最繁荣，禅宗至此而大盛。

⑭遐：久远。高风：高尚的志行品德。

【译文】天目山中峰和尚对大众开示道："你如果还没有达到菩萨自觉觉他的修行程度，不如搭间简陋的草屋居住，披着破烂的衣服乞食，修头陀苦行，也免得浪费别人的农作物。"这是正确精辟的言论。

现在的出家人，大都致力于世间种种功德善法，忙忙碌碌过一生，对于自己明心见性的生死大事毫不关心，这不是错得太离谱了吗？

有人说："如果每个出家人都像你一样，那么佛像毁坏、殿堂倒塌也没人管，僧人只好露宿野外、挨饿受冻了。"我回复："不完全如此，如果你已经达到菩萨自觉觉他的修行程度，则任凭你做你想做的。中峰和尚的开示，是教导我们这些凡夫应该先办好眼前最要紧的生死大事。一者，若还没明心见性，心情就像丧失父母般的悲痛，哪有时间管其他的事。二者，若佛法修学还未透彻，唯恐不明因果而出差错，所谓'有为之功（指世间种种功德善法），多诸过咎（不明因果而出差错），天堂未就，地狱先成'，所以不敢妄为。"

中峰和尚又说："一心为本，万行可以次之也（菩萨以证入一真法界为根本之道，六度万行就可依此而成就）。"这也是正确精辟的言论。牛头山法融禅师于幽栖寺的石室，日夕瞑思，息心习禅，感得百鸟衔花来献之瑞相。马祖道一禅师于南岳传法院坐禅，因怀让禅师之开示而悟道，之后马祖大弘怀让的宗旨，使得禅宗大盛。像这种流传千古的高尚志行，恐怕无法再见到了，可叹啊！

醮事谢将杀生

道流作醮事竟①，必谢将，大者杀羊豕，小者买见有②三牲。其说曰："酬将之护坛场也。不尔③，且得罪。"嗟乎！"昨日设个斋，今朝宰六畜，一度造天堂，百度造地狱④。"其是之谓乎！夫将，其他吾不能知，只如云长公⑤之大义天植，王元帅⑥之赤心忠良，彼岂以牲牢⑦之谢介诸怀耶？相沿今古，道流中无一高行⑧者止之，真可悲悼。如恐得罪于将，则近日一江湖无赖，以祈雨锁械将身，而将不加祸，盖不与小人较也。而区区为口腹故，反加祸于修功德之斋家也，有是理乎？敢以告夫明理之士君子。

【注释】①道流：道士之辈。醮：道士设坛祈祷。

②见有：同"现有"。

③不尔：不如此、不然。

④昨日设个斋等四句：此四句出自《寒山子诗集》附录所载的拾得诗，原文为："嗟见世间人，个个爱吃肉，碗楪（同"碟"）不曾干，长时道不足。昨日设个斋，今朝宰六畜（泛指各种牲畜），都缘业使牵，非干情所欲。一度造天堂，百度（多次）造地狱，阎罗使来追，合家尽啼

哭。炉（同"炉"）子边向火，镬（锅）子里澡浴（指地狱酷刑），更得出头时，换却汝衣服（指投胎时失去人身）。"

⑤云长公：姓关，名羽，字云长，又称关公，三国时蜀汉人。因素重情义，秉性忠直，故名垂青史。宋徽宗追封为"忠惠公、义勇武安王"。明初祀为"关壮缪公"，与岳飞同祀武庙，各地称关岳庙。明神宗万历三十三年，封为"三界伏魔大帝神威远震天尊关圣帝君"。清康熙五年，敕封为"忠义神武灵佑仁勇威显关圣大帝"。道教奉为降神助威的武圣人，又称"关圣帝君"。据《佛祖统纪》卷六所载，隋代智者大师曾在玉泉山入定，定中见关公显灵，化玉泉山崎岖之地为平址，以供大师建寺弘法。之后，又向大师求受五戒，而成为正式之佛弟子。后世佛教将关公列为伽蓝神者。

⑥王元帅：即王灵官，又称王天君、隆恩真君、豁落灵官、玉枢火府天将，是道教的护法镇山神将。扶鸾的信众称之为王恩主，与关公、吕洞宾、岳飞、张善（灶神）合称为"五恩主"。《燕都游览志》谓："永乐间有周思得者，以王元帅法显京师。元帅者，世称灵官，天将二十六居第一位。"《太上元阳上帝无始天尊说火车王灵官真经》中提到："此神赤心忠良，不顺妖邪，方断魔鬼。"王灵官的塑像，通常为红面、三目，披甲执鞭（也有塑成一手执鞭、一手拿着吐着火焰的眼睛，表示其观察入微），他主持人间善恶，专管天下不平之事，因而被称颂为"三眼能观天下事，一鞭惊醒世间人"。

⑦牲牢：指牲畜。

⑧高行：高尚的品行。

【译文】道士为斋家设坛祈祷完毕之后，一定会有酬谢神将的仪式，大型的会宰杀羊、猪来祭祀，小型的则是买现成的三牲（此指猪、鱼、鸡）来祭祀。道士说："这是为了酬谢神将守护坛场，不然会得罪神将。"可叹啊! 唐朝拾得大士曾说: "昨日设个斋, 今朝宰六畜, 一度造天堂, 百度造地狱。"大概就是指这样的情形吧!

说到神将, 其他的我不知道, 只是像云长公 (关公) 的大义高志, 王元帅 (王灵官) 的赤诚忠良, 他们岂会在意斋家是否有用牲礼酬谢? 这样的陋习从古相沿至今, 道士中竟然没有一位品行高尚者对此加以制止, 真是令人悲痛。

如果害怕得罪神将, 则近日有一位浪迹四方的无赖汉, 为了祈求天神降雨, 竟然用锁具铐住神将的塑像以威胁之, 照理说, 神将应该会加祸于他, 可是并没有啊! 那是因为神将宽宏大量, 不与小人计较。所以神将会为了小小的口腹之欲, 反而加祸于修功德的斋家, 有这样的道理吗? 老衲冒昧陈述, 以劝告明理的仁人君子。

全—本—全—注—全—译

竹窗随笔

〔下〕

〔明〕袾宏 著

谦和 注译

团结出版社

目 录

竹窗二笔

竹窗三笔

斋月①戒杀

唐制，正、五、九月官不莅任②。以莅任必多宴飨③，宴飨必多宰牲，不莅任者，戒杀也。世人讹传，以此三月为恶月，而忌诸吉事，盖迷其所自耳。今时亦戒正、五、九月及十斋日④，不得行刑，爱物仁民，圣王好生之心一也。独惜夫祈晴祷雨⑤，官必禁屠，是明知杀生之为不善矣！胡不斋月斋日遵古戒杀，而必待难生然后禁？呜呼！难生而始禁，难未平而禁已解，可胜叹哉！

【注释】①斋月：又作三长斋月、善月。指阴历正月、五月、九月等三个月份。于此三月，宜持斋食法（过午不食），慎言行，勤修善业，杜绝恶事，故称为斋月或善月。

②唐制，正、五、九月，官不莅任：唐高祖武德年间，朝廷下诏明令正、五、九月不得行刑，禁屠杀。

③宴飨：亦作"宴享"，设宴飨客。或指古代帝王饮宴群臣、国宾。或指鬼神受享祭祀的酒食。

④十斋日：每月定十日持八斋戒（即八关斋戒，谓不杀、不盗、不淫、不妄语、不饮酒、身不涂饰香鬘、不自歌舞或不观听歌舞、于高广之床座不眠坐、不过中食。前八者为戒而非斋，第九者为斋戒）。此十

斋日出于《地藏菩萨本愿经》《十王经》。

⑤祈晴祷雨：因久雨而祈祷天晴，因久旱而祈神降雨。

【译文】唐朝的制度规定，每逢正月、五月、九月，官吏就不上任就职。因为新官上任必广设盛宴庆贺，而宴席必多宰杀牲畜做菜肴，所以制定这三斋月不就任，就是为了戒杀。但是世人讹传，以为这三个月是不吉祥的月份，而避免从事所有喜庆之事，这是因为没有明辨此制度的缘由所致。

现今的朝廷也制定正月、五月、九月以及十斋日，不得行刑，这是仁民爱物的表现，可见圣王爱惜生灵的心是一样的。可惜的是，朝廷只有在久雨或久旱后，祈神放晴或降雨时，才会禁止屠宰牲畜，这是了解杀生为不善的行为，会影响祈祷所致。所以，为何不遵循古制，于斋月、斋日戒杀，却一定要等到灾难发生后才戒杀呢？唉！灾难发生时才戒杀，灾难还没有平息，戒杀的禁令早已解除，真是令人感叹啊！

戒杀延寿

华亭①赵某，诣清浦②探亲，舟行次③，见一人立舟上，谛视④，则亡仆也。惊问之。答云："见役冥司⑤，今将追取三人耳。"问三人为谁？则曰："一湖广人，一即所探亲也。"其第三人不答。

又问："得非赵某否？"曰："然。"赵大骇⑥。至所探亲，则已闻室中哭声矣。益骇其，趣棹还舍⑦。仆曰："君且无怖，及夜吾不至，则免矣。"赵问何故。曰："于路见有为君解者，以君合门⑧戒杀也。"后夜⑨果不至，赵竟无恙⑩。今尚在，已十年矣。万历丙午七月记此。

【注释】①华亭：今上海市松江区，位于上海西南，黄浦江上游。松江古称华亭，唐置华亭县，元升为华亭府，后改称松江府，明朝又复称华亭府。1912年，撤府，华亭、娄县合并为华亭县。1914年改称松江县。1998年，松江撤县设区，成为上海市的市辖区之一。

②清浦：今江苏省淮安市的市辖区。清浦区古称清江浦，历史悠久，有京杭大运河穿境而过。

③行次：行旅到达。

④谛视：仔细察看。

⑤见役冥司：现在在阴间当差。见，现在。役，任职。

⑥骇：惊慌害怕、震惊。

⑦趣：赶快、从速。棹：原指船桨，借指船，或谓划船。

⑧合门：全家、全家族。

⑨后夜：后半夜，从半夜到天亮的一段时间。

⑩恙：忧虑、疾病、祸患。

【译文】华亭（今上海市松江区）有一位姓赵的人，前往清浦（今江苏省淮安市清浦区）探亲，船行至清浦后，忽见一人站在船上，赵某仔细一看，原来是已死去的仆人。赵某惊慌地问他有何事。亡仆答道："我现在在阴间当差，今天将要追取三人的性命。"赵某问："这三人是谁？"亡仆回答："一位是湖广人，一位是你所要探视

的亲戚。"至于第三人却没有说出。赵某再问:"这第三人该不会就
是我赵某吧?"亡仆回答:"就是你。"赵某听后大感惊慌害怕。当赵
某来到亲戚的家门外时,就已经听到屋内的哭泣声,赵某更加害怕,
便赶紧搭船回家。

亡仆对赵某说:"你先不要害怕,若等到半夜我还没来,你就
没事了。"赵某问:"为什么?"亡仆答:"我刚才在路上遇见有人为
你排解此次的危难,因为你全家人平时都戒杀。"等到后半夜,亡仆
果然没有来,赵某终于没事了,到现在赵某还健在,这事已经过了十
年。明神宗万历丙午年(公元1608年)七月记载此事。

宋元悟道居士

自宋迄元,居士有悟入者,不一而足。宋居士刘兴朝,其
《悟道集》①自叙悟处甚详,盖真有得者。元放牛居士②,于无门
老人③"不是不是"处悟入,所作《是非关》,横说竖说④,非具
大知见者不能道。此二老踪迹不甚显,兴朝犹载《传灯》,放牛
罕有知者,吾故表而出之。

【注释】①宋居士刘兴朝,其《悟道集》:宋代签判(宋代各州
府选派京官充当判官时之职称)刘经臣居士,字兴朝。少年时即因才

能出众，登上仕途，当时并不信佛。三十二岁时，经东林照觉常总禅师的启迪，对佛教才生起敬服之心，此后便专心参禅。后来参访智海本逸正觉禅师，契悟后，作《发明心地颂》八首，并著《明道谕儒篇》以警世人。

②放牛居士：俗姓余，自幼遍参诸方，于南宋理宗淳祐年间，参无门老人（慧开禅师）而得悟。最初，在慧开禅师座下，余居士每有所问，总是被慧开禅师劈面截住，说道："不是！不是！"余居士不知所然。一日，余居士向同参臭庵宗禅师请教："吾师有什么见解，敢对人天颠倒是非？"宗禅师道："我在无门座下，无法可得，无道可传，只得两个字。"余居士便问："哪两个字？"宗禅师道："不是！不是！"余居士终于契悟慧开禅师平昔接人用力之处，因此述《是非关》行于世。

③无门老人：宋代慧开禅师，字无门，世称无门慧开。幼年入道，广习经论。年长，于南峰石室独居禅思，积年六载，忽有省悟，乃出礼谒诸山尊宿，得法于江苏万寿寺月林师观禅师座下。南宋理宗绍定二年，为皇帝祝寿而编撰《无门关》一卷，该书是精选诸禅录之著名公案四十八则，另加评唱与颂而成。晚年居于西湖边，理宗曾诏至选德殿说法，为宫中祈雨得感应，遂敕赐金襕衣（金色袈裟），及"佛眼禅师"之号。

④横说竖说：多方取譬，反复详述，以使对方容易理解。横说属于顿悟，竖说属于渐悟。

【译文】自宋朝以至于元朝，在家居士修行有开悟者，人数非常多。宋朝刘兴朝居士，于《悟道集》中，自叙其悟入处甚为详尽，可以说是有真修实证的人。元朝放牛居士（余居士），于无门老人（无门慧开禅师）开示的"不是不是"这句话中悟入，他所作的《是非关》，多方论说，反复喻解，如果不是真正具有大智慧的人，是写不出来这些道理的。这二位长者的事迹并不显著，刘兴朝居士的事迹还有记载于《续传灯录》中，但是放牛居士的事迹却少有人知道，因而我特别将他们表彰出来。

无义味语

宗门答话，有所谓无义味①语者，不可以道理会，不可以思惟通故也。后人以思惟心强说道理，则愈说而愈远。岂惟谬说②，直饶③说得极是，亦只是鹦鹉学人语④而已。圆悟⑤老人曰："汝但情识意解，一切妄想都尽，自然于这里会去。"此先德已验之方，断非虚语，吾辈所当深信而力行者也。

【注释】①义味：依文生义，如依食生味，盖喻义为食味也。又"义"者言义，"味"者趣意，即言与意也。

②岂惟谬说：岂惟，何止。谬说，错误的说法、妄言。

③直饶：纵使、即使。

④鹦鹉学人语：比喻人云亦云，没有自己的见解。禅宗强调直指人心的顿悟，反对在语言文字上拾人余唾，即使学得惟妙惟肖，也无补于事。

⑤圆悟：又作"圜悟"，宋代僧，名克勤，字无著，又称圆悟克勤、佛果圆悟。幼时出家，后至五祖山参谒法演，蒙其印证。曾于夹山之碧

岩,集雪窦重显之颂古百则,编成《碧岩录》十卷,世称禅门第一书。著有《圆悟佛果禅师语录》二十卷等。

【译文】禅门中的问答语句,有所谓的"无义味语",这是不能以一般的道理去领会,也不能用思惟去通晓。后人用思惟心强为解说,结果只是愈说愈偏离真实意。不仅错解意思,即使说得极有道理,也只是鹦鹉学语而已。圆悟老人(圆悟克勤禅师)说:"只要你能将一切虚妄分别、意识见解、妄想杂念都放下了,自然就能从中领会契入。"这是先德已经验证后的经验之谈,绝不是虚妄语,我们应当深信力行才是。

信施①难消

邓豁渠②自讼云:"为僧者干自己事,带累十方施主,委实难消③。"诚哉言乎! 夫僧人为自己生死,犹士人为自己科名④也。为科名故,累诸邻里亲戚供给所需,成名则足以报之,名不成则所负多矣。不解此义,而唯嫌信施不广,岂不大错?

【注释】①信施:谓信佛者所施之财物也。

②邓豁渠:名鹤,号太湖,明代人。礼赵大洲(属王阳明学派)为师,为了求学,过家门而不入,不见妻儿,不顾老父,因此被视为异人。

对于阳明的良知之学,理解不透,因此赴青城山参禅,时间长达七年。五十一岁在云南出家,六十八岁彻悟,七十二岁卒。著有《南询录》。

③委实难消:委实,确实、实在。消,消受、享用、受用。

④科名:科举功名。

【译文】邓豁渠常自责说道:"僧人办自己的生死大事,若连累十方施主,实在难以消受。"这真是实在话啊!

僧人操办自己的生死大事,如同读书人操办自己的科举功名。为了科举功名,而拖累邻里亲戚以供给其所需,若能一举成名,则足以报答邻里亲戚。若功名不成,则所欠的就多了。如果僧人不能了解这个含义,只是一味嫌弃信众的供养不够丰厚,岂不是大错特错!

知道不能造

五台居士①谓予曰:"吾知有此道而不克②尽力,终其身不乐。今士人不知有此道者,得一第,快心③五欲以为乐。吾既知之,不敢纵欲,而复以王事家事驱驰苒苒④,今老矣!失人世之乐,又未得出世之乐,故郁然⑤终身。"此居士实语也。而自昧者多、自觉者少,谁道及此者?居士诚贤乎哉!今出家儿,无王事家事,乃亦一生空过,静焉思之,五内惊栗⑥!

【注释】①五台居士：陆光祖，字与绳，好佛法，自号五台居士。明朝政治人物，在历史上有极佳的评价。光祖是唐代名相陆贽的后裔，其一门三代四尚书，祖淞，父杲，皆进士。淞，光禄卿。杲，刑部主事，光祖官至吏部尚书。光祖为政胸怀忠直，力持清议，也因此招人排挤，多次请退家居。家居期间，则究心佛乘，发弘愿护教，不以毁誉而易心。光祖曾重兴明州育王塔殿，与冯开元等居士共同发起募刻小本藏经，并组织刊刻宋僧普济的《五灯会元》。晚年时，与著名僧人紫柏真可相从游，于佛乘研究更加着力。之后修习念佛三昧，即使病卧床中，仍口诵真言，手执印相，始终不懈。临死前，紫柏老人来看望，叹其心力坚猛，为其说偈。死后谥"庄简"。光祖有子伯贞，能绍其父学，也崇信释氏。

②不克：不能。

③快心：恣意行事，只图痛快。

④驱驰：喻奔走效力，指辛苦、勤劳。荏苒：形容时光易逝。

⑤郁然：愁闷的样子。

⑥五内：指内心。惊栗：因惊惧而发抖。

【译文】五台居士（陆光祖）曾对我说："我明知有此无上佛法，却不能尽力修学，以致终身闷闷不乐。如今读书人不知有此妙道，只求考取功名，一旦考取，则恣意于五欲的享乐之中。我既然认识此解脱之道，自然不敢纵欲享乐，却又因国事、家事奔波劳碌，以致时间快速流逝，转眼间已老了！既失人世间的快乐，又未能得出世间的法乐，所以这一生都郁郁寡欢。"这位居士说的是实在话啊！然而世上愚昧的人多，觉悟的人少，谁能说得出这样的实话呢？五台居士确实是位有德行的贤者啊！

现今的出家人，没有国事与家事的束缚，却也空过一生，冷静思考，内心不禁感到惊惧害怕！

远官字

先君子①虽不仕，博学而笃行②，多格言③。尝谓不孝④曰："带一官字者，慎勿为之。"因问何谓带一官字? 先君子曰："领官钱，织官段⑤，中官盐⑥，作官保，乃至入官府为吏书⑦，交结官人，嘱托公事之类，皆是也。"予再拜服膺⑧。后观亲识⑨中，坐此⑩而败者十七八。由是推而广之，即为官亦所不愿。出家后，又推而广之，不敢妄干有官大人。并诫徒众，不得乞缘出入于官家，不得倚官势与人构讼⑪，安贫守分，幸免于大愆⑫。虽遵持佛敕⑬，亦素闻于庭训也⑭，口泽未忘，曷胜于邑⑮!

【注释】①先君子：称自己或他人已去世的祖父，或自称已去世的父亲。

②笃行：行为淳厚，纯正踏实。

③格言：含有教育意义可为准则的话。

④不孝：可用作往来书信中的自称。

⑤织官段：织官纹锦段。段，同"缎"，丝织物名。

⑥中官盐：中，媒介。官盐，旧时凡由官府生产经销或向官府纳税

后销售的食盐，均称官盐。

⑦吏书：官府的文书。

⑧再拜：表示恭敬，或用于书信的开头或末尾的敬辞。服膺：铭记在心、衷心信奉。《礼记·中庸》："得一善，则拳拳服膺而弗失之矣。"朱熹集注："服，犹着也；膺，胸也。奉持而着之心胸之间，言能守也。"。

⑨亲识：亲友，或指亲近熟识。

⑩坐此：因此、由此。

⑪构讼：造成诉讼，或指争论。

⑫愆：罪过。

⑬敕：诫饬、告诫。

⑭素闻：一向听说。庭训：泛指家教。《论语·季氏》记孔子在庭，其子伯鱼趋而过之，孔子教以学《诗》《礼》。后因称父教为庭训。

⑮曷胜：何胜，用反问语气，表示不胜。于邑：忧郁烦闷，或指呜咽。

【译文】先父在世时，虽没当过官，但是学识渊博、品行淳厚，所说的话大都具有教育意义。他曾对我说："凡是与'官'字有牵连的，千万不要涉入。"

我问："什么是与'官'字有牵连的？"先父回答："像支领官钱的，织造官服的，媒介官盐的，作官方保人的，乃至入官府作文书工作，交结做官的人，嘱托公事之类的，这些都是与'官'字有牵连的。"我谨记并遵从先父的教诲。

后来看到亲朋好友之中，因与"官"字相牵连而身败名裂者，十人中约有七、八人之比例。由此，推而广之，即使让我做官，我也不愿意。

出家后，又推而广之，不敢随意与为官者相牵连。并且告诫徒众，不得为了乞食化缘而出入于官家，不得依靠官家势力而与人争论，应当安贫守分，才能幸免于大祸。

如今虽然出家而遵持佛陀的教诲，但一直以来也深受先父的教导影响，这些言教从不敢忘。思及深恩未报，心中不胜伤感怀念！

念佛镜

道镜、善道二师作《念佛镜》①，以念佛与种种法门对举②，皆断之曰："欲比念佛功德，百千万亿分不能及一。"可谓笃信③明辨，大有功于净土矣！独其对禅宗一章谓："观心④者、观无生⑤者，亦比念佛功德，百千万亿分不能及一。"学人疑焉，予以为正，四料简⑥所谓"有禅无净土"者是也。但执观心，不信有极乐净土；但执无生，不信有净土往生，则未达即心即土，不知生即无生，偏空⑦之见，非圆顿⑧之禅也。反不如理性虽未大明而念佛已成三昧⑨者，何足怪乎？若夫观心而妙悟自心，观无生而得无生忍⑩，此正与念佛人上品上生⑪者同科，又谁轩轾⑫之有？

【注释】①《念佛镜》：全称《求生西方净土念佛镜》，共二卷，唐朝道镜、善道共集。是解说净土往生之要义，以显念佛功德较其他法门殊胜的论书。题名"念佛镜"，意在照明念佛行人，增益信心，断除疑惑。作者道镜与善道二人生平事迹不详，一般推测其为本书中常述及之大行和上之门人，约为唐德宗贞元、唐宪宗元和年间人。

②对举：相对举出。

③笃信：深信。

④观心：谓观照己心以明心之本性。

⑤无生：涅槃之真理，不生不灭，故云无生。因而观无生之理，以破生灭之烦恼也。《圆觉经》曰："一切众生于无生中，妄见生灭，是故说名转轮生死。"

⑥四料简：此指"禅净四料简"，传说为唐末五代宋初僧永明延寿撰，是叙述禅净双修之要义的偈文。

⑦偏空：谓小乘所谈之空理，以其偏于空之一边也。

⑧圆顿：圆融诸法顿速成佛的意思。诸法本圆融，一法圆满一切法，若一念开悟，便能顿入佛位，顿足佛法。

⑨念佛已成三昧：念佛念到一心不乱的境界。

⑩无生忍：了达诸法，本来无生，亦无有灭，观此真谛之境，而安念不起。也就是把心安住在不生不灭的真理上，而不再动摇的意思。

⑪上品上生：据《观无量寿佛经》所述，往生净土之辈，可分为上中下三类九品，此九品人所修行业、日时、来迎仪相、生后得益皆有不同。"上品上生"者，谓发至诚心、深心及回向发愿心，具此三心者，必生彼国。同科：同等。

⑫轩轾：车前高后低叫轩，前低后高叫轾，引申为高低、轻重、

优劣。

【译文】唐朝道镜、善道两位法师合著的《念佛镜》，将念佛法门与其他各种法门相比较，末后都会评断说道："欲比念佛功德，百千万亿分不能及一。"这是深信明辨净土念佛法门者才说得出来，此语对于净土法门的弘扬实有大功劳！

《念佛镜》中，唯独于"念佛对坐禅门"这一章提到："观心者及观无生者，比起念佛的功德，也是百千万亿分不能及一。"有学人对此说法感到疑异，但我认为这说法很正确，这就是禅净四料简中提到的"有禅无净土"的人。他只执持观心法门，不信有极乐净土。只执持无生法门，不信有净土往生，这就是因为他并不通达"心即是土"，也不知道"生即无生"的道理，完全只是偏空之见，并不是圆顿之禅。这种人反而不如那些还没明心见性，但是念佛已念到一心不乱，成就念佛三昧的人。所以，《念佛镜》中的说法有什么值得奇怪的呢？如果观心而能妙悟自心，观无生而能证得无生法忍，这正好就是与念佛人中的上品上生者是同等阶位的，又哪有优劣高下的差别呢？

参究念佛

国朝洪永间①，有空谷②、天奇③、毒峰④三大老。其论念佛，天、毒二师俱教人看念佛是谁,唯空谷谓只直念去亦有悟门。此二各随机宜⑤,皆是也。而空谷但言直念亦可,不曰参究为非也。予于《疏钞》⑥已略陈之。而犹有疑者,谓参究主于见性,单持乃切往生,遂欲废参究而事单持,言经中止云执持名号,曾无参究之说。此论亦甚有理,依而行之,决定往生,但欲存此废彼则不可。盖念佛人见性,正上品上生事,而反忧其不生耶? 故疏钞两存而待择,请无疑焉。若夫以"谁"字逼气下行⑦,而谓是追究念佛者,此邪谬误人,获罪无量。

【注释】①国朝洪永间:国朝,指明朝,莲池大师为明朝人,故称明朝为国朝。洪永,指明太祖洪武至明成祖永乐年间(公元1368~1424年间)。

②空谷:空谷景隆,字祖庭,号空谷,生于明太祖洪武二十六年。年二十从懒云禅师(湖州弁山白莲南极懒云智安禅师)受学参禅,二十八岁获准出家,四十余岁受懒云印可。世寿五十二岁。著述有《尚直编》《尚理编》《空谷集》。

③天奇:明代临济宗僧,名本瑞,字天奇,世称荦绝老人。二十岁,参谒荆门之无说能和尚,得度出家。后至高峰谒宝峰明瑄,得其心印,为南岳二十九世。后迁住竟陵(湖北)荆门,鼓吹看话禅。著有《荦绝老人天奇直注雪窦显和尚》《天童觉和尚颂古》各二卷。

④毒峰:杭州天真毒峰本善(亦作"季善")禅师,明代僧。十七岁出家,初遇源明和尚,示无字话,毒峰禅师当下便能领解。后见月溪澄禅师,月溪印可之。明神宗万历三十年,慈云岭有天真寺,僧宗纲请师兴建。兴建完成后,毒峰禅师即掩关杜绝人事。示寂后,真身覆以缸

龛，藏天真石洞中。

⑤机宜：谓众生皆有善根，故若欲度化，则随应其机，而施之以适宜之教法。

⑥《疏钞》：指莲池大师所著的《阿弥陀经疏钞》，共四卷。大师就鸠摩罗什所译之《阿弥陀经》作疏（注释经文），作钞以训释之（解释疏文）。本疏钞判定《阿弥陀经》为顿教所摄，兼通终、圆二教。

⑦逼气下行：《云栖法汇（选录）》卷十五："愚人气逼'谁'字至于丹田，冀其逆上顶门，任督相通，以为参透，名曰追究念佛。不知'追'者，追考追问之谓，岂追逐至丹田乎！"

【译文】本朝（明朝）太祖洪武至成祖永乐年间，禅门中有空谷景隆、天奇本瑞和天真毒峰三位德高望重的长老。有关念佛的修学方法，天奇与毒峰两位禅师，都是教人参看"念佛的是谁"这个话头，而空谷禅师所教人的，只要一直念下去也能开悟。这两种方法，随着众生不同的根机，而施以适当的教法，所以都是正确的。

但是，空谷禅师只说念佛直念亦可，并没有说参究念佛是错的。关于这一点，我在《阿弥陀经疏钞》中已有稍加说明了。对于"参究念佛"还持有疑异的人，认为参究念佛主要是为了明心见性，持名念佛则是深信切愿而求往生极乐净土，因此主张废除参究念佛，应该只要专门持念佛名号就好，并且引用经文，说并没有参究念佛的说法。这种论述也很有道理，若能依照这种说法念佛，决定往生。但是，仅保留持名念佛而强调要废除参究念佛，这是不可以的。因为念佛的人，若能因参究念佛而明心见性，正是上品上生的境界，怎么反而担心他不能往生呢？所以我在《阿弥陀经疏钞》中有将这两种方法都列出，任由各人选择，请不要再对"参究念佛"的依据感到怀疑。

如果有人主张念佛的重心只在"谁"字上，用气逼"谁"字至于丹田，就称这是追究念佛，这种错误的说法，是会耽误众生的法身慧命，其罪过将无以量计。

急^①参急悟

放牛居士，古杭人余氏子，参无门老人，得悟于宋淳祐中。其言曰："大聪明人，才闻此事，便以心意识^②领解^③，所以认影为真^④。到腊月三十日^⑤，眼光欲落时，向阎老子道：'待我澄心摄念^⑥却与你去。'断不可^⑦也，须是急参急悟。"放牛此语，可谓吃紧^⑧为人。若真实彻悟者，他平日踏得牢牢固固、稳稳当当，不动干戈^⑨，可以八面受敌^⑩，无常到来，安闲自如，不慌^⑪不忙，不怖不乱，何更待澄心摄念，勉强支吾^⑫耶？所谓急参急悟，吾辈当力图^⑬之。

【注释】①急：此指要紧、重要。

②心意识：指心、意、识三者。有关心意识，大小乘论典有种种不同之说法，有认为心、意、识三者为一体之异名，因为一切诸法，心为之王，心有多名，义异体一。有认为心、意、识三者虽许互通，然其实体各别，例如唯识宗主张第八阿赖耶识能积集种子，故称为心。第七

末那识能思量起我执，故称为意。前六识能认识对象，故称为识。

③领解：理解他人所教，如所教而开悟，称为领解。又作领悟、解会、领览、领得。

④认影为真："影"指影事，世界一切事物，虚幻如影，并非真实。此句是比喻将自家之妄心，错认为真心。《首楞严经》云："念无始来，失却本心，妄认缘尘分别影事。""本心"即真心，"缘尘分别影事"即妄想心。

⑤腊月三十日：岁终之义。腊，为古代祭祀之名，而农历十二月为腊祭之月，故十二月习称腊月。《百丈清规证义》曰："古人以除夕当死日，盖一岁尽处，犹一生尽处。"

⑥澄心摄念：同"摄心""禅定"的意思，谓心专注于一境，令不昏沉散乱。澄，明净。

⑦断不可：绝对不可以。

⑧吃紧：要紧的意思。

⑨干戈：武器、战争。

⑩八面受敌：谓功力深厚，能应付各种情况。

⑪荒：通"慌"，急忙、忙乱。

⑫支吾：用含混闪躲的话来搪塞。

⑬力图：竭力谋求。

【译文】放牛居士，古杭人，俗姓余，于南宋理宗淳祐年间，参学于无门老人（慧开禅师）而开悟。他曾说道："世上的大聪明人，才听到禅宗公案，便用心意识去理解，将自家之缘影妄想心错认为真如本心，并非是真正的明心见性。等到临命终时，眼皮将要合起来了，才向阎罗王请求说：'等我禅定工夫成就了，再随您去。'这就太迟了，绝对不可以这样啊！应该平时就要加紧参禅工夫，以期早日明心见性才对。"放牛居士这些话，可说是真实为了众生，才会说出这么要紧的话。如果是真实彻悟的人，他平日的行持必定牢牢固固、稳稳当当，功力深厚能应付各种情况，即使生死无常到来，也能安闲自在，不慌不忙，不怖不乱，何必要等到临命终时，才勉强说要等到禅定成就这些推托之词呢？所谓"急参急悟"，我们出家人应当竭力为之，以期早日开悟。

解禅偈

温公①作《解禅偈》②，真学佛不明理者之龟镜③也。但其以"言行可法④"为不坏身⑤，"仁义不亏⑥"为光明藏⑦，特一时救病语，非核实不易之论。夫谨言行、修仁义，在世间诚可贵重，然岂便是金刚不坏之身，神通大光明藏？何言之易也！又以君子坦荡荡为天堂，小人长戚戚为地狱，理则良然，而亦有执理失事之病。岂得谓愚痴即牛羊，凶暴即虎豹，此外更无真实披毛戴角⑧之牛羊，利牙锯爪之虎豹乎？吾恐世人见温公辞致警妙⑨，必大悦而深信，其流之弊，拨无因果⑩，乃至世善自足，不复知有向上事⑪。则此偈本以觉人，反以误人，不可不阐。

【注释】①温公：司马光，北宋人，字君实，号迂叟，家居涑水乡

（位于今山西省运城市夏县），世称涑水先生。司马光历仕仁宗、英宗、神宗、哲宗四朝，主持编纂中国历史上第一部编年体通史《资治通鉴》。王安石推行新政时，他极力反对，因此受到排挤。宋哲宗继位，任相八个月，尽废王安石新法，罢黜新党，史称"元祐更化"。卒谥文正，追封温国公，世称司马温公。司马光学识渊博，但不喜释、老之学，他认为一切全由天命所定。他还认为社会历史有万世不易之规，即仁义礼智等纲常，这是决定社会治乱兴衰的根本。遗著有《司马文正公集》等。

②《解禅偈》：宋朝时，士大夫多修佛学，往往作为偈颂，以发明禅理。司马光对此现象深感忧虑，因此作《解禅偈》以警觉世人。此偈乃以世间法比说出世法，莲池大师唯恐此偈颂误导众生，以至于不求解脱之道，所以点出其流弊。

③龟镜：龟可卜吉凶，镜能别美丑，因以比喻可供人对照学习的榜样或引以为戒的教训。

④法：仿效、效法。

⑤不坏身：佛身也。《大宝积经》卷五十二："如来身者，即是法身、金刚之身、不可坏身、坚固之身。"

⑥不亏：不削减、不衰。

⑦光明藏：光明之宝库，亦即指如来之身。又自己之本心，破除无知，发挥真如之光，吸光明于其中，亦称光明藏。

⑧披毛戴角：谓畜生道。造作恶业众生，宿由愚痴故，生于此道，互相吞啖，受苦无穷。

⑨警妙：文句精炼、扼要、奇妙，而含义深切动人。

⑩拨无因果：否定因果之道理。谓诸众生，不具正信之心，但生邪恶之见，而于一切善恶因缘果报，悉皆排除以为无其事，是以流转

生死也。拨，即灭绝、除去之意。

⑪向上事：探求佛教之至极奥理，此奥理不由口出，不须思惟，超出言语心念之上，而达本还源，归于寂静之真如本体，又称为"向上道""向上一路""向上一着"。向上，指由下至上、从末至本，自迷境直入悟境。

【译文】北宋司马温公（司马光）所作的《解禅偈》，的确可供学佛而不明理的人作为龟镜。但是他把"言为百世师，行为天下法"解释为金刚不坏之佛身，将"仁人之安宅，义人之正路"解释为明心见性的境界，这只是他当时为挽救世间弊病的说法，不能算是真实不变的道理。谨言行、修仁义的人，在世间法看来，确实是难能可贵且值得尊重，但岂能因此就认为这是明心见性之如来境界呢？怎么可以这么轻易下结论啊！又司马温公以君子坦荡荡解释为天堂（颜回安陋巷，孟轲养浩然，富贵如浮云，是名极乐国），小人长戚戚解释为地狱（愤怒如烈火，利欲如铦锋，终朝长戚戚，是名阿鼻狱），这在理上虽然说得通，然而却有执着于理论而与事实偏离的问题。难道可以说愚痴就是牛羊，凶暴就是虎豹。除此之外，就没有真实披毛戴角的牛羊与利牙锯爪的虎豹吗？

我担心世人见到司马温公所写的《解禅偈》，其中的文句精炼奇妙而含义深切动人，必定悦服而深信不疑，而此偈所产生的流弊，可能导致世人否定因果，甚至以修世间善福为自足，而不知返本溯源，追求彻悟成佛的境界。则《解禅偈》原意是用以警觉世人，结果反而误导世人，因此不得不加以说明清楚。

范景仁①

景仁自谓："吾二十年曾不起一思虑。"景仁之为贤者信矣，然二十年之久不生一念，或未易及此。颜子尚仅三月不违，则三月外容有念生。赵州尚假四十年方成一片②，则未成一片③时容有念生。如景仁者得无，粗念虽无，微细思虑潜滋暗发而不自觉欤！吾非轻视景仁，盖恐得少为足，而预以自警也。

【注释】①范景仁：范镇，字景仁，北宋人。宋仁宗宝元元年举进士第一，知谏院，以直言敢谏闻名。范镇为人清白坦荡、待人以诚、恭俭慎默，遇到重大问题时镇静从容。范镇其学以儒家六经为主，口不言佛、道、法家。为翰林学士时，与欧阳修、宋祁共修《新唐书》，也曾参与宋朝当代史的修撰，其在文学和史学方面成就卓著。同乡好友苏轼在《范景仁墓志铭》中说："其文清丽简远，学者以为师法。"范镇与司马光私交甚好，苏轼在范镇墓志铭上言："熙宁、元丰间，士大夫论天下贤者必曰君实（司马光）、景仁（范镇）。其道德风流足以师表当世，其议论可否足以荣辱天下。"在政治上，范镇支持司马光，反对王安石变法。宋哲宗元祐二年，范镇病故，享年八十一岁，赠金紫光禄大夫，谥忠文。

②赵州尚假四十年方成一片：赵州，指唐代赵州从谂禅师，为南泉普愿之法嗣。八十岁时，应众请住赵州观音院，四十年间，大扬禅风。其曾示众说道："老僧四十年不杂用心，除二时粥饭，是杂用心处。"尚，指尚且。假，凭借、依靠。

③成一片：禅宗谓做功夫时，于山河大地、日月星辰、内身外器，一切诸法同真心体，湛然虚明，无一毫异，大千沙界打成一片，更于何处得妄心来。净土宗谓念佛历历分明，字字出于唇舌之间，心念、口称、耳听，乃至行住坐卧，无不是一句阿弥陀佛。如是功夫，久久自然打成一片。"

【译文】北宋范景仁曾自述说道："我二十年来不曾生起一点妄念。"景仁的德行涵养可称之为贤者，这点是毋庸置疑的，但是二十年之久都不生起一点妄念，这种境界恐怕不容易达到。颜回只能做到三个月不违仁，至于三个月之外，或许会有妄念生起。唐朝赵州从谂禅师还要凭借四十年的修持，方能成就功夫成片，当功夫未成片时，也许还会有妄念生起。

像景仁这样的贤者，若说其没有妄念，大概只能说没有明显的、粗的妄念，至于微细的妄想、念头，仍会暗中滋生，只是自己没有察觉吧！我不是轻视景仁，只是担心自己日后得少为足，所以借此预作警惕而已。

习 俗

先辈云："习俗移人^①，贤智者不免。"今一衣一帽、一器一物、一字一语，种种所作所为，凡唱自一人，群起而随之，谓之时尚。或尚坐关^②，群起而坐关。或尚礼忏^③，群起而礼忏。群起而背经，群起而持准提^④，群起而读等韵^⑤，群起而去注疏、专白文^⑥，群起而斋十万八千僧^⑦，群起而学书、学诗、学士大夫尺牍^⑧语，靡然成风^⑨，不约而合。独于刻心励志，真实参禅念佛者，则有唱而无随，谓之何哉？

【注释】①习俗移人：谓风俗习惯可以改变人的本性。

②坐关：僧人封闭于龛（小的窟穴或房屋）内诵经、坐禅或念佛，以克期修证者，称为坐关。

③礼忏：礼拜与忏悔之略称，又作拜忏。即礼拜诸佛、菩萨，忏悔所造诸恶业。大都借由礼佛、诵读经文，以为忏悔之意。唐代智升撰有《集诸经礼忏仪》二卷，为各种忏法仪式最初之综合刊本。往昔之礼忏，或自身奉行，或请僧人代行；现今之拜忏，则多延请僧人，而少自行者。

④准提：又作准胝、尊提、准泥、准提观音、准提佛母、七俱胝佛

母。准提意译为清净，赞叹心性清净之称。《准提经》曰："准字门者，于一切法是无等觉义；提字门者，于一切法是无取舍义。"据《七俱胝佛母准提大明陀罗尼经》等所载，诵持准提陀罗尼，则得光明烛照，所有罪障皆消灭，寿命延长，福慧增进，并得诸佛菩萨之庇护，生生世世离诸恶趣，速证无上菩提。

⑤等韵：等韵学，是唐代以后借鉴梵字字母（悉昙章）的拼转原理而发明的，是以图表分析汉字发音方式的一门学科。佛经原文所使用的梵文，是一种声音符号组成的文字，当翻译为汉文时，"声音"成为重要的关键。唐代僧人通过研习梵语的悉昙，自然开始分析汉语的语音结构，因此仿照悉昙编订了汉语的音节表（韵图），这就是等韵的缘起。宋元时期，等韵之学成为汉语音韵学中的显学。明中叶，等韵之学盛行于世。

⑥白文：指有批注的书的正文。

⑦斋十万八千僧：斋僧是指设斋食供养僧众，兼指入寺供养或延僧至俗家供养。依受供养僧侣之数目多寡，又有五百僧斋、千僧斋、万僧斋之别。斋僧始设之原意在于表明信心、归依，后渐融入祝贺、报恩、追善之目的，而使斋僧更形普遍化。

⑧尺牍：此指文辞。

⑨靡然成风：谓群起效尤而成风气。

【译文】前人曾说："风俗习惯可以改变人的思想言行，即使是贤人智士也无法避免。"现今的社会风气，凡是一衣一帽、一器一物、一字一语等种种作为，只要有一人倡导，便有众人跟随，有人称这是时尚。譬如有人崇尚坐关，就有许多人跟着坐关；或有人崇尚礼忏，就有许多人跟着礼忏；或有人崇尚背诵经文，而群起随之；或有人崇尚诵持准提咒，而群起随之；或有人崇尚读等韵，而群起随之；或有人崇尚批注经文，而群起随之；或有人崇尚不看注疏而专读正文，而群起随之；或有人崇尚斋十万八千僧，而群起随之；或有人崇尚学书法，而群起随之；或有人崇尚学作诗，而群起随之；或有人崇尚学习公文用语，而群起随之，大家不约而同，群起效尤而成风气。唯独对专心致志于真实参禅、念佛之事，即使有人倡导却无人跟随，这到底是什么缘故呢？

厌喧求静

有习静①者，独居一室，稍有人声，便以为碍。夫人声可禁也，鸦鹊噪②于庭，则如之何？鸦鹊可驱也，虎豹啸于林，则如之何？虎豹犹可使猎人捕之也，风响水流、雷轰雨骤，则如之何？故曰："愚人除境不除心③，智者除心不除境。"欲除境，而境卒④不可除，则道终不可学矣！或曰："世尊不知五百车声，盖禅定中事，非凡夫所能。"然则高凤读书⑤，不知骤雨漂麦，当是时凤所入何定？不咎⑥志之不坚，而嫌境之不寂，亦谬矣哉！

【注释】①习静：修习静虑。所谓静虑，即静坐思惟，亦即禅定。
②噪：虫鸟喧叫。

③境：即心与感官所感觉或思惟之对象。引起眼、耳、鼻、舌、身、意六根之感觉、思惟作用之对象，即色、声、香、味、触、法六境，以其能污染人心，故又称为六尘。心：又作心法、心事。指执取具有思量（缘虑）之作用者。一指心王及心所法之总称。是相对于色（物质）、身（肉体）而言。相当于五蕴中之受、想、行、识等四蕴。二指心王，属五位之一，相当于五蕴中之识蕴。指统一心之主体（六识或八识而言）。三对心、意、识三者，小乘有部等主张三者为同物之异名，然在大乘唯识宗，"心"则指第八阿赖耶识，含有积集之义，乃诸法产生之根本体，故亦称集起心，即阿赖耶识蓄积种子而能生起现行之意。对此，前六识称为"识"，即了别、认识作用；第七末那识称为"意"，即思惟作用。将心之主体与从属作用分开时，前者称心王，后者称为心所。上记之六识或八识即为心王，心所乃指随之而生起者，亦即细微之精神作用。

④卒：终于、最后。

⑤高凤读书：高凤是后汉时候人，依《后汉书·逸民传》记载："高凤，字文通，南阳叶人也。少为书生，家以农亩为业，而专精诵读，昼夜不息。妻尝之田，曝麦于庭，令凤护鸡。时天暴雨，而凤持竿诵经，不觉潦水流麦。妻还怪问，凤方悟之。其后遂为名儒，乃教授业于西唐山中。"大意是说，高凤从年轻做书生时即专心诵读经书，昼夜不停。他的妻子有一次到田地里去，叮咛他看管鸡群，勿使啄食曝晒在庭院的麦子。高凤拿着竿子专心念诵经书，忽然下大雨，他因为太专心而不知大水冲走了麦子。后来高凤终成了著名的学者。后人于是以"流麦"、"麦流"、"弃麦"、"麦不收"、"中庭麦"、"高凤"等来形容专心读书。

⑥咎：责怪，追究罪责。

【译文】有修习禅定的人，独居一室，稍有人声便以为受到干扰。人声是可以禁止的，但如果有鸦鹊在庭院中喧叫，该怎么办？鸦鹊还可驱赶，但如果有虎豹在山林中吼啸，又当怎么办？虎豹还可以使猎人捕捉，然而风声、水流声、雷声、骤雨声，又该怎么办？所以说，愚痴之人总想设法除去外境的干扰，而不知应除去内心的杂念。有智慧之人则是学习除去自己内心的染污杂念，不会在乎外境的干扰。要想排除所有外境，那是不可能的，那么想习得心性寂静之道也就永远学不成了。

或者有人说，世尊当年在林中静坐，不知五百车辆驶过的声音，那是因为进入甚深禅定的缘故，这种功夫不是凡夫能达到的。然而，后汉时候的高凤，因为专心读诵经书，丝毫不知突来的大雨冲走了麦子，他入的是什么定？不责怪自己立志不坚定，反嫌环境不寂静，实在是谬误之至！

除　日①

古人以除日当死日，盖一岁尽处，犹一生尽处。故黄檗垂示②云："预先若打不彻③，腊月三十日到来，管取④你热乱。"然则正月初一便理会⑤除日事不为早，初生堕地时便理会死日事不为早，那堪荏荏苒苒，悠悠扬扬⑥，不觉少而壮，壮而老，老而死。况更有不及壮且老者，岂不重可哀哉？今晚岁除，应当惕然⑦自誓自要，不可明年依旧蹉跎去也。虽然，此"打彻"二字，不可容易看过，不是通几本经论当得彻也，不是坐几炷香不动不摇当得彻也，不是解几则古德问答机缘、作几句颂古拈古当得彻也，不是酬对几句口头三昧滑溜⑧当得彻也。古人谓于此事洞然如桶底骤脱，爽然⑨如大梦得醒，更无纤毫疑处，然后可耳。嗟乎！敢不努力？

【注释】①除日：农历十二月最后一天。

②垂示：留传以示后人。

③打不彻：指尚未彻悟。"打"字无别意，与某些动词结合为复词。"彻"指彻悟。

④管取：包管。热乱：忙乱、纷乱。

⑤理会：料理、注意。

⑥悠悠扬扬：起伏不定、飘忽。

⑦惕然：警觉省悟的样子。

⑧滑溜：流利、顺畅。

⑨爽然：豁然、了然。

【译文】古人有将岁末这一天当作自己死亡的日子，这是由于一年结束了，如同一生结束。黄檗禅师教导后人说："如果生前没有彻悟，等到无常到来时，包管你一片忙乱。"如此说来，从正月初一就开始注意、处理腊月三十的事，也不算早，从初生堕地时便料理死亡之日的事，也不算早。哪里可以蹉跎宝贵光阴，整天悠闲散漫，不知不觉的由少年而壮年，由壮年而老年，由老年而死亡呢？何况还有活不到壮年及老年的，岂不更加可悲？

今晚是大年除夕，希望各人一定要自我警惕策励，不可再将明年光阴依旧蹉跎了。即便如此，这"打彻"二字可不能轻易看过，不是读通几本经论便认为是贯通了；也不是坐几炷香的时间，能不动不摇就以为是贯通了；不是能解几则古德问答机缘，作几句颂古、拈古即认为是贯通了；也不是能流利的应对几句口头三昧即认为是贯通了。古人说："对于此事，要像黑漆桶的桶底突然脱落般的清楚明了，有如大梦得醒般的豁然开朗，没有一丝一毫疑惑之处，然后才可说自己已经通透了。"唉，敢不努力吗？

净土难信之法（一）

浅①净土者，以为愚夫愚妇所行道。天如②斥之，谓非鄙愚夫愚妇，是鄙马鸣③、龙树④、文殊、普贤也。故予作《弥陀经疏钞》，乃发其甚深旨趣。则又以为解此经不宜太深，是毕竟愚夫愚妇所行道也。佛谓此经难信之法⑤，不其然乎？

【注释】①浅：此指浅视，即轻视之意。

②天如：元代禅师，名惟则，号天如。得法于天目山中峰明本禅师，并嗣其法。其后止住于苏州（江苏省）姑苏城外狮子林，弘扬禅

风。著有《楞严经圆通疏》《禅宗语录》《净土或问》《十法界图说》及《师子林天如和尚语录》等书。《净土或问》云："多见今之禅者，不究如来之了义，不知达磨之玄机，空腹高心，习为狂妄，见修净土则笑之曰：'彼学愚夫愚妇之所为，何其鄙（浅陋）哉！'余尝论其非鄙（轻视）愚夫愚妇也，乃鄙文殊、普贤、龙树、马鸣等也。"普贤、文殊、马鸣、龙树是华严宗祖师，《华严经》末后，普贤菩萨以十大愿王导归极乐，故天如禅师认为轻视净土就是轻视华严。

③马鸣：佛灭后六百年出世之大乘论师，乃西土十一祖。东天竺国（印度）人，初习外道，后与胁尊者对论，深有所感而皈依佛门。因其说法时，能感群马，得解悲鸣，故曰马鸣。并有马鸣比丘、马鸣大士、马鸣菩萨等称。其依百本大乘经，造起信论，是为华严宗初祖（此就华严七祖而言）。若以毘卢遮那为华严宗开法教主，别立十祖，依序为：普贤、文殊、马鸣、龙树、世亲、杜顺、智俨、法藏、澄观、宗密。

④龙树：佛灭后七百年出世于南天竺，为迦毘摩罗尊者（受法于马鸣）之弟子，乃西土十三祖。始生之日，在于树下，因入龙宫，而得成道，故号龙树。申明起信论义，是为华严宗二祖（此就华严七祖而言）。

⑤佛谓此经难信之法：《佛说阿弥陀经》末后提到："舍利弗！如我今者，称赞诸佛不可思议功德；彼诸佛等，亦称说我不可思议功德，而作是言：'释迦牟尼佛能为甚难希有之事，能于娑婆国土五浊恶世，劫浊、见浊、烦恼浊、众生浊、命浊中，得阿耨多罗三藐三菩提，为诸众生说是一切世间难信之法。'舍利弗！当知我于五浊恶世，行此难事，得阿耨多罗三藐三菩提，为一切世间说此难信之法，是为甚难！"净土法门是当生成佛之法，因为这个法门难信，所以经中佛自始至终都叫着舍利弗（智慧第一），表示唯有大智者才能相信。

【译文】轻视净土念佛法门的人，以为这是愚夫愚妇所行之道。天如惟则禅师在《净土或问》中对此说法加以斥责，认为这些人并非轻视愚夫愚妇，而是轻视马鸣、龙树、文殊、普贤等诸大菩萨。所以我作《阿弥陀经疏钞》，就是在发扬净土念佛法门的甚深旨趣。但是，又有人以为批注此经时不宜说得太深奥，毕竟这是愚夫愚妇所行之道。佛说这部经是"难信之法"，不就是对这些怀疑净土的人说的吗？

净土难信之法（二）

　　或谓不宜太深者，此经本浅，凿①之使深，故不可。噫！《法华》②以治世语言皆即实相，而此经横截生死③，直登不退④，宁不及治世语言乎？或又谓此经属方等⑤，《疏》以为圆⑥，则不可。噫！《观经》亦方等摄也⑦，智者圆之。《圆觉》亦方等摄也，圭峰圆之⑧。《弥陀经》予特以为分圆⑨，何不可之有？佛言难信之法，不其然乎？

【注释】①凿：挖掘。

　　②《法华》以治世语言皆即实相：《妙法莲华经·法师功德品》第十九："以是清净意根，乃至闻一偈一句，通达无量无边之义。解是

义已，能演说一句一偈，至于一月、四月乃至一岁。诸所说法，随其义趣，皆与实相不相违背。若说俗间经书、治世语言、资生业等，皆顺正法。"此段经文大意是指，因意根清净故，能通无量义，故于世俗之经书、语言及资生事业等，悉能随其义趣而不离诸法实相。

③横截生死：谓横断三界（欲界、色界、无色界）五趣（地狱、饿鬼、畜生、人、天）生死之流（上述都是凡夫生死往来的境界），而往生于极乐世界。据莲池大师之《阿弥陀经疏钞》卷二载，相对于娑婆之苦而言，极乐净土有十乐，其中之一即是横截生死，永脱轮回之乐。

④不退：谓所修之功德善根愈增愈进，不更退失转变。莲池大师之《阿弥陀经疏钞》卷三载："生彼国者，常见佛故，终得不退。"

⑤方等：此指方等时，谓佛陀宣说方等经（大乘经）之时期。

⑥《疏》以为圆：莲池大师于《阿弥陀经疏钞》卷三提到："佛说此经，本为下凡众生，但念佛名，径登不退，直至成佛，正属顿圆。"

⑦《观经》亦方等摄也智者圆之：《观经》（又称《观无量寿佛经》《十六观经》），是释迦牟尼佛受韦提希夫人的启请，示以十六种观法，教修观想西方极乐世界的种种依正庄严，俾能够如愿舍离娑婆的五浊恶世，得生西方阿弥陀佛的清净国土。依天台智者大师的五时判释，佛说《观经》当属第三"方等时"。（《观无量寿佛经疏》云："教相者，此是大乘方等教摄。"）从《观经》经文的表面，虽然是侧重事相的说明，然智者大师所著之《观无量寿佛经疏》以及宋朝知礼法师（号四明尊者）所著之《观无量寿佛经疏妙宗钞》（解智者疏），认为十六观门，就是凭借极乐世界依正庄严的境界，用微妙不可思议的观察，专就极乐世界阿弥陀佛，来显示众生本来具足的真佛性体。虽然凭借极乐世界的境界来做观想，但是必须要知道无论极乐世界的

依报、正报，都是同居于一心之内。心性遍周法界，无有一法不是唯心所造，无有一法不是本性具足。因此，解释"观"字，用一心三观，解释"无量寿"，用一体三身。《观无量寿佛经》的经体、经宗和力用，其义理都是属于圆教，判教都是属于顿教。

⑧《圆觉》亦方等摄也，圭峰圆之：《圆觉经》具名《大方广圆觉修多罗了义经》，又作《大方广圆觉经》《圆觉修多罗了义经》《圆觉了义经》。此经是佛为文殊、普贤等十二位菩萨宣说如来圆觉的妙理和观行方法。依天台智者大师的五时判释，《圆觉经》当属第三"方等时"。唐朝圭峰禅师（华严宗五祖，又称宗密禅师），精研《圆觉经》，有多部批注。圭峰在《圆觉经大疏钞》卷一称："此经具法性、法相、破相三宗经论，南北顿渐两宗禅门，又分同华严圆教，具足悟修门户。"意指此经合乎华严宗圆摄一切诸法，直显本来成佛的圆教旨趣。《圆觉经》最后说道："是经名为顿教大乘，顿机众生从此开悟，亦摄渐修一切群品。"因此后世学人亦称此经为大乘顿教。

⑨《弥陀经》予特以为分圆：莲池大师所作之《阿弥陀经疏钞》提到："（本经）义理深广，初摄顿、二分圆、三旁通。初摄顿，已知此经摄于顿教，少分属圆，未知所具义理，当复云何，先明此经摄于顿者，盖谓持名即生，疾超速证，无迂曲故，正属于顿（中略）。二分圆，（中略）圆教全摄此经，此经分摄圆教，以少分义，故名分圆也。"莲池大师引用《华严经》十门开启的方式，来解释极乐世界的依正庄严，理事无碍，事事无碍，可见莲池大师亦判《阿弥陀经》为圆顿之教。然莲池大师称它作"分圆"，指其部分属圆教，这是谦虚的说法，因为当时佛教门派，正当狂禅风靡之际，故不得不权宜善巧，迁就群机，而作方便之谈。

【译文】有人认为《阿弥陀经》不宜批注得太深奥，因为这部经的文义本来很粗浅，若解释得太深奥，当然是不对的。这个说法真可叹啊！《法华经》上提到治世语言都是实相，而此经横截生死、直登不退，难道比不上治世语言吗？

又有人认为此经属于方等时期之经典，《阿弥陀经疏钞》判为圆教，这是不可以的。这个说法真可叹啊！《观无量寿佛经》也是属于方等时期之经典，然而智者大师判为圆教。《圆觉经》也是属于方等时期之经典，而圭峰大师判其属圆教。《阿弥陀经》我只是把它判为分属圆教，这有什么不可以的？佛说此经是"难信之法"，不就是对这些怀疑净土的人说的吗？

净土难信之法（三）

《华严》第十主药神，得念佛灭一切众生病解脱门。清凉《疏》谓："趣称一佛，三昧易成，敬一心浓，余尽然矣。况心凝觉路，暗蹈大方者哉！"前数语弘赞专念，后二句入理深谈，谁谓净土浅也！《行愿品》广陈不可说①世界海②、不可说佛菩萨功德，临终乃不求生华藏而求生极乐，谁谓净土浅也！圣贤垂训如是，而人自浅之，佛言难信之法，不其然乎？

【注释】①不可说：谓真理可证知而非言语所能诠释者。

②世界海：华严宗约因、果而分佛土为二类，以"果分不可说土"为国土海，即圆融自在不可言说的佛境界。以"因分可说土"为世界海，即因位菩萨所居、佛所教化之世界。

【译文】《华严经·世主妙严品》中，主药神长行第十句："普发威光主药神，得方便令念佛灭一切众生病解脱门。"清凉国师于《大方广佛华严经疏》解释道："趣称一佛，三昧易成，敬一心浓，余尽然矣。况心凝觉路，暗蹈大方者哉！"前面四句是赞扬一向专念，后面二句是深入理体而说的，可谓潜通佛智，暗合道妙，谁说净土粗浅！

《华严经·入不思议解脱境界普贤行愿品》中广演不可说世界海、不可说佛菩萨功德，然而普贤菩萨却教法身大士们，临终发愿求生极乐净土，而不是求生华藏世界，谁说净土浅！圣贤已将道理说得那么清楚，却有人把它看浅了，佛说此经是"一切世间难信之法"，不就是对这些怀疑净土的人说的吗？

念佛不碍参禅

古谓："参禅不碍念佛，念佛不碍参禅。"又云："不许互相兼带①。"然亦有禅兼净土者，如圆照本②、真歇了③、永明寿、黄龙新④、慈受深⑤等诸师，皆禅门大宗匠⑥，而留心净土，不碍其禅。故知参禅人虽念念究自本心，而不妨发愿，愿命终时往生极乐。所以者何? 参禅虽得个悟处,倘未能如诸佛住常寂光⑦,又未能如阿罗汉不受后有⑧,则尽此报身⑨,必有生处。与其生人世而亲近明师,孰若⑩生莲花而亲近弥陀之为胜乎? 然则念佛不惟不碍参禅,实有益于参禅也。

【注释】①不许互相兼带: 元代天如惟则禅师说:"幻住和尚(中峰明本禅师,号幻住道人)有云,参禅只为明生死,念佛惟图了死生,向一边挨(依靠)得入,两条门路不多争(差不多)。门路虽不多争,却不许互相兼带。参禅者单单只是参禅,念佛者单单只是念佛。若是话分两头,彼此都无成就。古人有个喻子云,譬如脚踏两边船,这边那边都不着,两边不着尚无妨,照顾和身都陷却(沉沦)。记取记取,勉之勉之。"

②圆照本: 北宋圆照宗本禅师。十九岁出家,参谒天衣义怀,有所契悟。北宋神宗元丰五年,受诏为相国寺慧林禅刹第一祖。哲宗诏赐"圆照禅师"。师平居密修净业,住净慈寺时,一日,有位雷峰才法师,神游净土,见一花殊丽无比,问那是谁的莲花,答:"待净慈本禅师(即指圆照宗本禅师)耳。"有人问圆照禅师他是修禅宗的,为何西方净土的莲花标有他的名字? 答曰:"虽在宗门,亦以净土兼修耳。"晚年住平江灵光寺,闭门修禅,专力净业,临终安坐而逝。

③真歇了: 北宋真歇清了禅师,谥号"悟空禅师"。十一岁出家,参丹霞子淳禅师开悟得证,并嗣其法。后入主雪峰寺,大振曹洞宗风。师兼以自修念佛法门,对于"一心不乱"曾说:"念佛法门,径路修行,接上上根器,旁引中下之机。(中略)。信知乃佛乃祖,在教在禅,皆修净业,同归一愿,入得此门,无量法门,悉皆能入。"

④黄龙新: 宋代黄龙悟新禅师,号死心。谒黄龙寺晦堂祖心禅

师,并嗣其法。作《劝修净土文》,云:"弥陀甚易念,净土甚易生。"又云:"参禅人最好念佛,根机或钝,恐今生未能大悟,且假弥陀愿力接引往生。"又云:"汝若念佛不生净土,老僧当堕拔舌地狱。"

⑤慈受深:北宋慈受怀深禅师,世称慈受禅师。十四岁出家,谒长芦崇信禅师,并嗣其法。慈受禅师每苦口语人曰:"修行快捷方式,无越净土。"建西方道场,集众念佛。曾著《念佛颂》。

⑥宗匠:宗师善巧说法,成就后学,如工匠教授其徒,故谓之宗匠。

⑦常寂光:指诸佛如来法身所居之净土,为四土之一(天台宗智者大师所立之四种佛土,即凡圣同居土、方便有余土、实报庄严土、常寂光土)。佛所住之世界为真如本性,无生灭变化(常),无烦恼扰乱(寂),而有智慧之光(光),故称常寂光土。此土乃佛自证最极秘藏之土,以法身、解脱、般若为其体,具足圆满"常、乐、我、净"等四德。

⑧阿罗汉不受后有:阿罗汉,指断尽一切烦恼而得尽智(指烦恼之染污全部除尽而得之智慧),值得受世人供养的圣者。不受后有,谓阿罗汉生死惑业既尽,更不受后世之身。

⑨报身:此指众生因业受报,转生于天、人、阿修罗、地狱、畜生、饿鬼等六道之身。

⑩孰若:犹何如,怎么比得上。

【译文】有古德说:"参禅不碍念佛,念佛不碍参禅。"又有人说:"禅净不许互相兼修。"但也有参禅兼修净土的人,例如圆照宗本、真歇清了、永明延寿、黄龙悟新、慈受怀深等诸位禅师,他们都是禅门中的大师,然而他们也归心净土、回向西方,却不妨碍其参禅功夫。

由此可知，参禅的人虽然念念反究内心，觅求本性，但也不妨碍其发愿临命终时往生极乐。为什么？参禅即使达到开悟的境地，但如果不能如诸佛住在常寂光土中，又不能像阿罗汉生死已了，不再受轮回之苦，则尽此业报身之后，必定还要受转世之苦。与其生于人世间而亲近明师，倒不如生于极乐莲花中而得亲近阿弥陀佛，这不是更殊胜吗？因此，念佛不但不妨碍参禅，实际上还有益于参禅啊！

医戒杀生

陶隐君①取生物为药，遂淹滞其上升②。夫杀生以滋口腹，诚为不可。损物命而全人命，宜若无罪焉？不知贵人贱畜，常情则然，而非诸佛菩萨平等之心也。杀一命，活一命，仁者不为，而况死生分定③，未必其能活乎，则徒增冤报耳！抱病者熟思之，业医者熟思之。

【注释】①陶隐君：陶弘景，字通明，自号华阳隐居，后世称陶隐居，又号胜力菩萨。南朝齐、梁时期医药学家、哲学家，也是道教茅山宗的开创者。陶隐君承继了老庄思想和葛洪的神仙道教，又融合佛、儒观点，提出了儒、佛、道三教合流的思想，并仿照佛经的格式编纂道经。其对阴阳五行、天文历算、山川地理、方图物产、医术本草均有研究,曾制造用机械转动的天文仪器浑天象,用于天文历法。陶隐君有感于当时本草学著作混乱,因此参考《神农本草经》和《名医别录》,著成《本草经集注》,按药物的自然属性,以玉石、草木、虫兽、果菜、米实等分类,首创药物分类法,影响至今。陶隐君博学能文,著述宏富。其隐居于句曲山(今江苏省茅山),梁武帝礼聘不出,但仍经常向他咨询国家大事,时人称为"山中宰相",谥"贞白先生"。

②淹滞其上升:淹滞拖延之意。指陶隐君因伤害物命,以至于拖延其升天成仙的时间。

③死生分定:生死已注定。分定,本分所定、命定。

【译文】南朝时期著名的医药学家及道士陶隐君,取生物做成中药,因伤害物命以至于拖延其升天成仙的时间。大家都知道,为了滋养我们的口腹而杀生,这是不可以的,那么伤害动物的生命以保全人命,又怎能无罪呢?

殊不知,看重人的生命而轻贱畜生的生命,这是世间凡夫的偏见,而不是诸佛菩萨对众生一视同仁的平等心。杀一命以救活另外一命,具有仁爱之心的人是不会这样做的。何况人的死生业报是由业力所决定的,即使取动物做成的中药治病,也未必能治愈而活命,只是增添冤业报应而已!希望生病的人要慎重考虑此事,行医之人也要慎重考虑此事。

勘　验

　　参学人有悟，必经明眼^①宗师^②勘验过始得。如一僧常于神庙纸炉中宿，有师潜入纸炉，俟其来宿，拦胸把住，便问："如何是祖师西来意？"僧云："神前酒台盘^③。"又一僧，人言其得悟，玄沙^④故与偕行，至水边，忽推之落水，急问："牛头^⑤未见四祖时如何？"僧云："伸脚在缩脚里。"云云。此二僧者，非胸中七穿八洞、千了百当^⑥，随呼随应如空谷发声，随来随现如明镜对物，何能于仓卒忙遽做手脚不迭时^⑦，出言吐语如是的当^⑧、如是自在？彼闲时以意识抟量卜度^⑨，酬机作颂，非不粲然可观^⑩，争奈^⑪迅雷不及掩耳处，一场懡㦬^⑫，可不慎欤？

　　【注释】①明眼：禅林用语，指具有真实正见之慧眼。义同顶门眼、正眼、活眼、一只眼。

　　②宗师：专指传佛心宗之师，即体得禅宗宗旨，能善巧方便接化弟子，正确导入悟境之高僧。

　　③神前酒台盘：唐代京兆府蚬子禅师，是洞山良价禅师之法嗣，居无定所，经常游行于闽川一带的市井中。不蓄道具（僧人所用的器具），不循律仪，冬夏唯被一衲（僧衣），每天沿着江岸拾取虾蚬，以

充其腹，居民称为"蚬子和尚"。傍晚即住宿于东山白马庙纸炉中（较大型焚烧纸钱的铜钵可以容人）。华严休静禅师听闻此事，想勘验蚬子和尚的程度，因此潜入纸炉中。等到深夜蚬子和尚回来，休静禅师拦住他问道："如何是祖师西来意？"蚬子和尚随即回答："神前酒台盘。"休静禅师放手说："不虚与我同根生。"（休静禅师也是嗣法于洞山良价，故说同根生）。

④玄沙：唐朝玄沙师备禅师，参谒雪峰义存，并嗣其法。其持律严谨，时人尊称"备头陀"，并获唐昭宗赐紫衣与"宗一大师"之号。唐时，有位灵云山志勤禅师，初住大沩山，参了三十年不开悟。有一年春天，他打开山门，见到盛开的桃花，当下豁然开悟，说偈云："三十年来寻剑客，几回落叶又抽枝。自从一见桃花后，直到如今更不疑。"沩山灵祐禅师看到这首偈，诘问其所悟，与之相契合，乃云："从缘悟达，永无退失，善自护持。"后来玄沙评论道："谛当甚谛当，敢保老兄未彻在。"见性之人应无所住，而灵云还有"见"和"不疑"在，所以玄沙说灵云还没彻悟。

⑤牛头：指唐朝牛头山法融禅师。在未遇禅宗四祖道信时，于空静林修习止观，曾感得百鸟衔花来献之瑞。道信闻之，前往付法，教以"莫作观行，亦莫澄心"，《绝观论》正是拈出法融从道信悟门的得力处。之后法融自成一派，称为牛头宗，又作牛头禅、牛头流。

⑥千了百当：一切都十分妥当。

⑦仓卒忙遽做手脚不迭：事起仓促，来不及应付安排。忙遽，匆忙急速。做手脚，施展手段。不迭，来不及。

⑧的当：确实、稳当。

⑨抟量：同"揣量"，忖度、衡量。卜度：推测、臆断。

⑩非不粲然可观：非不，非常、极其。粲，形容文辞华丽。可观，

优美。

⑪争奈：怎奈、无奈。

⑫一场憹攞：憹攞为梵语，译曰惭愧，即一场惭愧之意。

【译文】参禅的学人若有所证悟，必须经过明眼宗师的勘验才算数。譬如唐朝蚬子和尚常在神庙纸炉中住宿，华严休静禅师为了勘验之，潜入纸炉中，等蚬子和尚回来住宿时，拦住他问道："如何是祖师西来意？"蚬子和尚随即回答："神前酒台盘。"

又宋朝佛灯守珣禅师，佛鉴慧懃禅师认可其已开悟，因为有唐朝玄沙禅师评论灵云禅师还没彻悟的前例，所以圆悟克勤禅师想再勘验之，因此与守珣同行，至水边，忽然将守珣推入水中，急忙问道："牛头法融禅师未见禅宗四祖道信时如何？"守珣马上回答："潭深鱼聚。"圆悟问："见后如何？"守珣答："树高招风。"圆悟问："见与未见时如何？"守珣答："伸脚在缩脚里。"圆悟禅师听后终于认可守珣禅师已经开悟。类似这样勘验的例子很多。上述这两位僧人，若不是胸中早已通透、稳当，随呼随应如空谷发声，随来随现如明镜对物，如何能在匆忙仓促间，说出如此确实又自在的应答语呢？

有些人于闲暇时，用意识心思量推断禅门的问答公案，借机拾取古人的言词作偈颂，虽然文辞华丽优美，似有相当的意境，怎奈在面对境界突然到来时，就变成一场惭愧而已。学道之人能不谨慎吗？

百法寺道者

嘉靖间，有道者某，寓吴山百法寺^①，不乞化，弟子一人，卖药以赡^②。日三食，每粥二盂^③，菜数茎，寄煮粥锅。终日坐一室，嘿如也。有作念佛会者造^④之，拟发问，辄^⑤摇手云："第静坐，毋开言^⑥。"既不得言，遂逡巡^⑦而退。以饼饵蔬果进，拒不纳，曰："幸自有饘粥疗饥^⑧，没来由^⑨著此等向腹中转一过，何为哉？"当时虽未核其所修何道，而精专脱逸^⑩，不染世缘，今时似此者极少，诚予所不及，因识^⑪之。

【注释】①寓吴山百法寺：寓，寄居。吴山，又名胥山，俗称城隍山，在今浙江杭州西湖东南。百法寺，即百法广润寺，在杭州十五奎巷内（又称忠庆巷、石龟巷），南宋高宗建炎元年，僧人建造，称为百法庵。宋孝宗淳熙年间，又名广润院。元初复改为百法寺，元末寺毁。明英宗天顺元年，僧人重建百法寺，至明世宗嘉靖年间仍为百法寺。明穆宗隆庆年间，为纪念总督胡宗宪平倭有功，以百法寺废址改报功祠祭祀，又称胡宗宪祠。清咸丰十一年毁，光绪年间重建，后并入长明寺。

②赡：供给，供养。

③盂：盛汤浆或饭食的圆口器皿。

④造：进见、拜访。

⑤辄：立即、就。

⑥第静坐，毋开言：第，姑且、暂且。毋，莫、不可。

⑦逡巡：顷刻、极短时间。

⑧幸自：本自、原来。饘粥：稀饭。

⑨没来由：无缘无故。

⑩精专脱逸：精专，精纯专一。脱逸，此指超逸、高超、不同凡俗。

⑪识：记载。

【译文】明世宗嘉靖年间，有位修行人寄居在杭州吴山百法寺。他不外出乞食化缘，有一弟子以卖药的收入供养他。他一天三餐，每餐两碗粥与几根菜，放入锅中煮成菜粥。他整天在室中打坐，静默不语。有参加念佛法会的人来拜访他，打算提问，他马上摇手示意："暂且静坐，不要开口说话。"既然无法得到任何开示，来访的人就即刻退出离开了。有人拿糕饼蔬果来供养他，他推辞不受，说道："我有稀饭充饥就足够了，无缘无故再拿这些东西往腹中转过，何必呢？"

当时我虽然没有核实查证这位修行人所修的是什么法门，然而他精诚专一、不同凡俗、不染世缘，当今能像他这样的人极少，确实是我所比不上的，因此把他的事迹记载下来。

出世间大孝

人子于父母，服劳奉养①以安之，孝也。立身行道以显②之，大孝也。劝以念佛法门，俾得生净土，大孝之大孝也。予生晚，甫闻佛法，而风木之悲③已至，痛极终天④，虽欲追之，末由⑤也已。奉告诸人，父母在堂，早劝念佛；父母亡日，课佛三年。其不能者，或一周岁，或七七日，皆可也。孝子欲报劬劳之恩⑥，不可不知此。

【注释】①服劳奉养：服劳，服事效劳。奉养，侍奉、赡养。

②显：显扬、显耀。

③风木之悲：同"风树之悲"，比喻父母亡故，不及侍养的悲伤。意指孝养父母须及时。典出《韩诗外传》。

④终天：终身，一般用于死丧永别等不幸的时候。

⑤末由：没有办法。

⑥劬劳之恩：谓父母辛劳养育子女之恩。

【译文】为人子女，能够服事奉养父母，以安其身，这就是所谓的孝顺了。能注重本身的德行修养，学行俱优，使父母因子女的美名而感到光彩，这便是大孝了。能劝父母修学念佛法门，使父母得生极乐净土，永脱轮回之苦，这便是大孝中的大孝了。

我是父母晚年时所生，才刚听闻到佛法，父母就相继离世，使我悲痛至极，遗憾终身。虽想劝父母念佛，但已经没有机会了。因此奉劝诸位，父母还健在时，应该早点劝他们念佛；父母命终之后，要为父母念佛三年。若因故不能专心念佛三年，或以一年为期，或以四十九日为期，只要真心念佛回向就都可以。凡是孝子想要报答父母的养育之恩，应该明白这个道理。

即心即佛

马祖谓"即心即佛①"，大梅②领旨，遂安然住山。后复闻"非心非佛"之说，乃云："任伊非心非佛，我只是即心即佛。"祖印之曰："梅子熟也。"世人赏叹梅之妙悟矣！而有二意，不可不辩。直契本原③，一信永信，更不为繁名异相④之所转移者，是梅子熟也。如其主先入之言，死在句下，担麻而弃金⑤者，其为熟，是熟烂之熟，非成熟之熟也。五千退席⑥，昔人谓之"焦芽败种⑦者"是也。

【注释】①即心即佛：乃明示学人当下直取佛心之公案，亦即直指人心，见性成佛之意。马祖平日以"即心即佛"一语指导学人，而复以"非心非佛"一语斥破学人对"即心即佛"之执着,其实两者并无差别。

②大梅:唐代大梅法常禅师。初于马祖道一之处参学。据《景德传灯录》卷七载,大梅问马祖:"如何是佛?"马祖答:"即心是佛。"遂大悟。之后大梅隐于大梅山(浙江省宁波市鄞州区)静修。有一僧奉马祖之令,至大梅山对大梅道:"近日又道非心非佛。"大梅云:"这老汉惑乱人未有了日!任汝非心非佛,我只管即心即佛。"马祖闻之而谓:"梅子熟也!"此是马祖印可大梅法常之语。

③契:体会、领悟。本原:指自性清净心,亦即根本之处。盖众生之自性本来清净,然为后起之客尘烦恼所污染。得闻圣法之贤者了知此事,即精勤修习心性,还其清净而得解脱。

④繁名异相:此指各式各样的名相。名,指事物之名称,能诠显事物之本体。相,指事物之相状。盖一切事物,皆有名有相,耳可闻者是为名,眼可见者是为相。然此名与相皆是虚假,而非契于法之实性者,凡夫常分别此虚假之名相,生起种种妄想执着。

⑤担麻弃金:此典故出自《中阿含经》第十六卷。从前有位深着邪见的国王名叫蜱肆,不信因果,不信后世轮回之说,童女鸠摩罗迦叶已证罗汉,欲断蜱肆王无后世之见,以种种譬喻,令其舍弃邪见及贪瞋痴三毒。其中有则"担麻弃金"之譬喻,大意如下:有两个朋友,他们离开家乡到外地赚钱,两人在路上看到很多无主的麻,可以带回家卖钱,所以各自用担子装满带回。回家路上,又看到有很多无主的丝绵及衣服,甚至有许多无主的白银,其中一人就舍弃原本所担的麻,改取那些白银。后来又看到很多无主的黄金,担银的人就跟担麻的朋友说:"你舍弃麻,我舍弃白银,我们一起把黄金装满带回,所卖的钱就足够养活家人了。"可是担麻的人却说:"我的麻担已经捆绑牢

固,而且走那么远了,我不愿意舍弃这个麻担!"担麻者经再三劝说仍不愿舍麻担金,担银者只好随他去,自己把白银丢掉改担黄金。两人回家后,担金者的家人都非常高兴,因为这些黄金能让他们赡养终生。而担麻者的家人就非常生气,因为这些麻不值钱,根本无法养活家人。这则典故中,"麻"比喻邪见及贪瞋痴种种烦恼,鸠摩罗迦叶尊者对蜱肆王说,深着邪见的人,就像这位不愿舍弃麻担的人一样,不但将受无量的恶报,也会被众生所嫌恶。蜱肆王听了种种譬喻之后,最后信服,自皈三宝,并从迦叶劝而行布施,但因其不能以真诚心行布施故,命终后仅生于丛树林空宫殿中。

⑥五千退席:又作五千上慢、五千起去。佛以一大事因缘出现于世,就是在引导一切众生悉皆成佛。然因众生根机不等,所以佛先说三乘(声闻、缘觉、菩萨)之法以调熟之,然此仅是方便法门,唯有一乘法才是真实之教。《法华经》就是一乘圆顿的教法,然对根性没有成熟的众生,他们自认为已证妙果(小乘果),为何要闻法华,因此与会众中有五千位怀增上慢的佛弟子起身退席,错失听闻此一生成佛妙法的机会。《法华经·方便品》曰:"说此语时,会中有比丘、比丘尼、优婆塞、优婆夷五千人等,即从座起,礼佛而退。此辈罪根深重,及增上慢,未得谓得,未证谓证,有如是失,是以不住,世尊默然而不制止。"

⑦焦芽败种:指二乘之人(声闻、缘觉)堕于空理,仅知孤调自度,不知利他度他,既不能发无上道心,结果丧失证悟佛果之因种,此与草芽之枯焦、种子之腐败者无异,故称之。

【译文】唐代马祖道一禅师提出"即心即佛"的教学宗旨,大梅法常禅师领悟此语的旨趣之后,就安然自在的入大梅山静修。后来有人对大梅禅师说,马祖大师最近又提出"非心非佛"之说。大梅听后便说:"管他非心非佛,我只管即心即佛。"马祖大师得知后,即印可大梅说道:"梅子熟也!"世人也都赞赏称叹大梅禅师的妙悟。

然而这则公案里有两种含义,必须辨明清楚。其一,大梅禅师听了"即心即佛"之后,直接契入本心,一信永信,更不被世间种种的虚名假相所迷惑,这确实就是明心见性的"梅子熟也"。其二,如果他是以先入之言为主,执着在"即心即佛"这句话之下,就像担麻而弃金那个愚痴之人,"梅子熟也"这个熟,只是得少为足的烂熟,而不是圆满证果的成熟。譬如法华会上有五千人以证得小乘果为足,不信一乘圆顿之法,而起身退席,古德认为这些人不能发起成佛之无上道心,与草芽之枯焦、种子之腐败者无异,故称之为焦芽败种。

世智辩聪有失

世人重聪明、夸博洽①、竞辞采②,然不足恃者,以其有失也。彼学穷百家③,文盖一世,有来生不识一字者。其甚如淳禅师以才藻④著名,一跌而起,顿成痴呆,则不待来生。又甚化为异类,则所谓"但念水草,余无所知⑤",其可恃安在?惟般若真智,蕴之八识田⑥中,亘古今颠扑不破⑦,纵在迷途,有触还悟。

世俗中人不知此意，无足为怪，出家儿乃以本分事束之高阁⑧，而殚力于外学⑨，可胜叹哉！

【注释】①博洽：学识广博。

②辞采：犹文采。指文章华美，或指文学才华。

③百家：指学术上的各种派别。

④才藻：才思文采。

⑤但念水草，余无所知：此语出自《妙法莲华经》卷第二："若作骃驼，或生驴中，身常负重，加诸杖捶，但念水草，余无所知，谤斯经故，获罪如是。"畜生烦恼痴重、性执愚故，念念只想着喝水吃草，其余一无所知。

⑥八识田：所有世间法和出世间法的一切善恶种子，都含藏在第八识（又称阿赖耶识，由如来藏（真）与无明（妄）和合而生）里，遇到缘，就会发起现行，像是田地中的种子，因缘俱足就会生出果来一样，所以叫作田。

⑦亘古今：贯串古今，从古至今。颠扑不破：无论怎样摔打都不破。比喻牢固可靠，不可推翻、驳倒。

⑧本分事：又作本来面目，乃人人本具，不迷不悟之面目。出家人以了达生死、明心见性、见性成佛为大事。束之高阁：把东西捆起来放在高高的阁楼上面，谓弃置不用。

⑨殚力：竭尽全力。外学：指佛学以外之教法、典籍，或学习佛教以外之教法、典籍。佛教为降伏外道及知晓众生之根机乐欲等，以利教化，故准许比丘学习外教之典籍及世间法，然仅为方便摄伏外道，而不得归依其教法。

【译文】世间人大都注重聪明才智，或者夸耀学识广博，或者比较文学才华，但这些都是靠不住的，因为它们也有失去的时候。有些人穷究各家学术，文章盖世，但到了下一辈子，居然不识一字。有更严重的，就像淳禅师，以才华洋溢、文思敏捷著称，有一天不小心跌倒，再站起来时，就变成了痴呆，他不用等到来生，现前就失去其聪明才智。还有更严重的，来生堕入畜生道，其愚痴就如经中所说："念念只想着喝水吃草，其余一无所知。"请问他们原本所依恃的聪明才智都到哪里了？

只有真实智慧含藏在八识田中，贯通古今牢固不破，即使处在迷途中，一旦遇缘触动，还是能醒悟。一般世俗人不明白这个道理，所以不必责怪他们，但是出家人居然把了脱生死、明心见性的本分事放在一边，却竭尽心力从事于外学，真是令人感叹啊！

好　奇

聪明人多好奇，好奇者多受惑。盖好奇之名既彰，则所谓海上燕齐迂怪之士①，竞以其术进，驾神托仙，可喜可愕，遂深入而酷信之。至于白首无成，临终不验，始怅然悔恨，亦晚矣！虽然，犹愈于没世而终不返者也。今日之悔恨，当来之不受惑可知也。

【注释】①海上燕齐迂怪之士：迂怪，离奇古怪、不合常理。战国时期，燕国、齐国沿海地区出现了一批传习仙道的江湖术士，他们宣称渤海中有三神山：蓬莱、方丈和瀛洲，山上有神仙和长生不死的奇药。齐威王、齐宣王和燕昭王听信这些无稽之谈，多次派人入海寻找，但回来的人总是说三神山遥望如云，船到即沉入海底。靠近它，风就把它吹走。后来秦始皇也派遣齐国方士徐福带领数千名童男童女入海求仙，但是没多久船就返回，徐福以船被风吹回为理由，并说："虽没能到达仙山，可是已经望见了。"最后再入海求仙，则一去不回。

【译文】聪明人大多喜好神奇特异的人事物，而好奇者大都容易被这些人事物所迷惑。好奇的名声一旦流传出去，则一些离奇古怪的人，如像战国时期燕齐沿海传习仙道的江湖术士，就争着进献各种方术，说能与神仙相通，让人听了，内心又喜欢又惊奇，于是深陷其中而坚信不疑。等到年老临终时，学无所成，没有一点灵验，这时才难过悔恨，也太晚了！虽然如此，临终能后悔还是胜过那些至死都不知悔悟的人。今天若能对自己的好奇感到悔恨，可知将来就不会再被那些奇人异事所迷惑了。

无常信①

谚有警世语，谓一老人死见阎王，咎王不早与通信。王言：

"吾信数矣! 汝目渐昏, 一信也。汝耳渐聋, 二信也。汝齿渐损, 三信也。汝百体日益衰, 信不知其几也!"然此特为老人言耳。今更续之: 一少年亦咎王云:"吾目明、耳聪、齿利、百体强健, 王胡不以信及我?"王言:"亦有信及君, 君自不察耳。东邻有四五十而亡者乎? 西邻有三二十而亡者乎? 更有不及十岁, 与孩提乳哺而亡者乎? 非信乎?"良马见鞭影而行。必俟锥②入于肤者, 驽骀③也。何嗟④及矣!

【注释】①无常: 世间一切之法, 生灭迁流, 刹那不住, 谓之无常。信: 消息、音频。

②锥: 刺。

③驽骀: 指劣马。

④嗟: 叹词。表悲伤、叹息、感叹。

【译文】民间流传一则富有寓意的警世语, 就是有一位老人死后去见阎王, 他责怪阎王没有提早通知他何时命终。阎王说:"我已给你报好多次讯息了! 你的眼睛日渐昏花, 这是第一次给你的讯息。你的耳朵逐渐失去听觉, 这是第二次给你的讯息。你的牙齿渐渐松落, 这是第三次给你的讯息。直到你的全身各个器官一天比一天衰弱, 这期间给你报的讯息不知有多少次了!"这内容是特别针对老人说的。现在接着延伸这则警世语, 有一位少年死了, 也责怪阎王说:"我的眼睛明亮, 听觉灵敏, 牙齿坚利, 身体健康强壮, 阎王你为什么不事先给我讯息?"

阎王回答:"我也有报讯息给你啊! 是你自己没有察觉而已。例如, 你家东边的邻居不是有四、五十岁就死的吗? 西边的邻居不是也有二、三十岁就死的吗？还有活不到十岁的，甚至有婴儿还在哺乳时就夭折死的？这些难道不是我给你报的讯息吗？"良马只要看到鞭条的影子就知道赶快奔跑，若要等到鞭子抽打在身上、痛入体肤才肯走，那就是劣马了。何必要等到无常来临时才知道悲伤感叹呢！

参禅非人世间事

先德有言："参禅不是人世中说得的事。"或疑："裴丞相①谓六道之中，可以整心虑、趋菩提者，唯人道为能耳。果如前言，禅将无地可参矣！"曰："裴论良是。今此言，为吃得肉已饱，来寻僧说禅者发也②。又为僧之口般若、身阿兰③而心朝市④者发也。且安居五欲之场，坐证一乘⑤之果，人世中有此大便宜事，谁不为之？得非⑥所谓世间那有扬州鹤⑦乎？"愿毋以此言自诿，参禅定是人世中说得的事，特患无志耳，有志者事竟成。

【注释】①裴丞相：唐宣宗大中年间宰相裴休，字公美，自幼学佛，笃信佛教，世称河东大士。裴休为人，操守严正，被宣宗称誉为"真儒者"。唐武宗时，佛教遭逢大难，裴休挺身护教，使佛教在短短几年内复兴。其任河东节度使时，镇宛陵，建寺，迎请黄檗希运禅师说法，并笔记其言，成《宛陵录》，大行于世。

②吃得肉已饱来寻僧说禅：酒肉吃饱了就去找出家人谈禅说妙，指心口不能合一，理事不能圆融。莲池大师于答曹鲁川书中提到："若夫聪明才辩，妄谈般若，吃得肉已饱，来寻僧说禅者，魔也。"

③阿兰：即阿兰若，指适合于出家人修行与居住之僻静场所，又译为远离处、闲静处、无诤处，即距离聚落五里而适于修行之空闲处。

④朝市：泛指尘世，或指名利之场。

⑤乘：佛乘也，乘即运载之义。佛说一乘之法，为令众生依此修行，出离生死苦海，运至涅槃彼岸。

⑥得非：莫非、或许、难道。

⑦扬州鹤：比喻欲望很多的人或如意顺心的事。典故出自南朝梁《殷芸小说》。

【译文】有古德说："参禅不是世间凡夫所能说得的事。"有人质疑这句话，说道："唐朝裴休丞相说，六道之中，可以调整内心思虑，趋向菩提觉悟，唯有人道众生所能为。如果古德那句话是真理，那么禅将无地可参了！"

我解释道："裴休丞相所说的是极为正确的，而古德的话，那是针对'吃得肉已饱，来寻僧说禅'那些口是心非的人而说的，也是针对那些口谈般若、身处寺院而心中却向往繁华都市与名闻利养的僧人而说的。如果沉溺于五欲境界之中，同时又能证得佛果，世间若有这样大便宜的事情，谁不愿意这样做呢？难道这世间有能满足所有欲望的事情吗？"

但愿不要以古德的话作为推托之词而不肯精进修行。参究真理而明心见性，肯定是人世中所能说得出、办得到的事，只怕你不肯立志，有志者事竟成。

出家(一)

先德有言："出家者，大丈夫^①之事，非将相^②之所能为也。"夫将以武功定祸乱，相以文学兴太平，天下大事皆出将相之手，而曰出家非其所能，然则出家岂细故^③哉！今剃发染衣^④，便谓出家。噫！是不过出两片大门之家也，非出三界火宅^⑤之家也。出三界家而后名为大丈夫也。犹未也，与三界众生同出三界，而后名为大丈夫也！古尊宿歌云："最胜儿，出家好，出家两字人知少。"最胜儿者，大丈夫也。大丈夫不易得，何怪乎知"出家"两字者少也。

【注释】①大丈夫：能自知有佛性者，广修六度万行，以期圆满成佛。《止观辅行传弘决》卷二之二谓，人中之最胜者为丈夫。又佛乃人中之雄，故亦称为大丈夫。佛身所具之三十二相，即称大丈夫相，或大人相。

②将相：将帅（武官之最高者）和丞相（文官之最高者）。

③细故：细小而不值得计较的事。

④剃发染衣：谓剃除须发，着染色衣（袈裟），是佛弟子出家之相，也是表明去除骄慢，和跟外道的出家有别。

⑤三界火宅：三界众生为五浊八苦之所煎逼，而不得安隐，犹大宅被火所烧，而不能安居。火譬众生五浊八苦（五浊者，劫浊、见浊、烦恼浊、众生浊、命浊。八苦者，生苦、老苦、病苦、死苦、爱别离苦、怨憎会苦、求不得苦、五阴盛苦），宅譬三界（凡夫生死往来的欲界、色界、无色界）。《法华经·譬喻品》曰："三界无安，犹如火宅，众苦充满，甚可怖畏。常有生老病死忧患，如是等火，炽然不息。"

【译文】有古德说："出家乃大丈夫的事，不是将帅、宰相所能做得到的。"将帅可以用武功平定祸乱，宰相可以用学识治理政务，使国家安定和平，天下大事都是掌握在将相的手中，然而古德却说出家这事不是将相所能为的，如此说来，出家岂是件容易简单的小事啊！

如今有些人剃了头发、披上袈裟，就说是出家了。唉！这只不过是出了两扇大门的家，并不是出了三界火宅的家啊！能够出离三界的家，才称得上是大丈夫。但是这还不够，要与六道众生一起出离三界，然后才可真的称为大丈夫。古时有位德尊年长者的一首歌唱道："最胜儿，出家好，出家二字人知少。"最胜儿，就是指大丈夫。要做到大丈夫并不容易，难怪能明白"出家"两字含意的人很少！

出家（二）

人初出家，虽志有大小，莫不具一段好心。久之，又为因缘①

名利所染，遂复营宫室、饰衣服、置田产、畜徒众、多积金帛、勤作家缘②，与俗无异。经称："一人出家，波旬怖惧③。"今若此，波旬可以酌④酒相庆矣！好心出家⑤者，快须著眼⑥看破。曾见深山中苦行僧，一出山来，被数十个信心男女⑦归依供养，遂埋没一生，况其大者乎！古谓："必须重离烦恼之家，再割尘劳之网⑧。"是出家以后之出家也。出前之家易，出后之家难，予为此晓夜惶悚⑨。

【注释】①因缘：主因与助缘，或内因与外缘。例如六根（眼、耳、鼻、舌、身、意）为因，六尘（色、声、香、味、触、法）为缘，眼根对于色尘时，眼识即随生，余根亦然，是名因缘。

②家缘：家务、家业、家产。

③一人出家，波旬怖惧：波旬，魔中之王，即欲界第六天他化自在天的天主，时常率领其眷属扰乱求道者之心志，障碍善法，破坏胜事。魔为梵语，华言杀者，谓能杀人智慧之命也。比丘既能修道，魔即念言，此人非但出我界域，亦能转化于他，空我眷属，魔即惊怖，故比丘又名怖魔。

④酌：饮酒。

⑤好心出家：希求正法，为生死、为菩提而发心出家。

⑥著眼：观察。

⑦信心男女：即信男信女，指在家之信者，受三归五戒或八斋戒者。

⑧重离烦恼之家再割尘劳之网：此语出自宋代长芦宗赜慈觉禅师之《劝参禅文》，原文为："解须圆解，还他明眼宗师；修必圆修，分付丛林道伴。初心薄福不善亲依，见解偏枯修行懒惰。（中略）。何不再

离烦恼之家，重割尘劳之网。"尘劳，烦恼之异称，意为尘垢劳恼，指凡夫为世尘所垢染而身心劳乱。

⑨晓夜惶悚：晓夜，指日夜。惶悚，指恐惧、惊慌。

【译文】一般人在刚出家的时候，所立的志向虽然有大小不同，但是都是为出三界、了生死、成正觉而发心出家。可是时间一久，六根被名利种种境界所染污之后，便又开始营造房屋、讲究华服、购置田产、畜养徒众、广积财物、勤营家务，与世俗人并无差异。经上说："一人出家，波旬怖惧。"如今像这样的出家人，魔王波旬不但不会感到恐惧害怕，反而可以相互饮酒庆贺了！真正为出三界、求菩提而发心出家的人，要赶紧看破放下所有尘劳烦恼。

我曾看过一位住在深山中的苦行僧，一出山来，便被数十位善男信女所归依、供养，因此荒废道业而虚度一生，何况若还有其他更大的障碍呢？古德说过："必须重离烦恼之家，再割尘劳之网。"这是说身出世俗家之后，心再出烦恼家。身出家容易，心出家就难了。为出烦恼家，我整天都怀着戒慎恐惧的心。

得悟人正宜往生净土

或问："某甲向修净土①，有禅者曰：'但悟自佛即已，何必外求他佛而愿往生？'此意何如？"予谓此实最上开示，但执之亦能有误。请以喻明，假使有人颖悟^②同于颜子，而百里千里之外，有圣如夫子者倡道于其间，七十子、三千贤^③相与周旋焉，汝闻其名，往而见之，未必不更有长处。而自恃颖悟，拒不觐谒^④，可乎？虽然得悟，不愿往生，敢保老兄未悟在。何者？天如有言："汝但未悟。若悟，则汝净土之生，万牛不能挽矣！"深矣哉言乎！

【注释】①某甲：此是自称之代词。向：向来、一向。

②颖悟：聪明、理解力强。颖，比喻才智出众。

③七十子、三千贤：据《史记·孔子世家》记载，孔子有弟子三千，其中精通六艺（礼、乐、射、御、书、数）者七十二人，称"七十二贤人"。

④觐谒：进见。

【译文】有人问："我一直以来都是修净土法门，最近有位参禅者对我说：'只要悟见自己的真心本性就可以了，何必外求他佛而发愿往生极乐净土呢？'您认为这句话对吗？"

我认为这句话确实是最上开示，但是若执着这句话，也会被它所误。请让我用比喻来说明，假使有人的聪明才智如同颜回，而在千百里之外有位像孔子一样圣明的人，提倡仁道，引导大众学习，也有众多贤者跟随这位圣人互相学习，你听闻之后，能够前往拜见，这对于你的道德学问一定会更有帮助。如果你认为自己有过人的聪明才智，坚决不去进见请教，这样对吗？即使自己以为有得道开悟，却不愿往生极乐净土，可以保证他老兄还没开悟！为什么？天如惟则禅师说过："你只是还没开悟，如果真开悟了，那么你往生净土的愿心，即使有万牛之力都不能挽回！"真是深具妙意的话啊！

参　禅

　　僧有恒言①曰："小疑②小悟，大疑大悟，不疑不悟。"疑之为言参也。然"参禅"二字起于何时？或曰经未之有也，予曰有之。《楞严》云："当在此中，精研妙明。"又曰："内外研究。"又曰："研究深远。"又曰："研究精极。"非参乎？自后尊宿教人看公案、起疑情，皆从此生也。而言之最为详明者，莫如鹅湖大义禅师③。其言曰："若人静坐不用功，何年及第悟心空？"曰："直须提起吹毛利，要剖西来第一义。"曰："若还默默恣如愚，知君未解做工夫。"曰："剔起眼睛竖起眉，反复看渠渠是谁。"如是言之，不一而足，参禅人当书诸绅④。虽然，若向语句中推测穿凿，情识上卜度拴量，则又错会所谓用功、所谓剖、所谓反复看之意矣！则与静坐默默者，事不同而其病同矣，不可不辩！

【注释】①恒言：常言、俗语。
　　②疑：此指禅宗参话头的疑情。疑情是相信佛所讲的话决定是

真实的，可是不懂，但不用思量卜度向外找答案，而是在一念未生之际，透过参究话头，击发心中疑情，逼其断落意识，反究内心，觅求心性，以达开悟境地。

③鹅湖大义禅师：唐代僧，参谒洪州马祖道一，并嗣其法。后住于鹅湖山，故称鹅湖大义，敕谥"慧觉大师"。曾为德宗、顺宗说法。宪宗时，尝诏入内，于麟德殿论议，对答四谛禅道，众法师皆心服口服。著有《坐禅铭》。

④书诸绅：古代士大夫束于腰间，一头下垂的大带。书绅，把要牢记的话写在绅带上。后亦称牢记他人的话为书绅。此语出自《论语·卫灵公》。

【译文】禅僧中流传一句话："小疑小悟，大疑大悟，不疑不悟。"这里的"疑"字，就是参禅的意思。然而"参禅"二字起源于何时？有人说经典中并没有提到参禅的文字，我则认为经中有提到。

《楞严经》卷九言："当在此中，精研妙明。"又言："内外研究。"又言："研究深远。"又言："研究精极。"这些经文不就是指参禅吗？此后禅宗尊宿教人看公案、起疑情，都是从这里生起的。其中说得最详细明白的，就属唐朝鹅湖大义禅师，他在〈坐禅铭〉中垂示警戒道："若人静坐不用功，何年及第悟心空？"又言："直须提起吹毛剑，要剖西来第一义。"又言："若还默默恣如愚，知君未解做工夫。"又言："剔起眼睛竖起眉，反复看渠渠是谁。"像这类简要恳切的开示非常多，参禅人应当牢记这些话。

虽然如此，如果只是在语句中推测穿凿，在情识上卜度思量，则又将所谓的"用功"、"剖析"、"反复看"的意思领会错了！这与静坐不语的人，事相上虽不同，然因参禅不得法而犯的毛病是相同的，参禅者不能不加以辩明啊！

印宗法师①

六祖既受黄梅心印，隐于屠猎佣贱一十六年。后至印宗法师讲席，出风旛语，印宗闻而延入，即为剃染，礼请升座说法。人知六祖之为龙天②推出矣，未知印宗之不可及也。其自言："某甲③讲经，犹如瓦砾④；仁者⑤论义，犹如真金。"夫印宗久谈经论，已居然先辈大法师矣，而使我慢⑥之情未忘，胜负之心尚在，安能尊贤重道，舍己从人，一至于是乎？六祖固古佛之流亚⑦，而印宗亦六祖之俦类⑧也。圣贤聚会，岂偶然而已哉？

【注释】①印宗法师：唐代僧。曾参谒弘忍大师，后于广州法性寺宣讲《涅槃经》，遇六祖惠能大师始悟玄理，而以惠能为传法师，惠能亦就印宗出家受戒。印宗采集自梁至唐之诸方贤达者之言，著成《心要集》行世。

②龙天：即龙神诸天，为拥护佛法之善神。

③某甲：此是自称之代词。

④瓦砾：比喻无价值的东西。

⑤仁者：对人之敬称，或单称"仁"。

⑥我慢：即贪、瞋、痴、慢、疑五种根本烦恼之一。慢即轻慢，倚恃己之所能，轻凌于他，起不敬心，傲慢结缚，而生烦恼。由此慢心之所驱役，流转三界，招未来苦果，不得解脱。

⑦流亚：同一类的人或物。

⑧俦（chóu）类：同辈的人。

【译文】禅宗六祖惠能大师得到黄梅五祖弘忍大师心法印可、传授衣钵之后，即南归广东曹溪，隐遁在猎户中打杂，时间长达十六年。后至广州法性寺，值印宗法师讲《涅槃经》，时风吹幡旗，闻二僧争论，一说风动，一说幡动，惠能说："不是风动，也不是幡动，是你们的心动！"印宗闻之欢喜赞叹，于是延请惠能入内，为他剃度，并礼请他升座说法。

大家只知道六祖大师是龙天护法善神所推重赞许的，而不知印宗法师具有常人所不及的器度。印宗自谦说："我讲经犹如瓦砾，惠能仁者论义犹如真金。"其实印宗法师久谈经论，在当时的佛教界，已是佛门四众所瞻仰的长老、讲经大法师，假使当时印宗还有贡高我慢、胜负之心的习气，怎能舍弃自己在佛门中崇高的地位，反过来拜六祖为师，尊贤重道到这个程度呢？六祖固然是古佛再来的，而印宗法师应该也是跟六祖同辈的人。自古圣贤聚会，难道只是偶然的吗？

亲　师

古人心地未通，不远千里求师问道，既得真师，于是拗折拄杖①，高挂钵囊②，久久亲近。太上③，则阿难④一生侍佛，嗣后历代诸贤，其久参知识者，未易悉举。只如慈明老人⑤下二尊宿，一则杨岐⑥，辅佐终世；一则清素⑦，执侍一十三年，是以晨咨暮炙⑧，浃耳洽心⑨，终得其道以成大器。而予出家时晚，又色力羸弱⑩，气不助志。先师为度出家，便相别去。方外行脚⑪，所到之处，或阻机会，或罹⑫病缘，皆乍⑬住而已，遂至今日，白首无知，抱愚守拙。嗟乎！予不能于杏坛泗水⑭济济多士⑮中，作将命童子⑯，而乃于三家村⑰里充教读师，可胜叹哉！

【注释】①拗折：折断。拄杖：僧侣出游时所使用之杖，用稍粗树枝削成。拄杖的由来，根据《毘奈耶杂事》，是因为有老比丘登山跌倒，佛陀即允许年老和生病的比丘使用拄杖。若在拄杖下端的二尺处，留一小枝，缠绕杖身，方便于涉水时，探测深浅，这种拄杖叫作"探水"。又拄杖是禅师常用的随身之物，许多禅师因为方便，随手拈来，开悟了不少禅众，例如德山禅师之德山棒。此外，拄杖亦作杖打犯规者之用，如《敕修百丈清规》卷二："彼有所犯，即以拄杖杖之。"

②挂钵囊：谓禅僧行脚游方时，携带钵囊（盛装钵盂以便于携行之囊袋）及拄杖遍历诸方，于终了时，便挂钵囊，引申为结束遍历诸方之参学。

③太上：犹太古，上古。

④阿难：全称阿难陀，意译为欢喜、庆喜、无染，为佛陀十大弟子之一。其是佛陀之堂弟，提婆达多之弟。随佛出家，出家后二十余年间为佛陀之常随弟子。善记忆，对于佛陀之说法多能朗朗记诵，故被誉为多闻第一。阿难容貌端正，故虽已出家，却屡遭妇女之诱惑，然阿难志操坚固，终得保全梵行。如来灭后，与文殊师利集诸大众于铁围山等处，结集一切经藏。其于佛陀生前未能开悟，佛陀入灭时悲而恸哭，后受摩诃迦叶教诫，发愤用功而开悟。据《付法藏因缘传》卷二载，佛陀传法予摩诃迦叶，摩诃迦叶后又传法予阿难，故阿难为付法藏之第二祖。

⑤慈明老人：北宋潭州（湖南）石霜山慈明禅师，名楚圆，字慈明。出家后参访西河汾阳善昭，并嗣其法。其因求道心切而被称为“西河狮子”。之后谒潭州神鼎山洪諲禅师，洪諲大加赞赏，由是声名大扬。世寿五十四，谥号“慈明禅师”。法嗣五十余人，其中以黄龙慧南及杨岐方会最为知名，且各自创立黄龙派及杨岐派。著有《慈明圆禅师语要》一卷，及黄龙慧南所编《慈明禅师语录》一卷。

⑥杨岐：北宋临济宗杨岐派之祖，世称杨岐方会，为石霜慈明之法嗣，南岳下第十一世。初从慈明楚圆禅师掌监院之事，后栖止袁州（江西）杨岐山普通禅院，接化学人，大振禅风。嗣法弟子有白云守端、保宁仁勇等十三人，门流繁盛，蔚成一派，后世称为杨岐派（禅宗五家七宗之一），与同门慧南之黄龙派同时并立，时人以虎喻称方会，而以龙喻称慧南。

⑦清素：清素禅师，北宋福建人，在石霜慈明禅师座下依止了十三年，尽得慈明宗旨。八十岁那年，隐居在湖南的佛寺，不与人交往，大家也不知道他的来历。兜率从悦禅师和他邻室而居。有一天，从悦在房里吃着福建特产的蜜渍荔枝，看见清素从门口经过，就请清素进来同吃，清素说："自从先师圆寂之后，我就没吃过蜜渍荔枝了。"从悦问清素的先师是谁，知道是慈明禅师之后，十分震惊，因为从悦师从宝峰克文，宝峰克文师从黄龙慧南，黄龙慧南师从石霜慈明。于是从悦把剩下的蜜渍荔枝全都送给清素，以示尊崇。当时，从悦对于佛法还未彻底通达，所以要拜清素为师。清素说："我福薄，先师嘱咐我不可收徒。"从悦苦苦相求，清素被他的诚心所感动，就说："看你如此虔诚，将你的修学心得告诉我！"从悦说出自己的见地后，并经过几个月的试炼，终于得到了清素的印可。清素告诫从悦："我今为你点破，让你得大自在，但切不可说是承嗣我的！宝峰克文真净禅师才是你的老师。"后来从悦禅师就依清素的嘱咐，而成为宝峰克文真净禅师之法嗣。

⑧咨：征询、商议。炙：受到熏陶或教诲。

⑨浃耳洽心：浃洽，贯通、通达。

⑩色力羸弱：指体衰力弱。色力，指气力、精力。羸，瘦弱。

⑪方外行脚：意同"游方僧"，指云游四方，参学问道之僧人。

⑫罹：遭受。

⑬乍：音暂时、短暂。

⑭杏坛泗水：泛指授徒讲学之所。杏坛，相传为孔子聚徒授业讲学处，在今山东省曲阜市孔庙大成殿前，因为环植杏树而名为"杏坛"。泗水，孔子在泗上（泗水北岸的地域）讲学授徒，后常以"泗上"指学术之乡。

⑮济济多士：众多的贤士。《诗经·大雅·文王》："济济多士，文王以宁。"毛传："济济，众多也。"

⑯将命：奉命。童子：此指随侍佛菩萨或诸天而担任种种杂役者。

⑰三家村：偏僻的小乡村。

【译文】以前的修行人在还没明心见性时，不惜远涉千里，求师问道。等到遇得真正的明师，于是折断拄杖、高挂钵囊，结束游方参学，长时间的亲近明师而学习。最早之前，像阿难尊者一生侍佛，此后历代诸贤，那些久参善知识的人，无法一一列举。在此只举一例，北宋慈明楚圆老人座下的两位尊宿，一位是杨岐方会禅师，辅佐慈明禅师一生。一位是清素禅师，执侍慈明禅师十三年，他们朝夕熏陶，耳濡目染，融会于心，终于得悟大道以成法器。

而我出家的晚（三十一岁出家），加上体力衰弱，已无法实现崇高的志向。师长为我剃度之后，便离世而去。我游历诸方参学访道，所到之处，或缺乏修学的机缘，或是生病，都只是暂住而已，以至于到现在，白发苍苍却还昏暗愚昧。唉！我无法在诸位善知识讲学道场中亲聆教诲，随侍在旁学习，却仅于偏僻之处充当教读师，真是令人感叹啊！

华严大藏一经

或问："经无与《华严》等者，何谓也？"曰："昔玄奘法师译《般若》①六百卷成，以进御②。帝云：'《般若》如是浩瀚，何不居《华严》之先？'法师谓：'《华严》具无量门，《般若》虽多，乃《华严》无量门中之一门也。'"有僧作数格供经，《华严》供于最上。一日取诵讫③，纳之中格，明晨经忽在上，僧大惊异。盖经之威神所致，亦持经者之精诚所感也。且三藏④圣教，独《华严》如天王⑤专制宇内，诸侯、公卿、大夫、百执事，以至兆民⑥，皆其所统驭⑦也，夫孰与之等也？

【注释】①《般若》：即《大般若波罗蜜多经》，略称《大般若经》，凡六百卷，唐玄奘译。此经为大乘佛教之基础理论，亦为诸部般若经之集大成者。般若部乃大藏经中最大部之经典，约占全部经藏三分之一，而《大般若经》即占般若部四分之三。玄奘之前，已有若干般若经之汉译，然因未能周备，故玄奘乃集众重译，校合三种梵文原本，自高宗显庆五年至龙朔三年，共历四年译成。译成后翌年二月，玄奘即示寂。

②进御：进呈。

③讫：完毕。

④三藏：指经、律、论三藏，是佛典的总称，佛陀一生所说的教法，后来弟子分类结集为三大部类，因各各含藏一切文理，故皆名藏。经，谓上契诸佛之理，下契众生之机。律，谓止恶修善，调伏诸根，如世法律则能断决重轻。论，即抉择辩论一切法义。

⑤《华严》如天王：莲池大师于《竹窗初笔》"华严不如艮卦？"提到："华严具无量门，诸大乘经，犹是华严无量门中之一门耳。华严，天王也；诸大乘经，侯封也；诸小乘经，侯封之附庸也。余可知矣！"大意是，一部《华严经》具备无量无边的法门，诸大乘经典不过是《华严》无量法门中的一门。所以，《华严经》好比是帝王一般，诸大乘经就如同诸侯国，诸小乘经就好比是附属于诸侯国的小国，至于其他就不言可知了。

⑥兆民：泛指众民、百姓。

⑦驭：统治、治理。

【译文】有人问："听说大藏经中没有其他的经能与《华严经》相提并论的，这是什么意思？"我解释道："唐朝玄奘法师译成《大般若经》六百卷之后，将此经进呈给高宗皇帝。高宗问：'《大般若经》的内容如此广博，其评价为什么没有超过《华严经》？'玄奘法师回答：'一部《华严经》具备无量无边的法门，《大般若经》的卷数虽多，但只是华严无量法门中的一门。'"

有位僧人制作数格书柜供奉佛经，并将《华严经》供在最上格。有一天，他取出《华严经》读诵之后，随手把经本放在中格，隔天早晨，发现经本居然自动回到最上格，这位僧人非常惊异。其实这是《华严经》的威神所致，也是受持此经的人精诚所感。况且经律论三藏经典中，唯独《华严经》就像帝王掌管全天下，诸侯、公卿、大夫、文武百官，以至于百姓，都是由帝王所统理的，还有哪部经能与《华严经》相提并论呢？

袁 母

　　袁居士母张氏，自幼归依普门大士①甚严。其嫁也，奉大士像以俱②。孕居士腹中十月，无一日怠缓礼敬。故居士在孩提③，即知归向三宝④，盖所谓胎教也。夫内人之能倾心事佛者，世亦恒有，至于将作新妇⑤，不汲汲以服饰为光华，而供大士于奁⑥具，可谓迥出⑦凡情，耳目所未闻见。昔苏子瞻绘像南行⑧，葛大夫设像公署⑨，不避嫌刺⑩，识者高之。今袁母者，岂不卓然⑪大丈夫哉？

　　【注释】①普门大士：即观世音菩萨。普门，意为无量门，《法华经·普门品》详说观世音菩萨依种种缘，显示其种种形相，普遍为一切众生开启慈悲方便之门，使入佛法大海。大士，菩萨的通称，指成办上求佛果、下化众生的大事业的人。
　　②俱：偕同、在一起。
　　③孩提：幼小、幼年。
　　④三宝：佛宝、法宝、僧宝。一切之佛，即佛宝；佛所说之法，即

法宝；奉行佛所说之法的人，即僧宝。佛者觉知之义，法者法轨之义，僧者和合之义。

⑤新妇：新娘，称刚结婚的女子。

⑥奁：指陪嫁的衣物等。

⑦迥出：高出、超过。

⑧苏子瞻绘像南行：苏子瞻，即北宋苏轼，字子瞻，号东坡居士。宋仁宗嘉祐二年进士（二十岁），累官至翰林学士、礼部尚书。他在政治上处于中立，既反对新党王安石比较急进的改革措施，也不同意司马光尽废新法，因此在新旧两党间均受排斥，所以仕途十分坎坷。神宗时，其因"乌台诗案"入狱，后被贬至黄州。哲宗时，又被贬谪至惠州（今广东惠阳）、儋州（海南岛）。直至徽宗时才遇赦北还，北还翌年卒于常州（今江苏常州），享年六十五岁。子瞻被贬南行时，随身携带阿弥陀佛画像。人问其故，子瞻答："这是我往生西方的公据。"但是苏东坡临终时，惟琳长老前来提醒他提起正念，勿忘西方。他无奈答道："我也知道西方净土，可是使不上劲啊！"说完之后就断气了。苏东坡因为习气太深，没能往生，实在可惜。

⑨葛大夫设像公署：葛繁，宋朝人，号鹤林居士，曾为镇江太守。《往生集》记载，葛繁于办公处所及私人住处，都会盖净室、供佛像，他平时以净业普劝道俗。另外根据《龙舒净土文》卷九"葛守利人说"记载，有位官员透过其亡父陪葬时的一双长靴，得见其父，其父引荐他必须拜访被幽冥众生所敬重的镇江太守葛繁。这位官员前往拜见葛繁，并请问他为何能让幽冥界如此敬重？葛繁说："我一开始的时候，日行一件利益众生的事，其次行二事，再而三……或至十事，至今四十年，未尝一日停止。行善一定要持之以恒，才会得到真实的利益。"葛繁后来以高寿坐化往生，有位僧人定中神游净土，看见葛繁亦在其中。

葛繁之所以有这般特异殊胜,除了每日多行善事外,更兼修净业故。

⑩嫌刺:讥嫌讽刺。

⑪卓然:高超出众。

【译文】袁居士的母亲张氏,自幼归依普门大士(观世音菩萨),对大士极为尊敬。当她出嫁时,将平时供奉的大士像一起迎请到袁家。张氏在怀有袁居士的十个月期间,对大士像没有一日怠慢不敬,所以袁居士在幼年时,就知道归向三宝,这便是所谓的胎教。

妇人能一心向佛的,这世上也很常见,但是到了将要嫁做人妇时,能够不急着用服饰把自己装扮得光彩夺目,而是将大士像供奉于陪嫁物中一起迎请,此举可谓超出世间凡情,前所未闻。宋朝时,苏子瞻(东坡居士)被贬降至南方为地方官时,随行携带阿弥陀佛画像;葛繁大夫于办公处所中供奉佛像,不管别人的闲言闲语,而深明大义的人对他则非常敬重。如今,袁居士的母亲,不也是一位超群脱俗的大丈夫吗?

儒佛配合

儒佛二教圣人,其设化①各有所主,固不必歧②而二之,亦不必强而合之。何也?儒主治世,佛主出世。治世,则自应如《大学》格致诚正修齐治平足矣。而过于高深,则纲常伦理③不成安立。出世,则自应穷高极深,方成解脱,而于家国天下不无稍疏。盖理势自然,无足怪者。若定谓儒即是佛,则六经、《论》《孟》诸典,璨然备具④,何俟释迦降诞、达磨西来?定谓佛即是儒,则何不以《楞严》《法华》理天下,而必假羲农尧舜创制于其上,孔孟诸贤明道于其下?故二之、合之,其病均也。虽然,圆机⑤之士,二之亦得,合之亦得,两无病焉,又不可不知也。

【注释】①设化:施行教化。

②歧:不同、差别。

③纲常伦理:三纲五常为人与人相处的道德准则。三纲者,我国封建社会中,谓君为臣纲、父为子纲、夫为妻纲。五常者,谓仁、义、礼、智、信。

④璨然备具:璨然,明亮的样子。备具,齐备、完备。

⑤圆机:圆顿之机根。

【译文】儒、佛两教的圣人,他们施行教化的对象各有不同,所以不需要去区别两者而对立看待,也不需要强将两者融合为一。为什么?儒家注重的是治理天下之道,佛教注重的是出世解脱轮回之道。

治世之道,则自然应当依照《大学》所教导的"格物、致知、诚意、正心、修身、齐家、治国、平天下",这样就完善足够了!若太过高深,则纲常伦理难以建立。出世之道,则自然应当穷究最高深的真理,才能彻底解脱,所以对于家庭、国家、天下的治理方法难免较不注重。这是事理发展的自然结果,没有什么好奇怪的。如果一定要说儒即是佛,则《诗》《书》《礼》《乐》《易》《春秋》六经与《论语》

《孟子》等儒家典籍,已经相当丰富完整,求解脱者何必要等释迦牟尼佛降生于世、达摩祖师从西方的印度来到中国传法呢?

如果一定要说佛即是儒,则历代帝王为什么不用《楞严经》《法华经》等佛经来治理天下,而要借用伏羲、神农、尧、舜等上古圣人建立的典章制度,以及孔子、孟子等诸贤所阐明的道理来治世呢?

所以将儒佛两者视为对立,或是视为一体,这两种偏于一端的看法都是错误的。尽管如此,对于圆顿根性的人而言,区分儒佛或是融合儒佛都可以,因为他已经融会贯通,不会偏颇误解,这点又必须认清楚啊!

立 禅

"立禅"出自《般舟三昧》①,盖精进之极,恐坐则易昏,非以立为道也。而不达此意者,遂有用铁带束腰以助僵直,亦可笑矣!近更有砌②砖作垣,紧围其身,植立于中,如剑在匣③,而复假此以为募化之资。愚人无识,敬而事之,于是渐有效其所为者。奉劝高明,遇如是人,即应开导,劝之出垣,毋令末法现此魔异,以增僧门之丑。

【注释】①《般舟三昧》：般舟梵语，译曰常行、佛立、现前，指经过七日乃至九十日依法精进修行，能见十方诸佛，立于其前，故亦名"佛立三昧"，此法出自《般舟三昧经》。修行的时候，不坐不卧，从早到晚，不是走，就是立，即行道无间断之意，以九十日为一期，专念阿弥陀佛的名号。

②砌：把砖石铺开或层层垒起，用泥灰黏合。

③匣：盛物器具。大的叫箱，小的叫匣。一般呈方形，有盖。

【译文】"立禅"这个修行法系源自于《般舟三昧经》，其旨在强调精进修行而不间断。立禅法是担心禅修者打坐久了容易昏沉，并不是说用站立就能成就禅定、三昧。不理解其中含意的人，就有人用铁带束腰以辅助身体直立，这个举动也太可笑了！近来还有人砌砖筑墙，将身体紧紧围住，直立其中，就像一把剑插在匣中，而且还借此向人化缘募款。愚人无知，就会恭敬事奉这样的人，于是逐渐有人起而仿效这样的行为。

在此奉劝有智慧的修行人，如果遇见这种人，就应该开导他们，劝他们赶紧从围墙中出来，不要让末法时期出现这种怪异的现象，而增添僧团的丑态。

论　疏

　　如来①说经，而菩萨造论②，后贤制疏③，皆所以通经义，而开示众生使得悟入，厥④功大矣！或乃谓佛所说经，本自明显，不烦注释，以诸注释反成晦滞⑤。于是一概拨置⑥，无论优劣，无论凡圣，尽以为不足观。此其说似是而非，何者？不信传⑦而信经，是亦知本，但草忽卤莽⑧，以深经作浅解，则其失非细。是盖有心病二焉：一者懒病，二者狂病。懒则惮于博究，疲于精思，惟图省便，不劳心力故。狂则上轻古德，下藐今人，惟恣胸臆⑨，自用自专⑩故。新学无智，靡然乐⑪从，予实悯⑫之，为此苦口⑬。

　　【注释】①如来：佛十号之一。如来之义有三：无所从来，亦无所去，此法身如来也；第一义谛名如，正觉名来，此报身如来也；乘如实道，来成正觉，此应身如来也。又，诸如来出现世间，阐扬大法，化诸众生，出离生死，令得无量义利安乐，是为众生之师范也。

　　②造论：论即辩明之义。造论，谓发明佛说大小二乘诸经之奥义。

　　③疏：疏通经论之文句而抉择义理也。佛经义理幽深，若不疏决开通则不易启悟，故须依文义解之，分别旨趣，抉择胜劣，使无尘

滞。又批注疏文者，称为钞，即随顺本疏略加解释，使经疏妙义了然易解。

④厥：代词，其。

⑤晦滞：不易懂。

⑥拨置：废置、搁置。

⑦不信传：传，解说、注释，此处是指阐释经文的著作。

⑧卤莽：通"鲁莽"，轻率、不慎重。

⑨恣胸臆：同"恣意"，谓不顾一切，由着自己的性子。恣，放肆。胸臆，主观地推测。

⑩自用自专：自用，自行其是，不接受别人的意见。自专，一任己意，独断独行。

⑪靡然：草木顺风而倒的样子，喻顺从响应。

⑫悯：哀怜。

⑬苦口：不辞烦劳地再三规劝。

【译文】如来说经，阐扬大法，化导众生，而菩萨造论以明奥义，后世诸贤作疏批注以通旨趣，这些开示都是为了使众生通达甚深微妙的佛经义理，使得悟入佛之知见，其功德无量啊！

但有人认为佛所说的经文，意思本来就很明显了，无须劳烦后人增加注释，这些注释反而让经文的旨趣更不易理解。于是主张将所有的注释典籍全部搁置一旁，无论优劣，无论凡圣所作，全都以为不值得看。

以上的说法似是而非，为什么？不相信批注而只相信原经文，这也算是回归佛经本貌。但是草率粗略地看过经文，将深奥的经义简单解释，错解如来真实义的过失可就不小了。这种人大概犯有两种心病：一是懒病，二是狂病。因为懒惰，所以畏惧于博通穷究，疲懒于精研深思，只图省事方便，不愿劳心费力研究经义。因为狂妄，所以轻视古德，也藐视今人的批注，固执己见，因此不愿接受别人的见解。初学者缺乏智慧，听人说"看注不如看经"就盲目依从，我实在怜悯他们，才苦口相劝。

净土不可言无

有谓："唯心净土[①]，无复十万亿刹外更有极乐净土。"此唯心之说，原出经语，真实非谬，但引而据之者错会其旨。夫即心即境，终无心外之境。即境即心，亦无境外之心。既境全是心，何须定执心而斥境！拨[②]境言心，未为达心者矣。或又曰："临终所见净土，皆是自心，故无净土。"不思古今念佛往生者，其临终圣众来迎[③]，与天乐、异香、幢幡、楼阁等[④]，惟彼一人独见，可云自心；而一时大众悉皆见之，有闻天乐隐隐向西而去者，有异香在室多日不散者。夫天乐不向他方，而西向以去，彼人已故，此香犹在，是得谓无净土乎？圆照本禅师，人见其标名莲品，岂得他人之心，作圆照之心乎？又试问汝："临终地狱相现者非心乎？"曰："心也。""其人堕地狱乎？"曰："堕也。"夫既堕地狱，则地狱之有明矣，净土独无乎？心现地狱者，堕实有之地狱心现净土者，不生实有之净土乎？宁说有如须弥，莫说无如芥子⑤。戒之戒之！

【注释】①唯心净土：谓万法唯心，故心外无佛，亦无净土，弥陀即己身中之弥陀，净土即我心内之净土也，此为诸法唯心、万法一如之理性而谈的法门。

②拨：废弃、除去。

③圣众来迎：此为阿弥陀佛四十八愿之第十九愿，即念佛行者临命终时，阿弥陀佛及圣众前来迎接往生极乐净土。

④天乐、异香、幢幡、楼阁等：此指极乐净土之依报庄严。念佛行者由极乐净土之依正二报庄严，能得十种快乐，据《阿弥陀经疏钞》卷二载，相对于娑婆之苦而言，极乐净土有十乐，一、华开见佛，常得亲近之乐。二、水鸟、树林皆宣妙法之乐。三、诸上善人俱会一处之乐。四、诸佛护念，远离魔事之乐。五、横截生死，永脱轮回之乐。六、恶道永离，名且不闻之乐。七、受用自然，不俟经营之乐。八、寿与佛同，更无限量之乐。九、入正定聚，永无退转之乐。十、一生行满，所作得办之乐。

⑤宁说有如须弥，莫说无如芥子：须弥，原指古印度宇宙观中，位于一世界中央之须弥山，高过众山，转喻为极大之意。芥子，原是芥菜之种子，其体积微小，故以之比喻极小之物。"宁可执有如须弥山，不可执空如芥子许"，净土经典具体指出有西方极乐世界，有阿弥陀佛，所以非常执着有极乐净土者，还能往生西方净土，还能脱离轮回出三界。若执着一点点的空见，否定因果定律，否定净土存在，就必定堕入三途。

【译文】有人说："净土是自心所现的，不可能在十万亿佛刹之外更有极乐净土。"唯心净土这个说法，原本出自佛经，这是真实语，并没有错。但是有人误解这句话的意旨，而引用它作为没有极乐净土的依据。依唯心之理，心之全体即是一切境界，故心外无境。一切境界全是心所变现的，所以境外无心。既然整个境界就是心，何必一定要执着唯心之理而排斥境界之相！若是一定要除境而言心者，可见他还未通达"唯心"二字的含意。

又有人说："临终所见的净土，全都出于自心，所以并无净土。"何不想想古今念佛往生的人，他们临终时，不但有西方圣众来迎接，还有天乐、异香、幢幡、楼阁等种种瑞相。假如只有往生者一人独见，还可以说是他的自心所现，然而当时在场的大众都见到了，有的听到天乐隐隐约约向西而去，有的闻到异香在室内多日不散去。天乐不向他方，却只向西方而去。人已经往生了，而室内的香气还在，有这些现象，还能说没有净土吗？

北宋时，有位僧人于定中见到西方莲池中有一朵金色莲花，上面标着圆照宗本禅师的名字，难道他人的心可以当作圆照禅师的心吗？我再试问："临终时地狱相现前，这是不是心现的？"答："是心现的。"又问："既然是心现的，这个人还堕地狱吗？"答："堕地狱。"既堕地狱，可见地狱确实是存在的。地狱既然存在，为何只有净土不存在呢？自心变现地狱的人，堕入实际存在的地狱。自心变现净土的人，难道就不能生实有的净土吗？古德说："宁说有如须弥，莫说无如芥子"，也就是执着有极乐净土者，还能往生净土，所以宁可说有净土。若执着一点点的空见，否定因果定律，否定净土存在，就必定堕入三途，因此不要说无净土。要谨慎小心啊！

随处净土

有谓:"吾非不信净土,亦非薄净土而不往,但吾所往与人异。东方有佛吾东往,西方有佛吾西往,四维①上下、天堂地狱,但有佛处,吾则随往。非如天台永明②诸求净土者,必专往西方之极乐世界也。"此说语甚高、旨甚深、义甚玄,然不可以训③。经云:"譬如弱羽,止可缠枝④。"则知翮翼⑤既成,身强气茂,方可翱翔霄汉⑥,横飞⑦八方耳,非初发菩提心者所能也。世尊示韦提希十六观法⑧,必先之落日悬鼓以定志西方,而古德有坐卧不忘西向者,岂不知随方皆有佛国耶? 大解脱人任意所之,如其不然,恪遵佛敕⑨。

【注释】①四维:指东南、西南、西北、东北四个角落。
②永明:唐末五代永明延寿智觉禅师,字仲玄,号抱一子,法眼宗(禅宗五家七宗之一)三祖,净土宗六祖,世称永明大师。《龙舒增广净土文》记载永明大师圆寂后,一位从临安来的僧人,经年绕大师塔,旁人问他何故绕塔? 那僧人回答:"我在一次大病中到过冥界,看见阎王殿左边供了一幅僧人像。阎王常在像前礼拜,我私下询问阎王礼拜的僧人是谁? 冥界主吏说那是永明延寿禅师,他已于西方极乐世

界上品上生，阎王敬重大师，所以供像礼拜。所以我来这里绕塔，以示恭敬之心。"由此可见，精修西方净土者，为阴府所敬重。

③不可以训：不可作为准则。训，准则。

④弱羽，止可缠枝：弱羽，谓羽毛未丰的小鸟。止可缠枝，谓只可栖息于树枝上。

⑤翮翼：指鸟的翅膀。

⑥翱翔霄汉：飞翔于天空。

⑦横飞：振翅高飞。

⑧世尊示韦提希十六观法：韦提希夫人（阿阇世王之母），因阿阇世王违犯五逆重罪（为夺王位而幽闭双亲，父王因此而亡），而忧苦至极，祈愿释迦牟尼佛为其说法。释尊因此示以十六种观法，教修观想西方极乐世界的种种依正庄严，俾能够如愿舍离娑婆的五浊恶世，得生西方阿弥陀佛的清净国土。十六观之第一观法即是"日观"，谓正坐西向，谛观落日，令心坚住，专想不移；见日欲没，状如悬鼓（悬离地面之鼓），既见日已，闭目开目，皆令明了，是名日观。

⑨恪遵佛敕：恭敬遵守佛陀告诫。恪，恭敬。

【译文】有人说："我不是不信极乐净土，也不是轻视极乐净土而不愿往生，只是我所要往生的净土与别人不同。东方有佛，我就往东；西方有佛，我就往西；无论四维上下、天堂地狱，只要有佛的地方，我就到那个地方往生。我不像天台大师、永明大师这些求生净土的人，一定要专往西方的极乐世界才行。"这种说法，语调很高、含意很深、义理也很玄，但是不可以作为一般的准则。经上说："譬如小鸟的羽毛未丰时，只可栖息于树枝上。"由此可知，要等到羽毛丰满、身强气盛之后，才可以飞翔于天空，振翅高飞至各个地方。所以上述的说法，并不是初发菩提心的人所能做到的。

　　世尊在《观无量寿佛经》中教示韦提希夫人往生极乐净土的十六种观法，必先从谛观落日状如悬鼓的"日观"开始，以便立定往生西方的志向。因此，有古代高僧大德于坐卧时都不忘面向西方，难道他们都不知道各方都有佛国土吗？只有真正得到大解脱的人，才能任意而往。如果还没达到这种功夫，最好恭敬地遵守佛陀的教诲，踏实的修行。

阴　阳

　　有谓："万法始于阴阳，不宜阴阳前更立太极①。故曰有天地然后有万物，天阳而地阴也。夫妇为生人之本，夫阳而妇阴也。"夫有天地然后有万物，孔子语也。《易》有太极是生两仪，亦孔子语也。取其一，弃其一，何为哉？濂溪②曰："无极而太极。"尚置无极于太极之上，况阴阳乎！圭峰③《原人》即无极犹未足穷其原，而《起信》④真如生灭以前名为一心。前说可谓甚浅！

　　【注释】①太极：天地未分之前，元气混而为一，即是太极（太初、太一）。孔子在《易·系辞传》中提到："《易》有太极，是生两仪，两仪生四象，四象生八卦。""八卦成列，象在其中矣。因而重之，爻在其中矣。刚柔相推，变在其中矣。"天地间的一切事理尽在《周易》之六十四卦中，而六十四卦来自八卦，八卦来自太极。即因太极运动而分化出阴阳，由阴阳而产生四时变化，继而出现各种自然现象，是宇宙万物之源。

②濂溪：宋代理学家周敦颐，晚年于庐山莲花峰下建濂溪书堂讲学，学者称为"濂溪先生"。他受《系辞传》的启发，并取道家象数之说而著《太极图说》。

③圭峰：唐代圭峰宗密法师，华严宗第五祖。于澄观座下，受持华严教学。曾入宫中讲经，唐相国裴休与朝野之士多受其教。其有多部著作，包含《原人论》一卷，具名《华严原人论》，此论是依《华严》宗旨的，推究人的本源。其认为万物都有本源，人为最灵，更应知自身所从来；但儒、道二家，近的只知是祖、父传体相续受身，远的只知是混沌一气分为阴阳而有万象；而佛教中非一乘教的其他诸说，有认为人是前生造业受报得到人身，乃至认为是业、惑辗转以及阿赖耶识为人身的本源，这都只是权教之说，未明实义。圭峰依《华严经》，说一切有情皆有本觉真心，无始以来常住清净，此本觉真心即是宇宙万法的本源，所以一切有情本来是佛。

④《起信》：指《大乘起信论》，相传为印度马鸣菩萨所造，为使众生起正信，说大乘之极理。

【译文】有人说："万法是从阴阳二性交流而生出来的，不应在阴阳之前还立个太极的观念。所以孔子在《序卦传》中说'有天地然后有万物'，这就说明天属阳而地属阴。夫妇为生育做人的本源，也是因为夫属阳而妇属阴的缘故。"其实"有天地然后有万物"这句话是孔子说的，而"《易经》中先有太极，而后生两仪"这句话也是孔子说的。某人择取孔子的前一句话，而舍弃其后一句话，这是什么道理呢? 宋代理学家濂溪先生（周敦颐）说："无极而后生太极。"他尚且把"无极"的观念置于太极之上，更何况阴阳之上有太极呢! 唐代圭峰宗密法师所著的《原人论》，评论儒道两家的"无极"说法，还是无法穷究人或一切法的本源。而《大乘起信论》说真如门、生灭门之前的状态称为"一心"，这才是本源。这些说法比较起来，前面某人的说法真是太肤浅了!

出胎隔阴之迷

古云："声闻尚昧出胎，菩萨犹昏隔阴。"予初疑：声闻已具六通①，菩萨双修定慧，何由昏昧均未能免? 及考之自己，稽②之他人，昨宵之事，平日忽尔茫然③，况隔阴乎? 乍迁一房，夜起不知南北，况出胎乎? 彼诸贤圣之昏昧，盖暂昏而即明，俄④昧而旋觉者也。而我等凡夫，则终于昏昧而不自知也。舍身受身，利害有如此者! 为今之计，直须坚凝⑤正心，毋使刹那失照，而复恳苦虔诚，求生净土。生净土，则昏昧不足虑矣。既放其心，复拨净土⑥，危乎哉!

【注释】①六通：三乘（声闻、缘觉、菩萨）圣者所得之神通有六种，即天眼通、天耳通、他心通、宿命通（对于自身、他身多生所行之事，悉皆能知）、神足通、漏尽通（谓阿罗汉断见、思惑尽，不受三界生死，而得之神通）。

②稽：考核、查考。

③忽尔茫然：忽尔，忽然、突然。茫然，模糊不清的样子、无所知的样子。

④俄：短暂的时间。

⑤坚凝：坚定。

⑥拨净土：舍弃净土。

【译文】古大德说："声闻尚昧出胎，菩萨犹昏隔阴。"我最初曾怀疑：声闻阿罗汉已具六神通的能力，菩萨定慧双修，为什么他们转世时还会昏昧不明呢？等到察考自己、观察他人，发现昨夜发生的事情，到了白天就记不清楚了，何况隔世呢？刚换一间房，夜晚起来就分不清方向，何况转世出胎呢？其实这些圣贤的昏昧只是暂时的，他们很快就能转迷为悟。而我们凡夫一经转世投胎，则完全迷惑颠倒而不自知。舍身受身之间，竟有那么大的利害差别！

为今之计，应当坚定安住于正心，不令此心稍失智慧观照，而且更应勤苦虔诚的求生极乐净土。若能往生净土，就不必担心来生还会有昏昧的困扰。如果放逸此心，又不求生净土，未来的去向就危险了！

刘道原不信佛法

司马温公谓："刘道原①最不信浮屠②法，其言曰：'人生如在逆旅③，旅中所用之物，去则尽弃之矣，焉有赍④之随去者乎？'可谓见之明而决之勇矣。"盖人死则神灭之论也。夫旅中主人之物，诚弃矣；自己囊橐⑤，亦并弃而不随乎？所谓"唯有业⑥随身"是也。温公之有取于道原者，何也？刘元城⑦谓："老先生于此事极通晓。"元城之有取于温公者，又何也？

【注释】①刘道原：北宋史学家，刘恕，字道原。刘恕从小就十分聪慧，读书过目成诵，因笃好史学，所以成为《资治通鉴》编修副手。司马光编《通鉴》时，每遇纷错难治者，常要询问刘恕。刘恕博闻强记，自《史记》以下诸史，旁及私记杂说，无所不览。刘恕为人廉洁刚直，因家贫，冬天时无御寒衣物，司马光派人送他衣袜及床垫，他虽勉强接受，但后来还是全部奉还。刘恕尤其不相信佛法，他说："人如居逆旅，一物不可乏，去则尽弃之矣，岂得赍以自随哉。"刘恕于四十七岁时病逝。刘恕与其父刘涣、子刘羲仲三人，均长于史学，因此被称为"三刘"。

②浮屠：梵语"佛陀"之讹译。我国古代称佛陀为"浮屠氏"，称

佛教为"浮屠教"。

③逆旅：旅居，常用以喻人生匆忙短促。

④赍：携带。

⑤囊橐：指行李财物。

⑥业：《起信论》云："以依不觉故心动，说名为业。"本觉心源，初无动相，以不觉故，动为业识。由此根本无明之惑，身口意造作善、恶业行，致感生死苦果。

⑦刘元城：北宋，刘安世，字器之，号元城。早年登进士第，就学于司马光，故尊称其为"老先生"。司马光任宰相时，荐其为秘书省正字（掌管校勘典籍之事）。其性刚直，不避权贵，能对皇帝当面诤谏，旁人看见害怕，因此人称"殿上虎"。之后贬至梅州，创立书院。刘元城见当时的士大夫并未深入了解儒与佛，执其偏狭观念，或批评佛法，或消遣佛法，或拘泥于报应因果之说，不修人事，导致政教错乱，生灵涂炭，不明者因而归咎佛法，所以他说："儒释道其心皆一，门庭施设不同耳。"又说："虽平日于吾儒及老先生（司马光）得力，然亦不可谓于此事（佛法）不得力，世间事有大于生死者乎？而此事独一味理会生死，有个见处（只有佛法对生死大事有彻底的见解），则于贵贱祸福轻矣！且正如人担得百斤，则于五六十斤极轻。此事（佛法）老先生（司马光）极通晓，但口不言耳。盖此事极是利害，若常论，则人以谓平生只由佛法，所谓五经（儒家典籍）者，不能使人晓生死说矣！"

【译文】司马温公（司马光）说："刘道原最不信佛法，他曾说：'人生就像在旅行，旅途中所用的东西，离开时就要全部舍弃，哪有一直随身携带的道理！'他的见解可称为明确果断。"但这只是人死则神（灵魂）灭的论点。旅行中凡属于店家主人的东西，离去时当然应当舍弃不带走。但是自己的行李财物，离去时也要一并舍弃而不带走吗？这就是佛法所说的"唯有业随身"。司马温公认为道原的见解有可取之处，是为何呢？温公的学生刘元城说："老先生（司马光）对于此事（佛法）极为通晓。"元城认为温公通晓佛法，又是为何呢？

传佛心印

天台下尊宿谓传佛心印惟属天台①，而达磨一宗置之弗取。圭峰谓荷泽②嗣曹溪，传佛心印惟属荷泽，而南岳③、青原④二宗置之弗取。于是明教嵩禅师⑤作《传法正宗》，自迦叶至曹溪，西天四七⑥，东土二三，以逮于⑦南岳、青原，而天台、圭峰两家之说双泯⑧。今犹有为天台者，而绝无为圭峰者，则天台下尚绳绳⑨，而圭峰下寥寥⑩也。为天台者曰："师子⑪遇害而传遂绝。"然至人⑫遇害，如游园观⑬，宁有法随身灭之理乎？《传法正宗》诚哉宗正⑭而万世为楷矣！

【注释】①天台下尊宿谓传佛心印惟属天台：下，指派下。元代天台沙门怀则撰《天台传佛心印记》，说明三谛（空假中）圆具之一心，为佛祖正传的心印，以释尊为首，次第而及龙树、慧文、慧思、智顗乃至湛然；并破斥禅家之"教外别传，见性成佛"、相宗之定性二乘（声闻、缘觉)、性宗之无佛性等义。佛心印：又名心印，谓禅之本意，不立文字，不依言语，直以心为印，故曰心印。

②荷泽：唐代荷泽神会禅师，荷泽宗之祖，世称荷泽大师、南阳和尚。惠能之嗣法弟子有四十余人，以南岳怀让、青原行思、南阳慧忠、永嘉玄觉、荷泽神会较著名。其中，荷泽神会开出"荷泽宗"，极力提倡顿悟法门，主张南宗顿悟为禅宗之正系，北宗渐悟为傍系，其著《显宗记》以确立南宗惠能系之正统传承与宗旨。唐德宗曾敕皇太子邀集诸禅师制定禅门宗旨，搜求传法的正傍系统，终于敕立荷泽神会为禅宗第七祖，其法流称荷泽宗。五代以后，只有青原行思和南岳怀让两派法系承传禅宗而日行繁衍，但是荷泽神会的法系就寂然无闻了。

③南岳：此指六祖惠能之弟子南岳怀让之法系。怀让得六祖之印可后，居于湖南南岳般若寺宣扬惠能学说，开南岳一系，世称南岳下，怀让之弟子马祖道一继其法流。南岳法系与青原行思之法系(世称青原下)，同为南宗禅之二大法流。唐末五代，我国禅宗已形成五家之正系，其中临济、沩仰二宗属于南岳下，曹洞、云门、法眼三宗则属青原下。至宋代，临济宗较为隆盛，其更分衍出黄龙、杨岐二派，至此，菩提达磨传来我国之禅宗乃蔚为"五家七宗"，而流传至今日者，则多为南岳下之临济宗，故宗门有所谓"临济儿孙满天下"之说。

④青原：此指六祖惠能之法嗣青原行思之法系。行思得法之后，住于江西吉州青原山之静居寺，阐扬禅旨。

⑤明教嵩禅师：北宋云门宗契嵩禅师，字仲灵，自号潜子。得法于洞山晓聪禅师。曾就宗密之教禅一致论加以阐述，而更强调儒佛一致说。针对韩愈等儒者之排佛，著有《辅教篇》。此外，关于禅宗之法脉，撰有《传法正宗定祖图》《传法正宗记》《传法正宗论》(此三

书合称《嘉祐集》），厘定自迦叶至达磨之道统，倡二十八祖说，至第三十三祖大鉴惠能，此一传承为正统。此说成为禅宗祖系的定论，对后世讲述禅宗史影响很大。仁宗时，呈其著书，仁宗乃诏令入藏，并赐紫方袍与"明教大师"之号。因契嵩居钱塘佛日山，故又称佛日禅师。又曾止于永安山之精舍，后人遂以"永安"称之。

⑥西天四七：指禅宗所立西天（印度）二十八祖，即印度迦叶付法相承之二十八祖。摩诃迦叶为第一祖，其下有阿难、商那和修、优婆鞠多、提多迦、弥遮迦、婆须蜜、佛陀难提、伏驮蜜多、胁、富那夜奢、马鸣、迦毗摩罗、龙树、迦那提婆、罗睺罗、僧伽难提、伽耶舍多、鸠摩罗多、阇夜多、婆修盘头、摩拏罗、鹤勒那、师子、婆舍斯多、不如蜜多、般若多罗等，祖祖相继。至第二十八祖菩提达摩来我国，而禅法东传，达摩遂亦为东土六祖中之初祖，其下有慧可、僧璨、道信、弘忍、惠能。故"西天四七"与"东土二三"常连结而称之。

⑦逮：及至。

⑧泯：消灭、消失。

⑨绳绳：众多或绵绵不绝的样子。

⑩寥寥：形容数量少。

⑪师子：又称师子菩提，禅宗相承系谱西天二十八祖中之第二十四祖。中印度王子，从鹤勒那（第二十三祖）得法后，游化至罽宾国，彼国王邪见炽盛，毁坏塔寺，杀害众僧，并以利剑斩杀师子尊者，此王之右臂亦随之堕地，七日之后命终。《付法藏因缘传》认为印度传法世系，从迦叶以下至师子尊者共二十四祖，师子尊者为罽宾国王杀害后，付法遂至此断绝。古来天台宗、禅宗均重视本传，以此为付法相承之规准。宋代明教大师契嵩谓此书乃伪作，另撰《传法正宗记》《传法正宗定祖图》，重定西天之付法有二十八祖。

⑫至人：超凡脱俗，达到无我境界的人。

⑬园观：园者园林，观者高台。生死界为凡夫好游之所，又为菩萨游化之所，犹如园观。《法华经·譬喻品》曰："常处地狱，如游园观。"

⑭宗正：表率、楷范。

【译文】天台宗的高僧大德们，认为传佛心印应该仅属天台宗这一脉，而将达摩祖师所传之禅宗置之不取。圭峰宗密禅师认为荷泽神会禅师嗣法于曹溪六祖惠能大师，因此认为传佛心印应该仅属荷泽宗这一脉，而将南岳、青原二宗置之不取。由于上述两家对于释尊传法的法脉有所争论，于是北宋明教契嵩禅师作《传法正宗记》，厘定禅宗之法脉是从迦叶尊者至曹溪惠能大师，印度有二十八祖，中国有六祖，以至于南岳怀让禅师、青原行思禅师，一一详述其传承次第，这样才将天台与圭峰两家对于佛祖正传心印之争论平息。

如今还有传承天台宗法脉的人，却没有传承圭峰禅师所属之荷泽宗法脉的人了，所以天台宗的法脉尚且绵延不绝，但是荷泽宗的法脉却快断绝了。天台宗的门人说："师子尊者遇害之后，佛心印的传承就此断绝了。"然而达到无我境界的祖师即使遇害，其生死自在，如游园观，哪有法随身灭的道理呢？

契嵩禅师所作的《传法正宗记》，实在是禅宗法脉传承之依据，而且可作为万世的楷模啊！

传 灯

自拈花悟旨，以至舂米传衣①，西域此方，灯灯续照。而黄梅之记曹溪曰："向后佛法由汝大行。"乃南岳、青原灿为五宗②，大盛于唐，继美于宋，逮元尚多其人，而今则残辉欲烬③矣！所以然者，无其种故也。祖师云："汝学心地法门，如下种子。我说法要，譬彼天泽④。"然则既无其种，天泽何施？今剃发染衣者虽遍满域中，然皆外骛有为缘事⑤。其近里⑥者，又不过守律饬躬⑦，诵经礼忏而已。其谁发无上菩提之心，单提此事，孜孜密密⑧，扣己⑨而参，不舍寸阴，而必求正悟者哉？乃欲望空田之获粟⑩，责露柱以生花⑪，无是理也。

【注释】①舂米传衣：舂，用杵臼捣去谷物的外壳。禅宗六祖惠能初至黄梅拜谒五祖弘忍时，五祖问其所为何来及欲求何物，惠能大师回答后，令五祖惊异其禀性非凡，遂使入碓房舂米，历时八个月。一日，五祖令众人各述一偈以传衣授法，五祖闻惠能所作之偈，识其为真能传大法者，于深夜至碓坊，问惠能："米白否？"惠能答："早白了！只缺一道筛米手续。"五祖即以杖击碓三下，便离去。惠能会其意，乃于夜三更至五祖之丈室，遂嗣五祖之法。

②灿为五宗：灿，明亮的样子。五祖弘忍之后，禅宗分为北宗神秀（行于北地，后世无分派），与南宗惠能二派。南宗行于南地，有五家七宗之别。五家者，沩仰宗（沩山灵祐与仰山慧寂为宗祖）、临济宗（临济义玄为宗祖）、曹洞宗（洞山良价为宗祖）、云门宗（云门文偃为宗祖）、法眼宗（法眼文益为宗祖），再加上黄龙（黄龙慧南为宗祖）、杨岐（杨岐方会为宗祖）二派，则称为七宗。

③烬：化成灰。

④我说法要，譬彼天泽：《马祖道一禅师广录》记载，唐代马祖道一禅师曾至南岳传法院结庵而住，其整日坐禅，欲图作佛，南岳怀让禅师遂于彼庵前磨砖欲成镜，以其终不能成故，明示马祖，磨砖不能成镜，徒坐禅亦不能作佛。马祖闻示诲如饮醍醐，礼拜再问："如何用心即合无相三昧（通达诸法无相而得自在）？"怀让曰："汝学心地法门，如下种子；我说法要，譬彼天泽（天降甘霖）。汝缘合故，当见其道。"又问："道非色相，云何能见？"怀让曰："心地法眼能见乎道，无相三昧亦复然矣。"又问："有成坏否？"怀让曰："若以成坏聚散而见道者，非见道也。"怀让即说偈曰："心地含诸种，遇泽（雨露）悉皆萌（发芽），三昧花无相，何坏复何成。"马祖豁然开悟，后得怀让禅师印可。

⑤外骛：心向外追逐。骛，乱驰、追求、追逐。有为缘事：指有为法。依因缘和合而有，叫作生；依因缘分散而无，叫作灭。有生有灭，是有为法；不生不灭，是无为法。一切有为法迁流三世，而无刹那常住安稳，因而感得诸苦。

⑥近里：同"面里"、"向里"，谓深入事物内部，此指向内修证佛法。

⑦饬躬：犹饬身。谨严己身。

⑧孜孜密密：孜孜，专心一意、不懈怠。密密，勤勉努力。

⑨扣己：扣，指探求。己，此指自性。

⑩粟：谷物。未去皮壳者为粟，已舂去皮壳则为米。

⑪责露柱以生花：期望立于殿堂外的圆柱木头能开花结果。责，要求、期望。露柱，露在外面之柱，指立于殿堂外正面之圆柱，禅宗用以表示无情、非情等意。

【译文】禅宗自迦叶尊者因见佛拈花而开悟，成为传佛心印的第一人，祖祖相传至六祖惠能大师，从印度到中国，法脉相传不绝，如灯火相续不灭。而黄梅五祖为六祖惠能印可时说道："往后佛法，将由你发扬光大。"六祖传法给南岳怀让禅师、青原行思禅师之后，禅宗开枝散叶，发展为五个宗派，并于唐朝时大盛于世，至宋朝时仍继续维持盛况，及至元朝时，还是有很多禅宗传人，但是到了现在（明朝），禅宗法脉已快断绝了！所以变成如今的状况，是因为修行者缺乏菩提种子（菩提心）的缘故。

南岳怀让祖师对马祖道一禅师说："你学心地法门，就像在田中播种。我说修行法要，譬如天降甘霖以助种子生长。你只要等到因缘成熟时，自然能明心见性。"但是若没有种子，上天的甘霖要施降给谁呢？

如今的僧人虽然遍满全国各地，然而多数人的心都是向外追逐，忙于世事，即使懂得向内修行的僧人，也只是遵守戒律、谨严修身，或是勤于诵经礼忏而已。有哪位僧人能发无上菩提之心，专心于道、勤勉努力、反究内心、精进不懈、誓求正悟呢？若不发菩提心，就好像在空田中希望能收获谷物，或者是期待木柱上能开花结果，没这个道理的！

金　丹

　　或问："玄宗有云：'金丹之法，与二乘坐禅颇同①。'此语然欤？"予曰："此紫阳②语也。不曰异而曰同，不直曰同而曰颇同，言之不苟③发者也。虽然，禅者不可因是而生异见也。学大乘④以二乘为禁，故《梵网》呵二乘曰邪曰恶⑤，况同而未同者乎！"或问："丹可得闻乎？"乃为之喻曰："炼⑥铅汞而成丹，譬之修定慧而成道也。神凝气结，乃成大丹；止极观圆⑦，不真何待！其究虽殊，而喻可以互显也。玄宗尚以身之精、气、神为外药，而教人求内药之元精、元气、元神，彼从事于五金、八石⑧、寻草、烧茆⑨者，亦惑矣！禅宗尚以十地⑩见性为如隔罗縠⑪，而必曰永断无明方名妙觉⑫。彼止于化城⑬、住于百尺竿头⑭者，犹远之远也！奈何圆顶方袍，号为释子，不思绍隆⑮佛种，而耽⑯耽焉颂《道德》、讲《南华》，不亦颠倒乎哉！"

　　【注释】①玄宗有云句：玄宗，指道教。金丹之法，谓道教的炼丹术，分为内丹与外丹。内丹，指以己身为炉灶，修炼精、气、神聚凝不散而成仙丹，道教认为内丹成则人可成仙。外丹，指用炉鼎烧炼特定之金属、矿物、植物而成丹药，道教认为服之能使人长生不死。北宋道士

张紫阳 (张伯端) 撰《悟真篇》，自序云："其中惟闭息一法，如能忘机绝虑，即与二乘坐禅颇同。若勤而行之，可以入定出神。"

②紫阳：北宋道士张紫阳，原名伯端，字平叔，号紫阳。精通三教典籍，他认为道、儒、释"教虽分三，道乃归一"。著《悟真篇》，阐述内丹修炼方法及三教合一的思想，对道教的影响甚大。《四库全书总目》称："是书专明金丹之要，与 (汉代) 魏伯阳《参同契》，道家并推为正宗。"南宋以后，张紫阳被奉为道教南宗祖师，列南五祖之首，称为"紫阳真人"。

③不苟：不随便、不马虎。

④学大乘以二乘为禁：乘，运载之义。求灰身灭智、空寂涅槃之教，谓之小乘，此中有声闻、缘觉 (二乘) 之别。开一切智之教，为大乘。《华严经·出现品》云："一切二乘，不闻此经，何况受持；故虽在座，如聋如瞽 (盲人)。"此谓二乘根器狭劣，志溺于空寂，不能至于大乘究竟之地。因此习大乘者，以证得究竟佛果为目标，故不学小乘。

⑤《梵网》呵二乘曰邪曰恶：《梵网经》说大乘菩萨戒，有十重戒与四十八轻戒，这些都是无上菩提之真因。四十八轻戒中有四条是有关禁学小乘，第八背大向小戒，谓不得违背大乘经律，反而受持小乘、外道及一切恶见、邪见之经律；第十五僻教戒，谓不得教人小乘经律、外道邪见，而使之不能出生死，不得解脱；第二十四不习学佛戒，指不学大乘正法，反学邪见小乘外道俗典，是断佛性障道因缘，违背出离之要道，故禁之；第三十四暂念小乘戒，谓若起一念小乘外道之心，即退失菩提心，故禁之。呵，责备。邪，指邪见，谓无正信，邪心取理，不信因果，一切拨以为无，断诸善根。恶，指恶见，指对诸法真理起不正之见解，又作不正见。《成唯识论》卷六："云何恶见？于

诸谛理，颠倒推求，染慧为性，能障善见，招苦为业，谓恶见者，多受苦故。"

⑥炼：冶炼、修炼。

⑦止极观圆："止"是止息妄念，此是禅定之胜因。"观"是以觉观照见事理，此为智慧之由借。若能成就止观二法，自然定慧圆明。

⑧五金、八石：此指烧炼外丹主要的原料。五金为金、银、铜、铁、锡；八石各说不一，一般指朱砂、雄黄、雌黄、空青、云母、硫黄、戎盐、硝石八种石质原料。此外，水银和铅也是炼丹主料。

⑨寻草烧茆：寻草，谓寻药草。茆，同"茅"，指江苏省句容县之茅山，此为道教名山之一。烧茆，谓依茅山道士所传之法烧炼外丹。

⑩十地：大乘菩萨的修行阶位，由浅至深为：欢喜地、离垢地、发光地、焰慧地、极难胜地、现前地、远行地、不动地、善慧地、法云地。在此十地，渐开佛眼，成一切种智，已属圣位。

⑪罗縠：原指丝织之罗布与绉纱，为天人作衣之材料。此谓菩萨之见佛性，犹如隔罗縠见物，虽极细薄，然犹有所隔。

⑫妙觉：自觉觉他，觉行圆满，不可思议，即佛果之无上正觉。二乘止于自觉，无觉他之功；菩萨虽自觉觉他并行，而未圆满；只有佛二觉圆满，觉体不可思议。

⑬化城：法华七喻之一，谓有人欲至宝所，而于中途退还，有聪慧导师，权化作城，暂止息，然后令其得至宝所；以譬二乘之人，初闻大教，中即忘失，流转生死，故世尊权设方便，令其先断见、思烦恼，而暂证真空涅槃（化城），然后到于究竟宝所。

⑭百尺竿头：喻极高处，谓已造其极，更须增添功夫，向上进一步。

⑮绍隆：谓承继正法并使之光大隆盛。

⑯耽：沉浸、爱好、专心于。

【译文】有人问："道教有提到：'修炼金丹的方法，与佛教的小乘坐禅颇为相同。'这说法对吗？"

我答道："这是道士张紫阳于《悟真篇》中所说的。他不说'异'而说'同'，不直接说'同'而说'颇同'，这话不是随便说出来的。虽然这样说，参禅者不能因此对大乘佛法产生异端歧见，而改学小乘或炼丹法。学大乘的人以证得究竟佛果为目标，所以对于只求自身涅槃之小乘则严禁不学，因此《梵网经》中呵斥小乘属于邪见、恶见，何况金丹之法呢？那只是金丹法与小乘之间的同异相较而已。"

又问："学佛者可听闻炼丹法吗？"我以譬喻解释道："炼铅汞而成丹，好比是修定慧而成道。炼丹者凝结精气神，乃能成就大丹（仙道）。参禅者修止观至圆极处，妄念止息，智慧圆明，自可明心见性！炼丹与参禅的结果虽然不同，然而可以互相引喻来显明其义。道教尚且是以自身的精、气、神为外药，而教人要求内在的元精、元气、元神。所以，那些从事于五金八石、寻草烧茆等炼外丹术的人，可说是忘失返璞归真之道教真谛。在禅宗里，尚且认为十地圣人还未彻悟，其见性就像隔着罗縠（轻纱）见物一般，一定要永断无明才能称为妙觉。那些暂证真空涅槃、禅定功夫极高之小乘圣人，其距离妙觉果位还差得很远啊！奈何那些剃除须发、穿着袈裟而号称为释子的出家人，不去思考如何承继佛法，使之光大隆盛，却沉浸于读诵讲解《道德经》《南华经》，这也太颠倒了！"

四十二章经　遗教经

汉明帝夜梦金人①，遣使天竺，得佛经《四十二章》②，此圣教东流入震旦之始也。今以其言近③，僧不诵持，法师不升座为人讲演。夫此经言不专近，有远者，有言近而旨远者，人自不察也。又《遗教经》④，乃如来入灭最后之要语，喻人世所谓遗嘱也。子孙昧宗祖创始之来源，是忘本也。子孙背父母临没⑤之遗嘱，是不孝也。为僧者胡弗⑥思也？愚按⑦二经实末法救病之良药，不可忽，不可忽！

【注释】①汉明帝夜梦金人：据《后汉纪》对于佛教初传我国之记载，谓东汉明帝曾夜梦金人，身长丈六，顶有光明，胸题卍字，飞行于殿间。明帝疑惑不解，次日，以所梦之事问群臣，臣答："西方有神，名佛。"帝乃派遣蔡愔、秦景等人至天竺取经，他们以白马驮经返回洛阳，并邀迦叶摩腾、竺法兰两位印度高僧同来。传说，明帝于洛阳建白马寺，梵僧（迦叶摩腾、竺法兰）即于此译出《四十二章经》。一般认为此时是我国有佛僧、佛寺、佛教之始。

②《四十二章经》：相传此经是佛教传入中国之第一部汉译佛经。全经共有四十二章，每章内容简短扼要、平易简明，重点在说明出

家、在家应精进离欲，由修布施、持戒、禅定而生智能，文中包含了佛教基本修道的纲领。关于本经译出之缘由，有数种异说，然历代经录皆以本经为迦叶摩腾及竺法兰译出于我国，但考证其译语，有多处不似东汉时所译，且据《出三藏记集》卷二载，道安所撰综理众经目录中无本经，故本经恐是东晋时代于我国纂集而成。

③言近：言语浅显。

④《遗教经》：全称《佛垂般涅槃略说教诫经》。内容叙述释尊入涅槃前最后之遗诫，谓佛入灭后，当以戒为师，以制五根，离瞋恚、憍慢等，勉人不放逸，而精进道业。禅门尤重此经，与《四十二章经》《沩山警策》合称佛祖三经。

⑤临没：临终。

⑥胡弗：疑问词，何不。

⑦愚按：愚，自称之谦辞。按，考核、依据。

【译文】汉明帝夜梦金人，得知西域有佛，于是派遣使者前往印度取经，遂得《四十二章经》，这是圣教自西域传入中国的开始。

今人认为《四十二章经》的文句浅显，所以僧人不再读诵受持，法师也不升座为人讲演此经。其实这部经的文句并不完全都是浅显的，也有深远的，还有文句浅显但是意趣深远的，只是一般人没有察觉而已。又《遗教经》是如来入灭前最后的重要教诫，这就像是世间人所说的遗嘱。子孙若不清楚祖宗创始的来源，这是忘本。子孙若是违背父母临终时的遗嘱，这是不孝。身为出家人，何不想想这个道理呢？

我认为《四十二章经》《遗教经》这两部经，实在是末法时期救诸烦恼病苦的良药，佛弟子千万不可忽视啊！

大悟小悟

相传大慧杲老，大悟一十八遍①，小悟不计其数。愚按学道人时有觉触②，谓之有省。乍而省，未大彻也，则名小悟，容或③多遍。至于大悟，则世尊夜见明星而廓然大悟，是一悟尽悟，不俟二三矣。即如诸祖，有"直至如今更不疑④"者，有"从此安邦定国天下太平⑤"者，有"元来黄檗佛法无多子⑥"者，虽未至佛，亦皆大悟也。而必重重累累⑦如是，则向之不疑者当更起疑矣，向之太平者当更变乱矣，向之无多子者当更欠少矣，云何得称大悟？若夫无明⑧虽断，犹欲断最后穷微至细之无明；公案虽透，犹欲透最后极则淆讹⑨之公案，则几番大悟者容有之，但不应多之至于一十八遍也。

【注释】①大慧杲老，大悟一十八遍：宋朝大慧宗杲禅师，号妙喜，参圆悟克勤禅师，得到印可。大慧开悟后曾说："我从前被某位未开悟的长老胡乱印证，幸而后来亲近圆悟克勤禅师，始得大彻大悟。"《御制拣魔辨异录》曰："妙喜（大慧宗杲）之从佛果（圆悟克勤），是皆一悟再悟，至于大悟一十八遍。"又曰："世传妙喜大悟一十八遍，小悟不计其数，此种不了（不究竟）之谈，魔忍（魔道之忍行）中其深毒，于是妄立大悟小悟、小法大法等名相。"《御制拣魔辨异录》认为一悟即圆满究竟，何来大悟小悟之说。杨仁山居士于《等不等观杂录》卷四"答释德高质疑十八问"提到："凡夫念念生灭，刹那不停。（略）参学人用功得力时，忽然前后际断，彻见本来面目（略）。尔时缘心不续，便能保任此事。倘断而复续，仍须切实用功。大慧禅师所谓大悟十八次，小悟无数者，此也。"

②觉触：觉，觉知。触，接触。由接触而认识之意。又坐禅时，触机缘而感得自心之真实体，亦称觉触。

③容或：或许、也许。

④直至如今更不疑：此指唐代福州灵云山志勤禅师大悟之公案。其初住大沩山，参了三十年不开悟。有一年春天，他打开山门，见到盛开的桃花，当下豁然开悟，说偈云："三十年来寻剑客，几回落叶又抽枝。自从一见桃花后，直到如今更不疑。"沩山灵祐禅师看到这首偈，诘问其所悟，与之相契合，乃云："从缘悟达，永无退失，善自护持。"

⑤从此安邦定国天下太平：此指南宋高峰原妙禅师大悟之公案。其参叩雪岩祖钦禅师时，有一天，雪岩问高峰："日间浩浩（喧闹）时，还作得主么？"高峰云："作得主。"又问："睡梦中作得主么？"高峰云："作得主。"又问："正睡着时，无梦无想，无见无闻，主在甚么处？"高峰无语，遂自誓曰："拼一生做个痴呆汉，决要这一着子明白。"经过五年，因同宿友推枕堕地作声，廓然大彻，说道："（前略）自此安邦定国，天下太平，一念无为，十方坐断。"后受雪岩印可。

⑥元来黄檗佛法无多子：此指唐代临济义玄禅师大悟之公案。临济在黄檗希运禅师座下参学时，向黄檗请示："如何是佛法的大意？"三度发问，三度被棒打，打得临济百思不解。临济后来向大愚禅师参学，诉说三问三被棒打的经过，并问："不知有过无过？"大愚听后，哈

哈大笑道："黄檗如此老婆心切（指仁慈之心），为你解除困惑，你居然到我这里问有无过错？"临济听后大悟道："原来黄檗佛法无多子（指黄檗的佛法并无特别之处）。"临济辞谢大愚，回黄檗，终受黄檗印可。

⑦重重累累：重重，反复。累累，众多的样子。

⑧无明：谓诸众生，以迷心缘境，于一切法，不能明了，障覆真如本性，乃痴惑也。此惑乃业识之种子，烦恼之根本。众生因此无明，流转生死，不能出离。

⑨淆讹：搅乱、弄错。

【译文】相传宋朝大慧宗杲禅师有过十八遍的大悟，小悟不计其数。我认为学道人有时触及机缘而有所觉悟，这称为"有省"。暂时的省悟，并未大彻大悟，这称为"小悟"，小悟或许会有很多遍。至于大悟，就像世尊当年夜见明星而廓然大悟，这是一悟尽悟，根本不需再经过二悟、三悟。即便如禅宗诸祖，有一悟之后"直至如今更不疑"的，有一悟之后"从此安邦定国天下太平"的，有一悟之后晓得"原来黄檗佛法无多子（无特别处）"的，虽然还没到达佛的悟境，也都算得上是大悟了。

如果到达大悟，还会经过多次的小悟，则前面所举的"不疑"者，应当他又起疑了。所谓"太平"者，应当又变乱了，而"无多子"者，应当更欠少了，他们怎能称为大悟呢？无明虽断，仍要断尽最后穷微至细的无明。公案虽参透，还要参透最后、最难、最不易懂的公案，这过程或许有人需要经过几次的大悟，但也不应多至十八遍吧！

悯　下

　　《周氏纪言》载唐一庵^①先生与众友夜话,将入寝,问:"此时还有事当料理^②否?"众曰:"无。"一庵谓:"今天盛寒,吾辈饮酒乐甚,诸从人^③尚未有寝所。"众谢^④不及。所以然者,以此时惟欠伸^⑤思睡而已,而一庵独体悉于众情之所弗察,真仁人之言、佛菩萨之慈悲也。因思出家儿今日在僧堂中,百事不干怀,十指不点水^⑥,其入寝,亦念诸行人有未遑安^⑦处者乎? 亦念诸行人之劳役不宁者,何所为而然乎? 则以众僧之办道也。古人有言:"道业不成争消得^⑧?"可不为寒心^⑨哉?

　　【注释】①唐一庵:明朝谏臣,唐枢,字惟中,号一庵,归安(今浙江湖州)人。少即志圣贤之学,师事南海湛若水(号甘泉),唐枢因此成为甘泉学派的代表人物之一,其后慕王阳明之学。明世宗嘉靖五年进士,任刑部主事,因李福达案,上疏劝谏,触怒世宗,被革职为民,回湖州讲学。他在湖州东门外建造木钟台设帐讲学,之后湖州知府为其建立书院,唐枢在此讲学数十年直到辞世,江苏、浙江一带有不少名人皆出于其门下。唐枢留心经世之务,亲历九边及越、蜀、滇、黔等地,凡山川险阻厄塞,了若指掌。著有《木钟台集》等书。

②料理:处理。

③从人:随从、仆从。

④谢:惭愧、不安。

⑤欠伸:打呵欠、伸懒腰,表示疲倦的样子。

⑥百事不干怀,十指不点水:百事不操心,十指不沾水,形容不需操办日常生活事物。干怀,扰乱心意,此指操心。

⑦遑安:安闲、安逸。

⑧争消得:争,怎。消得,禁得起。

⑨寒心:戒惧、担心。

【译文】据《周氏纪言》记载,唐一庵先生与众友谈话到深夜,将要入寝睡觉时,一庵先生问:"此时还有什么事要处理的吗?"众人回答:"没有。"一庵先生提醒诸友:"今天非常寒冷,我们在这里饮酒聊天,虽然尽兴,可是到现在还没安排诸位随从的休息处所。"众人深感惭愧而自责不已。之所以会疏忽此事,是因为此时大家都只感到疲倦想睡而已,只有一庵先生能够体念众人所不察之处,这真是仁者说的话、佛菩萨的慈悲啊!

我因此想到现今的出家人,在僧堂中,不用操心劳动任何事物,于入寝时,是否也有体念诸行人有无安稳的休息处?是否也有体念诸行人劳役不歇是为了什么?乃是为了护持众僧能安心办道啊!古人有言:"道业若不成就,怎禁得起十方信众的布施呢?"诸位僧人能不戒惧吗?

菩 萨

　　人见如来弹斥偏小[1]，赞叹大乘，知菩萨道[2]所当行矣。然不审其实，而徒假其名，为害滋甚。是故未能自度先能度人者，菩萨也；因是而己事不明，好为人师，则非矣！六度[3]齐修，万行兼备者，菩萨也；因是而专务有为，全抛心地，则非矣！无恶名怖[4]，乃至无大众威德怖[5]，坦然自在者，菩萨也；因是而闻过不悛[6]，轻世傲物，则非矣！即[7]杀为慈，即盗为施，乃至即妄言成实语，种种权宜方便[8]，不可以常情局者，菩萨也；因是而毒害劫夺欺诳，甚而破灭律仪，拨无因果，如古谓"饮酒食肉不碍菩提[9]，行盗行淫无妨般若"，则非矣！此则徇名失实[10]，不善学柳下惠[11]，而学步于邯郸者也。大道无成，业果[12]先就，慎之慎之！

　　【注释】①弹斥偏小：指摘排斥小乘的偏空、自利。其旨在导小乘，使其耻小慕大，趋向大乘。

　　②菩萨道：即修六度万行，上求佛道，下化众生，圆满自利利他，成就佛果之道，故菩萨道乃成佛之正因。声闻、缘觉二乘唯自利，无利他，故总称小乘；菩萨乘自利利他具足，故为大乘。

③六度：此为大乘佛教中菩萨欲成佛道所实践之大行。度为度生死海，到涅槃岸之义。其行法有六种：一布施，二持戒，三忍辱，四精进，五禅定，六智慧。布施度悭贪，持戒度恶业，忍辱度瞋恚，精进度懈怠，禅定度散乱，智慧度愚痴。此六度为万行之总体，前五为福行，后一为智行，以福行助成智行，依智行而断惑证理，度生死海也。

④恶名怖：见道以前所起的五种怖畏（不活畏、恶名畏、死畏、恶道畏、大众威德畏）之一。此五种怖畏，于菩萨入初地时即远离之。恶名畏，谓初学者为化众生而同入酒肆（酒店），却无法安行自若，犹惧他人讥谤故。若大菩萨证果之后（初地以上），以同事摄诸众生，逆行顺化，屠坊酒肆，无往不可，所以安行自若也。

⑤大众威德怖：谓于众多之人或威德之人前，恐惧自己言行有失，而不能于其前为狮子吼。新译《华严经》卷三十四云："此菩萨得欢喜地已，所有怖畏悉得远离，所谓不活畏、恶名畏、死畏、恶道畏、大众威德畏，如是怖畏皆得永离。何以故？此菩萨离我想故，尚不爱自身，何况资财，是故无有不活畏；不于他所希求供养，唯专给施一切众生，是故无有恶名畏；远离我见，无有我想，是故无有死畏；自知死已，决定不离诸佛菩萨，是故无有恶道畏；我所志乐，一切世间无与等者，何况有胜，是故无有大众威德畏。"

⑥悛：悔改。

⑦即：和融，不二，不离之义，如烦恼即菩提、生死即涅槃。"即杀为慈"乃至"即妄言成实语"，是指五恶与五善相即不二之意，用以表示大乘佛教之究极。

⑧权宜方便：菩萨了知一切法皆从因缘而生，性本空寂，因此能善巧方便，于诸有情，或于圣教有未入者，令其趣入；已趣入者，令其成熟；已成熟者，令其解脱；乃至诸戒律仪，受持毁犯，种种方便，令

诸有情，皆得利益，是为方便善巧。

⑨饮酒食肉不碍菩提：宋代永明延寿智觉禅师云："近嗟末法，不明佛意，诳说禅宗，惟学虚头，全无实行，步步行有，口口说空，自不责己，业力所牵。复教人拨无因果，说饮酒食肉不碍菩提，行盗行淫无妨般若。生遭王法，死堕阿鼻地狱，业尽复入畜生饿鬼，百千万劫无有出期。"

⑩徇名失实：同"泥名失实"，拘守空名，不求实际。徇，依从。

⑪柳下惠：春秋鲁大夫展获，字季，又字禽，食邑（封地）柳下，谥惠，故称柳下惠。相传柳下惠夜宿城门，遇一无家女子，恐其冻伤，而使坐于己怀，以衣裹之，竟宿而无淫乱行为。后以"柳下惠""坐怀不乱"借指有操行的男子。

⑫业果：业，指善恶业。果，即由业所感人、天、鬼、畜等之果报。又作业报。业与果乃彼此相接相续者，业为因，果为报，因果接续，无穷无止。

【译文】有人看见经文中如来呵斥小乘的偏空、自利，而极力赞叹度脱众生同证佛道的大乘，因此明白应当行菩萨道。但是若不清楚菩萨道的实质内容，而只是假借菩萨的表面名义，所产生的危害将会更加严重。比如，未能自度而发心欲先度众生的人，这是菩萨。若假借此名义，在自己的生死大事尚未明了之前，喜欢以教导者自居而胡乱教人，这就错了！又如，广修六度万行，上求佛道，下化众生，这是菩萨。若假借此名义，致力于外在的有为、有漏法，而完全不向内修持自己的心地工夫，这就错了！

又如，没有恶名怖乃至没有大众威德怖等五种怖畏，而能坦然自在的人，这是菩萨。若假借此名义，听闻己过而不思悔改，轻世傲物，这就错了！

又如，即杀为慈，即盗为施，乃至即妄言成实语，种种权宜方便，不可用有限的常情角度看待的人，这是菩萨。若假借此名义，妄行毒害、劫夺、欺诳众生之事，甚至破灭律仪、拨无因果，如古人说的"饮酒食肉不碍菩提，行盗行淫无妨般若"，这就大错特错了！这些都是拘守菩萨空名而不求实质内容，不善学柳下惠之坐怀不乱，反而变成邯郸学步失去原来自性的人，以至于大道无成，反而是业报苦果先到，所以要非常谨慎啊！

愿　力

吕文正公每晨兴①礼佛，祝云："不信三宝者，愿弗生我家。愿子孙世世食禄②，护持佛法。"后吕氏所出，若公著、若好问、若用中③，皆贵显而奉佛。夫文正亦只是人世之善愿，而竟酬所期，至累世不绝，况求生净土，为出世间之大愿乎！文正之愿，取必于子孙者，得否未可知。况求生净土，取必于自己者乎！故知净土不成，良以其精诚之未至耳。昔有贵室，供养一僧，问僧云："师百年④后，肯来某家否？"僧一笑，遂为其子。近世总戎⑤范君，亦其父所供僧也。二事正类。夫一时之笑诺，即孕质于豪门，岂得积久之精诚，不托胎于莲品？因果必然，无容拟议^⑥矣!

【注释】①晨兴: 早起。

②食禄: 指供职官府享有俸禄。

③公著: 吕公著, 字晦叔, 谥正献, 封申国公。其父吕夷简 (吕蒙正之侄), 为北宋知名宰相。北宋哲宗元祐年间, 公著与司马光并立为宰相, 历事四朝。晚年多读佛典, 探究禅理。好问: 吕好问, 字舜徒, 吕公著之孙, 南宋初封东莱郡侯。宋钦宗时, 任御史中丞, 不久改兵部尚书, 建炎元年知宣州。吕好问每遇元日 (正月初一或指吉日) 拜家庙后, 即叩礼圆照禅师。用中: 吕用中, 字蕴智, 又字公正, 吕好问第四子。宋高宗绍兴五年为枢密计议官, 八年迁兵部侍郎, 三十一年为右朝奉大夫、直秘阁。吕用中每遇元日 (正月初一或指吉日) 拜家庙后, 即叩礼佛照禅师。

④百年: 死的婉辞。

⑤总戎: 统管军事、统率军队, 亦用作某种武职的别称, 如唐人称节度使为总戎。

⑥无容拟议: 无容, 不允许。拟议, 揣度议论。

【译文】北宋贤相吕文正公 (吕蒙正) 每天早起礼佛, 都会祈祷说道: "不信三宝的人, 希望不要生到我家。愿我子孙世世为官而护持佛法。"后来吕氏的子孙, 像吕公著、吕好问、吕用中, 都是地位贵显而且崇奉佛教。

吕文正公所祈求的只是人世间的善愿, 尚且能满其所愿, 乃至接连几代都不断绝, 更何况念佛求生净土, 这是出世间的大愿啊! 吕文正公的祝愿结果, 取决于子孙, 能否实现, 无法于此世知道。然而求生净土, 是取决于自己啊! 由此可知, 若不能于今世往生净土,应该是愿心不够真诚的缘故吧!

从前有显贵人家,长年供养一僧人,他们问僧人:"法师死后,是否愿意投生我家?"此僧人点头一笑,死后果然投生为他家的儿子。近世有位范姓总戎(军事统帅),也是他父亲所供养的僧人转世而来的。这两件事正好类似。只因为一时的微笑承诺,就投胎到显贵人家了。更何况长时期专心真诚的求愿往生,怎能不托胎于极乐净土的莲花中呢?这是因果必然的定律,完全没有可以怀疑争论的!

不起念(一)

李文靖公①庭前药栏②坏,如不闻见,左右请葺③之。公曰:"安可以此事动吾一念乎?"仰山(应为"洞山")住院,土地神欲一参觐而久不可得④。一日,师偶入香积⑤,行人有翻坏食器者,师不觉起念云:"信施可惜。"土地神遂得展礼⑥。则师于平日,盖一念不起者矣!故曰:"一念未起,鬼神莫知。"又曰:"离念相者,等虚空界⑦。"而我辈从朝至暮,浮思乱想,层见叠兴⑧,不知其几千万亿,欲超生死、证涅槃,其可得哉?

【注释】①李文靖公:李沆,字太初。北宋真宗时曾任宰相,其秉性亮直,内行修谨,时称"圣相"。李沆处事慎重周密,寡言少语,因此有个"无口匏"的绰号，意思是没口的葫芦。李沆时时处处都在思考国家大事，无暇顾及自家的私事。有一次，他家庭院中的花圃围栏坏了，他的妻子故意不让下人去修理，想试试李沆的反应。结果，一个月过去了，天天从那里经过的李沆却只字未提。他的妻子忍不住问他有没有看到，李沆说："怎么能让这种琐事来干扰我的心念呢？"李沆担任宰相的几年当中，战火平息，局势渐稳，宋朝的经济和社会呈现繁荣之态。可惜，李沆于五十八岁便因病逝世，真宗闻讯，非常伤心，对旁人说："李沆是国家一位难得的大臣，忠良纯厚，始终如一，怎料他竟然无法享高寿。"为了缅怀李沆的高尚品行和严谨修为，真宗赐他"文靖"的谥号。

②药栏：泛指花栏。芍药是多年生草本植物，五月开花，花大而美丽，根可入药。

③葺：修理。

④土地神等句：指唐朝洞山良价悟本禅师与土地神的故事。洞山住持僧院期间，土地神欲识得和尚一面，却无法窥知其踪迹。一日，洞山见僧抛散米粒，念头一动，终被土地神识得。

⑤香积：谓僧家之食厨或供料，盖取香积世界香饭之意。

⑥展礼：行礼、施礼。

⑦离念相者，等虚空界：《大乘起信论》云："离念相者，等虚空界，无所不遍，法界一相，即是如来平等法身。"这个"念"就是无明，也就是妄想、分别、执着。我们如果能离一切妄想、分别、执着，就能恢复本源究竟觉体，就像虚空法界一样，无所不遍，无所障碍，平等一如。

⑧层见叠兴：同"层见叠出"，接连不断的出现。

【译文】北宋李文靖公（李沆）家中庭院的花栏坏了，但他好像从没看见似的，不闻不问。旁人请示是否修理花栏，他说："怎么能让这种琐事来干扰我的心念呢？"

唐朝洞山良价禅师于洞山住持禅院数十年间，土地神欲拜见洞山，却一直见不到。有一天，洞山偶然进入厨房，见行人弄坏食器，米面抛撒一地，不自觉的生起念头说道："可惜了信众的施物。"洞山的念头才动，土地神就能见到他，而得以向他行礼。可见禅师平日确实一念不起啊！所以说："一念未起，鬼神莫知。"

又《大乘起信论》曰："离念相者，等虚空界。"而我们凡夫从早到晚浮思乱想，妄念层出不穷，不知有几千万亿，要想超生死、证涅槃，有这个可能吗？

不起念（二）

昔有道者，结庵于溪侧，夜闻窗外云："明日有戴铁帽子者当替代我。"道者知鬼也。明日将暮，大雨，溪水骤①涨，一男子顶釜②，冒雨欲渡，道者急止之。至夜，窗外复云："三年俟候得一人，又为这先生所救，必有以报之。"道者端坐室中，鬼绕室周遍觅之不得，怅怏③而去。良由一念不起故也。盖人之所觅者形，而鬼神之所觅者心也，心空而形与之俱空矣。孰曰黄冠④无人哉？吾辈当取以自勖⑤。

【注释】①骤：突然。

②釜：古炊器，有铁制的，也有铜和陶制的。

③怅怏：因失望而伤感、懊恼。

④黄冠：道士之冠，借指道士。

⑤勖：勉励。

【译文】从前有位道士，在溪旁筑庵修道，夜间听到窗外有语声，说道："明天有个戴铁帽子的人会来替代我。"道士心知这是鬼在讲话。第二天接近傍晚的时候下起大雨，溪水突然暴涨，有一男子头顶着铁锅，冒着大雨要渡过溪水，道士急忙阻止他。到了夜里，窗外又传来说话声，说道："我等了三年才遇到一人，却被这位先生所救，我一定要有所报复。"这位道士于室中端坐，鬼绕着屋室各处却找不到道士，于是失望懊恼的离去。这是因为道士一念不起的缘故啊！

凡人是依身体形相找寻，而鬼神是依心念找寻，一旦心念空了，形体也随之俱空。从此事观之，谁说道士中没有真修行人？我们佛弟子应当记取此事以自我勉励。

九品往生

士人有薄净土而不修者，曰："譬如吾辈，当以科名①入仕，奈何作岁贡②授官耶？"一士人云："此喻大谬。莲台自分九品，公何不取其最上，而甘作下品乎？今进士科③三百，亦可分上中下而九品之也，公何不取彼魁④元，而甘作榜尾乎？上品上生，即莲科之榜首也。故颂之者曰：'三心圆发，谛理深明，金台随往，即证无生⑤。'其在宗门，则大彻大悟，而所谓'心空及第归⑥'者，此也。"向士人怃⑦然曰："吾疑于是冰泮⑧。"

【注释】①科名：科举考试制度所设的类别名目。

②岁贡：科举时代，地方向朝廷推荐人才的制度之一。明清两代，每年或两三年从府、州、县学中选送生员（秀才）送到国子监（太学）学习。

③进士科：隋唐科举制度取士的科目之一。始于隋炀帝，至唐代特受重视。以后其他科目仅存空名，无足轻重，进士科遂成为科举制度中的唯一科目。唐代进士录取名额仅数十人，而宋代录取名额大约有二、三百人。

④魁元：位居首者。魁，北斗七星之第一星。

⑤故颂之者曰等句：此偈颂出自北宋律僧元照所作之《十六观颂·上品上生》。所谓"三心"，《观无量寿佛经》云："一者至诚心，二者深心，三者回向发愿心。具三心者，必生彼国。"元照，字湛然，其博究南山律宗，而意笃净业。元照认为入道归心，须有始有终，有始即须受戒，专志奉持，一切时中，不可暂忘；有终谓归心净土，决誓往生。他说末法之时，自无道力，唯净土法门是修行径路。晚年迁杭州灵芝寺，居止三十年，世称灵芝尊者，谥号"大智律师"。

⑥心空及第归：此偈颂出自庞蕴居士。庞蕴，中唐时代的禅门居士，字道玄，又称庞居士。曾与丹霞天然相偕往受科举之选，而投宿于

汉南旅舍。时，闻江西马祖之道名，乃悟选官不如选佛，遂直奔洪州，随马祖参禅而契悟。庞蕴居士与马祖初相见时，曾问："不与万法为侣者是什么人？"马祖答："待汝一口吸尽西江水，即向汝道。"居士言下豁然大悟，复呈一偈："十方同一会，各各学无为，此是选佛处，心空及第归。"其一生，常以偈阐明禅旨，所写诗偈多达三百余篇。

⑦忱：非常震惊的样子。

⑧冰泮：冰冻融解，引申为消除。

【译文】有轻视净土而不愿修学的士人说："好比我们读书人，应当靠自己的努力考取科名以获得官职，怎么要靠岁贡保送的方式获取官职呢？"有一士人说："你这个比喻大错特错！净土莲台分为九品，你为何不取最上品，而甘心居于下品呢？现今进士科取三百名，也可分上中下而为九品，你何不取榜首，而甘心居榜尾呢？上品上生就是莲科中的榜首。北宋大智元照律师作《十六观颂·上品上生》颂曰：'三心圆发，谛理深明，金台随往，即证无生。'此颂的往生而证无生，若在禅门，则相当于大彻大悟，即所谓'心空及第归'的意思。"

先前那位轻视净土的士人听了，非常惊讶的对这位士人说："我对净土的疑惑从此消除了。"

千僧无一衲子①

　　龙兴靖公②，受知③于雪峰大师。峰记靖云："汝他日住持，座下千僧无一衲子。"后靖应钱王④之请，住持龙兴，果众千余，皆三藏诵习之徒而已，一如峰记。昔马大师得人之多，其成大器者至八十八人。靖去马师年不甚远，而衲子之难得，乃千中罕见其一，况今时乎！人间无十善，则天类衰。僧中无衲子，则佛种断。近且不知"衲子"之谓何也，法道伶仃⑤，如线欲绝，悲夫！

　　【注释】①衲子：又云衲僧，禅僧之别称。禅僧多着一衲衣（补缀朽旧的破布所制成的法衣）而游方，故名。衲僧行脚参访问法，是以解脱生死为修证之根本目的。

　　②龙兴靖公：唐朝杭州龙兴寺宗靖禅师，初参雪峰，密承宗印，乃自誓充饭头（担任伙房职务），服劳逾十载。尝于众堂中袒一膊（裸露一肩膀）钉帘，雪峰睹而记（认定）曰："汝向后（以后）住持有千僧，其中无一人衲子也。"师悔过辞归故乡（杭州），住六通院，钱王命居龙兴寺，有众千余，唯三学（戒定慧三学）讲诵之徒，果如雪峰所志（认定）。

　　③受知：受人知遇。

④钱王：五代十国时期吴越国的创立人，钱镠，字具美（一作巨美），小名婆留（阿婆留其命之义），浙江杭州临安人。钱镠累事三朝（唐、后梁、后唐），屡加封号。唐朝末年，因平乱有功，唐昭宗特赐其金书铁券，免其本人九死或子孙三死。后梁时，钱镠被册封为吴越王，吴越国自此创建，庙号太祖。卒后，后唐赐谥号武肃。钱镠崇信佛教，修建许多塔寺，如著名的灵隐寺、净慈寺、昭庆寺、雷峰塔、保俶塔等，使杭州在当时有"佛国"之称。钱镠在位期间，修建钱塘江海塘，又在太湖流域普造堰闸，以时蓄洪，并有利于此区域的农业经济，因此两浙百姓都称其为海龙王。

⑤伶仃：瘦弱、衰弱。

【译文】唐朝龙兴寺宗靖禅师，嗣法于雪峰义存大师。雪峰大师因见宗靖于堂中袒露一臂膀在钉帘，而对宗靖禅师说道："你日后担任住持时，座下虽有僧众千余人，却没有一位是为解脱生死的真修行人。"宗靖听后觉得很惭愧，因此悔过辞归故乡杭州。之后，宗靖禅师应吴越王钱镠之请，住持龙兴寺，座下果然有僧众千余人，但都是读诵学习经律论三藏经文的人而已，就如同雪峰大师所预测的一样。

从前马祖道一大师的得法弟子也很多，而其中成大器的有八十八人。宗靖禅师距离马祖大师年代并不远，然而为解脱生死的真修行人却很难得，竟然千人中罕见其一，何况是现今这个时代啊！

人间不修十善，则天道衰微。僧团中没有为解脱生死的真修行人，则佛种断绝。近来甚至有人连"衲子"的真实义都不知道，法道衰弱到这种地步，就像一条欲断的细线，真是可悲啊！

惜寸阴①

古谓：“大禹圣人，乃惜寸阴，至于众人，当惜分阴②。”而佛言人命在于呼吸。夫分阴之中，有多呼吸，则我辈何止当惜分阴，一刹那一弹指③之阴，皆不可不惜也。昔伊庵权禅师④，至晚必流涕曰：“今日又只恁么空过，未知来日工夫何如？”其励精若此。予见晨朝日出，则忆伊庵此语，曰：“今又换一日矣！昨日已成空过，未知今日工夫何如？”然予但叹息，未尝流涕，以是知为道之心不及古人远甚，可不愧乎！可不勉乎！

【注释】①寸阴：阴，原指日影，借指时间。十分为寸，分阴、寸阴，比喻极短的时间。

②大禹圣人等句：此是出自东晋名将陶侃之语。陶侃忠顺勤奋，珍惜光阴，常督劝人说道：“民生在勤，大禹圣者，乃惜寸阴，至于众人，当惜分阴，岂可逸游荒醉，生无益于时，死无闻于后，是自弃也。”大意是说，人民的生计在于勤，像大禹这样的圣人都要珍惜光阴，我们凡夫更当爱惜光阴，怎么可以放纵游乐、醉生梦死的荒废时光呢？人活在世上若没有任何贡献，死后又没有美好的行谊流传于后人，那就是自暴自弃，浪费生命。《帝王世纪》记载：“尧命（禹）以为司空，

继鲧治水，乃劳身勤苦，不重径尺之璧，而爱日之寸阴。(径尺大的璧玉虽贵重，远不如寸阴之珍贵)"指禹勤于治水，爱惜光阴之事。

③一刹那一弹指：指极短的时间。《华严经探玄记》卷十八云："刹那者此云念顷，于一弹指顷有六十刹那。"《仁王护国般若经》云："一念中有九十刹那，一刹那经九百生灭。"

④伊庵权禅师：宋代华藏有权禅师，号伊庵，世称伊庵有权。十四岁出家，入灵隐寺佛智端裕门下受业。其后，嗣道场寺无庵法全之法。曾住常州华藏寺(位于江苏)。有权禅师精进用功，每到晚上，必流涕说道："今日又只是这样空过，未知来日工夫如何。"处众时，不与人说一句话。有一天，有权禅师通宵坐禅参究，早上用斋的时候，负责给大众盛粥的僧人走到跟前，有权禅师因为心心念念在话头上，忘了展钵，邻座的僧人轻轻用手碰他一下时，有权禅师当下豁然大悟。从此以后，有权禅师便埋藏头角，韬光养晦，游历湖湘江浙，遍参禅席，达数十年之久。南宋孝宗淳熙七年秋，趺坐而逝。

【译文】东晋名将陶侃说："大禹圣人，乃惜寸阴，至于众人，当惜分阴。"而佛说人命就在呼吸之间。其实一分光阴之中，有许多次的呼吸，所以我们不仅要珍惜分阴，连一刹那、一弹指那么短暂的时间，都不能不好好珍惜。

南宋时有位伊庵有权禅师，非常精进用功，每到晚上一定流泪说道："今天又只是这样空过了，不知明天的修行工夫如何？"禅师是如此自我督促勉励的精进修行。

我见到早晨的日出时，就会想起伊庵禅师所说的话，跟着说道："今天又是新的一天了，昨天已成空过，不知今日的修行工夫如何？"然而我只是叹息，却不曾流泪，从这一点来看，就知道自己的道心比起古人实在差得很远，我怎能不感到惭愧啊！又怎能不发奋自勉啊!

万年寺

万年寺^①当天台万山之中, 殿前古树十余, 一字横亘^②, 行列整而枝叶茂, 郁然^③为山门美观。有刻石记^④之者曰: "此上仙所植也, 有伐之者, 其人立死。" 或云: "为此记者其愚乎哉! 他时后日, 能保有力者不负之而趋乎? 则奚以记为? " 予以为不然。夫兴之必有废也, 古人非不知也, 法不得不如是立也。后人信斯记而戢^⑤其邪心, 与不信而造业, 自属彼人, 立法者无心焉, 任之而已矣。破和合僧者堕无间^⑥, 佛记也。佛未入灭, 而调达诱祇园之僧若干以去, 佛不能制调达^⑦之负而趋, 然则佛愚乎哉?

【注释】①万年寺: 全称万年报恩寺, 寺外八峰环立, 巨杉蔽天, 为天台山著名的古刹, 位于浙江天台县西北三十五公里处。原是东晋昙猷庵居的旧址, 唐文宗太和七年, 普岸禅师建造堂舍, 原名平田禅院。其后, 此寺历经被废、再兴、烧毁、重建, 寺名亦曾改为镇国平田寺、天宁万年寺、报恩广孝、光孝, 最后改名为万年寺。现今天王殿已遭破坏, 大雄宝殿亦全废绝, 已不复旧观。

②横亘：绵延横陈。

③郁然：繁盛的样子。

④石记：刻在石上的传记。

⑤戢：收敛、止息、约束。

⑥破和合僧者堕无间：此为五逆罪之一，五逆罪即杀父、杀母、杀阿罗汉、出佛身血、破和合僧，若犯其中一项，死后即堕入无间地狱（受苦没有间断的地狱，为八热地狱中最重之狱）。破和合僧，是指以邪方便令使一味和合之僧众因此乖离，息止佛之转法轮，阻害僧中之法事也。因断人慧命，与绝人解脱善缘，五逆之中，其罪最重。

⑦调达：又作提婆达多，略称提婆、达多。为阿难的兄弟，释尊之堂弟。佛陀成道后，提婆与阿难等释迦族青年，从佛出家。提婆于十二年间持善心，勤于修行。后因未能得圣果，又因名闻利养之念强，其心乃逐渐退转，遂生恶念。后受摩揭陀国阿阇世太子的供养，太子为其建一精舍于伽耶山。提婆欲除释尊而代之，乃于伽耶山自集弟子，组织僧团。并多次害佛，未果，于是转而破坏僧团之和合，乃诱惑吠舍离国的比丘五百人归伽耶山，另建法幢，自定五法作为疾得涅槃之道。提婆因犯破和合僧、出佛身血及杀比丘尼等三逆罪，命终之后堕入无间地狱。另据《大唐西域记》卷六记载，玄奘曾于祇园精舍废址之东，得见提婆生身堕于地狱之大坑。

【译文】万年寺位于浙江天台县群山之中，殿前有古树十余棵，一字排开绵延横陈，行列整齐而枝叶茂盛，繁盛壮观的样子成为山门的美景。有刻在石碑上的文字记述道："这些古树都是天上的仙人所种植的，有谁胆敢砍伐，就会马上遭祸横死。"

有人说："作此碑文的人也太愚笨了吧！日后能保证具有权势的人不会违反碑文而砍掉这些古树吗？何必写这样的碑文呢？"我认

为这种评论并不正确。

天下事有兴必有废，古人并不是不知道，只是不得不树立这样的规范。后人因相信这篇碑记而止息其破坏古树的邪心，与不相信而造作恶业（砍伐古树）者，这都是属于各人自己的造作，树立规范的人是无法干涉的，只是任由各自的因果报应而已。例如，破和合僧的人会堕入无间地狱，这是佛悯众生受地狱苦的教诫示导。然而在佛尚未入灭时，就有调达（提婆达多）诱惑祇园精舍的一些比丘脱离僧团而离间分化之，佛不能制止调达破和合僧的行为，难道能因此认为佛很愚笨吗？

富贵留恋人

僧之高行者，平日自分①不以富贵染心，然能持之见生，未必不失之他世。一友人以文章魁海内，直史馆②，声名藉甚③，偶游天目，谓予言："此山中石室有僧坐逝，其故身犹存，予欲礼觐，辄心怖不敢。"予问故。答曰："昔有人礼石室僧者，才拜下，即仆地陨绝④，而龛内僧方欠伸从定起⑤。予虑或然，是以不敢。"因与予相视大笑。此公弘才硕德，智鉴精朗⑥，又雅意佛乘⑦，尚爱著其一时富贵，守在梦之身⑧，惟恐其醒，他又何言乎? 田舍翁五亩之宅⑨, 寒令史抱关击柝之官⑩, 穷和尚三二十家信心供养之檀越⑪, 已眷眷⑫不能舍, 死犹携之识田⑬, 况复掇巍科⑭、居要地⑮、占断⑯世间荣耀者, 亦奚怪其爱著也。富贵之留恋人, 虽贤智者未免。吁! 可畏哉!

【注释】①自分: 自以为。

②直史馆: 官职名。史馆, 负责编修史书的官署名。直史馆, 是史馆中地位较高的官职。

③声名藉甚: 名声显赫。指人在社会上流传的评价极高,。

④仆地陨绝: 倒地而死。

⑤龛: 原指掘凿岩崖为室以安置佛像之所, 或指僧人的棺。欠伸: 打呵欠、伸懒腰。

⑥智鉴精朗: 智鉴, 审察辨识的能力。精朗, 明亮。

⑦雅意佛乘: 雅意, 很留意、素来的意愿。佛乘, 即唯一能令人成佛的教法。

⑧梦之身: 梦中所现无实事, 以譬一切诸法虚假不实, 然迷惑之凡夫妄执有"我、我所"及一切万法, 故沉沦于五趣之中, 轮转不已。佛典中, 常以"梦"与"幻"比喻一切法之非实有, 如《金刚经》曰:"一切有为法, 如梦幻泡影。"《维摩经方便品》曰:"是身如梦。为虚妄见。"

⑨田舍翁五亩之宅: 田舍翁, 年老的农民。亩, 土地面积的单位, 周以六尺为步, 百步为亩。秦汉时以五尺为步, 二百四十步为亩。唐以广一步, 长二百四十步为亩。清以五方尺为步, 二百四十步为亩。今一亩等于六十平方丈。

⑩寒令史: 寒, 低微。令史, 掌文书事务之低级事务员, 历代因

之，位卑秩下，不参官品。抱关击柝：守门打更的小吏。

　　⑪檀越：谓施主。越为施之功德，已越贫穷海之义。

　　⑫眷眷：依恋反顾貌。

　　⑬识田：指八识田。世间法和出世间法的一切种子，都收藏在第八识里，遇到缘，就会发起现行，像是田地放下了种子就会生出果来一样，所以叫作田。

　　⑭掇巍科：掇，考取。巍，高。巍科，犹高第，古代称科举考试名次在前者。

　　⑮要地：枢要地位、显要地位。

　　⑯占断：全部占有，占尽。

　　【译文】出家人中有道行高洁者，平时自以为不会被富贵名利染着其心，虽然能于今生保持不染，则未必保证来生也能不受名利染着。

　　我有一位朋友以杰出的文章扬名全国，目前任职于史馆的高级官员，名声显赫。有一天我们结伴游览天目山，他对我说："此山中有间石室，有位僧人坐逝其中，他的肉身还在里面，我想前往礼拜，可是内心害怕而不敢去。"我问他为什么？他答道："听说以前有人到石室向僧人礼拜，才刚拜下，便倒地而死。在此同时，石室中的僧人就从禅定中起来而伸展身体。我担心真有此事，因此不敢去。"说完就与我相视大笑。

　　这位友人才广德高，智慧明察，又向来留心佛法，他尚且爱恋着一时的富贵，守护着梦幻般的假我之身，唯恐从这美梦中醒来，其他的人又有什么好说的呢？例如，年老的农民对于五亩大的房舍，低级公务员对于守门打更的小官职，穷和尚对于二三十家信心供养的施主,就已经依恋不舍,即便死了,还要将此贪念带进八识田中,更何况那些获得高官厚禄、位居显要地位、占尽世间荣耀的人,也难怪他们爱恋贪着这些名利不舍啊!富贵使人留恋,即使是贤智的人也无法避免。唉!真是可怕啊!

鹅道人

山中老氓^①呼鹅曰"鹅道人",问之,则曰:"鸭之入田也,蟥螟蟊蚓等吞啖无孑遗^②,故鸭所游行号大军过。鸡之在地也,蜈蚣之毒恶,蟋蟀之跳梁,无能逃其喙^③者。而鹅惟噬生草与糠秕^④耳,斋食不腥,是名道人。"予闻而汪然大戚^⑤焉!夫鸡鸭牲^⑥物,人牲鸡鸭,报^⑦施似适其平,曷为^⑧乎烹鹅而食其肉也?鹅受道人之称,人甘猛虎之行,吁乎伤哉!虽然,鹅不食腥,类驺虞^⑨之不杀,非师友训之,其性然也。性也者,宿习之使也。故学道人不可不慎其习。

【注释】①氓:百姓、草野之民。

②蟥:此指蚂蟥,水蛭的俗称。生活在水田、沼泽中,吸食人畜的血液。螟:一种蛀食稻心的害虫。蟊:吃苗根的害虫。孑遗:遗留、残存。

③喙：鸟兽等的嘴。

④糠秕：糠，稻、麦、谷子等子实上脱下的皮或壳。秕，中空或不饱满的谷粒。

⑤汪然大戚：汪然，形容泪多的样子。戚，悲伤。

⑥戕：伤害、杀害。

⑦报施：报应。

⑧曷为：为什么。

⑨驺虞：传说中的义兽名。《毛诗故训传》："驺虞，义兽也。白虎，黑文，不食生物，有至信之德则应之。"唐皮日休《相解》："驺虞仁义之兽也。"清钱谦益《太保曹公神道碑》："驺虞之不杀，凤凰之不搏，仁也。"

【译文】住在山中的老人家称鹅为"鹅道人"，我问他们缘故，他们解释道："鸭子进入田中，那些水蛭、蛙食稻心的螟虫、吃苗根的蟊虫及蚯蚓等虫类，都会被鸭子吃光不剩，因此鸭群所游行经过之处，号称为大军过境。鸡在地面上，那些毒恶的蜈蚣、跳梁的蟋蟀，都无法逃过鸡嘴的吞食。而鹅只吃生草与谷壳而已，因为鹅吃素而不吃肉，所以称之为道人。"我听后感到非常悲伤而泪流满面！鸡鸭杀害小虫，而人杀害鸡鸭，鸡鸭所受的报应好像很公平；但是人为何要杀害烹煮鹅又吃它们的肉呢？鹅既受"道人"的称号，而人却像猛虎般恣意残害所有生物，真是可悲啊！

然而，鹅不吃肉，就好像驺虞（传说中的仁义之兽）之不食生物，这不是师友教出来的，而是它们的天性、习性如此。所谓习性，乃长久以来修习所养成的性情。所以，学道之人不可不注意平常的修习啊！

生 日

　　世人生日，设宴会，张音乐①，绘图画，竞辞赋，以之为乐，唐文皇②独不为，可谓超越常情矣。或曰："是日也，不为乐而诵经礼忏，修诸福事，则何如？"曰："诚善矣！欲报父母劬劳③生育之恩，及灭己躬平生所作之业，于此宜尽心焉。然末也，非本也。先德有言：'父母未生前，谁是汝本来面目？'是日也，有能不为乐而正念观察未生前之面目者乎？若于此廓尔洞明④，则不但报此身之父母，而累劫之亲恩无不报；不但灭现生之业，而多生之夙障罔弗灭矣。罢人世之乐，得涅槃之乐，孝矣哉若人乎！伟矣哉若人乎！"

【注释】①张音乐：操琴弹奏音乐。

　　②唐文皇：指唐文宗李昂（原名涵），他是唐朝第十四任皇帝（除武则天和殇帝以外），其在位十四年，享年三十二岁。文宗喜欢读书、勤勉听政、生活节俭，即位之初，就下令放宫女三千多人，裁汰官员一千二百余人，游猎之事也都停废。十月十日是他的生日，这一天被立为"庆成节"，文宗不允许宰杀猪牛，只许食用瓜果蔬菜，还特别诏令停止所有祝寿活动，史书称赞他"恭俭儒雅，出于自然"。然因朋党之

争，政权以至于皇帝的生死废立全操纵在宦官的手中，所以文宗一心想铲除宦官势力，夺回政权，遂引起甘露之变，造成宦官大肆屠杀朝官一千余人。事变之后，文宗被宦官软禁，国家政事由宦官专权。开成五年，文宗抑郁而死，死后谥号为元圣昭献孝皇帝。

③劬劳：劳苦。《诗经·小雅》曰："哀哀父母，生我劬劳。"

④廓尔洞明：廓尔，开悟、觉悟的样子。洞明，通晓、明了。

【译文】世间人过生日，有人喜欢摆设酒宴，或演奏音乐，或绘图作画，或吟辞作赋相互比美，以此种种方式欢乐庆祝。然而，唯独唐文宗不用这样的方式庆祝生日，可说是超越常情。

有人问："生日这一天，不欢乐庆祝，而是诵经礼忏、修诸福事，您觉得如何？"

我答道："如此当然很好！可以报答父母辛苦的养育之恩，以及消除自己平生所造的罪业，对于诵经、礼忏、修善这些事应该尽心尽力去做。但是，这只是枝末，并不是孝顺的根本。先德说：'父母未生前，谁是你本来面目？'生日这一天，有谁能做到不欢乐庆祝，而是以正念观察未出生前的本来面目呢？如果能参透这个话头以明心见性，不但能报答此世父母的深恩，而且连多生累劫的亲恩也都能报答了。不但能灭现生的罪业，而且连多生多世的罪障也都消灭了。能够舍弃人世间的假乐，证得涅槃的真乐，像这样的人才是真孝子！像这样的人才是世间上最伟大的人啊！"

因病食肉

　　有受佛戒，断肉食，而忽罹病缘，为亲友所强劝，已而遇俗医又怂恿①之，至有久茹斋者，一旦破毁。不思肉之力仅能肥身，不能延命，智者已必不为。又况膏粱子弟②，或瘦瘠如馁人③，而藜藿田夫④，或充腴若富贾⑤，则肥身且未，保如命何？菜食而病，教以食肉，肉食而病，复令何食？在病者以理自持而已。若其位处卑幼，上有尊人，势分⑥所临，不可违逆者，食三净肉可也；杀生而食，不可也。

　　【注释】①怂恿：用语言、文字等激发人的情绪，使人行动起来。

　　②膏粱子弟：富贵人家过惯享乐生活的子弟。

　　③瘦瘠：瘦弱。馁人：饥饿的人。

　　④藜藿：指粗劣的饭菜，或指贫贱的人。田夫：农夫。

　　⑤充腴：肥胖、丰满。富贾：富有的商人。

　　⑥势分：权势、地位。

　　【译文】有人受了佛戒，因此改为素食而不吃肉。却因为生病，被亲友强劝食肉，然后又遇到医术不高明的医生鼓动说服，以至于有多年持斋吃素的人，一夕之间破戒。

何不想想，肉的作用仅能肥身而不能延命，有智慧的人决定不会吃肉。更何况吃遍山珍海味的富贵人家子弟，也有身体瘦弱如营养不良的人。而仅吃粗劣饭菜的农夫，也有身材丰满如富商的人。如此看来，肉食连肥身的作用都没有，又怎么能保命呢？

素食的人生病，就教他吃肉，那么肉食的人生病，又该教他吃什么呢？所以这全靠生病的人自己坚守戒律而已。如果位处卑幼，上有尊亲长辈强迫命令，碍于身份地位而无法违逆者，则勉强可吃三净肉。若为吃肉而杀生，则决定不可以。

人患各执所见

析理不得不严为辩别^①，入道不得不务^②有专门，然而执己为是，概^③他为非，又不可也。此在昔已然，于今尤甚。执一家者，则天台而外无一人可其意。而执简便者，又复诋天台为支离穿凿^④，非佛本旨。执理性者，则呵念佛为著相。而执净业者，又复但见不念佛人便目之曰外道。乃至执方山^⑤者，病清凉分裂全经。执持咒者^⑥，疑显教^⑦出后人口。如斯之类，种种未易悉数，矛盾水火，互相角立^⑧，坚壁固守^⑨，牢不可转，吾深慨焉！奉劝诸仁者，曷若^⑩各舍其执，各虚其心，且自研穷至理，以悟为则，大悟之后，徐而议之未晚也！

【**注释**】①辩别：分辨区别。辩，通"辨"。

②务：致力。

③概：全、一律。

④诋：指责。支离穿凿：支离，烦琐杂乱。穿凿，牵强附会。

⑤方山：指唐代的华严学者李通玄，世称李长者，又称枣柏大士。青年时钻研易理，到四十余岁时，专攻佛典，潜心《华严》。当时正值《八十华严》译成，开元七年，他隐于太原府寿阳方山之土龛，为新译的《华严经》造论阐明经义。其居山中数载，每日仅以枣颗、柏叶饼为食，世称枣柏大士。经过五年，完成《新华严经论》四十卷。开元十八年，其于龛室坐化，享年九十六。宣宗大中年间，福州开元寺比丘志宁将《新华严经论》会入经文之下，成一百二十卷，又经思研整理，称为《华严经合论》，之后广为流传。李通玄的《新华严经论》中有不少独创的见解，所以能于贤首、清凉等华严宗师的著述外别树一帜。

⑥持咒者：此指修密宗者。密宗又名真言宗，此宗主张三密相应，所谓三密，即身语意三密，就是手结印、口念咒、意作观想，靠三密加持，可以即身成佛。此宗派通称密教（显教之对称）者，是显示自宗所诠解之教理最为尊密，而鄙视其余诸大乘教派为浅显，认为法身佛大日如来所说之金刚界、胎藏界两部教法，方为佛自内证之境界，深妙奥秘，故以密自称，又不得对未灌顶人宣示其法，故称密。密教重视密咒，认为咒即"法尔常然"之表示，若诵读观想，即能获得成佛等之利益。

⑦显教：真言宗判一切之佛教为显教、密教，总释尊所说大小乘之契经为显教，大日所说之金胎两部为密教。

⑧角立：对峙、并立。

⑨坚壁固守：坚固壁垒，加强守护。比喻事物间的对立和界限。

⑩曷若：用反问的语气表示"不如"。

【译文】分析义理必须严谨辨别，修行入道必须专修一门。然而，固执己见且否定他人，这是不可以的。

这种各执己见的现象，在以前就有，现在更加剧烈，譬如执持天台宗的人，则认为天台宗之外，没有任何一人的见解能真正契合佛意。而执持简便法门的人，则又批评天台宗的理论支离繁杂、牵强附会，并不是佛的本旨。而执着理体空性者，则斥责念佛为着相。执持净业者，只要看到不念佛者，就视之为外道。乃至崇尚方山李长者《华严经合论》的人，便批评清凉国师的《华严经疏钞》分裂全经旨趣。而执持密教真言的人，则怀疑显教的经文是出自后人之口。诸如此类的例子，无法一一列举。修学不同法门的人，就像矛与盾、水与火般不兼容，互相对立，坚持己见，牢不可转，对此现象，我深为感慨啊！

奉劝诸位仁者，何不各舍所执，虚心平意，自己先深入研究真理，以彻悟为目标，等到大悟之后，再慢慢地互相讨论指教，这样也还不晚啊！

姚少师^①（一）

佛未出世，人皆以天为师。佛既出世，始知奉佛，故佛号人天师^②，独王于三界而无伦者也。姚少师作《佛法不可灭论》，谓儒道二教法天制用，不敢违天。佛之为教诸天奉行，不敢违佛。此虽阙泽^③语，非少师不能阐也。又少师位极三公^④，衣仅一衲，不改僧相以终其身，岂常情所易窥测乎？特不似佛图澄^⑤示现神通。然图澄当乱世，乃假通以显化。少师值真主，无俟于通，安知非能之而不为也？又《幽居》诗曰："春燕雏成辞旧垒，午鸡啼罢啄阴阶^⑥。"可谓当代之留侯^⑦矣！世未有知其深者，因发之。

【注释】①姚少师：即姚广孝，元末明初政治家、禅僧。元顺帝年间出家，年十四岁，法名道衍，字斯道，号独庵、逃虚子。通儒、道、佛诸家之学。明太祖洪武年间，广孝被推荐辅侍明太祖第四子燕王朱棣，二人颇相契。旋随燕王至北京，住持庆寿寺，出入王府，参与谋议，颇得燕王信任，其后并参与策划靖难之变（燕王以除奸党为名，起兵反叛其侄儿明惠帝，历三年），辅助燕王登上帝位。燕王即位（明成祖）之后，授为太子少师，复其俗姓，赐名广孝，时称"姚少师"。明成祖曾命姚广孝蓄发还俗，被他拒绝，赐其府邸、宫女，仍不接受，其虽居高位，但仍着僧服，住寺庙中，终其一生未曾改变僧人身份。其曾监修《太祖实录》《永乐大典》等。谥号"恭靖"。主要著作有《逃虚子诗集》《逃虚类稿》《道余录》《净土简要录》《佛法不可灭论》《诸上善人咏》等。

②人天师：佛的十号之一。佛不只为四众（比丘、比丘尼、优婆塞、优婆夷）之师，所有天上人间、魔王外道、释梵天龙，悉皆归命，依教奉行，俱作弟子，故号天人师。

③阚泽：三国时期之吴国名臣，字德润。阚泽出身农家，但非常好学，阅览群书，深信佛法，精通历法，著有《乾象历注》，以纠正历法时日的误差。孙权称帝后，阚泽曾任尚书、中书令、侍中、太子太傅。深信佛法，舍宅为德润寺。

④三公：古代中央三种最高官衔的合称。明清沿周制，以太师、太傅、太保为三公，唯只用作大臣的最高荣衔。

⑤佛图澄：晋代高僧，西域人（有谓天竺人或龟兹人），九岁出家。于晋怀帝永嘉四年至洛阳，年已七十九，时值永嘉乱起，师不忍生灵涂炭，策杖入石勒军中，为说佛法，并现神变，石勒大为信服，稍敛其焰，并允许汉人出家为僧。师常用佛教教义劝导石氏施行"德化"，"不为暴虐"、"不害无辜"，并大力向民间传播佛教。石勒死后，石虎继位，尤加信重，奉为大和尚，凡事必先咨询而后行。师重视戒学，平生"酒不踰齿、过中不食、非戒不履"，并以此教授徒众。对于古来相传的戒律，亦复多所考校。《僧传》中叙述他的神通事迹颇多，但他的义学和戒行反为神异事迹所掩。其来东土三十八年间，建设寺院近九百所，受业之弟子几达一万，追随者常有数百。世寿一一七岁。

⑥春燕雏成辞旧垒，午鸡啼罢啄阴阶：姚少师所写的一首闲居

诗，大意是说，功成之后，就可以退隐了。从这首诗可看出，姚少师虽
受明成祖重用，身为高官，却不贪恋名闻利养。

⑦留侯：秦末汉初时，张良辅佐刘邦平定天下，以功封留侯。之
后常用为称颂功臣。

【译文】佛还没出现于世时，人们都以天为师。佛出现于世之
后，人们才知道要信奉佛陀，所以佛被尊称为"天人师"，表示三界
之中，唯佛最尊最贵，没有可以与之相比的。

明朝大臣姚少师（道衍禅师）作《佛法不可灭论》，讲述儒道二
教效法天道行事，因此不敢违背天理。而佛的教法为诸天所奉行，
因此诸天不敢违背佛法。这虽是引自三国时东吴名臣阚泽之语，然而
姚少师仍可再深入阐明这个道理啊！

再者，姚少师虽居三公的崇高地位，但仍仅穿一件僧衣，终身不
改僧人的形相，他的修行功夫岂能用一般常理来判断呢？他只是不
像晋代高僧佛图澄示现神通而已。佛图澄身处乱世，因此需靠神通的
显现来化导众生。姚少师时逢贤明君主，并不需要靠神通教化，怎知
他不是具有神通而又不用神通的人呢？

此外，姚少师所作的幽居诗提到："春燕雏成辞旧垒，午鸡啼罢
啄阴阶。"姚少师可称得上是当代的功臣，如同汉朝的留侯张良，但
他却知道功成身退，不贪恋名利。世人并不知道他的密行，因此特别
作此文来彰扬他。

姚少师（二）

　　或谓少师佐命①，杀业甚多②，奚取焉？然所取于少师者有三：一以其贵极人臣而不改僧相，二以其功成退隐而明哲保身③，三以其赞叹佛乘而具正知见。杀业非所论也。虽然，少师曾于靖难中启，奏"方孝孺④贤者，慎勿加害"。即此一言，功过可相准⑤矣！吾是以取之。

　　【注释】①佐命：辅助帝王创业的功臣。

　　②杀业甚多：此指明成祖即位前所发动的靖难之役，与即位后对于惠帝时期的朝臣所实行的族诛之法（该族人无分少长皆斩），这两次事件，死伤惨重。

　　③明哲保身：原指明智的人不参与可能给自己带来危险的事，后多指生怕有损于自己，回避斗争的处世态度。语本《诗经·大雅·烝民》："既明且哲，以保其身。"孔颖达疏："既能明晓善恶，且又是非辨知，以此明哲择安去危，而保全其身，不有祸败。"

　　④方孝孺：字希直，又字希古。明惠帝建文年间重臣，因参与组织削藩，靖难之变后又拒绝与燕王朱棣（后即位为明成祖）合作，因此被燕王处死。当时方孝孺已是名闻天下的第一大儒，其学识品德为

四海所称颂，因此燕王攻占南京时，姚广孝曾对燕王说："城破之日，方孝孺是决不会投降的，但万万不能杀他，否则天下的读书种子将会灭绝。"燕王原本同意姚广孝的建议，但方孝孺宁死不屈，并惹怒燕王，因此被诛十族（九族加朋友门生），此次受方孝孺牵连而死者共八百七十三人，充军等罪者千余人。

⑤相准：互相抵消。

【译文】有人认为姚少师辅佐明成祖成就帝业，所造的杀业很多，有什么值得取法呢？我认为少师的可取之处有三点：一是他居显贵的高位而不改僧相，二是他功成退隐而能明哲保身，三是他赞叹佛乘且具正知正见。至于其因辅佐王命而造作杀业，则另当别论。虽然如此，少师曾于靖难之役中启奏明成祖，千万不可加害贤良的方孝孺，就凭这一句话，功过就可互相抵消了。所以我仍认为他有可取之处。

竹窗二笔

杀生人世大恶

　　或问："人所造恶，何者最大？"应之者曰："劫盗也，忤逆也，教唆也。"予曰："是则然，更有大焉，大莫大于杀生也。"或曰："宰杀充庖①，日用常事，何得名恶？而况最大？"噫！劫盗虽恶，意在得财，苟欢喜而与之，未必戕②人之命。而杀生则剖腹剜③心，肝脑鼎镬④矣！忤逆者，或弃不奉养，慢不恭敬，未必为阿阇⑤、杨广⑥之举。况阇、广所害，一世父母。而经言有生之属，或多夙世父母，杀生者自少至老，所杀无算，则害及多生父母矣！教唆者，恶积名彰，多遭察访，漏网者稀。彼杀生者，谁得而诘⑦之？则构讼⑧之害有分限，而杀生之害无终尽也。是故天地之大德曰生，天地间之大恶曰杀生。

　　【注释】①充庖：供作食用。
　　②戕：残害、杀害。
　　③剜：挖。
　　④鼎镬：鼎和镬，古代两种烹饪器。
　　⑤阿阇：阿阇即阿阇世，为佛世时中印度摩揭陀国频婆娑罗王之子，其母名韦提希。及长，立为太子，因听信提婆达多之唆使，幽禁父

王于地牢中，欲致之死，事见《观无量寿佛经》。即位后，并吞邻近诸小国，威震四方。后因害父之罪，遍体生疮，至佛陀前忏悔而平愈，遂皈依佛陀。佛陀灭度后，为佛教教团之大护法。

⑥杨广：隋文帝杨坚的次子，生年不详。杨坚建立隋朝，结束南北朝分立局面，统一全国。太子杨广（即隋炀帝）杀坚自立，因暴虐无道，招致各地农民纷纷起义，公元618年国亡于唐。

⑦诘：查究、究办。

⑧构讼：造成诉讼。

【译文】有人问："人通常所造的恶业，哪一种最大？"有人认为是抢劫偷盗他人财物，有人认为是忤逆不孝父母，或是教唆他人为非作歹，这些是最大的罪恶。我说："这几种虽然算是大恶，但还有比这更大的，世间最大的恶莫过于杀生。"有人不解地问："宰杀动物以供作食用，这是日常生活的饮食，怎能说是恶？况且还是最大的恶？"噫！且听我说，抢劫虽恶，但目的在于钱财，假使面对强盗时，能够欢喜的给他们，劫匪还未必会残害人命。而杀生则是将众生破肚、挖心，再以烧热的容器烹煮，如此残酷的事，岂不是大恶吗？

又忤逆不孝的人，有抛弃父母而不奉养的，有怠慢双亲而不恭敬的，但未必会做出像阿阇世或杨广那种大逆不孝的举动。更何况阿阇世、杨广所害的只是一世父母，依据佛经上说，凡是有情的众生，大多是过去世的父母。杀生的人，自少至老，一生所杀的生命，多到无法计算，这等于害及多生的父母啊！

又教唆别人为非作歹，一旦恶行累积，恶名昭彰，大多会遭受调查询问，能逃漏法网的很少。而那些杀生的人，有谁去查究他们所造的杀业呢？这样比较起来，由劫盗、忤逆、教唆所造成讼案的危害，是有限度的，而杀生的祸害却是无穷尽的。所以《易经·系辞上》说："天地间最大的仁德就是爱惜生灵。"换言之，天地间最大的罪恶便是杀生了。

昼夜弥陀十万声

世传永明大师①昼夜念弥陀十万。予尝试之，自今初日②分，至明初日分，足十二时百刻③，正得十万。而所念止是四字名号，若六字则不及满数矣。饮食抽解④，皆无间断，少间则不及满数矣。睡眠语言，皆悉断绝，少纵则不及满数矣。而忙急迫促，如赶路人，无暇细心切念，细念则不及满数矣。故知十万云者，大概极言须臾⑤不离之意，而不必定限十万之数也。吾恐信心念佛者或执之成病，因举吾所自试者以告。或曰："此大师禅定中事也。"则非吾所知矣。

【注释】①永明大师：五代宋初僧人，杭州慧日山智觉禅师，名延寿，乃净土宗六祖。三十岁依龙册寺翠岩令参禅师出家；参谒德韶国师，初习禅定，得其玄旨；后往天台山于国清寺行法华忏，朝放诸生类，夕施食鬼神，读诵《法华经》，又精修净业。后因应吴越王钱俶之请，迁永明寺大道场，接化大众，故世称永明大师。宋太祖开宝八年，年七十二示寂。著《宗镜录》百卷、《万善同归集》六卷、《唯心诀》一卷、《神栖赡养赋》一卷、《定慧相资歌》一卷、《警世》一卷。

②初日分：古印度计算时间叫昼夜六时，昼三时、夜三时。昼三时，白天就是初日分、中日分、后日分；晚上是初夜分、中夜分、后夜分。古代中国将一昼夜分十二个时辰，用子、丑、寅、卯、辰、巳、午、未、申、酉、戌、亥来代表。所以古代中国时辰是十二个时辰，印度是六个时辰。现在我们用外国的，一天分为二十四小时，因此古代中国一时辰等于现在的两小时，古印度一时是现在的四个小时。故初日分是指现在的早晨六点到十点。

③百刻：古代用刻漏计时，一昼夜分百刻。刻漏是古定时器，以铜为壶，底穿孔，壶中立一有刻度的箭形浮标，壶中水滴漏渐少，箭上度数即渐次显露，视之可知时刻。

④抽解：解大小便。

⑤须臾：指片刻、短时间。

【译文】世传永明延寿大师昼夜念阿弥陀佛圣号十万声。我曾经试过，从今天日出时分念起，一直念到明天日出时分，足足念一昼夜，正好念满十万声。而且所念的是四字名号，若是念六字便不满数。必须饮食及大小便时，佛号都没有间断，若稍微间断则不及满数。睡眠、交谈也都必须断绝，若稍微放纵就无法满数。为了念至满数，急忙迫促如赶路人，没时间以仔细恳切的心来念，如果要细心恳切的念，就又无法满数了。由此可知，昼夜念佛十万声，大概是用以规劝我们必须片刻不离佛号的意思，不一定是限定十万之数。我担心有些信心念佛的人，执着十万之数而急出毛病，因此把自己试验的经过，据实相告。如果有人说："这是大师禅定中之事。"这便不是我所能知的了。

己事办方可为人

　　古人大彻大悟，参学事毕，且于水边林下，长养圣胎①，不惜口头生醭②。龙天③推出，方乃为人。故辞法席④者，愿生生居学地⑤，而自锻炼。予出家时，笃⑥奉此语，佩之胸襟⑦。后以病入山，久久不觉渐成丛林⑧。然至今不敢目所居为方丈⑨，不敢开大口妄论宗乘，盖与众同修，非领众行道也，忝一日之长⑩，互相激劝而已。诸仁者以友道待我而责善焉，幸甚！

　　【注释】①长养圣胎："长养"，功德善根，生长养育也。"圣胎"，指菩萨修行阶位中之十住、十行、十回向等三贤位。因其以自种为因，善友为缘，闻正法而修习长养，至于初地而见道，生于佛家故也。《仁王经》中曰："是为菩萨初长养心，为圣胎故。"胎是比喻心行，培养觉正净的心，觉正净的行为，这就是长养圣胎。

　　②醭（bú）：泛指一切东西受潮而表面出现的霉斑。

　　③龙天：指八部众中之龙众及天众。即龙神诸天，为拥护佛法之善神，故有"龙天护法善神"之称。

　　④法席：讲经说法者的座席，亦泛指讲解佛法的场所。

　　⑤学地：指修学佛道时，尚残留有余地之修行境地。就小乘而

言,由修戒、定、慧三学,而得须陀洹、斯陀含、阿那含、阿罗汉果,前三果是为有学,第四果为无学。其中,有学之阶段即为学地。

⑥笃:虔诚。

⑦佩之胸襟:佩,铭记。胸襟,胸怀,指心里头。此句意指铭记心中。

⑧丛林:指僧众聚居之寺院,尤指禅宗寺院。昔时印度多于都城郊外选择幽静之林地,营建精舍,故僧众止住之处,即以兰若、丛林等语称之。

⑨方丈:一丈四方之室,又作方丈室、丈室。即禅寺中住持之居室或客殿,亦称函丈、正堂、堂头。印度之僧房多以方一丈为制,维摩禅室亦依此制,遂有方一丈之说。然而在唐代以后的禅林,转而指住持之居室,今指禅林住持,或对师父之尊称。

⑩忝:有愧于。一日之长:谓年龄比别人稍大。

【译文】古人参究学习、了悟生死大事,在大彻大悟之后,便隐居于幽静的水边树林间,自己长养圣胎,即使嘴上长出霉菌来也不说法,必定等到时节因缘成熟,龙天护法善神拥护,才开始弘法度生。之所以不出来讲经说法的原因,是发愿生生世世都处在参学的地位,并自我修正磨炼。

我出家以来,一直虔诚奉持此语,时时铭记于心。后来因病入山,没有想到远近僧俗相继前来共修,久而久之,便逐渐形成了丛林道场。然而至今,我仍不敢自命是丛林的方丈,也不敢口出大话,狂妄论断各宗所弘扬的宗义和教典,只不过是与大众同修,而非领导大众修学佛法。惭愧的是,我年龄是稍大一些,但只能说是和大家互相激励、劝勉而已。祈望诸位大德把我当作同参道友,能多给我指导和纠正,这就是我最殷切的盼望。

自他二利

古云："未能自利，先能利人者，菩萨发心。"斯言甘露①也，不善用之，则翻②成毒药。试反己而思之：我是菩萨否？况云发心，非实已能也。独③不闻"自觉④已圆，复行觉他⑤者，如来应世⑥"乎？或谓："必待已圆，而后利他，则利他终无时矣。"然自疾不能救，而能救他人，无有是处。是故当发菩萨广大之心，而复确守如来真切之训。不然，以盲引盲⑦，欲自附于菩萨，而人己双失，谓之何哉？

【注释】①甘露：佛教语，意译作不死、不死液、天酒。即不死之神药，天上之灵酒。亦以甘露比喻佛法之法味与妙味长养众生之身心。

②翻：反而。

③独：难道。

④自觉：谓觉知过去未来现在三世一切诸法常无常等，悟性真空，了惑虚妄，功成妙智，道证圆觉，故名自觉。简而言之，即觉悟自我本具之佛性。

⑤觉他：指大乘菩萨自己觉悟所修之法，又能令其他有情觉悟

之。谓自既觉已，运无缘慈，广说诸法，开悟众生，皆令离生死苦，得涅槃乐，故名觉他。

⑥应世：谓佛、菩萨应化于世。《楞严经》卷六："自未得度，先度人者，菩萨发心；自觉已圆，能觉他者，如来应世。"

⑦以盲引盲：谓邪解之师误导从学之人；或喻一人、一事之误，波及于其他。《庐山莲宗宝鉴》卷十："邪妄之徒，不知来历，窃祖师之名，同魑魅妖孽，见解迷误善人，正是一盲引众盲，相牵入火坑也。"

【译文】古人说："未能自利，先能利人者，菩萨发心。"这句话本如甘露，但是如果不能善加理解，则甘露反成毒药。试着反省自己：我是菩萨吗？何况菩萨真正发心，是时时刻刻都以利人为先，这的确不是自己目前所能做到的。难道不曾听闻"自觉已圆，能觉他者，如来应世"这句经文吗？或许有人说："假如必定要等到自觉已圆，然后才利他，那么要实行利他恐怕永无机会了。"但是要知道，这就好像自己有病，尚且不能治愈，却认为自己能救治他人疾病，这是不可能的。所以学佛一定要发菩萨广大慈悲之心，又必须确实遵守如来真实的教诲——必先自觉，而后觉他。不然，以一盲而引众盲，相牵入火坑，则是罪过了。竟然还自比为菩萨，致使自他俱失，这怎么说得过去呢？

杀生非人所为

虎豹之食群兽也，鹰鹯①之食群鸟也，鳢獭鹚鹭②之食鱼虾等诸水族也，物类之无知则然。具人之形，禀③人之性，乃杀诸众生而食其肉，可乎？是人中之虎豹鹰鹯、鳢獭鹚鹭也！虽然，虎之害不及空飞，鳢之害不及陆走，人则上而天、下而渊、中而散殊于林麓田野者，钓弋④网罟，百计取之无遗余，是人之害甚于物也。孔子曰："仁者，人也。"孟子曰："仁，人心也。"人而不仁，是尚得为人乎？既名为人，必无杀生食肉之理矣！

【注释】①鹯（zhān）：猛禽名，又名晨风，似鹞（yào），羽色青黄，以鸠鸽燕雀为食。

②鳢獭鹚鹭：鳢，鳢鱼，俗称黑鱼、乌鳢。性凶猛，捕食其他鱼类。獭，兽名，哺乳动物，头扁，耳小，脚短，趾间有蹼，毛短而软密，栖息水边，善游泳，主食鱼类。鹚（cí），指鸬鹚，水鸟名，俗叫鱼鹰、水老鸦。羽毛黑色，有绿色光泽，颔下有小喉囊，嘴长，上嘴尖端有钩，善潜水捕食鱼类。鹭，鸟类的一科，嘴直而尖，颈长，飞翔时缩着颈。白鹭、苍鹭较为常见。

③禀：领受、承受。

④钓弋：钓鱼和射鸟。

【译文】虎、豹猎食其他的兽类，鹰、鹯攫食其他的鸟类，鳢、獭、鸬、鹭捕食鱼虾等水族，由于这些动物无知，以致弱肉强食为其天性。然而具有人的身形，秉承人性本善的天性，居然杀害各种众生而食其肉，这样可以吗？这真是人类中的虎豹鹰鹯、鳢獭鸬鹭呀！即使动物天性如此，虎也只是伤害陆地上的物类，不能害及空中飞的；鳢也只是伤害水中的物类，不能害及陆地上的。至于人，无论天空飞的、水中游的，所有在山林田野中生存的，则利用钓弋网罟等等工具，千方百计进行捕杀，没有一类动物能幸免。可见人类对于自然界造成的威胁、危害，远远超过其他的动物。孔子说："仁者，人也。"孟子亦言："仁，人心也。"这都说明人如果没有仁心，还能称为人吗？既然称为人，必定没有杀生吃肉的道理啊！

祀天牛

燔牛祀天①，世传事始于上古②，而历代因③之。虽以梁武帝之奉佛，然面为牺牲④，独行于太庙而不行于南郊⑤。史称正月上辛⑥，以特牛祀于天皇大帝⑦。夫祀天配以祖，则牛亦在焉，安所称为用面？予不知其说也。昔沛公⑧以太牢⑨祀孔子，予尝谓一太牢何足以报圣师之恩；则其不足以报上帝之恩亦明矣！而自古及今,为有国之大典,孰从而止之?悲矣哉,牛乎!何其业之深且长也一至^⑩是乎?

【注释】①燔:焚烧。祀天:帝王郊祭(祭祀天地)的古礼。

②上古:较早的古代。史学界在中国历史分期上,多称商、周、秦、汉时代为上古,有时亦兼指史前时代。

③因:沿袭、承袭。

④牺牲:祭祀用的牲畜。

⑤太庙:帝王的祖庙。南郊:古代天子在京都南面的郊外筑圜丘以祭天的地方。

⑥上辛:农历每月上旬的辛日。每月分三旬,每旬十日,以甲、乙、丙、丁、戊、己、庚、辛、壬、癸十字记之。

⑦特牛:公牛。天皇大帝:"天皇",天帝,忉利天之帝主。"大帝",对上古圣德帝王的敬称。

⑧沛公:汉高祖刘邦起兵于沛,以应陈涉,众立为沛公。

⑨太牢:古代祭祀,牛羊豕三牲具备谓之太牢。亦有专指牛为太牢者。

⑩一至:竟至、乃至。

【译文】用火烧全牛作为牲礼来祭祀上天,世人传说此事源于远古时代,而历代都沿袭此仪式。即使像梁武帝那样虔诚奉佛的人,虽然用面牲(以面粉制成的牛羊等祭品)来祭祀,也只是行于太庙祭拜祖先,而不敢行于南郊祭祀天地。史称在正月上辛日,用一头公牛祭祀于天皇大帝。然祭祀天地必附祭祖先,则说明牛也在,怎么能说是用面食作牺牲呢?我不知道这是根据什么而言的。从前沛公刘邦用太牢之礼祭祀孔子,我曾经说过,区区太牢何足以报圣师之恩。那用一头火烧的全牛，同样不足以报天帝之恩，这道理是很明显的！然而自古至今，凡是国家举行祭祀的大典时，谁能听从劝告而禁止杀生呢？牛啊牛，真是可悲啊！为何前生所造的业，竟然深重到这样的地步呢？

伏羲氏网罟

槐亭王先生谓网罟制于伏羲，盖因兽之伤稼，设为网罟者，御之也，非捕之也，故曰佃①曰渔，皆有田字隐隐在中。槐亭此说，发千古所未发，可谓大有功于世道矣！或曰："炎帝始为稼穑，故号神农氏。伏羲时未有稼，而网罟将奚②为？"予乃用前意而广之曰，古虽未稼，或食草木之实③，犹稼也。况人畜以强弱相胜④，设为网罟，使兽畏而避之，但教民远其害⑤，非教民食其肉也。捕而食之，后世之流弊⑥也，非圣人意也。

【注释】①佃：耕作、开垦。

②奚：疑问词，犹何、为何、为什么。

③草木之实：即素食。《礼记·礼运》说上古云："未有火化，食草木之实。"此即素食也。

④相胜：相互压服、制约。

⑤远其害：避开伤害。远，离开。

⑥流弊：相沿而成的弊病。

【译文】槐亭王先生说：捕猎的工具（网罟）造于伏羲，大概是因为当时有野兽伤害庄稼（农作物），不得不装置这些器具设备来加以防御，并不是为了要猎杀它们。也因此可以从文字上看出来，"佃"、"渔"二字都有田字隐在其中。槐亭这个说法，发千古所未发，可说是大有功于世道！

但也有人说："炎帝时才开始种植庄稼，故称为神农氏；伏羲氏时根本没有庄稼，用捕猎的器具防御什么呢？"我引用前面的意思再加以补充说明：远古时代尽管还没有种植庄稼，所以常吃的是山林间的野生蔬果，故这些可食用的野生植物等于是庄稼。况且人畜之间，都凭力量强弱来相互压服，设置捕猎器具，让野兽因畏惧而离开，乃是教导人民避开野兽的伤害，并非教导人民用来捕食动物。若是捕杀动物而食其肉，应是后世的流弊，并不是圣人的本意啊！

浴 水

京畿①老辨融②师尝言："沐浴水澄③之，可以渍米炊饭④。"或曰戏言也，或曰有激之言也。予以为不然，盖实语耳。予昔附粮舶⑤至丹阳，连艘十余里⑥，首尾相踵⑦，而河狭水浅，浣衣⑧

者恒于斯，濯足⑨者恒于斯，大小便利⑩者恒于斯，秽且甚矣，然用之以煎煮炊爨⑪者，亦恒于斯。非大富贵人，罕有登崖觅井、汲泉⑫者。河水浴水奚别焉？耿恭⑬被围绝水，绞⑭马粪汁而饮之。而口外⑮有炒米店四十里，候天雨为饮，穿井数十丈不得水。嗟乎！饿鬼之乡⑯，积劫不闻水名。为僧者，今处清溪流泉之所，茶汤灌浣⑰，事事如意，更复一月八浴犹以为少，一月十五浴犹以为少，何不知惭愧，乃至于是！

【注释】①京畿：国都及其行政官署所辖地区。畿，疆界、地界。

②辨融：明代高僧，辨融禅师，亦说遍融禅师。初住卢山，朴实无华，自律甚严，精勤行道，时忘寝食。后入京师，大作佛事，化度群品。有一天，云栖莲池大师，因久慕师之德学，结同参道友二十余人，往诣京师，参礼请教。融师曰："无贪利，无求名，无攀援贵要之门，唯一心办道，老实持戒念佛。"示毕，栖等礼谢退出后，于中有数少年者笑曰："吾以为有异闻，乌用此泛语为。"栖谓不然，无视老生常谈，此大德可敬处，正在此也。师岂不能掇拾古德问答机缘一二，以遮门盖户。而不尔者，其所言是其所实践，举自行以教人，贵无胜于此也。

③澄：澄清、使清明。

④渍米：淘米。渍，浸泡。炊饭：煮饭。

⑤舶：航海的大船。

⑥艘：量词，用于船只计数。里：长度单位。古以三百步为一里，后亦有以三百六十步为一里者，今以一百五十丈为一里。用为市里的简称，二市里合一公里。

⑦相踵：互相追随。

⑧浣衣：洗衣。浣，濯衣垢也。

⑨濯足：洗去脚污。濯，洗涤。

⑩便利：排泄屎尿。

⑪炊爨（cuàn）：烧火煮饭。

⑫汲泉：从井里取水，亦泛指打水。

⑬耿恭：东汉耿恭被困于匈奴，水源断绝，向涸井祝祷，泉水遂涌出。《后汉书·耿恭传》曰："匈奴复来攻恭，恭募先登数千人直驰之，胡骑散走，匈奴遂于城下拥绝涧水。恭于城中穿井十五丈不得水，吏士渴乏，筰马粪汁而饮之。恭仰叹曰：'闻昔贰师将军拔佩刀刺山，飞泉涌出；今汉德神明，岂有穷哉。'乃整衣服向井再拜，为吏士祷。有顷，水泉奔出。"

⑭绞：挤压、拧。

⑮口外：也称口北，指长城以北地区。主要指张家口以北的河北省北部和内蒙古自治区中部。

⑯饿鬼之乡：佛教语，指六道中的饿鬼道。饿鬼道有三种，一谓罪业极重者，积劫不闻浆水之名。其次者，但伺求人间荡涤脓血粪秽。又其次者，时或一饱。即造作恶业众生，由悭贪故，生于此道，故名饿鬼道。

⑰茶汤：茶水。盥：盥洗。

【译文】京城长老辨融禅师曾经说过："沐浴的水经过澄清后，还可以用来淘米煮饭。"有人以为是开玩笑的话，也有人认为是有感而发的话，但我认为这二种都不对，老禅师所言完全是实话。

我以前曾搭乘粮船至江苏丹阳，当时运粮的船，首尾相接，连在一起长达十余里，由于河道狭窄、水位较浅，所以有利用这河水来洗衣的，也用这河水洗脚的，甚至大小便也都排入河水中，整条河水脏脏得不得了，竟然也有取这条河中的水来烧水煮饭的。若非大富贵人家，是很少有人特地登崖觅井、取泉水的。这样说来，河水、浴水有什么区别呢？

东汉时，耿恭在西域被围困绝水，不得已榨马粪汁而饮之。而长城外方圆四十里，住在那里的人一定要等到天下雨才有水喝，即使挖井深达数十丈也没有水源。唉，真是可怜！佛经记载，在饿鬼之乡，长年累劫是连水的名字都听不到。反观如今的僧人，住在清溪流泉之所，茶水、沐浴、洗涤之事，样样如意，更有一些人是一月八次沐浴犹觉不足，甚至一月十五次沐浴也还嫌少，怎能不知惭愧到这种地步呢！

僧宜节俭

张子韶①自做秀才时，至状元及第②，位登枢要③，而粗衣菲食④，无玩好⑤器物，其笔亦用残秃者。胡克仁⑥居官，茹蔬⑦终身，眠一纸帐。彼乃现宰官⑧身，行比丘行，况身是比丘者乎？佛制头陀⑨比丘，行乞⑩为食，粪扫为衣⑪，冢间树下为宿⑫，今处于众中，檀越⑬送供，衣足矣，食足矣，安居于兰若⑭矣，更求佳丽，可乎？一钵四缀⑮，一緉⑯鞋三十年，古德之高风未坠也。吾为是惭愧自责，而并以告夫同侣。

【注释】①张子韶：名九成，字子韶，号无垢居士，南宋钱塘人，著作有《孟子传》《横浦集》等。得法于妙喜宗杲禅师。曾经在衙门的墙上，用很大的字写道："此身苟一日之闲，百姓罹无涯之苦"。意思是如果官员贪图一天的清闲，就可能造成百姓无穷的痛苦。宋韩淲《涧泉日记》卷中："张九成字子韶，官至侍郎，为世儒所屈指。在道山时，先公得游其门，号横浦先生，好禅学，士论或以为不醇尔。"

②及第：科举应试中选。

③枢要：指中央政权的机要部门或官职。

④菲食：粗劣的饮食。

⑤玩好：供玩赏的奇珍异宝。

⑥胡克仁：明朝胡寿安，字克仁。按《万姓统谱》记载，永乐间授信阳知县，清慎自持。尝自种蔬一圃，以供日用，人呼为"菜知县"。

⑦茹蔬：吃蔬菜。

⑧宰官：泛指官吏，特指县官。

⑨头陀：乃梵语，华言抖擞，谓能抖擞烦恼之尘垢也，佛教之苦行之一。盖比丘当离愦闹，不乐饰好，心绝贪求，无诸骄慢，清净自活，以求无上正真之道，故有十二种行，称十二头陀行。

⑩行乞：比丘行乞食也，又云托钵、行钵，十二头陀行之一。乞食是印度僧人为资养色身而乞食于人之一种行仪。

⑪粪扫为衣：着粪扫衣者，谓视同粪土，扫除不用，即世人所弃弊垢之衣也。修道之人当收拾净洗，补凑穿着，如此则心无所恋，能成道业。粪扫衣又作衲衣、百衲衣。

⑫宿：量词，用以计算夜。俗称夜，如一宿即一夜。

⑬檀越：谓施主也，越为施之功德，已越贫穷海之义也。

⑭兰若：寺院之总名，是比丘之住处。即阿兰若的略称，阿兰若

又作阿练茹、阿练若、阿兰那等，译为山林、荒野，指适合于出家人修行与居住之僻静场所。又译为远离处、寂静处、最闲处、无诤处，即距离聚落一俱卢舍而适于修行之空闲处。

⑮一钵四缀：缀，缝合、连缀。钵，是钵多罗、钵和罗之略称，又作钵盂，乃僧尼所常持道具之一，一般作为食器。钵损坏时，若五缀（五种修补方法）而不漏，则不得求新钵；经修补后再用的钵，即称五缀钵。或指修补五处缺损的钵。戒律之制，过五缀则不许用之，又不至五缀则不许更新。

⑯緉：古代计算鞋的量词，犹双。

【译文】南宋张子韶，从考上秀才开始，到状元及第，虽然位居枢要，但一向过着粗衣淡饭的俭朴生活，平常并没有收藏、赏玩器物的嗜好，甚至他所用的笔都是残秃的。胡克仁居官，终身粗食蔬菜，睡眠时所悬挂的是纸帐。这些人可说是现宰官身而行比丘行，他们都可以如此，何况本身就是出家受具戒的比丘呢？佛制订比丘必须行头陀行，次第乞食，粪扫为衣，夜宿冢间、树下。可是现在的比丘，处身于僧众中，施主将供养送到寺中，衣暖食足，安居于清静的寺院中，竟然还求更美好、华丽的物质生活，这怎么可以呢？佛教戒律中，一钵修补四次，而南朝刘宋的高僧惠休法师，一双僧鞋穿了三十年。可见古德这种高尚的风范还没有完全丧失啊！我为此常惭愧自责，并以此劝告同参道友。

僧拜父母

　　佛制出家比丘不拜父母①，而王法有僧道②拜父母之律③。或问："依佛制则王法有违，遵王法则佛制不顺，当如之何？"予谓此无难，可以并行而不悖④者也。为比丘者，遇父母必拜，曰："此吾亲也，犹佛也。"为父母者，当其拜，或引避，或答礼，曰："此佛之弟子也，非吾子也。"宁不两尽其道乎？

　　【注释】①佛制出家比丘不拜父母：在印度佛教理念中，在法（真理）之前，不论帝王或沙门一律平等；法即是不变之真理。沙门既已皈依佛法僧三宝，志求涅槃，修寂灭而证真常，断尘劳而成正觉，故出家之后，礼越常情，不拜君王，不拜父母。出家功德甚大，除了自证解脱之外，尚有住持佛法、弘扬佛法的作用。所以在家人礼敬供养出家人，非但成就无量功德，亦能获得福报。

　　②僧道：僧人和道士。僧人是出家的佛教徒。道士原指修行佛道者之谓，又称道者、道人。在禅宗则特指童行（有志入寺出家，而尚未得度者）而言。出家人专门求道、修道者，故称"道"；而在家人即从事世俗生活者，故称"俗"，二者合称为"道俗"。至于修道之友，称为道友、道侣；旧道友，称为道旧。此外，修行佛道之志，称为道心、道念；

体验佛道，而在身、口、意三业上之表现，称为道业。至北魏太武帝之后，道士、道人之号渐成为道教者流所专用。

③律：法纪、法令、规则。

④并行而不悖：即并行不悖，《礼记·中庸》说："万物并育而不相害，道并行而不相悖"。后以"并行不悖"指同时进行或同时存在而不相冲突。

【译文】佛制出家比丘不礼拜父母，然而国法中却有僧道礼拜父母的律文规定。有人问："若依佛制，便会违反国法，若遵守国法，却又与佛制不合，应当怎么办？"我认为这没什么难处，可以同时存在，不会互相矛盾。身为比丘的人，遇到父母必须礼拜，就可以这么说："这是我的父母亲，如同佛一样尊贵。"而为父母的人，当比丘儿子礼拜时，或者避开，或者答礼而说："这是佛的弟子，不是我的孩子。"这样不是两方面都尽到道义了吗？

年少闭关

闭关①之说，古未有也，后世乃有之，所以养道，非所以造道也。且夫已发菩提大心②者，犹尚航海梯③山，冒风霜④于百郡。不契随他一语⑤者，方且挑包顶笠，蹈云水⑥于千山。八旬行脚⑦，老更驱驰⑧；九上三登⑨，不厌勤苦。尔何人斯，安坐一室，人来参^⑩我，我弗求人耶？昔高峰^⑪坐死关于张公洞，依岩架屋，悬处虚空，如鸟在巢，人罕觐^⑫之者。然大悟以后事耳！如其图安逸而缄封自便^⑬，则断乎^⑭不可。

【注释】①闭关：佛教徒的修学方式之一。指在一定期间内，在某一场所所做的闭门修持或研学。闭关期间的作息内容及方法，依目标或宗派之差异而有不同。或修净土，或修禅，或修密，甚或阅藏研佛等等。一般而言，闭关期间必须有护关者，且素食、禁语、禁足（不出关房）。然在必要时亦可破例（如生病就医、修持发生问题须请示善知识等等），而特殊性的闭关（如密教之生死关、黑关）则另有规定。闭关之期限，依个人所修之不同目标而有差异，有仅七日之短期方便关，亦有长达数十年，甚或不证悟则永不出关者。

②发菩提大心：梵语"菩提"，意译觉、智、知、道。广义而言，乃断绝世间烦恼而成就涅槃之智慧。即佛、缘觉、声闻各于其果所得之觉智。此三种菩提中，以佛之菩提为无上究竟，故称阿耨多罗三藐三菩提，译作无上正等正觉、无上菩提、大菩提。"大心"指大菩提心，乃求大菩提之广大愿心。

③航海梯山：渡过大海，攀越高山，谓经历艰远的途程。

④风霜：比喻艰难辛苦。

⑤随他一语：禅宗公案"大隋劫火"，大隋法真禅师以劫火起而破坏大地为因，论究了脱迷悟凡圣相对之妄执而主张人人本具灵性。

⑥云水：漫游。亦指禅林用语，为行脚僧之别称，又称云水僧、云众水众、云兄水弟、云衲。指为寻师求道，至各地行脚参学之出家人。以其居无定所，悠然自在，如行云流水，故以云水喻之。

⑦八旬行脚："行脚"又作游方、游行。谓僧侣无一定居所，或为

寻访名师，或为自我修持，或为教化他人，而广游四方。古德如赵州从谂禅师，从小出家，至八十余岁，尚且行脚，故有颂之者曰："赵州八十犹行脚，只为心头未悄然。"从谂禅师，唐末禅僧，访诸方，历参黄檗、宝寿、盐官、夹山、五台诸大德。八十岁，应众请住赵州观音院，四十年间，大扬禅风。其示众、问答等公案，如"狗子佛性"、"至道无难"等语，皆脍炙人口。世寿一百二十岁，谥号"真际大师"，后人称之为"赵州古佛"。

⑧驱驰：奔走效力。

⑨九上三登：指雪峰禅师"九上洞山，三登投子"之参访，上洞山，九次参访良价禅师，登投子山，三次参谒大同禅师。雪峰即义存禅师，唐代僧，号雪峰。十七岁落发，后于洞山良价座下，任饭头职，机缘不契，遂参德山宣鉴而契悟。唐懿宗咸通年中，登福州象骨山雪峰创院，徒众翕然（一致称颂），世称雪峰义存，赐号"真觉大师"。师住闽州四十余年，学者冬夏千五百不减。梁开平二年入寂，世寿八十七。遗有《雪峰真觉禅师语录》二卷。

⑩参：参谒、参寻、参学、参究之意。即学人谒见师家以问道，如"参师问法"；又修行坐禅，亦称参，如"参禅办道"。此外，禅林住持集一山之大众以开示说教，亦称为参，即参见住持以求开示。

⑪高峰：南宋临济宗僧，江苏吴江人，俗姓徐，高峰乃禅师之号，讳原妙。初习天台，转而参禅。参礼雪岩祖钦，得其心法。元世祖至元己卯，上天目西峰，入张公洞，题曰"死关"，不出户者十五年，学徒参请，无虚日。有《高峰妙禅师语录》一卷、《高峰和尚禅要》一卷行世。

⑫觏（gòu）：遭遇、参见。

⑬缄封：封闭、封口。自便：自安、自利。

⑭断乎：绝对。用于否定式。

【译文】闭关修行方式，在古时并没有，是后世才有的。其目的在于长养道心，并不是进关房即能成就道业。即使是像善财童子那样已发菩提大心的人，尚要不畏艰辛，渡过大海，攀越高山，不疲不厌，冒着风霜游历百郡，而到处参访善知识。古人只因为无法领会祖师"随他去"这一句话，还要肩挑包、头顶笠，踏遍千山万水以访高明。赵州从谂禅师，年高八十犹行脚，愈老愈认真的行脚参访。雪峰义存禅师，九上洞山见良价，三登投子谒大同，不厌勤苦。所以，想想自己是何等人物？居然可以安坐一室，要别人来参我，而我不须求教于他人？以前高峰原妙禅师在杭州天目山西峰的张公洞中坐死关，依着高山岩石而架屋，悬处虚空，如鸟在巢，隐居深山洞穴之中，少有人能见到他。但这也是他大悟以后的事。如果闭关是为贪图安逸而闭门隐居修行，这是绝对不可以的。

八旬行脚

古有颂云："赵州八十犹行脚，只为心头未悄然，及至归家无一事①，始知虚费草鞋钱。"今人不思其前二句，而执其末句，谓道在目前，行脚徒劳耳，而引不越岭不出关②者为证。噫！幸自反观，已归家否？无一事否？有如尚滞③半途，匆匆多事，则何但^④八旬，直饶^⑤百岁千岁，乃至万岁，正好多买草鞋，遍历天涯，未许驻足在。

【注释】①及至归家无一事："归家"，宋代廓庵师远撰绘"十牛图"，此十图以牧牛为主题，并各附自序及偈颂，以阐示修禅之方法与顺序。这十图的名称依次为：寻牛、见迹、见牛、得牛、牧牛、骑牛归家、忘牛存人、人牛俱忘、返本还源、入廛垂手。其中第六"骑牛归家"，比喻脱离情识妄想之羁绊，骑本具之心牛，归还自己本来之家乡。即是积修行之功，因而觉悟，归返自己本来之面目。颂曰："骑牛迤逦欲还家，羌笛声声送晚霞，一拍一歌无限意，知音何必鼓唇牙。"此乃形容得悟后之风貌。

②不越岭不出关：《御选语录》云："今人见玄沙不越岭，保福不度关，即便端拱安居，眼空四海。"玄沙，唐末五代禅僧，闽县（福建省）人，名师备，又称玄沙师备。投芙蓉山灵训剃度出家，从开元寺道玄受具足戒。受具足戒后，行头陀法，终日宴坐，人称"备头陀"。参谒雪峰义存，并嗣其法。初住梅溪普应院，后迁玄沙山，应机接物凡三十余载，学侣八百余人。时有闽帅王审知，事以师礼，并奏赐紫衣，号"宗一大师"。保福，唐末五代禅僧，乃漳州保福院从展禅师。年十五，礼雪峰为受业师，游吴楚间，复归侍雪峰。五代梁贞明三年，漳州刺史王公钦创建保福院，以雪峰义存之法嗣保福从展为开山之祖，从展住山约十二年，四方来依止之学众常达七百余人。

③滞：逗留、耽搁。

④何但：何止、岂止。

⑤直饶：纵使、即使。

【译文】古德有颂云："赵州八十犹行脚，只为心头未悄然，及至归家无一事,始知虚费草鞋钱。"现在的人读这首偈颂,都不去理会前二句,却是执泥于末后一句,而自以为大道只在目前,行脚参学是徒劳无功的,并引用玄沙师备禅师的不越岭、保福从展禅师的不出关来作为证明。噫!希望有这种想法的人能反躬自问,自己修行功夫真的到家了吗?已找回自己的本来面目、心头了无一事了吗?假如还是滞留在途中,心中烦恼多而不定,尚有很多事待办的话,则何止八十岁,即使是百岁、千岁,乃至万岁这么长的时间,最好多买一些草鞋,以走遍天涯去参访善知识,是不允许有片刻驻足停留的余地啊!

讲 宗

宗门①之坏,讲宗者坏之也。或问:"讲以明宗,曷言乎坏之也?"予曰:经律论②有义路③,不讲则不明;宗门无义路,讲之则反晦④,将使其参而自得之耳。故曰:"任从沧海变⑤,终不为君通。"又曰:"我若与汝说破,汝向后骂我在⑥。"今讲者翻成套子话⑦矣!西来意⑧不明,正坐⑨此耳。

【注释】①宗门:禅宗之自称。为"教门"的对称。宗者,流派(佛教诸派)之本源;门者,诸派所归趋之要门。唐宋时代,主张教外别传的禅宗,认为禅是佛法的总府渊源、佛道的正门,且依《楞伽经》

所言："佛语心为宗,无门为法门",义而自称为"宗门",并以天台、华严、法相等教家立场的宗派为"教门"或"教下"。《祖庭事苑》卷八曰："宗门,谓三学者莫不宗于此门,故谓之宗门。《正宗记》略云:'古者谓禅门为宗门,亦龙木祖师之意尔,亦谓吾宗门乃释迦文一佛教之大宗正趣矣!'(中略)欲世世三学之者,资之以为其入道之印验标正,乃知古者命吾禅门谓之宗门,而尊于教迹之外殊是也。"

②经律论:此三者,各包藏文义,故名三藏。经律论三藏是佛典的总称,佛陀一生所说的教法,后来弟子分类结集为三大部类,故称三藏。包括经藏、律藏、论藏。

③义路:指道理之程序、步骤。《印光大师文钞》曰:"禅宗一法,惟令人真参实悟,故所有言句,皆无义路,不可以凡夫知见,作文字义理领会。若非亲近明眼善知识,及用拼命死心一番工夫参究,必不能顿明自心。心既不明,必不解祖师意旨。切不可依文解义,学口头禅。"

④讲之则反晦:指义理深微、隐晦。

⑤任从沧海变,终不为君通:《无门关》卷一:"南泉和尚,因僧问云:还有不与人说底法么?泉云:有。僧云:如何是不与人说底法?泉云:不是心、不是佛、不是物。无门曰:南泉被者一问,直得揣尽家私,郎当不少。颂曰:叮咛损君德,无言真有功,任从沧海变,终不为君通。"

⑥我若与汝说破,汝向后骂我在:《楞严经宗通》卷五载之:香岩智闲禅师,在百丈时,参禅不得,洎丈迁化,参沩山,山问:"父母未生时,试道一句看。"闲被一问,直得茫然,乃自叹曰:"画饼不可充饥。"屡乞沩山说破,山曰:"我若说似汝,汝以后骂我去。我说底是我底,终不干汝事。"闲遂将平昔所看文字烧却,曰:"此生不学佛法

也，且作个长行粥饭僧，免役精神。"乃泣辞沩山，直过南阳，睹忠国师遗迹，遂憩止焉。一日芟除草木，偶抛瓦砾，击竹作声，忽然省悟。遽归沐浴，遥礼沩山，赞曰："和尚大慈，恩逾父母，当时若为我说破，何有今日之事。"

⑦套子话：套子，固定的格式、办法；或指徒有形式而无内容的事物。

⑧西来意：指祖意，禅林用语，为"祖师西来意"之略称。历代禅门祖师所传佛法之意。因祖祖相传，直指心印，故称祖意。又以教禅相对，故天台、真言等诸家之意，称为教意。教外别传之禅旨，则称为祖意。

⑨坐：因为、由于。

【译文】我认为宗门的衰败，是那些讲解宗门的人导致的。有人疑惑地问说："透过讲解是可以使人明白宗门要义，怎能把宗门衰败的责任归咎于讲解的人呢？"我答道："经、律、论都有义路，如果不讲解则不会明了。可是宗门的参究是没有义路的，讲解反而更加使得自心隐晦难懂，必须让学人自己真参实悟才能得到究竟利益。"是故禅门有颂曰："叮咛损君德，无言真有功；任从沧海变，终不为君通。"任凭从沧海变桑田，始终不为他说。又有这么说："我若与汝说破，汝向后骂我在。"因此，现今讲解宗门的人，都把祖师语录、公案翻成套子话（固定的说法），这便是祖师西来意不明，宗门衰败的原因啊！

教人参禅

参禅人之误，教参禅者误之也。或问："教人参禅，是欲起直指之道①于残灯将烬之日，曷言乎误之也？"予曰："道虽人人本具，而亦人人所难，苟非利根上智②，卒莫边岸③，奈何概以施之？譬如募士④者，得孱孱⑤懦怯，仅可执旗司⑥鼓。而授之以朱亥⑦之锤、云长⑧之刀、典韦之戟⑨，其不振掉而颠蹶⑩者几希⑪矣，安望其有斩将擒酋⑫、攻城破垒⑬之功乎？其或自亦才离上大人丘乙己⑭，而教人以制科文字，亦舛⑮矣！"或问："于子何如⑯？"答曰："老僧正读'上大人'未熟在。"

【注释】①直指之道：禅宗之"直指人心、见性成佛"，无须向外界寻求，而直观自心、自性；所谓见性成佛，即无须分析思虑，而透彻觉知自身具有之佛性。此语与"不立文字，教外别传"皆为禅宗表彻悟境界之用语。

②利根：利，速疾之义；根，为根机、根性、根器，有能生之义指受教修道之素质，速疾而生妙解，称为利根。利根之人能敏锐理解佛法，并进而达到解脱。上智：梵语"智"，音译为若那、阇那。又作智慧，即对一切事物之道理，能够断定是非、正邪，而有所取舍者。《楞

伽经》举出世间智、出世间智、出世间上上智三种。其中，凡夫外道等，于一切法，种种分别，执着有无，而不能出离世间，是名世间智。声闻缘觉，以一切智，修四谛行，而能出离世间，是名出世间智。由佛菩萨观察一切诸法寂静之相，不生不灭，得如来地，超出声闻缘觉之智，是名出世间上上智。

③卒莫边岸：岸，指彼岸。梵语波罗，译曰彼岸。生死之境界，譬之此岸，业烦恼譬之中流；涅槃譬之彼岸也。《智度论》十二曰："波罗，秦言彼岸。"又曰："以生死为此岸，涅槃为彼岸。"涅槃乃梵语，旧译为灭度、寂灭、不生、无为、安乐、解脱等，新译译为圆寂。

④募士：招求兵士。

⑤孱孱：软弱怯懦、无所作为。

⑥司：主管、职掌。

⑦朱亥：战国时侠客，魏大梁人，有勇力，隐于屠肆。秦兵赵，信陵君既计窃兵符，帅魏军，又虑魏将晋鄙不肯交兵权，遂使亥以铁椎（捶击的工具，后亦为兵器）击杀晋鄙，夺晋鄙军以救赵。事见《史记·魏公子列传》。

⑧云长：指三国蜀关羽，字云长，本字长生。为蜀汉大将，辅佐刘备成大业，曾大破曹军，威震一时。官历前将军、汉寿亭侯。后吴将吕蒙袭破荆州，被杀，谥壮缪侯。因其为人忠直仁义，广受民间崇祀，尊其为关公、关夫子。亦称为关帝、关圣、关圣帝君、武圣。

⑨典韦：《三国志·魏志·典韦传》载之，陈留己吾（今河南宁陵县黄岗乡己吾城村）人，东汉末年，群雄曹操麾下的将领，因保护曹操而死。典韦勇猛不同凡响，形貌魁梧，如插在营门前的牙门旗，约九五公斤，一个普通人根本举不起，但典韦用一只手轻易举起，其力气过人，爱持大双戟与长刀等，军中都说："帐下壮士有典君，提一双戟

八十斤。"而曹操在宛设宴,曹操饮酒时,典韦持大斧站在曹操后面,每次有人上前,典韦都举斧怒视,张绣及其将帅都不敢仰视。戟:古代兵器名,合戈、矛为一体,略似戈,兼有戈之横击、矛之直刺两种作用,杀伤力比戈、矛为强。

⑩颠蹶:倒仆、跌落。

⑪几希:相差甚微。

⑫酋:为魁帅(主将)的通称。

⑬攻城破垒:军营。

⑭上大人丘乙己:旧时学童入学,教师多写,"上大人、丘乙己、化三千、七十士"等语,供描红习字之用。取其笔画简单,便于学童诵读习写。后因以"上大人"比喻极简单浅近的文字。

⑮舛:错乱、差错。

⑯于子何如:此处"子"是代词,表示第二人称,相当于您。

【译文】参禅的人会有差错过失,那是教参禅的人所误导的。有人问:"教人参禅,是希望直指人心之道,能在此残灯将烬之时,再重新发扬光大,这怎么能说是误他呢?"我说:"道虽然是人人本具,却也是人人所难以克证的。若不是利根上智,终究很难靠近涅槃边岸,怎能一概以顿悟之道施教于人?譬如招募兵士,如果招到的是软弱无能的人,只可以让他们执旗司鼓。倘若授给他们战国勇士朱亥使用的重锤,或是三国蜀汉大将关云长用的大刀,或是魏国勇士典韦用的长戟,而不会害怕发抖因而跌倒的人,大概不多吧!哪里还希望他们有斩将擒敌、攻城破垒的战功呢?再者,例如有人才刚刚学会'上大人丘乙己'的字眼,就来教人考取科举的文字,这也是相当错乱的呀!"有人就问说:"依您的意思应该怎么样?"我回答说:"老僧正在读'上大人',尚未读熟呢!"

肇　论①

　　空印②驳肇公③《物不迁论》④，予昔为之解，今复思之：空印胡由而为此驳？其由有二，一者不察来意，二者太执常法⑤。不察来意者，若人问："物何故不迁？"则应答云："以性空故。"今彼以昔物不至今为物迁，而漫然折以性空⑥。性空虽是圣语⑦，然施于此，则笼统⑧之谈，非对机破的⑨之论也。得无似作文者，辞句虽佳而不切于本题者乎？太执常法者，僧问大珠⑩："如何是大涅槃⑪？"珠云："不造生死业。"此常法也。又问："如何是生死⑫业？"珠云："求大涅槃是生死业。"在常法，必答以"随妄⑬而行是生死业"矣，今乃即以"求大涅槃为生死业"，与肇公即以"物不至今为不迁"意正同也，故无以驳为也。又空印谓圭峰不当以达磨直指之禅为六度⑭之一，圭峰何处有此语？其所著《禅源诠》云："达磨未到，诸家所解，皆是四禅八定⑮之禅。南岳天台所立教义虽极圆妙，然其趋入门户次第亦只是前之诸禅。唯达磨所传，顿同佛体，迥异⑯诸门。"其说如此明显，而曰以直指禅为六度禅，则吾所未谙⑰也。虽然，空印驳肇公之论不迁，呵圭峰之议初祖，则诚过矣。至其谓圭峰不当以荷泽为独绍曹溪,天台门下所论或多不出于大师之口,此二说者确论也。

【注释】①肇论:全一卷,后秦僧肇撰,收于《大正藏》第四十五册。作者僧肇为鸠摩罗什门下四圣之一,号称解空第一,以其名冠于本论,故称《肇论》。本书内容阐释诸法无自性、不可得空等妙理,是收录僧肇所作之诸论著而成,全书分为"宗本义""物不迁论""不真空论""般若无知论""涅槃无名论"等五部分,末附"刘遗民书问及答刘遗民书"。

②空印:指镇澄,明代华严宗僧。河北宛平人,俗姓李,字空印。幼聪慧,十五岁投西山广应寺引公为沙弥,勤侍三年后受具足戒。后赴讲肆,学性相及华严十余载,复从小山笑岩究西来密意,妙契心印。明万历十年,师与憨山德清在五台山建无遮法会,后于紫霞兰若壁观三年,大悟。与友人雪峰创师子窟,建万佛琉璃塔为丛林,讲《华严经》,数千学者聚集。慈圣太后闻师之道誉,特赐《大藏经》。世寿七十一。

③肇公:指僧肇,东晋僧。长安人,俗姓张,家贫,以佣书为业,遂得博览经史。初好老庄,及读《维摩经》而感悟,遂出家。善方等大乘经典,兼通三藏,冠年名声已震关中。才思幽玄,精于谈论。闻鸠摩罗什羁留凉土,前往从之,为罗什最初的弟子,被称为"法中龙象"。及至姚秦破凉,乃随侍罗什入长安。禀姚兴之命,与僧叡等于逍遥园详定经论,解悟弥深,被称为解空第一。僧肇重要的著述,即是称为《肇论》。世寿三十一。清雍正十二年,谥僧肇为"大智园正圣僧"。

④物不迁论:僧肇所著的几种论文之一,乃阐发般若性空学说,以"即动即静"之义阐明"即体即用"之理论。"物不迁",谓虽有生起、流转等现象,然其本体恒不迁(不动)。此论主要针对"生死交

谢，寒暑叠迁，有物流动"的"常情"，即把万物看作是迁徙变易，不断变化的朴素实在的观点而作。

⑤常法：通例、通常的原则。

⑥漫然：犹浑然、全然。折：判断、裁决。性空：谓一切诸法自性本空，皆从因缘和合而生，若不和合，则无是法。如是诸法性不可得，是名性空。

⑦圣语：圣言，圣者所说之语。又有一说是古印度之语言，为中天竺之正音。

⑧笼统：概括、不具体。

⑨对机：佛陀对于众生之根机，而施相应之手段；又禅家之宗匠答学者之问也。破的：亦作破镝（dí），喻发言正中要害。

⑩大珠：即唐代沙门慧海，俗姓朱。从越州（浙江绍兴）大云寺道智法师受业，后至江西参访马祖道一，马祖曰："自家宝藏不顾，抛家散走作什么？"师于言下自识本性，遂事马祖六载。曾撰《顿悟入道要门论》一卷，祖赞曰："越州有大珠，圆明光透，自在无遮障。"此即大珠和尚名之由来。悟道之后，归返越州阐扬禅旨。世称大珠和尚、大珠慧海。

⑪大涅槃：又作大寂定、大灭度。即远离有为、生灭等诸法，而居于究竟空寂之大寂静。以其体量周遍虚空，故谓之大。

⑫生死：梵语，亦译轮回。谓依业因而于天、人、阿修罗、饿鬼、畜生、地狱等六道迷界中生死相续、永无穷尽之意。与"涅槃（菩提）"相对称。又生死无尽，以海为喻，故称为生死海。生死乃苦恼之世界，故亦称生死苦海。渡越生死苦海，而到达涅槃之彼岸，此事极为困难，故又称难渡海。

⑬随妄：真如随妄缘，生种种之染法也。"真如"乃梵语，真，

真实不虚妄。如，不变其性。真如指遍布于宇宙中真实之本体，为一切万有之根源，又作如如、法性、实相、如来藏、佛性、自性清净身、一心。真如即大乘佛教所说之"万有之本体"，亦说缘起之理法乃永远不变之真理。"妄缘"，指虚妄不实之缘，又指内在、外在之事物（缘），是众生生起妄情之缘由。

⑭六度：六波罗蜜也。旧称波罗蜜，译言度。新称波罗蜜多，译言到彼岸。度为度生死海之义，到彼岸为到涅槃岸之义，其意一也。乃大乘佛教中菩萨欲成佛道所实践之六种德目：一布施，二持戒，三忍辱，四精进，五禅定，六智慧。

⑮四禅八定："四禅"，又作四静虑、色界定，即色界天之四禅。色界天之四禅与无色界天之四无色定，合之而成八定，故知八定包含四禅。四与八并举者，盖色界与无色界相对，则在色界为"禅"，在无色界为"定"；若以色界、无色界相对于欲界之"散"，则色及无色二界，皆称为"定"，故合色界之四禅定与无色界之四无色定，而称之为八定。

⑯迥异：大不相同。迥，形容差别很大。

⑰谙：熟悉、知道。

【译文】空印法师反驳肇公的《物不迁论》，我在以前已作了辩解，现在重新再思索这件事：空印法师是何缘故作此驳论？大概有二种原因，一是不察来意，二是过分执着常法。

所谓不察来意，就好像有人问说：万物为什么不迁徙变易？则回答说：因为性空的缘故。其实问的人是以过去的事物不能保存至今，而说这是"物迁"，而回答者却浑然仅以"性空"来做答复。性空虽是圣语，但用在这里，便成了笼统浮泛之谈，并不是契机的言论。这岂不是像作文章的人，文句虽佳却不切本题吗？

至于过分执着常法，就如有人问大珠慧海和尚："怎样才是大涅槃?"大珠和尚回答说："不造生死业。"这就是常法。又问："怎样是生死业?"大珠和尚说："求大涅槃是生死业。"如果以常法来回答，必答以"随妄而行是生死业。"今大珠和尚以"求大涅槃为生死业"作为答复，这与肇公以"物不至今为不迁"的意思正好相同，所以没有必要加以反驳。

又空印法师认为圭峰大师不应该把达摩直指之禅说成是六度之一，其实圭峰宗密大师哪里说过这样的话呢? 圭峰在所著的《禅源诸诠集》中说道："当达摩祖师尚未来到中国时，各个宗派所能了解的都是四禅八定之禅。南岳天台依三谛之理修三止三观，尽管教义极为圆妙，但是有关入门的修学次序，仍是遵循前之修学禅定的行相。只有达摩大师来到中国后所传的禅法，是最上乘禅，亦名如来禅，顿同佛体，迥然不同于其他门派。"圭峰大师在此所说的话，是如此的明显，为何空印法师却指摘他不该把直指禅当作六度禅，这我就不能理解了。

空印法师驳议肇公的"物不迁论"，指责圭峰大师的非议初祖，这的确是过分了。即使如此，至于他认为圭峰大师不应当把荷泽神会禅师当作六祖惠能曹溪唯一的继承人，以及天台门下某些观点并不全出于智者大师之口，这两种说法却是正确恰当的议论。

华严论疏①

　　或问："《肇论》已闻命②矣，又一居士力诋清凉③者，何如？"予谓："彼居士惟崇枣柏④之论，其诋清凉者，言不当以信解行证⑤分裂全经，大失经旨。不思经开信、住、行、向、地等，其分裂也抑又甚矣！然则佛亦非欤？夫行布圆融⑥，一而二、二而一者也，必去行布，则圆融何物？因该果海，果彻因源，则先后同归，首尾一贯，无缝无罅⑦，何处觅其分裂也？况论有论体，疏有疏体，发明大意，莫尚乎论。委曲⑧发明，穷深极微，疏钞之功不可思议。二大士者，皆羽翼⑨《华严》之贤圣，不可得而轩轾⑩者也。"予尝有书达居士，居士不答，未知其允否，因记之。

　　【注释】①论疏：贤圣之述作为论，人师之解释为疏。此处为指李通玄之《华严经合论》与清凉大师之《华严经疏钞》。
　　②闻命：接受命令或教导。
　　③清凉：唐代僧，为中国华严宗第四祖。山阴人，俗姓夏侯，讳澄观，字大休，号清凉国师、华严菩萨、华严疏主。十一岁，依宝林寺霈禅师出家，十四岁得度。大历年间，复从天竺法诜等习《华严经》，尝

讲华严宗旨于大华严寺、崇福寺,名震京国,声达帝听。贞元十二年应德宗之召入长安,与罽宾三藏般若共译出乌荼国王贡献之《四十华严经》,帝赐紫袍及"教授和尚"之号。又奉诏于终南山草堂寺制新经之疏十卷,是即《贞元新译华严经疏》。贞元十五年德宗圣诞,召入内殿,阐扬华严宗旨,帝朗然觉悟,谓"以妙法清凉朕心",遂赐号"清凉国师"。师身历九朝,先后为七帝讲经,弟子有宗密、僧睿、法印、寂光,其他得法者凡百余人。著作颇多,有《大方广佛华严经疏》六十卷、《华严经随疏演义钞》九十卷、《华严经疏钞》三十卷、《华严经纲要》三卷等。

④枣柏:李通玄,世称李长者,又称枣柏大士,是唐代的华严学者,河北沧州人。青年时钻研易理,到四十余岁时,专攻佛典,潜心《华严》。于开元七年,他携带新译《华严经》到太原盂县西南同颖乡大贤村高山(一作仙)奴家,造论阐明经义。三年足不出户,据说每天早晨只食枣十颗、柏叶饼一枚,故世称枣柏大士。后来携带论稿移居太原寿阳方山土龛继续撰述,经过五年告成,这就是《新华严经论》四十卷,收于《大正藏》第三十六册。福州开元寺比丘志宁又将论文会入经文之下,成一百二十卷,后又经思研整理,称为《华严经合论》,收在《卍续藏》第五至第七册。继而又作《略释新华严经修行次第决疑论》四卷。世寿九十六岁。

⑤信解行证:乃修行佛道所必经之四种过程。首先须信乐佛法,其次了解佛法,进而身体力行,最后证悟其果。

⑥行布圆融:《华严》一经,具行布、圆融之二门,皆能通入法界。一行布门,行者行列,布者分布也。经中广明十住、十行、十回向、十地、等觉、妙觉之四十二位法门,由浅至深,行列次第分布,故曰行布门。二圆融门,经中又明法界之理,圆融无碍,于前之四十二位,随

举一位,而该摄诸位,谓之圆融门,如说初发心时便成正觉是也。

⑦罅:裂缝、缝隙。

⑧委曲:详悉、详述。

⑨羽翼:辅佐、维护。

⑩轩轾:车前高后低叫轩,前低后高叫轾,引申为高低、轻重、优劣。

【译文】有人问:"有关《肇论》的评论已经受教了,可是又有一位居士极力指责清凉大师,此事你认为如何?"这里我所提出的看法是:"那位居士只崇尚枣柏大士李通玄的《华严经合论》,他对清凉大师的指责,是针对清凉大师不应当以'信、解、行、证'四分来分裂全经,认为这样就会失去全经的旨趣。可是他没有想到《华严经》上,本来就开有十信、十住、十行、十回向、十地等菩萨修学次第,那其中的分裂岂不是更严重?如此说来,难道是佛错了吗?其实《华严经》上显示行布、圆融二门,是一而二、二而一,所谓行布不碍圆融,圆融不碍行布。如果舍去行布,那是圆融何物?即所谓'因该果海,果彻因源',因中有果,果中有因,是前后一致,首尾义理连贯,无缝无缺,哪里能找到分裂之处呢?何况论有论的体裁,疏有疏的体裁。在阐明《华严经》大意这方面,固然没有超过《合论》的。然而在详述发明经文、穷深极微义理方面,《疏钞》之功则不可思议。总之清凉大师与李通玄长者,都是弘扬《华严》的菩萨,所以不应该在他们两人之间强分优劣。"我曾经寄书信与居士,居士并未答复,不知他对我的解释是否信服,因而把它记录下来。

评议先贤

　　予既叙《肇论》《杂华》①二事，或曰："先贤不可评议乎？"予曰：非然也。"今人未必不如古人"，昔有是言矣。然吾尝思之，三百篇②多出于郊野闾阎③之歌咏，而后人以才华鸣世④者不能及。六群比丘⑤，圣众所不齿，而贤于佛灭度后马鸣⑥、龙树⑦，则古人何可轻也？空印之评，其太过者，止在"物不迁"及"圭峰论达磨"两处耳，非讥贬清凉者比也。吾见有叱辱温陵⑧者，骂詈长水⑨者。崇尚天台，则尽毁诸家，无一可其意者。勘妙喜为未悟者，藐中峰为文字知识者，又其甚有谓六祖不及永嘉；而遭其挫折一上者，是安可以不辨也？嗟乎！古人往矣，今人犹存，吾何苦为过去者争闲气⑩，而取见存者之不悦乎？顾理有当言，不容终嘿者，余非所恤也。

　　【注释】①《杂华》：指《杂华经》，是《华严经》之异名。万行譬如华，以万行庄严佛果，谓之华严；百行交杂，谓之杂华，其意一也。

　　②三百篇：相传《诗经》三千余篇，经孔子删订存三百一十一篇，内六篇有目无诗，实有诗三百零五篇，举其成数称三百篇。后即以

"三百篇"为《诗经》代称。

③闾阎：泛指民间。闾，民户聚居处、里巷。

④鸣世：闻名于世。

⑤六群比丘：指成群结党之六恶比丘，又作六众苾刍、六群。佛在世时，有恶比丘六人，勾结朋党，不守律仪，多行恶事，佛制戒多缘此六比丘而来。诸律所载，其名不一，依《戒因缘经》三曰："一、跋难陀，二、难陀，此二人生天上。三、迦留陀夷，四、阐怒，此二人得道涅槃。五、马师，六、弗那跋，此二人生龙中。"

⑥马鸣：佛灭后六百年出世之大乘论师名，有马鸣比丘、马鸣大士、马鸣菩萨等称。付法藏（如来灭后迦叶尊者结集法藏，二十年受持，付嘱之于阿难，阿难付嘱之商那和修，乃至辗转至于师子尊者，是为付法藏。）第十二祖，佛教诗人。初习外道之法，后与胁尊者对论，深有所感而皈依佛门，受菩萨之称号。

⑦龙树：菩萨名，以龙成道，故字曰龙。佛灭后七百年出世于南天竺，马鸣弟子迦毗摩罗尊者之弟子，提婆菩萨之师也。入龙宫赍《华严经》，开铁塔传密藏，显密八宗之祖师也。师之著作极丰，如《中论颂》《十二门论》《空七十论》《大乘破有论》《大智度论》《十住毗婆沙论》《大乘二十颂论》等等。造论之多，世所罕见，遂有"千部论主"之美称。

⑧温陵：宋温陵开元莲寺沙门戒环，世称温陵大师。宣和年间，撰《妙法莲华经解》二十卷，以阐扬天台奥意。又精通贤首大师法藏之华严教旨，弘扬讲说，多所开发，撰述宏富。

⑨长水：即子璇，北宋华严宗僧，俗姓郑，号东平，又称长水大师。九岁师事普慧寺契宗，诵《楞严经》，十三岁受具足戒。初从秀州洪敏学《华严》之教，后参谒琅琊慧觉而有所省悟，慧觉教其返故居，

弘阐《华严》。乃住长水寺，设讲席，以《华严》《楞严》授徒。从学徒众，几及一千。有宋一代，华严宗之再振，师居功甚伟。

⑩争闲气：指无谓的争吵。

【译文】我之前既叙说评论《肇论》以及《华严》二事之后，有人就问："先贤是都不能评议的吗？"我答道：并非这样。"今人未必不如古人"，虽然这句话早就有人说过，可是对于这句话我曾深思过，《诗经》三百篇大部分是出于乡野里巷的歌咏，后人尽管有惊世的才华，却创作不出比《诗经》更好的作品。六群比丘为当时圣众所不齿，但仍贤于佛灭度后的马鸣、龙树菩萨，所以，怎能轻视古人呢？空印法师的评议虽有不是之处（过分执着），但也只限于对"物不迁论"及"圭峰论达摩"这两个论点，这是不能与讥贬清凉大师的人相比的。我曾见过有叱辱宋朝温陵戒环法师的，有骂詈长水子璇大师的。即使崇尚天台，便尽毁诸家，似乎诸家没有一人能让他佩服。有人勘定妙喜禅师没有开悟，有人认为中峰禅师只是文字知识者，又甚至有人说六祖惠能大师不如永嘉玄觉禅师。如此的往圣前贤们，没来由的被诋毁一番，这事关重大，怎可不加以辩明呢？

唉！古人已经逝去，而评议先贤的人都还活着，我何苦为过去的人做无谓的辩解，而令现在的人不高兴呢？不过，若实在有必要辩明的道理，就不容许保持沉默，这我就顾不了许多了。

游名山不愿西方

　　游五台^①者曰文殊在，游峨嵋^②者曰普贤在，游普陀^③者曰观世音在。独不曰西方极乐世界有弥陀在乎? 又不曰三大士^④者徒仰嘉名。阿弥陀佛见在说法，亲炙休光^⑤之为愈乎? 又不曰跋涉三山，累年月而后到，信心念佛，一弹指而往生乎? 大可叹也。

　　【注释】①五台: 指五台山，位于中国山西五台县东北，与峨眉山、普陀山、九华山合称为中国佛教之四大灵山。以东、西、南、北、中五峰耸立，山顶无林木，垒土如台，故称五台山。又以五峦巍然，拔虖群山，盛夏仍不知炎暑，故别号清凉山。为古来文殊菩萨示现之道场。

　　②峨嵋: 中国佛教四大名山之一，相传为普贤菩萨示现应化之道场，古称牙门山，又称峨眉山。以山色秀丽著称，位于四川峨眉市之西南。晋代时，创建白水普贤寺，为峨眉山兴建佛寺之始。现有报国寺、九十九倒拐、金顶寺、睹光台等名胜。

　　③普陀: 指普陀山，位于浙江定海县东海中之舟山群岛。又称补陀山、补陀洛迦山、梅岑山、小白花山，为观世音菩萨之圣地，中国佛教四大名山之一。唐大中年间有一印度僧至此自焚十指，而亲睹观世音菩萨现身说法，授以七色宝石，遂传此地为观音显圣地。南宋以降，历

朝布施财物颇多，宝寺林立，僧徒日众，遂成大道场。古来祈求航海安全之例频繁，朝拜亦甚盛行。每年春夏之交，由各地前来普陀进香避暑之善男信女络绎于途，成为江南诸省香火最盛之佛寺。

④大士：梵语，为菩萨之美称。音译作摩诃萨埵，又作摩诃萨，与"菩萨"同义。经中每用"菩萨摩诃萨"之连称。菩萨为自利利他、大愿大行之人，故有此美称。一般而言，摩诃萨埵如译成"大士"时，则菩萨多译成"开士"，然皆指菩萨而言。

⑤亲炙：谓亲受教育熏陶。炙，熏陶。休光：盛美的光华，亦比喻美德或勋业。

【译文】游五台山的人声称五台有文殊菩萨在，游峨眉山的人认定峨眉有普贤菩萨在，游普陀山的人深信有观世音菩萨在。唯独没听人说西方极乐世界有阿弥陀佛在呢？为何不这么说：游三大名山朝礼三大菩萨只是仰慕其名声，而西方极乐世界阿弥陀佛现在正在说法，何不到极乐世界亲受阿弥陀佛智慧福德之光的熏陶，岂不更为殊胜呢？再者，也没听人说，跋涉三山需要经年累月才能抵达，不如信心念佛，一弹指顷即可往生西方呢？这实在是令人感叹啊！

非理募化

云栖①僧约："非理募化者出院②"。一僧曰："此不足禁，

禁之则缺众生福田③。非理募化，虽其人自负过愆④，而众生获
破悭⑤舍财之益。世僧假佛为名以营生，佛何曾为此辈出一禁约⑥
乎？"予曰："子言则诚善矣，然知其一，未知其二。非理募化
者，瞒因昧果⑦，施者知之，因而退心，后遂不施。安在其能破
悭也？佛世有诸弟子自远游归，所过聚落，望而闭户。问故，则
畏僧之募化也。因以白佛，佛乃种种呵责，何言其不禁约也？慎
之哉！"

【注释】①云栖：指云栖山，位于杭州五云山之西。此山原有真
济、云栖、天池三寺，后仅存云栖一寺。以明代莲池大师袾宏居此而闻
名。明代隆庆五年（公元1571年），袾宏爱其幽邃，于此设禅室，为丛
林奠立禅净归一之教义。其后，云栖山成为云栖念佛派之根本道场寺
名。

②募化：又作求化、奉加、劝财。指劝化信徒，使其布施，以供佛
堂寺塔之新造、佛具之补充修理等用途。又以募化乃劝募而结佛法之
善缘，故亦称募缘、劝缘、化缘。出院：指犯过而被摈逐出寺院。出，
摈出之意。

③福田：谓可生福德之田。凡敬侍佛、僧、父母、悲苦者，即可得
福德、功德，犹如农人耕田，能有收获，故以田为喻。则佛、僧、父母、
悲苦者，即称为福田。

④过愆：过失、错误。

⑤破悭：使悭吝者拿出钱财。悭，节约、吝啬。

⑥禁约：指禁止某些事物的条规。

⑦瞒：隐瞒、欺骗。昧：蒙蔽、掩盖。

【译文】云栖寺的《云栖共住规约》上规定：凡是做出"非理募化"的人应该逐出寺院。有一僧人却提出反对，说道："这一条不应该禁止，如果禁止了，会让众生缺少种福田的机会。非理向信徒劝募化缘，尽管募化的人要承担罪过，可是众生却有机会获得破除悭吝、布施舍财的法益。况且世间有些僧人假借佛的名义来营生，佛也并没有为这种人制定过禁约啊？"于是我说："你的话确实是出于一片好意，可是只知其一，不知其二。非理募化的人瞒因昧果，以后施主如果知道了，因而退心，再也不愿意布施，如此哪里还能使他们破悭呢？再则，佛在世时，有诸弟子自远地云游归来，当经过村庄聚落时，村民们一看到比丘来了，便赶紧关闭门户。问其缘故，原来是害怕僧人来募化。诸弟子因此把此事向佛禀报，佛于是有种种的呵斥，这怎么能说佛没有禁约呢？所以这件事应当要谨慎啊！"

妄拈古德机缘（一）

云栖僧约："妄拈古德机缘①者出院"。一僧云："此不必禁，禁之则断般若缘。彼谤《法华》者，地狱罪毕，还以谤故植缘法华，况妄拈者非谤乎？"予曰："子言则诚善矣，然知其一，未知其二。谤《法华》者，出地狱而植善缘。孰若信敬《法华》者，不入地狱而即植善缘乎？又谓妄拈非谤，而不思无知臆谈②

皆名谤《大般若》。是故漫述师言者，被点简云：'先师无此语，莫谤先师好[3]。'彼尊师也，非谤也。错答一转语者，堕野狐身[4]，彼错也，非谤也。何二人皆成罪戾[5]？古人一问一答，皆从真实了悟[6]中来；今人驰骋口头三昧[7]，明眼人前，似药汞之入红炉[8]，妖邪之遇白泽[9]耳。若不禁止，东竖一拳，西下一喝，此作一偈，彼说一颂，如风[10]如狂，如戏如谑[11]，虚头[12]炽而实践亡，子以为宗门复兴，吾以为佛法大坏也。"

【注释】①拈古德机缘："拈"，此处谓拈评古则。禅林说法，拈举古则公案以开发学人之心地。禅宗本旨原是教外别传、不立文字、不依经论等，然为使学人体悟言诠所不及之生死大事，乃拈提古则公案以举示宗门之要旨。"颂古"与"拈古"都是古代禅林拈举公案以教化参禅学人的方式。其特色都是"绕路说禅"而不直捷作概念性的解析。二者不同的是"颂古"用韵文方式，而"拈古"则用散文方式。

②臆谈：即臆说，主观的毫无根据的叙说。臆，意料、推测。

③先师无此语，莫谤先师好：此句乃是禅话。法眼禅师问扬州光孝院慧觉禅师（赵州弟子，有铁嘴之称）："近离甚处？"觉曰："赵州。"眼曰："承闻赵州有'庭前柏树子'话是否？"觉曰："无。"眼曰："往来皆谓：'僧问如何是祖师西来意，州曰庭前柏树子。'上座何得言无？"曰："先师实无此语，和尚莫谤先师好！"赵州的"庭前柏树子"，原指目前法教人会取，到后来成了葛藤上树，缠绕不休，铁嘴慧觉否定其师赵州有此话，正是深悟赵州禅。

④堕野狐身：指"百丈野狐"的禅宗公案。乃唐代百丈怀海禅师与野狐之机缘对话。由此公案点出因果历然之理。又作不落不昧、五百生野狐、百丈不昧因果、百丈野狐堕脱。《从容录》第八则载曰：

"百丈上堂，常有一老人听法，随众散去。一日，不去，丈乃问：'立者何人？'老人云：'某甲于过去迦叶佛时，曾住此山。有学人问：大修行底人还落因果也无？对他道：不落因果。堕野狐身五百生。今请和尚代一转语。'丈云：'不昧因果。'老人于言下大悟。"此则公案中，老人因百丈代为转语"不昧因果"而消泯过去独断之迷梦，于言下大悟，得脱野狐身。古来禅家多以拨无因果却自以为悟达因果者，称为'野狐禅'，盖由此典故而来。

⑤罪戾：罪愆，罪过、过失。戾，罪行。

⑥了悟：释家以明心见性为了悟。"明心"是发现自己的真心，"见性"是见到自己本来的真性。

⑦驰骋：奔竞、追逐。口头三昧：又称"口头禅"，谓不明禅理，仅袭取禅家之常用语以资谈助者。意指行者但袭取文字语言，说禅说道，而不真实下工夫修持。后转指一般人不身体力行，仅于口头说说而已。又现今通常指某人言谈间所爱用之习惯语。

⑧红炉：烧得很旺的火炉。

⑨白泽：传说中的神兽名。

⑩风：形容人的言行十分轻狂，后作疯。

⑪谑：开玩笑、嘲弄。

⑫虚头：弄虚作假、骗局。炽：昌盛、兴盛。

【译文】云栖寺的《云栖共住规约》上规定：凡是"妄拈古德机缘"的人应逐出寺院。有一位僧人提出异议道："这一条不应该禁止，如果禁止则会断绝众生学习般若智慧的因缘。譬如有人毁谤《法华经》，受地狱罪报过后，尚且因为毁谤的缘故而得予种植《法华》善缘，何况妄拈的人并不是毁谤呢？"

我对他分析道："你的话也有道理，然而只知其一，不知其二。

毁谤《法华》的人，出地狱虽植善缘，又怎能比得上一开头就信敬《法华经》的人，不必入地狱而当下种植善缘呢？另外，假如妄拈不是毁谤，难道没有想过所谓无知臆谈《大般若》皆是毁谤《大般若》？因此从前有人随便转述师长的话，被人纠正说：'先师无此语，莫谤先师好。'转述的人原来也是出于尊师，并不是谤师。又有人只因答错一转语，堕五百世野孤身，那人原来只是错答，并不是毁谤。为什么这二人都造成罪过呢？所以我们必须了解，古人一问一答都是从真实了悟中来，现在的人只会耍弄口头三昧，若在明眼人前，就像汞银投入大红炉，妖邪遇上白泽图，只是虚张声势，最后徒劳无功而已。如果不严加禁止，任人东竖一拳，西下一喝，此处作一偈，那边说一颂，如疯如狂，如戏如谑，逐渐演变成故弄玄虚的人多而真实用功的人少，你以为宗门由此可以复兴，我却以为佛法由此即将大坏。"

妄拈古德机缘（二）

僧不悦曰："审如是，古德机缘，更不可开口一评量①乎？"曰："止禁妄拈，未尝言不可拈也。二僧同起卷帘，古德云一得一失②。子试评量，得失谁在？"僧无语。予曰："昔人有言：'十回被师家问，九回答不得。'未为害，但忌无知妄谈，则终无升进耳。慎之哉！”

【注释】①评量：评判、衡量、审查。

②一得一失：禅林用语，谓有得（利益）必有失（损失）。即肯定一方时，则相对的否定他方。义同"拈得鼻孔失却口"。《法眼文益禅师语录》："僧参次，师指帘，时有二僧同去卷。师曰：'一得一失。'"（"师"指法眼宗的文益禅师）

【译文】此时僧人很不高兴地说："如果是这样的话，难道对于古德机缘、公案，一概都不可以开口评论吗？"我解释道："僧约上只是禁止随意拈举古则，并没有说一概都不可以拈举。譬如有公案说道：二僧同样掀起卷帘，古德评为一得一失。你试着去评量看看，谁得谁失呢？"僧人当即哑口无言。于是我再规劝道："古人有言：'十回被师家问，九回答不得。'这个不算丢脸、不算有害，真正伤害自己的是无知而妄谈，则终生将无提升进步的指望了。所以必须谨慎啊！"

直 言

前僧欲除"募化"、"妄拈"二禁，予不允，僧去。又一僧云："云栖半月直言、逐日直言，适起争端耳。除直言，乃所以为直言也。"予谓："汝非僧乎？僧宜从佛。而佛制九旬结夏①，夏满之日，名‘僧自恣日^②’、‘佛欢喜日’，任僧举过，更无隐讳，故名‘自恣’。云栖半月直言，据此也。佛喜而子独不喜，可乎？律载：僧有过，傍僧白佛，佛召本僧，种种呵责，因制为律。云栖逐日直言，据此也。佛容其举过，而子独不容，可乎？且世法犹云君有诤臣^③，父有诤子，士有诤友，故曰兴王赏直谏之臣，圣主立诽谤之木^④，夫子以知过为幸，仲由以闻过为喜^⑤，况为僧修出世法，可不须友以成其德乎？子恶直言，则谗谄面谀^⑥之人至矣。拒谏饰非^⑦，损德败业，非小失也。慎之哉！”

【注释】①九旬结夏：即每年四月十六日至七月十五日之九十日，此为印度佛教徒结夏安居之日期。“结夏”，又作夏安居、雨安居、坐夏、夏坐、安居、坐腊、一夏九旬、九旬禁足。印度夏季之雨期达三月之久，此三个月间，出家人禁止外出而聚居一处以致力修行，称为安居。此是唯恐雨季期间外出，踩杀地面之虫类及草树之新芽，招引世讥，故聚集修行，避免外出。

②自恣日：自，即自陈己过。恣，即恣他举罪。夏安居之竟日，清众举示自身于见、闻、疑等三事中所犯之罪，面对其他比丘忏悔之，忏悔清净，自生喜悦，称为“自恣”。此日即称僧自恣日、僧受岁日。依据《四分律删繁补阙行事钞》卷上之四“自恣宗要篇”所载，佛制夏安居九十日，令僧众会集一处，修道精练身心，坚持戒行，皎洁其行。然人多迷于己行，不自见所犯之过，理应仰凭清众之慈悲，予以诲示。故于自恣日尽量揭发己罪，请大众规诫，遂得内彰其私隐，外显其瑕疵。经此发露忏悔，令得清净。

③诤臣：谏诤之臣。诤，直言规劝。

④诽谤之木：供百姓书写政治缺失的表木。《吕氏春秋·自知》："尧有欲谏之鼓，舜有诽谤之木，汤有司过之士，武王有戒慎之鞀(táo)，犹恐不能自知。"

⑤仲由：春秋鲁卞(今山东泗水)人，字子路，一字季路。孔子的学生，性爽直勇敢。闻过为喜：听到别人指出自己的过失就高兴，谓虚心接受意见。语本《孟子·公孙丑上》："子路，人告之以有过则喜。"

⑥面谀：当面恭维。

⑦饰非：粉饰掩盖错误。

【译文】前面提到有僧人要废除"非理募化""妄拈古德机缘"这二条规约，我不允许，于是那位僧人就离开了。又有一僧人提议道："《云栖共住规约》中有规定半月直言、逐日直言，这样反而容易引起争端。如果能够除去直言，这才是真正的直言。"

我质问道："你难道不是僧人吗？如果是僧人，便应该遵从佛的教诫，而佛制结夏九十天，结夏圆满这一天，名为'僧自恣日''佛欢喜日'，任由僧众互相指出对方在行为上的过失，借以反省忏悔，皆无隐瞒不说的，所以名'自恣'。云栖的半月直言，即是依据这个而定的。佛都欢喜而你独不欢喜，这说得通吗？律中记载：僧人犯有过失，旁僧禀告佛，佛便召见犯过的僧人，有种种呵责，因而制成戒律。云栖寺的逐日直言，便是依据这个缘由的。佛容许他人举过，而你却不容许，这合理吗？况且世间法中，尚且还有倡议君主应该有直言劝谏的忠臣，为父的要有直言劝谏的孝子，士人须有直言劝谏的朋友，所以才有兴国安邦的君主奖赏直谏之臣，英明的圣主立有供人书写谏言的木牌，孔夫子以知过为幸，仲由以闻过为喜等等情事。何况僧人修出世法，难道不需要直言劝谏的道友来帮助他成就德行吗？

你讨厌有人直言, 则那些谄谀阿谀的人就会来奉承你。如此拒绝谏言而掩饰缺点, 必将有损自己的德行, 甚至败坏自己的道业, 这可不是小小的过失。实当谨慎啊! "

心　迹

包孝肃公终日正色①, 人以其笑比黄河清②; 秦会之③亦罕有笑容, 一破颜于溪水涧来之对。外貌虽同, 而中则天壤④矣! 神鼎諲禅师⑤门庭⑥高峻, 衲子非久参上士⑦, 无敢登其门, 后之禅和亦有然者。临济⑧、德山⑨动辄棒喝⑩, 如风如雷。后之禅和亦有然者。黄龙⑪、妙喜升座, 则诟骂诸方。后之禅和亦有然者。其同异何如哉?

【注释】①包孝肃公: 即包拯, 字希仁, 北宋合肥人。性刚直, 历官天章阁待制、龙图阁直学士。知开封府, 办案严正, 不避权贵, 时人比其为"黄河清"。是宋代有名的清官, 卒谥孝肃。其事迹长期流传民间, 被尊称为包公、包青天。正色: 谓神色庄重、态度严肃。

②黄河清: 黄河水本浑浊, 古人以黄河水清为祥瑞的征兆, 或是比喻难得、罕见的事。

③秦会之: 即秦桧, 字会之, 宋江宁人。性阴险, 晚年残忍尤甚。

高宗时为相,挟金人以自重,力持和议,阻止恢复,诬杀岳飞等,一时忠臣良将殆尽,和议乃成。卒谥忠献,宁宗改谥缪丑。

④天壤:比喻相隔悬殊。壤,地。

⑤神鼎諲禅师:禅师洪諲,宋代僧,襄水(湖北)人,俗姓扈。嗣首山省念法绪,初隐南岳,一钵自足。后遇湘阴豪右来游,请主其邑之神鼎寺,师允诺之,然至寺则已败毁,唯余残迹。师遂清苦自持,居之十载,道侣渐聚,犹以破朽木床为狮子座,踞以说法,其淡泊如此。而以年腊俱高,诸方尊之如古赵州。

⑥门庭:在禅林中有三义:一指禅宗之丛林、修行道场、师家住处、庵等处所。二比喻引导进入堂奥之前阶段,即方便法。三指禅宗之宗旨、宗风等。

⑦衲子:僧侣之称呼,又称衲僧,由于着衲衣而有此称。普通多用于禅家,因禅僧多着一衲衣而云游四方。上士:此处指上根之人。

⑧临济:指临济宗之祖义玄禅师,唐代曹州(河南)人,俗姓邢。幼负出尘之志,及落发受具足戒后,便慕禅宗,初到江西参黄檗希运,又礼谒高安大愚、沩山灵祐等;后还黄檗,受印可。唐宣宗时住镇州临济院,设三玄三要、四料简等机法接引徒众,更以机锋峭峻闻名于世,别成一家,遂成临济宗。师接化学人,每以叱喝显大机用,世有"德山棒、临济喝"之称。其对参禅行者极为严苛,然学徒奔凑,门风兴隆,为中国禅宗最盛行之一派。

⑨德山:指德山宣鉴禅师,唐代禅僧,剑南(四川)人,俗姓周。年少出家,二十岁受具足戒,因常讲《金刚般若经》,时人美称为"周金刚"。为青原第五世。以法系之异,常以棒打为教,而有"德山棒"之称誉,是一严格修行者。应武陵(湖南)太守薛廷望坚请,始居德山,大振宗风,蔚为一大丛林,其道风峻峭,棒打天下衲子,与沩山、

洞山、临济之道风相对峙。世寿八十四，僧腊六十五，敕谥"见性大师"。

⑩棒喝：喝，大声喊叫。禅家宗匠接引学人时，为杜绝其虚妄思惟或考验其悟境，或用棒打，或大喝一声，以暗示与启悟对方。相传棒之施用，始于唐代德山宣鉴与黄蘖希运。喝之施用，始于临济义玄（或谓马祖道一）。以后禅师接引学人，多棒喝交施，无非欲借此促人觉悟。

⑪黄龙：指黄龙慧南禅师，宋代禅僧，临济宗黄龙派之祖。信州（江西）人，俗姓章。十一岁从定水院智銮出家，十九岁受具足戒。遍参栖贤澄諟、云峰文悦、石霜楚圆等诸宿，皆蒙器许。受请至黄龙山崇恩院，大振宗风，遍及湖南、湖北、江西、闽粤等地，此一系统乃蔚成黄龙派，日本临济宗之祖荣西即源出此一流派。师每以公案广度四众，室中尝设"佛手驴脚生缘"三转语以勘验学人，三十余年鲜有契其旨者，世称"黄龙三关"。师住黄龙时，法席鼎盛，直追马祖、百丈。世寿六十八，世称黄龙慧南，徽宗追谥"普觉禅师"。

【译文】宋朝包公，办案严明，刚正不阿，平时总是正色凛然，很少有笑容，可是只要一笑，有人形容是"笑比黄河清"。秦桧这个人阴险奸诈，平时也罕有笑容，一旦破颜一笑，犹如干涸的溪水。虽然他们外在的表现雷同，但是内心世界却有天壤之别！神鼎寺洪諲禅师门庭高峻，若非上根利智且久参的禅僧，没人敢登门谒见。其后参禅的人中也有效法洪諲禅师风范的。临济义玄禅师及德山宣鉴禅师，动不动就棒喝，如风如雷，所谓"德山棒如雨点，临济喝似雷奔"。其后禅门中的人也有效法棒喝的。黄龙慧南禅师与妙喜宗杲禅师，当他们升座说法时，往往诟骂诸方。其后参禅的人之中也有像他们一样诟骂诸方的。虽然从表面看来，外在举动的表现仿佛相似，但其间的差异不同到何程度，就不可而知了。

僧务外学

儒者之学，以"六经"、《论》《孟》等书为准的，而《老》《庄》乃至佛经，禁置不学者，业有专攻，其正理也，不足怪也。为僧亦然。乃不读佛经而读儒书。读儒书犹未为不可，又至于读《庄》《老》。稍明敏者，又从而注释之，又从而学诗、学文、学字、学尺牍，种种皆法门之衰相也，弗可挽矣！

【译文】儒家做学问，惟以"六经"、《论语》《孟子》等书为准则，而对于《老子》《庄子》乃至佛经，一概不许涉猎，这是为了专攻一门学问，以此来约束读书人，这可说是正理，不足为怪。作为出家人也应该如此，学有所专，方可有成。然而现在却有许多出家人置佛经不读，偏要读儒书。读儒书也未尝不可，又进而读《庄子》《老子》。更有稍具聪明机敏的人，还为儒、道二家的著作做注释；甚至有人致力于学作诗、写文章、练各种文体书法及书信，这种种都是法门趋于衰微的现象，看来已经到难以挽回的地步啊！

僧务杂术^①（一）

僧又有作地理师^②者，作卜筮师^③者，作风鉴师^④者，作医药师者，作女科医药师^⑤者，作符水^⑥、炉火烧炼师^⑦者，末法之弊极矣！或曰："百丈大师^⑧令司马头陀择地可作五百僧道场者，而得沩山^⑨，是地理家事。既而令择沩山主人，得大祐禅师^⑩，是风鉴家事，则何如？"噫！此古圣贤为传法利生之大机缘，非世人所测识者。而百丈、司马是何等人品，今之术士，可以借口也与哉？

【注释】①杂术：指医、卜、星、相之术。

②地理师：风水先生。

③卜筮师：以占卦为业的人。

④风鉴师：指以谈相论命为职业的人。

⑤女科医药师：指妇科医生。

⑥符水：巫师道士以符箓焚化于水中，或直接向水画符诵咒，迷信者以为可以辟邪治病。

⑦炉火烧炼师：即道家的炼丹师。"炼丹"，道家法术之一。源于古代方术，原指置朱砂于炉中炼制。后有内丹、外丹之分，以气功修炼

人体精、气、神谓之内丹，以炉火烧炼药石谓之外丹。

⑧百丈大师：指怀海禅师，唐代僧，福州长乐人。自幼喜游访寺院，年二十，从西山慧照出家，后从南岳之法朝律师受具足戒。适逢马祖道一在南康弘法，乃倾心依附，遂得道一之印可。后出主新吴（江西奉新）百丈山，自立禅院，制订清规，率众修持，实行僧团之农禅生活。尝曰："一日不作，一日不食"。敕谥"大智禅师"，塔号"大宝胜轮"。座下以黄檗希运、沩山灵祐居首。其后，宋、元诸帝又谥号"觉照禅师""弘宗妙行禅师"。师所订清规，世称"百丈清规"，天下丛林无不奉行，为禅宗史上划时代之功绩。

⑨沩山：沩山位于中国湖南长沙宁乡县西，为衡山山脉之分支、沩水之发源地，又称大沩山。山多平地，水道便利，故古来出家人每多耕作于此，而有"罗汉田"之称。唐僧灵祐居此，世称"沩山禅师"。

⑩大祐禅师：即大沩山灵祐禅师，唐代僧，为沩仰宗初祖。福州长溪人，俗姓赵，法名灵祐。十五岁随建善寺法常（又称法恒）律师出家，于杭州龙兴寺受具足戒。曾先后遇寒山、拾得，后参百丈怀海，并嗣其法。宪宗元和末年，栖止潭州大沩山，山民感德，群集共营梵宇，敕号"同庆寺"。其后，相国裴休亦来咨问玄旨，声誉更隆，禅侣辐辏。师住山凡四十年，大扬宗风，世称沩山灵祐。世寿八十三，法腊六十四，谥号"大圆禅师"。有《潭州沩山灵祐禅师语录》《沩山警策》各一卷传世。其中嗣法弟子，仰山慧寂承其后而集大成，世称沩仰宗。

【译文】出家人中有替人看地理风水的，也有为人占卜算卦的，为人相命的，也有作医药师的，作妇科医药师的，甚至有作符水、炉火炼丹师的，末法时期的种种积弊可谓至极！

有人提出疑问说:"从前百丈怀海禅师令司马头陀,选择一处可容纳五百僧人的修行道场,而得到沩山一片好地,这不就是地理师的事。接着令选择沩山的住持,又得到了灵祐禅师,这不就是相术师的事,这些又当如何解释呢?"

咦!这是古圣贤为了弘扬法化、普利群生而善巧方便的大机缘,绝不是一般凡夫俗子所能测识其高深的。更何况百丈禅师、司马头陀是何等人物,岂是当今江湖术士能拿来当作借口而比较的?

僧务杂术(二)

或曰:"杂术固非僧务,医以全生,宜若无碍焉。"予谓:杂术乱心,则概所当舍。如其救济为怀,则亦万行之一端。而术倘^①不精,虽曰全生,反以伤生,则大为不可。近有僧行灸法^②者,其法和药作饼,置艾炷于其上而然之,云治万病。此不知出自何书,传自何人?夫切肌而察穴,循穴而入内,灼艾之常法也。隔饼而灸,有痛苦而无功能者也。而师行焉,弟子绍焉,不自知其业之深且重也。

【注释】①倘:倘若、假如,表示假设。
②灸法:中医的一种疗法,是把燃烧的艾绒,温灼穴位的皮肤表

面,利用热刺激来治病。

【译文】又有人说:"杂术固然不是出家人所应该做的,但学医是为了治病救人,学点医术应该没有妨碍吧。"我则认为:凡是杂术,都是扰乱心性的,应当一概舍弃。如果能以慈悲救济为怀,治病救人当然也是菩萨万行中的一种。可是,倘若医术不精,虽有救人之心,结果可能适得其反,此则万万不可妄为。近来听说有僧人应用灸法为人治病,其方法是把药物调和做成饼,然后将艾炷置于饼上燃烧,据说可以治万病。不知这种灸法出自何种医书?传自什么人?若按正常的灸法,应该是先在身上选定穴位,在穴位上用艾炷熏灼,使艾火的热力透入肌肤之内,从而产生疗效。隔饼而灸,让人痛苦而且无功效,这算什么灸法呢?甚至当师父的这么做,竟然也有弟子跟着这么学,浑然不知自己造的业既深且重。

周柳翁

周柳翁谓予曰:"今日释门须是斫①三人头,悬之槁街②,而后佛法始振矣!"时某官在坐,问三人为谁?答曰:"其一某,其二某。"问其三,直答曰:"老兄是也。"某官盖此翁平日所素厚者,问故,则曰:"公托名阿练若③,而心在含元殿④故也。"某官不之瞋,作而曰:"至言也!"此翁以刚直不容于时,至于僧事,亦正气凛凛若此，可畏也，可敬也。今僧实居阿练若，而有发愿，愿来生作御史⑤者，可愧死矣！

【注释】①斫：用刀斧等砍或削。

②稿街：同"槁街"，都街、闹市。

③阿练若：又作阿兰若、阿练茹、阿兰那、阿兰攘、阿兰拏，略称兰若、练若。译为山林、荒野。指适合于出家人修行与居住之僻静场所。又译为远离处、寂静处、最闲处、无诤处。即距离聚落一俱卢舍而适于修行之空闲处。

④含元殿：唐宫殿名。高宗时所建，本名蓬莱宫，是举行重要典礼仪式的场所。遗址在今陕西省西安市。

⑤御史：官名。春秋战国时期列国皆有御史，为国君亲近之职，掌文书及记事。秦设御史大夫，职副丞相。并以御史监郡，遂有纠察弹劾之权，盖因近臣使作耳目。汉以后，御史职责则专司纠弹。

【译文】周柳翁对我说："今日佛门中必须砍下三个人的头，悬于闹市示众，然后佛法才会振兴啊！"当时有某官在场，问该被砍头的三人是谁，答说："一个是某人，另一个是某人。"接着问第三人是谁，周柳翁直爽地回答："正是老兄你。"其实这位官员平日与周柳翁交谊颇深厚，就问他："为什么是我？"周柳翁坦率地指出："因为你常假借亲近三宝而扬名于佛门，但内心却念念不忘官场之显要职位，所以才说第三人是你。"这位官员听后并不生气，反而起身向柳翁作揖道："你所说的真是一针见血啊！"这位周柳翁由于为人刚直，为当时权贵所不容，至于论及僧门中事，也是这样的正气凛凛，让人既可畏又可敬。现在的僧人中，不乏身居阿练若，而发愿来生作御史的。若是听到周柳翁这番话，应该感到羞愧至极啊！

沸汤施食

有自称西域沙门，作焰口施食①法师者，其洒净也不用水，燃沸汤于瓶，以手擎②而洒之，着人面不热。人异之，请施食者络绎③。予以为此甚不足贵也。世之号端公④太保者，尚能以红铁链缠束其肢体，利锋刀刺入于咽喉，况此沸汤特其小小者耳！夫佛制施食，本为饿鬼饮食至口即成火炭，故作甘露水真言⑤等以灭其热恼⑥，使得清凉，奈何其用沸汤也？此何佛所说？何经所载？惑世诬民，莫斯为甚矣！或谓其能化沸汤为冷泉，故不必用水。审如是，则亦能化臭腐以为沉檀⑦，而不必用香矣；化黑暗以为光明，而不必用灯矣；化瓦砾以为枣栗⑧，而不必用果矣；化草芥以为牡丹芍药⑨，而不必用花矣；化泥土以为稻麦黍稷⑩，而不必用斛食矣。今何为香、花、灯、果、斛食一一如常法具办，而独于洒净一事则用沸汤乎？明理者辨之。

【注释】①焰口：为一种根据《救拔焰口饿鬼陀罗尼经》而举行之施食饿鬼之法事。该法会是以饿鬼道众生为主要施食对象。施放焰口，则饿鬼皆得超度，亦为对死者追荐的佛事之一，又作放焰口。施食：以饿鬼为对象的施食仪式，称为"施食仪"或"施饿鬼"，略称"施食"。

②擎：举起、向上托。

③络绎：连续不断、往来不绝。

④端公太保：男巫的别称。

⑤甘露水真言：真言，又作陀罗尼、咒、明、神咒、密言、密语、密号，即真实而无虚假之语言之意。此于密教，相当于三密中之语密，而谓"真言秘密"。或又指佛、菩萨、诸天等的本誓之德，或其别名；或即指含有深奥教法之秘密语句，而为凡夫二乘所不能知者。中国及日本对真言均不做翻译，而直接运用其原语之音译。

⑥热恼：指逼于剧苦，而使身心焦热苦恼。

⑦沉檀：沉香与旃檀香。

⑧瓦砾：破碎的砖头瓦片。砾，小石、碎石。枣栗：古时妇女早间拜见长辈时常献的果品。

⑨芍药：多年生草本植物。五月开花，花大而美丽，有紫红、粉红、白等多种颜色，供观赏，根可入药。

⑩黍稷：黍和稷，为古代主要农作物。亦泛指五谷。

【译文】有自称从西域来的僧人，充作焰口施食法师，他洒净时不用冷水，而是将煮沸的汤水装入瓶中，以手举瓶而洒之，汤水溅到人的脸上时，并不感到烫热。有许多人都觉得奇特，因此请他施食的人络绎不绝。但我认为这并不是什么了不得的本领。世间有懂巫术号称"端公太保"的人，尚能以烧红的铁链缠束在肢体上，或用锋利的刀刃刺入咽喉中，都没有任何伤害，何况用沸汤这小小的花招！其实佛制定施食仪轨，本是因为饿鬼众生饮食时，食物至口即成火炭，因而作甘露水真言及种种真言，来灭除他们的热恼，使得清凉。所以，为什么要用沸汤呢？这是哪尊佛所说的？哪一部经所记载的？如此蛊惑世人，没有比这更严重的了！

如果说他能化沸汤为冷泉，因此就不必用水。果真如此，他也应该能化臭腐为沉檀，就不必用香了；化黑暗为光明，就不必用灯；化瓦砾为枣栗，而不必用果；化草芥为牡丹芍药，那不必用花；化泥土为稻麦黍稷，就不用斛食了。可如今为什么还要用香、花、灯、果、斛食，一一都依照常法而备办具足，却只有洒净一事改用沸汤呢？明白道理的人，就不难辨明此事。

肉　刑

肉刑①起于何时，其果圣人之意乎哉？或曰："《尚书》言之矣！"然言之而未详也，抑后世欲威民者为之也？夫炮烙②罪人，商纣之所以危身也。凿人目，剥人面皮，吴皓③之所以覆国也。复有沸油、盐于鼎俎④，置人于中而烹之者，齐楚等君所以终至于灭亡也。而谓圣人为之乎？或又曰："其人天且劓⑤，《周易》亦言之矣！"然《易经》也，非律也。卜筮之书也，非刑书也。所以前民⑥用，非所以罚民罪也。天且劓，象⑦也，非真也。且肉刑至汉文帝而始除，万世而下，其以文帝为非乎？以文帝为贤乎？如以为贤，则肉刑之非可知矣！虽然，帝则诚贤矣，而有遗恨焉，宫刑⑧之未除也。嗟乎痛哉！难言也。业报之循环，不可息也，何时得见龙华⑨之世也？

【注释】①肉刑：残害肉体的刑罚。古指，一墨：以刀刺面、染黑为记。二劓：割鼻。三剕：断足。四宫：宫刑。五大辟：死刑。此五种谓五刑，有关五刑的记载，最早见于《尚书·舜典》："流宥五刑"。五刑的具体名称，见于《尚书·吕刑》，称为墨、劓、剕、宫、大辟。秦代有黥（墨刑）、劓、刖、宫四种肉刑，汉文帝下诏废除黥、劓、刖，改用笞刑代替，景帝又减轻了笞刑。

②炮烙：相传是殷纣王所用的一种酷刑。

③吴皓：指三国的吴国孙皓，此人残暴："或剥人之面，或凿人之眼"，见《三国志·吴志·孙皓传》。《太平御览》卷三七五引《裴子语林》曰："贾充问孙皓何以剥人面皮，皓曰：'憎其颜之厚也。'"

④鼎俎：泛称割烹的用具。

⑤人天且劓：语出《易经·睽卦》："见舆曳，其牛掣，其人天且劓，无初有终。"天，髡首也。劓，截鼻也。天而又劓，言重伤也。髡首，髡刑，古代一种剃去罪人须发的刑罚。

⑥前民：语出《易·系辞上》："是以明于天之道，而察于民之故，是兴神物以前民用。"后以"前民"谓引导人民。

⑦象：《周易》专用语，谓解释卦象的意义，亦指卦象。

⑧宫刑：中国古代五刑之一。阉割男子生殖器，破坏妇女生殖机能（一说将妇女禁闭宫中为奴）的刑罚。约始于商周时。《孔传》："宫，淫刑也。男子割势，妇人幽闭，次死之刑。"

⑨龙华：指龙华三会，指弥勒菩萨于龙华树下成道之三会说法。

又称龙华会、龙华三庭、弥勒三会、慈尊三会。略称龙华。乃佛陀入灭后五十六亿七千万年（另有说五十七亿六千万岁、五十六亿万岁者），弥勒菩萨自兜率天下生人间，出家学道，坐于翅头城华林园中龙华树下成正等觉，前后三次说法。于昔时释迦牟尼佛之教法下未曾得道者，至此会时，以上中下三根之别，悉可得道。

【译文】肉刑不知起于何时，难道真是出自圣人的本意吗？有人说："《尚书》中有言及此事。"然而叙述的并不详细，或是后世君主欲使民众慑服才定出来的，就不得而知了。据史书上记载，炮烙罪人，是导致商朝纣王国破身亡的根源。三国时代的孙皓喜好凿人目，剥人面皮，是促成吴国灭国的前因。更甚有在鼎俎中煮沸油、盐，将人抛置其中烹煮，致使齐楚等国君终至灭亡的。这种种刑法，怎能说是圣人制定的！

又有人指出："有受刑之人，既被剃去头发且截鼻，这是在《周易》中也提到这样的事。"然而《周易》只是儒家的经典，并非国家律典。《周易》是卜筮的书，并非刑书。《周易》是用来引导民众趋吉避凶的，而不是用来惩罚犯罪的民众。况且"天且劓"，是指睽卦的卦象，并不是真有其事。

而且，直至汉文帝时，肉刑中的黥、劓、刖的刑罚才废除。但经过世世代代以后，大家以为文帝废除肉刑是错还是对的呢？如果大多数人认为废除肉刑是贤明的决策，那就证明肉刑的存在实是残酷无道啊！无论如何，文帝的这种做法值得赞许，只是很遗憾文帝并没有将宫刑一并废除。事实上，施行肉刑是多么令人痛心的事！而遭受此祸所受的苦楚，那更是难以言语形容的。佛家讲业报轮回，循环不已，是终无休止的。所以，何时才能得见龙华三会的慈悲太平盛世呢?

心意识

讲者数辈,争论"心意识①"不决,予乃为稽诸古。《文殊问经》云:"心者聚义,意者忆义,识者现知义。"《俱舍论》云:"集起名心,筹量名意,了别名识。"《密严经》云:"藏是心,执我名意,取诸境界为识。"如是等说,皆小异而大同者也。永嘉云:"损法财②,灭功德,莫不由兹心意识。"是故教乘中须一一究审,不可混淆。宗门直指心源③,则一念不生全体现④,又何必琐琐⑤分别争论为也?

【注释】①心意识:心,音译作质多,即集起之义。意,音译作末那,即思量之义。识,音译作毗若南,即了别之义。大略言之,心是主体,意与识是心作用之两面。

②法财:为"世财"之对称。即指佛法、教说等。盖精神之教法能滋润众生,为众生长养慧命之资粮,犹如世间之财宝,故喻称为法财。

③直指心源:"心源",指心性,亦即真如。心为一切万有之根源,故称心源。

④一念不生全体现：一念不生时，则大道之全体自然显现。众生本具佛性，但以妄想、沉迷故，不能显现本有佛性；如妄心不生，则本有面目自然得现。

⑤琐琐：絮聒、多言貌。

【译文】有几位从事讲学的人在一起争论"心、意、识"，却讨论不出结果，于是我便查证各种经论。在《文殊师利问经》上说："心者，聚义；意者，忆义；识者，现知义。"《俱舍论》上说："集起名心，筹量名意，了别名识。"《大乘密严经》上说："藏是心，执我名意，取诸境界为识。"如上所述，大体上，名相一致，而于含意上有少许差异。永嘉大师《证道歌》言："损法财，灭功德，莫不由兹心意识。"永嘉大师的意思是指心意识会坏我们的法身慧命，会灭却修行中无量无边的功德。如此看来，在教乘中，凡相关名相须一一仔细查究，不可混淆。若是在宗门，重在直指心源。若能一念不生时，则大道之全体自然显现。所以又何必争论这些枝末细节呢！

制　心①

或问："心念纷飞，当作何方便？"予曰："佛言心者，制之一处，无事不办②。"或曰："得无类告子之强制其心而不动乎？""是不然，告子之不动心③，念起即遏，遏捺④令静。今之制心，是制使归于一处，不杂用心。则彼是灰心⑤不起，此是用心不二⑥。彼是豁达空⑦，此是思惟修⑧。两不同途，未可并论。一处功成，则随其所习百千三昧靡不具足，故曰无事不办。彼之强制，只办得一味顽定，何能有此功德？虽然，此犹是学人初做工夫方便，非为究竟。'本来无一物，何处惹尘埃'，安所云'制'？又安求所谓'处'也？"或曰："本来无一物，何处惹尘埃，则全是空寂⑨境界，却正同于告子之不动心矣。"曰："告子遏捺其心，使之不动。曹溪无心可动，不须遏捺，乌得同？"

【注释】①制心：随心之所起便制之使不驰散也。

②制之一处，无事不办：此语出自《佛遗教经》。谓修行之人，若能摄心敛念，不涉余缘，则所修行业，决可成办。

③告子之不动心："告子"，人名，战国时代，约与孟子同时的学者，兼治儒墨之学，主张人之性是无善无不善的，当时自成一家之言。语出《孟子·公孙丑上》："敢问夫子之不动心与告子之不动心。"宋朱熹集注曰："告子之学，与此正相反。其不动心，殆亦冥然无觉，悍然不顾而已尔。"又《朱子语类》卷五二云："告子不动心，是硬把定。"

④遏捺：压制、按捺。

⑤灰心：谓悟道之心，不为外界所动，枯寂如死灰。语本《庄子齐物论》："形固可使如槁，而心固可使如死灰乎？"

⑥用心不二："不二"，又作无二、离两边。指对一切现象应无分别，或超越各种区别。一实之理，如如平等，而无彼此之别。

⑦豁达空：遍捺功极，忽令世界身心平沉不现，如击石火，似闪

电光,瞥尔乍睹空寂,名豁达空。但以此豁达空,当作胜妙,若认此空,则起大邪见,拨无因果,此中最险。

⑧思惟修:就是禅、禅那,译曰思惟修,新译曰静虑,与禅定同。心定一境而审为思虑者。是为色界所属之心德,不具欲界之心,离欲界之烦恼,乃可得之。思惟修者,为寄于因之名,一心思惟研修为因,乃得此定心,故名为思惟修。静虑者就当体而名之,其禅那之体为寂静而亦具审虑之用,故曰静虑。静即定,虑即慧也。定慧均等之妙体曰禅那。简而言之,一切摄心系念,学诸三昧,皆名思惟修。

⑨空寂:无诸相曰空,无起灭曰寂,空寂乃谓远离诸法相之寂静状态。

【译文】有人问:"心中妄念纷飞,应该用什么方法对治?"我告诉他说:"《佛遗教经》上讲,只要能把心制伏,使之专注一处,则任何所修的行业都能成办,这便是最好的对治方法。"

有人提出疑问说:"这岂不是与告子所说的强制其心而使之不动相似吗?"我解释道:"不一样,告子的不动心,是当心念起时强加抑止,按捺使静。而佛所说的制心,是制使归于一处,不杂用心。告子的不动心是灰心不起,佛所说的制心是用心不二。告子的不动心是一种痴顽的豁达空,而佛所说的制心是一种运用理智的思惟修。两者方法功用完全不同,这不可相提并论。佛所说的制心一处功夫成就了,则随其所修习的百千三昧无不具足,即所谓的无事不办。而告子的强制其心,只不过一味顽定,怎能具足百千三昧的功德?尽管如此,这种制心一处还只是初学做工夫的人之入门方便而已,并非究竟。若论究竟,正如六祖大师所示的'本来无一物,何处惹尘埃。'哪里还用得着'制'?又向哪里去求所谓'处'呢?"

又有人问说："本来无一物，何处惹尘埃，所说的全是空寂境界，岂不正同于告子的不动心吗？"我回答说："告子是遏捺其心，使之不动。而曹溪六祖大师是无心可动，根本用不着遏捺，这怎能说是相同呢？"

禅宗净土迟速

一僧专修念佛法门，一僧以禅自负，谓念佛者曰："汝念佛必待生西方已，见阿弥陀佛，然后得悟。我参禅者，见生便得悟去。迟速较然矣，汝罢念而参可也。"僧莫能决，举以问予。予曰："根有利钝，力有勤惰[1]，存乎其人，则彼此互为迟速，未可是此而非彼也。喻如二人同趋宝所[2]，一人乘马，一人乘船，同日起程，而到之迟速，未可定也。则利钝勤惰之说也，参禅念佛亦复如是。语其迟，念佛人有累劫莲花始开，参禅人亦有多生勤苦不能见性者矣！语其速，参禅人有当下了悟[3]，不历僧祇获法身[4]。念佛人亦有见生打彻，临终上上品生者矣！古云：'如人涉远，以到为期，不取途中强分难易。'"

【注释】①力有勤惰：力，梵语，音译波罗、末丽囊。意指力用、智力、机能、能力之意，或指众生求悟的能力。

②宝所：谓珍宝之所在，比喻究竟之涅槃。为"化城"之对称，化城，比喻小乘之涅槃，在近而非实；宝所，即比喻大乘之涅槃，指真正证悟安住之场所。

③了悟：佛家以明心见性为了悟。

④不历僧祇：僧祇，阿僧祇之略称，意译无数、无央数。印度数目之一，指极大、不可数之数目。法身：谓始从初住，显出法性之理，乃至妙觉极果，理聚方圆，是名法身。初住者，即十住位中初之一住也；妙觉者，自觉觉他，觉行圆满，不可思议，故名妙觉；理聚方圆者，妙觉所证，法性之理方始圆满也。

【译文】有一僧专修念佛法门，另一僧以参禅自许，禅僧对念佛僧说："你念佛必须要等往生西方，见到阿弥陀佛之后，才能得悟。我们参禅的人，现生即能得悟。所以比较之下，得悟的迟速就是很清楚了。你干脆不要念佛，改为参禅好了。"

念佛僧听后心中犹豫不决，便将禅僧的话拿来请教我。我正言相劝道："各人根机有利有钝，用功有勤有惰，这取决于自身，彼此都有迟速的一面，不能认为自己所修的法门就是对的，别人所修的法门便错了。譬如有两人想要前往藏有珍贵宝物之所在地，一人乘马，另一人乘船，同日起程，究竟谁会先到达？这是无法预先断定的，只能在利、钝、勤、惰上去衡量，参禅、念佛也是同样的道理。论其迟缓，念佛人有经过累劫，西方的莲花才开的。参禅的人也有多生勤苦，而不能明心见性的。论其快速，参禅的人有当下明心见性，不需经历阿僧祇即获法身的。念佛的人也有当生得理一心不乱，临终上上品往生的。正如古德所说的：'如人涉远，以到为期，不在途中强分难易。'所以修学是以到涅槃岸为期，不以其中的过程来分判难易的。"

六祖坛经①

六祖示不识字，一生靡事笔研②，《坛经》皆他人记录，故多讹误。其十万八千、东方西方等说久已辩明。中又云："但修十善，何须更愿往生？"夫十善，生天之因也，无佛出世，轮王乃以十善化度众生。六祖不教人生西方见佛，而但使生天可乎？其不足信，明矣！故知执《坛经》而非净土者，谬之甚者也。

【注释】①六祖坛经：全一卷。全称《六祖大师法宝坛经》，又称《法宝坛经》《坛经》。收于《大正藏》第四十八册，其敦煌写本亦收于同册。为禅宗六祖惠能于韶州大梵寺之说法内容，由其弟子法海集录而成。称经者，后人尊其法也。有关《坛经》之版本，于唐代慧忠国师之时，已有改换之伪本，后于辽国，遂焚弃本书。至元世宗至元年间，有德异、宗宝二人，探求古本，删定正讹，刊行于世，即为今之《坛经》。案二公同时刊行二本，而宗宝本为胜，后人取德异之序冠之，以广流通。

②靡：无、没有。笔研：指文墨书写之事。

【译文】禅宗六祖惠能大师示现不识字，一生没有著述，所讲的

《坛经》也是由弟子法海记录而成，故而难免有错误。《坛经》中有关"十万八千"、"东方西方"等说，之前早就已经辩明（详如《阿弥陀经疏钞》）。可是《坛经》中又说："但修十善，何须更愿往生？"十善是生天的业因，在佛尚未出世度生的时代，轮王就以十善化度众生。而说六祖大师不教人生西方见佛，只劝人修十善生天，这怎么说得过去呢？这话分明是不值得取信！由此可知，执着《坛经》之语而批评净土的，实在是太不明了六祖大师的真实义了。

居　山

古云："大隐居廛①，小隐②居山。"遂有甘心汩没③于尘俗者。不知居廛者，混俗和光④，闹中得静，有道之士则然，非初心所宜也。或曰："永嘉谓：'未得道而先居山，但见其山，必忘其道。'是不许居山也。"此各有说。予赞居山，为汩没于尘俗者诚也。而永嘉所言自是正理。出家儿大事未明，千里万里寻师访道，亲近知识，朝参暮请⑤，岂得蒙昧无知作守山鬼乎？故知行脚⑥在前，居山在后可也。则亦不悖乎永嘉之言也。

【注释】①大隐：指真正的隐士。廛：指市廛，店铺集中的市区。②小隐：谓隐居山林。

③汩没：埋没、湮灭。汩，淹没。

④和光：谓才华内蕴，不露锋芒。此处指"和光同尘"，出自《老子》："和其光，同其尘"一语，谓与尘俗相合而不自立异。

⑤朝参暮请：朝暮小参之意，又称晨参暮请、晨夕参叩、早参晚参。"参请"，即弟子向师家请问并受教。亦同"参问请教"、"参禅办道"之意。

⑥行脚：又作游方、游行。谓僧侣无一定居所，或为寻访名师，或为自我修持，或为教化他人，而广游四方。

【译文】古人说："大隐的人，居在闹市里；小隐的人，避至深山中。"所以就有甘心隐没在红尘世俗中的人。那些隐居闹市中的人，不露锋芒，与世无争，动静一如，不为境转。但这必须是有道的高士才能做得到，初心学人不知就里就想要效法，实在是不恰当的。或者有人言："永嘉大师说：'未识道而先居山，但见其山，必忘其道。'这是不赞成隐居山林的意思。"

因此针对这一点，各有各的说法。我赞许居山，是为了劝诫那些已经堕落在五欲六尘中的人。但是永嘉大师所说的话也是正理，因为出家人在尚未悟入佛知见之前，必须不辞辛劳的寻师访道，亲近善知识，闻法请教，精进的学习，怎么可以蒙昧无知做守山鬼呢？由此可知，参访善知识在前，得道之后可以隐居深山，这也并不违背永嘉大师的话。

佛 性

经言:"蠢动含灵皆有佛性①。"孟子之辟告子也,曰:"然则犬之性犹牛之性,牛之性犹人之性欤?"有执经言而非孟子,予以为不然。皆有佛性者,出世尽理②之言。人畜不同者,世间见在之论,两不相碍。是故极本穷源③,则蝼蚁蠛蠓④,直下与三世诸佛平等不二。据今见在,则人通万变,畜惟一知,何容并视。岂惟人与畜殊,彼犬以司夜,有警则吠。若夫牛,即发扃⑤钻穴、逾墙斩关,且安然如不闻见矣。犬牛之性果不齐也,而况于人乎?万材同一木也,而梧、槚、枳、棘⑥自殊。百川同一水也,而江、湖、沟、渠各别。同而未尝不异,异而未尝不同者也。如执而不通,则世尊成正觉⑦时,普见一切众生成正觉,今日何以尚有众生?

【注释】①蠢动含灵皆有佛性:"蠢动含灵",犹言一切众生。《黄檗传心法要》曰:"即心是佛,上至诸佛,下至蠢动含灵,皆有佛性,同一心体。"

②出世:出世间之略称,即超越世俗、出离世尘之意,又作出尘。尽理:究竟之理。

③极本穷源：谓彻底的推究本源。

④蟻蠓：虫名，体微细，将雨，群飞塞路。

⑤发扃：门户。

⑥梧、槚：指梧桐与山楸，两者皆良木，故以并称，比喻良材。枳、棘：枳木与棘木，因其多刺而称恶木。

⑦成正觉：谓证悟一切诸法之真正觉智，即如来之实智，故成佛又称成正觉。

【译文】佛经说："蠢动含灵（一切众生）皆有佛性。"孟子在驳斥告子关于本性的问题时，则说道："难道可以说狗的禀性如同牛的禀性，牛的禀性如同人的禀性吗？"其后有人依据佛经上的话来批评孟子，我认为不合理。佛说"蠢动含灵皆有佛性"，这是出世究理之言。孟子认为人畜的禀性不同，是就世间现实情况而言，两种说法不相妨碍。如果彻底的推究本源，则蝼蚁蟻蠓这些微小生物的佛性，当下与三世诸佛平等不二。但据现实世界来观察，则人的智慧能通达万变，而畜类只有极少的感性认识，怎么可以视为同等来看待？

事实上，岂止是人与畜的智力不同，譬如以狗来守夜，它一发现警讯即会吠叫。如果换做牛来守夜，即使有人推开门户、爬窗跳墙、砍断门闩，它还依旧安然如不闻不见。可见狗与牛的禀性不相同，更何况是人呢？就如种种的木材都源自于树木，但梧、槚、枳、棘自有材质的区别。百川同样是水，可是江、湖、沟、渠，各有不同的特性与功能。可见相同中未尝没有差异之处，差异中也未尝没有相同的地方。如果固执而不知变通，则世尊成正觉时已普见一切众生成正觉，为什么今日还有这许多众生呢？

僧畜僮仆

僧有畜僮仆供使令者。夫出家人有弟子可服役，奚以僮仆为? 或曰："弟子为求道而来，非执役人也。"噫! 夫子之适国也，一则曰冉有仆①，一则曰樊迟御②。渊明之赴友人召也，一门生二子舁其篮舆③。后世图而绘之，以为高致。今出家为僧，乃宠爱其弟子，如富贵家儿，而另以钱买僮仆供爨负薪④、张伞执刺⑤，末法之弊一至是乎!

【注释】①冉有仆："冉有"，为孔子弟子，春秋时鲁国人，名求，字子有。"仆"，指驾车。此句语出《论语·子路》："子适卫，冉有仆"。

②樊迟：孔子的弟子，名须，字子迟。御：驾驭车马。

③舁：抬、扛。篮舆：古代供人乘坐的交通工具，形制不一，一般以人力抬着行走，类似后世的轿子。

④爨(cuàn)：烧火煮饭。负薪：背负柴草，谓从事打柴之事。

⑤执刺：谓持名片进谒。刺，名片。

【译文】僧人中竟然有购买仆役以供使唤的情形。事实上，出家人有弟子可以服役，何必还要购买僮仆呢? 但有人却说："弟子门徒是为了求道而来的，不是来侍候人的。"噫!《论语》中记载孔夫子周游列国时，有一次是弟子冉有替他驾车，又有一次是弟子樊迟为他驾车。东晋诗人陶渊明赴友人的邀请时，曾经令一位门生与二个儿子共同抬着轿子前往。后世有人绘成图画，以为是品格清高雅致。今天既然是出家为僧，却宠爱他的弟子如同富贵人家的子弟，居然花钱买僮仆，来为他煮饭、挑柴、撑伞、递送名帖等等事情，末法的流弊竟然到了此种地步，真是感叹啊!

文文山①

文山《六歌》，有"来生业缘在，骨肉当如故"之句，是信有三世矣。特不知：宿业因缘之至也，则聚为一家。宿业因缘之毕也，则散为歧路。如鸟宿林，天明而为东西南北鸟矣，安保其如故也? 文山节义才学表表②百世，而此言乃似"七月七日长生殿③"语，则未尝留心内典④之故也。惜哉!

【注释】①文文山：指文天祥，字宋瑞，又字履善，号文山，为宋状元丞相，封信国公。德祐初，元兵入侵，奉使入元军议和，被执，脱归，辗转浙、闽、粤，继抗元师，战败被执，拘燕三年，宋既亡，终不屈，遂被杀，临刑，作"正气歌"以见志。著《文山先生全集》《指南

录》《吟啸集》

②表表：卓异、特出。百世：世世代代。

③七月七日长生殿：语出唐白居易《长恨歌》："七月七日长生殿，夜半无人私语时，在天愿为比翼鸟，在地愿为连理枝，天长地久有时尽，此恨绵绵无绝期。"

④内典：又作内经、内教，指佛教之经论书籍。反之，佛教以外之典籍称外典。

【译文】文天祥所写的《六歌》中，有"来生业缘在，骨肉当如故"的句子，这说明他相信有因果通三世的事。只是他还不是很了解：当宿业因缘时机成熟时，就聚为一家人。宿业因缘结束时，则散为陌路。这就像群鸟共宿林中，破晓时分，鸟儿即各飞往东西南北了，哪能保得住可以天天栖息在同一林中？文山的节义才学传扬百世，此二语却类似"长恨歌"里："七月七日长生殿"的词句，这是他不曾留心佛教内典的缘故，实是可惜啊！

出家四料简①

有在家出家者，有出家在家者，有在家在家者，有出家出家者。处于族舍，具有父母妻子，而心恒在道，不染世尘者，在家出家者也。处于伽蓝②，无父母妻子之累，而营营名利③，无异俗人者,出家在家者也。处于俗舍,终身缠缚④,无一念解脱⑤者,在家在家者也。处于伽蓝,终身精进,无一念退惰者,出家出家者也。故古人有身心出家四句,意正如此。虽然,出家出家者,上士也无论矣。与其为出家在家者,宁为在家在家者。何以故?袈裟⑥下失人身,下之又下者也。

【注释】①料简:言于义理量裁简别也,为解释之异名。又作料拣、了简、量简、量见、料见。指善能分别选择正法。盖此语散见于诸家之章疏中,但用法、含义则不同。

②伽蓝:是梵语,全译为僧伽蓝摩,又作僧伽蓝,意译众园,又称僧园、僧院。原意指僧众所居之园林,然一般用以称僧侣所居之寺院、堂舍。

③营营:劳而不知休息,忙碌。

④缠缚:缠绕束缚。缚,束、捆绑。

⑤解脱:是梵语,音译作毗木叉、毗目叉、毗木底,又作木叉、木底。意谓解放,指由烦恼束缚中解放,而超脱迷苦之境地。以能超度迷之世界,故又称度脱。以得解脱,故称得脱。广义言之,摆脱世俗任何束缚,于宗教精神上感到自由,均可用以称之。特殊而论,指断绝生死原因,不再拘于业报轮回,与涅槃、圆寂之含意相通。

⑥袈裟:是梵语,译曰不正、坏、浊、染等。又与加沙野之语同,译曰赤色。比丘之法衣有大中小三件,避青、黄、赤、白、黑之五正色,而用他之杂色,故从色而云袈裟。其形为长方形,故从形而云敷具、卧具等。其相割截小片,缀合如田畔,故从相而云割截衣,又云田相衣。其他有道服、法衣、忍辱铠、解脱幢相等种种之德名。

【译文】出家有四类:有身在家而心出家的,有身出家而心在家的，有身心俱在家的，有身心俱出家的。

有人虽身居家族房舍或家庭之中，具有父母妻子，而他的心却念念在道，不为世间尘缘所染，这叫作身在家心出家。有人虽身居寺院里，既没有父母妻子的牵累，可是他的心却系恋着尘世，整天与俗人一样，忙着追求名利，这是身出家而心不出家。有人身居于尘俗，终身为世缘缠缚，不曾有一念希求解脱，这是身心都在家的。有人居于寺院，终身精进办道，无一念退惰，这是身心俱出家的人。

古人将身心出家这四类作为四料简，即是据此。虽是这样，做到身心俱出家，这对于具有上根利智的人当然没问题。但如果不能做到身心俱出家，与其做一名身出家心不出家的人，则宁可做在家的居士。为什么呢？身披袈裟原为解脱，既已出家而不能清修梵行，不但解脱无期，甚至连人身也保不住，岂不成了世间最可怜的人。

时光不可空过（一）

世人耽着①处，不舍昼夜。曰："昼短苦夜长，何不秉烛游"，耽赏玩②也。"百年三万六千日③，一日须倾三百杯"，耽曲糵④也。"野客吟残半夜灯⑤"，耽诗赋也。"长夏惟消一局棋"，耽博弈⑥也。古有明训曰："是日已过，命亦随减，当勤精进，如救头然⑦。"今出家儿，耽曲糵者固少，而前后三事或未免焉。将好光阴蓦然^⑧空过，岂不大可惜哉？

【注释】①耽着：玩乐、沉溺。

②赏玩：欣赏玩味。玩，观赏、欣赏。

③百年三万六千日：此语出自唐代李白《襄阳歌》："鸬鹚杓，鹦鹉杯，百年三万六千日，一日须倾三百杯。"鸬鹚杓，刻为鸬鹚形的酒杓。鸬鹚，水鸟名，俗叫鱼鹰、水老鸦。

④曲糵：曲，指酒。糵，酒曲，酿酒用的发酵剂。《尚书·说命下》曰："若作酒醴，尔惟曲糵。"

⑤野客吟残半夜灯：此语出自五代夏宝松《宿江城》诗："孤猿叫落中严月，野客吟残半夜灯，雁飞南浦砧初断，月满西楼酒半醒，晓来羸驹依前去，目断遥山数点青。"

⑥博弈：局戏（弈棋之类的游戏）和围棋。

⑦是日已过等句：此四句出自《警策大众偈》及《普贤警众偈》。前两句是《出曜经》中叙述佛陀因见三条大鱼被惊涛浸灌，流入浅水，各自挣脱厄难的情景而说的："是日已过，命亦随减，如少水鱼，斯有何乐"。后两句是"普贤警众偈"上说的："大众当勤精进，如救头然，但念无常，慎勿放逸。"是警策行人应当奋勇前进，不可稍有松懈。此二偈合在一起，很早就为丛林念诵仪中采用，北宋《禅苑清规》卷二"念诵"条下采录此文，以后各种清规和念诵集也多收录。

⑧蓦然：不经心的、猛然。

【译文】世人如对某一事物产生兴趣爱好，便不分白天黑夜耽溺在其中。如《古诗十九首·生年不满百》云："昼短苦夜长，何不秉烛游。"这就是喜爱游赏湖光山色的人说的。又"百年三万六千日，一日须倾三百杯。"这是贪好饮酒的人说的。"野客吟残半夜灯"，这是沉溺于诗赋的人说的。"长夏惟消一局棋"，是沉迷于下棋的人说的。古有明训教导我们："要警觉这一天过去了，人的寿命也随之减少了一天，应当要勤恳的精进修道，就像为了救灭烧到头上的大火一样，丝毫不敢掉以轻心。"现今的出家人，耽于饮酒的人固然少，而对于前后所指赏玩、诗赋、下棋等三种嗜好却未必没有。如果将宝贵的光阴就如此毫无意义的空过，难道不觉得太可惜了吗？

时光不可空过（二）

先德示众云："汝等出家，未曾立脚①得定，忽已过三四十年矣！"我等闻此真恳痛切之语，所当心战②而毛竖者，乃有都将青春壮色，勤勤作有为事业③。或奔南走北，曰我参礼名山。或装塑修造，曰我兴崇三宝④。或聚众起会，曰我助扬法化⑤。此虽名色亦皆好事，非上所云赏玩、曲蘖等比，而其为空过一也。一朝猛省前非，忽已龙钟衰朽⑥，悔无及矣！故曰："少壮不努力，老大徒伤悲。"呜呼！更有终身安然而不伤悲者。

【注释】①立脚：指根基、基础。

②心战：心中恐惧而颤栗。毛竖：汗毛竖立，形容非常恐惧。

③有为事业："有为"，谓有所作为、造作之意，又称有为法。泛

指由因缘和合所造作之现象。狭义而言,亦特指人的造作行为。

④三宝:是指为佛教徒所尊敬供养之佛宝、法宝、僧宝等三宝。又作三尊。佛,乃指觉悟人生之真相,而能教导他人之佛教教主,或泛指一切诸佛;法,为根据佛陀所悟而向人宣说之教法;僧,指修学教法之佛弟子集团。以上三者,威德至高无上,永不变移,如世间之宝,故称三宝。

⑤法化:正法之教化也。

⑥龙钟:身体衰老,行动不灵便者。衰朽:老迈无能。

【译文】从前有祖师大德对大众开示说:"你等出家,根基还未站稳,转眼却已过三、四十年了。"我等听到如此真诚痛切的话语,怎能不感到心惊胆战而自警觉!可是仍有许多出家人都将自己的青春大好时光,用在世间无常的事业上。例如有人奔南走北,自我解释说:"我这是参礼名山"。有人装塑佛像,修建寺院,就说:"我这是为了兴崇三宝"。有人聚众建立法会,说:"我这是帮助弘扬佛法"。从这些名目上来看,虽然也都可以算是好事,而且非如前文所说赏玩、饮酒等事可比,但是虚度光阴却是一样的。如果有朝一日猛然觉悟,始知从前错用心力,但已年迈体衰,这时后悔也来不及了!所以古诗上才说:"少壮不努力,老大徒伤悲",真是可怜啊!还有人如此终身空过,却不知道要反省、伤悲,那是更可怜的!

蔬食上宾

一贵人齿高而爵尊①，有上宾至，留饭。宾意其盛馔也。则粝饭②及菜羹一器而已，无兼味。宾大叹服。今富家待客，烹炮煎炙羽毛③鳞介等种种众生，大非也。或难曰："《易》言大烹以养圣贤者④，何也？"噫！独不闻二簋可用飨⑤，亦《易》之明示乎？而僧家虽不宰杀，素馔多品，亦非所宜也。或又难："盂兰盆尽世甘美，以供贤圣僧者，何也？"噫！独不闻贫母以残汁奉辟支而感生天之福⑥，亦内典之明示乎？在心不在物故也。

【注释】①贵人：显贵的人。齿高：年齿高，岁数大。

②粝饭：糙米饭。

③羽毛：鸟兽的代称。鳞介：泛指有鳞和介甲的水生动物。

④大烹以养圣贤：大烹，亦作"大亨"，盛馔，丰盛的饭食。此语出自《易·鼎》："象曰，鼎亨饪也，圣人亨以享上帝，而大亨以养圣贤。"王弼注："亨者，鼎之所为也。"

⑤二簋可用飨：二簋，喻祭品之少。簋，古代祭祀宴享时盛黍稷的器皿。飨，通"享"，祭祀、祭献。

⑥贫母以残汁奉辟支而感生天之福：出自《佛说摩诃迦叶度贫母

经》。大意是迦叶度最贫之老母，使生于天，天帝释化为贫人，以供养迦叶。此经收于《大正藏》第十四册。

【译文】有一位年高位尊的官员，某天府上来了一位上宾，官员留他一起用餐。宾客以为像主人这样的贵族世家，必定以丰盛的筵席来款待，没想到摆在面前的只是粗米饭及菜羹一碟而已，再没有其他可口的菜肴。这位上宾不由得大为叹服。反观现今富有的人家招待宾客，不惜水陆杂陈，将羽毛鳞介等种种众生加以烹、炮、煎、炙，做成千馐百味，实在大错啊！

于是有人质问说："《易经》上有言：'大烹以养圣贤'，这该怎么解释？"唉！难道没听过"二簋可用飨"，不也是《易经》上的明示吗？虽然僧戒不杀生，倘若刻意备办多种素馔，这也是不合宜的。又有人责难说："盂兰盆会上，尽集世间甘美百味，以供贤圣僧，又该如何解释呢？"唉！难道没听说贫母以残汁奉施辟支佛而感得生天之福，不也是出自佛经中的典故吗？所以，"供养"主要是在心而不在物啊！

李卓吾（一）

或问："李卓吾①弃荣削发，著述传海内，子以为何如人？"答曰：卓吾超逸之才，豪雄之气，吾重之。然可重在此，可惜亦在此。夫人具如是才气，而不以圣言为量、常道为凭、镇之以厚德，持之以小心，则必好为惊世矫俗②之论，以自娱快。试举一二：卓吾以世界人物俱肇始于阴阳，而以"太极生阴阳"为妄语。盖据《易传》③，有天地然后有万物，而以天阴地阳、男阴女阳为最初之元本，更无先者。不思"易有太极，是生两仪④"，同出夫子传《易》之言，而一为至论，一为妄语，何也？乃至以秦皇之暴虐为第一君，以冯道之失节⑤为大豪杰，以荆轲、聂政⑥之杀身为最得死所；而古称贤人君子者，往往反摘其瑕颣⑦。甚而排场戏剧之说，亦复以《琵琶》《荆钗》⑧守义持节为勉强，而《西厢》《拜月》⑨为顺天性之常。噫！《大学》言："好人所恶，恶人所好，灾必逮夫身⑩。"卓吾之谓也。惜哉！

【注释】①李卓吾：指李贽，明代思想家，字卓吾。中年以前，他学不守绳辙，排击孔子，别立褒贬，凡千古相传之善恶，无不颠倒易位。但在四十岁左右，开始接受王阳明的学说，五十岁左右开始研究佛经，五十四岁以后，更入鸡足山，阅藏经不出。晚年隐居麻城龙潭湖时，剃发披缁。后北游通州，为给事中张问达所劾，声其卑辱孔子，下诏狱，不服，自缢而死，享年七十六。著作很多，有《焚书》《续焚书》《藏书》《续藏书》等。

②矫俗：谓故意违俗立异。

③《易传》：中国儒家学者对《易经》所作的解释，共有十篇：彖上下、象上下、文言、系辞上下、说卦、序卦、杂卦。又称《十翼》。

④易有太极，是生两仪："太极"，古代哲学家称最原始的混沌之气。谓太极运动而分化出阴阳，由阴阳而产生四时变化，继而出现各种

自然现象，是宇宙万物之源。《易·系辞上》："《易》有太极，是生两仪，两仪生四象，四象生八卦。"

⑤冯道之失节：五代宰相冯道，一生仕唐、晋、汉、周四朝，相六帝，于丧君亡国略不在意，自号长乐老。历陈官爵以为荣，时论卑之。

⑥荆轲、聂政："荆轲"，战国末著名刺客，燕太子丹奉为上客，衔命入秦刺秦王嬴政，事败被杀。"聂政"，战国时韩轵县深井里人，是韩国勇士。严仲子与韩宰相侠累有仇，重金礼聘聂政刺杀侠累，政以母在而不允。待母逝姊嫁，因感恩于知己，于是刺杀侠累，替严仲子复仇。事成之后，恐连累其姊，乃毁容自尽，见《史记》卷八十六之"刺客列传"。

⑦瑕颣：比喻事物的缺点、毛病。瑕，玉上的斑点。颣，丝上的疙瘩。

⑧《琵琶》《荆钗》：乃指元代戏曲名"琵琶记"、"荆钗记"。"琵琶记"，元朝末年高明所作，改编自民间南戏"赵贞女"。内容叙述蔡伯喈（音"接"）、赵五娘故事，宣扬"全忠全孝"，充满理学的说教。"荆钗记"，元柯丹丘作，现今流传者多为明人改本。写宋王十朋与妻钱玉莲，双双拒绝权贵威逼，夫妻忠贞的故事。

⑨《西厢》《拜月》：指元代戏曲名"西厢记"、"拜月亭"。"西厢记"，是据唐元稹"莺莺传"（一名"会真记"），记述崔莺莺与张君瑞相恋，后为张所弃而他嫁的故事。元王实甫作杂剧"西厢记"，皆述其事。但王作丰富了人物的性格和故事情节，使莺莺冲破封建礼教和门第的束缚，终于与张生结合，此乃歌颂以爱情为基础的结合，否定了封建社会传统的联姻方式。"拜月亭"，元关汉卿作，杂剧中深刻反映了封建社会官民之间、男女之间、主婢之间、父女之间种种不合理的现象，批判了三纲五常的封建伦理道德。

⑩好人所恶等句：语出《礼记·大学》，原文是："好人之所恶，恶人之所好，是谓拂人之性，菑必逮夫身。"

【译文】有人问："李卓吾舍弃荣华而削发为僧，他的著述遍及全国，你认为这个人怎么样？"我答说：卓吾这个人具有高超之才，豪雄之气，我很看重他。然而看重之处，亦是令人惋惜之处。像他这样具有才气的人，却不以圣人的教导为修身行道的准绳，也不依常道为标准，更没有培植厚德及保持谨慎小心，这样的人一定会写出惊世违俗的论著，借此以自娱称快。我就举几个例子来说明。

卓吾以为天地之间的森罗万象都起始于阴阳，将"太极生阴阳"这句话视为妄语。他依据《易经·序卦传》："有天地然后有万物"这句话来立论，因而以天阴地阳、男阴女阳为最初根本，再没比这更早的。他却没想到"易有太极，是生两仪"这一句话，是同样出自孔夫子《易经·系辞上传》中所说的话。然而，他却将这一句奉为至论，将另一句却贬为妄语，这是什么意思呢？

乃至于把秦始皇的暴虐称赞是"天下第一君"，把冯道的失节赞叹为"大豪杰"，以荆轲、聂政的杀身成义认为是"死得其所"。而对历代著名的贤人君子，却百般挑剔他们微小的过失。甚至对舞台戏剧的评议，竟将《琵琶记》《荆钗记》里守义持节的人视为牵强，反而把《西厢记》《拜月亭》这一类有违礼教的，视为顺从天性之常理。唉！《大学》上说："喜好人们所厌恶的，厌恶人们所喜好的，这是违反人的本性，如此灾祸必然会降临到他身上。"这句话似乎就是针对卓吾这种人说的。实是可惜卓吾的才气啊！

李卓吾（二）

　　或曰："子以成败论人物乎？"曰："非然也。夫子记子路不得其死[1]，非不贤子路也，非不爱子路也。行行兼人[2]，有取死之道也。卓吾负子路之勇，又不持斋素而事宰杀，不处山林而游朝市，不潜心内典而著述外书，即正首丘[3]，吾必以为幸而免也。虽然，其所立遗约，训诲徒众者，皆教以苦行清修，深居而简出，为僧者当法也。苏子瞻讥评范增，而许以人杰[4]，予于卓吾亦云。"

　　【注释】①子路：指仲由，字子路，一字季路。春秋时鲁国卞人，孔子弟子。性情直爽，勇敢，事亲孝，闻过则喜，长于政治。曾为季孙氏家臣，后任卫大夫孔悝邑宰，在贵族内讧中被杀害。不得其死：不得善终。语出《论语·先进》："若由也，不得其死然。"
　　②行行兼人："行行"，刚强负气貌。《论语·先进》："子路，行行如也；冉有、子贡，侃侃如也"。"兼人"，胜过他人。《论语·先进》："求也退，故进之；由也兼人，故退之"。
　　③正首丘：亦说正丘首，《礼记·檀弓上》："古之人有言曰：狐死正丘首，仁也。"郑玄注："正丘首，正首丘也。"传说狐将死时，必先

摆正头的方向，使头朝着其穴所在的故丘，以表示不忘本，叫作"正丘首"。后以"首丘"比喻归葬故乡。

④讥评范增而许以人杰：苏轼于《东坡全集》中有《范增论》，评论范增去离项羽的时机不对（太迟），虽然去羽而死，但也是人中豪杰。《范增论》云："汉用陈平计，间疏楚君臣，项羽疑范增与汉有私，稍夺其权。增大怒曰：'天下事大定矣，君王自为之，愿赐骸骨，归卒伍。'归未至彭城，疽发背死。苏子曰：'增之去，善矣；不去，羽必杀增，独恨其不蚤耳！'……虽然，增，高帝之所畏也，增不去，项羽不亡。呜呼，增亦人杰也哉！"

【译文】又有人问说："你大概是以成败论人物吧？"我答道："不是的。孔夫子预记子路不得善终，这并不是贬抑子路不贤，也并非夫子不爱子路。而是子路性格过于刚强好胜，这是他招致不得寿终的原因。卓吾具有子路之勇，虽剃发为僧，却又不持斋素而杀生食肉，不隐居山林而云游于尘世中，不潜心研读佛教经典，却致力于撰写佛经以外的书籍，像他这种人还能归葬故乡，我认为这是他的侥幸。即使如此，他所立的遗约，训诲徒众，都是教人要苦行清修，深居简出，这是僧人应当效法的。苏东坡曾经讥评范增不识时机，而又嘉许他为人中豪杰。我对于卓吾，也是同样有这种看法。"

中庸性道教义

妙喜以《中庸》性、道、教^①，配清净法身、圆满报身、千百亿化身，体贴和合，可谓巧妙^②。细究之，则一时比拟之权辞，非万世不易之定论也，作实法会则不可。何也？彼以仁义礼智言性，岂不清净？然非法身纤尘不立之清净也。彼以事物当然之理言道，岂不圆满？然非报身富有万德之圆满也。彼以创制立法、化民成俗^③为教，岂无千百亿妙用？然一身之妙用，非分身千百亿之妙用也。大同而小异，不可以不察也。或曰："仁义礼智，《孟子》之言也^④，《中庸》止言天命而已。"予谓"至诚能尽其性^⑤"，而继之以"宽裕温柔"十六字^⑥，非仁义礼智而何？故曰孟轲受业子思^⑦之门人也，不可不察也。

【注释】①性、道、教：指《礼记·中庸》所说的："天命之谓性，率性之谓道，修道之谓教。"是说人性是由天（大自然）所赋予的，循着这种天性而行就合于道，认为人性是本善的，而教育的宗旨就在于教人"道、德、仁、义、礼"，这是教育的中心思想。

②配清净法身等句：此出自于宋朝侍郎张九成之外甥于宪，于拜会宗杲禅师时的问答。原文：时成有甥于宪者，侍舅归新淦，成令拜

呆。宪曰：素不拜僧。曰：汝试扣之。宪遂举《中庸》："天命之谓性，
率性之谓道，修道之谓教"以问。呆曰："凡人既不知本命元辰下落
处，又要牵好人入火坑，如何于圣贤打头一着不凿破。"曰："师能为
凿破否？"曰："天命之谓性，便是清净法身；率性之谓道，便是圆满报
身；修道之谓教，便是千百亿化身。"清净法身："法身"，谓如来法性
真常，湛然清净，周遍法界。经云：佛以法为身，清净如虚空，是名法
身。圆满报身：此身是诸佛修福慧功德圆满时，所显现的自受用内证法
乐之身，亦即完成佛果之身。即指自受用身，谓自己修因之所感，称性
受用种种法乐，自在无碍，故名自受用身，亦名圆满报身。千百亿化身：
"化身"是法身的妙用，能够自在变现，度化众生。化身能够根据众生
的机缘，随时随地应现于世，所谓"千百亿化身"。

③化民成俗：教化百姓，使形成良好的风尚。

④仁义礼智，《孟子》之言也：孟子，是战国时期思想家，名轲，
字子舆，曾受业于子思（孔伋，孔子之孙）之门人，与子思有师承关系，
是孔子的再传弟子。孟子认为仁义礼智的道德是天赋的，是人心所固
有的，是人的"良知、良能"。主张性善，认为人人都有恻隐之心、羞
恶之心、辞让之心、是非之心，此称为"四端"。主张虽然人的本性具
有仁义礼智，但还必须通过教育来加强道德修养，宣称人只要扩充本
心，存养善性，就可达到对天命的认识。

⑤至诚能尽其性：语出《中庸》第二十二章："唯天下至诚，为能
尽其性；能尽其性，则能尽人之性；能尽人之性，则能尽物之性；能尽
物之性，则可以赞天地之化育；可以赞天地之化育，则可以与天地参
矣。"《中庸》的核心观念是"诚"，认为"诚"是天的根本属性，努力
求诚以达到合乎诚的境界，则是为人之道；又说一切事物的存在皆依
赖于"诚"。

⑥"宽裕温柔"十六字：《中庸》三十一章曰："唯天下至圣，为能聪明睿知，足以有临也；宽裕温柔，足以有容也；发强刚毅，足以有执也；齐庄中正，足以有敬也；文理密察，足以有别也。"此段说明只有天下最伟大的圣人，能具有深明灵敏之质，足以居上而临下；宽大温和，足以包容众人；奋发刚毅，足以决断大事；庄重端正，足以使人尊敬；条理详明，足以辨别是非。故十六字是指"宽裕温柔、发强刚毅、齐庄中正、文理密察"。

⑦子思：指孔伋，字子思。战国初期鲁国人，为孔鲤之子，孔子之孙。元文宗加封子思为沂国述圣公，曾受业于曾子。

【译文】妙喜禅师以《中庸》开头所说的性、道、教，搭配佛的三身清净法身、圆满报身、千百亿化身来说明，体贴和合，称得上是巧妙。然而仔细加以推究，妙喜禅师这种说法，只能算是一时比拟的权宜之辞，而不是万世不变的定论，如果把它当作"真如实相理体"去领会，则不可以。

为什么？他将仁义礼智称为性，能说不清净吗？然而这不是法身纤尘不立的清净。他将事物当然之理称之为道，谁能否定它不圆满？但这并不是报身具足无量恒河沙胜妙功德的圆满。他建立制度、树立规范以达成教化百姓，使形成良好的风尚，称之为教，谁说它未具千百亿的妙用？不过这只是出于一身的妙用，并非分身千百亿化身的妙用。类似这些大同小异的地方，不能不细心明察。

又有人说："仁义礼智，是出自孟子之言，但《中庸》只说天命而已。"我认为《中庸》说的"至诚能尽其性"之后，再加上"宽裕温柔、发强刚毅、齐庄中正、文理密察"这十六字，这不是仁义礼智是什么？由此可知，孟子是受业于子思的门人，这一点也不能不了解啊！

赵清献①

公尝自言：昼之所为，夜必焚香告天，不敢告者，则不为也。吾以为如是之人乃可学道。后得法于蒋山泉禅师②，有"一声霹雳顶门开，唤起从前自家底"之句，以如是精诚之心地，而参扣自心，其得悟非偶然也。若夫身虽归佛，心不合天，止是游戏法门而已。

【注释】①赵清献：指宋赵抃居士，字悦道。赵抃为殿中侍御史，弹劾不避权幸，声称凛然，京师目为"铁面御史"。任成都转运使，到官时，随身只带一琴一鹤，坐则看鹤鼓琴。年四十余，系心宗教，会佛慧（法泉禅师）来居衢之南禅，公日亲之，慧未尝容措一词。后典青州，政事之余，多宴坐。忽大雷震惊，即契悟作偈曰："默坐公堂虚隐几，心源不动湛如水。一声霹雳顶门开，唤起从前自家底。"慧开笑曰："赵悦道撞彩耳。"公年七十有二，以太子少保致仕而归。亲旧里民，遇之如故。谥号清献。
②蒋山泉禅师：指宋代云门宗僧法泉禅师。随州（湖北省随州市南）人，俗姓时。自幼才敏，依龙居山智门院之信挥出家，受具足戒后，参谒云居晓舜，并嗣其法。初住大明寺，复历住千顷、灵岩、蒋山

等名山。又奉诏住于大相国寺智海禅院，谥号"佛慧禅师"。又以师一生遍览群籍，所读之书无以计量，故世人多美称为"泉万卷"。

【译文】宋代赵清献曾经说："白天所做的事，到了晚上必焚香告天，凡是不敢告天的事，则不敢为。"我认为只有像赵清献这样的人，才可以学道。后来果然得法于蒋山法泉禅师，大悟之后，曾有"一声霹雳顶门开，唤起从前自家底"的偈子。他能以如此精诚的心地来参究自心，那他的得悟绝非偶然。比起有些人虽然身行皈依佛，存心却不合天理，恐怕都只是游戏法门而已，现生难得真实利益。

经　债

乌镇利济寺，有僧师徒二人，俱称谨厚①。托以经忏者日益众，因致饶裕，而吝啬②，不自享用，亦不布施。后得疾，族人迎归调治，俄而③谢世，平生积贮④尽为族有。十年后，现梦于所亲曰："经忏未完者，阴府考较甚急，苦不可言。人世所传，闪电光中认字读还，信不诬⑤也。"笔之，以诫夫应缘者。

【注释】①谨厚：谨慎忠实厚道。

②吝啬：过分爱惜己之财物，当用而不用。

③俄而：短暂的时间、不久、突然间。俄，一会儿。

④积贮：积聚储存。贮，储存、收藏。

⑤不诬：不妄、不假。诬，虚假、虚妄。

【译文】在浙江省乌镇的利济寺，住有师徒两位出家人，他们都很谨慎厚道，所以来寺请求做经忏的人一天比一天多，因此道场也就渐渐富裕起来。可是老师父的性情却愈来愈悭吝小气，既舍不得自己享用，又不肯布施他人。后来得病，族人就把他迎回家乡调治，不久他便辞世，平生积蓄的钱财全部归族人所有。

十年后，老僧托梦于他的亲友说："生前经忏没有作完全的，或有差错脱落的，阴府的考核极为严格，因此所受惩罚苦不堪言。世间有传说赶经忏的人，经文若有差错脱落，到了阴间，要借打雷闪电中来认字读还，的确不是捏造的。"这情形实在太可怕，因而我记下来以警诫那些尽日忙着从事经忏的应赴僧。

净土寿终

或问："第二愿云：'国中天人①寿终，更无生三恶道者。'则有生有死，特不堕落耳，何谓生彼国者皆无量寿？"曰："后不云乎？'国中天人寿皆无量，除其本愿，愿出度生者。'《十疑论》②亦曰：'生彼国土，得无生忍③已，还来此世救苦众生。'则悲愿行化，非此土死生比也。"

【注释】①国中天人：往生西方极乐世界的大众，经上说有声闻众、菩萨众、人天众。这个说法，是方便说。真实说，西方极乐世界只有菩萨。说声闻、说天人，用意有两个，一个是没有往生之前的身份，另一种是生到西方极乐世界之后，修行断证功夫上来说的。譬如见思烦恼没断，完全带业往生的，等于他方世界的人天；见思烦恼断了，尘沙、无明没有破，等于他方世界的声闻。

②《十疑论》：全一卷，隋代智顗述。全称《净土十疑论》《阿弥陀十疑论》《天台十疑论》《西方十疑》。收于《大正藏》第四十七册。本书系就弥陀净土往生之法门举出十项疑难，再一一加以解答。

③无生忍：谓观诸法无生无灭之理而谛认之，安住且不动心，又作无生法忍。

【译文】有人问说："四十八愿中的第二愿：'国中天人寿终，更无生三恶道者。'据这句愿文来看，西方净土仍然有生有死，只是不堕落罢了，如此为何称往生彼国的人都是无量寿？"我解释道："经文后面第十五愿不是还说：'国中天人寿皆无量，除其本愿，愿出度生者。'况且智者大师在《净土十疑论》上也说：'生彼国土，得无生忍已，还来此世救苦众生。'可见第二愿中的'寿终'，是菩萨的悲愿行化，这是不能与娑婆国土的凡夫生死相比的。"

龙舒^①往生

或问："居士临终立化,其往生之祥,昭灼^②如是,而所辑《大弥陀经》^③,不免抄前著后、抄后著前,此一失也。又宋景濂^④谓居士于《金刚经》不用昭明三十二分^⑤,无论矣,亦不依天亲^⑥、无著^⑦所定,而另为品第,此二失也。似于《观经》^⑧读诵大乘往生正因^⑨未协,而立化者何?"答:"此虽有过,然其平日念佛求生至真至切、至诚至笃,自利利他,功德非细,小疵不足掩其大善。尚有带业往生^⑩者,何疑于龙舒? 或其品位不能与上上流^⑪,则未可知矣。"

【注释】①龙舒:指王日休,南宋龙舒(安徽舒城)人,字虚中,又号龙舒居士。为国学进士,著《六经训传》数十万言,一日弃之,专修西方净土之业,布衣蔬食,日课千拜。绍兴三十年(公元1160年),请观音加佑,校辑《大阿弥陀经》,三年终其功,全书共有五十六分。又著《龙舒净土文》十卷。乾道九年正月厉声念佛,感佛来迎,立化。

②昭灼:明显、显著。

③《大弥陀经》:即《无量寿经》。原译有五本;宋王日休,取前译诸经删补订正而成者,二卷,收于《大正藏》第十二册。是合糅对校《无量清净平等觉经》(支谶译)、《无量寿经》(康僧铠译)、《阿弥

陀经》(支谦译)、《无量寿庄严经》(法贤译)等四本而成者,而非由梵夹所译出。

④宋景濂:指宋濂,元末明初儒者,字景濂,号潜溪、无相居士、龙门子等。明太祖即位,受诏至金陵,修《元史》,并策划明朝之礼乐制作等事,且常与太祖论究佛经奥义。曾三度阅藏,暇则习禅观。洪武十三年,受长孙宋慎之牵连,谪迁茂州。途经瞿塘时,夜逢僧晤语,端坐而逝,享年七十二。著有《龙门子无相剩语》三卷、《般若波罗蜜多心经文句》一卷,并计划著《金刚经集解》(未遂)。他写的大量经序和有关佛教的文章,后被云栖宏公辑为《护法录》。

⑤昭明三十二分:"昭明",南朝梁武帝萧衍的长子,讳统,字德施,谥号"昭明",后人遂称之为昭明太子。武帝大兴佛教,太子亦深信奉,受菩萨戒,奉持唯谨,遍览众经,深究教旨。生平为人孝敬笃实,博学宏才,亦赏爱才学之士,藏书达三万卷,为晋宋以来之盛事。此外,将《金刚经》分为"法会因由分"至"应化非真分"之三十二段落,相传即为昭明太子所创始。

⑥天亲:又作世亲,为古印度大乘佛教瑜伽行派创始人之一。最初在小乘的说一切有部出家,受持小乘三藏。在弘扬小乘教义若干年之后,由于受到其兄无著的苦心劝告,终于回小向大,成为大乘佛教的健将。转入大乘之后,尽全力于瑜伽、唯识之学的弘扬。造论甚多,有"千部论师"的雅誉。重要著述有《俱舍论》《金刚般若波罗蜜经论》《大乘百法明门论》《无量寿经优波提舍愿生偈》《唯识三十颂》等。

⑦无著:生于公元四、五世纪顷,为古代印度大乘佛教瑜伽行派创始人之一,是印度法相唯识学的奠基者与主要弘扬者,成为龙树以后,印度佛教思想史上最重要的论师之一。他自撰的《摄大乘论》《显

扬圣教论》《顺中论》《金刚经论》等书，都是印度大乘思想史上的重要著作。他不止开启了印度的瑜伽行派，而且对中国、西藏及日本的佛学，也都有深远的影响。

⑧《观经》：全一卷，刘宋疆良耶舍译。又称《观无量寿经》《观无量寿佛经》《无量寿佛观经》《无量寿观经》《十六观经》。收于《大正藏》第十二册。净土正依三部经之一。

⑨读诵大乘往生正因：为《观无量寿经》所举三种往生净土之因，亦为过去、未来、现在三世诸佛净业正因。即：一孝养父母，奉事师长，慈心不杀，修十善业。二受持三皈，具足众戒，不犯威仪。三发菩提心，深信因果，读诵大乘，劝进行者。

⑩带业往生：修念佛法门者，若因缘条件具足，于命终时，其宿昔所造之恶业、不净业，无法现行，因此而得往生净土，此即所谓带业往生。

⑪品位不能与上上流：据《观无量寿经》所述，往生净土之辈，可分为上中下三类。此三类又可各开上中下三品，即成上品上生、上品中生、上品下生，中品上生、中品中生、中品下生，下品上生、下品中生、下品下生。此九品人其所修行业、日时、来迎仪相、生后得益皆有不同。此处"上上流"指上品上生。

【译文】有人问："南宋龙舒王日休居士临终立化，他往生时所现的瑞相是如此的显著，但他所辑《大阿弥陀经》不免有抄前著后、抄后著前，不顺原译经文之处，这是他的过失之一。又据宋景濂先生批评龙舒居士对于《金刚经》不采用昭明太子的三十二分，这姑且不论，可是他也不依据天亲、无著两位菩萨所订定的，却把一部《金刚经》另立品第，即所著的《金刚经解》分为四十二卷，这是第二个过失。有此二失，好像跟《观无量寿经》中说的'读诵大乘'为往生正因不符合，然而他却能站着往生，这是为什么？"

　　我回答说："你所举的这两点虽然有过失，可是龙舒居士平时念佛求生净土至真至切、至诚至笃，而且常常能够自利利他，功德不小，纵有小小瑕疵，是不足以掩盖他的大善。净土法门中尚且有带业往生的，我们对龙舒居士还有什么可怀疑的呢？如果认为他的品位不能达到上上品，那也不一定，就很难说了。"

直受菩萨戒

　　予著《戒疏发隐》①中，言必先受五戒、十戒②、二百五十戒③，然后受菩萨十重四十八轻戒。有讲师愤然不平曰："何以不教人直受菩萨戒，而迂曲如是？佛记末法中，有魔王混入吾法而坏吾法，今其人矣！"予不答。讲师卒，其徒理前语，欲集诸僧、诸宰官居士等，设大会而作辩难。予亦不答。有代予答者曰："无以为也。不观彼所引《菩萨善戒经》④乎？经云：'譬如重楼四级，自下而上，次第历然，不可躐等⑤。受戒亦然。'经语也，无以为也。"其人乃止。

　　【注释】①《戒疏发隐》：指莲池大师所著《梵网菩萨戒经义疏发隐》，凡五卷，收于《卍新纂续藏经》第三十八册。

②五戒：指五种制戒，为在家男女所受持之五种制戒。一不杀生戒，不杀生物也。二不偷盗戒，不取不与也。三不邪淫戒，不犯有看守者也。四不妄语戒，不为无实之言也。五不饮酒戒，不饮酒也。此五者在家之人所持，男子谓之优婆塞，女子谓之优婆夷。十戒：是小乘沙弥、沙弥尼应受持之十戒，又做沙弥戒、沙弥尼戒，或勤策律仪、勤策女律仪。即：一不杀生，二不偷盗，三不淫欲，四不妄语，五不饮酒，六不香花严身，七不歌舞观听，八不坐卧高广大床，九不非时食，十不蓄金银财宝。

③二百五十戒：又称具足戒，即佛制比丘所必须遵守之戒律，共有二百五十条。包含有波罗夷四条，僧残十三条，不定二条，舍堕三十条，单堕九十条，提舍尼四条，众学一百条，灭诤七条。惟依各部派所传之不同律藏，各部派戒条之数亦略有出入，然大体皆以二百五十条为基本之数。

④《菩萨善戒经》：全一卷，刘宋求那跋摩译，又作《善戒经》《菩萨地善戒经》《优波离问菩萨受戒法》。收于《大正藏》第三十册。本经详述受菩萨戒之作法、心得等，谓欲受菩萨戒则须先具足优婆塞戒、沙弥戒及比丘戒，并阐释《梵网经》《璎珞经》之十重戒、八重戒。

⑤躐等：逾越等级、不按次序。躐，逾越、越过。

【译文】我曾经写过《梵网菩萨戒经义疏发隐》，其中说明出家人必先受五戒、十戒、二百五十戒，然后才可以受菩萨十重四十八轻戒。有讲经的法师看到这一段文字，愤愤不平地说："为什么不教人直接受菩萨戒，何必这样迂回不直截呢？佛曾预言末法中有魔王混入我佛门中破坏正法，如今此人便是！"对此，我不予回答。

这位讲经法师死后，他的弟子又提起其师以前的话题，并准备召集诸山长老、大德及诸宰官、居士，要举行大会与我辩论，我仍不予理会。有人代我对他解答说："千万不要这样做！难道你没看到大师所引证的是《菩萨善戒经》上之经文吗？经上说：'譬如要登上四层楼，必须由最下一层开始，然后次第而上，是绝对不可逾越等级的。受戒也是如此，不具优婆塞戒而得沙弥戒者，无有是处。不具沙弥戒而得比丘戒者，亦无是处。不具如是三种戒者而得菩萨戒，亦无是处。'这是经上说的，你还想辩论吗？"这人听了才无话可说。

刑　戒

　　大长者①吕叔简②作《刑戒》，邹南皋先生梓③之，予跋④之。兹传闻一事甚奇。某官者，素酷暴，动辄行笞⑤数十下，酸楚之声震地，若罔闻者。有道人排闼⑥入，直立厅事，瞋目而指之。某官大怒，呼左右极力笞之。忽后堂大叫公子为鬼击，几毙。某官张皇退堂入内，则其子自言："若有鬼神巨棰棰⑦我，皮破肉烂，血溃双股，痛不可忍。"急遣人至厅，被笞人已失所在。乃号咷大哭⑧，举身自掷，头面皆损。噫！彼道人者，其天神乎！人皆有父母，人之子，己之子，均子也，奈何己子如珍，他子如草，于心安乎？又一尊官爱幼子，每日令屠者进一猪胃，胃瘦则大怒，笞责屠，伤重，调治两月乃愈。有居家严刑以待婢仆，亦复如是。愚谓《刑戒》一书，当布之四方、传之百世可也。

【注释】①大长者：《妙法莲华经文句》卷五曰："世备十德：一姓贵，二位高，三大富，四威猛，五智深，六年耆，七行净，八礼备，九上叹，十下归。(中略)十德具焉，名大长者。"

②吕叔简：指明朝学者吕坤，河南宁陵人，字叔简，号心吾，一号新吾。万历二年进士，为襄垣知县，官至刑部侍郎。《刑戒》一书是吕叔简根据自己多年的司法行政经验，在任刑部侍郎时写的。此书本自儒家仁爱思想反对滥刑、酷刑，自行世以来就被明清官员奉为刑讯的圭臬。

③梓：印书的雕版。因雕版以梓木为上，故称。后泛指制版印刷。

④跋：跋文。写在书籍、文章、字画、金石拓片等后面的短文，内容大多属于评介、鉴定、考释、记述之类。

⑤笞：古代的一种刑罚。用荆条或竹板敲打臀、腿或背。为五刑之一。

⑥排闼：推门、撞开门。闼，门。

⑦棰：鞭子、棍杖，或指鞭打。

⑧号咷大哭：放声大哭。咷，大哭。

【译文】德高望重的大长者吕叔简先生，著有《刑戒》一书，是邹南皋先生刻版印行的，还请我写了一篇跋文。该书中记述一件非常离奇的事：传闻某位官员，生性残酷凶暴，动辄对犯人施行笞刑，一打便是数十下，遭毒打的人痛楚号叫之声震动大地，但他如同没听见似的。某日，这位官员又在对犯人用刑时，有一位道人突然推门进来，直立在公堂上，瞪大眼睛并以手指指着官员。此官员大怒，呼左右差役对犯人再极力拷打。忽然听到后堂大声叫唤，说言：公子为鬼所击，几乎快死了。官员慌忙退堂入内，他的儿子哭诉说："好像有鬼神用巨槌捶我，让我皮破肉烂，血流双腿，痛不可忍。"官员心知必是道人所为，急派人到厅堂想留住道人，可是道人以及被打的犯人皆已不知去向。此时官员放声大哭，举身扑倒于地，撞得头破血流。噫！那位道人大概是天神吧！其实，人都有当父母的时候，别人的儿子，自己的儿子，同样是儿子，为什么视自己的儿子如宝贝，看待他人的儿子就如草芥。如此作法，自己能心安吗？

《刑戒》一书又记述说，有一尊官很疼爱幼子，每天令屠夫呈送一个猪肚。有一次，由于屠夫送来的猪肚小一点，这位官员当即大怒，命人用竹板重打屠夫，屠夫身受重伤，经调治两月才康复。此外，尚有富贵人家以严刑来对待婢仆的，也都是这个样子。因此，我认为《刑戒》一书应当流布四方，并传之百世，就能够让大众知所警惕啊！

不愿西方（一）

或问一僧："公愿生西方否？"曰："吾不愿也。乃所愿来生着绿袍①，一妻一妾而处室也，此即吾之极乐国也。"问者嘿然。以告予，予谓人各有志，志在富贵，何西方之为？虽然，富贵虽非道人美事，而亦须修顽福以得之。倘不修福，未必得为绿袍郎，而或作绿衣②人也，未必配③淑女于名门，而或纳六礼④于齐人⑤也。犹未也，倘有业焉，且不得为绿衣人，而或为金衣公子⑥之流，事未可知也；且不得纳礼于齐人，而或依栖于围人、校人、庖人，事未可知也⑦。犹未也，倘业重焉，金衣或变而为赤鍱⑧焉，事未可知也；围人、校人、庖人或变而为阿旁⑨焉，事未可知也。悲夫！

【注释】①绿袍：古时低级官员的袍服。

②绿衣：指非正色的下等服色，后因以"绿衣"借指地位卑微的官员，或为婢妾等人的代称。

③配：婚配、成婚。

④六礼：古代在确立婚姻过程中的六种礼仪，即纳采、问名、纳吉、纳征、请期、亲迎。

⑤齐人：平民。

⑥金衣公子：黄莺的别名。五代王仁裕《开元天宝遗事·金衣公子》："明皇每于禁苑中见黄莺，常呼之为金衣公子"。

⑦围人：《周礼》官名，掌管养马放牧等事，亦以泛称养马的人。围，畜养。校人：管理池沼的小吏。庖人：官名，职掌供膳。

⑧赤鍱：指赤铜铁鍱，比喻地狱道。鍱，用金属薄片包裹。

⑨阿旁：又作阿防罗刹、阿傍罗刹，略称旁、阿傍。为地狱狱卒之名。据《五苦章句经》所载，阿傍形象为牛头人手，两脚有牛蹄，力壮排山，手持钢铁叉，每一叉有三股，可叉罪人数百千万入于镬中。

【译文】有人问一僧人："你愿意往生西方吗？"僧人回答道："我不愿往生极乐国。但我愿来生能当一名小官，有一妻一妾相伴，这就是我的极乐国了。"问的人惊愕不已，哑口无言。其后将这事向我转述，我告诉他说人各有志，有人志在富贵，那怎么可能会发愿往生西方呢？

即使如此，富贵对修道人来说虽不是一件好事，但也必须修世间有为福业才能得到。如果不修福，未必能当绿袍郎（小官吏），说不定只能作绿衣人（婢妾），未必能配得名门淑女，或许只能娶一般的民女。

这也还不一定，如果有造作罪业，恐怕连当绿衣人（婢妾）都没资格，也许只能沦为如金衣公子（黄莺）等畜生之类，这也很难说。甚至连娶一般民女相伴这事都做不到，只能与养马、养鱼、厨师等这些身份的人，在他们身边居住吧。这也是难以预料的。这些或许也还不一定，如果所造的罪业深重，连金衣（喻畜生道）都当不成，而沦为赤铜铁镍（喻地狱道），这些事都是很难预料的。身旁的人，恐怕连养马、养鱼、厨师，都不是这些人，而是地狱的狱卒，这也说不定。世间人不知六道轮回是一世不如一世，真是可悲啊！

不愿西方（二）

又问一僧："公愿生西方否？"曰："吾不愿，亦不不愿。东方有佛①，吾往东方，西方有佛，吾往西方；南北上下，亦复如是。吾何定于西方也？"又问一僧："公愿生西方否？"曰："八金刚②

抬我过东方，吾不来；四天王③抬我过西方，吾不去。吾何知所谓东西也？"合而观之，前之一人，泪没④于五浊⑤者也；此二人者，一则随生，一则无生。虽然，曰随生，未必其真能作主而不被业牵也。曰无生⑥，未必其真得无生法忍而常住寂光⑦也。如未能，则戏论⑧而已。又未能，则大言不惭而已。难矣哉！

【注释】①东方有佛：或指药师佛，又作药师如来、药师琉璃光如来、大医王佛、医王善逝、十二愿王，为东方净琉璃世界之教主。或指阿閦佛，意译不动佛、无动佛，或无怒佛、无瞋恚佛。密教以此佛为金刚界五佛之一，象征大圆镜智。

②八金刚：指八大金刚，八大金刚明王之略，又曰八大明王。

③四天王：在欲界护持佛法的四位天王。指东方持国天王、南方增长天王、西方广目天王、北方多闻天王。又称四大天王、护世四天王、护世天。为六欲天之"四大王众天"之天主，居须弥山腰四方，率部属守护佛土、护持佛法。

④泪没：沉沦、沦落。泪，沉迷。

⑤五浊：又作五滓（污染）。指减劫（人类寿命次第减短之时代）中所起之五种滓浊。五浊之说散见于大小乘诸经论中，据《悲华经》卷五、《法苑珠林》卷九十八之说，五浊指：劫浊、见浊、烦恼浊、众生浊、命浊。

⑥无生：谓诸法之实相是无生灭，与"无生灭"或"无生无灭"同义。所有存在之诸法，并无实体，是空，故无生灭变化可言。然凡夫迷此无生之理，起生灭之烦恼，故流转生死。若依诸经论观无生之理，可破除生灭之烦恼。

⑦寂光：为常寂光土之略称，又作寂光土。天台宗四土之一，即

毗卢遮那如来所住之净土。"寂"谓真理之寂静,"光"谓真智之光照,即理智之二德也。又即于寂理而光照,谓之寂光。

⑧戏论:谓错误、无意义之言论。即违背真理,不能增进善法而无意义之言论。

【译文】又问一位僧人:"你愿意往生西方吗?"这位僧人答称:"我不愿意,但也不是不愿意。东方有佛,我就往东方,西方有佛,我就往西方,南北上下也是这样。我何必一定要生西方呢?"再问一僧:"你愿意往生西方吗?"这位僧人回答道:"即使有八金刚抬我过东方,我也不来,有四天王抬我过西方,我也不去。何必执着分别什么东方、西方呢?"

对以上这三则答语,我综合来分析之,上一篇那位僧人,是甘心沉沦于五浊恶世的人。此篇这两位僧人,一位是随意往生,另一位僧人则是无生。虽然说是这样说,但是,自认为可以随意往生的人,自己未必真能做主而不被业缘所牵缠。自认是无生的人,未必真的已证无生法忍而常住寂光土。如果都没有真正的能力与境界,那么,也不过说说罢了,戏论而已。若不能真的证得上述的境界,而敢那么说,那仅表示自己是大言不惭罢了。

所以佛说净土法门是难信之法,确实是难信啊!

平侍者

平侍者久侍太阳^①，称有悟入。奈何于后首创异议，徙^②太阳之塔，出其遗体，行破脑之惨毒，生报虎口，死入泥犁^③。则知其悟处，不过依稀见解、得少为足而已，何有真悟彻人而反作此大逆不道之事乎哉？浅解当悟，祸至此极，可戒也。

【注释】①平侍者：北宋人，大阳警玄禅师之弟子。后返俗，流浪无依，为虎所食。太阳：指警玄禅师，宋代曹洞宗僧（公元943~1027年）。湖北江夏人，俗姓张。礼金陵崇孝寺智通出家，后游化诸方，至湖南梁山参谒缘观，承嗣其法。又继湖北大阳山慧坚之法席。大中祥符年间，为避国讳，改名警延，其后住大阳山。谥号"明安大师"。

②徙：夺取、搬走。

③泥犁：梵语，音译泥啰耶、捺洛迦。意即地狱，又作泥黎、泥梨。即无有、无福处之义。彼处喜乐之类一切全无，为十界中最劣之境界。

【译文】北宋平侍者，久侍湖北太阳山警玄禅师，自称有所悟入。不料他后来首先提出异议，毁坏警玄禅师的灵骨塔，并将禅师的遗体搬出来，以锄头镢破其头盖骨，用如此惨毒的方式对待，结果现生的报应是被虎所食，死于虎口，死后堕入地狱。由此可知，他所悟的不过是得到依稀仿佛、相似的见解，却自以为得到正见而满足，哪有真正彻悟的人会做出这样大逆不道的事呢？把浅解当作证悟，祸害竟然残酷至此，学人当引以为戒啊！

四　果①

紫阳真人②谓四果人夺舍投胎③，身有败坏，不免离一舍入一舍。故其言曰："若解降龙并伏虎④，真金起屋几时枯也。"夫初果七返生死⑤，二果名一往来⑥，犹可以胎论；三果已名不来⑦；而四果则见思惑尽⑧，不受后有⑨，三明六通⑩，号阿罗汉，又何用夺舍为？紫阳仙学超越伦类，《悟真》诸书多谈理性，而为此言，似于内典未甚精究耳。噫！真金起屋，特不枯耳，宁思金不度火也与哉？

【注释】①四果：指小乘声闻修行所得之四种证果。旧译家以梵名，谓为须陀洹果、斯陀含果、阿那含果、阿罗汉果。新译家以前三果翻名为预流果、一来果、不还果，阿罗汉果仍其旧。
②紫阳真人：北宋张伯端，道士，金丹派南五祖之第一祖，别名悟真先生。博通三教，涉诸方术。著有《悟真篇》，为道教南宗内丹修

炼要典。

③夺舍投胎：舍，指身躯，躯体。人死了之后，一般都入中阴（指人自死亡至再次受生期间之识身），但极善极恶之人，无中阴。中阴，四十九天内，找到有缘的父母，就去投胎，这是一般现象。投胎，有一种夺胎，他跟这个父母有缘，母亲怀孕时是另外一个灵魂，一出生就死了，这个小孩灵魂走了，他就抢这个身体，就一下附在这个身体，他就活过来了。实际上，不是怀孕那个灵魂。这个夺胎的人，因为没有十个月胎狱之苦，对于前生的事记得清清楚楚，一点都不迷惑，没有隔阴之迷。

④若解降龙并伏虎："降龙伏虎"，佛教和道教中都有降龙伏虎的故事，后常以"降龙伏虎"比喻战胜重大困难。《悟真篇》中说道："投胎夺舍及移居，旧住名为四果徒。若会降龙并伏虎，真金起屋几时枯。"张伯端道士认为这"投胎夺舍"之辈，称为"四果徒"，修行是到了一定的层次，但修的是阴神，为一灵鬼，不为大道。大道者，性命双修之道，诀能降火龙，法能伏水虎。采得真金，化为甘露，身体返老还童，自当寿同天地。如黄金作屋，几时才崩坏？

⑤初果七返生死：初果，梵语须陀洹，华译为入流，意即初入圣人之流，乃断除欲、色、无色等三界之见惑，预入圣者流类之果位。超四恶趣，于人天中七返受生，方断诸苦，入于涅槃。

⑥二果名一往来：二果，梵语斯陀含，华言一往来，于天人中一番受生，方断诸苦，入于涅槃。意即修到此果位者，死后生到天上去做一世天人，再生到我们此世界一次，便不再来欲界受生死了。

⑦三果已名不来：三果，梵语阿那含，华言不来，谓不来欲界受生也。

⑧四果见思惑尽：四果，梵语阿罗汉，华言无生，谓断见、思惑

尽，更不受三界（欲界、色界、无色界）生也，而得此果。修到此果位者，解脱生死，不受后有，为声闻乘的最高果位。见思惑：见惑与思惑之并称。见惑，即迷于推度三世道理之烦恼。思惑，即迷于现在事理之烦恼。此见思惑为声闻、缘觉、菩萨三乘所共断，故称通惑。由此招感三界之生死，故为界内之惑，须以空观对治之。

⑨不受后有：谓阿罗汉生死惑业既尽，更不受后世之生死轮回身，故云不受后有。

⑩三明六通：三明与六通，阿罗汉所具之德也。"六通"，天眼通、天耳通、他心通、宿命通、身如意通、漏尽通。"三明"为六通中之宿命、天眼、漏尽三者。宿命明，是明白自己或他人一切宿世的事。天眼明是明白自己或他人一切未来世的事。漏尽明是以圣智断尽一切的烦恼。

【译文】紫阳真人张伯端，认为修学佛法证小乘四果的人，其灵魂即使能夺舍投胎，假如现有的躯体败坏，还是免不了舍离这一躯体再投胎至另一躯体。所以他在《悟真篇》上说："若解降龙并伏虎，真金起屋几时枯"等语。紫阳真人对佛教四果的评述，认为投胎夺舍是执空之徒，降龙伏虎才是还丹（炼就金丹，得道成仙）之妙，所以真金起屋何枯之有。

然而依佛经解释，证初果须陀洹的人，于天上人间往返七次受生，必可脱离生死轮回。证二果斯陀含，名一往来，还须在欲界天上人间往返一度受生，这还可以说有投胎这回事。证到三果阿那含，名不来，即不再来欲界受生。证到四果，则见惑、思惑皆已断尽，不受后有，不再于三界中受生，同时具足三明六通，号称阿罗汉，又哪还需要夺舍呢？

紫阳真人对仙学确有超群拔类的造诣，他所著的《悟真》等书多谈理性，可是从他的这种见解看来，似乎对佛教经典没有精心研究，因而不了解佛法是必须真正修行才能证悟体会，并非单纯只靠炼丹就能成仙成佛的。唉！真金建造的房屋当真不坏吗？难道这个金丹就永恒吗？难道没想到如果真金遇到烈火，恐怕金也难逃熔化的命运啊！

遗教经①

世人临终，为言以示子孙，谓之遗嘱②，而子孙执之以作凭据，世守而不变者也；况三界大师③，四生④慈父，说法四十九年，最后之遗嘱乎？为僧者，所当朝诵暮习，师授徒传，终身奉之而不可一日废忘者。乃等之以童蒙之书，置之闲处，不复论究，岂非如来之逆子，佛法之顽民⑤也哉？

【注释】①遗教经：全一卷，后秦鸠摩罗什译。又称《佛垂般涅槃略说教诫经》《遗经》《佛临涅槃略诫经》《略说教诫经》《佛遗教经》。收于《大正藏》第十二册。内容叙述释尊在拘尸那罗之娑罗双树间入涅槃前，最后垂教之事迹，谓佛入灭后，当以波罗提木叉（戒法）为本师，以制五根，离瞋恚、骄慢等，勉人不放逸，而精进道业。

②遗嘱：谓人在生前或临终时，用口头或书面形式嘱咐身后各事应如何处理。

③大师：佛之尊号。

④四生：梵语，据《俱舍论》卷八载，即：一卵生，由卵壳出生者。二胎生，又作腹生。从母胎而出生者。三湿生，又作因缘生、寒热和合生。四化生，无所托而忽有，称为化生。如诸天、地狱、中有之有情，皆由其过去之业力而化生。此外，四生又泛指一切之有情众生，或作为有情众生之别称。

⑤顽民：愚妄不化的人。

【译文】世人在临终时留言垂示子孙，称为遗嘱，而子孙将此遗嘱当作处世为人的依据，世代遵守不改变。世间人尚且如此，更何况是三界大师，四生慈父，讲经说法四十九年的释迦牟尼佛在入涅槃前的最后垂教《遗教经》，后代佛弟子是否有依教奉行呢？其实身为僧人理当朝诵暮习，日日精进，师授徒传，终身奉为圭臬，不可一日废忘。然而有人把《遗教经》视如童蒙的书籍，搁置一旁，不愿加以深研细究，这岂不是如来的逆子，佛法的顽民吗？

四十二章经（一）

《四十二章经》①译于腾兰二师②，更无再译。今世传二本，大同而小异，余不必论。但其较量设供优劣，藏本则始于凡夫，而终于化其二亲。守遂师解本，则始于恶人，而终于无修无证者。考其文义，藏本颇为未安，遂本文义俱畅。藏本又云饭辟支佛，不如化其二亲，何又言饭善人功德最大？既功德为最，何又云饭善人不如饭一持五戒者？前后文义自相矛盾。又曰事天地鬼神，不如孝其二亲。夫辟支佛尚不及二亲，又何况天地鬼神也？而遂师必无自撰佛经之理，其本必有所自，故知流通藏外者未必无善本，而不必全执藏本以为折衷也。予著《梵网发隐》，亦得一本于古寺中，与天台疏文符契，于藏本反有参差处，《发隐》凡例③中已申明之，今更为专凭藏本者告云。

【注释】①《四十二章经》：全一卷，后汉迦叶摩腾、竺法兰共译。为中国最早翻译之佛教经典，收于《大正藏》第十七册。全经共有四十二章，故称《四十二章经》。

②腾兰二师：迦叶摩腾、竺法兰二师。"迦叶摩腾"，中印度人，又称摄摩腾、竺摄摩腾，略称摩腾。生于婆罗门家，博通大小乘经典，曾至西印度一小国讲《金光明经》，由此因缘遂使该国免于刀兵之祸。后汉永平十年（公元67年），应明帝之请，与竺法兰携经卷与佛像至洛阳，住于明帝为其所建之白马寺，两人合译《四十二章经》，为中国译经之滥觞，亦为东土有佛法之始。永平十六年，示寂于洛阳，年寿不详。"竺法兰"，东汉僧，中印度人，讽诵经论数万章，为天竺学者之师。后寂于洛阳，世寿六十余。

③凡例：指体制、章法或内容大要，今多指书前说明本书内容或编纂体例的文字。

【译文】《四十二章经》译于后汉迦叶摩腾、竺法兰两位大师，以后更无再译。现在世间传有两种译本，从内容上看是大同小异。我们暂且不去论其他的，仅就其中"较量设供优劣"这一章来比较，藏经版本是从施饭于凡夫开始，而结束于化其二亲。但依据宋朝曹洞宗守遂禅师的注解本，却是从施饭于恶人开始，而结束于无修无证者。考究这两种不同文意的版本，觉得藏经版本反而略微不妥善，而守遂禅师版本的文义比较通顺。藏经版本有"饭辟支佛不如化其二亲"之言，但为何又说"饭善人功德最大？"既然功德最大，为何又云"饭善人不如饭一持五戒者？"从此处看来，前后文义自相矛盾。藏经版本又曰："事天地鬼神，不如孝其二亲。"然则之前经文才说："饭辟支佛百亿，不如以三尊之教度其一世二亲"，这样说来，辟支佛尚且比不上二亲，又何况天地鬼神呢？况且守遂禅师一定没有自撰佛经之理，他采用的版本必有其依据。由此可知，未收入《大藏经》而在藏外流通的佛经未必没有善本，因此不一定要完全遵照藏经版本来作为准则。

我著的《梵网菩萨戒经义疏发隐》，就是在古寺中得到的藏外流通之《梵网经》译本，这与天台大师的《梵网经菩萨戒义疏》中的经文相符合，但与藏本比较，反而有些不一致。我曾经在《发隐》的凡例中有加以表明了，今更为了专凭藏经版本的人再予明白告知。

四十二章经（二）

　　昔有南都①僧某者，以《四十二章经》来武林②。按古例，乞诸士夫各书一条勒石③。予兄时以养亲居家，书付之。逾年，有贩其本至杭者，则别易一显宦名矣。又数年，吾兄忽有南通政④之命，于书肆⑤得前本，则复易兄名矣。因感叹其事，为《诗梓之集中》，有"纱笼⑥事非谬"之句。予为兄言："僧则诚鄙矣陋矣，独不闻翟公榜门杜客语⑦乎？客固不足言，而公亦失厚道矣！"兄谓予："子之言是也。"遂铲⑧去。

　　噫！僧何苦不汲汲办己躬下事，奔走贵人之门，作闲家具，贻笑于时人也。嗟夫！

【注释】①南都：地名，明代之人称南京为南都。

②武林：旧时杭州的别称，以武林山得名。

③勒石：刻字于石，亦指立碑。

④南通政：通政，亦称通政司、通政使司，明代中央掌受内外章疏敷奏、封驳之事的官署。明太祖洪武十年（公元1377年）始设通政使司，长官为通政使，正三品。其下设左、右通政和左、右参议等官佐理政务。明惠帝建文时，改通政使司为通政寺，通政使为通政卿，通政

参议为少卿寺丞，并增置左右补阙、左右拾遗等官。明成祖永乐时复
旧制，永乐迁都后，南京仍设通政司，称南通政使司。

⑤书肆：犹书店。肆，作坊、店铺、市集。

⑥纱笼：谓以纱蒙覆贵人、名士壁上题咏的手迹，表示崇敬。典
出五代王定保《唐摭言·起自寒苦》。大意为：王播少时孤贫，客居寺院。
寺僧憎恶播，常于饭后始鸣钟，待播至，饭已毕，播有感而发，遂题诗于
寺壁。后播贵，旧地重游，见昔日所题诗，皆已用碧纱笼罩。后比喻因身份
地位提高，连带诗文亦受重视。

⑦翟公榜门杜客语：典出《史记·汲郑列传》。翟公，西汉京兆下
邽人。武帝时为廷尉，宾客盈门。罢官后，门可罗雀。后复为廷尉，宾
客欲往，翟公大书其门曰："一死一生，乃知交情。一贫一富，乃知交
态。一贵一贱，交情乃见。"此语乃翟公讽刺宾客之人情冷暖。

⑧铲：借指掠过、消失。

【译文】昔日南京某僧人，携一部《四十二章经》来杭州城，按
照古时惯例，乞求当地有名望的读书人各书写一章经文，以立碑文。
我的兄长当时不居官位而在家奉养父母，也书写一条碑文给他。一年
后，有人到杭州来贩卖碑文文本，竟然看见兄长书写的那一条碑文，
已被改换成另一高官的署名了。又过了数年，我兄长忽然被任命为南
京通政使司，偶然在书坊中看到从前的碑文文本，发现署名又改回兄
长的名字了。我兄长因此感叹这件事，在他的诗词文集中，就有书写关
于碧纱笼故事的"纱笼事非谬"之诗句。于是我劝慰兄长说："那位僧
人做法确实是浅陋，可是你难道没听说过"翟公榜门杜客语"的典故
吗？那些势利的宾客固然不值一提，然而翟公榜门上犀利的言语也是
有失厚道啊！"我兄长赞许道："你说的很有道理。"于是除去诗集中
讽刺的诗句。

唉！僧人应该赶快勤奋不懈的成办自己生死大事，何苦偏要在豪门贵族中来往奔波，尽做些无意义之事，而为时人所取笑。真是可悲可叹啊！

五条衣

予初出家时，见五条衣①，皆另作简便小巧者，略按五条大意而已。盖此原名作务衣也，今悉照七条、二十五条②之式，虽不失方袍③古制，而大有不便。搭此衣止可坐禅、讽经、礼佛，何堪执作运劳，则五条衣成七条用矣。夫子曰："麻冕，礼也④，今也纯，俭，吾从众。"必执反古以为高，则书契⑤既立之后，而复为结绳⑥；桌椅既具之后，而复为席地，曰："吾复古也"，可乎？今世有碗箸矣，而食必用钵。又匙不便，更参之以箸，尤为可笑。夫钵存之，不忘佛制可也，而不必泥之为日用也⑦。

【注释】①五条衣：三衣之一。三衣，依佛教戒律的规定，比丘所可拥有的三种衣服，即：一僧伽梨，即大衣、重衣、杂碎衣、高胜衣。为正装衣，上街托钵或奉召入王宫时所穿之衣，由九至二十五条布片缝制而成。又称九条衣。二郁多罗僧，即上衣、中价衣，又称入众衣。为礼拜、听讲、布萨时所穿用，由七条布片缝制而成，故又称七条衣。三安陀会，即中衣、中宿衣、内衣、作务衣、五条衣。为日常劳务时或就寝时所穿着之贴身衣，是用五条布所制。

②二十五条：即二十五条衣。三衣之中，僧伽梨，又称大衣，有上、中、下三位，各由其割截之条数，复分为九种，即上僧伽梨（四长一短）分上二十五条、中二十三条、下二十一条。中僧伽梨（三长一短）分上十九条、中十七条、下十五条。下僧伽梨（二长一短）分上十三条、中十一条、下九条。故二十五条衣是九品大衣中之上上品，凡入王宫、升座说法、入里乞食、降伏外道等诸时，当着此衣。

③方袍：比丘所著之三种袈裟，皆为方形，谓之方袍，又称方服。

④麻冕，礼也：语出《论语·子罕》："子曰：'麻冕，礼也。今也纯，俭，吾从众。'"麻冕，麻布帽，是古时的一种礼帽，用麻制成。在孔子时代，礼帽已改用纯制。纯是丝织品，原比麻贵，但绩麻作冕，手工精细却麻烦，用丝来做，手工简易，因此比麻为俭。麻冕，合礼。纯冕，则合乎俭约，所以孔子从众用纯。

⑤书契：指文字。《书序》曰："古者伏羲氏之王天下也，始画八卦，造书契，以代结绳之政，由是文籍生焉。"

⑥结绳：上古无文字，结绳以记事。

⑦泥：拘执、不变通。日用：日常饮食。

【译文】我初出家时，所见的五条衣都是做成简便轻巧的，大略是按照五条的大意，简单裁制而已。五条衣原名作务衣，现今却完全依照七条、二十五条的式样裁制，虽然不失方袍古制，但于营作众务时却大有不便。七衣，原本就是在坐禅、讽经、礼佛时穿戴，怎能于运作劳务时来穿呢？这分明是把五条衣当成七条衣用了。孔子曾说："以前用麻布做礼帽，合于礼。现在改用丝绸制作，虽然不合乎古礼，但比用麻来得俭省，而礼是主张宁俭勿奢的，所以我依从大家的做法。"如果坚持必须恢复古制才是清高的做法，如此说来，发明文字之后，还要结绳记事。既有桌椅，还要席地而坐，还自我吹嘘说："我这是复古。"这怎么说得通呢？现代都是用碗筷吃饭，而僧人吃饭必用钵，又因用匙不便，只好再附带用筷子，这显得格外可笑。其实对于钵盂不妨保存着，表示不忘佛制即可，但也没必要拘执非得用来平时盛饭之用。

禅门口诀（一）

大藏有《禅门口诀》①一书，中所言类多数息法门②，而兼之以"下视脐轮③"等语，外签标"智者大师④"，而经文下既非大师，又非灌顶⑤章安、荆溪⑥等诸贤所记，不可信也。且大师自有大小止观⑦正文，末后略举治病一门，与此相似，盖防身之小法，非学佛之大道也。乃高题口诀⑧，而借重大师，黄冠道流⑨遂据此以印证己法，乃曰："此大师亲口密传之秘诀也。"而浅识者，便谓佛法尽在乎是，则其害大矣！岂知禅门亦原无口诀之说乎？不得不辩。

【注释】①《禅门口诀》：一卷，隋朝智顗撰，收在《大正藏》第四十六册。乃智者之门人杂记其平时教诫及问答之辞，凡二十二则，约五千余言，内容为六妙门（数息、随息、止门、观门、还门、净门）中调息治病之事。书中除述及坐禅方法之外，并论及坐禅不当所招致之五病：身作、鬼作、魔作、不调息、业障，并详说其退治之法。本书于宋天圣年中（公元1023~1031年）由慈云遵式奏入大藏流通。元、明相承，然清代《龙藏》则汰除不录。

②数息法门：修行之人，调和气息，不涩不滑，安详徐数，从一至十，摄心在数，不令驰散。盖欲界众生，心多驰动，粗散难摄，故须数息制其散乱，是为入定之要，故以数息为初门也。

③脐轮：印度"军荼利瑜伽"术认为人体中，气所流行的通道称为"脉"，而诸脉中最重要的是中脉、左脉、右脉，合称三脉。在中脉里又有七个重要的中心点，称为"轮"，分别为海底轮、生殖轮、脐轮、心轮、喉轮、眉间轮、顶轮。脐轮在中脉内的脐处，其色如暗云，伸出十条支脉，现成莲叶形。故密教及印度瑜伽术曾将全身分为三脉七轮，其中之脐轮，所指颇近似丹田。

④智者大师：为中国天台宗开宗祖师（一说四祖，《佛祖统纪》于台宗立东土九祖：龙树、慧文、慧思、智顗、灌顶、智威、慧威、玄朗、湛然），隋代荆州华容（湖南潜江西南）人，俗姓陈，字德安，世称智者大师、天台大师。度僧无数，传业弟子三十二，其中著名者有灌顶、智越、智璪等。弘法三十余年，其著作小部分是亲自撰写的，大部分由弟子灌顶随听随录整理成书。世寿六十，戒腊四十。

⑤灌顶：隋代天台宗名僧，是天台大师智顗之主要弟子，也是智顗著述之编集、整理者。字法云，俗姓吴。原籍常州义兴（今江苏宜兴），后迁临海章安（今属浙江）。时称章安大师、章安尊者。师智解高

超，辩才无碍，能领会智𫖮之教，曾为智𫖮集记大小部帙百余卷。今日智者大师之教文不坠，全仗师之力，后世尊为东土天台宗第五祖。唐贞观六年合掌念佛示寂，世寿七十二，法腊五十二。

⑥荆溪：天台宗第九祖湛然，唐代僧，常州荆溪（江苏宜兴）人，俗姓戚。家世业儒，而独好佛法。十七岁从金华方岩（又作芳岩）受天台止观。二十岁入左溪玄朗之门，研习天台宗教义，尽得其学。师为天台宗中兴之祖，世称荆溪尊者、妙乐大师、记主法师。主要著作有《法华经玄义释签》《法华文句记》《止观辅行传弘决》《止观大意》等，均行于世。

⑦大小止观：大小止观皆收于《大正藏》第四十六册。大止观，又称《摩诃止观》，略称《止观》，十卷（一说二十卷）。隋代智𫖮说，灌顶记。书中详说圆顿止观之法，阐述智𫖮独特之宗教体验与宗教实践。"小止观"，又称《童蒙止观》，是智𫖮大师为其俗兄陈针所述。本书仅以一卷之小册示止观法门之要义。复因《摩诃止观》所说多深远幽玄，而《小止观》则极其素朴平明，故名"童蒙"。其内容是有关坐禅作法与坐禅用心，为一本坐禅指南书，立有十科：具缘、诃欲、弃盖、调和、方便、正修、善发、觉魔、治病、证果等十章。

⑧口诀：又作口传、口授、面授、面授口诀。乃为师者选出特优之弟子，以口述方式授以奥义。盖印度古代视笔录佛典为有渎神圣之事，故采口诵方式。密教秘法之传授亦为口传，有所谓"十二口传"者。日本天台宗亦有各种口传法门。

⑨黄冠道流：道士之辈。

【译文】藏经中有《禅门口诀》一书，但此书似乎不是智者大师所著，因其内容大多言及数息法门，并有加上"下视脐轮"等语，而书籍题名标示为"天台智者大师禅门口诀"，可是经题之下既没有智者大师署名，也没有标示为灌顶章安大师或荆溪湛然大师等诸贤所记，因此该书不可信。

其实智者大师原有《摩诃止观》《童蒙止观》之著作本文，末后也有略举治病一门，与此书相似，但治病一门只是防治身体疾病的小法，而不是学佛的大道。此书居然推崇标列"口诀"，而借重大师的名声，修道之士更依此书以印证他们的修法，竟然还张扬说："这是智者大师亲口密传的秘诀。"致使一些识见浅薄的人，认为所谓的佛法尽在这里，如此造成的危害可就严重了。难道不知禅门本来就没有什么口诀之说吗？因此不得不加以辩明。

禅门口诀（二）

或问禅门信无口诀乎？曰：佛法正大光明，一人演之，而百千万亿人天之所共闻也，何口诀之有？无已，则有一焉。夫一言二言，言简而义精者，斯之谓诀；连篇累牍①，牵枝而引蔓者，非诀也。是故，"应无所住，而生其心"者，《金刚经》之口诀也。"惟一乘法，无二无三"者，《法华经》之口诀也。"成就慧身，不由他悟"者，《华严经》之口诀也。"执持名号，一心不乱"者，《弥陀经》之口诀也。"是心作佛，是心是佛"者，《十六观经》之口诀也。不此诀之信，而信他诀者，舍璠玙而执碔砆者②也。

【注释】①连篇累牍：形容篇幅多，文辞长。

②舍璠玙而执碔砆：璠玙，美玉。《逸论语》云："璠玙，鲁之宝玉也。孔子曰：'美哉璠玙，远而望之，焕若也；近而视之，瑟若也。'"碔砆，似玉之石。

【译文】有人问说："禅门中难道真的没有口诀吗？"我回答道：佛法是正大光明，佛一人演说，百千万亿人天共同听闻，哪里有什么口诀？不过，要说一定有，不得已，勉强有一说法，就是以一句、二句简短的文辞，来概括精要的义理，这称之为"诀"。若是文辞过于冗长、繁杂，就不是诀了。

所以，才有"应无所住，而生其心"，是《金刚经》的口诀；"惟一乘法，无二无三"，是《法华经》的口诀；"成就慧身，不由他悟"，是《华严经》的口诀；"执持名号，一心不乱"，是《阿弥陀经》的口诀；"是心作佛，是心是佛"，是《观无量寿佛经》的口诀。然而有人却不信这些口诀，偏要信其他的口诀，岂不等于舍弃了美玉，反而去选取假玉的石头吗？

念佛不见悟人

或问参禅得悟者相望于册，念佛得悟者，何寥寥①其未闻也？噫！盖有之矣，子未之见也。且参禅人得理之后，终不哓哓②

以自鸣也。龙天推出，然后声振一时，而名垂后世。彼曹溪佩黄梅之心印③，苟不失口于风旛④，一猎人之守网夫而已。清素受慈明密记，苟非邂逅于荔枝⑤，一丛林之闲老汉而已，子何自而知之？况实心念佛者，志出娑婆，精求净土，念念如救头然，即其悟本性之弥陀，了惟心之极乐，若终身隐而不出，子亦乌得而知之也？凡上上品生者，皆得悟人也，《往生传》⑥不可不读。

【注释】①寥寥：形容数量少。

②哓哓：争辩声。

③曹溪佩黄梅之心印：曹溪指六祖惠能大师，俗姓卢，父早亡。及长，家益贫，采薪贩卖养母。一日入市，闻人读《金刚经》，问其所得，谒蕲州黄梅山五祖弘忍禅师。五祖问曰：汝从何处来？答曰：岭南。师曰：岭南人无佛性。能曰：人即有南北，佛性岂然？师知其为异人，使入碓房舂米，因称为卢行者。经八月，五祖知付授时至，使众徒各书得法之偈。时上座神秀书偈曰："身是菩提树，心如明镜台，时时勤拂拭，莫使惹尘埃。"能闻之曰：如吾所得，则不然。窃雇童子夜于壁间书一偈曰："菩提本非树，明镜亦非台，本来无一物，何处惹尘埃？"五祖闻之，识其为真能传大法者，乃夜召师入室，潜授衣法。及黄梅送他到九江驿，舟中复把橹勘曰："合是吾渡汝！"惠能曰："迷时师渡，悟了自渡。渡名虽一，用处不同。"黄梅乃叮咛曰："汝向去逢怀则止，遇会则藏。佛法不宜速说，速说佛法难起。"惠能到怀集，顿忆前嘱，遂混迹猎人队里，随缘保任十五年，养成露地白牛（大乘法），然后出世为人。黄梅：乃指禅宗五祖弘忍，唐代僧。七岁，从四祖道信出家于蕲州黄梅双峰山东山寺，穷研顿渐之旨，遂得其心传。五十一岁，道信入寂，乃继承师席，世称"五祖黄梅"，或仅称"黄梅"。弘忍之思想以

悟彻心性之本源为旨，守心为参学之要。门下甚众，其中以神秀、惠能二师分别形成北宗禅与南宗禅两系统。世寿七十四，代宗敕谥"大满禅师"。心印：又作佛心印。禅宗认为，依语言文字无法表现之佛陀自内证，称为佛心。其所证悟之真理，如世间之印形决定不变，故称为心印。

④苟不失口于风幡：此典故出自禅宗公案，"非风非幡"，又作六祖风幡心动、六祖心动、风幡动。六祖惠能得法后，于仪凤元年（公元676年），寓止于广州法性寺，值印宗法师讲《涅槃经》，因有二僧辩风幡，一个说风动，一个说幡动，争论不已。惠能便插口说："不是风动，不是幡动，仁者心动！"大家听了很诧异。印宗便延他至上席，请问深义，惠能回答，言简理当。印宗便问："久闻黄梅衣法南来，莫非就是行者？"惠能便出示衣，印宗欢喜赞叹，即集众为惠能剃发。两月后，惠能即于寺中菩提树下，为大众开示禅门，说般若波罗蜜法。幡，长幅下垂的旗，亦泛指旌旗，后作幡。

⑤清素受慈明密记，苟非邂近于荔枝：清素久参慈明，寓居一室，年八十寓湖湘鹿苑，未始与人交。兜率悦（宋临济宗黄龙派僧，从悦禅师）食蜜浸荔枝，素偶过门，悦呼曰："此老人乡果也，可同食之。"素曰："自先师亡后，不得此食久矣。"悦曰："先师为谁？"素曰："慈明也，某忝执侍十三年耳。"悦大惊，明日具威仪参扣。往复开发，遂得大悟。素仍戒悦曰："吾以福薄，先师授记，不许为人。怜子之诚，忘先师之戒，子以后切勿嗣吾也"。故清素终身陆沉，人无知者。清素：宋僧，为潭州石霜山崇圣寺慈明楚圆禅师法嗣，大鉴（惠能）下十三世，晚遁湘西鹿苑。慈明：赵宋潭州石霜山慈明禅师，名楚圆，嗣汾阳善昭，临济六世之孙也。法嗣五十余人，其中以黄龙慧南及杨岐方会最为知名，且各自创立黄龙派及杨岐派。

⑥《往生传》：泛称集录信仰阿弥陀佛、相信得往生西方净土者

之传记书籍。此类往生传与一般高僧传并不全同，其内容包含僧尼及男女在家众。且有感应、神异传类中之往生净土者。虽然如此，高僧传及感应神异传类，则仍为往生传之主要资料。

【译文】有人问：参禅得悟的人，记载在书籍中，比比皆是。而念佛得悟的人，为何却寥寥无几呢？唉！其实念佛得悟的，同样不乏其人，只是你没见到罢了。况且参禅的人悟得至理之后，终究不会自我标榜炫耀于人，必待龙天推出，然后声振一时，而名垂后世。

六祖惠能从五祖弘忍处领受心印，若不是脱口道出"风幡心动"的妙论，也不过就是一个替猎人守网的凡夫罢了。清素禅师受楚圆慈明禅师密记，如果不是偶然遇到从悦禅师请他食荔枝，也不过只是丛林中的一位闲老汉罢了。你怎么会知道他们是得悟的人呢？何况以真实心老实念佛的人，志愿是在出离娑婆，精进求生净土，心心念念都如救头然的勇猛精进，不敢懈怠，即使已悟得本性弥陀，了知唯心极乐，倘若终身隐而不出，你又如何能够知道他们呢？凡是上上品往生的都是得悟的人，你如果想多了解认识这些圣者，则《往生传》这类书不可不读。

为僧宜孝父母

有为僧不孝父母者，予深责之。或曰：出家既已辞亲割爱，责之则反动其恩爱心矣！曰：恶①！是何言也？大孝释迦尊②，累劫报亲恩，积因成正觉。而《梵网》③云："戒虽万行，以孝为宗。"《观经》云："孝养父母，净业正因④。"古人有作堂奉母者⑤，担母乞食⑥者，未尝以恩爱累也。奈何于亲割爱矣，而缔交施主⑦，不绝馈遗⑧，畜养弟子，过于骨肉，是无亲而有亲，出一爱而复入一爱也，何颠倒乃尔！且已受十方供养。饱暖安居，而坐视父母之饥寒寥落，汝安则为之。

【注释】①恶：叹词。

②大孝释迦尊：《佛说盂兰盆经疏》曰："稽首三界主，大孝释迦尊，累劫报亲恩，积因成正觉。"观此偈，则释迦成佛道的正因是孝，因孝顺心积德而成正觉。

③梵网：《梵网经》，全称《梵网经卢舍那佛说菩萨心地戒品第十》。又作《梵网经菩萨心地品》《梵网戒品》。相传为后秦鸠摩罗什译，然未能确定。收于《大正藏》第二十四册。

④孝养父母，净业正因：语出《佛说观无量寿佛经》："欲生彼国者，当修三福。一者孝养父母，奉事师长，慈心不杀，修十善业。二者受持三归，具足众戒，不犯威仪。三者发菩提心，深信因果，读诵大乘，劝进行者。如此三事名为净业。佛告韦提希，汝今知不。此三种业乃是过去、未来、现在，三世诸佛净业正因。"

⑤作堂奉母：明代有陈宝生，字彦廉，其母早寡，以贞节著闻，宝生能养。尝作堂奉母，名"贞节堂"。且自谓母恩无穷而难报，因取孟贞曜游子诗语，扁其堂，曰春草。

⑥担母乞食：《唐僧传》记载："敬脱常担母一头，经书一头，食时，留母树下，入村乞食，用以充继。"

⑦施主：梵语，即施与僧众衣食，或出资举行法会等之信众。音译檀越、陀那钵底、陀那婆。又作布施家。又梵汉兼举而称檀越施主、檀那主、檀主。

⑧馈遗：赠予。馈，赠送。遗，馈赠。

【译文】对不孝父母的僧人，我总是严厉的责备。有人辩解道："出家既已辞亲割爱，你责备他，反而使他动起恩爱的念头。"唉！这是什么话呢？难道没看到《盂兰盆经疏》上说，释迦牟尼佛成佛，也是累劫报亲恩，修积孝行而成佛的。《梵网经》上也说戒虽无量，以孝为宗。万行虽多，以孝为首。《观无量寿佛经》更明白指出"三福"是三世诸佛净业正因，而三福是以孝养父母为本。以上所述，皆明"孝"是成佛道的正因。古人有陈彦廉，建"春草堂"奉养母亲的。有僧人敬脱，背负着母亲而乞食的。这样说来，也不曾听说有孝顺父母而被恩爱所累的。为何有些人已经割爱至亲而出家了，却又结交施主，常常以礼物互相馈赠，并视畜养的弟子胜过自己的骨肉？这是本无亲而作亲，出一爱而复入一爱，出家人竟然颠倒到如此的地步啊！而且自己受十方供养，食饱衣暖，生活安定，却袖手旁观，见父母忍受饥寒孤寂之苦而无动于衷。如果自己觉得心安，就由你去吧！

雷　霆①

　　苏明允②曰:"叛父母,亵神明③,则雷霆下击之。雷霆固不能尽击此辈也,然有时而不测也。"明允此言,欲使为恶者惧,而漏网雷霆之击者亦众矣,终不能使之惧也。然为恶受报,盖亦多途,有生恶疾而死者,有犯刑宪而死者,有遭虎狼而死者,有死于水溺者,有死于火焚者,有死于刀斧者,有死于砒鸩④者,有死于墙崩石压者,其为报一也。杀人以挺⑤与刃之类也,岂必其尽击于雷霆乎? 况复有见生受报者,有来生受报者,有身报于阳世者,有魂报于冥司⑥者,毋曰不击于雷霆,而遽称漏网也。

　　【注释】①雷霆:震雷、响雷。霆,雷神、雷公。
　　②苏明允:北宋散文家,字明允,号老泉。眉州眉山(今属四川)人。与其子苏轼(苏东坡)、苏辙合称"三苏",均被列入唐宋八大家。
　　③亵神明:轻慢神明。亵,轻慢、侮弄。
　　④砒鸩:砒与鸩,皆含剧毒。砒,药石名,砷的旧称。鸩,鸩羽浸制的毒酒。传说中的一种毒鸟,以羽浸酒,饮之立死。
　　⑤挺:棍棒。《孟子·梁惠王上》:"杀人以挺与刃,有以异乎?"

⑥冥司：一般指地狱、阴间。

【译文】北宋文学家苏明允言道："忤逆背叛父母，轻慢亵渎神明，这种人必遭雷霆下击。雷霆纵然不能全部击死这一类的人，可是也必将遇到难以意料的祸患。"明允这番话是要使为恶的人有所畏惧，可是没有被雷霆击之而漏网的人也很多，终究还是不能使他们畏惧。

然而为恶的人受报应，有很多种类，有生难以医治的疾病而死的，有触犯刑法被处死的，有遭遇虎狼而死的，有死于溺水的，有死于火焚的，有死于刀斧的，有死于中毒的，有死于墙崩石压的，其遭受报应而死于非命是一样的。以棍棒打死或用刀剑杀人，同样是杀人，难道果报全都是遭雷击吗？更何况果报千差万别，有现生受报的，有来生受报的，有此身在阳世受报的，有死后鬼魂在阴司受报的，总不能说没有被雷击的就都是漏网之人吧！

真　友

中峰大师警策有："参禅必待寻师友①，敢保工夫一世休。"又曰："纵饶达磨与释迦，拟亲早已成窠臼。"此醍醐至妙之言也。然不可闻于下士②也，执此言而自用自专，不复知取友之益，则翻成毒药矣！取友非难，得真友为难。饮食、财帛③相征逐者，恶友也；善相劝、恶相规者，好友也；开我以正修行路，示我以最上乘法④，为我灯⑤、为我眼、为我导师⑥、为我医王⑦者，真善知识友也，不可一日而远离者也。

【注释】①参禅必待寻师友：语出《中峰和尚广录》卷二十七警策歌，原文："大丈夫宜自决，莫只随情顺生灭。今日不休何日休，今朝不歇何朝歇。况是丛林正下秋，千门万户冷湫湫（凉貌）。参禅必待寻师友，敢保工夫一世休。师体自心师，友结自心友，除却自心都莫守。纵饶达磨与释迦，拟亲早是成窠臼（牢笼）。"

②下士：根性未熟的众生。

③财帛：金钱布帛，亦泛指钱财。帛，古代丝织物的通称。

④最上乘：至高无上的教法，即圆顿教，亦即一佛乘。

⑤灯：梵语，音译尔播，即灯明。指于佛前供养或室内照明时所用之灯火。灯明可破暗为明，故经中常将法、智慧比喻为灯。

⑥导师：梵语，又作导首，即教化引导众生入于佛道之圣者。特指释尊，或为佛、菩萨之通称。

⑦医王：佛菩萨之尊称。佛、菩萨能医治众生之心病，故以良医为喻，而尊称为医王。

【译文】中峰大师"警策歌"中说道："参禅必待寻师友，敢保工夫一世休。"大师告诉我们，参禅如果只是不断寻师访友，谁能保证这一世功夫必定成就呢？又言："纵饶达摩与释迦，拟亲早已成窠臼。"大师又说，如果只是一味往外寻求善知识，而忘却内心的修证，自己早已陷入无明牢笼中，即使遇到了达摩与释迦亲自为你传法印，也不能得证。这真的是如同醍醐灌顶般的至妙之语啊！然而上述所言，对根性低劣的人是不能提及的，恐怕他们会死执此言而自行其是，独断独行，不再理会亲近师友的利益，则此醍醐反成毒药啊！其实择交朋友并不难，得真友才难。如果仅在饮食、财帛等俗务上往来，这是恶友。以善法来互相勉励，互相规劝、提醒不要作恶，这才是益友。更进一步，开导我正确的修行路径，教示我最上乘的法门，可以做我的明灯、做我的眼目、做我的导师、做我的医王，诸如此类的人，就是真正的善友、善知识。如果有幸遇到这样的真友，应当把握，不可须臾远离他们。

学贵专精

古人为学，有三年不窥园①者，有闭户不逾槛外②者，有得家书，见"平安"二字，即投水不展视者，庶几乎专精不二者矣！而为僧者学出世法③，反以世事乱其心乎？吾辈观此，当汗颜④悚骨，而惕⑤于中矣！

【注释】①窥园：观赏园景。窥，观看。
②逾槛外：逾，越过。槛，即门槛、门限。
③出世法：即出世间法、出世间道。出离有为迷界之道。即菩提道，乃除灭烦恼、趣向涅槃之无漏正道。
④汗颜：形容羞愧。

⑤惕：畏惧、戒惧。

【译文】古人为学专精的态度，有三年不观赏园景的，有关闭门户不跨出门槛外的，有得到家书，见"平安"二字，即投水不展视的。这一类人，能有如此坚毅的定力，才真正能够称得上专精不二！然而有僧人，学的是出世间法，却以世间事来扰乱自心，可说是与上述之为学者反其道而行。我们看到这种人，当真替他感到惭愧和害怕，并且自己也要心怀警戒，更要小心谨慎才是啊！

传 灯

《传灯录》①所载诸师，如六代相承②、五灯分焰③诸大尊宿④，皆天下古今第一流人物，所谓"始知周孔外，别自有英豪⑤"者是也，岂易言哉？而今人或得一知半见，或得些少轻安⑥，便自以为大悟大彻⑦。而无眼长老又或以东瓜印子印⑧之，一盲众盲，非徒无益而有害，可胜悼⑨欤！

【注释】①《传灯录》：即《景德传灯录》之略称，凡三十卷，宋代道原撰。为中国禅宗史书之一，原题名为《佛祖同参集》，收于《大正藏》第五十一册。本书集录自过去七佛，及历代禅宗诸祖五家五十二世，共1701人之传灯法系，内容包括行状、机缘等。其中附有语录者951人。以宋真宗景德元年（公元1004年）具表上进，并奉敕入藏，故以"景德"名之；又以灯能照暗，法系相承，犹如灯火辗转相传，喻师资正法永不断绝，故称"传灯"。

②六代相承：指中国禅宗祖师达磨，传一领袈裟以为法信，授与慧可，慧可传僧璨，僧璨传道信，道信传弘忍，弘忍传惠能，六代相承，连绵不绝。

③五灯分焰："五灯"是指五部禅宗灯录：《景德传灯录》《天圣广灯录》《建中靖国续灯录》《联灯会要》《嘉泰普灯录》，共计150卷。因彼此内容诸多重复，普济乃删繁就简，会五为一，故称《五灯会元》。全书内容是二十七祖、东土六祖、青原下十六世及南岳下十七世等诸付法禅师之列传，使七宗源流本末，了然于掌。其中虽无拈古、颂古等内容，但对宋末之前著名禅师之机缘、语录均加缀笔，禅家之行棒行喝、一问一答等机用，莫不略载。故元明以来，颇受禅者的喜爱。焰，辉光。

④尊宿：指年老而有名望的高僧，或对前辈有重望者的敬称。

⑤始知周孔外，别自有英豪：宋代刘克庄，字潜夫，号后村，著有《十释咏》："其瞿昙咏曰：'世传汉明帝始梦见金身，曷不观列子西方有圣人。'（中略）达磨咏曰：'直以心为佛，西来说最高。始知周孔外，别自有英豪。'"

⑥轻安：梵语，心所之一，七十五法之一，百法之一。"惛沉"之对称。意指身心轻利安适，对所缘之境优游自适之精神状态。俱舍宗列为大善地法之一，唯识宗列为善心所之一。

⑦大悟大彻：彻底的觉悟，亦即完全证到"不生不灭"的真如实相，不退道心，属于大菩萨的境界。

⑧东瓜印子：禅林用语。把冬瓜横着切断所盖之印迹，虽似真

印，但虚伪不实。禅林乃转指师家接引学人时，未严加勘验而随便印可证明。

⑨胜悼：胜，尽。悼，哀伤。

【译文】《景德传灯录》中所记载的诸位禅师，如六代相承、五灯分焰等诸大证悟的高僧，都是天下古今第一流人物，正如达摩祖师所赞叹的："始知周孔外，别自有英豪。"指的便是这一类证悟的人。而书中传颂的这些高僧大德，难道是随便轻易登录的吗？可是现在有些人，或者得一知半解的正见，或者在禅定中得少少的轻安，便自以为大悟大彻了。而那些没有慧眼的长老又随便的替他们印可，并未加以勘验，结果是一盲引众盲，不但无益而且有害，实是令人悲叹啊！

刘公真菩萨人

刘公讳宽①，其治郡也，有过者以蒲鞭②示辱。夫人欲试其怒也，使婢故以羹污朝衣③，公但曰："羹烂汝手乎？"终不怒。即此二事，知其真菩萨人，不可企及④。且今之治民者，用格外之严刑尚不能折狱⑤；蒲鞭而民自化之，非大威神力何以至此？今御下人，小不如意，动辄加刑；羹污朝衣，反恤之而不责，非大慈悲力何以至此？临朝逼迫，而乃从容易衣，心不动摇，非大禅定力何以至此? 火宅中具如是操略、如是器量, 胜出家儿蒲团上三十年工夫矣! 吾辈观此, 可不愧乎? 可不勉乎?

【注释】①刘公讳宽: 刘宽, 字文饶, 东汉弘农华阴人。桓帝时, 延熹八年, 征拜尚书令, 迁南阳太守, 典历三郡, 温仁多恕, 虽在仓卒, 未尝疾言遽色。常以为"齐之以刑, 民免而无耻", 吏人有过, 但用蒲鞭罚之, 示辱而已, 终不加苦。灵帝中平三年谥"昭烈侯"。讳, 表示避称尊长名字的用语。

②蒲鞭: 以蒲草为鞭, 常用以表示刑罚宽仁。

③羹污朝衣: 指汉刘宽妻试宽性情与气度的故事。污, 弄脏。

④企及: 赶上、及得上。

⑤折狱: 判决诉讼案件。

【译文】刘公名宽, 他所治理的地方, 凡官吏、百姓有过失, 都只用蒲草为鞭薄以惩戒, 令其能知耻改正。他的夫人想要测试刘公的修养, 在刘公将要上朝时, 命侍婢故意以羹汤溅污他的朝服, 刘公不但不发怒, 反而关心地问道:"羹汤有没有烫伤你的手?"从这两件事看来, 便可知刘公确实是一位具有菩萨心肠的人, 一般人是望尘莫及的。且看现今治理百姓的人, 施用极其残酷的刑罚尚且不能断决案情。而刘公仅用蒲草为鞭, 便能令民心感化, 若没有大威神力, 如何能有这样的政绩? 现今富贵人家役使奴婢, 稍不如意, 动不动就以刑罚对待。而刘公虽然被羹汤溅污朝服, 他不但不责备奴婢, 反而对其体恤。若没有大慈悲力, 如何能有这样的涵养? 刘公上朝的时间紧迫, 仍然能从容换衣, 心不动摇, 若没有大禅定力, 如何能有这样镇定的态度? 三界火宅、五浊恶世中, 一位在家人能有这样高尚的品德举止，这样恢宏的度量，真的是胜过出家人在蒲团上三十年的功夫啊！我辈看到这里，能不感到惭愧，能不努力自勉吗？

续原教论①

国初翰林待②诏沈士荣居士作《续原教论》，其详品"名儒学佛"一篇③，备举唐宋诸君子，如白香山④、苏内翰⑤，以至裴丞相⑥、杨大年⑦等诸公，禅学浅深，最为精核⑧。其言曰："即裴杨诸公，不云无悟入⑨，而保养受持则未可知也。岂有身居名利之场⑩，又非果位⑪菩萨，而能无细惑流注者哉？"游戏⑫法门者固不必论矣，我辈身为出家儿者，试静思之。

【注释】①续原教论：明代沈士荣，建安人，洪武中为翰林院待诏，著《续原教论》辩解，共十四篇，分上下二卷，卷上篇目：原教论、观心解、内教外教辩、执迹解、儒者参禅辩、论禅近理辩、作用是性解。卷下篇目：名儒好佛解、自私辩、庄老异同辩、错说诸经解、较是非得失辩、三教论、诸师人物雄伟论。

②翰林：指翰林院，官署名。唐初置，本为各种文艺技术内廷供奉之处。宋代以翰林院勾当官总领天文、书艺、图画、医官四局，以至御厨茶酒亦有翰林之称。明将著作、修史、图书等事务并归翰林院，

成为外朝官署。清沿明制，翰林院掌编修国史及草拟制诰等，其长官为掌院学士。待诏：官名。汉代征士未有正官者，均待诏公交车，其特异者待诏金马门，备顾问，后遂以待诏为官名。唐有翰林待诏，负责四方表疏批答、应和文章等事，后改为翰林供奉。明清翰林院属官有待诏，秩从九品，掌校对章疏文史。

③明儒学佛一篇：乃指《续原教论》卷上篇名"儒者参禅辩"。原文摘录如下："唐宋诸儒如白乐天、柳子厚、苏东坡、黄山谷等，虽曰参禅，亦不过知解而已，非彻悟者也。至如裴休、杨大年、张商英、张九成数人，悟则悟矣，保养受持则又未可知也。此段大事不是说了便休，必要在尘劳里不埋没了，方名解脱中人。昔圆悟和尚得法之后，在五祖演禅师会下，最为上首，偶然流注不在，即转语参差上上根人，专志此事犹有未尽，岂有身居名利之场，又非果位菩萨，安得不失念者哉。今儒者轻易论禅，诚可叹也！"

④白香山：唐朝诗人白居易，字乐天。官历苏州、杭州刺史。晚年好佛，号香山居士，为如满法师之弟子。又笃志净土，于东都结社念佛，发愿往生西方。

⑤苏内翰：即苏轼，北宋四川眉山人，字子瞻，自号东坡。嘉祐二年进士，累官翰林院侍读学士，礼部尚书。后贬黄州，与归宗寺佛印有往来，主禅净兼修。

⑥裴丞相：唐代裴休，字公美。其为人蕴藉，操守严正，宣宗尝称其为"真儒者"。先后任官监察御史、昭义节度使、河东节度使兼凤翔尹等，卒于吏部尚书太子少师。宿信佛教，随圭峰宗密学华严；宗密着经疏，每请裴休为之撰序。曾迎黄蘗希运于宛陵，笔记其言，成《宛陵集》。武宣之际，佛教新遭大难，裴休以重臣，出而翼护，故不数年间，佛教得复旧观。中年以后，断肉食，焚香诵经，世称"河东大士"。

著有《劝发菩提心文》一卷，集希运之语要而成《传心法要》一卷。

⑦杨大年：杨亿，北宋浦城（福建建瓯）人，字大年。少时以文章名世，太宗尝召入面试，叹为神童。真宗时，历任翰林学士、侍郎、修撰等官。初不知佛，学士利瓦伊勉以宗门事相策发，遂生深信，后礼汝州广慧禅师得法。每翼护法门，多着洪力。又屡奉诏命编制大藏目录，校勘《景德传灯录》。享年四十七，谥号"文"。有文集行世。

⑧精核：精辟翔实。核，确实。

⑨悟入：悟实相之理，入于实相之理。

⑩名利之场：泛指尘世。

⑪果位：相对于因位、因地而言。即依因位之修行而得妙觉果满之极位。又作果地、果极。

⑫游戏：娱乐嬉戏称为游戏。在佛经中，游戏是指佛菩萨随心所欲、毫无障碍的度化众生之能力。"戏"即自在的意思，因此"游戏"与"自在"往往连用，称为"游戏自在"。这种自在的能力，也叫作"游戏神通"。佛菩萨以神通摄化众生，能出入无碍，自由自在。

【译文】明朝初年，翰林院待诏沈士荣居士作《续原教论》，其中有"儒者参禅辩"一篇，详尽的列举唐、宋诸君子，例如香山居士白居易、内翰苏东坡，以至丞相裴休、侍郎杨大年等诸公，一一评述他们对于禅宗教理契入的程度、境界，确实十分精辟。书中言道："即使是裴休、杨大年等身居高位的官员，不能说他们没有悟入实相理，然而对于道心的保护，是否持久不忘，则无法得知。其实身居五欲六尘、争名夺利的场所，又不是证得果位的大菩萨，怎么可能没有如水流注般相续不断且微细的迷惑、烦恼呢？"如果修证已达游戏神通、出入无碍、自由自在的人，当然没什么可说的，但我辈身为出家人，自己修持功夫究竟到什么程度，姑且好好静下来思考看看吧！

三贤女

内人在道称贤者,吾目击三人焉:一曰出家尼严姓者,清修苦行①,终身不干谒②富贵家。一在家赵姓者,手书《华严经》八十一卷。一在家朱姓者,劝其夫休罢渔业,投身水中。夫末法僧尼,多游族姓。苦行终身,谁似严者?募化书经,或昧因果③。自力自书,谁似赵者?为救众生,不顾身命,终化其夫,谁似朱者?吾谓此三内人,三丈夫④也,三大丈夫⑤也。

【注释】①苦行:梵语。即断除肉体欲望,堪忍诸种难忍之苦行。主要指印度诸外道为求生天而行诸苦行。佛教之苦行,称为头陀。

②干谒:对人有所求而请见。谒,请求。

③昧因果:昧,违背。因果,指原因与结果,也指因果律。为佛教教义体系中,用来说明世界一切关系之基本理论。盖一切诸法之形成,"因"为能生,"果"为所生。亦即能引生结果者为因,由因而生者为果。

④丈夫:指成年男子,或诸根圆具之男子。或指勇健之人,勇进正道修行不退者。

⑤大丈夫：有志气、有节操、有作为的男子。又佛乃人中之雄，故亦称大丈夫。

【译文】女子在道业上可以称贤的，我亲眼所见的有三人：一位是出家的比丘尼，俗家姓严，一向清修苦行，终身不攀缘富贵人家。一位是在家居士，姓赵，手书《华严经》八十一卷。另外还有一位，也是在家居士，姓朱，为了劝谏她丈夫放弃渔业，竟然不惜自己投身水中。到了末法时期，很多僧尼都交游世族大姓，谁能如严姓比丘尼一样，苦行终身呢？一般向人化缘或抄写佛经，总是瞒因昧果，谁能似赵姓女子自力自书？为救众生而不顾自己身命，终于能感化丈夫放弃渔产事业，谁能像这位朱姓女子呢？我认为这三位女子称得上是三丈夫，而且更称得上是三大丈夫。

施食师

焰口施食，启教于阿难①，盖瑜伽部②摄也。瑜伽大兴于唐之金刚智③、广大不空④二师，能役使鬼神，移易山海，威神之力不可思议。数传之后，无能嗣之者，所存但施食一法而已。手结印⑤、口诵咒⑥、心作观，三业相应⑦之谓瑜伽，其事非易易也。今印、咒未必精，而况观力乎？则不相应矣！不相应，则不惟不能利生，而亦或反至害己。昨山中一方外僧病已笃，是晚外正施食,谓看病者言:"有鬼挈⑧我同出就食,辞不往。俄复来云:'法师不诚,吾辈空返,必有以报之。'于是牵我臂偕行。众持挠钩套索⑨云:'欲拽此法师下地。'我大怖,失声呼救,一时散去。"越数日僧死。盖未死前,已与诸鬼为伍矣。向非惊叫,台上师危乎哉! 不惟是耳! 一僧不诚,被鬼舁⑩至河中欲沉之。一僧失锁衣箧⑪,心存匙钥,诸鬼见饭上皆铁片,遂不得食;一僧晒毡衣⑫未收,值天雨,心念此衣,诸鬼见饭上皆兽毛,遂不得食,各受显报。又一人入冥,见黑房中有僧数百,肌体瘦削,颜色憔悴,似忧苦不堪之状。问之,则皆施食师也。施食非易易事也,信夫!

【注释】①阿难:梵语,阿难陀之略,意译为欢喜、庆喜、无染,为佛陀十大弟子之一。是佛陀之堂弟,出家后二十余年间为佛陀之常随弟子,善记忆,故誉为多闻第一。首次经典结集会中,被选为诵出经文者,对于经法之传持,功绩极大。初时,佛陀之姨母摩诃波阇波提欲入教团,阿难即从中斡旋,终蒙佛陀许可,对比丘尼教团之成立,功劳至巨。佛陀传法予摩诃迦叶,摩诃迦叶后又传法予阿难,故阿难为付法藏之第二祖。阿难于入寂前,将法咐嘱于商那和修。

②瑜伽部:密宗,又作真言宗、瑜伽宗。一般分为四部,即事部、行部、瑜伽部和无上瑜伽部。瑜伽,梵语,意译作相应。依调息等方法,集中心念于一点,修止观为主之观行,而与正理相应冥合一致。于密教,盛行三密瑜伽相应之说(又作三密相应说)。行此等瑜伽观行者,称为瑜伽师。依瑜伽师而行之境界,称作瑜伽师地。而奉持《瑜伽师地论》一书之学派,称为瑜伽派。

③金刚智：为印度密教付法第五祖，中国密教初祖。出身印度婆罗门，十岁出家于那烂陀寺，二十岁受具足戒。三十一岁，从南印度龙智学习密教。继善无畏东来之后三年，于唐开元七年（公元719年），携弟子不空由海路至广州，建立大曼荼罗灌顶道场。八年，入洛阳、长安，从事密教经典之翻译，并传授灌顶之秘法。译有《金刚顶经》《瑜伽念诵法》《观自在瑜伽法》第八部十一卷。与善无畏、不空并称"开元三大士"。本拟归返印度，然因病示寂于洛阳广福寺，谥号"大弘教三藏"。

④广大不空：即不空金刚，略称不空，梵名阿目佉跋折罗。唐代来华的译经师，密教付法第六祖。印度之婆罗门族，幼失父，随叔父来住东海，其后出家，师事金刚智三藏。于洛阳广福寺受具足戒。于天宝五年（公元746年）为玄宗灌顶，以祈雨灵验，赐号"智藏"。代宗时，加号"大广智三藏"。大历六年（公元771年）表进开元以来所译经，77部，101卷及目录一卷，并请入藏。大历九年六月中，师预知时至，上表辞别，献五钴金刚铃杵等，倚卧而入寂，享年七十。追赠司空，谥号"大辩正"，于大兴善寺造塔安置舍利。与鸠摩罗什、真谛、玄奘等并称四大翻译家。

⑤结印：即以二手十指之曲折屈伸来标帜如来内证之本誓。密教最重其法，结印契须就师亲禀受，而不为他人所见，且必用涂香。

⑥诵咒：咒，为梵语陀罗尼之意译。陀罗尼能摄持各种善法，能遮除各种恶法。诵唱陀罗尼时，必须至心礼敬，然后诵之。

⑦三业相应：身口意一致无乖角也。如身为礼拜而意无敬重之念，则非三业相应。

⑧挈：携带、率领。

⑨挠钩：一种长柄顶端安有铁钩的用具。套索：古代交战时用以

擒拿敌人的绳索。

⑩舁：抬、扛。

⑪衣箧：藏衣服的小箱。箧，小箱子。

⑫毡衣：羊毛或其他动物毛所制之衣。毡，羊毛或其他动物毛经湿、热、压力等作用，缩制而成的块片状材料。

【译文】施放焰口施食饿鬼之法事，此教法缘起于阿难尊者，收在瑜伽部中。瑜伽密法大兴于唐朝的金刚智和广大不空两位大师，此密法能役使鬼神，移山倒海，威神之力不可思议。但经过数代相传之后，再没有传承的人，所存留下来的仅施食一法而已。修习瑜伽法，必须手结印、口诵咒、心作观想，身口意三业相应就是瑜伽的意思，可是这不是简单易为的事。

现在的人学瑜伽，手印、咒语都未必精确了，更何况是作观想的功力呢？如此三业必不相应，三业不相应，不但不能利益众生，可能反而害了自己。

最近山中来了一位游方僧，病势沉重，有一天晚上外面正在举行焰口施食，这位游方僧对来看病的人说："刚才有鬼要带我一起出去就食，我推辞不去。过一会儿鬼又来告诉我：'那位施食法师的心不诚，害我们白白来了一趟，我们一定要设法报复他。'于是牵着我的手臂一起同行。我见众鬼各自拿着挠钩、套索，扬言要把法师从台上拖下来，我惊慌害怕，不由自主的出声呼救，众鬼才四散而去。"过几天这位游方僧便死了。这位僧人未死之前即与诸鬼为伍，那一晚要不是他失声惊叫，焰口台上的施食师可就危险了。

不仅上述之事而已，诸如此类的事时常发生，譬如有一僧因施食不诚，被众鬼抬至河中要把他溺死。有一僧因锁衣箱的钥匙丢失了，在施食时心里惦记着钥匙，诸鬼见饭上全是铁片，遂不得食。有一僧晒毡衣忘记收，施食时正值下雨，挂念晒在外面的毡衣，于是诸鬼见饭上全是兽毛，遂不得食。这几位施食师后来都受到明显的因果报应。

又有一人神游地府，见一间黑暗的房间中，关着数百僧人，个个面黄肌瘦，愁苦不堪，样貌十分可怜。经询问才知，原来生前都是施食师。可见施食不是一件简单易为的事情，这总该相信了吧？

讲法师

或谓："讲法师有化物①之功，无交鬼神之责，其寡过矣乎！"曰："殆有甚焉！施食，一法耳，一法犹易精；经论繁多，一一而欲精之，亦难矣！故古人业有专攻，如恭《法华》、善《华严》之类是也。今则无经不说，无论不宣，其果超越于先哲乎？遂有师承无自而臆见自用者；有好为新说，而妄议前贤者；有略加销释②，而全无发挥者，皆未免于过也。必其精研有素，博学无方，惟以明道为怀，不图利养于己，庶几有功而无过耳。"或又谓："智者云：'为利弘经，亦恒有菩萨之名'者，何也？"噫！此为具菩萨之大悲，而未臻菩萨之实行者言也，非为贪利者言也。不察此意，几许误哉！

【注释】①化物："化"，指教导众生，使其转化改变，即普通所谓之教化、劝化（劝入正道）、化导、化益（利益教化）、化度（教化济度）等。"物"，指的是众生。

②销释：喻科文之解判，能分事理。销者煎销也，释者解释也。

【译文】有人问："讲经法师有化度众生的功德，不必承担是否能与鬼神相通的责任，应该就不会有什么过失吧？"我答道："恐怕未必，或许有更严重的过失呢！施食不过一法而已，一法还容易精通。而经论繁多，若要一一精通，委实不容易。所以古人学业注重专攻一门，就像信奉《法华经》、通晓《华严经》的，这一类人便是。如今讲经的法师，无论什么经、什么论都宣讲，难道他们的智慧果真超过先哲吗？所以就会见到有一类的人，学无师承却专凭自己主观情识而刚愎自用的；有的是喜欢标新立异而妄议前贤；有的是把经论略加销文解释，而全无发挥旨意的。类似这样的情形，都未免有过失。凡讲经的人，一定要对经论精心研究，有某种程度的素养，并且要多方学习、多请教善知识，惟以洞明义理为怀，不可心图名闻利养，如此方可接近有功而无过。"

又有人说："智者大师曾说：'菩萨为了弘通经教、利益众生，偶尔会有退转或过失，但仍不失度众生之心，却还具有菩萨之名。'这又怎么说呢？"唉！智者大师此句话，是针对具有菩萨的大悲心，但尚未达到真正实行菩萨道的人而言的，并不是对贪图利养的人所说的。这是不仔细审察这句话的真实义，才会产生此等误会吧！

一蹉百蹉

古云:"今生若不修,一蹉是百蹉①。"一之至百,何蹉之多直至于是? 经言:离恶道得人身难,得人身逢佛法难。然而逢念佛法门②,信受为尤难也。如经所言,蚁子自七佛以来,未脱蚁身③,安知何日得人身? 又何日逢佛法? 又何日逢念佛法门而信受也? 何止百蹉,盖千蹉万蹉而无穷也。伤哉!

【注释】①一蹉百蹉:形容虚度光阴。蹉,过。

②念佛法门:净土宗是中国佛教的一个宗派,因专修往生阿弥陀佛净土法门,故名之,又称莲宗。此宗的主旨是以行者的念佛行业为内因,以弥陀的愿力为外缘,内外相应,往生极乐国土。

③蚁子自七佛以来,未脱蚁身:此典故出自《贤愚经》中的记载,长者须达共舍利弗,往图精舍,须达自捉绳一头,舍利弗自捉一头,共经精舍。(中略)舍利弗惨然忧色,即问尊者何故忧色? 答曰:汝今见此地中蚁子不? 答曰:见。时舍利弗语须达言:汝于过去毗婆尸佛,亦于此地,为彼世尊,起立精舍,而此蚁子在此中生。乃至七佛以来,汝皆为佛起立精舍,而此蚁子亦在此中。至今九十一劫,受一种身,不得解脱。

【译文】古人说："今生如果不认真修行，就会耽误一生，耽误一生等于是耽误百生。"由一生至百生，为何修行一耽误就会导致这么多生的耽误呢？佛经上说，能够脱离恶道而得到人身，是不容易的；得人身而又能听闻佛法，同样不容易，尤其是能听到净土念佛法门，又能深信受持，那更是难中之难。

《贤愚经》上说，有一窝蚂蚁，经历了七尊佛出世，到现在尚未脱离蚁身，不知何时才能得到人身？又何时才能闻到佛法？又何时才能遇到念佛法门并深信受持呢？这样推究下来，则何止是耽误百生，简直是耽误千生、万生乃至无穷生。真是令人伤痛啊！

禁　屠

世人广杀生命，以供朝夕，备宴赏，奉祭祀，皆谓理所当然。既其当然，则何为旱干水溢而官禁屠宰，然后知屠宰之为非也？虽然，旱灾而小沾①，水灾而少霁②，已翘肩③羊肘高悬市井矣！又杭俗祈祷观音大士，必请至海会寺④，而满城宰杀，诚意何在？深可怪叹！倘其时时戒杀，户户持斋⑤，必能感召天和⑥，雨旸时若⑦，田禾丰穰⑧，海宇清宁⑨，葛天⑩、无怀⑪之风再见于今日矣。奈何习俗相沿不可救也，哀哉！

【注释】①沾：浸润、沾湿。

②霁：雨止天晴。

③彘肩：即肘子，猪腿的最上部分。彘，猪。

④海会寺：位于浙江杭县，旧称石佛智寺，又称大乘石佛寺。是吴越王所建，北宋祥符（公元1008~1016年）年中改称"积善海会寺"。后有投子义青参谒浮山之法远，并受其衣钵，于熙宁六年（公元1073年）入海会寺大扬禅风。

⑤持斋：不非时食称为斋，过中午不食称持斋，故持斋一语并不等于吃素。斋之意义是清净，身口意等三业清净，即称斋。

⑥天和：谓自然和顺之理，天地之和气。

⑦雨旸时若：语本《尚书·洪范》："曰肃，时雨若；曰乂，时旸若。"后用"雨旸时若"谓晴雨适时，气候调和。旸，日中时。

⑧田禾：指谷物。穰：庄稼丰收。

⑨海宇：犹海内、宇内。谓国境以内之地。

⑩葛天：即葛天氏，传说中的远古帝名。一说为远古时期的部落名。宋罗泌《路史·禅通记》："葛天者，权天也，爰㩮旋穹作权象（主宰天下之象），故以葛天为号。其为治也，不言而自信，不化而自行，荡荡乎无能名之。"

⑪无怀：即无怀氏，传说中的上古帝王。古之王者，在伏羲前。宋罗泌《路史禅·通纪·三无怀氏》："无怀氏，帝太昊之先。其抚世也，以道存生，以德安刑……当世之人甘其食，乐其俗，安其居而重其生。"

【译文】世间人常广杀生命，以供给日常生活所需，或备设宴会犒赏，或供奉祭祀祖先，都认为这是理所当然的。既是理所当然，为什么每逢干旱、水灾时，官府便下令禁止屠宰，然后才知道屠宰是违背天理的呢？尽管如此，旱灾之后稍微下点小雨，水灾尔后稍微转晴之时, 就又见猪腿、羊肘高悬于街市上了! 又杭州风俗中, 欲祈祷观音大士, 必先迎请菩萨至海会寺, 然后全城宰杀牲畜祭祀以求保佑, 不知这种做法的诚意何在? 真是令人深觉怪异而不胜感叹。假如世人能时时戒杀, 户户持斋, 必能感召天地自然之和气, 风调雨顺, 五谷丰收, 国内人民清静安宁, 使得古时葛天、无怀之教化、社会风气再现于今日。奈何习俗相沿至今, 已经到了不可挽救的地步, 真是悲哀啊!

畜鱼鹤

世俗畜小金鱼者, 饲以虮虾[①]; 畜鹤者, 饲以细鱼[②]。饲鹤则一食动以百计, 饲金鱼则一食动以千计, 积日而月, 积月而年, 杀业无边矣! 夫养蚕也, 孳生六畜[③]也, 为饱暖而造此杀业也; 鱼与鹤, 供一玩视[④]而已。嗟乎! 是亦不可以已乎?

【注释】①虮虾: 指水蚤, 节肢动物, 身体小, 透明, 椭圆形, 有硬壳。成群生活在水沟和池沼中, 是金鱼等的好饲料。也叫鱼虫。虮, 虱的卵。

②细鱼: 鱼苗、小鱼。

③孳: 生育、繁殖。六畜: 指马、牛、羊、鸡、狗、猪, 亦泛指各种

牲畜。

④玩：观赏、欣赏。

【译文】世俗的习惯，一般用鱼虫来饲养金鱼，用小鱼来饲养鹤。饲养鹤，往往一次就要喂食数百条小鱼。饲养金鱼，一次就要供给数千虫，这样积年累月，所造的杀业无量无边啊！有人养蚕，有人畜养六畜，那是为了维持生计，求得衣食饱暖，才造了杀业。但养鱼、养鹤，只是为了赏玩，竟造下此等杀业。唉！如果是为了赏玩而已，难道就不能放弃吗？

今日方闲

吾杭有鲁姓者，忘其名，人以其面麻①也，称鲁麻子。中年谓其子曰："吾婚嫁事毕，尔曹亦能自立矣，吾将求闲。"于是备棺椁②，凡魂轿③、明旌④、鼓乐皆悉营办，诸子衰绖执杖⑤引棺，己肩舆⑥随后，至西湖之别墅，置棺中庭，遣诸子归。榜其门曰："今日方闲"，至死不入城埤⑦。呜呼，亦达矣！夫俗士具有家缘，其忙宜也，脱忙而曰"今日方闲"；出家者本闲也，乃劳形苦志，奔利趋名，终日营营⑧而不知休息者，当榜曰"今日方忙"，可也。

【注释】①麻：面部因患天花或水痘留下的瘢痕。

②棺椁：泛指棺材。椁，古代套于棺外的大棺。

③魂轿：出葬时载死者生前服装与灵位的轿子。

④明旌：丧具。旧时竖在灵柩前或敷在棺上，标志死者官衔和姓名的长幡。旌，泛称旗帜。

⑤衰经：丧服。古人丧服胸前当心处缀有长六寸、广四寸的麻布，名衰，因名此衣为衰。经，古代丧服所用的麻带，围在头上的散麻绳为首经，缠在腰间的为腰经。衰、经两者是丧服的主要部分。执杖：旧时父母之丧，举行葬仪时手持丧棒，谓之"执杖"。

⑥肩舆：轿子，或抬着轿子、乘坐轿子。

⑦城堭：同城郭，泛指城市。堭，凡民之所度居也。

⑧营营：劳而不知休息，忙碌。引申为钻营追逐。

【译文】我的家乡杭州有一位姓鲁的人，我忘记他的名字，因他的脸上有痘疮，大家都叫他"鲁麻子"。这位鲁麻子在中年时对他的子女说："你们的婚嫁事，我已经都操办完毕，你们各自也都能自立了，我往后想过清闲的日子。"于是备好棺材，举凡丧事用的魂轿、明旌、鼓乐等，全都营办齐备，并让儿女们披麻带孝、执杖在前，引领着抬棺的人，自己则坐着轿子跟随在后。到了西湖的别墅，把棺材安置在庭中，令儿女们各自回家。并且在大门的匾额上，题了"今日方闲"四个字，从此到老死，不曾再进入城市。唉！这真是达观之人啊！作为一个世俗人，为着家庭生计等种种事缘，奔波忙碌，本当如此，一旦摆脱繁忙而能悠哉地说："今日方闲"，还真不是普通人。出家人本是清闲自在的，而有些人却像世俗人一样劳心劳力，奔走于名利，整天忙得晕头转向而不知休息，真应该为这些人题上"今日方忙"四字，好像比较贴切。

入 胎

经言入胎①皆在十月之先，而世间传闻者，皆临产之时，死彼生此。有供僧山中者，忽见僧直入内室②，俄报坐草生子，急往山中探之，则僧已入灭③矣。与经言不合，何也? 盖入胎于十月之先者其常，而临产入胎者千万中之一二也。世人惟见一二，而不见千万故也。然早入胎不见现形者，何也? 或临产入者能现，而早入不能现也，经无明文，不敢妄为之说。众生入胎不可思议，以俟夫天眼④圣人决焉。

【注释】①入胎：又作托胎、托生。谓胎生之有情宿于母胎中，为受生此世之始。

②内室：内房，女眷居住的屋子。

③入灭：梵语。入灭度、入寂灭之略称。或译为入涅槃、取灭度、示寂等。依原语有二义，一为寂灭世间之烦恼执着，入无漏解脱。二为入无余依涅槃界，亦即漏尽者舍肉身而殁。又名圆寂，也作为圣者谢世的代名词。

④天眼：五眼之一。为天趣之眼，故名天眼。以色界四大所造清净之眼根，知粗细远近一切之诸色，及众生未来生死之相者。天眼有

修得与报得两种，凡于人界修四禅定而得净眼者，称为修得；生于色界诸天而自得净眼者，称为报得。

【译文】根据佛经上说，神识入胎是在怀胎十月之先，但世间所传闻的，都认为是在临产之时，有人在彼处死了，神识则赶来此处投生。这是有听说某人长期供养山中的僧人，有一天，忽见这位僧人直入其家中内室，不一会儿就被告知家中女眷分娩生子，于是急往山中探望，发现僧人已经入灭了。这种入胎情形与佛经所言不符，这是怎么一回事？其实，入胎于十月之先，这是通常的现象；至于临产入胎的，千万人中偶有一二。世人只见偶然的一、二例，却不见常态的千万人入胎现象。然则早入胎者，怎么从来不见有现形的，这又是什么缘故呢？这或许是临产入胎的能现形，而早入胎的不能现形，这种情况佛经上并没有明确记载，故不敢妄为解说。总之，众生入胎不可思议，必须具有天眼的圣人才能决然明白。

护　法

人知佛法外护①付与王臣，而未知僧之当其护者，不可以不慎也。护法②有三：一曰兴崇梵刹③，二曰流通大教，三曰奖掖缁流④。曷言乎慎也？护刹者，梵刹果尔原属寺产，豪强占焉，夺而复之，理也。有如考诸图籍，则疑似不明，传之久远，则张王互易，以势取之，可乎？喜舍⑤名为吉祥地，力不敌而与者谓之冤业薮⑥。若僧惟劝化有力大人，以恢复旧刹为大功德主⑦，而不思佛固等视众生如罗睺罗。殃民建刹，即广逾千顷，高凌九霄⑧，栴檀⑨为材，珠玉为饰，佛所悲怜而不喜者也。有过无功，不可不慎，一也。护教者，其所著述，果尔远合佛心⑩，近得经旨，赞叹而传扬之，理也。有如外道迂谈⑪，胸臆偏见，过为称誉，可乎？若僧惟乞诸名公作序、作跋，而不思疑误后学，有过无功，不可不慎，二也。护僧者，其僧果尔真参真悟，具大知见者，尊而礼之，实心实行，操持敦确者，信而近之，理也。有如虚头禅客，下劣庸流，亦尊之信之，可乎？若僧惟亲附贵门，冀其覆庇，而绵纩锦绣⑫，以裹痈疽⑬，只益其毒，有过无功，不可不慎，三也。是则王臣护法，而僧坏法也，悲夫！

【注释】①外护：乃僧侣以外之在家人，为佛教所从事之种种善行，如供给僧尼衣食以助其安稳修行，或尽力援护佛法之弘通等。亦即从外部以权力、财富、知识或劳力等护持佛教，并扫除种种障碍以利传道。从事以上诸行者，亦称为外护者、外护善知识。

②护法：拥护佛之正法也。

③梵刹：梵，意谓清净；刹，刹摩、制多罗之略称，意谓地方。梵刹，本指清净佛土，后转为伽蓝之美称。亦即指佛教寺院，与梵苑同。

④扲：扶持、挽扶。缁流：僧徒，僧尼多穿黑衣，故称。缁，黑色僧服。

⑤喜舍：又称净舍、净施。谓欢喜施舍财宝。主要指为供养三宝

而施给金钱、物品等。

⑥冤薮：造恶业而招致的冤报。薮：聚集。

⑦功德主：指施主，即供养佛、法、僧三宝之施主、檀越。施主惠施有五功德：一、名闻四远，众人叹誉。二、若至众中，不怀惭愧，亦无所畏。三、受众人敬仰，见者欢悦。四、命终之后，或生天上，为天所敬；或生人中，为人尊贵。五、智慧远出众人之上，现身漏尽，不经后世。

⑧九霄：天之极高处，高空。

⑨栴檀：梵文"栴檀那"的省称。即檀香，香木名，木材极香，可制器物，亦可入药。寺庙中用以燃烧供佛。

⑩佛心：其义有三：一指如来充满大慈悲之心。二指不执着于任何事、理之心。三指人人心中本来具足之清净真如心。

⑪外道迂谈：外道，指佛教以外的一切宗教。又称外教、外学、外法。梵语原意为神圣可尊敬的隐遁者。这些隐遁者的思想，依佛教的观点来说，都是佛教以外的教法，因此意译作"外道"。"迂谈"，迂阔的谈论。

⑫绵纩：丝绵。纩，古时指新丝绵絮，后泛指绵絮。锦绣：花纹色彩精美鲜艳的丝织品。

⑬痈疽：毒疮名，比喻祸患、毛病。

【译文】一般人都知晓，佛以无上正法咐嘱国王、大臣作为外护，却不知僧人更应该承当此护法的责任，即使如此，护法之事不可不谨慎。护法有三方面：一是兴崇梵刹，二是流通大教，三是劝进提携初学的出家人。

为何对此三事要秉持谨慎的态度呢？以护持梵刹、恢复丛林而言，梵刹确实原属寺产，而被豪强侵占，若能据理力争归还寺院，这是合理的。但是有些梵刹，虽然考据地图与户籍的记载，则仍是不明确，兼之年代久远，其间世易时移，所有权几经变换，像这种情况，如果恃势取回，这样可行吗？主人若肯喜舍，则名为吉祥地。但因势力不敌而悻悻退出，则此地反而成为冤业地。通常僧人只知道劝化有力量的王公贵族，以恢复旧刹而成为大功德主，却没想到佛看待所有众生都如同亲子罗睺罗一样的平等，所以怎能如此偏颇！如果为了建寺而使民众受祸害，即使梵刹面积辽阔，高达九霄，用珍贵的旃檀为建材，以华丽的珠玉为装饰，佛见了也只是悲怜而不会欢喜。类似这等兴崇梵刹，实属有过而无功，不可不慎，这是其一。

再说护教，若著述立言，果然是契合佛之如如妙智及实相之理，这样的著作为之赞叹而加以传扬，这是合理的、应当的。但某些著述有如外道迂谈，或出于自己的偏见，类似这样的著作，如果过分地称扬赞美，难道恰当吗？假如僧人只想扬名，乞请诸名公大人作序、作跋，根本不考虑自己的著述是否会迷惑、贻误后学，若是流通这样的著作，则是有过而无功，不可不慎，这是其二。

至于护持僧人，若是僧人确实是真参真悟，具正知见，尊重礼敬他们。也有僧人实心实行，操行敦厚实在，信赖亲近他们，这都是应该的、合理的。可是对于惯弄虚假、说空话的禅客，识见浅陋而行为下劣的平庸之流，仍然也尊信不疑，这样好吗？假如僧人只是巴望攀附权贵，希冀得到他们的覆庇，这犹如借漂亮的外衣来掩盖满身的毒疮，这样反而加重其毒性。护持这种僧人，同样有过而无功，不可不慎，这是其三。由以上三点来看，国王大臣是热心护持佛法，反而是僧人在破坏佛法了，这岂不是很可悲吗！

儒者辟佛

　　儒者辟佛，有迹相似而实不同者，不可概论也。儒有三：有诚实之儒，有偏僻之儒，有超脱之儒。诚实儒者，于佛原无恶心，但其学以纲常伦理①为主，所务在于格致、诚正、修齐、治平②，是世间正道也，即佛谈出世法自不相合。不相合势必争，争则或至于谤者，无怪其然也，伊川③、晦庵之类是也。偏僻儒者，禀狂高之性，主先入之言，逞讹谬之谈，穷毁极诋④，而不知其为非，张无尽⑤所谓"闻佛似寇仇，见僧如蛇蝎"者是也。超脱儒者，识精而理明，不惟不辟，而且深信，不惟深信，而且力行，是之谓真儒也。虽然，又有游戏法门，而实无归敬，外为归敬，而中怀异心者，非真儒也。具眼者辨之。

　　【注释】①纲常伦理："纲常"，三纲五常的简称。古时以君为臣纲、父为子纲、夫为妻纲为三纲，仁、义、礼、智、信为五常。"伦理"，人伦道德之理，指人与人相处的各种道德准则。
　　②格致、诚正、修齐、治平：指格物、致知、诚意、正心、修身、齐家、治国、平天下，是中国古代儒家伦理政治思想体系的重要组成部分。

③伊川：宋理学家程颐的别号，颐字正叔，宅于河南嵩县东北耙楼山下，地处伊川，故称。宋代排佛论之代表者，对于佛教之教理及实践方面亦有批判。与兄程明道（程颢）并称二程子。

④穷毁极诋：竭力毁谤。诋，毁谤。

⑤张无尽：张商英，北宋蜀州新津县（今四川省成都市新津区）人，字天觉，号无尽居士。自幼即锐气倜傥，日诵万言。后读《维摩经》有感，乃归信佛法。神宗时，受王安石推举入朝，大观年间，为尚书右仆射。及迁江西运使，礼谒东林寺常总禅师，得其印可。复投兜率寺之从悦禅师，就岩头末后之句有所参究。世寿七十九，赐谥"文忠"。著有《护法论》一卷，本论广破欧阳修排佛之说，并驳斥韩愈、程伊川等之佛教观。其《护法论》中有云："今有心愤愤，口悱悱（抑郁于心而未能表达），闻佛似寇雠，见僧如蛇虺者，吾末如之何也已矣！"

【译文】有排斥佛法的儒家学者，虽然外表相似，但本质却有不相同，不可一概而论。通常儒者可以分为三类，有真诚老实的儒者，有见闻短浅的儒者，有高超脱俗的儒者。真诚老实的儒者，对于佛法原本没有恶心，但他所学的是以纲常伦理为主，所致力从事的在于格物、致知、诚意、正心、修身、齐家、治国、平天下，这属于世间的正道，与佛所说的出世法自然不相合。既然不相合，势必引起争辩，争辩不休，便可能产生毁谤，这也不足为怪，譬如宋朝程颐、朱熹就是这一类的儒者。见闻短浅的儒者，禀性狂妄高傲，以先入为主的观念，肆意发表一些荒谬错误的言论，极尽诋毁之能事，已失儒者之风范而不自知，正如宋朝宰相张商英在《护法论》中所说的"闻佛似寇仇，见僧如蛇蝎"，便是属于这一类的人。

高超脱俗的儒者，见识精通而且义理分明，不但不排斥佛法，而且深为信服；不但深信，而且力行，可说是真正的儒者。即使如此，尚且有人将佛法视作游戏法门，而实无归敬之心，表面上归敬，而内心却另有恶意、歹心的，这更不是真正的儒者。这是明眼人自能分辨明白的。

居士搭衣①

圆顶②方袍，则知三衣，僧服也。发其首而僧其衣，非制矣③。古人谓反有罪愆④，而著为成训⑤。世人不察，僧亦不言，可叹也。予少时见昭庆戒坛⑥受优婆塞⑦、优婆夷⑧戒者，咸着三衣，盖沿习为风，而不知其非也。此非在家者之过，出家僧不以明告，而惟顺人情以致此也，故表而出之。

【注释】①搭衣：将袈裟挂于身上，称搭衣，又称搭袈裟。

②圆顶：又称圆颅。即完成剃发而呈现出家人之形相。此为象征出离烦恼之相。

③发其首而僧其衣，非制矣：出家佛教徒和在家佛教徒在外表上，除了比丘要剃除须发外，在衣服上也有所分别。比丘应蓄的衣服，根据佛教原始的规定，只有三衣，总名为袈裟。一是五衣，是由五条布缝缀成的衬衣；二是七衣，是由七条布缝缀成的上衣（平时穿着的）；三是祖衣，是由九条以至二十五条布缝缀成的大衣（遇有礼仪

或出外时穿着的）。每一条布又要由一长一短（五衣）、二长一短（七衣）或三长一短（大衣）的布块所合成。这种式样叫作"田相"，言其如同田地畦陇（田埂）的形状，表示僧众可为众生的福田。但在中国寒冷地带，只穿三衣是不够的，因此在袈裟以下穿着圆领方袍的俗服。其后时代变更，俗人的衣服改变了式样，而僧人始终保持原样，如是圆领方袍便成为僧服的特型了。在家佛教徒平时只穿着俗服，在拜佛时可以穿着五条布缝缀成的"缦衣"，言其通缦无有田相。所以缦衣的每条不许用一长一短合成。沙弥和沙弥尼也只许穿着缦衣，而不许穿着割截成的袈裟。

④罪愆：罪过、过失。愆，过失。

⑤成训：前人成文的教诲。

⑥昭庆戒坛：明田艺蘅《留青日札·戒坛》记载曰："杭州昭庆寺，每年三月开戒坛，为天下僧人受戒之所，名曰万善戒坛。""戒坛"，授戒之坛场也。梵云曼陀罗，译曰坛。高筑之，故云坛。

⑦优婆塞：旧称优婆塞、伊蒲塞，新称邬波索迦、优波娑迦、优婆娑柯等。译曰清信士、近事男、善宿男等，亲近奉事三宝之义。总称受五戒之男子。四众之一，七众之一。

⑧优婆夷：旧称优波夷、优婆斯，新称邬婆斯迦、邬波斯迦、优波赐迦、优婆私柯。译曰清净女、清信女、近善女、近事女，近事三宝之义。总称受五戒之女子。四众之一，七众之一。

【译文】圆顶方袍原是出家人示现的形相，由此可知，三衣乃是出家人所穿着的衣服。但是现今居士留着头发，却穿着出家人的僧衣，这不是佛制所许可的。古人曾经告诫，居士着僧衣，不但没有功德，反而有罪过。这话原有明文记载，居士或许不明了，但是出家人明明知道也不指出，实在可叹！

我年少时见昭庆寺戒坛举行传戒法会，凡来受戒的优婆塞、优婆夷，全都披着三衣，沿习至今而蔚成风气，殊不知这是违背佛制的。其实这并非在家居士的过失，是出家僧人没有明白告知，这都是随顺人情，导致演变成这种情况。所以在这里特别提出来说明。

宿　命

世有偶知宿命①者，非必得道者之宿命通也，古今盖屡有之。总戎②杨君为予言：亡兄年十三四时，忽作北人语云："平日只管道南方好，南方好。"展两手云："今生此处来得好，来得好。"问之，则曰："我山东某处红庙僧也。"老总戎以为妖，欲扑杀之，遂不敢言。逾年而卒。昔灵树③世世为僧不失通；云门④三生为国王，因不知宿命。岂云门之贤不及今人乎？故曰偶尔不昧⑤，非通也。今为僧念念在世法中，入胎出胎⑥，安能更记忆前事？求生西方自应汲汲矣。

【注释】①宿命：过去世之命运，又称宿住。即总称过去一生、无量生中之受报差别、善恶苦乐等情状。若能知此情状，称为宿命通。

②总戎：统帅。亦用作某种武职的别称。

③灵树：韶州灵树如敏禅师。五代禅僧，福建闽川人。出家后，参谒福州长庆大安，并嗣其法。后居广东韶州灵树禅院，受南汉国王刘䶮之皈依，赐号"知圣大师"。师化被岭南四十余年，颇有异迹。世寿不详，谥号"灵树禅师"。

④云门：韶州云门山光奉院文偃禅师。唐末五代僧，为云门宗之祖。浙江嘉兴人，俗姓张，法名文偃。幼怀出尘之志，从嘉兴空王寺志澄出家。未久，至毗陵坛受具足戒。后参学于道明门下，尽得其道。又谒雪峰义存，受其宗印。后投于灵树如敏会下，如敏推为首座。南汉王敕赐"匡真禅师"。世寿八十六，僧腊六十六。北宋太祖复追谥"大慈云匡真弘明禅师"。师之机锋险峻，门风殊绝，世称云门文偃。有《广录》三卷、《语录》一卷行世。

⑤不昧：清楚，一丝毫不迷惑。昧，迷、不明。

⑥出胎：降生。

【译文】世间有偶然能知宿命的人，但这不一定是得道之人的宿命通。其实，古今能知宿命的事，时有发生。譬如身居统帅的杨君就曾经告诉我，他所经历的事，他的亡兄在十三四岁的时候，忽然以北方人的口音说："平日只管说南方好，南方好。"然后展开两手又说："今生此处来得好，来得好。"问兄这话是什么意思？兄回答说："我本是山东某处红庙的僧人。"杨君以为他是妖孽，要打死他，从此他便不敢再多言。不过，一年之后他就死了。

根据"云门失通"的禅宗公案说："灵树生生不失通；云门三生为王，所以失通。"灵树如敏禅师虽然世世为僧，而不失神通；云门文偃禅师曾三世为国王，因此就无法知道自己的宿命。这难道是文偃禅师之贤圣比不上今时的人吗？所以我才这么说：如果只是偶尔不迷惑，清楚了然，这不能算是宿命通。如今的僧人心心念念都迷在世间法中，所以会屡经入胎出胎，沉沦在六道，怎能还记得过去生之事呢？因此，若希望得到这种宿命神通，那就应当急切的求生西方极乐世界。因为，往生到极乐世界，就有五种神通。

龙 眼

宗伯陆公①寿九十七而嗜龙眼，龙眼遂价贵一方。又吾乡一老叟②，寿逾宗伯六载而嗜蒸豚③。二老母，一嗜米饮，一嗜川椒④，寿俱九十以上，旁观者复效法之。又一老人，清晨服蜜汤一杯，倘其永寿，而诸蜂乏食矣！嗟乎！摄生虽君子所不废，而死生有命，圣谟洋洋⑤。故夫子仅登古稀⑥，岂其养生之无物？颜渊早夭三十，将无⑦箪食以伤生？而有耄耋期颐⑧，负贩于道路者，曾饘粥⑨之不继者也。则知宗伯以积德延寿，龙眼何与焉！又况乎金仙氏之长生也⑩。

【注释】①宗伯：官名。周代六卿之一，掌宗庙祭祀等事，即后世礼部之职。因亦称礼部尚书为大宗伯或宗伯，礼部侍郎为少宗伯。陆公：陆树声，明朝末年之官员。字与吉，号平泉，华亭人。嘉靖己丑进士，选庶吉士，授编修，累官礼部尚书。九十七岁病卒，追赠太子太保，谥文定。善饮茶，著有《茶寮记》《煎茶七类》，又有《清暑笔谈》等，收于《陆文定公集》。

②老叟：称男性老人。叟，老人。

③豚：小猪。亦泛指猪。

④川椒：落叶灌木，产于蜀中，又称巴椒、蜀椒。果实光黑，肉厚皮皱，腹里白，气味辛辣，可作香料。

⑤圣谟洋洋：语出《尚书·伊训》："圣谟洋洋，嘉言孔彰。"圣谟，本谓圣人治天下的宏图大略，犹称圣训。谟，谋划、谋虑。

⑥古稀：唐杜甫《曲江》诗之二："酒债寻常行处有，人生七十古来稀。"后因用古稀为七十岁的代称。

⑦将无：莫非。

⑧耄耋：犹高龄、高寿。古称大约七十至九十岁的年纪。期颐：一百岁。语本《礼记·曲礼上》："百年曰期颐。"郑玄注："期，犹要也；颐，养也。不知衣服食味，孝子要尽养道而已。"

⑨饘粥：稀饭。饘，泛指稀饭。

⑩金仙氏之长生也：语出《净土往生传》卷上，昙鸾大师原学仙术，后遇菩提流支，问支曰："佛道有为长生乎，其能却老为不死乎？"支笑而对曰："长生不死吾佛道也，道家何有焉？"旋以《观无量寿经》授之曰："汝可诵此，则三界无复生，六道无长往，盈虚消长，祸福成败，无得而朕其为寿也。有劫石焉，有河沙焉，河沙之数有极，寿量之数无期，此吾金仙氏之长生也。"

【译文】大宗伯，陆公树声，活到九十七岁的高寿，老先生平常爱吃龙眼，因此该地的龙眼特别贵。又我的家乡有一位老人，比陆宗伯还多六岁，而他平常爱吃蒸小猪。还有两位老大娘，一位爱喝米汤，一位喜食川椒，年岁都在九十以上。所以有不少从旁观察的人，皆效法他们的饮食习惯。还有一老人，每天清晨都喝一杯蜂蜜水，倘若他能得长寿，恐怕连蜜蜂也将没有蜂蜜可吃了！唉！养生之事，虽然也是君子所重视的，然而圣人殷切的教诲我们，所谓"死生有命，富贵在天"，生死之事皆是业果决定，岂是我们所能完全明白的？即使孔子也只是活到古稀之年，难道是他没有养生之物可吃吗？孔子的弟子颜回仅活至四十一岁，早孔子三十年而死，莫非是因生活穷困而早夭的吗？可是世间有活到七、八十岁甚至上百岁的，仍挑着担子出门做小本生意，而他们平常却是连稀饭都是有一餐没一餐的。由此可知，宗伯陆公是因为平常积德而延寿的，与吃龙眼并没有什么关系啊！更何况还有真正的长生不死之法佛教的净土法门呢！

烧　炼

或问："烧炼之诬骗[①]，莫不知之，而恒中之者，何也？"先圣有言："智者不惑[②]。"中丹客者，智不足也。虽然，世人不足责，出家僧亦有惑之者，为可叹也。夫世人以财为命，而丹砂可化为黄金，虽帝者亦惑于方士[③]之说矣，故在俗家宜受其惑，而出家者不忆佛言乎？白毫相中八万四千光明，以一分光明周给末法弟子尚不能尽，而奚事烧炼？苏城一老僧，为兴殿故，日诵《法华》七卷、佛号万声，祈丹事早成者，屡被诬骗，而不退悔。曰："退悔则真仙不可致。"坐是宿志不回，初诚愈确，而卒无一成。夫为兴佛殿故，虽属好心，然此殿非一二万金不可，望丹成以举事，亦左矣！噫！以求丹之心求道，以养丹客之费，供事天下善知识，以鼎新④佛殿之精诚，返照旷大劫来之天真佛⑤；以七卷《法华》、万声佛号之勤苦回向西方，则不立一椽⑥，建刹已竟。而乃用心于必不可成之役，尽敬于必不可信之人，惜哉！

【注释】①烧炼：谓道教徒烧炉炼丹。诓骗：欺骗、骗取。诓，用谎言骗人。

②智者不惑：语出《论语·子罕》："知者不惑，仁者不忧，勇者不惧。"知，同"智"。不惑，谓遇事能明辨不疑。

③方士：方术之士。古代自称能访仙炼丹以求长生不老的人。

④鼎新：更新、革新。

⑤天真佛：法身佛之异名。谓众生本具之理性，天真独朗者。

⑥椽：椽子，古代建筑中用以支撑房顶与屋瓦的木条。

【译文】有人问说："烧丹炼汞是一种骗术，没有人不知道的，可是仍然有人常常受骗上当，这是为什么？"先世圣人曾言："有智慧的人不受迷惑。"因而受丹客欺骗的人，大概是智力不足的缘故。尽管如此，世人无知受骗，这不能责怪他们，但出家僧人中居然也有受迷惑的，这实在可叹！世人爱财如命，而丹砂可化为黄金，即使富贵如帝王者，也有被方士所诱惑的。所以，在家凡夫容易受迷惑，那还说得过去。而出家人难道不记得佛说的话吗？如来福德无量，白毫相中八万四千光明，以一分光明的福泽供给末法弟子，尚且受用不尽，哪里还需要去从事烧炼呢？苏城有一老僧，为了兴建佛殿，日诵一部《法华经》七卷，持佛号万声，祈祷丹事早成，结果多次被诓骗，犹不醒悟。还说："如果退悔则真仙不会到来。"于是抱定这个志向，也不回头，自始至终都是诚心坚确，然而直至垂死仍一事无成。为了兴建佛殿，虽然是好的发心，可是建造佛殿至少得花费一、二万金之数，他却期望金丹炼成之后便可动工兴建，这种想法也未免太偏颇了！

唉！这位僧人若能以求金丹之心来求佛道，以供养丹客的费用，来供事天下的善知识；以建造新佛殿的真诚之心，回光返照自己久远劫来的天真佛，以七卷《法华经》、万声佛号的勤苦修持回向往生西方，则不需要立一梁一柱，建刹功德就圆满了。而他竟然将心思用在必不可成的事情上，尽心敬奉于必不可信的人身上，实在替他感到惋惜啊！

南岳誓愿文

《大藏》①有南岳禅师②《立誓愿文》③，末后言愿先得丹而后得道，盖欲留形住世，长生不死，而现世之中便得成果，不待他生。南岳应化圣贤，若果出其口，必自有故，非凡近④所测。若后人所增，则不可信。下士观此，或起异见，是愿文误之也。神鸾焚仙经而修《观经》⑤，南岳修丹道以求佛道，何两不相合如是？彼南岳《止观》⑥，于《起信论》增一"恶"字，而曰"具足一切善恶"，此必非南岳之意，而后人为之者。恶字可增，今文何可遽信? 其亦《禅门口诀》之类也夫!

【注释】①《大藏》: 大藏经之略称。又作一切经、一代藏经、藏经、三藏圣教。原指以经、律、论为主之汉译佛典的总集，今则不论其所使用之文字为何种文字，凡以经、律、论为主的大规模佛典集成，皆可称为"大藏经"。隋唐之后，始有"大藏经"之称，当时是指由朝廷敕命 (钦定) 纂集之一切经。

②南岳禅师: 指南岳慧思禅师，南北朝时期之高僧。世称南岳尊者、思大和尚、思禅师。乃最早主张佛法之衰微即末法时期者，故确立对阿弥陀佛与弥勒佛之信仰。注重禅法之践行，亦注重义理之推究。北齐天保五年 (公元554年)，师至光州，为众演说，长达十四年之久。其间声闻远播，学徒日盛，嫉其德望或谤难是非者甚多。著作多半由门徒笔记整理而成，如《法华经安乐行义》一卷、《诸法无诤三昧法门》二卷、《大乘止观法门》四卷、《四十二字门》二卷、《受菩萨戒仪》一卷等。自撰者有《南岳思大禅师立誓愿文》一卷。

③《立誓愿文》: 全名《南岳思大禅师立誓愿文》，一卷。又称南岳愿文、发愿文、弘誓愿文。此文乃慧思于陈·永定二年 (公元558年)，在南光州齐光寺造金字《摩诃般若经》时所发之愿文。收于《大正藏》第四十六册。全篇文字雄劲，护法之念深厚，足令惰夫起振。文中所载之末法思想、道教信仰之炼丹术、恶比丘之行等，皆是探索南北朝末期一般思想界趋势及佛教概况之重要史料。

④凡近: 平庸浅薄。

⑤神鸾焚仙经而修《观经》: 神鸾，乃指昙鸾大师，南北朝时期净土教念佛门高僧。十余岁即登山出家，精通诸经。尝读《大集经》，

为之批注，书未成即染疾，遍求不治。其后，一日忽见天门洞开，其疾顿愈，乃发心求长生不死之法。遂往江南向陶弘景求仙术，弘景授以仙经十卷。途经洛阳遇菩提流支，问佛法中有胜此仙经之长生不死法否？菩提流支答以此土仙法，纵得长生，亦属暂时不死，毕竟归于生死轮回。乃授以《观无量寿经》，他大喜拜受，遂焚仙经，专事净业。东魏孝静帝尊之为"神鸾"，敕住并州大岩寺。后住汾州玄中寺，时往介山之阴聚众讲经，弘阐念佛法门。

⑥彼南岳《止观》：此处"止观"乃指慧思禅师讲述的《大乘止观法门》，凡四卷，略称《大乘止观》。今收于大正藏第四十六册。本书是阐述大乘止观之法。以如来藏缘起思想为基础，以心意识中真妄和合之本识为中心体系，此外又阐论染净二性之说。此二体系互为表里，尤以后者富于性恶思想之倾向。

【译文】《大藏经》中有《南岳思大禅师立誓愿文》一卷，末后偈颂有提到：愿先得丹而后得道，这个意思就是要留形住世，长生不死，在现世之中便得成就道果，不必再待来生。南岳慧思大师是应化的圣贤，果真此愿文确实是出于大师之口，一定自有他的深意在，自然不是平庸凡夫所能测度。假若是后人所补增的，那就不可信了；因为若是下等根机的人看到这段愿文，生起异端的想法，这便是愿文误了他。

昙鸾大师烧仙经而修《观经》，慧思禅师反而是修丹道以求佛道，为什么两位大师会如此大相径庭呢？南岳禅师所著的《大乘止观法门》中，引用《大乘起信论》论文，在"三者用大，能生一切世间出世间善因果故"这一句，增加一"恶"字，而解释成"具足一切善恶"，我认为这绝对不是慧思禅师的本意，应是后人加上的。既然在《大乘止观法门》中都可增一"恶"字，今日看愿文有关"修丹道以求佛道"之语句，怎么可以一读就相信呢? 这大概也是与《禅门口诀》相类似的情形吧!

天台传佛心印

《大藏》又有智者大师《传佛心印》①一卷。夫佛心印曰天台传之，可也; 谓天台独传，而达磨②诸师皆不得与焉，不可也。谓师子遇害③，其传遂止，而六代传衣④俱无其事，不可也。师子之色身可害，而道不可害也。师子之说法已竟，而传法未竟也。皆后人所为尊天台，而不知所以尊也。又后人之言曰: "《法华》，根本也;《华严》，枝叶也。" 天台何曾有是言? 又曰: "性具之旨惟一家有，非诸家所能及。" 一家之说，亦何示人以不广也? 夫性具⑤之理，见于诸经，发于诸祖，不知其几，而独擅一家，非天台所乐闻也。天台，圣师也，望道而未之见者也。其自处也，曰: "损己利人，止登五品⑥。" 而后人过为称扬，失天台不自圣之心矣! 合前一事观之，故古云: "尽信书，则不如无书⑦。"

【注释】①《传佛心印》一卷: 乃指《天台传佛心印记》，全一卷，略称《佛心印记》。元代怀则撰述，怀则是云梦允泽的法嗣，世称"兴教大师"。《传佛心印》收于大正藏第四十六册。

②达磨：又称菩提达摩、达磨多罗、菩提多罗，通称达磨。为中国禅宗初祖，西天第二十八祖。南天竺香至国（或作婆罗门国、波斯国）国王之第三子，后遇二十七祖般若多罗，嗣法。梁普通元年（公元520年）年泛海至广州，帝迎之到建业，然与武帝语不相契，遂渡江至魏，止嵩山少林寺，面壁坐禅，时人不解其意，称壁观婆罗门。后得慧可，付法并衣。付法偈曰："吾本来兹土，传法救迷情。一华开五叶，结果自然成。"又曰：此有《楞伽经》四卷，为如来极谈法要，今并付汝。梁大通二年寂，其年葬熊耳山，梁武帝制碑赞德，唐代宗谥曰"圆觉大师"。

③师子遇害：师子，又称师子比丘、师子菩提、师子尊者。禅宗相承系谱西天二十八祖中之第二十四祖。中印度人，婆罗门出身，从鹤勒那得法后，游方至罽宾国，教化波利迦、达磨达等人，并传法予婆舍斯多，命其往南天竺教化，遂独留罽宾，时遇当地迫害佛教，被恶王所杀，寂年为魏高贵乡公甘露四年。

④六代传衣：传衣，禅林用语。禅宗为表传法之信，故自释尊以来各祖师均有传承其法衣（袈裟）之传统。后世禅林亦承袭之，在门下选出优秀之弟子，而将教法传之，为表征记，亦授与僧衣，故又称此种僧衣或袈裟为信衣。此外，传授教法，亦称传衣。《景德传灯录》卷三载，弘忍传法于惠能时曰："昔达磨初至，人未知信，故传衣以明得法，今信心已熟，衣乃争端，止于汝身，不复传也。"后遂不再传衣，但仍沿此习称。禅宗衣钵相传凡六世，即初祖达摩，二祖慧可，三祖僧璨，四祖道信，五祖弘忍，六祖惠能，是为震旦六祖。故曰六代传衣。

⑤性具：性，指法界性、法性、真如，或称本、理、体；具，具足、具有。性具，即吾人本有之真如法性，又作本具、理具、体具。天台宗主张法界中之——事法，本来圆具十界三千迷悟因果之诸法，此称性具。即谓各个现象世界皆具有善与恶，彼此完全具足，且彼此互不混淆。此性具之义，为天台一宗之极说，乃天台教学之基础及根本特色。性具在天台四教中属于圆教，它有广略三说：性具善恶、性具十界、性具三千。天台宗之性具说，基于现象即实在之理，主张一切现象本来具足三千诸法，视佛界之果德与九界之迷皆相同，依此而说法界。反之，华严宗之性起说，主张法性为唯一之理性，称为一心法界，以性起之自体说万象之缘起，欲将九界之迷导向佛果。

⑥五品：指五品弟子位，八行位之一，略称五品位。天台宗立圆教之行位有八（五品弟子位、十信位、十住位、十行位、十回向位、十地位、等觉位、妙觉位），五品弟子位即其中第一位。十信以前之外凡位，区分为随喜、读诵、说法、兼行六度、正行六度等五品；是为外凡，故曰弟子。五品位在圆教六即位（理即、名字即、观行即、相似即、分真即、究竟即）中，相当于第三位的观行即。

⑦尽信书，则不如无书：语出《孟子·尽心下》："孟子曰：'尽信《书》，则不如无《书》。吾于武成，取二三策而已矣。'""武成"，《书》之篇名，谓武王伐纣，杀人流血漂杵，孟子以为不足信。后泛指不要拘泥于书本的记载。

【译文】《大藏经》中又有《天台传佛心印记》一卷。此书推本溯源，认为佛的心印，师师相授，传之于天台，这种说法还能说得过去。但说佛的心印为天台独传，达摩等诸师皆不得其传，此种说法就不可以。又说佛祖正传心印至第二十四代的师子尊者，因师子尊者被恶王杀害，其传承即告断绝，而后东土六代传衣，说偈付法，也都没有这回事, 这就更不可如此说了。要知道, 师子尊者的色身虽然遇害, 但其道法未被迫害; 师子尊者说法被迫终止, 但其所传的法脉并未终止。由此可知, 这都是后人所为, 欲尊崇天台而又不知该怎么尊崇, 才有这些不正确的说法。

又有后世的人宣称说: "《法华经》, 根本也;《华严经》, 枝叶也。" 天台大师哪里有说过这样的话? 又有人扬言: "性具之旨, 惟一家有, 非诸家所能及。" 既然是一家之说, 为何不能普遍广传予大众呢? 有关 "性具" 的道理, 在各种经典中随处可见, 历代祖师大德阐述、开示, 不知有多少, 而竟独揽为一家之说, 这种自我标榜的话, 绝对不是天台大师所乐闻的。天台智者大师是一位有道的圣者, 他所修行的道品, 没有人能够测度。据大师自谦之词: "由于损己利人, 止登五品弟子位。" 然而后人对他过分称扬, 实在有失大师不以圣贤自居之心啊! 综合前一事 (南岳誓愿文) 与天台传佛心印, 这两件事来观察, 真如古人所谓: "尽信书, 则不如无书。"

水陆仪文

水陆仪文①, 世传起自梁武帝。昔白起以长平一坑至四十万②, 罪大恶极, 久沉地狱, 无繇出离, 致梦于武帝③。武帝与志公④诸师议拔救之策, 知《大藏》有《水陆仪文》, 祷之, 则光明满堂。

由此举行,传之后世。而今藏并无其文,金山寺之本,亦前后错杂,不见始终头绪。时僧行者,亦复随意所作,各各稍殊。南都所绘上下堂像⑤,随画师所传,奉为定规,颇不的当。而启建道场者,化募资费,累月累年始克成就。陈设繁文,以致士女老幼纷至沓来,如俗中看旗看春,交足摩肩,男女混乱,日以千计,而不免亵渎圣贤,冲突鬼神,失多而过重,有祸而无功,多致道场不终其事而感恶报,甚可惧也!惟四明⑥志磐法师⑦所辑仪文,至精至密,至简至易,精密而不伤于烦长,简易而不病于缺漏。其本止存四明,诸方皆未之见也。予为订正,重寿诸梓⑧,以广流通。虽然,亦不可易易举、数数举也。易则必至于数,数则自生夫易,由是疏于诚敬,多于过愆,则求福而反祸矣!幸相与慎之。

【注释】①水陆仪文:乃修水陆斋之仪式或仪文,水陆斋又作水陆道场、悲斋会、水陆法会。

②白起以长平一坑至四十万:战国秦将白起大破赵军于长平(故址在今山西省晋城高平市西北),活埋降卒四十余万人。

③致梦于武帝:致梦,古代相传有三种占梦之法,致梦、觭梦、咸陟。致梦,言梦之所致。根据《佛祖统纪》卷三十三记载,西京法海寺英禅师,梦泰山府君召往说法,后独坐方丈,见一异人前告之曰:“向于泰山府君(泰山之神,专司冥府)处窃睹尊容,闻世有水陆大斋可以利益幽品,其文是梁武所集,今大觉寺吴僧义济得之,愿师往求如法修设。”师寻诣大觉,果得其文,遂于月望修斋已毕。复见向异人与徒属十数前致谢曰:“弟子即秦庄襄王也(庄襄是秦始皇父)。”又指其

徒曰:"此范雎、穰侯、白起、王翦、张仪、陈轸,皆秦臣也。咸坐本罪幽囚阴府,昔梁武金山设会前代纣王之臣皆得脱免,弟子是时亦暂息苦,但以狱情未决,故未获脱。今蒙斋忏,弟子与此辈并列国君臣,皆承法力得生人间。"言讫而隐。自是英公常设此斋流行天下。

④志公:指宝志公,南朝僧。又作保志,世称宝公、志公和尚。年少出家,师事道林寺僧俭,修习禅业。刘宋泰始年间,往来于都邑,居无定所,时或赋诗,其言每似谶记,四民遂争就问福祸。齐武帝以其惑众,投之于狱。至梁武帝建国,始解其禁。师每与帝长谈,所言皆经论义。师于天监十三年十二月示寂,世寿九十六。敕葬钟山独龙阜,于墓侧立开善寺。谥号广济大师,后代续有追赠,如妙觉大师、道林真觉大师、慈应惠感大师、普济圣师菩萨、一际真密禅师等号。师尝为学者述《文字释训》三十卷、《十四科颂》十四首、《十二时颂》十二首、《大乘赞》十首等。

⑤上下堂像:在举行水陆法会时,要在殿堂上悬挂种种宗教画,统称之为水陆画。水陆画并无一定的幅数,最多有二百幅或一百二十幅,少即三十二幅或七十二幅,其中分上堂和下堂两部分,即上下堂像。

⑥四明:指四明山,浙江省境内的名山之一。又称四窗岩,该山有四方形悬崖,其中有天然石室,宛如四个明窗,故名。此山东西长约四十公里,南北宽约二十公里,总计二百八十余座山峰。古来即为中国佛教胜地之一,僧众相继前来住此,且广建寺刹。此中著名佛寺有杖锡山杖锡寺、雪窦山资圣寺、天童山景德寺、阿育王山阿育王寺、宝云寺、延庆寺等。此外,道教亦尊此山为第九洞天,屡有道士居于此。

⑦志磐法师:南宋天台宗山家派僧,佛教史家,号大石。精通天台教观,亦擅辞藻。尝住四明(浙江余姚)福泉寺,弘宣教纲。鉴于佛

祖传授记载之不备，乃于宝祐六年（公元1258年）撰《佛祖统纪》，叙述天台九祖诸祖列传及诸宗立教之事迹，历时十二年始成。另著有《法界圣凡水陆胜会修斋仪轨》，并重修宗鉴之《释门正统》。

⑧重寿诸梓：寿，镌刻、镌镂。梓，印书的雕版，因雕版以梓木为上，故称，后泛指制版印刷。

【译文】《水陆仪文》，世人相传起源自梁武帝。事缘战国时代的秦将白起，在长平战役中，用计坑杀赵国四十万降兵。白起因罪大恶极，久沉地狱不能出离，因而致梦于梁武帝。武帝与志公等诸师商议，如何救拔地狱众生的方法，得知《大藏经》中有《水陆仪文》，因向仪文祷告，忽现光明照满整个殿堂。由此举行仪轨，传之后世。

可是，现今藏经中并没有此《水陆仪文》，现存的《水陆仪文》是金山寺的版本，只是前后文字交错混杂，不见头尾条理。时下僧人应用的仪文，也是随意所作，各各都稍有不同。而京都南京所绘的上下堂像，都只是随画师所传而奉为定规，这是颇不恰当的。然而启建一次水陆道场，必须化募资金，经年累月才能成就；甚至陈设烦琐的礼仪，发布告示，以致四方人众纷纷到来，犹如世俗节日中看热闹一般，人多拥挤，人群混乱无秩序。因为每天来往人数众多，既不庄严慎重，难免会有轻慢圣贤、冒犯鬼神的状况，造成过失多而罪过重，有祸而无功，因此导致多有道场未成其事却已感招恶报，真是令人戒惧！

这样看来，只有浙江四明山志磐法师所辑的《法界圣凡水陆胜会修斋仪轨》，最为至精至密，至简至易，因为精密就不会过度冗长繁杂，简易就没有缺漏的弊病。只是志磐法师的版本只有存留在四明，其他别处都没见过。我曾经对此版本加以校订，重新刻版印刷，使之广为流通。即使如此，也不能轻率而简易的举行，或常常举行。因为简易势必经常举行，经常启建法会则必趋求简易，如此诚敬心不足，过愆增多，致使求福不成反成祸害！祈望诸师道友能慎重为之！

师　友

越①僧定公，中年出家，破衲乞食，云行鸟飞，于名利淡如也。苦志力参"天晴日出"四句，忽有省。时无大知识为之钳锤②，有印之者，心不服，咈然③去。尝谓予曰："今世僧谁敢印证我者？"因引释迦如来以作印证。由是得少为足，认鍮④作金，乃崇信罗道，注释其所作五部六册⑤等书，遂为时人所呵。向使其得真师胜友，必大有成就。故知寻师访友之功，学道者之要务。而有因无果，丧失初心，良可叹悼！

【注释】①越：古代称浙江或浙东地区，也专指绍兴一带。
②钳锤：比喻禅家的授受点化。
③咈然：不悦貌。咈，通"怫"，心情不舒畅。
④鍮：石名，黄铜矿或自然铜，似金。

⑤五部六册：明清时期白莲教有一最大的支派，称无为教，又称罗祖教、罗道教、罗教，为山东莱州罗清所创。罗清又名罗因、罗静、罗悟空，字怀清，号无为居士。生于明正统八年（公元1443年），自幼孤苦，十四岁时，尝随军征伐巫人之乱。退伍还乡后，有出世之志，遂皈依佛教。罗氏根据《金刚般若经》之思想，力说无为解脱之无为法，弘传个人主义倾向之勤学清修宗风，当时之禅僧及学法居士追随者极众。罗氏著有《苦功悟道卷》《叹世无为卷》《破邪显正钥匙卷》（上下两册）《正信除疑自在卷》《巍巍不动泰山深根结果宝卷》等，称为"五部六册"，开始无为教之弘传。曾蒙明武宗敕封为"齐天大德护国真人"，于金銮殿上说法。未久因信众过于踊跃，为人进谗于官府，被捕入狱数年。出狱后，在北京建立白衣道场，嘉靖六年殁。

【译文】浙江东部有一僧人定公，中年出家，常披着破衲衣，四处乞食，云游四方，安闲自得，于名利看得极淡。平时苦志力参"天晴日出"四句，忽有省悟。但当时未遇师家宗匠为他点化，后来有人给他印证时，内心却不服，竟愤然而去。他曾经告诉我说："当今僧人中，有谁敢给我印证呢？"所以自引释迦如来以作印证。从此，虽得少许修证功夫，便自以为足，这犹如把鍮石当成黄金般的愚昧。其后还转而崇信罗道教，并且对罗清所著的五部六册等书做注释，于是被当时的人所呵责。由此看来，如果当时他能遇上真正的良师益友，必定大有成就。因此而知，寻访真正的善知识为师、为友，这件事情，诚为学道人之要务。就像这位定公，初发心时的精进勤修，虽然有殊胜善根，也修了善因；只因缺乏良师益友，却丧失了初心，故无善果，真令人不胜哀伤惋惜！

朝^①　海

　　僧俗进香南海^②，或有不由四明正路，而别从大洋及鳌子门，蹈不测之险者，飓风作，覆舟，溺死数十百人。嗟乎！不远数百里、数千里，虔诚而往参谒，宁非好心，宁非善事？而至于失命，则未必其临终正念，何如也？

　　夫经称菩萨无刹不现身，则不须远涉他方。而大慈大悲者，菩萨之所以为菩萨也。但能存菩萨慈悲之心，学菩萨慈悲之行，是不出户庭，而时时常觐普陀山；不面金容，而刻刻亲承观自在矣！更有投入洪涛，谓之舍身^③，冀菩萨为接引。及其死也，必发瞋起怨，是反成堕落，岂不哀哉？不特此耳，泰山^④绝顶亦有"舍身崖"，后贤为之筑垣，大书"矜愚"二字，亦无量阴德矣！

【注释】①朝：礼拜。
②南海：此指南海普陀山，位于浙江定海县东南海中。孤山水际，风景幽殊，为中国佛教之圣地。素有"海天佛国"之称，相传为观音菩萨示现应化之道场。其开山建寺，远在五代初年，日僧慧锷从五台山持观音像归国时，船行至该地，辗转不前，乃就地建宝陀寺供养，而仿印

度观音住地之"补陀落迦"取名。经历代高僧之经营，梵刹林立，蔚成佛国，至今大小佛寺计有三百余所。古来祈求航海安全之例频繁，朝拜亦甚盛行。

③舍身：指舍弃身命，又作烧身、遗身、亡身。以舍身供养佛等，或布施身肉等予众生，乃布施行为之最上乘。

④泰山：位于中国山东泰安市北，五岳之一。又作岱宗、岱山、太山、岱岳。其山脉绵亘数县，群峰罗列，二十余山回环不已。古代帝王常以来此封禅为大典，有"封泰山，禅梁父"之称。

【译文】僧俗四众弟子前往南海普陀山进香时，有人不从四明山的主要道路走，却要乘船经过大海及鳖子门，而甘冒不测之风险，就会有遇到飓风大作、翻船落海溺死数十百人的情况。唉！不畏数百、数千里的遥远路途，虔诚的前往参谒，难道不是善心、难道不是善事吗？可是却在途中不幸丧命，但不知其临终时，是不是能保持着正念呢？佛经上称观世音菩萨是无刹不现身的，如果能相信此语，则没必要长途跋涉到他方。况且所谓的大慈大悲，正是菩萨之所以称为菩萨的本怀，只要能存着菩萨慈悲之心，学菩萨慈悲之行，则不用出门，便时时能朝拜普陀山。不必面见菩萨金容，也能刻刻亲自敬奉观自在菩萨，奈何人们偏要舍近求远呢！更有人投身大海浪中，称这种举动为"舍身"，因此而希望得到菩萨的接引，等到快淹死的时候，又会满腔的后悔、怨恨，结果反而堕落恶道，岂不可怜！不但普陀山有这种现象，泰山山顶上有一"舍身崖"，也时常有人投身崖下。今有仁慈的贤士，为了防止有人做出这种无谓的牺牲，在那里筑了墙垣，并且提上"矜愚"两个大字，警诫人们不要做出愚昧的行为，这也是积了无量的阴德呢！

蔑视西方

　　居士鲍姓者，日诵《法华》《楞严》，久之知解①通利，遂作《西方论》，答客问共三篇。初一篇犹谈正理，而稍稍带言西方不足生，次二篇则甚言愿生西方者之非。或劝予辟之，予忆空谷禅师②谓谬人之言比于樵歌牧唱，不必与辩。今鲍所论，皆援禅门正理，易以入人，则因而疑误众生，退失往生之愿，为害非细，不得终嘿矣！其初一篇分三等西方：一为文殊、普贤、马鸣、龙树诸菩萨所生之西方。二为远公③、永明等诸知识，苏子瞻、杨次公等诸贤者所生之西方。三为凡庸、恶人、畜生等所生之西方。其说近似有理，但九品往生，经有明文，昭如日月之在中天，何须待尔别为三等？一王创制，万国钦崇，山野匹夫另立科约，可乎？其谬一也。

　　佛明九品者，西方原无二土，而人机不同，故往生者自成其九。鲍之说，是西方原设三等之土，以待三等之人，与经不协，其谬二也。

　　又言："永、远诸知识、诸贤者往生，实非自利，纯是利他。"夫求生彼国，正为亲近如来，冀求胜益；诸大菩萨且置弗论,只如苏、杨诸贤,岂皆菩萨地尽,特往极乐度生,更不自利者耶?《行愿品》④颂云:"亲睹如来无量光,现前授我菩提记。"求授记非自利而何?其谬三也。

又曰:"圣凡同体⑤,迷悟而优劣暂分;返照回光,反掌而圣凡迥别。"既其返照,如何翻成迥别⑥?又曰:"同体可乎!"自语相违,其谬四也。

又曰:"毋执我相⑦欲生彼土。"而佛顾叮咛告诫,劝发求生,是佛教人执我相耶?其谬五也。

至于第二第三篇,弥加诋毁,其谬更甚。曰:"今主法者惟以净土为事,惟以此事为真。"则净土是假耶?佛说净土是诳语耶?不信有金色世界⑧,《楞严》所呵也。鲍日诵《楞严》,而作此断见⑨,其谬六也。

又云:"一心不乱,非执持名号,念念专注之谓也。若说执持者,有如云布⑩,亲见数人昼夜念佛,又经几位老善知识印过,后皆入魔胃⑪,不可救拔。"夫执持名号,佛说也,是佛误此数人入魔胃耶?现见不念佛而参禅亦有着魔者,何也?经言念佛往生者得不退转,则必入圣流。佛许入圣流⑫,鲍以为入魔胃,其谬七也。

又云:"所谓一心者,乃当人本有之心,本自灵妙,本自具足,除是之外更无别法。"夫经文明说执持名号,一心不乱,何得革去上文四字而说一心?若无经文,空口高谈,如是说心,亦无不可。此则金口所出,真语实语⑬,是佛差说,鲍为改正耶?《法华》云:"一心称名观世音菩萨",又如何解?其谬八也。

又曰："依此法修，必入邪道。"前曰入魔罥，今曰入邪道，念佛之为害如此乎？佛何不禁人念佛，而待鲍禁也？其谬九也。

又云："上古人先劝人得本，后劝往生。"夫念佛往生，原是下学而上达⑭边事，先上达，后下学，于理通乎？宁有先状元及第，位登宰辅，方乃习读六经、《论》《孟》，学做举业⑮文字者乎？其谬十也。

又云："若佛法止此，只消一卷《弥陀经》足矣！只靠此经，谁不可作人天师，谁不可称善知识？"夫《法华》《楞严》《华严》《般若》等诸大乘经，无日不诵，无日不讲，有谁偏执弥陀一经而扫灭诸经耶？虽然，只恐不曾真实专靠一经耳。专靠一经，得念佛三昧，称善知识亦何忝乎？十一谬也。

又云："佛刹无尽，若专教人求生一刹，其余佛刹岂不冷静哉？"宁知尽微尘众生皆生一刹，不见增多。尽微尘众生无一生彼刹者，亦不减少，何冷何暖，何静何喧，而作儿童之见、邪僻之说，十二谬也。

千经万论赞叹西方，千圣万贤求生彼国，独鲍一人重加毁訾，何其不惧口业⑯也？居士初时信心虔笃，吾甚爱之。今若此，吾甚忧之。

【注释】①知解：颖悟、领会。通利：通畅、无阻碍。

②空谷禅师：明代僧人，师讳景隆，字祖庭，号空谷。苏州陈氏子。童时不茹荤，趺坐若禅定。二十八出家，参卉山懒云和尚，获印

可。兼修净业，着净土诗一百八首。正统间，自撰塔铭，道其生平。明成化十一年（公元1466年）示寂，世寿七十九。著有《尚直编》二卷、《尚理编》一卷、《空谷集》三十卷。

③远公：指庐山慧远大师，东晋僧，中国净土宗初祖。十三岁，博通六经、老庄之学。二十一岁，偕弟慧持于太行恒山（河北曲阳）听道安讲《般若经》，颇有领悟，遂与弟俱投道安座下，剃度出家。师精于般若性空之学，年二十四即登讲席。于东晋太元六年（公元381年）南下庐山，住东林寺传法，弟子甚众。元兴元年（公元402年），与刘遗民等百余同道创立白莲社，专以净土念佛为修行法门，共期往生西方净土，三十余年影不出山，迹不入市，平时经行、送客常以虎溪为界。于义熙十二年示寂，世寿八十三。后唐、宋诸帝赐赠谥号辨觉大师、正觉大师、圆悟大师、等遍正觉圆悟大师。为别于隋代净影寺之慧远，后世多称为"庐山慧远"。

④《行愿品》：一卷。唐般若译。收在《大正藏》第十册。它的全名为《大方广佛华严经入不思议解脱境界普贤行愿品》，原是般若所译四十卷《华严经》的标题，《普贤行愿品别行疏钞》乃以为品名，专指《四十华严》的最后一卷。

⑤同体：即观一切众生与己身为同体，乃真如平等，无二无别；如波之于水、四肢之于一身。

⑥迥别：大不相同。迥，形容差别很大。

⑦毋执我相：毋，不可。执，指由虚妄分别之心，对事物或事理固执不舍。我相：指我之相状，即由妄想所变现似我之相。凡夫误认为实我而执持之，此乃因我执而起。

⑧金色世界：为文殊菩萨之净土名。

⑨断见：又称断灭论，二见之一，为"常见"之对称。即偏执世间

及我终归断灭之邪见。

⑩云布：形容众多，到处都是。

⑪魔罥：缠绕。

⑫入圣流：佛教称断惑证真的人为圣；入圣，指入于圣人的境界。具体来说，超出六道轮回者，即入圣流。

⑬真语实语："真语"，真实语之义，与"真言"同。又如来随意说，毫不妄曲，真如一实，故称真语。"实语"，实者不妄不异之义。显教谓语之称于实，又行能与语相应者，为实语。

⑭下学而上达：语出《论语·宪问》："子曰：'不怨天，不尤人，下学而上达，知我者，其天乎？'"《邢昺疏》："下学而上达者，言己下学人事，上知天命。""下学"，谓学习人情事理的基本常识；"上达"，谓上知天命。

⑮举业：为应科举考试而准备的学业。

⑯口业：又曰语业，三业之一。谓口之所作，即一切之言语也。《大乘义章》卷七曰："起说之门，名之为口。"又："业与孽通"。口业谓两舌、恶口、妄言、绮语也。

【译文】有一位鲍居士，每日不懈的读诵《法华经》《楞严经》，时日既久，觉得自己颇有领悟而且通达无碍，于是作了一部《西方论》，其中有答客问共三篇。第一篇内容还能谈些正理，只有稍微提到西方极乐世界不值得往生；次后两篇则竟然诬言愿生西方的种种不是。有人劝我写篇文章驳斥他，但我想起空谷禅师曾经说过，谬人说的话只能当作樵歌牧唱，没必要跟他分辨。可是这位鲍居士现在所论的，都是引据禅门正理，很能打动人心，致使众生迷惑误解，退失了往生的大愿，如此则为害不小，所以我就不再保持沉默了！

　　他在第一篇中将西方分为三等：第一等是文殊、普贤、马鸣、龙树等诸大菩萨所往生的西方；第二等是慧远大师、永明延寿大师等诸善知识，或苏东坡、杨次公等诸贤者所往生的西方；第三等是凡夫、恶人、畜生等所往生的西方。这种说法虽然近似有理，但佛经中已明确记载九品往生，好像日月悬在高空中的清楚明白，哪里需要鲍居士再另外分为三等呢？这犹如一代王朝创制立法，天下皆钦崇，一般的平民百姓想另立规约，可行吗？这是他的谬论之一。

　　佛经上虽然明示往生西方分为九品，然而西方世界是纯一菩萨的平等世界，只是依人的根机不同与持名功夫的深浅，往生的人才分为九品。依鲍居士的观点，是说西方原设有三等之土，以待三等之人，此与佛经所言完全不合，这是他的谬论之二。

　　他又提到："像永明、慧远等诸善知识及诸贤者往生西方，实际上不是为了自利，纯粹是为了利他。"然而求生极乐国，正是为了亲近如来，期望能获得殊胜利益。诸大菩萨暂且不论，只论如苏东坡、杨次公等诸贤士，难道都是修满菩萨地，只求往极乐济度众生，不求自利的人吗？《普贤行愿品》的偈颂曰："亲睹如来无量光，现前授我菩提记。"往生西方亲观弥陀，见佛即蒙佛授记，求授记不是自利是什么？这是他的谬论之三。

　　他又说："圣凡本是同体，因有迷悟，故分圣人、凡夫，但如能返照回光，转瞬而圣凡大不相同。"既然能返照真如本性，圣凡即无二无别，怎么反说圣凡大不相同呢？接着又说："同体可乎！"自己说的观点又自相矛盾，这是他的谬论之四。

　　他又说："毋执我相欲生彼土。"事实上，佛顾怜众生，尚且叮咛告诫，劝人发愿求生极乐，难道这是佛教人执着我相吗？这是他的谬论之五。

以上是第一篇所论，至于第二、第三篇更加讪言毁谤西方，其立论更为荒谬。譬如他说："今主法者只有以净土为重大的事，惟以此事为真实。"根据这种说法，莫非他认为净土是假有？如此说来，难道佛说的净土是骗人的话吗？不信有金色世界，这是在《楞严经》中所呵责的。鲍居士终日诵《楞严经》，竟然作此断灭见，这是他的谬论之六。

他又说："一心不乱，并非指执持名号、念念专注的意思。若说是执持名号，到处皆有持名号之人，我亲自见过数人昼夜念佛，又经过几位老修的善知识印证过，但后来皆入魔胃，不可救拔。"须知执持名号是佛宣说的，难道是佛误此数人入魔胃的吗？现今见不念佛而参禅的人，也有着魔的，这又作何解释？佛经上说念佛往生的人，皆是阿鞞跋致，都是不退转菩萨，必入圣人之流。佛都赞许昼夜念佛不间断的人可入圣流，而鲍居士却以为这人会入魔胃，这是他的谬论之七。

他又说："所谓一心者，乃当人本有之心，本自灵妙，本自具足，除是之外更无别法。"此语乍看之下并无不妥，但经文明明说"执持名号，一心不乱"，为什么要除去上文四字而单提一心？如果不依据经文，空口高谈，这样论"心"，也未尝不可。然而这是佛金口宣说的真实语，难道是佛说错了，鲍居士特为改正的吗？《法华经》上，也劝人"一心称名观世音菩萨"，这又作如何解释？这是他的谬论之八。

他又说："依此法修，必入邪道。"前面言入魔胃，现在又说入邪道，念佛的危害真有如此严重吗？为何佛没有禁人念佛，一定要等鲍居士来禁止呢？这是他的谬论之九。

他又说："上古人先劝人证得本性，后劝人往生"。其实念佛往生，原是下学而上达之事，若是先上达，后下学，于道理上说得通吗？难道世间有先状元及第，位登宰相大臣之后，才去习读《六经》《论语》《孟子》，才去学习要应付科举考试的文字吗？这是他的谬论之十。

他又说："若佛法只需要一卷《阿弥陀经》就足够，那依靠此经典，谁不可做人天导师，谁不可称为善知识？"实际上，天天读诵、讲演《法华经》《楞严经》《华严经》《般若经》等诸大乘经典的，大有人在，但有谁会偏执一卷《阿弥陀经》而排除其他诸经呢？即使如此，只怕也没人能真实做到专靠一部《阿弥陀经》的。如果有人专靠一部经，而得念佛三昧，称善知识又有什么不可以？这是他的谬论之十一。

他又说："佛刹无尽，若专教人求生一刹，其余佛刹岂不觉得冷清寂寞吗？"鲍居士难道不知道尽微尘数众生皆生一刹，也不见此佛刹人数增多。尽微尘数众生皆无生彼刹者，此佛刹人数亦不减少，哪里有什么冷暖、静喧的？鲍居士竟然做此幼稚之见、邪僻之说。这是他的谬论之十二。

千经万论都赞叹西方极乐世界，千圣万贤、诸佛菩萨皆劝人求生极乐国，唯独鲍居士一人过分的加以毁谤非议，难道他不怕有口业之过吗？居士初学佛时深具虔诚之心，我甚是欢喜。现今变成如此样子，我真替他担忧啊！

颂古拈古(一)

　　或问古人皆有颂古、拈古,子独无,何也? 答曰: 不敢也。古人大彻大悟之后,吐半偈、发片言,皆从真实心地①、大光明藏中自然流出,不假思惟,不烦造作,今人能如是乎? 国初尊宿言: 公案有二等,如狗子佛性②、万法归一③之类是一等。又有最后极则淆讹④,谓之脑后一槌⑤,极为难透。予于前狗子、万法,尚未能无疑,何况最后! 故不敢恣其臆见,妄为拈颂也。

　　【注释】①真实心地: 真实,与事实完全符合,没有虚假的成分,其反面是虚妄、虚假。心地,以大地来比喻心,谓心如大地,能产生世间、出世间和善恶等法。

　　②狗子佛性: 禅宗公案名。又作赵州狗子、赵州佛性、赵州有无、赵州无字。此是始自赵州从谂禅师,古来即为禅徒难以参破之问答,古德于此多下过惨淡之工夫。《从容录》第十八则:"僧问赵州: 狗子还有佛性也无? 州云: 有。僧云: 既有,为甚么却撞入这个皮袋? 州云: 为他知而故犯。又有僧问: 狗子还有佛性也无? 州曰: 无。僧云: 一切众生皆有佛性,狗子为什么却无? 州云: 为伊有业识在。"此则公案中,赵州从谂是借狗子之佛性以打破学人对于有、无之执着。而赵

州所指之有、无，非为物之有无，乃表超越存在的佛性之实态。

③万法归一：禅宗公案名。《圆悟佛果禅师语录》记载曰："僧问赵州：万法归一，一归何处。州云：我在青州作一领布衫，重七斤。"有位禅僧请教赵州"一归何处"的问题，赵州看他心存知见，想点拨他脱离知见的窠臼，便丢给他一句莫明其妙的话："我在青州作一领布衫，重七斤。"按照宗门规矩，公案是"宜参不宜解"。换句话说，公案只宜朝着泯除虚妄分别的方向去参究、体悟，不适合用增益戏论的理性去思考。"万法归一，一归何处"，本已直截精奥，心里有这个疑问已错了，因此赵州的答话才如此直截了当，甚至不着边际。

④极则淆讹：极则，最高准则。淆讹，搅乱、弄错。淆，搅乱、混杂。

⑤一槌：又作一椎。以喻说法而开发众生之机也。槌，为木制八角之锤，乃禅宗丛林所用之器。

【译文】有人问我说：古德都有颂古、拈古之作，唯独你没有，这是为什么？我答道：我不敢作呀！因为，古人大彻大悟之后，随意的口出半偈，或阐述简短文句，都是从真实心地、大光明藏中自然流露出来的，是不透过思考推度，无须有为造作的，现在的人能有这样的功夫吗？

本朝初期有德尊年长者说：公案有二等，如狗子佛性、万法归一，这是破人执着的一类公案。又有一类是最后向上一着，称之为"脑后一槌"，此类是非常难以参透之公案。我对于前者所谓的狗子佛性、万法归一，此等公案都尚未参透悟明，何况是最后一着！因此，我不敢任意的发表浅见而随便的拈古、颂古啊。

颂古拈古（二）

或曰：子其谦乎！盖能而示之以不能乎！曰：非谦也，是真语实语也。《楞伽》①示宗、说二通②，而教多显义，宗多密义，故又云无义味③语。予于教之深玄者犹未能尽通也，而况于宗门中语乎！复次宗门问答机缘，虽云无义味语，然有犹存少分义路可思议者；有绝无义路，似无孔铁槌不可钻刺者，有似太虚空不可捉摸者，有似铁蒺藜④不可咬嚼者，有似大火聚不可近傍者，有似赫日轮不可着眼者，有似砒霜、鸩羽⑤不可沾唇者，安得妄议？略举古人一二，世尊拈花，迦叶破颜微笑⑥，我今已能冥会佛心如迦叶否？客诵《金刚》，六祖实时契悟⑦，我今已能顿了深经⑧如六祖否？临济见大愚，而曰："黄檗佛法无多子⑨"，我今已能实见得无多子否？赵州八十行脚，曰："只为心头未悄然"，我今已能心头悄然否？香岩击竹⑩有声，而曰："一击忘所知"，我今已能忘所知否？灵云见桃花⑪，而曰："直至如今更不疑"，我今已能的的⑫到不疑之地否？高峰被雪岩问正睡着无梦时主人，不能答⑬，我今已能答斯问否？又三年而于枕子落地处大悟，我今已有此大悟否？

如此类者，不可胜举，倘有一未明，其余皆未必明也，如兜率悦公⑭之谓张无尽⑮是也。非惟古人，即今人所作，亦不敢轻评其是非，而漫为之贬驳也。何也？人坐于堂上，方能辨堂下人曲直，又未曾系籍⑯圣贤故也。嗟乎！错答一转语，堕野狐身百劫；笑明眼人答话，倒屙三十年⑰。覆辙昭然，可弗慎诸？

【注释】①《楞伽》：经名，全名《楞伽阿跋多罗宝经》或《入楞伽经》。为印度佛教法相唯识系与如来藏系的重要经典。中文译本共有四种，最早为北凉昙无谶所译之《楞伽经》，然此本已佚。现存三本：一、宋求那跋陀罗译，名《楞伽阿跋多罗宝经》，有四卷，名《四卷楞伽经》，收于《大正藏》第十六册。二、元魏菩提流支译，名《入楞伽经》，有十卷，名《十卷楞伽经》。三、唐实叉难陀译，名《大乘入楞伽经》，有七卷，名《七卷楞伽经》。

②宗、说二通：指宗通、说通。禅宗称已通达宗门旨要为宗通，称能为他人自在说法为说通。为师者需兼具宗说二通。

③义味：依文生义，如依食生味。盖喻义为食味也。又义者言义，味者趣意，即言与意也。

④铁蒺藜：蒺藜状的尖锐铁器。蒺藜，古代用木或金属制成的带刺障碍物，布在地面，以阻碍敌军前进，因与蒺藜果实形状相似，故名。

⑤鸩羽：鸩鸟的羽毛，浸酒有毒，饮之立死。借指毒酒。鸩，传说中的一种毒鸟。

⑥世尊拈花，迦叶破颜微笑：指佛陀拈华示众，迦叶尊者因了悟而破颜微笑之典故。全称"拈华瞬目破颜微笑"，又作"拈花微笑"。据《联灯会要》卷一载，释尊于灵鹫山登座，当其拈华默然之际，大

众俱不解其意，唯独摩诃迦叶破颜微笑，世尊乃当众宣言："吾有正法眼藏，涅槃妙心，实相无相，微妙法门，不立文字，教外别传，付嘱摩诃迦叶。"故禅门历代祖师即依此故事，确立不立文字而传大法之宗风。

⑦客诵《金刚》，六祖实时契悟：六祖，乃指中国禅宗六祖惠能。据《六祖法宝坛经行由品》载，其父早亡，家贫，常采薪汲水以奉寡母。一日负薪至市，闻客读诵《金刚经》，心即开悟。时五祖弘忍住蕲州黄梅之东禅院，法门甚盛，师乃前往拜谒。

⑧深经：为诸大乘经典之通称。此等经典宣说诸法实相深理，故称深经。

⑨黄檗佛法无多子：语出"大愚三拳"之公案。大愚是唐代之高安大愚禅师，三拳指临济义玄击打大愚肋下三拳，为临济大悟之因缘故事。临济初于黄檗希运座下，三次问法，其声未绝，黄檗便打。其后临济辞离黄檗，经黄檗指引，往见高安大愚，恳切问以："不知某甲有过无过？"而致三次被打。大愚谓："黄檗与么老婆心切，为汝得彻困，更来这里问有过无过！"师于言下大悟，乃曰："元来黄檗佛法无多子！"愚搊（抓）住曰："这尿床鬼子（为禅门骂人之词，犹如时下所称之小鬼、臭小子等语）！适来道有过无过，如今却道黄檗佛法无多子！你见个什么道理？速道！速道！"师于大愚肋下筑三拳。愚拓开曰："汝师黄檗，非干我事。"

⑩香岩击竹：禅宗公案名，即唐僧香严智闲得悟之因缘。香岩，又作香严。据《景德传灯录》卷十一载，智闲往依沩山灵祐，祐知其为法器，欲激发之，一日谓之曰："吾不问汝平生学解及经卷册子上记得者，汝未出胞胎未辨东西时，本分事试道一句来，吾要记汝。"师进数语，皆不契机，复归堂，遍检所集诸方语句，无一言可将酬对，于是尽

焚之，泣辞沩山而去。抵南阳，睹忠国师遗迹，遂憩止焉。一日，于山中
芟除草木，以瓦砾击竹作声。俄失笑间，廓然省悟。遽归沐浴，焚香遥
礼沩山，赞云："和尚大悲，恩逾父母，当时若为我说却，何有今日事
耶？"仍述一偈曰："一击忘所知，而不假修知。动容扬古路，不堕悄然
机。处处无踪迹，声色忘威仪。诸方达道者，咸言上上机。"

⑪灵云见桃花等句：灵云，唐代僧，福州灵云山志勤禅师，嗣法
于长庆大安。初住大沩山，因睹桃花而悟道，禅林称为"灵云见桃明
心"、"灵云桃华悟道"。有偈云："三十年来寻剑客，几回落叶又抽
枝；自从一见桃华后，直至如今更不疑。"沩山灵祐览偈，诘其所悟，与
之符契，乃云："从缘悟达，永无退失，善自护持。"

⑫的：真实、确实。

⑬雪岩：雪岩祖钦禅师，雪岩乃禅师之号，宋代僧，属临济宗杨岐
派分支破庵派。五岁为沙弥，十六岁得度，先后参谒双林寺短篷远、
妙峰之善、净慈寺灭翁文礼。复至径山参无准师范禅师，后嗣其法。宝
祐元年（公元1253年），出住潭州龙兴寺，历住湘西道林寺、浙江南明
佛日禅寺、仙居护圣禅寺、光孝禅寺、江西仰山禅寺，凡六大寺。帝赐
紫衣，名震一时。元世祖至元二十四年示寂，世寿七十余。著有《雪岩
和尚语录》四卷。问正睡着无梦时主人，不能答：高峰禅师初参断桥
和尚，令参"生从何来，死从何去。"立三年死限学禅。后见雪岩和尚，
教看无字。一日一入门，钦忽问："阿谁与你拖遮死尸来。"声未绝，便
打出，不知其几，师扣愈虔。次后径山归堂，梦中忽忆"万法归一，一归
何处"，自此疑情顿发。后随众阁上讽经，抬头忽睹五祖演和尚真赞，
末两句云："百年三万六千朝，返覆元来是这汉。"日前拖死尸句子，
蓦然打破。满三年限。次后被问：日间浩浩作得主么？答曰：作得。又
问：睡梦中作得么？答云：作得。又问：正睡着无梦时，主在何处？于

此无言可对,无理可伸。和尚嘱云:从今不要尔学佛学法穷古穷今,只饥来吃饭,困来打眠,才眠觉来,抖擞精神。于是禅师自觉:"我这一觉,主人公毕竟在甚么处安身立命?自誓拼一生做个痴呆汉,定要见这一着子明白。"经及五年,一日睡觉正疑此事,忽同宿道友,推枕子落地作声,蓦然打破疑团,如在网罗中跳出,所有佛祖诸讹公案,古今差别因缘,无不了了。恰如"泗州见大圣,远客还故乡,元来只是旧时人,不改旧时行履处。"

⑭兜率悦公:兜率从悦,宋代临济宗黄龙派僧,法号从悦。十五岁出家,十六岁受具足戒,为宝峰克文禅师之法嗣。师学通内外,能文善诗,率众勤谨,远近赞仰。因住于隆兴(江西南昌)兜率院,故世人尊称兜率从悦。享年四十八。宋徽宗宣和三年(公元1121年),丞相张商英(无尽居士)奏请谥号"真寂禅师"。有《兜率悦禅师语要》一卷行世。

⑮之谓张无尽:张无尽,张商英居士,字天觉,号无尽。据《五灯会元》上有一段张无尽居士与兜率从悦禅师的对话:"公与悦语至更深,论及宗门事。悦曰:东林既印可运使,运使于佛祖言教有少疑否?公曰:有。悦曰:疑何等语。公曰:疑香严独脚颂、德山拓钵话。悦曰:既于此有疑,其余安得无耶?只如岩头言末后句,是有耶是无耶?公曰:有。悦大笑,便归方丈,闭却门。"

⑯系籍:编入名籍。

⑰倒屙三十年:唐末僧疏山匡仁因傲慢、恶见之罪,而被师兄香严智闲预言倒屙三十年之故事,即"疏山倒屙"之禅宗公案。据《景德传灯录》卷十一载,有一僧问香严智闲,不尊重诸圣及自己本来面目时如何,香严答以:"万机休罢,千圣不携。"疏山当时在场,作呕声而嘲笑之;香严向其请教,疏山反要求香严执师礼,香严乃下座礼拜,疏

山遂谓"何不道肯重不得全？"香严以其恶见之罪，预言疏山将倒屙三十年，且将"设住山无柴烧，近水无水吃。"其后，疏山匡仁住疏山，果如香严之预言。至二十七年病愈，乃自谓："香严师兄记我三十年倒屙，今少三年在！"故每至食毕，即以手抉而吐之，以应前记。此即阐示疏山于平等见解中彻悟昔日自傲之罪业深重。"倒屙"，指由口吐出大便。屙，上厕。

【译文】又有人说："你太谦虚了吧！分明有能力却表现出不能的样子。"我答道：这并非谦虚，而是真实语。《楞伽经》上，明示有宗通、说通二种，相对而言，教下多显义理，宗门多是密义，所以又称宗门中的语言为"无义味语"。我对于教门中深玄的义理都还未能尽通，何况是宗门中的话！此外，宗门的问答机缘，虽说是无义味语，然而其中仍然有少分是可从义路而理解的，但也有全然无义路可寻的。犹如毫无孔隙连铁槌都不可钻刺的，也有似太虚空般的空无而不可捉摸，也有似铁蒺藜般的坚硬不可咬嚼，也有似大火聚猛烈燃烧而不可靠近的，也有似火焰般的大红太阳那样不可入眼的，有似砒霜、鸩羽之剧毒般不可沾唇的。因此，自己怎么可以妄加评论呢？

今略举古人几则公案加以说明，当年世尊拈花，迦叶尊者破颜微笑，如今我也能与佛心相合如迦叶尊者吗？有客诵《金刚经》，六祖惠能闻已，当下开悟，如今我也能顿悟诸法实相深理如六祖吗？临济义玄禅师往洪州见大愚禅师，临济大悟后，不觉失声叹道："原来黄檗佛法无多子"，我现在已能真知灼见得无多子吗？赵州从谂禅师八十岁行脚，自叙"只为心头未悄然"，我现今心头已能悄然吗？香岩智闲禅师闻击竹有声，庆幸自己能"一击忘所知"，我此时已能忘所知吗？灵云志勤禅师因见桃花而悟道，作偈云："自从一见桃华后，直至如今更不疑", 我如今已真实到不疑之地了吗? 高峰原妙禅师被雪岩祖钦禅师诘问"正睡着无梦时, 主在何处? "高峰不能答, 我今日已能答此问吗? 高峰又过三年而于枕子落地处时, 大彻大悟, 我现在已有此大悟了吗?

类似这样的古则、公案多得不胜枚举, 假如有一则公案未明, 则其余都未必真的明白。正如兜率从悦禅师对张无尽居士说的: "既于此有疑, 其余安得无耶? "由此看来, 非但古人, 即使是今人所作的, 也不可轻易评论他的是非, 随便加以贬驳, 为什么? 坐于堂上之人(真正的过来人), 才能分辨堂下人的曲直, 况且自己未入圣贤之流, 又怎能分辨曲直。哎呀! 昔日有人错答一转语, 就堕野狐身百劫; 有人讥笑明眼人的答话, 就因此倒屙三十年。前车之鉴如此清楚明白, 我能不谨慎小心吗?

续入藏诸贤著述

古来此方著述入藏①者, 皆依经论入藏成式, 梵僧②若干员, 汉僧若干员, 通佛法宰官若干员, 群聚而共议之。有当入而未入者, 则元之天目《高峰禅师语录》③, 国初之《琦楚石禅师语录》④, 皆宝所之遗珍也。近岁又入藏四十余函, 而二师语录, 依然见遗。有不须入者反入焉。则一二时僧与一二中贵⑤草草自定，而高明者或不与其事故也。嗟乎！天台师种种著述，及百年然后得入藏⑥，岂亦时节因缘使之然欤？后更有入藏者，二师之语录其最急矣！特阐而明之。

【注释】①入藏：编集现存佛教典籍之丛书，称为入藏。

②梵僧：此处指由西域或印度东来之异国僧侣。

③《高峰禅师语录》：乃指《高峰原妙禅师语录》，又作《高峰大师语录》，宋代僧原妙撰。全一卷，元代刊行，收于《卍续藏》第一百二十二册。收录湖州双髻庵示众法语、西天目山师子禅寺开堂语要、拈古、补遗、偈颂、赞佛祖、行状、塔铭、音释等。

④楚石禅师：元代僧，名梵琦，楚石为其字。南岳下二十世法孙径山行端之法嗣。十六岁，受具足戒于杭州昭庆寺。其后，得法于元叟行端，先后住持天宁永祚寺、嘉兴本觉寺、杭州报国寺。元至正七年（公元1347年），顺宗赐号"佛日普照慧辩禅师"。洪武三年，一喝而寂，世寿七十五。著有《楚石梵琦禅师语录》二十卷，全称《佛日普照慧辩楚石禅师语录》，又作《楚石禅师语录》《楚石录》。收于《卍续藏》第一百二十四册。编集福臻寺语录、天宁永祚寺语录、大报国寺语录、本觉寺语录、秉拂小参、颂古、法语、杂着，并附行状及宋濂所撰之序、塔铭等。

⑤中贵：朝中贵人，指朝廷中的高官。

⑥天台师种种著述，及百年然后得入藏：天台大师智顗所著的三大部：《法华玄义》《摩诃止观》《法华文句》，以现代的常识来判断，这些是应该首先入藏的典籍。然而天台之三大部，却在距智顗大师的寂年（公元597年）四百二十七年之后，到北宋天圣二年（公元1024年），才告入藏。

【译文】自古以来，凡此方著述收入《大藏经》的，都是依照经论入藏的既定法规、格式来收录，参与的人必须有梵僧若干员，汉僧若干员，通达佛法的宰官若干员，共同聚集会合评议而决定的。其中却是有应当入藏而没有入藏的，譬如元朝天目山《高峰原妙禅师语录》，及本朝初年《楚石梵琦禅师语录》，这两部语录称得上是古人所遗留之大乘珍贵宝典，却都未入藏。近年来又有入藏四十余函，令人遗憾的是，两位大师的语录依然被遗漏。

另外，有些著述是不须入藏反而入藏的。这就是当时少数的僧人与一二位朝中大官仓促草率而自定的，而识见高明者或许都未参与此事的缘故，才有此现象。唉！当年天台智者大师的种种著述，到百年之后才得以入藏，难道这也是时节因缘使其如此的吗？以后如果还有增编入藏的机缘，首当要紧的是将两位大师的语录收入《大藏经》。因此，在此特别提出来加以说明。

南岳天台自言

岳、台二师①俱言，吾以领众，损己利人，一则止证铁轮②，一则仅登五品。权辞欤？抑实语欤？愚谓权实③非后学所能测，但在今人，且莫问权，姑以实论。圣师④尚尔，况凡夫乎？则转增精进矣！不特二师为然，古人之自处也，有曰："某离师太早，未能尽其妙。"或曰:"某早住院,未克臻⑤此。"其慎重类如是。况台师所处尚不及信位,今人即大悟,问其造位?若果入住⑥,应便能八相成道⑦否?则宁可自招妄言证圣之大罪耶?

孔子曰:"我非生而知之者⑧。"又曰:"若圣与仁,则吾岂敢⑨!"又曰:"吾有知乎哉⑩?无知也。"即二师意也。彼嘐嘐⑪然,高据师位,大言不惭者,将超越于二师之上乎?可惧也已。

【注释】①岳台二师俱言:"岳台二师",指南岳慧思禅师及天台智者大师。据《佛祖统纪》记载,南岳慧思禅师在大苏山以法付颛师,颛师问:"所证是十地耶?"曰:"吾一生望入铜轮,以领徒太早,损己益他,但居铁轮耳。"又据《往生集》记载,智者大师将入灭时,弟子智朗请云:"未审大师证入何位?没此何生?"师曰:"吾不领众,必净六根,损己利人,但登五品。汝问何生者,吾诸师友,侍从观音,皆来迎我,言讫唱三宝名,如入三昧。"二师皆自言领众,损己利人,故曰"俱言"。

②铁轮:六轮之一。《菩萨璎珞本业经》卷上示三贤十圣之果报。用铜轮王等之名,以铜宝璎珞、银宝璎珞、金宝璎珞、琉璃宝璎珞、摩尼宝璎珞、水晶宝璎珞等,分别配于十住、十行、十回向、十地、等觉、妙觉等位,称为六轮对位。天台宗取其经意而立六轮,以配于因位之六位,然增立铁轮十信位,删除水晶宝璎珞之妙觉位。其中,轮表运转、摧破之义,指佛菩萨转动法轮,则能断除诸阶位之惑障。一铁轮位,十信位。二铜轮位,十住位。三银轮位,十行位。四金轮位,十回向位。五琉璃轮位,十地位。六摩尼轮位,等觉位。

③权实:权,权谋、权宜之义,指为一时之需所设之方便,又作善权、权方便、善权方便、假、权假。对于权之语,谓实,乃真实不虚

之义，是指永久不变之究极真实，又作真、真实。两者合称权实、真假
等。

④圣师：乃具慧眼、法眼、化导之三力者。

⑤臻：达到。

⑥入住：会理之心，安住不动，名之为"住"。谓菩萨约位进修，
以妙觉为本，此觉由信而入，入能住，通为十种，一发心住、二治地
住、三修行住、四生贵住、五具足方便住、六正心住、七不退住、八童
真住、九法王子住、十灌顶住。又称十地住、十法住、十解，谓既得信
后进而住于佛地之位。

⑦八相成道：即八种仪相。又作八相、释迦八相、如来八相、八
相示现、八相作佛。乃佛陀一生之化仪，总为八种相。大乘所说的八
相是：降兜率、入胎、住胎、出胎、出家、成道、转法轮、入灭。小乘所
说的八相是从兜率天下、托胎、出生、出家、降魔、成道、转法轮、入
涅槃。此中大乘有住胎，无降魔；小乘有降魔，无住胎。

⑧我非生而知之者：语出《论语·述而》："我非生而知之者，好
古敏以求之者也。"

⑨若圣与仁，则吾岂敢：语出《论语·述而》："若圣与仁，则吾
岂敢，抑为之不厌，诲人不倦，则可谓云尔已矣。"

⑩吾有知乎哉：语出《论语·子罕》："子曰：'吾有知乎哉？无知
也。有鄙夫问于我，空空如也。我叩其两端而竭焉。'"无知，没有知
识、不明事理。孔子谦言己无知识。

⑪嘐嘐：形容志大而言夸。

【译文】南岳慧思与天台智者两位大师，都曾经自言："我因为
领众修行，因而耽误自己的修证功夫，损己而利人。"所以慧思禅师
只证到铁轮位（圆教十信位），而智者大师则仅登十信位之前的五品

弟子位。这是权宜之辞还是实话呢？我认为无论是权宜或实话，都不是后学所能测度的。但对现在人而言，暂且不要问权宜，姑且当作实话来论吧。圣师尚且如此了，何况身为凡夫的我们呢？

还有更转增精进的，不仅两位圣师是这样虚怀若谷，古人也常有如此自处的，譬如有人说："我离开师父太早，未能完全领悟师父的妙法。"或是说："我太早住持寺院，忙于事物，没有达到较高境界。"他们往往都是如此慎重的态度。况且天台大师自言的五品弟子位，尚不及菩萨的初信位。现今之人即使大悟，试问其修证的果位是何位？如果确实入于圆教菩萨初住位，应该便能示现八相成道吧？如其不然，岂不自招妄言证圣的大罪？

孔子说："我不是生来什么都懂的。"又谦逊的表示："若论圣人与仁人，我哪里称得上！"孔夫子又说："我有知识吗？其实我没有知识。"这也正是南岳、天台两位大师所说的意思。而那些虚张声势，高居师位又大言不惭的人，难道超越两位圣师之上了吗？所以妄言证圣，这实是可怕的罪过。

道讥释（一）

有道者告予曰："我辈冠簪，公等剃削。夫剃削者，应离世绝俗，奈何接踵①于长途广行募化者？罕遇道流而恒见缁辈也。

有手持缘簿，如土地神前之判官者；有鱼磬相应，高歌唱和，而谈说因缘，如瞽师②者；有扛抬菩萨像、神像而鼓乐喧阗③、赞劝舍施，如歌郎者；有持半片铜铙④，而鼓以竹箸，如小儿戏者；有拖铁索，重数十百斤，如罪人者；有举石自击其身，如饮恨诉冤者；有整衣执香，沿途礼拜，挨家逐户，如里甲⑤抄排门册者。清修法门或者有玷⑥乎？"予无以应，徐而谓曰："募化亦不等，有非理者，有合理者，有因正果正者，有瞒因昧果者，未可一概讥刺也。但其不务修行，而专求利养，为可恨耳。"因记此，愿相与共戒之。

【注释】①接踵：意谓相继、相从、连续不断或紧接着。

②瞽师：盲乐师。瞽，失明的人、盲人。

③喧阗：喧哗、热闹。阗，充满。

④铜铙：铙，一种打击乐器。形制与钹相似，唯中间隆起部分较小，其径约当全径的五分之一。以两片为一副，相击发声。

⑤里甲：明代州县统治的基层单位。后转为明三大徭役（里甲、均徭、杂泛）名称之一。《明史·食货志一》："洪武十四年，诏天下编赋役黄册，以一百十户为一里，推丁粮多者十户为长，余百户为十甲，甲凡十人。岁役里长一人，甲首一人，董一里一甲之事。先后以丁粮多寡为序，凡十年一周，曰'排年'……每十年有司更定其册，以丁粮增减而升降之。"

⑥玷：玷污、污辱。

【译文】有一位道士对我说："我们道士戴冠簪发，你们僧人剃除须发。剃发为僧的人，理应超脱世俗、弃绝尘俗，为什么还是有很多相续不断的长途跋涉而广行募化呢？故来往行人中很少遇见道士，却经常碰到僧人。譬如，有手持化缘本子，好像土地神前的判官；有木鱼、引磬相应，高歌唱和，谈说因缘，如盲人卖艺的；有扛抬菩萨像、神像，击鼓、奏乐般的热闹喧哗，唱赞劝人喜舍布施，有如唱歌郎的；有持半片铜铙，兼以竹筷击鼓，如小儿耍戏的；有身拖数十百斤重的铁索，犹如罪人的；有举石自击其身，如饮恨诉冤的；有态度庄重拿着香，沿途礼拜，挨家逐户，好像里长、甲首抄排门册的。这些怪异的举止对清修的佛门来说，或者不太光彩吧？"我没话可回应，只好委婉地对他说："募化也有种种不同，有非理的，有合理的，有因正果正的，有瞒因昧果的，不能一概加以讥评讽刺。至于不务修行而专求利养的募缘僧，也确实可恨。"因而把此事记录下来，愿与同参道友共同引以为戒。

道讯释（二）

道者又曰："诸宫、观、道院及诸神庙①，皆我等居也，奈何僧众多住其中，罕见道流住佛寺者。夫归依佛者住寺，归依道者住宫、观、院、庙，今僧居于此，为归依三清诸天尊②、诸真③、诸神耶？抑欲占夺我等产业耶？"其言有理，予无以应，徐而曰："韬光④，古灵隐⑤也，何道流居之？"曰："此在家修习全真⑥者寓焉,冠簪者不与也,况剃度一僧主之矣!"其言有理,予又无以应。

噫!今之为僧者,或栖止丛林,或幽居兰若,或依岩为室,或就树结茅,何所不可,而必附彼羽衣以为居亭主人⑦也?

【注释】①宫、观:宫,古代对房屋、居室的通称,泛称神殿、佛寺、道观等庙宇。观,此处指道教的庙宇。道院:道士居住的地方。院,此处指道观。寺:原为中国古代接待宾客之官署,如鸿胪寺、太常寺等,西域僧至中国时,多暂居于此,后则用以指僧众供佛与聚居修行之处所。

②三清诸天尊:三清,道教所指玉清、上清、太清,三清境。亦指道教对玉清境洞真教主元始天尊,上清境洞玄教主灵宝天尊,太清境洞神教主道德天尊的合称。

③诸真:诸仙人。

④韬光:唐代名僧,蜀人,能诗,住杭州灵隐寺,与郡守白居易为诗友。穆宗长庆年间,于灵隐山西北巢枸坞筑寺,后人名之韬光寺,亦略称韬光。

⑤灵隐:山名。在浙江省杭州市西湖畔,一名武林,又名灵苑,又称仙居。

⑥全真:即全真教,道教的一派。金朝王重阳创立,教旨以"澄心定意,包元守一,存神固气"为"真功","济贫拔苦,先人后己,与物无私"为"真行"。功行俱全,故名"全真"。该派旧时盛行于北方,以北京白云观为中心,称道教北宗。

⑦羽衣:道士的代称。居亭主人:居停主人,指寄居处的主人。

【译文】接着道士又对我说："道教的宫、观、道院及各神庙，本来都是我们道士居住的地方，怎么常有僧众住在其中，但却很少见到道士们住在佛寺的。本来皈依佛的，理应住在寺院；皈依道的，应住宫、观、院、庙。如今被僧人居住了，难道他们是要皈依道教的三清诸天尊、诸仙人、诸神？或是要夺取占有我们道教的产业呢？"

听了此番话，觉得道士言之有理，我没话可应，只好缓和地对他说："杭州韬光寺，是灵隐山的古寺，为何道士们也居住在这里呢？"他辩解道："这是在家修习全真教的人，寄居在这里面的，并没有戴冠簪发的道士住在那里，何况里面还有一位剃度的僧人在住持。"他的话有理，我又无话可应。

唉！今日为僧的人，或者寄居在大丛林，或者隐居于阿兰若，或依附洞穴作为屋室，或就树建造茅屋，什么地方不可安住呢？为何偏要依靠道士的处所作为寄居处呢？

出家利益

古德云："最胜儿，出家好。"俗有恒言曰："一子出家，九族生天[①]。"此者赞叹出家，而未明言出家之所以为利益也。岂曰不耕不织，而有自然衣食之为利益乎？岂曰不买宅、不赁房，而有自然安居之为利益乎？岂曰王臣护法，信施[②]恭敬，上不役于官,下不扰于民,而有自然清闲逸乐之为利益乎?古有偈曰:"施主一粒米,大似须弥山③,若还不了道,披毛带角还。"又云:"他日阎老子与你打算④饭钱,看你将何抵对?"此则出家乃大患所伏,而况利益乎哉!

所谓出家之利益者,以其破烦恼、断无明⑤、得无生忍、出生死苦,是则天上人间之最胜,而父母宗族被其泽也。不然,则虽富积千箱,贵师七帝⑥,何利益之有?吾实大忧大惧,而并以告夫同业者。

【注释】①一子出家,九族生天:即家庭中若有一子出家修行,则其亲属九族皆可得福而生天。九族,指高祖父、曾祖父、祖父、父母、己、子、孙、曾孙、玄孙等。是佛家之普遍用语。

②信施:信徒施财物于三宝等,或指其所施的财物。

③须弥山:华译妙高山,因此山是由金、银、琉璃、水晶四宝所成,所以称妙;诸山不能与之相比,所以称高。又高有八万四千由旬,阔有八万四千由旬,为诸山之王,故得名妙高。原为印度神话中之山名,佛教之宇宙观沿用之,谓其为耸立于一小世界中央之高山。

④打算:计算、核算。

⑤无明:梵语,为烦恼之别称。不如实知见之意,即暗昧事物,不通达真理与不能明白理解事相或道理之精神状态。亦即不达、不解、不瞭,而以愚痴为其自相。泛指无智、愚昧,特指不解佛教道理之世俗认识。

⑥贵师七帝:唐代澄观,字大休,号清凉国师、华严菩萨、华严疏主,为中国华严宗第四祖(一说第六祖),造《华严》大疏。师身历九

朝，先后为七帝讲经。九朝者，唐玄宗、肃宗、代宗、德宗、顺宗、宪宗、穆宗、敬宗、文宗也；七帝者，即代宗以下七帝也。

【译文】古德说："世间最难能可贵的是发心出家的人。"又有俗语常称："一子出家，九族生天。"这只是赞叹出家的殊胜，但并未说明出家的利益究竟是指什么。莫非认为出家人不用耕田，不必织布，便可以享受现成的衣食，这就是出家的利益吗？难道是指出家人不必买屋，不必租房子，自然就有现成的安居之处，这就是出家的利益吗？又难道是出家人既有国王大臣作外护，又有信徒恭敬供养布施，上不受官府役使，下不受百姓干扰，可以享受自然清闲安乐的生活，这就是出家的利益吗？古人有一首偈颂说："施主一粒米，大似须弥山，若还不了道，披毛带角还。"意指施主供养的恩德如须弥山那样的高大，若今生不证道，将来统统都得要还债。又有大德规诫道："有朝一日阎罗老子要和你结算饭钱，看你拿什么来抵偿？"这样说来，出家也潜伏着非常大的忧患，哪里还谈得上利益呢！

据实而论，所谓出家的利益，是指能破除烦恼，断尽无明，证得无生法忍，出离生死苦海，这才是天上人间最为殊胜之事，而且可以使父母宗族、家亲眷属等都蒙受福泽。如其不然，即使积聚千箱财宝，富有四海，或贵为七帝国师，也不过如水月空花般的幻化，哪有什么真实利益可言呢？因此，我对出家一事常感到极大的忧心恐惧，故提出来奉告同参道友们，以便互相警惕。

世俗许愿

世人祈求子嗣者，祈延寿命者，祈消疾病者，祈解灾难者，祈取功名者，祈安家宅者，祈益资财者，如是等事；第一不可告许宰杀牲牢之愿，此名恶愿，有业无功，纵得遂心，美好一时，苦报在后。

乃至许袍、许旛，许造殿堂①，许置供器，虽与上之荤祭不同，然大悲平等名佛，正直不偏名神，岂有因贿降福之理乎？纵得遂心，本人命所自致，非许愿力也。

据理而论，惟在广作诸善耳。忠君孝亲，怜贫爱老，救灾恤苦，戒杀放生，种种阴骘②，种种方便，随力所能，皆力行之，善功所感，理必降祥。倘不遂心，则应归之天命，委之宿缘③，不怨不尤，弥加行善而无退悔。

【注释】①殿堂：为佛寺中各重要屋宇之总称。殿，是安奉佛菩萨像以供礼拜祈祷之处。堂，是供僧众说法行道之处。殿堂之名称即依据所安奉本尊及其用途而定。安置佛、菩萨像者，有大雄宝殿（大殿）、毘卢殿、药师殿、弥勒殿、观音殿、韦驮殿、伽蓝殿等。安置遗骨及法宝者，有舍利殿、藏经楼（阁）等。安置祖师像者，有开山堂、祖师堂、罗汉堂等。供讲经集会及修道之用者，有法堂、禅堂、忏堂、念佛堂、云水堂等。其他供日常生活、接待之用者，有斋堂（食堂）、客堂、寝堂（方丈）、茶堂（方丈应接室）、延寿堂（病僧疗养室）等。

②阴骘：阴德。

③宿缘：即宿世因缘，指过去世所结之善恶因缘。

【译文】世间人有祈求子嗣的，有祈求延长寿命的，有祈求消除疾病的，有祈求化解灾难的，有祈求考取功名的，有祈求家宅平安的，有祈求财源广进的，如此等等祈愿诸事。其中最重要的是千万不可许下宰杀牲畜的愿，因为这是恶愿，只有罪业没有功德，纵然满足心愿，不过是现前美好一时，苦报却在后头。

甚至有许愿供袍服、供旗帜、建造殿堂、购置供器，虽然与前面所说的杀生祭祀不同，然而具有大悲平等心的才称为佛，公正无私不偏邪的称为神，哪有因受贿赂就会降福的道理呢？纵然是满足心愿，也是本人命中所有，并非仰仗许愿之力而感召的。

根据因果业报的道理而论，只有广做善事、善有善报而已。所谓忠于国家、孝敬双亲、怜悯贫困、敬爱老人、救灾恤苦、戒杀放生，种种阴德，种种善巧方便，随自己的能力，都努力去实行。这种种行善的功德所感召的，依着因果道理必定降下祥瑞。假如不能满足愿心，只能归咎于天命注定，随顺于宿世因缘，不怨天、不尤人，更加努力行善而不退缩、后悔才是。

出世间大孝

　　世间之孝三，出世间之孝一。世间之孝，一者承欢侍彩，而甘旨以养其亲；二者登科入仕，而爵禄①以荣其亲；三者修德励行，而成圣成贤以显其亲。是三则世间之所谓孝也。出世间之孝，则劝其亲斋戒②奉道，一心念佛，求愿往生，永别四生，长辞六趣③，莲胎托质④，亲觐弥陀，得不退转。人子报亲，于是为大。

　　予昔甫知入道，而二亲云亡，作《自伤不孝文》⑤以伸悲恨。今见在家、出家二众中有具庆者，于是倍增感慨，而涕泗交零⑥，稽首⑦、顿首⑧以劝。

　　【注释】①爵禄：官爵和俸禄。
　　②斋戒：广义言之，指清净身心，而慎防身心之懈怠。狭义而言，则指八关斋戒，或特指过午不食之戒法。“斋”之本意原为清净之谓，后渐转指不过中食（过午不食）之法，能持守此法者，称为持斋。有持斋，则必有戒，故斋戒二字自古并称。
　　③六趣：趣，谓趣住之意。造业受报，必有归趣之处。众生因业因而趣住所受报之处。趣报有六，故名六趣，亦名六道。道者，能通之

义，善恶之业，能通善恶之处，故谓之道。所至所趣之处，亦即谓之道。乃指地狱、畜生、饿鬼、修罗、人、天。

④莲胎托质：莲胎，又作莲花胎。念佛往生净土之人，皆在莲花内化生，喻如母胎，故称莲胎，即所谓莲花化生。"托质"就是托身，身是质，是物质。西方极乐世界的莲花，是自己信愿持名修来的，临命终时，佛持此花，接引往生，即生此莲花中，称之"莲胎托质"。

⑤《自伤不孝文》：莲池大师作，收录于《山房杂录》卷一。

⑥涕泗交零：眼泪和鼻涕俱下，涕泪俱下。

⑦稽首：为佛教礼法之一。即以头着地之礼。中国周礼所载之九拜中，稽首为最恭敬之行礼法。佛教之稽首，弯背曲躬，头面着地，以两掌伸向被礼拜者之双足，故又称为接足礼（接着对方之足）。此种以头额触地之礼拜，为印度之最高礼节。所谓接足作礼、头面礼足、五体投地等即指此而言。

⑧顿首：以头叩地即举而不停留。稽首是将头触地，然后缓缓站起。顿首是将头叩地后立刻站起。

【译文】世间的孝道有三种，出世间的孝道只有一种。世间的孝道，一是承欢膝下，侍奉父母，以美味食物来奉养双亲；二是考取科举功名，入朝做官，以爵禄声名来荣耀双亲；三是行善积德、锻炼德行，以成圣成贤来显扬双亲。这三种是世间的所谓孝道。

出世间的孝道，则是劝双亲来学佛修道，净持斋戒、奉行佛道，一心念佛，求愿往生西方极乐世界，永脱四生六趣，不再六道轮回，莲花化生，亲见弥陀，永得不退转位。凡为人子要报答亲恩，能在这件事上尽心，是为大孝。

从前我刚皈依佛门不久，双亲就不幸相继亡故，曾作《自伤不孝文》来陈述表白内心的悲伤和抱憾。今见在家、出家二众中，尚有父母俱存的，不由得倍增感慨，悲从中来，而涕泪俱下，因而至诚恳切的顶礼、叩首，希望以此劝勉大众能好好把握尽大孝的机缘。

伪造父母恩重经

有伪造二经者，题以"父母恩重"等言，中不尽同，而假托古译师名。吾友二人各刻其一。二友者，忠孝纯正士也，见其劝孝，而不察其伪也。或曰："取其足以劝孝而已，似不必辨其真伪。"予曰："子但知一利，而不知二害。一利者，诚如子言，劝人行孝，非美事乎？故云一利。二害者何？一者素不信佛人见之，则弥增其谤：'佛言如是鄙俚①，他经可知矣！'遂等视大藏甚深无上法宝，重彼愆尤，一害也。二者素信佛人，徒具信心，未曾博览内典，见此鄙俚之谈，亦复起疑，因谓谤佛者未必皆非，动彼惑障②，二害也。害多而利少故也。况劝孝自有《大方便报恩经》③及《盂兰盆经》④，种种真实佛说者流通世间，奚取于伪造者？"

【注释】①鄙俚：庸俗。俚，粗俗、不文雅。

②惑障：诸众生由贪欲、瞋恚、愚痴等惑，根性昏钝，障蔽正道。"惑"，迷妄之心，迷于所对之境，而颠倒事理。"障"，烦恼能障碍圣

道。皆烦恼之异名也。

③《大方便报恩经》：乃指《大方便佛报恩经》，略称《报恩经》，七卷，失译。有九品，是结集家之手草。记述佛在罗鹫山，阿难，闻外道讥佛非孝，以白佛，佛乃放光，集十方之菩萨，说曾为须阇提太子，以身肉济父母之难，或升忉利天为母说法等。

④《盂兰盆经》：全一卷。西晋竺法护译，又称《盂兰经》，属方等部经典。收于《大正藏》第十六册。内容记述佛陀之大弟子目连，因不忍其母堕饿鬼道受倒悬之苦，乃问法于佛，佛示之于七月十五日众僧自恣日，用百味饭食五果等供养十方佛僧，以此供养功德之力，即能救拔其母出离苦难。

【译文】有二部伪造的佛经，经题书写"父母恩重"等言，其中内容不尽相同，并假托古代译经法师的名字。我有两位道友各刻了一部。这两位道友都是忠孝纯正之士，因见经名是劝化行孝的，便未觉察到这两部经是伪造的。但有人认为："仅仅是择取它足以劝孝而已，有必要分辨它的真伪而不去流通吗？"我解释道："你只知有一利，而不知有二害。所谓一利，确实如你所言，劝人行孝，难道不是好事吗？这是一利。二害是什么？第一，如果是平常不信佛法的人，见到此经，则更加引起他的毁谤，会说：'佛经的文字都是如此庸俗，其他佛经怎么样，就可想而知。'如此把无上甚深法宝的一大藏经，一概等而视之，更加重他谤法的罪过，这是一害。

第二，如果是平常信佛之人，虽稍具一点信心，但未曾博览经典，见到此种肤浅之谈，也会起疑，认为那些谤佛的人未必都是不对的，因而触动他的惑障，这是二害。

由此看来，这是害多而利少。何况佛门劝孝，自有《大方便报恩

经》以及《盂兰盆经》等其他经典，有这种种真实佛说的经典流通
世间，又何必取之于伪造的呢？"

修行不在出家

予昔将欲出家，有黄冠①语予："不必出家，只在得好师
耳。"予时出家心急，置其语不论。出家后，思彼以延年、修养
色身为业，得传而留形久住足矣，何必出家。为僧者，欲破惑证
智②，上求佛果，下化众生，则古德皆舍家离俗而作沙门③。又彼
若志求金丹大道，亦须出家，则彼之言未为当理。但观今人有未
出家前，颇具信心，剃染之后，渐涉世缘，翻成退堕。则反不如
居家奉父母、教子孙，得一好师示导正法，依而行之，是如来在
家真实弟子，何以假名④阿练若为哉？如是，则彼言亦甚有理，
又不可不知也。

【注释】①黄冠：道士之冠，亦借指道士。
②破惑证智：破烦恼而证悟无漏智。以天台宗义而言，以空观破
见思惑，证一切智；以假观破尘沙惑，证道种智；以中观破无明惑，证
一切种智。
③沙门：出家修道者之通称。即指剃除须发，止息诸恶不善，调

御身心，勤修诸善，以期证得涅槃境界者。或作桑门、丧门，意译为勤劳、静志、息止、息心、息恶、勤息、修道、乏道、贫道。

④假名：意指假他而得之名，略称假。亦即立于众缘和合而生之法上假施设之名词。

【译文】以前我将要出家时，有道士对我说："修行不一定要出家，重要是在求得好的老师、善知识而已。"我那时出家心切，因而未予理会他的话。出家以后，细思道家是以延年益寿、修养色身为其主要的道业，只要能得好师传授，修到可以留形久住就足够了，这样的确不必出家。但身为佛门僧人，是希望破惑证智，上求佛果，下化众生，所以古德示现都是舍家弃俗而作沙门。又道教中人，如果志求长生不老之大道，也必须要出家。这样看来，道士所说的话不能算是有理。但是，观察现在的人，未出家之前，颇具诚信心，自从剃落须发、披上染衣之后，却渐渐沾染了世俗的习气，反而退转堕落。这样反不如在家奉养父母、教导子孙，得一个好师引导正法，依教而行，这也是如来在家真实的弟子，又何必假借出家之名而隐世修行呢？这样说来，那位道士的话也确实有些道理，是身为修行人一定要知道的。

不朽计

世人将平生所作诗文汇为一集，乞诸名人序跋①之曰，以此为不朽计也。噫！古之人必也名喧寰宇②，昭灼于人之耳目者，乃所著述，方传之至今。其次焉者，身没之后，极之数十年间，墨之楮③者或覆瓿④，而剞之木⑤者或资釜矣，安在其不朽也？必也镂之鼎彝⑥，篆之碑碣⑦，数百年之后，存者亦不多见矣！即孔子之文章，二帝三王⑧之典谟训诰⑨，传诸万世无弊，而三灾⑩起时，大地须弥、诸天宫殿皆悉碎为微尘，荡为太虚，安在其不朽也？真不朽者，其不生不灭之本心⑪乎！此则先天地而无始，后天地而无终。鸾法师曰："此吾金仙⑫氏之长生也。"予亦曰："此吾大雄⑬氏之所谓不朽也。"何不舍世必朽之闲家具，而求真不朽之正知见也？不此之计，而漫劳其心，其为计也疏矣！

【注释】①序跋：序文和跋文。序文，又称序言。一般是作者陈述作品的主旨、著作的经过等，或他人所作的对著作的介绍评述，一般序文在书前。跋文，写在书籍、文章、字画、金石拓片等后面的短文，内容大多属于评介、鉴定、考释、记述之类。

②寰宇：天下。旧指国家全境，今亦指全世界。寰，广大的地域。

③墨之楮：楮，落叶乔木，叶似桑树，树皮可造纸。

④覆瓿：瓿，小瓮，古多以盛酱、醋。

⑤剧之木：剧，雕刻刀。

⑥鼎彝：古代祭器，上面多刻着表彰有功人物的文字。彝，古代宗庙常用礼器的总名。

⑦篆之碑碣：篆，铭记。碑碣，石碑方首者称碑，圆首者称碣。后多不分，以之为碑刻的统称。

⑧二帝三王：二帝，唐尧、虞舜。三王，夏禹、商汤、周文王。

⑨典谟训诰：《尚书》之文体，有六种：典、谟、训、诰、誓、命。典，谓经籍，可作为典范的书籍，如《尚书》中《尧典》《舜典》等篇。"谟"，记述君臣谋议国事的一种文体，如《尚书》中《大禹谟》《皋陶谟》等篇。"训"，记述训导之词，如《尚书》中《伊训》。"诰"，用于告诫或勉励，如《尚书》中《汤诰》《仲虺之诰》《洛诰》等篇。"誓"，《尚书》中有《甘誓》《汤誓》《牧誓》。"命"，帝王的诏令，《尚书》中有《微子之命》《顾命》。

⑩三灾：世界是依成劫、住劫、坏劫与空劫等四期无穷的循环不息。在住、坏二劫中，分别有三种灾厄。于住劫有小三灾，于坏劫有大三灾。

⑪不生不灭：就佛法的第一义谛而言，一切诸法是无自性的，是性空、平等的。生，无生的实性；灭，无灭的实性，实际上是不生不灭。换言之，证得诸法不生不灭，即是证得佛法的第一义谛。故不生不灭有时被当作真如的法体，解脱的内容，更被视为如来的异名。本心：指本性，即自己本来之真如心性。又作本身。

⑫金仙,指佛陀。宋徽宗宣和元年,尝诏改佛陀为"大觉金仙"。印度古代,每称栖隐山林修道之人为仙人,深含尊敬之意,而对佛陀,既视为超乎声闻、缘觉等之大觉者,故特以"大觉"、"大仙"称之;又因佛身为真金之色,故称金仙,诸经中多用之。

⑬大雄:为佛之德号。因佛具有大智力,能降伏魔障,故称大雄。

【译文】世人有将平生所作的诗文汇集成册,并乞请当代名人作序、作跋,以为这样便可以流传千古而不朽。唉!古代名扬天下的人,都必须具有真知灼见,如此他们的著作才能流传至今。

其次一等的人,身死之后,所写的书籍顶多传至数十年间,也许就会被人撕下来塞在容器瓶口,而所刻的印版也许被人劈来当柴薪,哪里能保存到不朽呢?纵然雕刻在鼎彝等祭器上,或是铭记于碑碣上,数百年之后,能留存下来的也不多见了。即使是孔子的文章,及尧舜二帝与夏禹、商汤、周文王三王的典谟训诰,虽可传诸万世而无损坏,但当三灾发生时,大地须弥、诸天宫殿全都粉碎为微尘,荡为太虚,哪里还能保其不朽呢?

事实上,真正不朽的,是各人不生不灭的本心啊!这个本心是先天地而无始,后天地而无终。正如昙鸾法师说的:"这才是我们金仙氏(佛家)的长生术啊。"我也称言:"这才是我们大雄氏所谓的不朽啊。"因此,何不放弃世间必朽的无用之事,而求真正不朽的正知正见呢?不在这方面去计虑,却在他处徒然枉费心机,可见这种人的想法也未免太不切实际了吧!

人不宜食众生肉

　　经言靴裘等物皆不应着，以其日与诸畜相亲近也。夫此特着之身外，况食肉则入于身内乎! 今人以犬、豕、牛、羊、鹅、鸭、鱼、鳖为食，终世不觉其非，何也? 夫饮食入胃，游溢精气以归于脾，其渣滓^①败液出大小肠，而华腴乃滋培脏腑^②，增长肌肉，积而久之，举身皆犬、豕、牛、羊、鹅、鸭、鱼、鳖之身也。父母所生之身，见生即异类^③矣，来生云乎哉? 夫五谷^④为养，五菜^⑤为充，五果^⑥为助，《内经》^⑦语也，人之所食也亦既足矣，而奚以肉食为? 既名曰人，不宜食肉。

　　【注释】①渣滓: 杂质、糟粕。滓，沉淀的杂质。

　　②华腴: 指肥美的食物。脏腑: 中医总称人体内部的器官。心、肝、脾、肺、肾为五脏，胃、胆、三焦、膀胱、大肠、小肠为六腑。

　　③异类: 指禽兽神鬼之类。

　　④五谷: 五种谷物。所指不一，比较普通的说法以稻、黍、稷、麦、菽为五谷。后以五谷为谷物的通称，不一定限于五种。

　　⑤五菜: 五种蔬菜。指葵、韭、藿 (豆菜)、薤、葱。

　　⑥五果: 指桃、李、杏、栗、枣五种水果。

⑦《内经》：《黄帝内经》之略称，中国古代蕴含丰富哲学思想的医学著作，现分为《素问》《灵枢》两书。托名黄帝，真实作者不可考。成书年代说法不一，一说战国，一说秦汉间，一说西汉初期或中期。实非一时一人之作。

【译文】据佛经上说，凡用兽皮制作的靴子、衣服都不应该穿着，因为身上穿着皮制的衣物，犹如每天与诸畜类相亲近。兽皮制品穿在身上尚且不可，何况将它们的肉吃进身体内呢！现在的人喜欢以狗、猪、牛、羊、鹅、鸭、鱼、鳖等动物为食，从来没觉悟食其肉是不应该的。为什么不该食肉？因为凡饮食进入胃中，经过胃的初步消化，再由脾进一步消化，并吸收营养成分，所剩的渣滓和无用的液体则下移至大小肠，最后排出体外。由脾胃吸收的营养精华，一部分供滋培五脏六腑的需要，一部分通过经脉运送至全身而增长肌肉。如果长期吃肉的人，全身细胞都成为狗、猪、牛、羊、鹅、鸭、鱼、鳖等动物的混合体了，父母所生的身体，就在现生便成为禽兽之类，来生就更不用说了。

所谓"五谷为养，五菜为充，五果为助"，这是出自《黄帝内经》之语，人有这么多食物已够充腹了，何必还要以肉为食呢？况且所谓"人者，仁也"，既称为人，理当怀有恻隐仁爱之心，就不应该吃众生肉。

三难净土

一人问:"释迦如来以足指按地①,即成金色世界。佛具如是神力,何不即变此娑婆土石、诸山、秽恶充满之处,便成七宝庄严之极乐国,乃必令众生驰驱②于十万亿佛土之迢迢③也?"噫!佛不能度无缘,子知之乎?净缘感净土,众生心不净,虽有净土,何由得生?喻如十善生天⑤,即变地狱为天堂,而彼十恶众生,如来垂金色臂牵之,彼终不能一登其阈⑤也。是故刹那金色世界,佛摄神力而依然娑婆矣!

又一人问:"经言至心⑥念阿弥陀佛一声,灭八十亿劫生死重罪。斯言论事乎?论理乎?"噫!经云:"一称南无佛,皆已成佛道。"又云:"礼佛一拜,从其足跟至金刚际,一尘一转轮王位。"今正不必论其事之与理,但于"至心"二字上着倒,惟患心之不至,勿患罪之不灭。事如是,理亦如是,理如是,事亦如是,何足疑也。

又一人问:"有人一生精勤念佛,临终一念退悔,遂不得生。有人一生积恶,临终发心念佛,遂得往生。则善者何为反受亏,而恶者何为反得利也?"噫!积恶而临终正念者,千万人中之一人耳。苟非宿世善根，临终痛苦逼迫，昏迷瞀乱⑦，何由而能发起正念乎? 善人临终退悔，亦千万人中之一人耳。即有之，必其一生念佛悠悠⑧之徒，非所谓精勤者。精则心无杂乱，勤则心无间歇，何由而生退悔乎? 是则为恶者急宜修省⑨，毋妄想临终有此侥幸。真心求净土者，但益自精勤，勿忧临终之退悔也。

【注释】①足指按地: 描述佛之神通。言其足指触处尽为黄金珍宝也。

②驰驱: 奔走。

③迢迢: 道路遥远。

④十善生天: "十善"，佛教对世间善行的总称。它是以三种身业（不杀生、不偷盗、不邪淫）、四种语业（不妄语、不恶口、不两舌、不绮语）及三种意业（不贪欲、不瞋恚、不邪见）所组成的。又称十善道、十善业道、十善根本业道或十白业道。就原始佛教的原义而言，十善业是世间善行的总称，是死后不堕恶趣，往生天道的条件。

⑤阈: 门槛。

⑥至心: 即至诚之心、至极之心，心源彻到也。

⑦瞀乱: 昏乱、精神错乱。瞀，错乱、混乱。

⑧悠悠: 懒散不尽心。

⑨修省: 修身反省。

【译文】有一人问:"据佛经上说，释迦如来用足指按地，实时三千大千世界皆成金色世界。既然佛具有这么大的神力，为什么不把这娑婆世界土石、诸山、充满秽恶的环境，当下变成七宝庄严的极乐国，何必令众生奔赴于远隔十万亿佛土外的极乐世界呢?"唉! 佛不能度无缘众生，你知道吗? 必须要有净缘，才能感得生净土，众生心不净，即使有净土，但凭什么条件得生呢？譬如修十善，能感生天的果报，自然可以变地狱为天堂。但那些造十恶的众生，即使如来垂金色臂来牵引他们，最终还是不能登上天堂的门槛。所以佛当时虽以神力化此土为金色世界，但因众生心不净，佛收回神力之后，众生依然还是活在娑婆世界啊！

又有一人问："根据《观无量寿佛经》上说：'至心念阿弥陀佛一声，能灭八十亿劫生死重罪。'这句话是论事呢？还是论理？"我回答道：《法华经》上谓："一称南无佛，皆已成佛道。"一称佛号，成佛种子已入八识田中，将来必定成佛。又《万善同归集》言："《业报差别经》云：礼佛一拜，从足下起，至地底金刚际止，一粒微尘算一转轮圣王位，尽微尘数转轮王福。"由此可知，称佛名号及礼佛之果报非常殊胜，故现在大可不必探讨它是论事或是论理，只要于"至心"二字上着力，只愁念佛不至心，不愁罪业不除灭。事是如此，理也是如此。理如此，事也是如此，没什么可疑虑的。

再有一人问："有人一生精勤念佛，到了临终，只因一念退悔，便不能往生。有人一生积恶，到了临终，才发心念佛，却能往生。这样看来，行善的人为什么反而受损失，积恶的人反得便宜呢？"噫！事实上，一生积恶的人，到临终能够提起正念的，大概千万人中不过一人而已。如果不是宿世善根深厚，临终时都是痛苦逼迫，神智昏迷错乱，如何还能提起正念呢？一生积善念佛的人，到临终而生退悔，这也是千万人中极少数的。即使有这样的人，其一生念佛必定是懒散懈怠之辈，并非精勤念佛的人。所谓的"精勤"，"精"是心中纯而不杂，"勤"则心中无间断，这样念佛怎么会生退悔呢？因此我劝那些平生作恶的人，应该及早修身反省，不要妄想临终能有此种侥幸。

真心求生净土的人，只要自己更加精勤念佛，也不用担心临终会退悔。

念豆佛

僧有募化施主黄豆①，每念佛一声，过豆一粒。一人作之，余人效之，号为"豆儿佛师父"。夫世尊教人念佛，制为数珠②，何乃不遵佛制，省力事不作，而作此吃力事也？且百八之珠，周则复始，乃至百千万亿而无尽。今一合③之豆，周则复始，亦复无尽，而何为念过之豆置不再用，更换新者？其言曰："念之至斗、至石④，送诸庵寺作腐供众。"亦迂矣！

或曰："古之人有行之者，如《往生集》所载⑤是也。"曰：彼非数豆，傍人计其念佛多不可计，约之当盈两载⑥。今粮舶⑦大者，载米千石，两载则极言其多耳，非数豆如今人也。即实数豆，其心亦不如今人也。

【注释】①黄豆：黄豆，带淡黄色的大豆。可制豆腐、豆油等。

②数珠：又作念珠、诵珠、咒珠。即以线贯串一定数目之珠，用以计算称名念佛或陀罗尼等念诵之次数。

③合：量词，一升的十分之一。

④至斗、至石：斗，量词，用于量粮食。指十升的容量。石，量词，计算容量的单位。十斗为一石。

⑤《往生集》所载：《往生集》载曰："隋宋满，常州人，计豆念佛。积三十石，开皇八年九月，饭僧毕坐逝，人见天华异香，满乘空西去。"《往生集》，三卷。明云栖袾宏辑录。收于《大正藏》第五十一册、《卍续藏》第一百三十五册。本书集录东晋至明代间往生西方者的传记而成，计分九类。内容不仅有往生传，也附记经典中可见的往生愿、现世得益、往生要文、念佛之功德等，为净土信仰者的入门书。

⑥约之当盈两载：乃指《南海寄归内法传》所记载善遇法师策励念佛之语，曰："念阿弥陀佛，四仪无阙，寸影非空，计小豆粒可盈两载。"载，量词。一车所载的容量为一载。

⑦粮舶：舶，航海的大船。

【译文】有位僧人向施主募化黄豆，却拿黄豆来计数，每念佛一声，过豆一粒。他一人这么做，其余的人也跟着这样学，所以此位僧人被号称为"豆儿佛师父"。事实上，世尊当年教人念佛，制定为数珠，为什么不遵佛制，放着省力的事不做，偏要做这种吃力的事呢？况且一百〇八颗的佛珠，可以周而复始的计数，数到百千万亿而无尽。今取一合的豆，用来计数，也是可以周而复始而至于无尽，为什么要把念过的豆置在一边不用，又重新更换新的豆子呢？于是就有人说："这样念佛念至一斗、一石之时，再将豆子送给诸庵寺做豆腐，以做供众之用。"这种做法，也实在不切实际呀！

又有人说："古人也有这样行持的，如《往生集》中记载的隋朝宋满居士计豆念佛，积三十石。"我解释道：这就好像善遇法师念阿弥陀佛，也是计豆念佛，计小豆粒可盈两载，所谓"两载"，只是记述他专心在念佛，而不是在数豆，旁人却总计其念豆佛多至不可数，估量大约可满两载。事实上，现今运载粮食的大船，能载米千石，何止两载，所以两载是形容称念佛号极多的意思，并非像现在人那样数豆念佛。即使古人实际是在计豆念佛，其念佛的至诚心，一定也比现今的念佛人来得恳切，并非只是在计数而已。

真 诰

《真诰》①一书，他且弗论，如曹操者，乃与古圣君如尧、舜、禹、汤者，同列而为天神，吾不能无疑也。或曰："阎罗王②俄登宝殿，则侍卫森严；俄吞铁丸，则肢体焦烂。安知操之朝在天堂而晚在地狱也？"是不然，阎王者，其在生亦修福亦造罪，故报如是。操之为人，有恶无善，何得罪福双报如阎王乎？或更有说："非愚所知，据理评之。"若果如斯，胡以寒乱臣贼子③之胆，示老猾巨奸之警乎？亦尽信书不如无书之类也已。

【注释】①《真诰》：凡二十卷，南朝梁代陶弘景撰。为道教经典。收于《道藏》第六百三十七至六百四十册。"真诰"，即真人（神仙）口授之意。本书是将顾欢所撰之《真迹》加以批判修改，并汇集道教上清派真人所诏示之要义，以成此书。其卷十五曰："魏武帝为北君太傅，北君则北斗君，周武王也。四明各有宾友，恐北斗君不置此职，当以太傅准之。魏武帝曹操，沛国谯人，英雄拨乱，匡定天下，封魏王，加九锡。献帝建安二十五年正月病亡，年六十六，此年十月魏文仍受禅追赠太祖武皇帝也。"

②阎罗王：即阎王，又称作琰魔王、阎逻王、阎摩罗王、阎魔王等，地狱之管辖者。意译双世、双王、平等王、可怖畏等。译作双世，是因此王在地狱中双受苦乐之故。

③乱臣贼子：不守臣道、心怀异志的人。

【译文】道教的《真诰》一书，其他方面暂且不论，但书中所论像曹操那样的人，居然也与古代尧、舜、禹、汤诸圣君一般，同列为天神，针对这一点，我不能不怀疑。有人说："阎罗王一会儿登宝殿，有随侧护卫显威严，一会儿被狱卒捉去吞铁丸，而肢体焦烂。怎知曹操这种人，不会是早晨在天堂而晚上在地狱呢？"我认为这话不对，阎王的业因是在生有修福也有造罪，故而果报苦乐参半。但论曹操的为人，只有恶没有善，怎么会得到罪福双报如阎王呢？有人甚至说："也许还有其他的说法，不是我所能知道，只是据理评之而已。"如果确实如《真诰》一书所言，曹操作恶还位列天神，那世间有什么能使乱臣贼子心寒胆战，或用什么能对老奸巨猾者发出警告呢？因此，《真诰》一书，也是属于"尽信书，则不如无书"之一类。

现报（一）

报有三：一者今生作恶，现生受报。二者今生作恶，第二生受报。三者今生作恶，第二生未报，多生以后受报。惟善亦然。报之迟速，盖各有缘因，但世人见恶者不报，或更昌隆，乃愤愤不平，未知三世之说故也。夫后之二报，人不及见，惟重现报。

今姑记现报数事，目击而非传闻者。一人挞笞①婢仆，动以百数。一日将一仆系颈东柱、系足西柱，使伸缩无路而痛责不休。其父大怒，遣②往解放，而嘱曰："汝速去，渠③若告汝逃亡，我即告渠忤逆。"遂得生还。后此人亦以己子卖与他家，而自身为乡宦守门。

又一人平生笞人如官府，后亦受官刑④，毙囹圄⑤中。一人中家内室也，妄费无算，后子女灭尽，老无依赖，为人缝补经络⑥。一人贵宦子也，骄奢佚游侈费，不知惭愧，后追逐游僧、丐者趁食于诸方。一人毁訾天神，无所顾忌，后为村民所殴，得疾身殒。一人辱詈如来及诸贤圣，皆人不忍闻者，俄而客死于外，不得归。一人瞋母不悉委财帛，折其供事观音大士一臂，后走马湖塘，堕落折臂，几死。

又一人生七女七男，凡生一女，才堕地，即溺杀之。其七男先后相继亦死，男女十四人无一存者，惟老夫老妇相对哭泣而已。又数人出家者，我慢自贤，凡时人或有言论，一概呵以为非，乃复轻蔑先哲，妄加毁訾，后俱不寿，或恶疾死。姑记之以警狂傲。

【注释】①挞笞：挞，击、敲打。笞，用鞭、杖或竹板打人。

②遄：疾速。

③渠：他、它。

④官刑：古代惩戒官吏的刑罚之一，即鞭刑。

⑤囹圄：监狱。

⑥经络：此处泛指衣服。经，织物的纵线。络，缠丝。

【译文】因果报应大体上分为三种：一是今生作恶，今生就受报；二是今生作恶，到第二生才受报；三是今生作恶，第二生未受报，多生以后才受报。为善的果报也是这样。报应的时间或迟或速，各有其不同的因缘果报，但世人每见有人今生作恶，现生不受报，或是反而更兴旺发达，便愤愤不平。其实这是不知因果报应通三世的缘故。后两种报应，因为世人看不到，所以就只重视现报。

今姑且记录现报数事，这是我亲眼看到的，而不是听人转述的。某人常鞭打奴仆，动不动就是打数百下。有一天竟然把仆人的脖子捆缚在东柱，脚捆缚在西柱，使仆人伸缩无路，而且还严厉痛骂不止。主人的父亲知道此事而大怒，急往解救，并嘱咐仆人说："你快离去，他如果告你逃亡，我就先告他忤逆我。"仆人才得以生还。后来这位鞭打婢仆的人，也把自己的儿子卖与他人家，而自身沦为官宦家的守门人。

又有一人平生打人，如同官府拷问犯人，后来自己也受官刑，死在牢狱中。有一位则是中产之家的妇女，平时任意花费无度，后来子女皆亡，老无依赖，给人缝补衣服度日。一位是官宦人家的儿子，平时骄横奢侈、放纵游荡而无节制，并且挥霍无度，不知惭愧，后来沦落到跟随游方僧、乞丐，到处去混饭吃。再有一人因毁谤天神，无所顾忌，后来为村民所殴打，得病身亡。一人则是辱骂如来及诸贤圣，出口皆是令人不忍听闻的恶毒语，不久客死他乡，不得归葬故里。还有一人因母亲不把财产尽数交给他而发怒生气，于是将母亲平时所供养的观音大士像折断一臂，后来骑马至湖塘边，从马上摔下来折断一臂，几乎死去。

又有一人生有七女七男，每生一女，刚一落地，即将她溺死，其后所生下的七男也相继而亡，儿女共十四人，没有一个存活，最后只剩下老夫老妇相对哭泣而已。

又有数位是出家人，平时贡高我慢，以贤者自居，凡是同时代的人的言论，一概呵责，自是非他，甚至还蔑视先哲，妄加毁骂，后来这几位都是短命而死，或是得恶疾而死。

暂且记下这些，以警示狂傲不羁的人。

现报（二）

或问："如来神力不可思议，何不使恶人皆现受恶报，而日兢兢^①焉不敢为恶也；善人皆现受善报，而日孳孳^②焉倍复为善也？则无为而天下太平矣！胡虑不及此？"

嗟乎！报之有迟速，众生业报自然如是，虽大圣不能转速而令迟、扭迟而为速也。惟是叮咛诏告以因果之不虚、酬偿之难道^③耳，闻而不信，亦末如之何也已矣！曰："永嘉云：'了则业障本来空^④'，空则何因果酬偿之有？"曰："汝今了否？"曰："未了也。""未了应须偿宿债。"

【注释】①兢兢：小心谨慎貌。

②孳孳：勤勉、不懈怠。

③道：逃避。

④了则业障本来空：《永嘉证道歌》云："了则业障本来空，未了还须偿宿债。"《证道歌注》云："了达罪福性空无有挂碍，若人发心叛源，十方世界悉皆消殒，况罪福之相耶？所以肇师云，五阴身非有，四大本来空，将头临白刃，一似斩春风。即业障本来空也，若不了悟，

执法不忘,因果法如形与影,假使百千劫,所作业不忘,因缘会遇时,果报还自受,故云未了还须偿宿债也。"

【译文】有人问说:"如来神力不可思议,何不使恶人全都现生就受恶报,世人就会每天都小心翼翼不敢为恶了;善人都今生就受善报,那么世人就会每天都勤恳的加倍为善。这样便可以无为而治,天下太平了。为什么没有想到这一着?"

唉!果报的到来有迟、有速,这是众生自然感召的业报,即使是大圣人也不能改变快速到来的果报而使其延迟,扭转迟来的果报而变为快速。圣贤只是将因果报应丝毫不爽,及一酬一偿皆难于避免的道理,叮咛诏告世人而已。即使有人闻而不信,那也对他无可奈何啊!有人又问:"永嘉大师说:'了则业障本来空',既然业障本来是空,则哪里还有什么因果酬偿呢?"我反问他说:"你如今已了悟了吗?"答:"还未了悟。"所以才说:"既未了悟,自然就应清偿宿债"。

念佛人惟一心不乱

或问:"妙喜云:'愚人终日掐数珠求净业。'念佛果愚人所为乎?"噫!予昔曾辩之矣。妙喜但言愚人终日掐数珠求净业,不言愚人终日一心不乱求净业也。

又问："古德偈云：'成佛人希念佛多，念来岁久却成魔。君今欲得易成佛，无念之心不较多。'无念念佛，奈何以有念念佛①？"曰：此为散心念佛②而不观心③者，劝发语也，不曰岁久而一心不乱者成魔也。未曾念佛，先忧有念，是犹饥人欲饭，先忧饱胀而不食者矣！又问："六祖云：'东方人造恶，念佛求生西方。'意旨何如？"曰：六祖言恶人念佛求生，不曰善人念佛一心不乱者求生也。且恶人必不念佛，其有念佛者，伪也，非真念也。喻如恶人修十善求天堂，恶人必不修十善，其有修十善者，伪也，非真修也。曾未有善人一心念佛而不生西方者也。

又问："古德云：'舍秽取净，是生死业。'奈何舍娑婆求极乐？"曰：彼言舍秽取净者为生死业，不言一心不乱取净土者为生死业也。子未舍秽，先忧取净，与前之忧有念同矣！

又问："禅宗云：'佛之一字，吾不喜闻。'又云：'佛来也杀④，魔来也杀。'则何为念佛？"噫！彼言"佛之一字，吾不喜闻"，不言"一心不乱"四字，吾不喜闻也。彼言佛来也杀，魔来也杀，不言一心不乱来亦杀也。夫归元无二，方便多门，是故归家是一，舟车各行。以舟笑车，以车笑舟，俱成戏论。此理自明，无烦赘语⑤矣。

又问："近有人言：吾不念佛。良由内有能念之心，外有所念之佛，能所⑥未忘，焉得名道？"噫！彼盖以独守空静为道乎？内有能静之心，外有所静之境，不亦能、所宛然⑦乎？曷不曰："一心不乱，则谁能谁所、何内何外也？"吾与尔既修净土，止愁不到一心不乱田地；若一心不乱，任他千种讥、万种谤，当巍巍不动如泰山⑧耳，更何疑哉？

【注释】①有念念佛：以具体之事物为修观之对象，称为有念。反之，体观真如本性，称为无念。在净土门中，以凡夫散乱心而念佛，称为有念；以一心不乱而念佛，称为无念。盖有念、无念二者，乃随应众生根机之不同而有差别，然若由有念进入无念时，则二者不二；如念佛往生，虽有念相，然若息虑凝心，入于念佛三昧之妙德时，则自然与无念相契合，此时有、无为一，而达到"亦有念亦无念"之境界。

②散心念佛：指以散乱心称念佛名，为"定心念佛"之对称。又作散心称名、无观称名。即不定期限，不调作法，不观佛之相好，不分时、处、所缘等，唯以散乱心口唱名号。

③观心：心为万法之主，一切唯心造，故观察心，即观察一切也。因而凡究事观理，尽称为观心。

④佛来也杀：禅林用语。此处"杀"，指破除执着。佛来也杀，杀佛，意即打破对佛祖之执着，或指全无自身为佛之意识，始自成真佛。唐代末年之祖师禅均有超越祖佛言教之说，亦有将超佛越祖强调为杀佛杀祖者。故"杀佛"意指不执着任何事物，以抵达绝对自由的心境。

⑤赘语：啰唆无用的话。赘，多余、无用。

⑥能所：主动之法叫作能，被动之法叫作所。譬如六根对六尘，六根是能缘，六尘为所缘。

⑦宛然：真切貌、清晰貌。

⑧泰山：比喻安定稳固。

【译文】有人问："妙喜宗杲禅师曾经说过，愚人只是终日掐数珠念佛以求净业。这样说来，念佛果真是愚人所为的吗？"噫！我过去曾经对此事做了论述、分析。其实妙喜禅师是批评愚人对事理真相不通达，只知终日掐数珠而求净业，并没有说终日一心不乱求净业的是愚人。又问："古德有偈颂曰：'成佛人希念佛多，念来岁久却成魔。君今欲得易成佛，无念之心不较多。'据这首偈的意思，分明是教人应以无念念佛，怎奈现今的人都是以有念念佛？"我解释道：这首偈说明念佛是散心念佛，而且未观照心性，这是用来警惕念佛人之语，并非指长时念佛而达一心不乱的人会成魔。你还未曾念佛，便先忧心有念而成魔。这犹如饥饿的人很想要吃饭，却先担心吃饱会腹胀，就干脆不吃，意思相似啊！

又问："六祖大师说：'东方人造恶，念佛求生西方。'这话是什么意思？"我答道：六祖惠能大师是说恶人念佛求生西方，怀此不善之心，念佛往生难到，而未说善人念佛一心不乱求生西方难到。况且恶人必定不念佛，即使有念佛，也是假的，不是真心念佛。譬如恶人修十善求生天堂，既是恶人则不可能修十善，即使有修十善，也是虚伪的，不是真心修十善。所以从来没有说善人一心念佛而不能往生西方极乐世界的。

又问："古德说：'舍秽取净，是生死业。'为何念佛的人都欲舍弃娑婆秽土而求取极乐净土呢？"我解释道：实则禅宗教学是教人"一法不立"，心里还有净秽的知见存在，决定障碍明心见性，因而古德才说"舍秽取净，是生死业"，但并未说得一心不乱求取净土是生死业。你尚未舍秽土，就先忧心取净土，这与前面所言担忧有念念佛是同样的道理啊！

又问："禅宗赵州和尚曾言：'佛之一字，吾不喜闻'，又有禅宗大德说：'佛来也杀，魔来也杀。'等等诸如此类的话。既然这样，为什么还教人念佛呢？"咦！赵州和尚只说"佛之一字，吾不喜闻"，并没有说"一心不乱"四字，吾不喜闻。禅宗大德所说："佛来也杀，魔来也杀"，是为破学人执着之语，其并未说"一心不乱来也杀"。其实"归元无二路，方便有多门。"修行就是要返本还源、明心见性，为的就是找回自己本来之面目，所以归家的方向、目标是同一个，途中要乘船或乘车，各人选择方式不同，即修行方法千变万化，各人选择的法门各各不同。而且"法门平等，无有高下"，如果互相讥毁对方所修的法门，这犹如搭船的讥笑乘车的，乘车的笑话搭船的，全都是毫无意义之言论。这个道理，学人自然容易明白，无须再啰唆解释。

又问："近来有人说：我不念佛，是因为念佛是内有能念之心，外又有所念之佛，能、所都未忘却，这怎能称之为修道？"咦？那人大概是以独守空静为道吧？内有能静的心，外有所静的境，不也是能、所分明吗？所以何不对他说："既得一心不乱，则哪里还分得出谁是能、谁是所？内与外在哪呢？"我与你既然都是修净土，只愁达不到一心不乱的境界。若得一心不乱，任他千种万种的讥谤，我都能巍巍不动如泰山，如此对念佛法门怎么还会有怀疑？

修　福

古有偈："修慧不修福，罗汉应供薄。修福不修慧，象身挂璎珞^①。"有专执前之二句者，终日营营，惟勤募化，曰："吾造佛也，吾建殿也，吾斋僧也。"此虽悉是万行^②之门，而有二说：一则因果不可不分明，二则己事不可不先办。或曰："果如子言，则佛像湮没，谁其整之？塔寺崩颓，谁其立之？僧饿于道路而不得食，谁其济之？人人惟办己事，而三宝荒芜矣！"曰：不然，但患一体三宝^③荒芜耳。世间三宝，自佛法入中国以来，造佛、建殿、斋僧者时时不休，处处相望，何烦子之私忧而过计也。吾独慨夫僧之营事者，其瞒因昧果、不惧罪福、克减常住^④、藏匿信施者，无论矣。即守分僧，而未谙律学，但知我不私用入己则已，遂乃移东就西^⑤，将甲补乙，或挪还急债，或馈送俗家。不知砖钱买瓦、僧粮作堂，枉受辛勤，翻成恶报，是则天堂未就，地狱先成，所谓无功而有祸者也。

中峰大师训众曰："一心为本，万行可以次之，则所谓己事先办者也。己事办而作福事，则所作自然当可矣。"至哉言乎！为僧者当铭之肺腑可也。

【注释】①璎珞：又作缨珞、缨络。即由珠玉等物编缀而成的装饰物，可挂在头、颈、胸或手脚等部位，以装饰颈部之璎珞为多。是印度富贵人家之佩戴物。

②万行：一切之行法也。

③一体三宝：三宝之类依诸论所说，别有多种，其中一体三宝，又称同体三宝、同相三宝。意谓三宝中的每一宝，都圆具三宝之义。即佛中含觉照义是佛宝，含轨则义是法宝，无违诤过是僧宝；法是佛法身是佛宝，凭之能出三界、证涅槃是法宝，依法修行是僧宝；僧具观智

是佛宝,具轨则是法宝,具和敬是僧宝。

④克减:克扣、扣减。常住:为僧团"常住物"之略称。在近世中国佛教界,又引申为"出家人所住之寺院"之意。

⑤移东就西:彼此随时挪易。

【译文】古时有一首偈言:"修慧不修福,罗汉应供薄;修福不修慧,象身挂璎珞。"意指生生世世修慧不修福,今生虽然证得阿罗汉,托钵却没人供养;生生世世专修福不修慧,今生投胎为国王所骑的大象,金银宝珠璎珞挂一身。有人专执此偈的前二句,生怕福报不足,故而整天奔走不休的到处募化,宣称:"我这是为塑造佛像,我是为修建殿堂,我是为供养大众僧。"这些虽然都是属于广修万行中的事,但也要注意两点:一是因果不可不分明,二是自己的生死大事不可不先办。

有人问说:"如果照你的说法,那么佛像败坏了,谁去装修?塔寺倒塌了,谁去兴建?僧众托钵而不得食,谁去供养他们?人人都为着办自己的事,三宝必将荒废而百无人管!"我认为还不会那样,但更忧虑的是出家人把自身一体三宝荒废了,那才可惜!至于世间三宝,从佛法传入中国以来,造佛寺、建殿堂、设食供僧众的人,时时不断,处处都有,何需你私自担忧而牵肠挂肚。我只是感慨那些忙于经营做事的出家人,因为其中有瞒因昧果、不畏惧罪福、扣减常住物、盗窃三宝物的,这些尚且不论,单就守本分的僧人来说,由于不熟悉戒律,以为只要不把常住物私占己用即可,于是移东就西,或将甲补乙,例如:或挪用现钱还急债,或以公物赠送俗家;却不知买砖的钱不可用于买瓦,供作僧粮的钱不可拿去修建寺堂,如果无知错用或挪用,枉自辛劳,反而成为恶报,真的是"天堂善业未成就,地狱果报反先成"，正所谓是无功而有祸害啊！

中峰禅师曾经对大众训示说："修行应当以一心为本，其他的万行可以作为次要，这就是所谓先办自己生死大事者也。自己的生死大事办妥帖了，再去做种种的福报边事，那么所做的自然都能正确无误，恰如其分。"中峰禅师此语实为至理名言，身为出家人应当铭记心中。

勘 试

世传钟离①真人之于洞宾②也，十试而后授以仙道。略记数事，初试以财，次试以色，次试以身命，然此犹世间实行者所能为也。又一真人，需才炼药，屡现变异，确乎坚持，至婴儿堕地而失声以败③。然此犹世间忘情者所能为也。

乃世尊昔为菩萨，婆罗门乞其夫妇二人以为奴仆④，时世尊身为太子，即与其妃，男入男群，女入女群，效忠竭力，备诸苦辛，劳而不怨。又或割身肉以偿鹰⑤，剜千灯以求法⑥，则非惟世间所难，而亦非初心菩萨所及矣！是故舍利弗逢乞眼者而退大就小⑦，菩萨道之难成如此。

今日当洞宾之试，已十有五双打退，而况为奴仆乎！而况割肉、剜眼诸苦行乎! 呜呼! 此虽得忍大士境界, 非下凡可企, 然独不可以是激励其凡心乎?

【注释】①钟离: 传说中的八仙之一。相传为唐时人, 一说宋时人。姓钟离, 名权, 字云房。尝自称"天下都散汉"。全真道尊为"正阳祖师", 列为"北五祖"之一。

②洞宾: 吕洞宾, 传说中的人物, 八仙之一。相传为唐京兆人, 一说关西人, 名岩, 号纯阳子。咸通中及第, 两调县令。后移家终南山修道, 不知所终。

③至婴儿堕地而失声以败:《续玄怪录》中《杜子春》之故事。杜子春, 北周、隋年间人, 因不善治生而贫困。遇一老道人, 常资给之。后道人引之入华山, 令其静坐求仙, 勿为一切外界幻境所惑, 绝对不得开口作声, 否则炼丹不成。子春初能守戒, 不发一语; 后有一幻化境界: 子春投生为一哑女, 妻进士卢珪, 生一男, 丈夫很想与妻子(子春)讲话, 却因子春一言不发而愤怒, 竟将两人的孩子摔死, 血溅数步, 子春见其爱子被杀, 忽发噫声, 遂前功尽弃。

④婆罗门乞其夫妇二人以为奴仆: 佛陀本生之事迹。依《经律异相》卷二十五之《萨恕檀经》记载, 昔有国王, 号萨恕(和之俗字)檀, 有所求索不逆人意, 文殊师利欲往试之, 化作年少婆罗门, 诣王宫门。王甚欢喜, 婆罗门遂言: 欲得王身与我作奴, 及王夫人为我作婢。王与夫人皆言, 自身定愿属道人供给使令。婆罗门言: 汝当随我, 皆悉跣跣(赤脚)不得着履, 如奴婢之法。皆言唯诺, 从大家教。时夫人重身怀妊数月, 步随大家, 疲极在后, 婆罗门还顾骂言: 汝今作婢当如婢法, 不可作汝本时之态。夫人长跪白言: 不敢懈慢! 后别卖奴婢各与一主, 相去数里。时有长者买得此奴, 使守斯舍, 诸有埋死人者令收其税。

是时婢者所属大家，夫人甚妒，晨夜令作初不懈息。其后数月，时婢娩身所生男儿，夫人随大家教即杀其儿，持行埋之，往到奴所，得共相见，不说勤苦，各无怨心。须臾之顷，恍惚如梦，还在本国正殿上坐如前，及诸群臣后宫婇女，皆悉如故，所生太子亦自然活。王及夫人心内自疑何缘致尔，文殊师利在虚空中坐宝莲华，现身色相赞言：善哉！今汝布施至诚如是。并为说经法，三千刹土悉为震动，覆一国人皆发无上正真道意，王与夫人应时俱得不起法忍。佛告阿难："是时王者，则我身是也。时夫人者，今瞿夷是。时太子者，今罗云是也。"

⑤割身肉以偿鹰："舍身喂鹰"，为佛陀各种本生事迹中颇为著名之故事。古印度，有一尸毗迦王，乃佛陀于过去世修菩萨行时之名。关于此王之传说，流传甚广，散见于印度古代之文学。据谓过去世时，阎浮提有一尸毗迦王，一日遇一鹰飞逐一鸽鸟，欲扑食之，鸽鸟飞避王之腋下，王以慈悲之故，乃自割身，以代鸽肉。传云，鸽为火神所变，鹰为帝释天之变化身，是为试探王之慈心而行此举。

⑥剜千灯以求法：佛陀本生之事迹。《经律异相》卷二十五记载，昔有阎浮提王，名虔阇尼婆梨，典领八万四千聚落，其国丰盛，人民安乐，而王未尽其心，当求妙法以相利益。宣令一切谁有妙法，为我说者，随所欲得。有婆罗门，名劳度差，云：我有法。王迎而礼之，白言：愿大师阐法令闻。劳度差曰：大王，今日能于身上剜然千灯用供养者，乃相为说。王宣命却后七日剜身然灯，人民怀愁来诣王所劝王，王曰：汝等莫却我无上道心，吾为是事誓求作佛，后成佛时必先度汝。于是大王即便持刀授与左右，敕令剜身作千灯处，出其身肉深如大钱，以酥油灌中而作千灯。安炷已讫，语婆罗门言：哀矜说法，然后然灯。劳度差言：常者皆尽，高者亦堕，合会有离，生者有死。王欢喜无量，便命然灯，所求之法为成佛道，当以慧明照悟众人。发此誓时，天地大动，

上至净居皆亦震摇,天帝言曰: 痛恼如此心不悔耶? 答曰: 不悔。因立誓言: 若我始终心不悔者,愿皆平复应念平复。佛言:"尔时国王者,则我身是。时婆罗门者,调达(提婆达多)是。"

⑦舍利弗逢乞眼者而退大就小:《大智度论》卷十二记载,舍利弗于六十劫中行菩萨道时,欲渡布施之河,有人来乞其眼,舍利弗初时不与,其人强索,舍利弗遂与一眼,乞者得眼,嗅之而嫌其臭,乃弃于地,并践踏之,舍利弗遂自思惟如此人辈不可度,不如自调早脱生死。如是思惟,即于菩萨道退回小乘。此盖以舍利弗退菩提心之因缘,显示菩萨布施行之广大。

【译文】传说八仙之一的钟离权真人度化吕洞宾时,试探十次之后才授以仙道,在此略记数事:最初是以财试之,接着以色诱之,再接着用身命试之,然而这几样都是世间真实修持的人所能做到的。又有一真人,欲炼丹成仙,在修炼之时,历经各种幻境,也都能坚持不为所动,直到最后关头,幻境中自己的小孩被摔死,因而出声,炼丹修行遂告失败,但这还是世间忘情的人所能做到的。

然而释迦世尊在过去世中为菩萨时,有婆罗门向他乞求他们夫妇二人作为奴仆,当时世尊身为太子,即与其妃,男入男群,女入女群,效忠竭力,备历诸般苦难,劳而不怨。又如世尊往昔为尸毗迦王时,割身肉偿鹰以救鸽。又往昔为虔阇尼婆梨国王时,剜身肉用作千灯以求法。这不但是世间人做不到的事,而且也不是初发心菩萨所能做得到的! 所以舍利弗于六十劫中行菩萨道,因逢人乞眼而退大心转向小乘,可见菩萨道是如此的难以成就。

如果用勘试吕洞宾的方法来试探今人,大概十人有五双就会中途退转,何况纡尊降贵为奴仆! 又何况割肉、剜眼种种苦行! 可悲啊! 这虽然是得忍大士的境界, 不是下劣凡夫所能达到的, 但难道不能用此来激励凡心吗?

六群僧

六群僧, 如来所呵, 诸大弟子所不齿者也。而古称佛世六群, 犹贤于佛灭度后马鸣、龙树诸菩萨等者, 何也? 嗟乎! 夫子尝野仲由[①]、攻冉有[②]、小人樊须[③], 具臣[④]由之与求矣。其在今时, 则皆卓卓乎, 希世之贤守令。振古之良宰辅, 萧曹龚黄[⑤]、房杜姚宋[⑥]、韩范富欧[⑦]之所未必能及者也, 而何疑乎六群? 故知初五百年、次五百年、次之又次后五百年, 解脱以至斗诤、渐久而渐漓、愈趋而愈下, 羽嘉[⑧]凤凰庶鸟, 非虚语矣, 宁不为之三叹? 虽然, 子舆氏之言曰:"豪杰之士, 虽无文王犹兴。" 果若斯言, 则众生之大幸、大幸也。予日望之。

【注释】①野仲由:《论语·子路》载曰:"子路曰: 卫君待子而为政, 子将奚先。子曰: 必也正名乎。子路曰: 有是哉, 子之迂也, 奚其正。子曰: 野哉由也! 君子于其所不知, 盖阙如也。名不正, 则言不顺; 言不顺, 则事不成; 事不成, 则礼乐不兴; 礼乐不兴, 则刑罚不中; 刑罚不中, 则民无所措手足。故君子名之, 必可言也; 言之, 必可行也。君子于其言，无所苟而已矣。"野，鄙俗、粗野。

②攻冉有：《论语·先进》曰："冉求非吾徒也，小子鸣鼓而攻之，可也。"攻，指责。

③小人樊须：《论语·子路》载曰："樊迟请学稼，子曰：吾不如老农。请学为圃，曰：吾不如老圃。樊迟出。子曰：小人哉，樊须也。上好礼，则民莫敢不敬；上好义，则民莫敢不服；上好信，则民莫敢不用情。夫如是，则四方之民，襁负其子而至矣，焉用稼？"

④具臣：备位充数之臣。《论语·先进》云："今由与求也，可谓具臣矣。"

⑤萧曹龚黄：指萧何、曹参、龚遂、黄霸。萧何，汉朝初年丞相，辅助汉高祖刘邦建立汉政权。曹参，原为齐王相国，治事清净，称贤相。后继萧何为汉相，一切按何成规办事，不作任何更改。龚遂，汉宣帝刘询即位后，龚任渤海太守，后官至水衡都尉，勇于谏诤，为政清廉。黄霸，西汉大臣，汉宣帝时，历任扬州刺史、颍川太守，为政外宽内明。后来历任御史大夫、丞相，封建成侯，谥号定侯。

⑥房杜姚宋：指房玄龄、杜如晦、姚崇、宋璟。房玄龄，唐初名相，隋进士，授羽骑尉，后投秦王李世民，深受重用，居相位十五年，与杜如晦共掌朝政，史有"房谋杜断"之称。杜如晦，唐初名相，初任秦王李世民之兵曹参军，玄武门之变后，拜为兵部尚书，进封蔡国公。卒赠司空，徙封莱国公，谥曰成。姚崇，于武后时期，正值契丹侵扰，向武则天剖析形势，擢升为侍郎。公元698年再升为同中书门下三品（宰相加衔）。睿宗时，再任宰相。唐玄宗即位之初，诏封姚崇为兵部尚书、同平章事，其后再加封为梁国公。宋璟，唐玄宗开元初期的著名宰相。史书评宋璟"璟善守文以持正、劝谏上皇言语切"，是一位敢于犯颜直谏的贤相。与姚崇合力开创了开元盛世，因此被世人合称为

"姚宋"。

⑦韩范富欧：指韩琦、范仲淹、富弼、欧阳修。韩琦，北宋仁宗时，西夏反，率兵拒战，名重当时，为相十年，与富弼齐名，号称贤相。范仲淹，北宋仁宗时官至参知政事，曾与韩琦共事，协助夏竦平定西夏叛乱。庆历三年（公元1043年），升枢密副使，参知政事。卒谥文正。富弼，北宋名相。庆历二年，出使契丹，以增加岁币为条件，拒绝割地要求。次年任枢密副使，与范仲淹等推行庆历新政。至和二年（公元1055年），与文彦博同为宰相，后因母丧罢相。英宗即位，召为枢密使，封郑国公。欧阳修，北宋政治家，唐宋八大家之一。官至参知政事。晚年隐居颍州，自号六一居士，卒谥文忠。

⑧羽嘉：古代传说中飞行动物的远祖。

【译文】佛在世时有六位比丘，结党惹事，不守律仪，多行恶事，因此常被佛责骂，被诸大弟子看不起。然而古来有所谓：佛在世时的六群比丘，犹胜于佛灭度后的马鸣、龙树等诸菩萨。为什么要这么说？

噫！孔夫子曾经指责子路是好勇粗鲁；认为冉求苛政虐民，令众弟子指责冉有；批评樊须没有大志，是识见浅狭的人。即使孔夫子认为子路与冉求只是备位充数之臣而已，但是他们若处在今日，则是卓越而举世稀有的、贤能的太守或县令。就算是震古烁今的宰相，譬如汉朝的名相萧何、曹参、龚遂、黄霸，唐朝的房玄龄、杜如晦、姚崇、宋璟，宋朝的韩琦、范仲淹、富弼、欧阳修等人，也未必能比得上。所以六群比丘犹殊胜于后人，这有什么好奇怪的呢？

又根据《大方等大集经》有"五五百年"之说，佛在灭后五百年，诸比丘唯务大乘，解脱坚固；第二五百年，禅定坚固；第三五百年，多闻坚固；第四五百年，塔寺坚固；第五五百年，斗诤坚固，距佛愈久而道法愈浅薄，愈末法而修行愈艰难。如《淮南子·坠形训》说的："羽嘉生飞龙，飞龙生凤凰，凤凰生鸾鸟，鸾鸟生庶鸟，凡羽者生于庶鸟。"此话实在有理啊！这不就是一代不如一代，怎能不深深哀叹呢？虽然如此，但孟子言："豪杰之士，虽然生来没有文王明君的重用，仍可自己创造出一番事业。"如果这句话没错，那么是众生的大幸、万幸啊！我每天都这样盼望着。

简藏炼磨①

一儒者谓予曰："吾辈负笈②从学，必具束修③于师，而助馆谷之资于主人。今简藏僧览常住经典，无所助于常住，而安坐受供，又每季得嚫金④五钱，此何说也？"予笑曰："公犹未知炼磨期中事乎？一冬之期⑤，先致米一石于常住，而昼夜鞭逼念佛，无斯须停息，仍每日必负薪，或远在十余里之外，打七⑥然后暂免。何不移简藏之供，而供此苦功办道之行人乎？时僧颠倒，一至于是，处处皆然，吾亦不知其何说也。"

【注释】①炼磨：锻炼磨砻（磨炼、切磋）。
②负笈：背着书箱，指游学外地。笈，书籍、经典。
③束修：古代入学敬师的礼物。

④嚫（chèn）金：又曰嚫财。布施之金银衣服等，总曰嚫金、嚫财。嚫，谓施舍财物给僧尼。

⑤一冬之期：凡僧侣游方到寺，皆可请求挂单暂住，如挂单已久，知其行履确可共住者，即送入禅堂，此即称为'安单'。此后该僧即正式成为丛林清众之一员。<u>丛林安单将全年分为春冬两期，春期自正月十六日至七月十五日止，冬期自七月十六日至次年正月十五日止。</u>

⑥打七：指于七日中克期求证之修行。修行者为求在短期内得到较佳之修行成果，常作限期之修行，通常多以七日为期，称为打七，又称结七。

【译文】有一位儒者对我说："像我们这些读书人负笈从学，一定要准备一些礼物、礼金来孝敬老师，还要交纳钱粮给学馆的主人。现在寺院中的阅藏僧，阅读的是常住经典，也没帮助常住什么，就这样每天安坐受供，又每季得嚫金五钱。这要怎么解释呢？"

我笑着答说："你还不知炼磨期中的事吧！行人想要在冬期安单，要先交纳一石米给常住，然后昼夜鞭逼念佛，没有片刻停息，不仅如此，还要每天背负柴草，有的甚至远在十余里之外，只有打佛七之时才得以暂免。所以常住为什么不把供给读藏的费用，挪来供养这些苦功办道的行人呢？时下僧人颠倒至如此地步，处处可见这种情形，我也不知该怎么说了。"

世　梦

　　古云："处世若大梦①。"经云："却来观世间②，犹如梦中事。"云"若"云"如"者，不得已而喻言之也。究极而言，则真梦也，非喻也。人生自少而壮，自壮而老，自老而死，俄而入一胞胎也，俄而出一胞胎也，俄而又入又出之无穷已也。而生不知来，死不知去，蒙蒙④然，冥冥⑤然，千生万劫而不自知也。俄而沉地狱，俄而为鬼为畜，为人为天，升而沉，沉而升，皇皇⑥然、忙忙⑦然，千生万劫而不自知也。非真梦乎？古诗云："枕上片时春梦中⑧，行尽江南数千里。"今被利名牵，往返于万里者，岂必枕上为然也。故知庄生梦蝴蝶⑨，其未梦蝴蝶时亦梦也。夫子梦周公⑩，其未梦周公时亦梦也。旷大劫来，无一时一刻而不在梦中也。破尽无明，朗然大觉⑪，曰："天上天下，惟吾独尊！⑪"夫是之谓梦醒汉。

　　【注释】①处世若大梦：出自唐代李白诗《春日醉起言志》："处世若大梦，胡为劳其生。所以终日醉，颓然卧前楹。觉来盼庭前，一鸟花间鸣。借问此何时，春风语流莺。感之欲叹息，对酒还自倾。浩歌待明月，曲尽已忘情。"

②却来观世间：语出《楞严经》卷六，偈颂曰："却来观世间，犹如梦中事，摩登伽在梦，谁能留汝形？"

④蒙蒙：模糊不清貌。

⑤冥冥：引申为不知不觉。

⑥皇皇：向往貌。

⑦忙忙：急匆匆的样子。

⑧枕上片时春梦中：出自唐代岑参《春梦诗》："洞房昨夜春风起，遥忆美人湘江水，枕上片时春梦中，行尽江南数千里。"

⑨庄生梦蝴蝶：典出《庄子·齐物论》："昔者庄周梦为胡蝶，栩栩然胡蝶也。自喻适志与，不知周也。俄然觉，则蘧蘧然周也。不知周之梦为胡蝶与？胡蝶之梦为周与？"庄生，又称庄周，先秦道家代表人物，与老子并称"老庄"。

⑩夫子梦周公：《论语·述而》："子曰：'甚矣吾衰也，久矣，吾不复梦见周公。'"

⑪大觉：佛之觉悟也。凡夫无觉悟，声闻菩萨有觉悟而不大，佛独觉悟实相，彻底尽源，故称大觉。

⑫天上天下，惟吾独尊：相传释迦牟尼是从母亲摩耶夫人的右胁出生的，堕地能立，周行七步，步步生莲花。释迦太子遍观四方，一手指天，一手指地，大声说："天上天下，唯我独尊。"这里所说的"我"，非为生死轮回中的"妄我"，是指无所不在、彻底自在的"大我"、"真我"，亦即《涅槃经》所说的"常乐我净"之我，即指"佛性"、"真常"。

【译文】李白诗云："处世若大梦，胡为劳其生？"《楞严经》偈颂云："却来观世间，犹如梦中事。"以上二句，说"若"说"如"，原是不得已而作的比喻。究实而言，世间确实是真梦，并非比喻。人生由少年到壮年，由壮年再至老年，由老年至死亡，数十年光阴一晃就过去了。一会儿生，一会儿死，一会儿又入胎，一会儿又出胎，生死死生，循环不已，无穷无尽。

但是，世人对于生从何来，死归何处，却糊里糊涂、不知不觉，虽经千生万劫仍然不自知。偶尔堕地狱，忽而成为鬼类、为畜生，忽而为人、为天人，升沉六道，匆促急忙辗转轮回，历经千生万劫仍不知自己究竟是谁，这难道不是真梦吗？唐朝岑参诗云："枕上片时春梦中，行尽江南数千里。"如今的人被名利迷惑引诱，往返奔逐千万里，辛苦到头全是空幻，岂止枕上做梦而已呢？

由此可知，庄周梦蝴蝶固然是梦，而他未梦蝴蝶的时候又何尝不是梦。孔子梦周公固然是梦，他未梦周公的时候也同样是梦。人们自久远劫来，无一时一刻不在梦中。惟有破尽无明，大彻大悟，找到真我，证到佛言："天上天下，惟吾独尊！"这才可称为真正梦醒的人啊。

性　相

相传佛灭后，性相二宗①学者各执所见，至分河饮水，其争如是，孰是而孰非欤？曰：但执之则皆非，不执则皆是。性者何？相之性也。相者何？性之相也。非判然二也。譬之一身然，身为主，而有耳目口鼻、脏腑、百骸②，皆身也。是身者，耳目等之身。耳目等者，身之耳目等也。譬之一室然，室为主，而有梁栋椽柱③、垣壁、户牖等，皆室也。是室者，梁栋等之室；梁栋等者，是室之梁栋等也。夫岂判然为二者哉？不惟不当争，而亦无可争也。或谓："《永嘉》云：'入海算沙徒自困④。'又曰：'摘叶寻枝我不能⑤。'似乎是性而非相矣！"曰：永嘉无所是非也。性为本而相为末，故云："但得本，不愁末⑥"，未尝言末为可废也。是故偏言性不可，而偏言相尤不可。偏言性者，急本而缓末，犹为不可中之可；务枝叶而失根原，不可中之不可者也。

【注释】①性相二宗：性宗（法性宗）、相宗（法相宗）之并称。强调法性平等一味之理的宗派，称为"法性宗"，主张依真起妄，真如不变，不碍随缘，如云法身流转五道、如来藏受苦乐等，若悟妄即真，则真妄不二。并谓一切众生之心非因断惑方得清净，而是本来即清净者，此一众生心即是法性。若是强调诸法差别之相的宗派，称为"法相宗"，主张一切有漏妄法及无漏净法无始以来，各有种子在阿赖耶识中，遇缘熏习。即各从自性而起，都不关涉真如，故于色心诸法建立种种名相，如五位百法、三性二无我、四智三身等教义，例如唯识宗等。

②百骸：指人的各种骨骼或全身。骸，骨。

③梁栋椽柱：梁，建筑物的横梁。栋，屋的正梁。椽，架在桁上用以承接木条及屋顶的圆木。柱，支撑房屋的柱子。

④入海算沙徒自困：语出《永嘉证道歌》："吾早年来积学问，亦曾讨疏寻经论，分别名相不知休，入海算沙徒自困。却被如来苦诃责，数他珍宝有何益。从来蹭蹬觉虚行，多年枉作风尘客。"意指佛经

卷帙浩繁，义理深奥，如果只在文字、名相上绕来绕去，分别计较，而不融会悟入，就难以获得实益。

⑤摘叶寻枝我不能：语出《永嘉证道歌》："真截根源佛所印，摘叶寻枝我不能。"穷溯万法的根源，而洞烛法界的实相，这是佛所印可的。若是着相言法，无异摘叶寻枝，舍本逐末，那就不是佛的事了。

⑥但得本，不愁末：语出《永嘉证道歌》："争似无为实相门，一超直入如来地。但得本，莫愁末"谓修道之士须于心地上用功夫，根本既得，明自本心，见自本性，即所谓"得一万事毕"，又何用愁其枝末。

【译文】相传佛灭度后，性、相二宗的学者各执所见，各存门户之见，以至分河饮水，争执到这种地步，究竟谁对谁错呢？我认为：只要有执着就全错了，不执着则全都对。事实上，性是什么？相的体性。相是什么？性的相状。故不能一分为二。

譬如人的身体，以身为主，有耳目口鼻、五脏六腑、四肢百骸，这些全都属于身体的。所以这个身，是耳目口鼻所在之身，而这些耳目等，当然是这身体的耳目等。再譬如一间房屋，以室为主，而有梁栋椽柱、垣壁、门窗等，这些都是属于房室的。所以这房室是由梁栋、墙壁、门窗共同组成的房室；而梁栋等，是这间房屋的梁栋等。

所以，怎么可以判然为二呢？总之，不但不应该有争辩，而实际上也没什么可争辩的。或许有人会问说："《永嘉证道歌》谓：'分别名相不知休，入海算沙徒自困。'又言：'直截根源佛所印，摘叶寻枝我不能。'这似乎说的都是'性'而不是'相'。"我答道：永嘉大师并没有是非对立的观念，他的意思是以性为本而以相为末，只要证得根本，明自本心，见自本性，又何愁其枝末，所以才说："但得本，不愁末"，但并未说"末"是可以废弃的。因此偏于讲性固然不可，而偏于讲相就更不可。偏于讲性的人，急于追求根本而忽略了枝末，这还算是不可中的可；假若只是致力在枝叶上而忘失了根源，这就是不可中的不可了。

大鉴大通（一）

大鉴能禅师①世称南宗，大通秀禅师②世称北宗。然黄梅衣钵不付"时时勤拂拭"之大通，而独付"本来无一物"之大鉴，何《宗镜录》③谓大鉴止具一只眼④，大通则双眼圆明？信如是，何以不得衣钵？夫曹溪亲接黄梅，远承达磨，又远之承迦叶⑤，又远之承释迦，乃永明传道于天台韶国师⑥，而为此说者何也？抑随时救弊之说也？昔人言晋宋以来，竞以禅观⑦相高，而不复知直指人心、见性成佛⑧之旨，故初祖西来。至永明时，又或以为一悟即了，故《宗镜》及《万善同归》⑨等书力赞修持，则似乎南宗专于顿悟，而北宗顿悟⑩渐修、智行双备，故有只眼、双眼之喻。万松老人⑪独奋笔曰："此一只眼，是之谓尽大地是沙门一只眼也，是之谓把定乾坤眼也，是之谓顶门金刚眼也。"倘新学辈诸浅见者，执《宗镜》所云，作实法会，则大鉴止是空谛⑫，而大通方始是中道第一义谛,可乎? 或曰:"曹溪六代传衣,举世靡不知之。而当是时,何为惟见两京法主、二帝门师⑬,北宗大著于天下,而不及曹溪者,又何也?"曰:曹溪既承印记,秘其衣钵,为猎人守网⑭,潜光⑮匿彩,至于一十八年,大通之道盛行,曹溪之名未显也。迨风旛之对,而后道播万世矣! 曹溪潜龙深渊,不自炫耀;大通见龙在田⑯,不自满盈,其言曰:"彼亲传吾师衣钵者也。"盖善知识之相与以有成也如是。

【注释】①大鉴能禅师:指唐代僧惠能,中国禅宗第六祖,号六祖大师、大鉴禅师。弘扬"直指人心,见性成佛"之顿悟法门。世寿七十六。师肉身不坏,迄今仍存,归停曹溪。唐宪宗时谥号"大鉴禅师",宋太宗加谥"真宗禅师",后由仁宗谥号"普觉禅师",神宗赐"圆明禅师"之谥号。遗录有《六祖坛经》一卷、《金刚经口诀》等。

②大通秀禅师:指唐代禅僧神秀,少览经史,既剃染受法,寻师求其道。后至蕲州双峰东山寺,参谒五祖弘忍,誓苦节,樵汲自役,以求其道。忍亦深器重之,令为教授师,因居五祖门中第一位,有神秀上座之名。又与大鉴惠能相亲,互有启发。示寂于洛阳天宫寺,世寿一〇二。敕号"大通禅师",为禅门谥号最早者。其法流兴盛于长安、洛阳一带,阐扬禅旨,力主渐悟之说,以弘法于北方,故称北宗、北宗禅、北禅。而于南方,六祖惠能则于韶州(广东)曹溪山说法教化,主张顿悟之思想,蔚成南宗禅,中国禅宗史上乃有所谓南宗北宗、南顿北渐等名称。然"北宗"之称,并非神秀派之自称,而系惠能之弟子神会所加者。神会以自宗为禅宗正统法系,称自宗为"南宗",而视北地所传渐悟法门,以"北宗"呼之。

③《宗镜录》:凡一百卷。又作《宗鉴录》《心镜录》。宋永明延

寿著，收于《大正藏》第四十八册。本书广收大乘经论六十部，及印度、中国圣贤三百人之著作等汇编而成。其内容详述诸佛之大意与经论之正宗。全书立论重在顿悟圆修，所谓"禅尊达摩，教尊贤首"为其中心思想，为昭示禅教一致之修禅要文集。

④一只眼：禅林用语。指于佛法上，具有真实正见之慧眼。非凡夫之肉眼。义同顶门眼、正眼、活眼、明眼。

⑤又远之承迦叶：指禅宗传承，中国以释尊在灵山会上拈花，迦叶微笑为其滥觞。自迦叶以后，经阿难、商那和修、优婆蹋多、提多迦，至菩提达磨，凡二十八人，是即禅宗西天二十八祖。菩提达磨于梁武帝普通年间（公元525～527年）自南天竺抵建业（今南京），传禅宗入中国，故亦为中国禅宗初祖。达磨初来中国，谒梁武帝，然不契机，遂至嵩山少林寺面壁九年，人称壁观婆罗门，神光（慧可）立雪断臂，志求佛法，终得达磨所传心印，为中国禅宗第二祖。慧可传僧璨，僧璨传道信，道信之下有弘忍。大鉴惠能因一偈受五祖印可、传衣钵，继为第六祖。至此不再传衣。

⑥韶国师：德韶禅师，宋代僧，为法眼宗第二祖。十五岁出家，十八岁受具足戒。尝遍访明师五十四人，后为临川法眼文益之法嗣，复入天台山访智颛之遗迹，止住白沙寺。后受吴越王钱弘俶迎至杭州，尊为国师。时天台智者教典散落，惟新罗国有全本，往彼国缮写备足，入藏。传法弟子百余人，永明寿为上首。世寿八十二。

⑦禅观：坐禅观法，指坐禅时修行种种观法。

⑧直指人心、见性成佛：所谓直指人心，即无须向外界寻求，而直观自心、自性；所谓见性成佛，即无须分析思虑，而透彻觉知自身具有之佛性，即达佛之境界。此语与"不立文字，教外别传"皆为禅宗表彻悟境界之用语。

⑨《万善同归》：凡三卷（或作六卷）。宋永明延寿著。收于《大正藏》第四十八册。本书内容，主要系引用经论，以阐述众善皆归实相之旨。系站在禅、教一致的立场，设立顿悟渐习的次第法门，以问答体的形式，将诸宗之教义体系化。

⑩顿悟：指快速证入觉悟之境，无须长期按次第修习，一旦把握住佛教真理，即可突然觉悟而成佛。与渐悟相对。

⑪万松老人：万松行秀禅师，宋末元初之曹洞宗名僧。河内（河南沁阳）人，字报恩。于邢州净土寺出家，遍参诸处，终于磁州大明寺谒雪岩，契悟心印。未久还邢州，筑万松轩居之，潜志自修，世称万松老人，或报恩老人。著《从容录》六卷，传曹洞宗禅风，又著《请益录》二卷，二录迄今风行于禅林，为禅宗语录之代表作。另著有《祖灯录》《释氏新闻》等。

⑫空谛：三谛之一。谛者，审实不虚之理。三谛，指三种真理。据天台宗，诸法实相之真理分为空、假、中三谛。

⑬两京法主、二帝门师：唐高宗上元二年（公元675年）十月，弘忍示寂，神秀迁江陵当阳山传法，缁徒靡然归其德风，道誉大扬。于武则天、中宗、睿宗之时，神秀皆被尊为国师。神秀入灭后，其弟子普寂、敬贤、义福、玉山惠福等四人，普寂亦被称为三帝之国师；义福、敬贤、惠福等人则以长安、洛阳为中心，大振北宗门风，盛极一时，时人称之为"两京法主，三帝门师"，两京之间几皆宗神秀。

⑭为猎人守网：惠能得衣钵于五祖后，被恶人寻逐，乃于四会，避难猎人队中，凡经一十五载，时与猎人随宜说法。猎人常令守网，每见生命，尽放之。每至饭时，以菜寄煮肉锅。或问，则对曰："但吃肉边菜。"

⑮潜龙：比喻圣人在下位，隐而未显。

⑯见龙在田：语出《易·乾》："见龙在田，利见大人。"龙出现于田中，比喻大人活动于民间，人见之则有利。

【译文】大鉴惠能禅师阐扬之禅，世人称为"南宗"，而称大通神秀禅师的为"北宗"。然而当年黄梅五祖弘忍大师不把衣钵传给"时时勤拂拭"的大通，而嘱咐传法予"本来无一物"的大鉴；既然如此，为什么《宗镜录》评大鉴禅师只具一只眼，大通禅师则双眼圆明？如果真如《宗镜录》所言，那神秀禅师为什么没有得衣钵？

曹溪惠能大师是得法于黄梅五祖的，若推远一些则是传承于达摩祖师，由此上溯则是传承于迦叶尊者，再往上溯便是传承于释迦如来。然而永明延寿大师是得法于天台德韶国师，为什么在《宗镜录》里会有"大鉴止具一只眼，大通双眼圆明"这种说法呢？这或许是永明大师为了挽救当时禅宗之弊病而说的吧！

过去有人认为自南北朝晋宋以来，禅林中都着重修习禅观，不再理会"直指人心，见性成佛"的真旨，因此达摩初祖才西来传真旨。

至永明大师的时代，又有人认为只要一旦开悟，便可一悟永悟、一了百了，因而《宗镜录》及《万善同归》等书才极力称赞笃行修持。这样看来，似乎南宗专于顿悟，北宗却是着重顿悟后须渐修，智能与修行兼具，故而才有一只眼、双眼的比喻。

唯独万松老人直言不讳曰："到这里返观大鉴只具一只眼，原来是尽大地都是沙门一只眼，又唤作把定乾坤眼，亦名顶门金刚眼。"所以，如果新学之辈或浅见的人，执泥于《宗镜录》所言，而当作实法去领会，认为大鉴禅师所悟的只是空谛，而大通禅师所悟的才是中道第一义谛，这种说法说得通吗？

有人又问道："五祖传衣与曹溪六祖的事，举世皆知，无人不晓。但在当时，人们为什么只传扬神秀禅师为两京法主、三帝门师，北宗名于天下，却没有人提及曹溪，这又如何解释？"我答道：曹溪既承五祖印记之后，为了秘护其衣钵，隐遁于四会、怀集二县间，并替猎人守网，不露道行达十五年之久，所以当大通禅师道法盛行时，曹溪的名声尚未显扬。及至后来机缘成熟，在广州法性寺谈论风幡之语，名声才传扬，道播万世！因此，曹溪惠能大师犹如深渊中的潜龙，是隐而未显、不自炫耀之圣人；大通神秀禅师则是见龙在田，不自满盈的圣人，曾言："惠能是吾师亲传衣钵之人。"可见善知识总是谦逊，都希望在道业上共同有成就。

大鉴大通(二)

予又思宗门赏鉴许可，抑扬与夺，越格①超情，不可以世法之是非论也。石巩②之得所传也，曰："三十年张弓③，只射得半个圣人。"曹溪之一只眼，半个圣人④之谓也。中峰邈高峰之真求赞⑤，赞曰："我相不思议，佛祖莫能视，独许不肖儿，见得半边鼻。"曹溪之一只眼，半边鼻之谓也。普化之于临济⑥也，曰："河阳新妇子，木塔老婆禅⑦，临济小厮儿，却具一只眼。"曹溪之一只眼，即临济之一只眼也。

【注释】①越格：越规，过分。

②石巩：唐朝慧藏禅师，抚州（今江西）人。本以弋猎为务，因逐鹿遇马祖道一禅师，马祖示以禅机，于言下得悟，乃折毁弓箭，依马祖出家，得受心印。后入石巩山结茅而居，人称"石巩和尚"。

③三十年张弓：据《五灯会元》卷五记载，漳州三平义忠禅师，福州杨氏子，初参石巩。巩常张弓架箭接机，师诣法席，巩曰："看箭。"师乃拨开胸曰："此是杀人箭、活人箭？又怎么生？"巩弹弓弦三下，师乃礼拜。巩曰："三十年张弓架箭，只射得半个圣人。"遂拗折弓箭。

④半个圣人：意即圣人之一半，于禅林中，比喻极其罕有之具大威德者。

⑤中峰邀高峰之真求赞：中峰明本从高峰薙染于师子院。后受具戒。偶观流泉有省，即诣高峰求证，高峰打趁出（赶出去）。既而民间讹传官选童男女，师因问曰："忽有人来问和尚讨童男女时，如何？"高峰曰："我但度竹篦子与他。"师言下洞然，彻法源底，陆沈众中，人无知者。于是，高峰书真赞（对人物画像的赞语）付师曰："我相不思议，佛祖莫能视，独许不肖儿，见得半边鼻。"且俾参徒，诣师请益，众由此知归。

⑥普化之于临济：据《五灯会元》卷四记载，镇州普化和尚者，不知何许人也。师事盘山，密受真诀，而佯狂出言无度。暨盘山顺世，乃于北地行化。一日，临济（义玄，谥慧照禅师）令僧捉住曰："总不恁么来时如何？"师拓开曰："来日大悲院里有斋。"僧回举似济。济曰："我从来疑着这汉。"凡见人无高下，皆振铎一声，时号普化和尚。临济一日与河阳木塔长老同在僧堂内坐，正说师每日在街市掣风掣颠，知他是凡是圣？师忽入来。济便问："汝是凡是圣？"师曰："汝且道我是凡是圣？"济便喝。师以手指曰："河阳新妇子，木塔老婆禅；临

济小厮儿,却具一只眼。"济曰:"这贼。"师曰:"贼!贼!"便出去。

⑦老婆禅:禅林中,师家接引学人时,一再亲切叮咛之禅风。老婆禅一语,或有轻蔑之意,以师家当依学人根性,善巧接化;若一味说示,过分关切,恐有碍学人自行探索,开发智慧之机会,实有悖禅宗"不立文字,教外别传"之宗旨。

【译文】我又想到在宗门里,对明心见性的鉴赏印可,或称扬或褒贬,总是越出常规,超乎情识,不能用世间法的是非来评论。譬如石巩慧藏禅师得马祖道一真传,后有三平义忠禅师诣法席,巩曰:"三十年张弓,只射得半个圣人。"这罕有的半个圣人,指的就是曹溪一只眼。中峰和尚彻法源底,在大众中,人无知者,直至高峰禅师偈赞,赞道:"我相不思议,佛祖莫能视,独许不肖儿,见得半边鼻。"后众由此知归,所以这半边鼻,即是曹溪的一只眼。普化禅师对于临济义玄禅师的评语说:"河阳新妇子,木塔老婆禅,临济小厮儿,却具一只眼。"曹溪的一只眼,也正是临济的一只眼。

斋僧钱作僧堂

或曰:"僧粮,僧所食也;僧堂,僧所居也。居食二者,皆僧受用,奈何以斋僧钱作僧堂,而受火枷之报也?"此义有二:一者米粟蔬菜,人以济饥;梁栋墙壁,能济饥否?则物类不相应也。二者施主作斋，汝今作屋，砖钱买瓦，违信施心，则因果不相应也。

或曰："别化钱斋僧，可准过否？"彼人斋僧，自彼人福，与前人何涉？"然则如之何而后可？"曰：折僧堂，如数斋僧，而火枷灭①，有明征矣。

又问："造佛钱作佛殿，总之供佛也，可乎？"曰：不可。画栋雕梁，还当得如来相好光明否？

"造经钱作经厨，总之供经也，可乎？"曰：不可。锦囊宝匮，还当得如来金口玉音②否？

"如是乃至放生钱买池塘，总之济物利生也，可乎？"曰：不可。空陂③野泽，千顷汪洋，还当得彼时失救，垂临鼎镬，将被刀砧百千万亿生灵否？况挪移变换，舛错④因果乎！

又有说焉："造佛余钱，可用作佛前供器否⑤？"则律有开许之文。余诸福事无文，慎之慎之！毋恣己见而反招业报也。

【注释】①如数斋僧，而火枷灭：据《梵网菩萨戒经义疏发隐事义》记载："《人天宝鉴》云：湖南云盖山智禅师夜坐丈室，忽闻焦灼气枷锁声，视之，乃有荷火枷者，枷尾倚于门闑，智惊问曰：'汝为谁。'答曰：'前住当山守某也。不合将供僧物造僧堂，故受此苦，望为估值僧堂，填设僧供，乃可免耳。'智如其言为偿之，一夕梦颙谢曰：'赖师力获免地狱，生人天中，三生后复得为僧。'今门闑烧痕犹存。"

②金口玉音：旧时用以指天子之言。此处谓佛之言语如金刚，坚固不坏。

③陂：池塘。

④舛错：差错、不正确。舛，差异、不同。

⑤造佛余钱，可用作佛前供器否：莲池大师在《梵网菩萨戒经义疏发隐》中说明："问：造殿造像有余财，当云何用？答：佛殿余作佛像得，佛像余作佛前供器得，但不可以佛殿余作菩萨殿，以佛像余作菩萨像，降下可知矣。"

【译文】有人说："僧粮，是供给僧人吃的；僧堂，是供给僧人住的。居住、饮食二项，同样都是供给僧人受用的，为何用斋僧的款项修建僧堂，却受火枷的果报呢？"其实，这有二种含义。一是粮食、蔬菜，这是可以用来解决、停止饥饿的，但是建造僧堂的梁栋、墙壁能止饿吗？这是不同类的事物不相对应了。二是施主本意是供斋，如今挪来建造房屋，就像用买砖的钱来买瓦，同样有违背施主的心愿，这是因果不相应了。

有人说："既已挪用，另外募款来斋僧，可以抵消前面这种过失吗？"谁人斋僧，自然是谁人得福报，与前面犯错的人有什么相干？

"既然这样，应该如何补救才行呢？"答曰：抵当僧堂，折合斋僧款项的数值来斋僧，这样火枷之报才能灭除，这是古来有明证的。

又问："造佛像的钱挪用建佛殿，反正都是供佛的，这可以吗？"答曰：不可以。佛殿彩绘装饰的栋梁，虽然富丽堂皇，但能当得了如来的相好光明吗？"用印佛经的钱来做经柜，反正都是供奉经典的，这样可以吗？"答曰：不可以。就算是珍贵的书套、书柜，能当得了如来的金口玉音吗？

"诸如此类，乃至于用放生钱来购买池塘，反正都是济物利生的，如此可以吗？"答曰：不可以。无论是遍野的池塘、湖泊，或是宽广无际的汪洋，这些哪能比得上那时因失去救护，面临宰杀，投进汤锅的百千万亿生灵的性命呢？何况这种挪移项目、变换用途，本身就是违背因果的事呀！

还有人问说："造佛像剩余的钱，可以用来做佛前供器吗？"这事在戒律中是有开许的规定，所以可以。但其余诸福事，若无明文规定的，则千万要小心谨慎、再谨慎！不要任一己之见，反而招来业报。

楞严圆通

问曰："《楞严》圆通独取耳根①，念佛法门曾未入选，奈何后世不遵圣语，而普天之下多从念佛也？"

答曰：《弥陀疏钞》已有明辨②，而此疑此问关系不小，不厌其烦渎也，更为子详言之。子诚娑婆人也，知有娑婆而已，独不思娑婆而外，有无量、无边、不可说不可说③世界乎？耳根者，逗娑婆世界众生之机；念佛者，逗不可说不可说世界众生之机也。耳根圆通，一方世界之圆通；念佛圆通，十方世界之圆通也。佛出娑婆，姑就娑婆之所宜者示教，故曰"此方真教体，清净在音闻④"，不曰"十方真教体"也。喻如今日国中百千郡邑士子所习，或在一方多习《易》者，或在一方多习《诗》者，或在一方多习《书》者,《春秋》《礼记》亦复如是。统而论之, 通国之中, 最多习者则《周易》也。《周易》者, 念佛法门之谓也。

复次百千郡邑土地所宜, 郊野之区多植谷粟, 山林之所多栽果实, 江海之处多贩鱼盐, 绫绵珠玉亦复如是。统而论之, 通国之中最多尚者, 则稻黍菽粟⑤也。稻黍菽粟者, 念佛法门之谓也。

子居娑婆, 自修耳根, 谁得而阻之? 但不必是此而非彼。如其执耳根而欲扫除念佛, 是犹业余经之士子而欲扫除《周易》, 货余物之商民而欲扫除谷粟也, 岂理也哉?

【注释】①独取耳根: 楞严会上, 大小二十五圣众各自宣说所证之圆通方便, 其中观世音菩萨以耳根圆通被文殊菩萨誉为最上、最殊胜, 文殊大士并举出三种真实而称赞耳根之圆通, 即: 一通真实, 谓眼、鼻、舌、身、意等诸根皆不如耳根, 盖眼不见障外, 乃至心意有纷杂不定之时; 而耳根则能隔墙听音响, 远近俱可闻。二圆真实, 谓十方俱击鼓, 亦可同时闻声。三常真实, 谓声有止息、动静之时, 亦不失闻性; 声则有无生灭, 闻则不然, 不论声之有无, 其闻性皆湛然常住而了无生灭。

②《弥陀疏钞》已有明辨:《阿弥陀经疏钞》云:"有执《楞严》, 谓观音耳根, 此方教体。势至念佛, 不与圆通, 云何今日普教念佛? 以此为疑者, 正由不达六方佛赞故。疑者, 谓念佛法门, 既不逗此方之机, 又不入圆通之选, 既居此方, 何必念佛? 今观六方诸佛皆赞此经, 则知耳根者, 偏逗此方之机; 念佛则普逗十方世界之机也。大本云, 十方众生, 称我名号, 必生我国, 是也。耳根者, 偏逗人类之机; 念佛

则普逗六道众生之机也。大本云，地狱鬼畜生，亦生我刹中，是也。然则耳根不摄念佛，念佛能摄耳根。是故耳根者，此方释迦如来所赞；念佛者，十方恒沙如来所赞。"

③不可说不可说：古印度十大数之一。十大数依次指阿僧祇、无量、无边、无等、不可数、不可称、不可思、不可量、不可说、不可说不可说。此十大数，自阿僧祇渐次转倍，乃至于不可说不可说。阿僧祇表示极大之数，《俱舍论》谓为五十二数或六十数之极位。十大数之计数法为阿僧祇乘以阿僧祇，得"阿僧祇转"；阿僧祇换乘以阿僧祇转，以下类推，得"无量"。

④此方真教体，清净在音闻：《大佛顶首楞严经》卷六载有观世音菩萨之耳根圆通："我今白世尊：佛出娑婆界，此方真教体，清净在音闻；欲取三摩提，实以闻中入，离苦得解脱。"故知观音大士以娑婆世界之众生耳根偏利，音声得道最易，故以耳根闻性为教体，化导娑婆之众生。

⑤稻黍菽粟：稻，植物名，一年生草本植物。有水稻、旱稻两类，通常指水稻。黍，黍子、糯米。菽豆类的总称。粟，谷物名，北方通称谷子。

【译文】有人问说："《楞严经》中有二十五种修证圆通的法门，文殊菩萨独取耳根圆通，念佛法门并未选入，奈何后世之人，不遵从圣语，致普天下的人多相从念佛呢？"

我回答说：在《阿弥陀经疏钞》中，我已经明白解释过，然而这个疑问的关系不小，如果你不嫌麻烦的话，我再为你详细道来。你是娑婆世间的人，只知道有娑婆世界而已，大概从来没想过娑婆世界之外，还有无量无边不可说不可说的世界吧？独取耳根，是契合娑婆世界众生的根机，但是念佛法门，是契合不可说不可说世界众生的根机。耳根圆通,是一方世界的圆通;念佛圆通,却是十方世界的圆通。佛出现于娑婆世界,因此姑且就以娑婆世界众生所适宜的耳根来示教,所以才说"此方真教体,清净在音闻",而不说"十方真教体"呀!

这就好像今天国内各府各县之读书人的学习,有的地方是学《周易》的人比较多,有地方是学《诗经》多的,有学《尚书》多的,《春秋》《礼记》也是如此。总而言之,全国之中最多人学习的就是《周易》。所以,多人学习的《周易》,便如同念佛法门一样。

再者,全国百千郡邑土地所适宜的产品,郊野之区适合多种植谷粟,山林之所适宜多栽种果实,江海之处适宜多贩卖鱼盐,绫绵珠玉也是这样子。相对比较,全国生产最多的则是稻黍菽粟,故生产最多的稻黍菽粟,便如同念佛法门。

你居于娑婆世界,自修耳根圆通,无人能阻碍。所以不要认定只有耳根圆通是正确的而念佛法门是错的。如果执着于耳根圆通而欲扫除念佛,这犹如想学其他经典的读书人,想要扫除《周易》一般;欲做其他买卖的商民,想要扫除谷粟一样,哪有这种道理呢?

天说(一)

一老宿[1]言:"有异域人为天主之教者,子何不辩?"予以为教人敬天，善事也，奚辩焉？老宿曰："彼欲以此移风易俗，而兼之毁佛谤法，贤士良友多信奉者故也。"因出其书示予，乃略辩其一二。

彼虽崇事天主，而天之说实所未谙。按经以证，彼所称天主者，忉利天王②也。一四天下③，三十三天之主也。此一四天下，从一数之而至于千，名小千世界，则有千天主④矣。又从一小千数之而复至于千，名中千世界，则有百万天主矣。又从一中千数之而复至于千，名大千世界，则有万亿天主矣。统此三千大千世界者，大梵天王⑤是也。彼所称最尊无上之天主，梵天视之，略似周天子视千八百诸侯也。彼所知者，万亿天主中之一耳，余欲界诸天⑥皆所未知也。又上而色界诸天⑦，又上而无色界诸天⑧，皆所未知也。又言天主者，无形、无色、无声。则所谓天者，理而已矣，何以御臣民、施政令、行赏罚乎？彼虽聪慧，未读佛经，何怪乎立言之舛也。

现前信奉士友，皆正人君子，表表一时，众所仰瞻以为向背者，予安得避逆耳之嫌，而不一罄其忠告乎？惟高明下择刍荛⑨而电察焉。

【注释】①老宿：又作长老、耆旧、耆宿。即年老德高，道行深湛之老者。

②忉利天王：即帝释天主。梵语"忉利"，华言三十三。"忉利天"，六欲天之一，位居欲界第二天之须弥山顶上；山顶四方各八天城，加上中央帝释天所止住之善见城（喜见城），共有三十三处，故称

三十三天。

③一四天下：一个太阳和一个月亮所照临的四大部洲，指须弥山四方之四大洲而言。东弗于逮（东胜身洲），南阎浮提（南赡部洲），西瞿耶尼（西牛货洲），北郁单越（北俱卢洲）是也。

④小千世界，则有千天主：古代印度人之宇宙观，谓一日一月绕一须弥山照四天下，山腰是四天王天所居，山顶是三十三天所居，此天之上，有夜摩天、兜率天、乐变化天、他化自在天、梵世天，此名一世界。如此一千世界，一千日月，一千须弥山，一千四天下，一千四天王天，一千三十三天（忉利天），一千夜摩天，一千兜率天，一千乐变化天，一千他化自在天，一千梵世天，总为第二禅天所覆，是名小千世界。再以一千个小千世界，则成中千世界。此中千世界中，共有百万日月，百万须弥山，百万四天下，百万四天王天，百万三十三天，百万夜摩天，百万兜率天，百万乐变化天，百万他化自在天，百万梵世天。一千二禅天，总为第三禅天所覆，是名中千世界。再以一千个中千世界，则成大千世界。此大千世界中，共有百亿日月，百亿须弥山，百亿四天下，百亿四天王天，百亿三十三天，百亿夜摩天，百亿兜率天，百亿乐变化天，百亿他化自在天，百亿梵世天。百万二禅天，一千三禅天，总为第四禅天所覆，是名大千世界。（亿有四等，一以十万为亿，二以百万为亿，三以千万为亿，四以万万为亿。今言百亿者，则以千万为亿也。）此大千世界因由小、中、大三种千世界所集成，故称三千大千世界。又于佛典之宇宙观中，三千世界乃一佛所教化之领域，故又称一佛国。

⑤大梵天王：指色界初禅天的第三天主，名为尸弃，又称大梵天、大梵王、梵天、梵王、娑婆世界主、世主天。

⑥欲界诸天：欲界，与色界、无色界合称三界。即合地狱、饿鬼、畜生、阿修罗、人、六欲天之称。此世界之有情以有食欲、淫欲、睡

眠欲等，故称欲界。欲界诸天乃指六欲天：四天王天、忉利天、须夜摩天、兜率陀天、化乐天、他化自在天。

⑦色界诸天：色界，意为色所属之界，又作色天、色行天。此界的众生，但有色相，而无男女诸欲，故名色界。位于"欲界"上方，乃天人之住处。色界四禅，共十八天，谓初禅三天，二禅三天，三禅三天，四禅九天。

⑧无色界诸天：无色界，唯有受、想、行、识四心而无物质之有情所住之世界。此界无一物质之物，亦无身体、宫殿、国土，唯以心识住于深妙之禅定，故称无色界。此界在色界之上，共有四天，空无边处天、识无边处天、无所有处天、非想非非想处天，又称四无色、四空处、四空天、无色界诸天。

⑨刍荛：指草野之人。

【译文】有一位德高的老者对我说："现在有外国人到中国来宣扬天主教，你怎么不明辩呢？"我以为他们也是教人敬天，这算是善事，何必辩解呢？这位长老说："他们想以此移风易俗，而且连带毁佛谤法，已经有许多贤士良友都信奉他们的教门，因为这缘故，才想请你分辩。"因而拿出天主教的书给我看，于是在此略辩其一二。

此教门虽然尊崇奉事天主，但对于'天'的相关说法，其实并不熟悉。按照佛经来论证，他们所称的天主，实际上就是佛讲的忉利天王；即一四天下（一日一月绕一须弥山照四天下）中，三十三天的天主。这一日月所照的四天下，名一世界，从一数起到一千，积一千个单位世界，称为小千世界，便有一千位忉利天主。又以小千世界为一个单位，积一千个小千世界，称为中千世界，就有百万位忉利天主。又以中千世界为一个单位，积一千个中千世界，称为大千世界，即有万亿位忉利天主。而统领这三千大千世界的，就是大梵天王。他们所称最尊无上的天主，在梵天看来，好像是周朝天子视千八百诸侯一样。他们所知道的，只不过万亿天主中的一位罢了，其余欲界诸天都是他们所不知道的。又欲界诸天上面还有色界诸天，色界诸天上面还有无色界诸天，也都是他们所不知道的。

又据他们说天主是没有形体、没有色身、没有声息。其实所谓的"天"，就只是"理"的代名词罢了，又怎么能统治臣民、施行政令、执行赏罚呢？这些信奉天主教的外国人虽然聪慧，可是没有读过佛经，也难怪他们立言多出差错。现前信奉天主教的士友都是正人君子，为时代的表率，是众人所瞻仰并追随的，所以我怎能避开逆耳之嫌，而不一一尽其忠告呢？但愿高明的人能择草野之夫所言，并且加以明察之。

天说（二）

又问：彼云："《梵网》言：'一切有生，皆宿生父母[①]，杀而食之，即杀吾父母。'如是，则人亦不得行婚娶，是妻妾吾父母也。人亦不得置婢仆，是役使吾父母也；人亦不得乘骡马，是陵跨吾父母也。"士人、僧人不能答，如之何？

予曰：《梵网》止是深戒杀生，故发此论。意谓恒沙劫来生生受生，生生必有父母，安知彼非宿世父母乎？盖恐其或已父母，非决其必己父母也。若以辞害意，举一例百，则儒亦有之，礼禁同姓为婚②，故买妾不知其姓则卜之。彼将曰：卜而非同姓也，则婚之固无害。此亦曰：娶妻不知其为父母、为非父母，则卜之。卜而非己父母也，则娶之亦无害矣！

《礼》云："倍年以长，则父事之③。"今年少居官者何限，其舁轿引车，张盖执戟④，必儿童而后可。有长者在焉，是以父母为隶卒也。如其可通行而不碍，佛言独不可通行乎？夫男女之嫁娶，以至车马僮仆，皆人世之常法，非杀生之惨毒比也。故经止云一切有命者不得杀，未尝云一切有命者不得嫁娶、不得使令。如斯设难，是谓骋小巧⑤之迂谈，而欲破大道之明训也，胡可得也？

复次，彼书杜撰不根⑥之语，未易悉举，如谓人死，其魂常在，无轮回者。既魂常在，禹、汤、文武何不一诚训于桀、纣、幽厉乎？先秦、两汉、唐、宋诸君，何不一致罚于斯高、莽操、李杨、秦蔡⑦之流乎？

既无轮回，叔子何能托前生为某家子⑧，明道何能忆宿世之藏母钗⑨乎？牛哀化虎⑩，邓艾为牛⑪，如斯之类，班班载于儒书，不一而足，彼皆未知，何怪其言之舛也！

【注释】①一切有生，皆宿生父母：语出《梵网经》，卷二曰："一切男子是我父，一切女人是我母，我生生无不从之受生，故六道众生皆是我父母。而杀而食者，即杀我父母。"

②礼禁同姓为婚：中国封建社会，礼成为法律的重要组成部分，

即以法律制裁的力量来维持礼，加强礼的合法性和强制性。礼认为对的，就是法认为合法的；礼所不容许的，也就是法所禁为、所制裁的。所以古代婚姻制度详见于礼而略于律，故法律有规定，同宗共姓不准通婚。唐代是中国封建法律制度的完备时期，同姓为婚是《唐律·户婚律》中的罪名之一，属违律为婚（如同姓为婚、良贱为婚、娶逃亡妇女为婚）罪。唐律规定："诸同姓为婚者，各徒二年，缌麻以上，以奸论。"明、清律也都有同样的规定。

③倍年以长，则父事之：《礼记·曲礼上》云："年长以倍，则父事之；十年以长，则兄事之；五年以长，则肩随之。"

④张盖执戟：张盖，张开伞盖、打伞。执戟，秦汉时的宫廷侍卫官，因值勤时手持戟，故名。

⑤骋小巧：骋，施展、显示。小巧，小聪明、小技巧。

⑥不根：没有根据、荒谬。

⑦斯高、莽操、李杨、秦蔡：指秦代李斯、赵高，两汉王莽、曹操，唐代李林甫、杨国忠，宋代秦桧、蔡京。李斯，为秦始皇丞相，曾建议秦始皇销毁民间所藏《诗》《书》等百家之学，后为赵高所害，腰斩于咸阳市。赵高，历仕秦始皇、秦二世和秦王子婴三代君主。秦始皇驾崩时，伪造遗诏，赐死太子扶苏，立胡亥为二世，杀李斯，自为丞相，专权用事，旋又弑二世，立子婴，后为子婴所诛。王莽，毒死汉平帝，立年仅两岁的孺子婴为皇太子，王莽代天子朝政，称"假皇帝""摄皇帝"，并改国号为"新"，法令烦苛，光武起兵讨之，王莽兵败被杀。曹操，东汉献帝时为丞相，封魏王，专其威权。凡所作为，无非弱君势，重己权。及至已死，子曹丕篡汉，国号魏。李林甫，唐玄宗开元至天宝间任宰相，阴柔奸狡，人称"口蜜腹剑"，又称他为"肉腰刀"。专权十九年，蔽塞言路，排斥贤才，导致纲纪紊乱，遂酿成安史之乱。杨国

忠，其族妹杨贵妃受玄宗宠幸，因而显贵而任官，李林甫死后，继任宰相，淫纵不法。天宝十五年，安禄山反，陷长安，国忠奉帝幸蜀，陈玄礼率军士诛之于马嵬驿。秦桧，宋高宗之宰相，受金人贿赂，杀金人所怕之岳飞。独揽朝政，排除异己，大兴文字狱，一时忠臣良将殆尽。蔡京，北宋末权奸，先后四次任相，共达十七年之久。大肆搜刮民田，为弥补财政亏空，尽改盐法和茶法，铸当十大钱，民怨沸腾，币制混乱不堪，是北宋最腐败昏庸的宰相之一。

⑧叔子何能托前生为某家子：西晋名臣羊祜，字叔子。《晋书·羊祜传》云："羊祜五岁，时令乳母取所弄金环。乳母曰：'汝先无此物。'祜即诣邻人李氏东垣桑树中探得之。主人惊曰：'此吾亡儿所失物也，云何持去！'乳母具言之，李氏悲惋。时人异之，谓李氏子则祜之前身也。"

⑨明道何能忆宿世之藏母钗：北宋理学家程颢，字伯淳，学者称明道先生。据《宋名臣言行录·外集》卷二云："明道，元年始生，神气秀爽，异于诸儿。未能言，叔母侯氏抱之，不知其钗坠，后数日方求之，先生以手指，随其所指而往，果得钗，人皆惊异。"

⑩羊哀化虎：《淮南子·俶真训》云："昔公牛哀转病，七日化为虎；其兄掩户而入觇（观看）之，则虎搏而杀之。"牛哀，春秋鲁国人，一说韩国人。传说他病了七日变成虎，把去看他的哥哥吃了。

⑪邓艾为牛：语出《北史·李士谦传》，曰："李士谦，字子约，善谈名理，尝有客坐，不信佛家报应义。士谦谕之曰：'积善余庆，积恶余殃，此非休咎耶？'佛经云'轮转五道，无复穷已'。此则贾谊所言'千变万化，未始有极，忽然为人'之谓也。佛道未来，其贤者已知其然矣。至若鲧为黄熊，褒君为龙，牛哀为猛兽，彭生为豕，如意为犬，邓艾为牛，羊祜前身李氏之子，此非佛家变化异形之谓乎。"

【译文】又有人问：有事奉天主教的人提出问题说："据《梵网经》上言：'一切有生，皆宿生父母，杀而食之，即杀吾父母。'如果确实如此，那么人也不可以行婚娶，因为这妻妾即是我的父母；人也不可以置婢仆，置婢仆等于是役使我的父母；人也不可以乘骡马，乘骡马无异凌驾我父母。"当时在场的士人、僧人听了都无言以对，这又该怎么说明呢？

我解释说：《梵网经》中此语，主旨是在深戒杀生，所以才有此论。其含意是指我们恒沙劫以来，生生受生，生生必有父母，怎能知道哪些众生不是我们宿世的父母呢？只怕他们或许曾是自己的父母，并非断定必是自己的父母。这种拘泥辞义而曲解原意，举一例百之事，儒家也有类似的情形。譬如古代礼制禁止同姓为婚，若买妾不知她的姓名，就用占卜来推断。儒者认为，经占卜推断，只要不是同姓，便可结婚。例此也可以这样说，欲娶妻而不知女子是不是宿世父母，也可以用占卜来推断。经占卜推断，不是自己宿世父母的，当然娶之也无妨了！又依《礼记》的说法，年龄比自己长一倍以上的，应该当作父辈来奉事。如今年少居官的人多得是，难道抬轿引车的，打伞执戟的，一定要选儿童才可以吗？假如其中有年岁较大的长者在，那不就是以父母为差役了。如果这事情行得通而无妨碍，为何唯独佛言行不通呢？事实上，男女嫁娶习俗，以至车马僮仆，都是人世间的常法，不能与杀生这种惨毒的事来相比。所以经文上只制定凡一切有生命者，都不得杀，并没有说一切有命的不得嫁娶、不得使唤。他们如此设词诘难，分明只是施展小聪明的高谈阔论，意在破坏大道的明训，这怎么能得逞呢？

另外，他们所著的书中杜撰许多没有根据的言论，难于一一举出，在此只略举一二。譬如说人死后，灵魂常在，没有轮回之事。既然灵魂常在，夏禹、商汤、周文王、周武王的灵魂，对于夏桀、商纣、周幽王、周厉王这些不肖的后代子孙，为何没有出一句训诫的话呢？先秦、两汉、唐宋诸君的灵魂，为何没有一致惩罚像李斯、赵高、王莽、曹操、李林甫、杨国忠、秦桧、蔡京这些祸国殃民之流呢？

如果如他们所说的，没有生命的轮回，西晋羊叔子为什么能知道前生曾为邻人李氏子；北宋明道先生，身为婴儿时为什么能指出叔母掉钗处呢？牛哀化虎，邓艾为牛，类似这种转世轮回的事迹，记载在儒书上比比皆是，不是一二件而已。诸如种种，他们都不知道，难怪他们的言论破绽百出！

天说（三）

复次，南郊^①以祀上帝，王制也。曰钦若昊天^②，曰钦崇天道^③，曰昭事上帝^④，曰上帝临汝^⑤，二帝三王所以宪天^⑥而立极者也。曰知天^⑦，曰畏天^⑧，曰律天^⑨，曰则天^⑩，曰富贵在天^⑪，曰知我其天^⑫，曰天生德于予^⑬，曰获罪于天无所祷也^⑭，是遵王制、集千圣之大成者夫子也。曰畏天，曰乐天，曰知天，曰事天^⑮，亚夫子而圣者孟子也。天之说何所不足，而俟彼之创为新说也？以上所陈，觉谓不然，乞告闻天主：倘予怀妒忌心，立诡异说，故沮坏彼王教，则天主威灵洞照^⑯，当使猛烈天神下治之，以饬天讨。

【注释】①南郊：古代天子在京都南面的郊外筑圜丘以祭天的地方。

②钦若昊天：《尚书·尧典》云："乃命羲和，钦若昊天，历象日月星辰，敬授人时。"钦若，敬顺。昊天，苍天。昊，浩，元气博大貌。

③钦崇天道：《尚书·仲虺之诰》云："呜呼！慎厥终，惟其始，殖有礼，覆昏暴，钦崇天道，永保天命。"钦崇，崇敬。

④昭事上帝：《诗经·大雅·大明》云："维此文王，小心翼翼，昭事上帝，聿怀多福。"昭事，勤勉的服事。

⑤上帝临汝：《诗经·大雅·大明》云："殷商之旅，其会如林，矢于牧野，维予侯兴，上帝临女（同汝），无贰尔心"。临，监临，引申为统治、治理。

⑥宪天：《尚书·说命中》曰："惟天聪明，惟圣时宪。"《孔传》："宪，法也。言圣王法天以立教于下。"明方孝孺《御书赞》曰："圣人宪天，与天同德。"宪，效法。

⑦知天：孔子、孟子对"知天"一语各有所述。《论语·为政》曰："吾十有五而志于学，三十而立，四十而不惑，五十而知天命，六十而耳顺，七十而从心所欲不逾矩。"《孟子·尽心上》曰："尽其心者，知其性也；知其性，则知天矣。"

⑧畏天：孔子、孟子对"畏天"一语各有所述。《论语·季氏》曰："君子有三畏：畏天命，畏大人，畏圣人之言。"《孟子·梁惠王下》曰："齐宣王问曰：'交邻国有道乎？'孟子对曰：'有。惟仁者为能以大事

小，是故汤事葛、文王事昆夷；惟智者为能以小事大，故大王事獯鬻、句践事吴。以大事小者，乐天者也；以小事大者，畏天者也。乐天者，保天下；畏天者，保其国。'"畏，敬重。

⑨律天：律，遵循、取法。《礼记·中庸》曰："仲尼祖述尧舜，宪章文武，上律天时，下袭水土。"朱子曰："祖述者，远宗其道；宪章者，近守其法；律天时者，法其自然之运；袭水土者，因其一定之理。"清王夫之《读四书说大全·中庸第三十章》云："故祖述、宪章、上律、下袭者，道也；其为斟酌帝王律天袭地之统纪，以咸宜而不息者，德也。"

⑩则天：谓以天为法，治理天下。语出《论语·泰伯》："巍巍乎唯天为大，唯尧则之。"汉桓谭《新论》："尧能则天者，贵其能臣舜禹二圣。"

⑪富贵在天：《论语·颜渊》曰："司马牛忧曰：'人皆有兄弟，我独亡！'子夏曰：'商闻之矣：死生有命，富贵在天。'君子敬而无失，与人恭而有礼，四海之内皆兄弟也！君子何患乎无兄弟也。"虽然命与天似非人力所能改，但如君子心存敬慎而无过失，与人相处恭而有礼，则死生富贵也可以转变，所以四海之内，到处有亲如兄弟之人。

⑫知我其天：《论语·宪问》曰："子曰：'莫我知也夫。'子贡曰：'何为其莫知子也。'子曰：'不怨天，不尤人，下学而上达，知我者其天乎？'"古注引史记孔子世家说，鲁哀公十四年西狩获麟，孔子盖为获麟而发莫我知之叹。"莫我知"，就是无人知道我。这是孔子感叹没有知己者。子贡问，何谓无人知道夫子呢？孔子便说出不怨天、不尤人，这几句话。孔子行道，而道不行，晚年丧子，最得意的弟子颜渊也早死，皆是怨天之事，但孔子知道天命，所以不怨天。不尤人的尤字，也是怨的意思。孔子在陈绝粮，以及遭遇阳虎桓魋那些恶人，皆足引

起怨人之心，但孔子只知自反，决不怨人。下学而上达，依皇侃疏："下学，学人事。上达，达天命。"孔子不论遭遇如何，不怨不尤之外，仍然求学，上达最高境界，这不是人所能知，只有天知之。所以何晏注："圣人与天地合其德，故曰唯天知己。"

⑬天生德于予：据《论语·述而》记载，孔子去曹适宋，与弟子习礼大树下。宋司马桓魋欲杀孔子，拔其树。孔子去。弟子曰：可以速矣。孔子曰：天生德于予，桓魋其如予何！"天生德"，谓授以圣性，德合天地，吉无不利，故曰其如予何。

⑭获罪于天无所祷也：语出《论语·八佾》："王孙贾问曰：'与其媚于奥，宁媚于灶，何谓也？'对曰：'不然，获罪于天，无所祷也。'"王孙贾见孔子有求仕之意，欲孔子附己，故有媚奥与媚灶之言。孔子云云盖天即理也，其尊无对非奥灶之可比也，循理而行便是天，逆理则获罪于天，更无所祷告而得免其罪也。

⑮事天：《孟子·尽心上》云："存其心，养其性，所以事天也。"事，侍奉、供奉。

⑯威灵：指神灵的威力。洞照：明察。

【译文】再说，于南郊祭祀上天，这是历代王朝的制度。所谓"钦若昊天""钦崇天道""昭事上帝""上帝临汝"，这是尧、舜二帝，及夏禹、商汤、周文王三王之所以效法天道而登帝位、秉国政的准则。说"知天""畏天""律天""则天""富贵在天""知我其天""天生德于予""获罪于天无所祷也"，这是出自遵崇王制、集千圣之大成者，孔子所说的话。而说"畏天""乐天""知天""事天"，这是道德才智仅次于孔子而称为亚圣的孟子所言。综上所言，有关"天"的学说，在儒典中已事理兼备，没有不足的地方，所以哪里需要等待他们来创立新说呢？如果认为以上我所陈述的不符合事实，可乞请上告天主闻之。倘若我心怀妒嫉心，立诡异说，故意破坏他们天主的教化，则他们信奉的上帝具有威灵洞照之神威力，当派凶猛的天神下来惩治我，以示上天对我的谴责。

行上有相当的功夫，能见到六道的情况，有能力到四禅天、四空天，有能力跟鬼打交道，但是他们只知其当然，不知其所以然，事实看到了，但是理不明白。唯独佛能把宇宙人生的真相为我们说明白，把一切万法的事理、因果给我们分析得很透彻。我们对于事理、因果彻底明白了，才知道如何超越六道轮回，如何恢复自己究竟圆满的智慧德能。

赵定字作阎王

少冢宰^①定字赵公，与云南巡抚^②陈玉台同年^③。公以万历丙申三月望日捐馆^④。时玉台在任，因内人病，扶乩请神^⑤，神判以死，因恳乞救援。神云："五殿阎君方新任，其人刚正，不可干以私，无以为也。"问："新任何人？"曰："常熟赵某耳。"俄而讣至，则任期与讣期吻合，陈大惊异。或曰："阎王带福带业者为之。定字盛德士，亦有业乎？"噫！地藏菩萨言："我观阎浮提众生，举足动步，无非是罪。"焉得无过？

昔闻一僧有天符^⑥召作阎王者，僧惧，大起精进，一心念道，符使遂绝。嗟乎！古称韩擒虎⑧生为上柱国⑨，死作阎罗王。又近代传闻郑澹泉司寇⑨死作阎王，杭太守周公死作城隍⑩，此常事也。古德有言："僧虽有行，不了道者，多作水陆诸神。"岂徒言哉？

【注释】①少冢宰：官名。亦称少宰，即《周礼·天官》的小宰，为大宰的副职。明、清为吏部侍郎的俗称。

②巡抚：官名。明洪熙元年始设巡抚专职。清为省级地方政府长官，总揽全省军事、吏治、刑狱、民政等，职权甚重。

③同年：古代科举考试同科中式者之互称。唐代同榜进士称"同年"，明清乡试、会试同榜登科者皆称"同年"。

④望日：通常指旧历每月之十五日。捐馆：又称捐馆舍，抛弃馆舍。死亡的婉辞。

⑤扶乩请神：扶乩，扶，指扶架子；乩，谓卜以问疑。术士制丁字形木架，其直端顶部悬锥下垂。架放在沙盘上，由两人各以食指分扶横木两端，依法请神，木架的下垂部分即在沙上画成文字，作为神的启示，或与人唱和，或示人吉凶，或与人处方。旧时民间常于农历正月十五夜迎紫姑扶乩。

⑥天符：谓天庭的诏命。

⑦韩擒虎：隋代名将，字子通，河南东垣人也。开皇八年，隋大举伐陈，擒虎为先锋，首先进入建康城内。据《隋书·韩擒虎传》记载，擒虎以平陈功，进位上柱国，出为凉州总管，俄征还京，上宴之内殿，恩礼殊厚无何。其邻母见擒门下，仪卫甚盛，有同王者，母而问之，其中人曰：我来迎王，忽然不见。又有人疾笃忽惊，走至擒家曰：我欲谒王左右。问曰：何王也？答曰：阎罗王擒。子弟欲挞之，擒止之。

曰：生为上柱国，死作阎罗王，斯亦足矣！因寝，疾数日，竟卒，时年五十五。

⑧上柱国：官名。战国楚制，凡立覆军斩将之功者，官封上柱国，位极尊宠。

⑨司寇：官名。夏、殷已有之。周为六卿之一，曰秋官大司寇。掌管刑狱、纠察等事。

⑩杭太守周公死作城隍：明代周新，字志新，广东南海人。永乐初为御史，弹劾不避权贵，人称"冷面寒铁"。及按察浙江有异政，坐诬，死临刑叹曰："生为直臣，死为直鬼，吾无憾矣。"上寻悟其枉，他日见有人披朱衣，立庭中，问为谁？曰："周新也，上帝以臣刚直，命为杭州城隍神，为陛下治奸贪吏。"言讫不见。

【译文】吏部侍郎赵定宇，与云南巡抚陈玉台同科中式。赵定宇于万历丙申年三月十五日去世，时玉台尚在任内，因妻子病，扶乩请神，神判以死，故而向神恳乞援助。神告玉台曰："五殿阎君刚刚上任，其人刚正不阿，不准涉及干预徇私，所以无法可想。"问："新任阎君是什么人？"回答说："苏州常熟，姓赵的。"不久之后有人送来讣告，其阎王上任日期竟然与赵公讣文上之日期完全符合，陈玉台感到非常惊奇诧异。于是有人问说："阎王是生前带福又带业的人为之，定宇是具有崇高品德的君子，他也有业吗？"咦！《地藏经》中，地藏菩萨言："我观阎浮提众生，举止动念，无不是业，无不是罪。"既然起心动念即是罪业，又哪能无过！

以前听说有位僧人，见鬼使持天符召请他作阎王，僧人害怕，大起精进，一心一意在道上，符使即不再来了。唉！古人称韩擒虎"生为上柱国，死作阎罗王"。又近代传闻司寇郑澹泉死后作阎王，杭州太守周新死后作城隍，这都是经常有的事情。所以古德有言：

"为僧者虽然精勤修行，如果此生不了道，来生大多作水陆诸神。"难道这只是空话吗?

弟子为师服

其说有三：一《六祖坛经》，一《释氏要览》[①]，一《百丈清规》[②]，三各差殊。今辩如左：

（一）《坛经》云："吾灭度后，莫作世情悲泣雨泪，受人吊问，身着孝服[③]，非我弟子，亦非正法。"

（二）《要览》云："考《涅槃》诸经，并无服制[④]，惟《增辉记》[⑤]，引《礼》三服，其三降服[⑥]，《白虎通》[⑦]云：'师恩同父母，宜降服。'《释氏丧仪》云：'师恩同父母，宜三年服。'《五杉》[⑧]云：'师服皆从法服[⑨]，但布稍粗，纯染黄褐。'《增辉》云：'但染苍[⑩]皴色，稍异于常耳。'"

（三）《清规》云："小师麻布掇[⑪]，两序[⑫]苎掇，主丧等生绢掇，众举哀[⑬]三声，小师幕下哀泣。"

如上所说，据《坛经》，则无服无泣。据《增辉》等，则有服无泣，而服不用麻，但用色黄苍而已。据《清规》，则服泣双行，宛同世俗。

夫为僧者，虽应宗法六祖，但今弟子不忍师亡，多为之服，乃上钦祖训，下顺人情，委曲酌中，依《增辉》作青黄色服之可也。古云："礼可以义起^⑭"，更俟高明正焉。

【注释】①《释氏要览》：凡三卷。北宋，道诚辑。收于《大正藏》第五十四册。为有关佛教基本概念、寺院仪则、法规和僧官制度等之词义汇编，引内外典籍加以批注。全书共二十七篇，六百七十九目，析为三卷。卷上九篇，包括姓氏、称谓、居处、出家、师资、剃发、法衣、戒法、中食；卷中九篇，包括礼数、道具、制听、畏慎、勤懒、三宝、思孝、界趣、习学；卷下九篇，包括说听、躁静、诤忍、入众、择友、住持、杂记、瞻病、送终。

②《百丈清规》：凡二卷。又称《敕修百丈清规》。收于《大正藏》第四十八册。原为百丈怀海所制订之《清规》（世称《古清规》）。禅宗初期，禅林尚无制度、仪式，故该《清规》设有制度及各种职务，为八、九世纪中国禅宗维持教团生活之必要规范。本书分上、下两卷，计有九章。卷上有祝厘章、报恩章、报本章、尊祖章、住持章。卷下有两序章、大众章、节腊章、法器章。其中"尊祖章"叙述祖师忌辰之典礼。怀海所订之《清规》于宋代失轶，直至元顺帝至元元年（公元1335年），东阳德辉奉顺帝之敕命，以宗赜之《禅苑清规》及惟勉之《丛林校定清规》等为蓝本，重新编辑本书，由全悟大䜣校正，此即二卷本《敕修百丈清规》。

③孝服：此处指僧侣之丧服。禅林中，凡遇住持等德高之老僧入寂，其法眷（同修）或小师（弟子）皆须各随身份，穿着定制之丧服。

④《要览》云等句：据《释氏要览》卷下之"送终篇"服制条所

载，原文："释氏之丧服，读《涅槃经》，并诸律，并无其制。今准《增辉记》，引礼云，服有三，一正服，二义服，三降服。《白虎通》曰：'弟子于师，有君臣、父子、朋友之道故，生则尊敬而亲之，死则哀痛之，恩深义重，故为降服。'《释氏丧仪》云：'若受业和尚，同于父母，训育恩深，例皆三年服。若依止师资飡法训次于和尚随丧服。'《五杉》云：'师服者，皆同法服，但用布稍粗，纯染黄褐。'《增辉》云：'但染苍皴之色，稍异于常尔。'"涅槃诸经：此处指《涅槃经》及其诸律。《涅槃经》者，有大乘、小乘之二经。大乘之《涅槃经》，又作《大涅槃经》《大经》《大般涅槃经》，凡四十卷，北凉昙无谶译。收于《大正藏》第十二册。是宣说如来常住、众生悉有佛性、阐提成佛等之教义，共分十三品。小乘之《涅槃经》，凡三卷，东晋法显译，又作《方等泥洹经》。收于《大正藏》第一册。内容叙述佛陀入灭前后之情况。服制：此处指丧服制度，丧服是丧礼的重要组成部分，古代分斩衰、齐衰、大功衰、小功衰、缌麻衰五等，谓之五服。按亲疏服之。五服的同等服中还有正服、降服、义服之分。降服对正服而言，或因尊者而降，或因压于尊者而降，或因出（男子出嗣大宗或女子出嫁外姓）而降。义服指为非亲属的死者服孝之丧服，如臣为其主之服，亦指妻为夫之宗族之服等。

⑤《增辉记》：具名《四分律行事钞增辉记》，共二十卷。唐末温州大觉寺希觉律师撰。

⑥降服：丧服降低一等为"降服"。如子为父母应服三年之丧，其已出继者，则为本生父母降三年之服为一年之服。

⑦《白虎通》：东汉章帝建初四年（公元79年），召集各地著名儒生于洛阳白虎观，讨论五经异同，即是历史上有名的白虎观会议。这次会议由章帝亲自主持，参加者有魏应、淳于恭、贾逵、班固、杨终

等。会议由五官中郎将魏应秉承皇帝旨意发问,侍中淳于恭代表诸儒作答,章帝亲自裁决。这样考详同异,连月始罢。后班固将讨论结果纂缉成《白虎通德论》,又称《白虎通义》《白虎通》。作为官方钦定的经典刊布于世。

⑧《五杉》:《五杉集》,据《庐山记》载:"南唐西山僧应之尝结庵于五杉之间,保大中,为元宗所遇,作《五杉集》,行于世,桑门(沙门)备用之书也。"

⑨法服:又云法衣。三衣之总名也。三衣有法制,如法制者,名法服。

⑩苍:青色。

⑪小师:受具足戒未满十夏者之称。又弟子之称。掇:疑应作"裰",古代斜领大袖的家居常服称直裰。《敕修百丈清规》卷三:"孝服侍者小师(麻布裰)两序(苎布裰)主丧及法眷尊长(生绢裰)勤旧办事乡人法眷诸山(生绢腰帛)檀越(生绢巾腰帛)方丈行者(麻布巾裰)众行者(苎布巾)方丈人仆作头(麻布巾衫)甲干庄客诸仆(麻布巾)。"

⑫两序:指东序与西序。又作两班。中国古代朝廷中,任职官员有文武之分,上朝时即分列文武两班。禅林仿此制,于住持之下,设东西两班,辅助住持管理寺院事务,行佛事时即依职司,分列于住持之左右两侧。长于学德者归西序,称为头首、头首位;通于世法者归东序,称为知事、知事位。又列序依宗派而略有不同。

⑬举哀:禅林中,遇和尚迁化,于佛事终了后,众僧于其龛前同声举唱"哀!哀!哀!"三声,此一葬式,称为举哀,又称为举哀佛事。

⑭礼可以义起:《礼记·礼运》曰:"故圣王修义之柄,礼之序,以治人情。故人情者,圣王之田也。修礼以耕之,陈义以种之,讲学以耨之,本

仁以聚之，播乐以安之。故礼也者，义之实也。协诸义而协，则礼虽先王未之有，可以义起也。义者，艺之分，仁之节也。协于艺，讲于仁，得之者强。"

【译文】有关出家弟子为师服丧的说法，经典记载的有下列三种：一是《六祖坛经》，一是《释氏要览》，一是《百丈清规》。这三种说法各有差异，今辩明如下：

（一）《坛经》，六祖大师说："我灭度后，不可以作世情悲伤哀泣之举，或受大众吊问、身着孝服等。如果不遵从，就不是我弟子，也不契于正法。"

（二）《释氏要览》称："考证《涅槃经》等诸经律，并没有关于服制的记载，只有《增辉记》引古代礼仪而说的：'服有三，一正服，二义服，三降服。'其中的第三"降服"，《白虎通》解释说：'师恩同父母，适宜降服。'又据《释氏丧仪》云：'师恩同父母，应服丧三年。'但是《五杉集》说：'为师服丧皆从法衣，但布稍粗，纯染黄褐色即可。'《增辉记》说：'但染青黄色，稍异于平常的颜色就可以了。'"

（三）《百丈清规》卷上则曰："住持迁化时，在祭吊、送终等仪式中，侍者小师须穿着麻布之裰，东西两序须穿着苎布之裰，主丧者及法眷中之尊长须穿着生绢之裰。并举哀三声，大众同哭，小师列幕下哀泣。"

综合上面所言，《坛经》说的，是既不着孝服也不要哀泣。《增辉》等所说的，却是有服丧而没有哀泣，而孝服不用麻，只是颜色暗黄而已。但依据《百丈清规》所说的，则是服泣双行，如同世俗一般。

事实上，为僧之人，虽应宗法六祖大师所言，但今身为弟子者舍不得师长亡逝，大多为师服丧，这可说是上钦祖训，下顺人情，合情合理。如果婉转折中来选择，则依《增辉》作青黄色的孝服即可。古人谓"礼可以义起"，僧人服丧亦如是，只是不知道这样的说法是否正确，还望高明予以指正。

百丈①清规

因上丧制，知《清规》一书后人增广，非百丈所作也。百丈为曹溪四世嫡孙②，其丧制何由不率乃祖攸行，而变其成法乎？盖建立丛林，使一众有所约束，则自百丈始耳。至于制度之冗繁，节文之细琐，使人仆仆尔③、碌碌尔④，日不暇给⑤，更何从得省缘省事，而悉心穷究此道也。故曰后人好事⑥者为之，非百丈意也。

【注释】①百丈：唐代禅宗高僧，中国禅宗丛林清规之制定者。以师之后半生皆住于洪州百丈山（江西），故世称百丈禅师。依潮阳西山慧照出家，从衡山法朗受具戒。后往庐江（安徽）浮槎寺阅藏经多年。闻马祖道一禅师在南康（江西）竖立南禅法幢，师遂前往投其座下。侍奉道一六年，得到印可。不久，四方禅者奔凑而来，以沩山灵祐、黄檗希运为其上首。传播禅风二十余年而圆寂，有《百丈怀海禅师语录》《百丈怀海禅师广录》各一卷。

②百丈为曹溪四世嫡孙：禅宗自初祖菩提达磨，经慧可、僧璨、道信、弘忍之后，分为六祖惠能的南宗禅及神秀的北宗禅。南宗禅主张顿悟，在中唐以后渐兴，成为禅宗主流，而传衍出五家七宗诸派。六祖门下有青原行思、南岳怀让、南阳慧忠、荷泽神会等人，其中南岳和青原的法系最盛。南岳怀让的门下马祖道一活跃于江西；其弟子百丈怀海制定"百丈清规"，奠立禅院的基础。故曹溪、怀让、马祖道一至百丈怀海，百丈称四世嫡孙。嫡孙，嫡长孙。嫡，正宗、正统。

③仆仆尔：奔走劳顿貌。

④碌碌尔：繁忙劳苦貌。

⑤日不暇给：形容事务繁忙，没有空闲。

⑥好事：喜欢多事。

【译文】如果考证前文所述的丧制，始知《百丈清规》一书应为后人所增加补充的，因为百丈怀海禅师是曹溪惠能大师的四世嫡孙，为何他制订的丧制没有遵从先祖所行，而且还改变先祖的成法？所以，这已经不是当年百丈怀海禅师所制订的。

其实建立丛林、制定规约，使大众有所约束，这是从百丈怀海禅师开始的。至于制度的冗繁，礼节仪式的琐碎细微，使人感到不胜困顿，整天忙忙碌碌，没有一点空闲的时间，又如何能省缘省事以便全心穷究修持涅槃道？故知这是后来好事之人为之，并非百丈祖师的本意。

刚鬣^①报

　　僧某素朴实，但愚而自用，凡见称人之善，必微哂^②，示不足称也。久之，反道归俗，与一老媪^③俱。其死也，致梦报媪曰："吾明日归邻庵矣！"则有送一彘放生于庵者，媪知其某也，数往讯视，遂闻于人，远近异其事，观者络绎。媪丑之，转送云栖。时云栖放生所窄隘，一山寺愿收养。俄而其徒卖与屠者，杀之田中。噫！受生于畜矣，又不免于刑戮^④焉，何至此极也，吾辈所当痛心而镂骨^⑤者矣！

　　【注释】①刚鬣：古代祭祀所用猪的专称。鬣，泛指动物头、颈上的毛。

　　②微哂：微笑。

　　③老媪：老年妇人。媪，老妇人的通称。

　　④刑戮：受刑罚或被处死。

　　⑤镂骨：比喻深刻难忘。镂，雕刻。

　　【译文】某僧平常为人质朴实在，但却愚昧而自以为是，每当有人称扬某人优点时，他就微微一笑，好像此人不值得称赞。

　　不久之后，此僧退道心而自愿返回俗世生活，与一老妇人在一起。他死后，托梦给老妇人说："我明日要返回邻庵了。"老妇人到了邻庵探听，见有人送一只猪在庵里放生。老妇人心知这大概就是他了，便经常到庵里去看望，于是让人知道其中的原委，远近的人都认为这是异事，参观的人往来不绝。老妇人觉得羞耻，请求将猪转送至云栖寺放生所。当时云栖寺放生所狭窄，而有另一山寺愿意收养。不久被该寺僧人的徒弟卖与屠户，后被杀死在田中。

唉！受生于畜生类，又免不了被宰杀的刑罚，何以到这样凄惨的地步呢？这实是我辈僧人应当痛心记取的借镜啊！

天说余

予顷为天说矣，有客复从而难曰："卜娶妇而非己父母也，既可娶，独不曰卜杀生而非己父母也，亦可杀乎？不娶而生人之类绝，独不曰去杀而祭祀之礼废乎？"被难者默然，以告予。

予曰，古人有言："卜以决疑①，不疑何卜？"同姓不婚，天下古今之大经大法也，故疑而卜之。杀生，天下古今之大过大恶也，断不可为，何疑而待卜也？不娶而人类绝，理则然矣；不杀生而祀典废，独不闻二篇可用享，杀牛之不如禴祭②乎？则祀典固安然不废也；即废焉，是废所当废，除肉刑、禁殉葬③之类也，美政也。

嗟乎！卜之云者，姑借目前事，以权为比例，盖因明通蔽云尔，子便作实法会，真可谓杯酒助欢笑之迂谈，排场供戏谑之诨语④也。然使愚夫愚妇入乎耳而存乎心，害非细也，言不可不慎也。

客又难："杀生止断色身，行淫直断慧命。"意谓杀生犹轻。不知所杀者，彼之色身。而行杀者，一念惨毒之心，自己之慧命断矣！可不悲夫？

【注释】①卜以决疑：决疑，解决疑难问题。《左传·桓公十一年》："卜以决疑，不疑何卜？"

②杀牛之不如禴祭：此语出自《周易》，原文为："东邻杀牛，不如西邻之禴祭，实受其福。"意思指举行丰盛隆重之祭祀，不如敬慎修德，以真诚之心，合于祭祀之时，祭品虽微薄，更能受神明之赐福，并且福流后世。东邻、西邻，是彼此之辞，因人君享治平之盛，骄奢易萌，而诚敬必不足，故圣人借东、西邻不同之祭礼以示警训。杀牛，指举行丰盛隆重之祭祀，即太牢之祭。禴，薄也，春物未成，祭品鲜薄。

③殉葬：用人或器物陪葬。

④诨语：诙谐逗趣的话。诨，戏谑、开玩笑。

【译文】我不久前作"天说"三篇，今有客人再次辩驳而问说："娶妇用占卜来推断，知道不是自己的父母，便可娶。既然如此，难道杀生就不可以用占卜来推断，知道不是自己的父母，也可以杀吗？再说，男女都不嫁娶，会使人类灭绝，难道不能说：若都不杀生，会使祭祀之礼废除吗？"被诘难的人无言以对，将此语转告于我。

我解释道，古人有言："卜以决疑，不疑何卜？"同姓不能婚嫁，这是天下古今的大经大法，就是不知道是否同姓，有此疑问，故才占卜。杀生，这是天下古今的大过大恶，断不可为，这就没什么可疑的，所以哪里还需要占卜？男女不嫁娶会使人类灭绝，这道理还说得通。但不杀生会使祀典废除，这就说不通了。难道没见过《易经》上说"二簋可用享"及"东邻杀牛，不如西邻之禴祭"吗？可见，即使不杀生，祀典仍安然存在，并没有废除。即使因此而废除，也应该是废所当废，好像废除肉刑，禁止殉葬之类一样，这也是算是德政吧。

唉！有关占卜之事，我只是姑且暂借目前事，权宜而作的比喻，本意为了使人容易明白其间的通病，却有人偏要当作实法去领会，真可说是饮酒以助欢笑之高谈阔论，在舞台上供戏谑之诙谐逗趣话。但如果因此而使得愚夫愚妇听之于耳而存之于心，唯恐贻害不小，故言论不可不谨慎。

客又设难说："杀生止断色身，行淫直断慧命。"意谓杀生比行淫的罪轻。殊不知，所杀的是对方的色身，而行杀的人，这一念惨毒之心，早已经断送自己的慧命了！难道这不是很可悲吗？

谦德国学文库丛书

（已出书目）